Entscheidungen
des Reichsgerichts
in Zivilsachen

Sammlung der noch wichtigen Entscheidungen nach Fachgebieten geordnet

Herausgegeben

von

Professor Dr. **Leonhard Auerbach**, Berlin; Präsident des Reichspatentamtes a. D. **Johannes Eylau**, München; Rechtsanwältin **Charlotte Graf**, Berlin; Ministerialdirektor z. Wv. Senatspräsident Dr. **Ernst Knoll**, Berlin; Rechtsanwalt **Erich Kummerow**, Berlin; Rechtsanwalt **Hermann Reuss**, Berlin; Rechtsanwalt Dr. **Walter Schmidt**, Düsseldorf; Landgerichtsdirektor **Alexander Swarzenski**, Berlin; Rechtsanwalt Dr. **Werner Vahldiek**, Berlin

Gruppe II Verfahrensrecht

Zwangsversteigerungsgesetz

Berlin 1954

Walter de Gruyter & Co.

vormals G. J. Göschen'sche Verlagshandlung / J. Guttentag, Verlagsbuchhandlung / Georg Reimer / Karl J. Trübner / Veit & Comp.

Zwangsversteigerungsgesetz

Bearbeitet

von

Prof. Dr. Leonhard Auerbach

Rechtsanwalt in Berlin

Berlin 1954

Walter de Gruyter & Co.

vormals G. J. Göschen'sche Verlagshandlung / J. Guttentag, Verlagsbuchhandlung / Georg Reimer / Karl J. Trübner / Veit & Comp.

Archiv-Nr. 28 17 54

Satz: Walter de Gruyter & Co., Berlin W 35
Druck: I/16/01 Märkische Volksstimme Potsdam 5000/163/52 A 2647

Inhaltsverzeichnis

Verzeichnis

der aufgenommenen Entscheidungen aus der alten Sammlung

† Entscheidung ist gekürzt

• Entscheidung enthält nur Leitsatz

Die Entscheidungen sind grundsätzlich ungekürzt gebracht worden. Ausnahmsweise gekürzte Entscheidungen sind mit einem † gekennzeichnet.

Soweit eine Entscheidung mehrere Fachgebiete betrifft, ist sie nur in einem Fachgebiet aufgenommen worden. Die anderen Gebiete enthalten nur den Leitsatz der betreffenden Entscheidung mit einem Hinweis, wo der vollständige Abdruck erfolgt ist.

Um das Auffinden der Entscheidungen zu erleichtern, wird am Schluß der Gruppe ein Gesamt-Fundstellenregister erscheinen, in dem alle aufgenommenen Entscheidungen verzeichnet und nach der Fundstelle der alten und der neuen Sammlung zitiert sind.

Zwangsversteigerungsgesetz

Allgemeine Vorschriften

RGZ. 73, 397

1. Inwieweit kann für die Zwangsverwaltungskosten das Vorrecht des § 10 Nr. 1 ZwVG. in Anspruch genommen werden? Ist der Prozeßrichter bei der Entscheidung dieser Frage an eine nach § 153 a. a. O. ergangene Anweisung des Vollstreckungsrichters gebunden?

2. Hat der Gläubiger wegen Nichtaufnahme der Kosten in das geringste Gebot ein Beschwerderecht gegenüber dem Zuschlag, wenn das Meistgebot zur Deckung seines zurückgewiesenen Anspruchs ausreicht?

ZwVG. §§ 45, 97, 100.

V. Zivilsenat. Urt. v. 4. Mai 1910.

I. Landgericht Leipzig. II. Oberlandesgericht Dresden.

Auf dem Grundstück T. Bl. 655, das einem Bauunternehmer G. gehörte, hafteten: 1. für die Beklagte Sch. 22000 M. Sicherungshypothek, 2. für den Beklagten H. 2041,13 M. Sicherungshypothek, 3. für den nicht mehr in Betracht kommenden Beklagten Z. ein vorgemerkter Betrag von 150 M. nebst Zinsen, 4. für den inzwischen verstorbenen Kläger K. eine Sicherungshypothek von 12000 M., von der jedoch K. auf Grund einer vollstreckbaren Urkunde vom 26. März 1906 nur 8000 M. in Anspruch nahm.

Das Grundstück war im April 1906, als auf Antrag des Klägers die Zwangsversteigerung und Zwangsverwaltung eingeleitet wurden, mit einem im Rohbau vollendeten und eingedeckten Wohnhause bebaut und wurde von dem gerichtlichen Sachverständigen auf 21088 M. geschätzt. Zum Zwangsverwalter wurde der Baumeister Kr., ein Angestellter des Klägers Kr., der den Bau ausführte, bestellt und auf Antrag K.s und des Schuldners G. vom Vollstreckungsgericht angewiesen, die Fertigstellung des Baus möglichst rasch zu betreiben, um eine baldige Vermietung der Wohnungen zu ermöglichen. K. erbot sich, die Vorschüsse für den Ausbau, der auf 16000 M. veranschlagt wurde, zu leisten und schoß dann, wie er behauptete, bis zum 14. Dezember zur Vollendung des Gebäudes 25505,45 M. vor. Im November 1906 wurde die Zwangsversteigerung, die liegen geblieben war, auf Antrag der Beklagten Sch. wieder aufgenommen und das Grundstück auf 38838 M. geschätzt. Im Bietungstermin vom 4. Januar 1907 wurden von den Zwangsverwaltungskosten, für die K. das Vorrecht des § 10 Nr. 1 ZwVG. in Anspruch nahm, nur 150 M. Vergütung für den Zwangsverwalter und 400 M. Erhaltungskosten in das geringste Gebot aufgenommen. K. blieb mit einem Bargebot von 29600 M. Meistbietender und erhielt dafür den Zuschlag. In den Verteilungsterminen vom 22. Februar und 2. März 1907 beanspruchte K. für seine gesamten auf 26550,82 M. berechneten Auslagen das Vorrecht. Er erhob, als er nur mit 580,90 M. berücksichtigt wurde, gegen die vorgängige Befriedigung der Hypothekengläubiger Widerspruch und blieb mit dem Rest des Meistgebots, den er mit seinen Ansprüchen verrechnete, im Rückstand. Dieser wurde unter der Bedingung, daß der Widerspruch K.s beseitigt würde, in Höhe von 19992,05 M. der Beklagten Sch., in Höhe von 2096,14 M. dem Beklagten H. und in Höhe von 226,75 M. dem Beklagten Z. übertragen.

K. erhob dann, indem er noch geltend machte, daß sich die Beklagte Sch. ihm gegenüber mit dem Ausbau des Gebäudes einverstanden erklärt, auch sich für die Vorschüsse, die sie ihm zu diesem Zwecke geleistet, seine Baugeldforderung in Höhe von 10000 M. habe abtreten lassen, daß ferner die Beklagten sich mit seinem Schaden ungerechtfertigt bereichern würden, Klage und beantragte, 1. festzustellen, daß den Beklagten die ihnen übertragenen Beträge nicht zuständen, vielmehr die Widersprüche des Klägers begründet seien, 2. sie zur Löschung der für ihre Ansprüche eingetragenen Sicherungshypotheken zu verurteilen.

Das Landgericht erachtete die Klage bis auf 12804,76 M., die es der Beklagten Sch. zuerkannte, für begründet. Das Oberlandesgericht aber sprach, nachdem alle Teile Berufung eingelegt hatten, der Beklagten Sch. 19930,33 M., dem Beklagten H. 1060,15 M. und nur den Rest der Erbin des Klägers K. zu; im übrigen wies es alle Berufungen zurück. Der hiergegen von der Witwe K. eingelegten Revision wurde stattgegeben aus folgenden

Gründen:

. . . „Die Vorderrichter haben über die Aufwendungen K.s und die dadurch eingetretene Verbesserung des Grundstücks Beweis erhoben und sodann die Anwendbarkeit des § 10 Nr. 1 ZwVG. verneint. Das Landgericht war der Ansicht, daß die Höhe der Aufwendungen weder hinreichend dargetan sei, noch mit dem Werte des Grundstücks im Verhältnis stehe, und billigte dem Kläger nur den Betrag der eingetretenen Bereicherung zu; diese Bereicherung ermittelte es an der Hand der beiden Taxen von 21088 und 38838 M. in der Art, daß es das Meistgebot verhältnismäßig auf 16072 M. herabsetzte und nur den überschießenden Betrag dem Kläger, den nicht bereits verteilten Rest der 16072 M. in Höhe von 12804,76 M.

dagegen der Beklagten Sch. als erster Hypothekengläubigerin zusprach.

Der Berufungsrichter führt aus, es sei für die Zwecke der Zwangsverwaltung nicht die Fertigstellung des Wohnhauses, sondern nur die Erhaltung in dem bestehenden Zustande durch Schutzmaßregeln im Werte von 1000—2000 = 1500 M. nötig gewesen, der Klägerin daher unter Anrechnung der anderweit zugesprochenen Beträge, der Zinsen und Kosten noch ein Betrag von 1262,74 M. zuzusprechen, der Rest in Höhe von 19930,33 M. der Beklagten Sch., in Höhe von 1060,15 M. dem Beklagten H. zuzuteilen. Im übrigen könne die Klägerin ihren Anspruch weder auf eine Einigung mit der Beklagten Sch., die nicht erwiesen und in der Abtretung vom 14. Juli 1906 nicht zu finden sei, noch auf das Vorhandensein einer ungerechtfertigten Bereicherung stützen, da deren Voraussetzungen weder in rechtlicher, noch in tatsächlicher Beziehung vorlägen. Denn es sei mit der Möglichkeit zu rechnen, daß bei Nichtvornahme des Ausbaus das Meistgebot hinter dem durch die Erhaltungskosten vermehrten Werte von 21088 M. nicht nur nicht zurückgeblieben wäre, sondern ihn bis zum Betrage von etwa 25000 M., der alle der Klägerin vorgehenden Hypotheken gedeckt hätte, überstiegen hätte. Auch könne, soweit etwa die Befriedigung der Beklagten auf eine durch die Aufwendungen des Klägers bewirkte Wertsteigerung des Grundstücks zurückzuführen sei, von einer Bereicherung im Sinne der §§ 812flg. BGB. nicht gesprochen werden, weil die Beklagten nicht ohne Rechtsgrund und auch nicht unmittelbar aus dem Vermögen K.s die Befriedigung erlangt hätten.

Diese Ausführungen werden von der Revision mit Recht als irrtümlich angefochten. Unzutreffend ist es allerdings, wenn die Revision dem Berufungsrichter das Recht, die Notwendigkeit des Ausbaus des Wohnhauses nachzuprüfen, um deswillen bestreitet, weil der Ausbau nach Anhörung des betreibenden Gläubigers und des Schuldners nach Maßgabe des § 153 ZwVG. vom Vollstreckungsrichter angeordnet und diese Anweisung für den Verwalter und den betreibenden Gläubiger maßgebend gewesen sei. Zwar ist § 10 Nr. 1 ZwVG., der dem die Zwangsverwaltung betreibenden Gläubiger für seine Ausgaben zur Erhaltung oder nötigen Verbesserung des Grundstücks die — impensae necessariae und utiles des gemeinen Rechts, im Gegensatz zu den impensae voluptuariae, den unnötigen Verbesserungen, vgl. preuß. ALR. I. 7 §§ 204flg., preuß. KO. vom 8. Mai 1855 § 41 Nr. 2, preuß. ZwVG. vom 13. Juli 1883 §§ 24, 148 — im Zwangsversteigerungsverfahren ein Vorrecht gewährt, den erwähnten §§ 24, 148 preuß. ZwVG. nachgebildet (Denkschrift zur Reichstagsvorlage S. 36), und in den Motiven zu diesem Gesetz (§§ 144, 145 des Entwurfs S. 127, Jaeckel Anm. 1 zu § 148 a. a. O.) findet sich die Bemerkung, daß darüber, ob und in welchem Umfange

Verwendungen stattfinden dürften, für die das Vorrecht in der Zwangsverwaltung und Zwangsversteigerung in Anspruch genommen werden könne, die nach § 144 des Entwurfs zu erteilende Anweisung des Gerichts entscheide; eine entsprechende Bestimmung ist jedoch weder in das preußische, noch in das Reichsgesetz übergegangen. Sie versteht sich auch nicht von selbst, weil die Hypothekengläubiger in dem Verfahren der Zwangsverwaltung nicht zugezogen werden und durch die dort getroffenen Entscheidungen nicht gebunden werden können. Sie mögen, wie angenommen wird (Jaeckel Anm. 1 Reinhard II. S. 225 zu § 153 ZwVG. u. a.), das Recht haben, Vorstellungen nach § 766 ZPO. anzubringen und gegen die darauf getroffenen Entscheidungen Beschwerde zu erheben; dieses Recht kann aber nicht für ausreichend erachtet werden, weil die Anweisungen nach § 153 ZwVG. den Hypothekengläubigern nicht bekannt gemacht werden, und diese daher zumeist ohne Kenntnis bleiben.

Zu Unrecht hat sich jedoch der Berufungsrichter bei der Prüfung der Notwendigkeit der Verbesserung auf einen andern Standpunkt gestellt, als der Vollstreckungsrichter. Die Zwangsverwaltung hat nach § 152 ZwVG. nicht nur den Zweck, den bestehenden Zustand zu erhalten, sondern auch das Grundstück ordnungsmäßig zu nutzen. Zu diesem Zwecke muß das Grundstück nötigenfalls auch instand gesetzt werden. Dies ist bei angefangenen Bauten, insbesondere bei der Vollendung im Bau begriffener Mietshäuser, vom Reichsgericht wiederholt anerkannt worden.

Vgl. Urteil vom 14. März 1908 in Seuff. Arch. Bd. 63 S. 254, Urteil vom 14. Oktober 1908 im ZentrBl. f. freiw. Ger. Bd. 9 S. 469 und dem Urteil vom 12. Mai 1909, Rep. V. 333/08.

Wenn in dem letzten dieser Urteile auch die Möglichkeit, den Rohbau durch Eindeckung gegen Witterungseinflüsse zu schützen, in Betracht gezogen worden ist, so lag diese Sache insofern anders, als es sich dort um die Winterszeit handelte, wo Bauten regelmäßig nicht fortgesetzt zu werden pflegen. Hier aber begann die Zwangsverwaltung im Frühling, wo der Bau fortgesetzt werden mußte, wenn nicht ein ganzes Mietjahr verloren gehen sollte.

Eine andere Frage ist aber die, ob die Aufwendungen für die angeordnete Maßnahme in der Tat gemacht worden sind, und ob sie im einzelnen eine Verbesserung des Grundstücks, die auch den Realgläubigern zugute kommt, zur Folge gehabt haben. In dieser Beziehung kommen nicht die Vorschriften über ungerechtfertigte Bereicherung, sondern lediglich die des Zwangsvollstreckungsgesetzes zur Anwendung. Dabei aber sind dieselben Grundsätze maßgebend, die das Reichsgericht,

vgl. Entsch. in Zivils. Bd. 17 S. 273, Bd. 25 S. 227, Bd. 41 S. 323, Denkschrift zur Reichstagsvorlage S. 36, für die gleichen Bestimmungen des preuß. ZwVG. aufgestellt hat. Haben die Aufwendungen des betreibenden Gläubigers den Wert des Grundstücks gesteigert und so den Vorteil der Hypothekengläubiger gefördert, so müssen diese auch das Vorrecht für die Auslagen zugestehen, soweit dieser Vorteil reicht. Ist eine Wertsteigerung nicht eingetreten, so trägt das Risiko der betreibende Gläubiger. Auf die Ergebnisse der Zwangsversteigerung kann es dabei nicht ankommen; denn bleibt das Meistgebot hinter dem wahren Werte zurück, so haben sich dies die Hypothekengläubiger, die nicht weit genug geboten haben, selbst zuzuschreiben.

Nach diesen Gesichtspunkten ist die Sache in der Vorinstanz noch nicht ausreichend geprüft worden, und sie war daher unter Aufhebung des Berufungsurteils dahin zurückzuverweisen.

Dem Umstande, daß die Auslagen K.s entgegen dem § 45 ZwVG. nicht in das geringste Gebot aufgenommen worden sind, hat der Berufungsrichter mit Recht keine Bedeutung beigelegt. Nachdem sich bei dem Ausgebot ein die Ansprüche in jedem Falle deckendes Meistgebot ergeben hatte, hatte K. keinen Beschwerdegrund und durfte seine Ansprüche von neuem im Verteilungstermine geltend machen.

Vgl. Entsch. des RG.s in Zivils. Bd. 59 S. 266."

RGZ. 83, 87

1. Steht das Vorzugsrecht aus § 10 Nr. 3 ZwVG. auch solchen Straßenanliegerbeiträgen zu, deren Veranlagung zwar länger als zwei Jahre zurückliegt, für die jedoch durch besondere Vereinbarung Teilzahlungen bewilligt sind?

2. Wem ist bei bestehender Zwangsverwaltung die Veranlagungserklärung zuzustellen?

Preuß. FluchtlG. vom 2. Juli 1875.
ZwVG. vom 24. März 1897 §§ 10, 148.

V. Zivilsenat. Urt. v. 11. Juli 1913.

I. Landgericht Kiel. II. Oberlandesgericht daselbst.

Auf Antrag der Klägerin (zu 1) wurde ein in Kiel gelegenes Grundstück des Bäckermeisters M. zwangsweise versteigert, wobei die Klägerin mit einem hypothekarisch gesicherten Anspruch ausfiel, weil das Vollstreckungsgericht gewissen von der Beklagten angemeldeten Straßenanliegerbeiträgen bei Aufstellung des Teilungsplans den Rang der dritten Klasse des § 10 ZwVG. zuerkannte und daher dem Anspruche der Beklagten volle Deckung aus dem Erlöse vor den Ansprüchen der Klasse 4 zusprach. Die Klägerin, die sonst zum Zuge gekommen wäre, erhob gegen den Teilungsplan Widerspruch, worauf der von der Beklagten angemeldete Betrag von 3177,94 M. auf Anordnung des Vollstreckungsgerichts als Streitmasse hinterlegt wurde. Die Klägerin verlangt mit ihrer Klage die Verurteilung der Beklagten dazu, daß er in die Auskehrung des hinterlegten Betrags an sie willige. Das Landgericht hat nach dem Antrag erkannt, weil die Veranlagungen zu jenen Beiträgen mehr als zwei Jahre vor der Beschlagnahme zurückliegen, der Zeitpunkt der Veranlagung aber maßgebend sei. Eine Neuveranlagung vom 16. Mai 1911 sei lediglich der Form nach neu, hierdurch könnte die Frist zugunsten der Beklagten nicht erstreckt werden.

Bei der Zwangsversteigerung eines anderen, ebenfalls zu Kiel gelegenen, dem Obermaschinisten M. gehörigen Grundstücks fiel der Kläger (zu 2) mit einem hypothekarisch gesicherten Anspruch aus, weil das Versteigerungsgericht den von der Beklagten angemeldeten Straßenanliegerbeiträgen im Betrage von 5011,15 M. den Rang der 3. Klasse zubilligte. Der Kläger, der sonst der nächste am Zuge gewesen wäre, widersprach der Zuteilung an die Beklagte. Auf Grund einer Vereinbarung wurde dann der hinterlegte Betrag einstweilen an die Beklagte ausgekehrt. Der Kläger verlangt mit der Klage die Rückzahlung von 4000 M. Das Landgericht hat auch hier die Beklagte nach dem Klagantrage verurteilt. Sie hat in beiden Sachen Berufung eingelegt und nach deren Verbindung die Abweisung der Klagen beantragt.

Das Oberlandesgericht wies in der letzteren Sache die Berufung völlig und in der ersteren soweit zurück, als die Beklagte die Abweisung der Klage mit 831,94 M. verlangt hatte, indem es den Vorrang der Beklagten in Klasse 3 nur soweit anerkannte, als am 16. Mai 1911 der damalige Grundstückseigentümer Bäckermeister M. nochmals veranlagt worden ist. Dies sei zulässig gewesen, weil nach der früheren Veranlagung von 1906 ein Gebäude auf dem Grundstück errichtet worden, das Veranlagungsschreiben auch dem M. ordnungsmäßig zugestellt worden sei. Den übrigen Beträgen, wie auch den sämtlichen bei der Versteigerung des Obermaschinisten M.schen Grundstücks angemeldeten Beträgen sprach es das Vorrecht aus § 10 Nr. 3 ZwVG. ab, da, wenn die Zahlung der veranlagten Beiträge, wie hier geschehen, in einzelnen Abschnitten zugelassen worden sei, für Gewährung des Vorrechts nicht die Fälligkeit der einzelnen Abschnitte, sondern der Zeitpunkt der Veranlagung maßgebend sei. Mit der Revision begehrt die Beklagte die völlige Abweisung der beiden Klagen, während die Klägerin mit der Anschlußrevision die Zurückweisung der Berufung der Beklagten in vollem Umfange verlangt.

Die Revision der Beklagten ist zurückgewiesen, der Anschlußrevision der Klägerin stattgegeben worden.

Aus den Gründen:

. . . „1. Zur Revision der Beklagten. Das Berufungsgericht hat den in der zweiten Zwangsversteigerungssache von der Beklagten angemeldeten Straßenanliegerbeiträgen das Vorrecht aus § 10 Nr. 3 ZwVG. ganz und den in der ersten Zwangsversteigerungssache angemeldeten insoweit abgesprochen, als sie auf früheren Veranlagungen als den aus dem Jahre 1911 beruhen. Es läßt dahingestellt, ob durch ein auf Grund des § 15 FluchtlG. erlassenes Ortsstatut die Fälligkeit unbeschadet des Vorranges aus § 10 Nr. 3 ZwVG. dadurch hinausgeschoben werden könne, daß den Schuldnern durch das Statut Teilzahlungen bewilligt werden. Es verneint die Frage jedoch für die vorliegenden Fälle, weil hier die Teilzahlungen nicht nach Gesetz oder Verfassung zu zahlen waren, sondern durch besondere Abmachungen der Beteiligten vereinbart gewesen seien. Möchten diese Abmachungen auch durch das Ortsstatut gestattet sein, so beruhten sie doch auf einem privatrechtlichen Titel. Hiergegen wendet sich die Revision ohne Erfolg.

Die Straßenanliegerbeiträge . . . sind öffentliche (gemeine) Lasten im Sinne des § 10 Nr. 3 ZwVG. und der Art. 1, 2 des preuß. AG. z. ZwVG., sie sind auf einem nicht privatrechtlichen Titel beruhende Abgaben und Leistungen, die auf dem Grundstücke nach Gesetz oder Verfassung haften. Die Abgabe ruht daher auf dem Grundstück und hat dingliche Eigenschaft, sie ist von der Eintragung in das Grundbuch ausgeschlossen (Entsch. des RG.s in Zivils. Bd. 42 S. 278, Bd. 56 S. 397, 398, preuß. AG. z. GBO. Art. 11). Sie scheidet auch nicht etwa deshalb aus den bevorrechtigten Ansprüchen des § 10 Nr. 3 ZwVG. aus, weil sie sich mit einer einmaligen Leistung an sich erschöpft (Entsch. des RG.s in Zivils. Bd. 56 S. 398). Das Berufungsgericht geht davon aus, wie nach den gesetzlichen Bestimmungen für die Entstehung der öffentlichen Lasten jede Privatwillkür ausgeschlossen sei, so müsse das gleiche auch gelten für den Zeitpunkt ihrer Fälligkeit und damit für das ihnen verliehene Vorrecht. Es führt zur Begründung dieser Auffassung aus, die Gesetzgebung lasse seit längerer Zeit im Interesse des Realkredits nur solche Belastungen eines Grundstücks zu, die leicht erkennbar seien; wenn das Gesetz nun eine Last auch ohne Eintragung als eine dingliche anerkenne und ihr ein Vorrecht zugestehe, dann spreche die Vermutung dafür, daß dies nur soweit gelten solle, als die Entstehung und die Dauer der Belastung unmittelbar aus dem Gesetz oder aus einem auf Grund des Gesetzes erlassenen Statut zu ersehen sei, und daß durch besondere Vereinbarungen die Belastung weder dem Umfange noch der Dauer nach verschärft werden könne.

Wenn das Berufungsgericht sagt, daß die hier geforderten Teilzahlungen nicht auf öffentlichrechtlichen Vorschriften beruhen, so will es damit der Forderung an sich nicht die öffentlichrechtliche Grundlage entziehen, sondern will ihr nur deshalb das Vorzugsrecht absprechen, weil und soweit sie durch die Vereinbarung von Teilzahlungen hinausgeschoben ist und weil sie insoweit dieser Grundlage entbehrt. Diese Auffassung kann nicht beanstandet werden. Wie das Berufungsgericht feststellt, liegen sowohl die Veranlagungen, abgesehen von der vom 16. Mai 1911, wie auch der Ablauf der in den Veranlagungen gewährten Zahlungsfristen länger als zwei Jahre zurück vor der Beschlagnahme der Grundstücke. Es kann nun mit dem Berufungsgerichte dahingestellt bleiben, wie die Frage zu beurteilen wäre, wenn durch Ortsstatut den Anliegern das Recht auf die gewährten Teilzahlungen verliehen wäre. Wenn man unterstellt, was keinesfalls über jeden Zweifel erhaben ist, das Ortsstatut sei dazu befugt, so könnte man wohl sagen, daß hier die Fälligkeit von vornherein auf Grund eines öffentlichrechtlichen Titels hinausgeschoben sei, eine frühere Fälligkeit also nie bestanden habe (s. Rütgers in Pr. VerwBl. Bd. 25 S. 605; Krug Pr. VerwBl. Bd. 33 S. 495). In nicht zu beanstandender Weise legt aber das Berufungsurteil dar, daß dieser Fall nicht vorliegt. Die Veranlagung mit der Aufforderung zur Zahlung binnen der zweiwöchigen Frist erfolgte vielmehr ohne gleichzeitige Teilzahlungsbewilligung. Diese ist erst erfolgt auf Grund von § 2 Absatz 4 des Statuts, wonach auf Antrag derartige Teilzahlungen bewilligt werden können, die Anlieger also darauf kein Recht haben. Ebenso kann dem Berufungsgerichte nicht widersprochen werden, wenn es aus dem Umstande keine Änderung der Rechtslage entnimmt, daß Formulare mit dem Vordrucke benutzt worden sind „Es steht Ihnen frei, den vorstehenden Betrag entweder sofort in einer Summe oder in 10 Jahresraten . . . abzutragen". Denn dieser Vermerk hat in dem jetzt gültigen Statut, im Gegensatz zu dem früher, wie das Berufungsgericht feststellt, in Kraft gewesenen Regulativ, keine Unterlage. Ist sonach die Stundung nicht gleich mit der Veranlagung und nicht statutengemäß eingetreten, so begann die auf öffentlichrechtlichem Titel beruhende Fälligkeit sofort mit der Veranlagung oder doch mit dem Ablaufe der darin erwähnten zweiwöchigen Zahlungsfrist und von dem gleichen Zeitpunkt ab die Rückständigkeit. Beiträgen, die danach länger als zwei Jahre rückständig sind, steht das auf öffentlichrechtlichem Titel beruhende Vorrecht des § 10 Nr. 3 ZwVG. nicht zu. Da dieses Vorrecht durch privatrechtliche Vereinbarungen nicht erzeugt werden kann, so kann es solchen Beiträgen nicht beigelegt werden, die nur deshalb noch nicht eingefordert werden können, weil nach Zugang der Veranlagung durch besondere Vereinbarung der Zeitpunkt der Zahlung hinausgeschoben worden ist. Die einmal eingetretene Rückständigkeit, die sich nach Gesetz oder Ortsstatut bemißt, kann eben durch eine dieses öffentlichrechtlichen Titels entbehrende Vereinbarung nicht mit der

Wirkung beseitigt werden, daß auf diese Weise auch Anliegerbeiträge mit dem Vorrechte aus § 10 Nr. 3 ZwVG. ausgestattet werden, deren Veranlagung einschließlich des Ablaufs der darin bestimmten Zahlungsfrist länger als zwei Jahre zurückliegt.

Diese der Entscheidung zugrunde liegende Auffassung des Berufungsurteils wird auch von der Wissenschaft, soweit ersichtlich, vorzugsweise vertreten, so von Lüttich (Arch. f. BürgRecht Bd. 37 S. 307), von Mützelburg (Pr. VerwBl. Bd. 32 S. 444) und von Krug (Pr. VerwBl. Bd. 33 S. 495), anscheinend auch von Germershausen (Wegerecht Bd. 1 S. 837). Und Rütgers (Pr. VerwBl. Bd. 25 S. 605), der für die entgegengesetzte Ansicht eintritt, muß anerkennen, daß sie nicht frei von Bedenken ist. Was die Revision dagegen vorbringt, erscheint nicht stichhaltig. Denn wenn sie meint, es handle sich lediglich um eine Anwendung der durch öffentliches Recht (das Statut) den Anliegern gewährten Befugnis, die Straßenbaukosten in 10 Terminen abzutragen, so ist dem entgegenzuhalten, daß ja gerade das Berufungsgericht einwandfrei nachgewiesen hat, wie nach dem Statut die Anlieger diese Befugnis nicht haben. Auch der Hinweis der Revision auf die Rechtskraft der Veranlagung ist erfolglos. Denn die rechtskräftig gewordene Veranlagung enthält eben eine derartige Befugnis nicht. Die Zulässigkeit des Verfahrens, dem Anlieger bei der Veranlagung Teilzahlungen zu gewähren, steht hier nicht in Frage, entgegen der Annahme der Revision, die die Erörterung darüber vor den ordentlichen Gerichten für unzulässig erklärt. Denn einmal handelt es sich hier um Teilzahlungen, die erst nach der Veranlagung bewilligt worden sind, und ferner handelt es sich nicht um die Zulässigkeit einer solchen Vereinbarung, sondern nur darum, ob dem Forderungsrecht auf die dadurch bewilligten Teilzahlungen das Vorzugsrecht aus § 10 Nr. 3 ZwVG. zusteht.

2. Zur Anschlußrevision der Klägerin ist deren Angriff begründet, der sich dagegen richtet, daß das Berufungsgericht auf Grund der Veranlagung vom 16. Mai 1911 der Beklagten das Vorrecht aus § 10 Nr. 3 ZwVG. zugebilligt hat.

Ob eine rechtswirksame Veranlagung vorliegt, ist unbedenklich im Rechtswege nachzuprüfen (Jur. Wochenschr. 1909 S. 740 Nr. 46). Dafür ist aber wesentlich, ob die Bekanntmachung der Veranlagung der richtigen Person zugestellt ist (Entsch des RG.s in Zivils. Bd. 56 S. 398). Nach der Auffassung des Berufungsgerichts ist die Zustellung zu Recht an den Grundstückseigentümer selbst, nicht an den Zwangsverwalter, erfolgt, da die Veranlagung zu den Anliegerbeiträgen keine Handlung darstelle, die erforderlich ist, um das Grundstück in seinem wirtschaftlichen Bestande zu erhalten und ordnungsmäßig zu benutzen (§ 152 ZwVG.). Diese Auffassung kann indessen nicht gebilligt werden. Denn abgesehen davon, daß es hier nicht auf die Veranlagung, die übrigens keine das Grundstück betreffende

Verwaltungshandlung sein kann, sondern auf die daraufhin zu treffende Entschließung ankommt, ist es von Bedeutung, wem die Veranlagung als dem, dem diese Entschließung zusteht, bekannt zu machen ist. Gemäß § 148 ZwVG. wird durch die Beschlagnahme dem Schuldner die Verwaltung und Benutzung des Grundstücks entzogen. Da die Anliegerbeiträge, wie oben ausgeführt, dingliche Lasten sind, so ergibt sich schon daraus, daß dem Eigentümer, dem die Verwaltung des Grundstücks entzogen ist, nicht mehr die Befugnis zustehen kann, die Entschließung darüber zu treffen, ob die Veranlagung zu beanstanden oder gutzuheißen ist. Diese Entschließung, die im letzteren Falle durch Nichtbenutzung der Einspruchsfrist unmittelbar zur dinglichen Belastung des Grundstücks führt, ist daher unbedenklich eine Verwaltungshandlung, die nur von demjenigen gültig vorgenommen werden kann, welcher zu der Verwaltung berechtigt ist (Entsch. des RG.s in Zivils. Bd. 56 S. 399). Dies kann aber bei bestehender Zwangsverwaltung nur der Verwalter sein (s. a. Friedrichs FluchtlG. § 15 Bem. 10d S. 269). Das Urteil ist daher auch insoweit aufzuheben, als es den angemeldeten Beträgen der Beklagten aus der Veranlagung vom 16. Mai 1911 den Vorrang vor der Klägerin einräumt." . . .

RGZ. 91, 297

Gehören mehr als zwei Jahre alte Rückstände an Zinsen und Amortisationsbeiträgen, die durch Ausübung eines Ablösungsrechts auf den Ablösungsberechtigten übergegangen sind, in die vierte oder in die achte Rangklasse?

ZVG. § 10 Nr. 4, 8. BGB. §§ 268, 401, 412, 1150, 1153.

V. Zivilsenat Urt. v. 12. Dezember 1917.

I. Landgericht Ellwangen. II. Oberlandesgericht Stuttgart.

Im Grundbuchheft und im Unterpfandbuch über das Brauereianwesen „zum Ritter" in G. waren seit 1891 und 1897 für den Württembergischen Kreditverein in St. ein zu 4% verzinsliches Darlehen von ursprünglich 20833,33 M. sowie ein zu 3½% verzinsliches Darlehen von ursprünglich 83333,33 M. an erster und zweiter Stelle eingetragen. Die Darlehen, einschließlich der Zinsen, sollten durch 50 Jahre dauernde Renten von 4,66% mit jährlich 970 M. und von 4,27% M. mit jährlich 3560 M. getilgt werden. Wenn die Renten nicht binnen 20 Tagen nach dem Verfalltage gezahlt würden, sollte der Schuldner 5% Verzugszinsen vom Verfalltage ab entrichten. Die Beklagte hatte das Anwesen durch Verträge mit den jeweiligen Eigentümern bis zum 31. Dezember 1918 gepachtet. Sie hat an den Kreditverein auf das erste Darlehn Rentenbeträge für die Zeit vom

15. August 1907 bis dahin 1912, auf das zweite solche für die Zeit vom 15. Februar 1903 bis dahin 1904 sowie vom 15. Februar 1908 bis zum 15. August 1912 bezahlt. Mit Bewilligung des Kreditvereins sind die gezahlten Beträge als Teile der beiden Posten auf ihren Namen im Grundbuchheft und Unterpfandbuch umgeschrieben worden.

Auf den Antrag des Klägers, für den eine Darlehnsforderung von 50000 M. an dritter Stelle eingetragen stand, wurde am 15. Dezember 1914 wegen eines Teilbetrags dieser Forderung die Zwangsversteigerung des Anwesens eingeleitet. Der Kreditverein trat dem Verfahren wegen seiner beiden vorgehend eingetragenen Restforderungen bei. Am 12. August 1916 wurde das Anwesen dem Kläger für das durch Zahlung zu berichtigende Meistgebot von 96000 M. zugeschlagen. Im Verteilungstermin wurden für die Beklagte auf Grund der für sie umschriebenen Teilposten nebst 5% Verzugszinsen seit dem 15. August 1912 insgesamt 11134,07 M. von dem Versteigerungserlös in Ansatz gebracht. Der Kläger, der mit seiner Post bis auf 1391,43 M. ausfiel, widersprach der Zuweisung der 11134,07 M. an die Beklagte und nahm diesen Betrag für sich in Anspruch, weil die für die Beklagte umgeschriebenen Teilposten sich über mehr als zwei Jahre rückständige Renten verhielten, welche erst in der achten Rangklasse, also hinter seiner Post, in Ansatz zu bringen seien. Nachdem die Streitmasse hinterlegt worden war, erhob er Widerspruchsklage.

Das Landgericht gab der Klage statt; das Oberlandesgericht erkannte auf Abweisung. Auf Revision des Klägers wurde das erste Urteil wiederhergestellt.

Gründe:

„Vom 1. Januar 1900 ab galt das über das Brauereianwesen „zum Ritter“ in G. geführte Grundbuchheft nebst Unterpfandbuch gemäß § 87 GBO., § 1 württemb. VO., betr. das Grundbuchwesen vom 30. Juli 1899, als Grundbuch und galten daher gemäß Art. 192, 193 EG. z. BGB., Art. 214 württemb. AG. z. BGB. vom 28. Juli 1899 die für den Kreditverein im Grundbuchheft und im Unterpfandbuch eingetragenen beiden Darlehnsposten, für welche Pfandscheine ausgestellt waren, als Briefhypotheken. Die jährlich auf die beiden Hypotheken zu zahlenden Renten stellten sich, da die Hypothekenforderungen mit 4 oder $3^1/_2$% verzinst und die Hypothekkapitale nebst den Zinsen durch Zahlung der Renten während der Dauer von 50 Jahren getilgt werden sollten, zu einem Teile als Zinsen, zum andern als solche wiederkehrende Leistungen dar, welche als Zuschlag zu den Zinsen behufs allmählicher Kapitaltilgung zu entrichten waren. Die Renten waren also im Sinne des § 10 Nr. 4 ZVG. Ansprüche auf wiederkehrende Leistungen, die in Zinsen und als Zuschlag zu diesen zu entrichtenden Amortisationsbeiträgen (Tilgungsbeiträgen) bestanden. Wurde eine Rente vom Schuldner (Grundstückseigentümer) oder für diesen von einem Dritten an den Gläubiger bezahlt, so erlosch nach §§ 267, 362 BGB. der Anspruch auf die Rente sowohl, soweit er eine Zinsforderung, als auch soweit er einen Amortisationsbeitrag umfaßte. War die Rente rückständig gewesen, so hatte dies Erlöschen zur Folge, daß die Hypothek für den Zinsrückstand nach § 1163 Abs. 1 Satz 2, § 1178 Abs. 1 Satz 1 BGB. erlosch, während die Hypothek für den rückständigen Amortisationsbeitrag nach § 1163 Abs. 1 Satz 2, § 1177 Abs. 1 Satz 1 zur Eigentümergrundschuld wurde. Denn Amortisationsbeiträge, auch wenn sie in der Form von Zuschlägen zu den Zinsen festgesetzt werden, sind nicht neben dem Kapital, sondern als Kapitalteile zur allmählichen Tilgung der Kapitalforderung zu entrichten, so daß sie nicht als Nebenleistungen im Sinne des § 1178 Abs. 1 Satz 1 betrachtet werden können (RGZ. Bd. 54 S. 92, Urt. vom 25. November 1916 Rep. V. 224/16, zum Teil abgedruckt in RGZ. Bd. 89 S. 131). In einem solchen Falle konnte gemäß Art. 215 württemb. AG. z. BGB. ein nachstehender Hypothekengläubiger die Löschung der zur Eigentümergrundschuld gewordenen Teilhypothek in gleicher Weise verlangen, wie wenn zur Sicherung des Rechtes auf Löschung eine Vormerkung in das Grundbuch eingetragen gewesen wäre.

Vorliegend nimmt der Berufungsrichter an, daß die Beklagte die rückständigen Renten nicht für den Eigentümer, insbesondere nicht in Anrechnung auf den ihm zu entrichtenden Pachtzins gezahlt, sondern daß sie den Kreditverein, nachdem er vom Schuldner unter ernstlicher Androhung der Zwangsvollstreckung Zahlung der rückständigen Renten verlangt hatte, als nach §§ 268, 1150 BGB. zur Ablösung Berechtigte befriedigt habe. Daher könne der Kläger seine Widerspruchsklage nicht auf Art. 215 AG. stützen, weil eine Eigentümergrundschuld zufolge der Bezahlung der Rentenrückstände durch die Beklagte nicht entstanden sei. Er habe auch kein vertragliches Recht darauf gehabt, daß die Renten in Anrechnung auf den Pachtzins gezahlt würden, und ebensowenig habe die Beklagte, indem sie die Zahlungen zur Ablösung statt in Anrechnung auf den Pachtzins leistete, dem Kläger gegenüber arglistig gehandelt. Alles dies stimmt mit den Darlegungen des ersten Richters überein.

Weiter aber erachtet der Berufungsrichter entgegen dem ersten Richter die Widerspruchsklage auch nicht durch die Tatsache für gerechtfertigt, daß die Renten mehr als zwei Jahre alte Rückstände waren. Er führt in dieser Hinsicht aus, da die Beklagte in Ausübung des ihr als Pächterin zustehenden Ablösungsrechts gezahlt habe, sei allerdings die Forderung auf die Renten kraft Gesetzes (§ 268 Abs. 3, § 1150 BGB.) auf sie übergegangen. Allein wenn der Gläubiger einer Forderung auf rückständige Amortisationsbeiträge von einem Ablösungsberechtigten befriedigt werde, handle es sich von da ab nicht mehr um „rückständige Amortisationsbeiträge". Die Amortisationsleistung sei nunmehr erfüllt; es könne nicht mehr davon gesprochen werden, daß dem Amortisationsgläubiger gegenüber etwas rückständig sei. Ob solche Leistungen rückständig seien, bemesse sich lediglich nach dem Verhältnisse zwischen Schuldner und Amortisationsgläubiger, nicht nach dem Verhältnisse zwischen Schuldner und ablösendem Dritten. Der Dritte erlange durch die Leistung einen Ersatzanspruch, dem allerdings das Bürgerliche Gesetzbuch die rechtliche Natur des befriedigten Anspruchs verliehen habe, der aber der Sache nach doch ein Ersatzanspruch bleibe. Durch den Forderungsübergang werde die Tatsache nicht beseitigt, daß die rückständige Amortisationsquote getilgt worden sei. Dies werde auch dadurch nicht anders, daß die befriedigte Forderung noch ausdrücklich abgetreten werde. Daß ein Betrag rückständig sei, stelle keine der Forderung an sich anhaftende Eigenschaft dar, sondern betreffe nur das Verhältnis zwischen dem Amortisationsgläubiger und dem Schuldner; diese Eigenschaft gehe also nicht wie ein Nebenrecht auf den Ablösenden über. Der Kläger könne daher wegen seiner nacheingetragenen Hypothek nicht auf Grund des § 10 Nr. 4, 8 ZVG. ein Recht auf den Versteigerungserlös mit Vorrang vor den auf die Beklagte umgeschriebenen Renten für sich in Anspruch nehmen.

Gegen diese Ausführungen richtet sich die Revision. Sie ist begründet. Eine Leistung ist rückständig, wenn der Termin für ihre Fälligkeit vorübergegangen ist, ohne daß der Anspruch auf sie getilgt wurde oder sonst erlosch (vgl. RG. in Jur. Wochenschr. 1911 S. 953 Nr. 30). Dies ist auch im Zwangsversteigerungsgesetz unter Rückständen wiederkehrender Leistungen zu verstehen, wie sich aus der Bestimmung des § 13 Abs. 1 ergibt: „die laufenden Beträge wiederkehrender Leistungen nehmen ihren Anfang von dem letzten Fälligkeitstermine vor der Beschlagnahme des Grundstücks; die Rückstände werden von demselben Zeitpunkte zurückgerechnet". Danach sind Zinsen rückständig, wenn sie für eine Zeit bis zum letzten Fälligkeitstermine vor der Grundstücksbeschlagnahme zu entrichten waren und der Anspruch auf sie noch nicht erloschen ist. Das gleiche gilt auch von den als Zuschlag zu den Zinsen zu entrichtende Amortisationsbeiträgen, welche im § 10 Nr. 4 ZVG., wie übrigens hinsichtlich der Verjährung auch im § 197 BGB., den Zinsen gleichgestellt sind. Der Eintritt eines Gläubigerwechsels, bei dem eine Tilgung der Ansprüche auf Zinsen oder Amortisationsbeiträge nicht erfolgt, ist für die Frage der Rückständigkeit von keiner Bedeutung. Wie im Falle der Abtretung oder sonstigen Übertragung der Zinsanspruch auch in der Hand des neuen Gläubigers ein Anspruch auf neben dem Kapital zu entrichtende Leistungen und der Anspruch auf Amortisationsbeiträge ein solcher auf Leistungen zur allmählichen Kapitaltilgung bleibt (vgl. RG. in Seufferts Arch. Bd. 62 Nr. 182), so ist ein auf einen neuen Gläubiger übergegangener Anspruch auf Zinsen oder Amortisationsbeiträge, die zur Zeit der Gläubigerschaft des ursprünglichen Gläubigers wegen eingetretener Fälligkeit und nicht erfolgter Bezahlung rückständig waren, nach dem Übergang ebenfalls ein Anspruch auf rückständige Leistungen, da diese noch immer fällig und ungetilgt sind.

Im vorliegenden Falle umfassen die auf die beiden Hypotheken des Kreditvereins zu entrichtenden Jahresrenten, wie bemerkt, zu einem Teile Zinsen von den Hypothekkapitalen, zum anderen Teil Amortisationsbeiträge. Die streitigen Renten waren, als die Beklagte ihre Beträge an den Kreditverein zahlte, schon seit einiger Zeit fällig gewesen und noch unberichtigt; sie waren daher damals schon rückständige Zinsen und als Zuschlag zu diesen behufs allmählicher Kapitalstilgung zu entrichtende Leistungen. Da der Kreditverein Zahlung dieser für ihn hypothekarisch gesicherten Renten von dem Grundstückseigentümer und gleichzeitigen persönlichen Schuldner unter Androhung der Zwangsvollstreckung verlangt hatte und die Beklagte als Pächterin des Grundstücks Gefahr lief, den Besitz an dem Grundstücke zu verlieren (vgl. § 57 Satz 2 ZVG.), war sie gemäß § 268 Abs. 1, § 1150 BGB. zur Ablösung berechtigt. Da sie ferner das Ablösungsrecht ernstlich und unter Ausdruck dieses ihres Willens gegenüber dem Kreditverein durch Befriedigung des Vereins ausgeübt hat, ist allerdings nach § 668 Abs. 3, § 1150 und nach §§ 401, 412, § 1153 Abs. 1 der Anspruch auf die Renten mit der für ihn bestehenden Hypothek kraft Gesetzes auf sie übergegangen. Aber trotz dieses Überganges blieb der Anspruch ein solcher auf rückständige Zinsen und Amortisationsbeiträge. Denn durch die Befriedigung des Kreditvereins wurde er nicht getilgt, vielmehr blieb er gegen den Eigentümer und Schuldner weiter bestehen; die Befriedigung führte kein Erlöschen nach §§ 267, 362 herbei, sondern bewirkte nur, daß an die Stelle des bisherigen Gläubigers die diesen befriedigende Beklagte als neue Gläubigerin trat; und der Anspruch war nach wie vor fällig. Daß die von der Beklagten bezahlten Rentenbeträge auf Grund der Berichtigungsbewilligung und Abtretungserklärung des Kreditvereins im Grundbuchheft und Unterpfandbuch auf ihren Namen umgeschrieben worden sind, ist in dieser Hinsicht ohne Belang. Dadurch wurde das Grundbuch nur dahin richtig gestellt, daß von den Hypotheken des Kreditvereins die Teilhypotheken für diese Rentenbeträge auf die Beklagte als neue Gläubigerin übergegangen waren. Die Beklagte hat übrigens selbst von den fraglichen Renten noch 5% Verzugszinsen berechnet, wie sie für fällige Renten bei Bestellung der beiden Hypotheken für den Kreditverein festgesetzt worden sind. Als im Dezember 1914 die Beschlagnahme des Grundstücks erfolgte, betrafen die auf sie übergegangenen Ansprüche auf Renten, also auf Zinsen und Amortisationsbeiträge,

Rückstände, die mehr als zwei Jahre alt geworden waren. Die Ansprüche waren daher nicht nach § 10 Nr. 4 ZVG. in der vierten, sondern gemäß § 10 Nr. 8 in der achten Rangklasse, also erst nach der Hypothek des Klägers in Ansatz zu bringen.

Der Berufungsrichter meint, wenn man einen auf den Ablösungsberechtigten übergegangenen Anspruch auf mehr als zwei Jahre alte Rückstände dauernd in die achte Rangklasse einordne, werde die Neigung der Inhaber dieses Rechtes, die Ablösung vorzunehmen, zum Schaden des Schuldners sehr vermindert. Das Ablösungsrecht ist jedoch, wie die Revision zutreffend bemerkt, nicht zum Schutze des Schuldners gegeben, sondern um dem Berechtigten die Möglichkeit zu gewähren, die ihm durch die Zwangsvollstreckung des betreibenden Gläubigers drohende Gefahr des Verlustes eines Rechtes oder seines Besitzes abzuwenden. Hat der Ablösungsberechtigte durch Befriedigung der Ansprüche des Gläubigers auf Rückstände die Gefahr abgewendet und führt er es dann nicht herbei, daß er von dem Schuldner wegen der Rückstände Ersatz erlangt, so muß er, wenn demnächst das Grundstück dennoch versteigert wird, es hinnehmen, daß er mit den mehr als zwei Jahre alt gewordenen Rückständen erst in der achten Rangklasse zur Hebung kommt. Die zeitliche Grenze für das Vorrecht der Rückstände aus § 10 Nr. 4 ZVG. ist vom Gesetze deshalb gezogen, weil die Sicherheit des Realkredits leiden müßte, wenn das Vorrecht allen nicht verjährten Ansprüchen gewährt würde (Denkschrift zu § 10 des Entwurfs). Es sollen also diejenigen, die dem Grundstückseigentümer Realkredit gewähren, darauf rechnen können, daß voreingetragene wiederkehrende Leistungen, die länger als zwei Jahre unberichtigt geblieben sind, ihnen im Falle der Zwangsversteigerung im Range nachstehen. In wessen Hand sich dann die Ansprüche auf mehr als zwei Jahre alte Rückstände befinden, ob in der Hand des ursprünglichen Gläubigers oder eines anderen, auf den sie, sei es zufolge Rechtsgeschäfts oder kraft Gesetzes, übergegangen sind, kann hierbei keinen Unterschied machen." ...

Anordnung der Versteigerung

RGZ. 41, 321

Kann der die Zwangsverwaltung betreibende Gläubiger für die von ihm geleisteten Vorschüsse das Vorrecht aus § 24 des Gesetzes vom 13. Juli 1883 auch dann beanspruchen, wenn die in der Zwangsverwaltung erzielten Erntevorräte, durch deren Verkauf während der

Zwangsverwaltung die Vorschüsse hätten gedeckt werden können und sollen, unverkauft geblieben und mit dem Grundstücke versteigert worden sind?

Zwangsvollstreckungsgesetz vom 13. Juli 1883 §§ 24, 148, 150.

V. Zivilsenat. Urt. v. 18. Mai 1898.

I. Landgericht Gnesen. II. Oberlandesgericht Posen.

Über das Rittergut I. wurde auf Antrag der Beklagten, für die auf ihm eine Hypothek von 145000 M. eingetragen war, am 12. Februar 1894 die Zwangsverwaltung, und am 16. April 1894 auf Antrag der Klägerin, für die auf ihm eine Kautionshypothek von 40000 M. haftete, die Zwangsversteigerung eingeleitet. Die Beklagte trat diesem Verfahren bei und erstand im Oktober 1894 das Grundstück für ein Meistgebot von 446000 M. In der Kaufgeldverteilung gelangte die Beklagte mit ihrer Hypothekenforderung nebst Zinsen vollständig zur Hebung, während die Klägerin mit der von ihr liquidierten Kautionshypothek in Höhe von 38744,99 M. ausfiel. Dieser Ausfall ergab sich dadurch, daß die Beklagte an Vorschüssen, die sie während der Zwangsverwaltung zur Erhaltung und nötigen Verbesserung des Gutes geleistet habe, und die aus den Einkünften nicht hätten gedeckt werden können, 39508,03 M. und an Zinsen hiervon bis zum Tage der Kaufgelderbelegung 930,48 M. liquidierte, für welche Beträge sie das Vorrecht des § 24 des Gesetzes vom 13. Juli 1883 in Anspruch nahm. Klägerin bestritt diese Liquidate, und zwar die Vorschüsse in Höhe von 25000 M. und die Zinsen zum vollen Betrage; es wurde daher eine Streitmasse in Höhe 25930,48 M. gebildet und zur Hinterlegungsstelle abgeführt. Klägerin wurde zur Klage verwiesen und erhob diese.

Der erste Richter sprach die Streitmasse in Höhe von 12193 M. der Klägerin und in Höhe von 13737,48 M. der Beklagten zu; der zweite Richter erhöhte auf die Berufung beider Parteien den der Klägerin zugesprochenen Betrag auf 17690,48 M. Dieses Urteil ist, soweit der Klägerin ein Betrag zugesprochen war, auf die Revision der Beklagten aufgehoben, und die Sache zur anderweitigen Verhandlung und Entscheidung an das Berufungsgericht zurückverwiesen worden.

Aus den Gründen:

.. . . „Begründet ist . . . die Revision insoweit, als es sich um die Frage handelt, ob die Beklagte für die von ihr geleisteten Vorschüsse das Vorrecht des § 24 des Gesetzes vom 13. Juli 1883 in Anspruch nehmen kann.

Darüber besteht zunächst kein Zweifel, daß die beiden ersten Voraussetzungen, die diese gesetzliche Vorschrift für das Vorrecht des die Zwangsverwaltung betreibenden Gläubigers aufstellt, für die

Beklagte vorliegen. Denn die Zwangsverwaltung des Grundstückes ist unstreitig bis zum Zuschlage fortgesetzt worden, und die von der Beklagten gezahlten Vorschüsse von zusammen 39508,03 M. sind zur Erhaltung und nötigen Verbesserung des Grundstückes nicht bloß geleistet, sondern auch tatsächlich verwendet worden. . . . Damit ist auch das zweite vom Gesetz aufgestellte Erfordernis,

vgl. hierzu Entsch. des RG.s in Zivils. Bd. 17 S. 273, 276,

als vorhanden festgestellt.

Der Punkt, bei welchem die rechtliche Beurteilung des Berufungsrichters fehlgeht, bezieht sich auf die Schlußvorschrift des § 24, wonach den Vorschüssen des die Zwangsverwaltung betreibenden Gläubigers das Vorrecht nur gewährt wird, soweit sie „aus den Einkünften nicht erstattet werden können". Hier deduziert der Berufungsrichter so: wäre die Zwangsverwaltung ordnungsmäßig geführt, d. h. wäre darauf Bedacht genommen worden, durch Verkauf der nicht zur Fortführung der Wirtschaft erforderlichen Erntevorräte einen Barbestand zu schaffen, aus welchem zunächst die Vorschüsse zu decken gewesen wären, so hätten der Beklagten ihre Vorschüsse in Höhe von 16760 M. aus den Einkünften der Zwangsverwaltung erstattet werden können. Die Voraussetzung des Gesetzes, daß die Vorschüsse „aus den Einkünften nicht erstattet werden können", liege also nicht vor, und deshalb stehe der Beklagten in Höhe dieser 16760 M. das Vorrecht des § 24 nicht zu.

Mit dieser Ausführung wird die Bedeutung des § 24 verkannt. Dieser beruht auf der Erwägung, daß sich die in der Zwangsversteigerung zur Hebung kommenden Realgläubiger mit dem Schaden des die Zwangsverwaltung betreibenden Gläubigers bereichern würden, wenn das Grundstück durch Verwendung der von diesem geleisteten Verwaltungsvorschüsse erhalten oder mit den nötigen Verbesserungen ausgestattet worden ist, und der hierdurch erzielte Kaufpreis lediglich den Realgläubigern nach der unter ihnen bestehenden Rangordnung zugute käme. Daß dies die für den Gesetzgeber maßgebende Erwägung war, ergibt sich daraus, daß „ein solcher Zusammenhang der Zwangsverwaltung mit der Zwangsversteigerung vorausgesetzt wird, welcher die Annahme rechtfertigt, daß die aufgewendeten Kosten das Grundstück für die Zwangsversteigerung erhalten oder wiederhergestellt haben".

Vgl. Begründung des Regierungsentwurfes S. 76, bei Stegemann, Materialien zum Gesetze vom 13. Juli 1883 S. 57.

Hierauf beruht es, daß § 24 ausdrücklich eine bis zur Zwangsversteigerung fortgesetzte Zwangsverwaltung voraussetzt.

Diese dem Gesetze zugrunde liegende Erwägung muß nun aber auch dann Platz greifen, wenn in der Zwangsverwaltung durch Verwendung der Vorschüsse Erntebestände erzielt worden sind, die sich zur Zeit der Zwangsversteigerung noch unverkauft auf dem Grundstück befunden und mit ihm zusammen das Versteigerungsobjekt gebildet haben. Es mag sein, daß dies bei einem ordnungsmäßigen Gange der Zwangsverwaltung nicht der Fall sein sollte, weil es Aufgabe und Pflicht des Verwalters ist, durch rechtzeitigen Verkauf der für die Bewirtschaftung entbehrlichen Vorräte für Erstattung der vom Gläubiger geleisteten Vorschüsse zu sorgen. Aber wenn dies nicht geschieht, sei es, daß der Verwalter mit dem Verkauf der Erzeugnisse saumselig ist, oder daß sich ihm eine passende Gelegenheit zu ihrer angemessenen Verwertung nicht bietet, so bleibt doch in Ansehung der Versteigerung das Ergebnis dieses, daß ein Teil des Versteigerungsobjektes, nämlich die Erntevorräte, durch Verwendung der Verwaltungsvorschüsse aufgebracht worden sind, und daß die Realgläubiger sich insoweit mit dem Schaden des die Zwangsverwaltung betreibenden Gläubigers bereichern würden, als angenommen werden kann, daß das Meistgebot nur mit Rücksicht auf die mitverkaufte Ernte die erzielte Höhe erreicht hat.

In dieser Beziehung unterscheidet sich der vorliegende Fall ersichtlich von dem durch Urteil des Reichsgerichtes vom 13. November 1889,

Entsch. des RG.s in Zivils. Bd. 25 S. 227,

entschiedenen. Denn damals hatte der Verwalter die erzielten Einkünfte verschleudert, und von ihnen war nichts — weder in natura, noch sonst — in die Zwangsversteigerung hinübergekommen. Von einer Bereicherung der Realgläubiger durch die in der Zwangsverwaltung erzielten Einkünfte konnte also damals keine Rede sein. Im vorliegenden Falle aber sind solche Einkünfte erzielt; sie sind nur nicht, wie es hätte geschehen müssen, während der Zwangsverwaltung verkauft, sondern aufbewahrt und dann zugleich mit dem Grundstück versteigert und zugeschlagen worden. Dadurch aber konnten die in der Zwangsverwaltung begründeten Rechte derjenigen Gläubiger, deren Ansprüche aus den erzielten Einkünften vorweg zu bestreiten sind, wie dies § 148 des Gesetzes vom 13. Juli 1883 bezüglich der Verwaltungsvorschüsse vorschreibt, nicht beseitigt werden. Vielmehr greift auch in solchem Falle der in § 150 Abs. 2 des Gesetzes ausgesprochene Grundsatz durch, daß die Rechte der einzelnen Gläubiger auf die in der Zwangsverwaltung erzielten und in ihr nicht verteilten Einkünfte bei der Verteilung im Versteigerungsverfahren zu berücksichtigen sind. Sowie diese Rechte gewahrt bleiben, wenn sich die Versteigerung und der Zuschlag auf die in der Zwangsverwaltung erzielten und bei Erteilung des Zuschlages noch in Natur auf dem Grundstück vorhandenen Einkünfte nicht mit erstreckt hat,

vgl. Entsch. des RG.s in Zivils. Bd. 25 S. 237, 242,

so müssen sie auch bestehen bleiben, wenn eine Verschmelzung beider Massen in der Weise zustande gekommen ist, daß die nicht veräußerten Einkünfte zugleich mit dem Grundstück versteigert und zugeschlagen worden sind.

Aus dem Vorstehenden folgt nun aber nicht, daß die Realgläubiger, welche in der Zwangsversteigerung aus dem Meistgebot zur Befriedigung gelangen, sich gerade um denjenigen Betrag zum Schaden des die Zwangsverwaltung betreibenden Gläubigers bereichern würden, welcher dem Werte der mitversteigerten Erntevorräte entspricht. Es wäre ein Fehlschluß, wenn man schlechthin annehmen wollte, daß das Meistgebot um diesen Betrag geringer ausgefallen sein würde, wenn das Grundstück ohne die Vorräte ausgeboten und zugeschlagen worden wäre. Es kommt vielmehr darauf an, in welchem Verhältnisse das Meistgebot zu dem Werte des Grundstückes einschließlich der hinzugetretenen Ernte steht, und nach diesem Verhältnisse muß ermittelt werden, wieviel von dem Meistgebot auf die mitversteigerte Ernte zu rechnen ist. Hierüber bedarf es einer erneuten Verhandlung der Parteien und einer richterlichen Feststellung.“ . . .

RGZ. 76, 116

1. Erfordert die Beschlagnahme von Mietzinsen nach § 1124 BGB. einen dinglichen Schuldtitel des Hypothekengläubigers?

2. Kann der Hypothekengläubiger, der auf Grund eines persönlichen Schuldtitels die Zwangsversteigerung des Grundstücks betreibt, die Berücksichtigung seiner Hypothek bei der Feststellung des geringsten Gebots verlangen?

ZwVG. §§ 16, 44.

I. Zivilsenat. Urt. v. 3. April 1911.

I. Landgericht Frankfurt a. M. II. Oberlandesgericht daselbst.

Der Bauunternehmer K., auf dessen Grundstücken Sch.straße Nr. 20 und E.straße Nr. 50 für die Beklagte Hypotheken von 60000 M. und 150000 M. hafteten, hatte durch notariell beglaubigte Urkunde vom 10./22. Juli 1908 der Beklagten die Mieten der erwähnten Häuser mit der Verpflichtung, davon die Hypothekenzinsen und die Abgaben zu decken, abgetreten.

K. schuldete der Klägerin zufolge vollstreckbaren Urteils vom 3. Mai 1906 aus einem Lieferungsvertrage den Betrag von 4222 M. nebst 4% Zinsen. Die Klägerin ließ am 11. Februar 1909 für einen Teil dieser Forderung im Betrage von 1407,33 M. nebst Zinsen auf dem Grundstück E.straße Nr. 50 (Abt. III Nr. 6) und für einen weiteren Teil von 1407,33 M. nebst Zinsen auf dem Grundstück Sch.straße

Nr. 20 (Abt. III Nr. 6) je eine Sicherungshypothek eintragen und sodann durch Beschluß des Amtsgerichts vom 16. Februar 1909 wegen der ganzen vollstreckbaren Forderung die Mieten der bezeichneten Hausgrundstücke pfänden und sich zur Einziehung überweisen.

Das Haus Sch.straße Nr. 20 wurde am 19. Mai 1909 der Nebenintervenientin im Wege der Zwangsversteigerung zugeschlagen, wobei die Sicherungshypothek der Klägerin erlosch. Das Grundstück E.straße Nr. 50 wurde auf Antrag der Beklagten im September 1909 unter Zwangsverwaltung gestellt, und der bezügliche Vermerk am 17. September 1909 im Grundbuch eingetragen.

Die Klägerin beanspruchte gemäß § 1124 Abs. 1 und 2 BGB. in ihrer Eigenschaft als Hypothekengläubigerin die Mieten seit dem 1. Juli 1909 und klagte, da die Beklagte dies nicht anerkennen wollte, gegen diese mit dem Antrag, festzustellen, daß sie berechtigt sei, die Mietzinsen seit dem 1. Juli 1909 so lange zu erheben, bis sie wegen ihrer bezüglichen eingetragenen Teilforderungen befriedigt sei.

Der Beklagten, die Abweisung der Klage beantragte, trat die Ersteherin des Grundstücks Sch.straße Nr. 20 als Nebenintervenientin bei.

Das Landgericht hat nach dem Antrag der Klägerin erkannt; das Oberlandesgericht hat der Berufung der Beklagten nur insoweit stattgegeben, als es den Mietsbezug der Klägerin bei dem Hause Sch.straße Nr. 20 auf die Zeit bis zum 1. Oktober 1909 und bei dem Hause E.straße Nr. 50 auf die Zeit bis zum 1. Januar 1910 beschränkt hat; im übrigen hat es die Berufung der Beklagten nicht für begründet erachtet. Der Revision der Beklagten und der Nebenintervenientin ist stattgegeben worden.

Aus den Gründen:

„Nach § 1123 BGB. erstreckt sich die Hypothek auch auf Miet- oder Pachtzinsforderungen; der Eigentümer behält jedoch nach § 1124 das Verfügungsrecht darüber, solange sie nicht „zugunsten des Hypothekengläubigers" in Beschlag genommen sind. Auch Vorausverfügungen muß nach Abs. 2 des § 1124 der Hypothekengläubiger, der die Beschlagnahme erwirkt hat, noch für das laufende und das der Beschlagnahme folgende Vierteljahr gelten lassen. Den Verfügungen (Abtretungen, Verpfändungen) des Eigentümers stehen Pfändungen persönlicher Gläubiger gleich;

vgl. Entsch. des RG.s in Zivils. Bd. 29 S. 240, Bd. 58 S. 185, Bd. 59 S. 177, Bd. 64 S. 418;

diese Pfändungen können also an sich frühere Verfügungen des Eigentümers nicht beeinträchtigen.

Die „Beschlagnahme zugunsten des Hypothekengläubigers", die nach Ablauf des zweiten Kalendervierteljahrs solche Verfügungen mit

Einschluß der Personalpfändungen unwirksam macht, kann nach dem geltenden Recht nicht mehr im Wege der Zwangsversteigerung (§ 21 Abs. 2 ZwVG.), wohl aber im Wege der Zwangsverwaltung (§ 148 Abs. 1) erfolgen. Diese Beschlagnahme verschafft kein Vorrecht, sondern hat Verteilung nach der gesetzlichen Rangordnung zur Folge (§ 155). Aber auch im Wege der Zwangsvollstreckung in das bewegliche Vermögen, also namentlich durch Pfändung der Miet- und Pachtzinsforderungen, kann nach der herrschenden Meinung,

vgl. für das frühere Recht Entsch. des RG.s in Zivils. Bd. 23, S. 56, Bd. 29 S. 240, Bd. 31 S. 318, Bd. 42 S. 88, Jur. Wochenschr. 1895 S. 78 Nr. 37; ferner Turnau-Förster Bd. 1 S. 792 zu § 1121, S. 797, zu § 1124 BGB.; Planck Bem. 3 vor §§ 1120flg. BGB.; v. Staudinger Bem. I 1a zu § 1121 a. a. O.,

der Hypothekengläubiger jene Beschlagnahme erreichen. Folgt man dieser Meinung, so bleibt jedoch zweifelhaft, ob zu einer solchen Beschlagnahme ein persönlicher Schuldtitel genügt, oder ob ein dinglicher erforderlich ist, und ob dadurch vorgehende Hypothekengläubiger in ihren Rechten beeinträchtigt werden können.

Im vorliegenden Falle hat der Berufungsrichter, entgegen einer Einrede der Beklagten, mit Recht verneint, daß die zu deren Gunsten vorgenommene Abtretung durch den Hinzutritt des Umstandes, daß die Beklagte Hypothekengläubigerin war, die Bedeutung einer Beschlagnahme im Sinne der §§ 1123flg. BGB. erlangen konnte. In betreff der Personalpfändung der Klägerin aber hat er die gleiche Frage bejaht. Er kann sich dafür auf Planck (Bem. 3d vor §§ 1120flg. BGB.) berufen, der sich durch Erwägungen, zu denen eine ähnliche Streitfrage im Gebiet des Zwangsversteigerungsrechts Anlaß gibt, hat leiten lassen. Dort entsteht nämlich die Frage, ob der betreibende Gläubiger, wenn er lediglich einen persönlichen Schuldtitel besitzt, aber nachweisen kann, daß die vollstreckbare Forderung mit einer Hypothekenforderung identisch ist, deren Rang in Anspruch nehmen und sowohl sie als auch die nachstehenden Hypotheken von der Aufnahme in das geringste Gebot ausschließen kann. Jaeckel, Zwangsversteigerungsgesetz usw. 2. A. zu § 16 S. 73flg. hat unter Darlegung des nach seiner Meinung einzuschlagenden Verfahrens die Frage verneint und namentlich darauf hingewiesen, daß gegenüber dem zu berücksichtigenden dinglichen Anspruch besondere Einreden bestehen können, die nicht im Vollstreckungsverfahren zu erledigen seien. Derselben Ansicht sind u. a.

Kretschmar, Einf. in das Grundbuch-Recht Bd. 1 S. 352; Schöbel, Praktische Fragen aus dem Gebiete der Zwangsversteigerung S. 6; Busch im Zentr.-Bl. für freiwillige Ger. Bd. 9 S. 523, und ein Urteil des Oberlandesgerichtes in Hamburg (Rechtspr. Bd. 18 S. 165), das sich mit dem hier in Frage stehenden § 1124 BGB. befaßt.

Die entgegengesetzte Ansicht vertreten außer Planck a. a. O.

Fischer-Schäfer, Komm. zum ZwVG. S. 114; Reinhard, Komm. Bd. I S. 114, 115 und im Zentr.-Bl. für freiw. Ger. Bd. 2 S. 555; Eccius in Gruchots Beiträgen Bd. 44 S. 530, und in ausführlicherer Darlegung Meyn, im Sächs. Archiv Bd. 13 S. 603.

Aus den Ausführungen namentlich von Planck und Meyn aber geht hervor, daß sie sich bei ihrer Entscheidung wesentlich durch praktische Erwägungen, die angeblichen Unzuträglichkeiten, die die entgegengesetzte Annahme für den betreibenden Gläubiger zur Folge habe, leiten lassen. Nun ist aber nicht einzusehen, warum Unzuträglichkeiten, die ein unvorsichtiger oder ungeschickter Prozeßbetrieb für den betreibenden Gläubiger nach sich ziehen würde, dadurch vermieden werden sollen, daß andere Personen in ihren Rechten verkürzt werden. Sodann aber liegen die fraglichen Unzuträglichkeiten gar nicht vor. Gegenüber Jaeckel, der die Hypothek des betreibenden persönlichen Gläubigers überhaupt nicht berücksichtigen, sondern durch den Zuschlag erlöschen lassen will, weist Güthe in der dritten Auflage von Jaeckel ZwVG. Anm. 11 zu § 16 S. 84 mit Recht darauf hin, daß die Hypothek, wie gewöhnlich, in das geringste Gebot aufzunehmen und zu übernehmen ist. Der betreibende Gläubiger kann die Übernahme nach § 53 ZwVG. § 416 BGB. genehmigen; dann erlischt seine persönliche Forderung gegen den Schuldner und er kann aus dem Schuldtitel nichts mehr liquidieren. Oder er genehmigt nicht und liquidiert aus dem Schuldtitel, wie gewöhnlich und wie im Falle der Zwangsvollstreckung in das bewegliche Vermögen gegenüber dem etwaigen baren Überschuß des Versteigerungserlöses. Dann erlischt, soweit er befriedigt wird, mit der Forderung aus dem Schuldtitel auch die persönliche Hypothekenforderung, und es entsteht zwar nicht, wie Güthe annimmt, nach § 1163 Abs. 1 Satz 2 BGB. eine Eigentümergrundschuld zugunsten des früheren Eigentümers, weil dieser nicht mehr Eigentümer ist; wohl aber erwirbt dieser, wie schon Busch a. a. O. mit Recht hervorgehoben hat, nach § 1164 BGB. die Hypothek. Das Ergebnis ist also durchaus befriedigend.

Geht man hiervon aus, so fehlt es beim Mangel eines dinglichen Schuldtitels der Klägerin, an einer Beschlagnahme im Sinne des § 1124 BGB. Die Klägerin muß die Abtretung der Mietzinsen zugunsten der Beklagten gelten lassen, und ihre Klage ist auch insoweit, als sie nicht bereits abgewiesen ist, unbegründet."

RGZ. 84, 265 †

1. Eintragung einer Zwangshypothek auf mehrere Grundstücke des Schuldners.

a) Begriff eines selbständigen Grundstücks.

b) Ist, wenn die Eintragung der Zwangshypothek für eine den Betrag von 300 M. übersteigende Forderung unter Verteilung der Forderung auf die einzelnen Grundstücke beantragt wird, die Eintragung solcher Teile unzulässig, die den Betrag von 300 M. nicht übersteigen?

2. Antrag auf Eintragung einer Zwangshypothek für mehrere Forderungen einer Berufsgenossenschaft an Beiträgen nach dem Gewerbe-Unfallversicherungsgesetze vom 5. Juli 1900.

a) Was ist für die Beitragsforderungen der Schuldtitel im Sinne des § 866 Abs. 3 ZPO.?

b) Ist die Eintragung solcher Beitragsforderungen, die den Betrag von 300 M. nicht übersteigen, zulässig, wenn eine andere, von dem Eintragungsantrage mitumfaßte Beitragsforderung mehr als 300 M. beträgt?

3. Ist eine Zwangshypothek, deren Eintragung erst erfolgte, nachdem die Beschlagnahme des Grundstücks zugunsten eines anderen Gläubigers wirksam geworden war, diesem Gläubiger gegenüber dann nicht unwirksam, wenn der Antrag auf Eintragung der Zwangshypothek der Beschlagnahme vorausging?

4. ...

ZPO. §§ 866 Abs. 3, 867. BGB. §§ 135, 136, 878, 892. ZwVG. §§ 22, 23, 27. GewUnfVersG. vom 5. Juli 1900 §§ 99flg., 103.

V. Zivilsenat. Urt. v. 12. März 1914.

I. Landgericht Kassel. II. Oberlandesgericht daselbst.

Die Kieslieferanten Wilhelm H. und Heinrich H. in K. waren zu je 1/9 eingetragene Miteigentümer der im Grundbuche von W. Bd. 2 Bl. 27 unter Nr. 1—5 verzeichneten Grundstücke.

Im Herbst 1900 wurden der klagenden Steinbruchsberufsgenossenschaft geschuldet: von Wilhelm H. an Beiträgen für 1905 bis 1907, Selbstversicherung und einer Geldstrafe zusammen 3323,65 M., von Heinrich H. an Beiträgen für 1905 bis 1907 und Selbstversicherung zusammen 2069,85 M.

Wegen dieser Forderungen beantragte die Klägerin, nachdem die Zwangsvollstreckungen in das bewegliche Vermögen der Schuldner fruchtlos ausgefallen waren, am 18. September 1909 bei der Stadthauptkasse in K. als Vollstreckungshilfsorgan die Eintragung von Sicherungshypotheken auf die genannten Miteigentumsanteile der Schuldner. Die Stadthauptkasse stellte darauf bei dem Amtsgerichte zu K., dem zuständigen Grundbuchamte, mit dem am 25. September beim Gericht eingegangenen Schreiben vom 23. September 1909 den Antrag, „die Schuldforderungen von 3323,65 und 2069,85 M. auf das im Grundbuche von W. Bd. 2 Bl. 27 eingetragene Grundstücksteil der beiden Schuldner als Sicherungshypotheken einzutragen". Am 14. Oktober verfügte der Grundbuchrichter, Amtsgerichtsrat D., der dem beklagten Fiskus auf dessen Streitverkündung als Nebenintervenient beigetreten ist, die Eintragung der beiden Sicherungshypotheken in Abt. III unter Nr. 4 und 5 auf die je $^1/_9$ Anteile des Wilhelm und des Heinrich H. Die Eintragungen erfolgten am 19. Oktober. Inzwischen hatte der Maurermeister W. auf Grund eines gegen Wilhelm und Heinrich H. erlassenen Vollstreckungsbefehls wegen einer Forderung von 5052,90 M. beantragt, seinen Beitritt zu der im Juni 1909 auf Antrag eines anderen Gläubigers angeordneten Zwangsversteigerung des Anteils des Heinrich H. zuzulassen. Der Beschluß über die Zulassung des Beitritts war am 9. Oktober erlassen und am 13. Oktober 1909 dem Heinrich H. zugestellt worden. Ferner hatte W. auf Grund des erwähnten Vollstreckungsbefehls die Einleitung der Zwangsversteigerung des Anteils des Wilhelm H. beantragt. Der Beschluß über die Anordnung dieser Zwangsversteigerung wurde am 16. Oktober erlassen und am 19. Oktober 1909 dem Wilhelm H. zugestellt. Am 3. Mai 1910 fand die Versteigerung sämtlicher Anteile an dem vorbezeichneten Grundbesitze gemeinsam statt.

In dem Kaufgelderverteilungstermin am 2. Juni 1910 wurden von dem auf den Anteil des Heinrich H. entfallenden Versteigerungserlöse dem W. als mit seiner Forderung zufolge des am 13. Oktober 1909 zugestellten Beitrittsbeschlusses der Sicherungshypothek der Klägerin vorgehend 399,12 M., der Klägerin auf ihre Sicherungshypothek von 2069,85 M. nichts zugeteilt, und erhielten von dem auf den Anteil des Wilhelm H. entfallenden Versteigerungserlöse W. auf seine Forderung 603,95 M. und die Klägerin auf ihre Sicherungshypothek von 3323,65 M. den Betrag von 394,12 M., indem beide Gläubiger zufolge des am 19. Oktober 1909 zugestellten Einleitungsbeschlusses zugunsten des W. und der an demselben Tage erfolgten Eintragung der Sicherungshypothek der Klägerin als im Range gleichstehend erachtet wurden. W. erhob gegen die Auszahlung der 394,12 M. an die Klägerin Widerspruch. Der Betrag wurde hinterlegt. Später erkannte die Klägerin den Widerspruch als berechtigt an und willigte in Auszahlung der 394,12 M. an W. Im Vorprozesse nahm die Klägerin den beklagten Fiskus auf Ersatz der 394,12 M. auf Grund des § 12 GBO. in Anspruch, weil der Grundbuchrichter nach § 867 Abs. 2 ZPO. ihren Antrag auf Eintragung der Sicherungshypothek von 3323,65 M. hätte ablehnen müssen und sie bei alsbaldiger Ablehnung die Verteilung ihrer Forderungen auf die Anteile des Wilhelm H. an den einzelnen Grundstücken so zeitig hätte vornehmen können. daß sie den Vorrang vor der Forderung des W. erlangt hätte. Der beklagte Fiskus wurde in zwei Instanzen zur Zahlung der 394,12 M. rechtskräftig verurteilt.

Mit der demnächst im gegenwärtigen Rechtsstreit erhobenen Klage verlangte die Klägerin vom beklagten Fiskus weiteren Schadensersatz in Höhe der dem W. im Verteilungstermin zugeteilten Beträge von 399,12 und 603,95 M., zusammen 1003,07 M. Sie machte auch hier geltend: bei sofortiger Ablehnung der wegen fehlender Verteilung ihrer Forderungen nach § 867 Abs. 2 ZPO. unzulässigen Eintragung der beiden Sicherungshypotheken auf die Anteile des Wilhelm H. und des Heinrich H. hätte sie neue Anträge auf Eintragung von Sicherungshypotheken unter Verteilung der Forderungen auf die fünf einzelnen Grundstücke so zeitig stellen können, daß die nunmehr zulässige Eintragung der Sicherungshypotheken auf die Anteile der beiden Schuldner an den einzelnen Grundstücken vor der zugunsten des W. erfolgten Beschlagnahme bewirkt worden wäre und sie den Vorrang vor der Forderung des W. erlangt hätte.

Der erste Richter wies die Klage ab. Der Berufungsrichter verurteilte den Beklagten zur Zahlung der 1003,07 M. Auf die Revision des Nebenintervenienten ist das Berufungsurteil aufgehoben und die Sache zur anderweiten Verhandlung und Entscheidung an das Berufungsgericht zurückverwiesen worden.

Aus den Gründen:

„Der Revision konnte der Erfolg nicht versagt werden.

Unbegründet ist allerdings der Angriff der Revision, der sich gegen die Annahme des Berufungsrichters wendet, daß der Nebenintervenient seine Amtspflicht als Grundbuchrichter fahrlässig verletzt habe, wenn er auf den am 25. September 1909 beim Grundbuchamt eingegangenen Antrag auf Eintragung von Zwangshypotheken erst am 14. Oktober 1909 verfügt habe. Der Berufungsrichter führt in dieser Hinsicht aus: Aus der Natur der Sache ergebe sich, daß Anträge auf Eintragung von Zwangshypotheken als Eilsachen zu behandeln seien, wie alle Zwangsvollstreckungssachen. Sie würden auch, wie gerichtsbekannt, in der gerichtlichen Praxis ganz allgemein als Eilsachen behandelt. In diesem Falle sei Beschleunigung um so mehr geboten gewesen, als in dem dem Grundbuchamte miteingereichten Schreiben an den Magistrat ausdrücklich um beschleunigte Erledigung ersucht gewesen sei und, wie schon ein Blick in die Tabelle und die Grundakten gezeigt, es sich um besonders unsichere Schuldner gehandelt habe. Der durch den Magistrat vermittelte Antrag der Klägerin habe auch keine besonderen Schwierigkeiten geboten. Er hätte, weil die Klägerin ihre Forderungen nicht auf die fünf Grundstücke gemäß § 867 Abs. 2 ZPO. verteilt gehabt habe, von vornherein als unzulässig abgelehnt werden müssen. Selbst wenn man davon ausgehe, daß der Richter die Sache einem Referendar zur Bearbeitung habe übertragen dürfen und daß der Tag nach dem

Eingange des Antrags ein Sonntag gewesen sei, hätte, auch bei Berücksichtigung der behaupteten Arbeitshäufung vor dem Quartalsersten, spätestens am 29. September 1909 auf den Antrag verfügt werden müssen."

(Zunächst wird dargelegt, es sei in der Annahme des Berufungsrichters, daß der Nebenintervenient den Antrag der Stadthauptkasse auf Eintragung der Zwangshypotheken überhaupt als eilig hätte behandeln müssen, eine Gesetzesverletzung nicht zu finden. Sodann wird fortgefahren:) „Ferner aber wäre dem Berufungsrichter, wenn die dem Antrag entsprechende Eintragung der Zwangshypotheken lediglich wegen Nichtbefolgung der Vorschrift des § 867 Abs. 2 ZPO. unzulässig gewesen wäre, auch darin nicht entgegenzutreten, daß der Nebenintervenient, wiewohl der Tag nach dem Eingange des Antrags, der 26. September 1909, ein Sonntag war und selbst wenn zu berücksichtigen sei, daß die Sache einem Referendar zur Bearbeitung übertragen werden durfte und daß die behauptete Arbeitshäufung vor dem Quartalsersten stattfand, spätestens am 29. September 1909 die sich aus der genannten Vorschrift ergebende Verfügung auf Ablehnung des Eintragungsantrags hätte erlassen müssen. Da der Nebenintervenient den Antrag als Eilsache zu behandeln hatte, mußte er auch im Falle zeitiger Arbeitshäufung auf vorzugsweise Erledigung des Antrags bedacht sein, und er mußte ferner, wenn er die Sache einem Referendar zur Vorprüfung zuwies, auf Beschleunigung der Prüfung und der Wiedervorlegung des Antrags an ihn hinwirken. Die Frage der Unzulässigkeit des Antrags hätte auch für ihn, wenn er bei gehöriger Sorgfalt die Bestimmung des § 867 Abs. 2 ZPO. in Betracht gezogen hätte, keine Schwierigkeiten geboten.

Nach dieser Vorschrift ist, wenn mehrere Grundstücke des Schuldners mit einer Zwangshypothek belastet werden sollen, der Betrag der Forderung auf die einzelnen Grundstücke zu verteilen. Wann eine Mehrheit selbständiger Grundstücke und wann eine aus unselbständigen Teilen bestehende Grundstückseinheit vorliegt, bestimmt die Zivilprozeßordnung nicht. Auch im Bürgerlichen Gesetzbuch ist eine Bestimmung darüber nicht enthalten. Der erste Entwurf zum Bürgerlichen Gesetzbuch erachtete für den Begriff des Grundstücks das Flurbuch als maßgeblich. Unter dem Flurbuch verstand der Entwurf das auf der geometrischen Vermessung und auf der Kartierung eines Bezirks beruhende, die einzelnen Grundstücke unter fortlaufender Nummer mit Angabe ihrer Lage und Größe aufführende amtliche Verzeichnis der Liegenschaften (Mot. Bd. 3 S. 54). Nach § 787 Abs. 1 sollte jedes Grundstück, das in dem Flurbuch eine besondere Nummer führe, als ein einheitliches Grundstück anzusehen sein, und nach Abs. 2 sollte ein Gleiches gelten von mehreren Grundstücken, die im Flurbuche verschiedene Nummern führten, sofern sie in dem Grundbuch als ein einheitliches Grundstück gebucht seien. Die zweite Kommission erklärte sich zwar sachlich mit dem § 787 einverstanden, strich jedoch den Abs. 1, weil die Beziehung des Grundbuchs zu dem Flurbuch in der Grundbuchordnung zu regeln und die Bezugnahme auf das Flurbuch im Bürgerlichen Gesetzbuche wegzulassen sei, und ersetzte den Abs. 2 durch die Bestimmungen des § 890 des Gesetzes (Prot. Bd. 3 S. 13, S. 350flg., Bd. 6 S. 252). Nach Abs. 1 des § 890 BGB. können mehrere Grundstücke dadurch zu einem Grundstücke vereinigt werden, daß der Eigentümer sie als ein Grundstück in das Grundbuch eintragen läßt. Ferner bestimmt die Grundbuchordnung im § 3, daß jedes Grundstück im Grundbuch eine besondere Stelle erhält, und im § 4, daß über mehrere Grundstücke desselben Eigentümers, die im Bezirke desselben Grundbuchamts belegen sind, ein gemeinschaftliches Grundbuchblatt geführt werden kann, solange hiervon Verwirrung nicht zu besorgen ist. Aus alledem ist zu entnehmen, daß jeder gegen andere Teile räumlich abgegrenzte Teil der Erdoberfläche, der auf einem besonderen Grundbuchblatte für sich allein oder auf einem gemeinschaftlichen Grundbuchblatt unter einer besonderen Nummer im Verzeichnisse der Grundstücke gebucht ist, im Sinne des Liegenschaftsrechts als ein selbständiges Grundstück zu gelten hat (Entsch. des RG.s in Zivils. Bd. 68 S. 25; Jur. Wochenschr. 1910 S. 60 Nr. 1; RJAmtEntsch. Bd. 11 S. 233; KGJahrb. Bd. 37 A S. 209).

Vorliegend waren zur Zeit der Stellung des Eintragungsantrags auf dem in Rede stehenden Grundbuchblatt im Verzeichnisse der Grundstücke fünf Flächen, die nach der gegebenen Beschreibung im Flurbuch auf verschiedenen Kartenblättern und unter verschiedenen Nummern eingetragen waren, sich mithin als räumlich voneinander getrennt kennzeichneten, unter je einer besonderen Nummer gebucht. Daher waren die fünf Flächen als mehrere selbständige Grundstücke anzusehen. Auch der Nebenintervenient selbst hat, wie anzunehmen ist, jede der fünf Flächen als selbständiges Grundstück erachtet. Denn er hat, als er am 14. Oktober 1909 die Verfügung auf Eintragung der Sicherungshypothek von 3323,65 M. auf die $^1/_9$ Anteile des Wilhelm H. und der Sicherungshypothek von 2069,85 M. auf die $^1/_9$ Anteile des Heinrich H. an den fünf Flächen erließ, die Eintragung „1—5 zu $^1/_9$“ in Spalte 2 „Laufende Nummer der belasteten Grundstücke“ verfügt und so die Eintragung der beiden Hypotheken als Gesamthypotheken auf die $^1/_9$ Anteile an den fünf Grundstücken angeordnet. Daraus folgt, daß sich für den Nebenintervenienten, wenn er die Bestimmung des § 867 Abs. 2 ZPO. beachtet hätte, ohne weiteres der Erlaß einer Verfügung auf Abweisung des Eintragungsantrags aus dem Grunde, weil die Forderungen der Klägerin nicht auf die Anteile an den einzelnen Grundstücken verteilt worden waren, ergeben hätte.

Indes dem Eintragungsantrage stand, wie die Revision mit Recht geltend macht, noch ein weiteres Bedenken entgegen, das zu entnehmen war aus der Vorschrift des § 866 Abs. 3 ZPO., wonach auf Grund eines vollstreckbaren Schuldtitels eine Sicherungshypothek nur für eine den Betrag von 300 M. übersteigende Forderung eingetragen werden darf. Die Forderungen der Klägerin gegen Wilhelm und Heinrich H. von 3323,65 und 2069,85 M. setzen sich nach den von der Klägerin ihrem Ersuchen an die Stadthauptkasse beigefügten und demnächst dem Grundbuchamte miteingereichten Zusammenstellungen je aus verschiedenen Beträgen zusammen, die unter mehreren Nummern aufgeführt sind. Unter diesen Beträgen befinden sich solche, die nicht 300 M. übersteigen, nämlich in der den Wilhelm H. betreffenden Zusammenstellung unter Nr. 4: „Selbstversicherung pro 1906 ... 47,90 M." und unter Nr. 6: „Eine Geldstrafe mit 300 M.", und in der den Heinrich H. betreffenden Zusammenstallung unter Nr. 4: „Selbstversicherung pro 1906 ... 47,90 M.". Nach der Art der Aufführung und der Bezeichnung in den Zusammenstellungen mußten die drei Beträge als selbständige, auf je besonderen Schuldgründen beruhende Forderungen angesehen werden.

Würde für jeden Betrag allein die Eintragung einer Zwangshypothek beantragt worden sein, so wären die Eintragungen nach § 866 Abs. 3 ZPO. unzulässig gewesen. Aber auch dadurch, daß die drei Beträge in den Zusammenstellungen mit den anderen je den Betrag von 300 M. übersteigenden Forderungen zusammengerechnet und in dem Eintragungsantrage der Stadthauptkasse Eintragungen von Zwangshypotheken in Höhe der Gesamtbeträge von 3323,65 und 2069,85 M. beantragt waren, wurde ihre Eintragung nicht zulässig. Die Zusammenstellungen und der Eintragungsantrag stellten sich nicht als Schuldtitel im Sinne des § 866 Abs. 3 ZPO. dar. Unter einem Schuldtitel ist eine Urkunde zu verstehen, die eine Festsetzung, insbesondere eine Entscheidung dahin enthält, daß der Schuldner zur Zahlung verpflichtet sei, und die vermöge dieses Inhalts geeignet ist, die Grundlage für eine Zwangsvollstreckung gegen den Schuldner zu bilden. Was als Schuldtitel in diesem Sinne für die nach dem Gewerbe-Unfallversicherungsgesetze vom 5. Juli 1900 einer Berufsgenossenschaft von Mitgliedern der Genossenschaft geschuldeten Beiträge, wie sie hier in Frage stehen, anzusehen ist, ergibt sich aus den §§ 99 bis 102 des Gesetzes. Danach wird vom Genossenschaftsvorstande der auf das einzelne Genossenschaftsmitglied zur Deckung des Gesamtbedarfs entfallende Beitrag berechnet, für alle Mitglieder eine Heberolle aufgestellt, welche die Festsetzung der einzelnen Beiträge enthält, und jedem Genossenschaftsmitglied ein Auszug aus dieser Heberolle mit der Aufforderung zugestellt, den festgesetzten Beitrag zur Vermeidung der zwangsweisen Beitreibung binnen zwei Wochen einzuzahlen; die Mitglieder können gegen die Festsetzung ihrer Beiträge Widerspruch bei dem Genossenschaftsvorstand und gegen dessen Entscheidung die Beschwerde an das Reichsversicherungsamt binnen bestimmter Fristen erheben. Hieraus ist zu entnehmen, daß als Schuldtitel für die Zwangsvollstreckung gegen ein Genossenschaftsmitglied wegen eines rückständigen Beitrags der dem Mitgliede zugestellte Auszug aus der die Festsetzung des Beitrags enthaltenden Heberolle zu gelten hat (KGJahrb. Bd. 39 A S. 258, 261; Bd. 41 S. 255).

Ist aber hiervon auszugehen, so sind für die in den beiden Zusammenstellungen unter je einer besonderen Nummer aufgeführten Beiträge für die Jahre 1905 bis 1907, auch für die beiden vorbezeichneten Beiträge aus der Selbstversicherung, die sie betreffenden Heberollenauszüge als je besondere Schuldtitel zu erachten. Daher durften gemäß § 866 Abs. 3 ZPO. auf Grund der so gearteten Schuldtitel nur für diejenigen einzelnen Beitragsforderungen, die den Betrag von 300 M. überstiegen, Zwangshypotheken eingetragen werden, mithin nicht für die beiden Forderungen aus der Selbstversicherung, die sich je nur auf den Betrag von 47,90 M. stellten. Die Zusammenrechnung der Beträge der mehreren Schuldtitel in dem Eintragungsantrag und in den diesem Antrage zugrunde liegenden Zusammenstellungen bewirkte die Zulässigkeit der Eintragung der zuletzt genannten Forderungen nicht. Zwar ist im § 866 Abs. 3 die entsprechende Anwendung des § 5 ZPO. vorgeschrieben, wonach mehrere in einer Klage geltend gemachte Ansprüche zusammengerechnet werden. Diese Anwendung führt jedoch lediglich dazu, daß mehrere in demselben Schuldtitel vereinigte Forderungen zusammenzurechnen sind und daher, falls der Gesamtbetrag der Forderungen 300 M. übersteigt, die Eintragung der Zwangshypothek auch dann zulässig ist, wenn einzelne Forderungen für sich diesen Betrag nicht erreichen. Dagegen ist aus der Verweisung auf § 5 nicht zu entnehmen, daß die Zusammenrechnung mehrerer durch verschiedene Schuldtitel vollstreckbar gewordener, in einem Eintragungsantrage verbundener Forderungen mit der genannten Wirkung zugelassen ist (Entsch. des RG.s in Zivils. Bd. 48 S. 242).

In dem Beschlusse vom 1. November 1905 (Entsch. des RG.s in Zivils. Bd. 61 S. 423) wird vom erkennenden Senat zwar bemerkt: Wenn für eine Hauptforderung und für eine solche Forderung, die sich zu jener als Nebenforderung verhalte, je ein vollstreckbarer Schuldtitel erlangt und beide Schuldtitel gleichzeitig dem Grundbuchamte vorgelegt wären, würde, vorausgesetzt, daß die Hauptforderung ohne Einrechnung der Nebenforderung (§ 4 ZPO.) den Betrag von 300 M. übersteige, die einzutragende Sicherungshypothek den etwa niedrigeren Betrag der Nebenforderung mitumfassen können. Jedoch ist aus dem Eintragungsantrag und den Zusammenstellungen nicht ersichtlich, daß die beiden Beiträge von je 47,90 M. zu den anderen Beitragsforderungen im Verhältnis von Nebenforderungen zu

Hauptforderungen stehen. Anscheinend beruhen jene als „Selbstversicherung“ bezeichneten Beiträge darauf, daß Wilhelm und Heinrich H. als Betriebsunternehmer gemäß § 5 Abs. 2 GewUnfVersG. gegen die Folgen von Betriebsunfällen sich selbst versichert hatten. Ebensowenig ist ersichtlich, daß die beiden Beiträge etwa je mit einer der anderen Beitragsforderungen in einem Schuldtitel, einem Heberollenauszuge, vereinigt waren. Gleiches gilt auch von der Geldstrafenforderung gegen Wilhelm H. von 300 M. Worauf diese Forderung sich gründet, ist nicht angegeben. Vielleicht handelt es sich um eine Geldstrafe, die gegen Wilhelm H. gemäß § 124 GewUnfVersG. wegen Nichterfüllung der ihm zur Verhütung von Unfällen obliegenden Verpflichtungen verhängt worden ist. Dann wäre für diese Forderung der Beschluß, durch den der Genossenschaftsvorstand die Geldstrafe festgesetzt hat, der vollstreckbare Schuldtitel. Jedenfalls ist die Geldstrafe und der die Forderungen gegen Wilhelm H. betreffenden Zusammenstellung, in der sie unter einer besonderen Nummer aufgeführt ist, auch als selbständige, nicht mit einer der anderen Forderungen in einem Schuldtitel vereinigte Forderung anzusehen.

Bei dieser Sach- und Rechtslage hätte der Nebenintervenient, wenn er mit der ihm als Grundbuchrichter obliegenden Sorgfalt und Aufmerksamkeit verfahren wäre, die Vorschrift des § 866 Abs. 3 ZPO. in Betracht ziehen und den einheitlich auf Eintragung sämtlicher Forderungen der beiden Zusammenstellungen gerichteten Eintragungsantrag auch deswegen beanstanden müssen, weil die beiden Beitragsforderungen von je 47,90 M. und die Geldstrafenforderung von 300 M. je für sich den Betrag von 300 M. nicht überstiegen. Daß § 866 Abs. 3 wie auch der vorerörterte § 867 Abs. 2 ZPO. für die beantragten Eintragungen Anwendung zu finden hatten, konnte für ihn keinem Bedenken unterliegen. Nach § 103 Abs. 1 GewUnfVersG. werden rückständige Beiträge in derselben Weise beigetrieben wie Gemeindeabgaben, in Preußen mithin gemäß § 90 KommAbgG. vom 14. Juli 1893 im Verwaltungszwangsverfahren, und nach § 51 Abs. 1 der Verordn., betr. das Verwaltungszwangsverf. w. Beitreib. von Geldbeträgen, vom 15. November 1899 erfolgt die Zwangsvollstreckung in das unbewegliche Vermögen nach den für gerichtliche Zwangsvollstreckungen bestehenden Vorschriften. Auch war in dem vorerwähnten Ersuchen der Klägerin an die Stadthauptkasse ausdrücklich auf § 51 der Verordn. hingewiesen worden.

Der Nebenintervenient hätte auch, wenn er nach Anwendung der erforderlichen Sorgfalt erkannt hätte, daß die Vorschrift des § 867 Abs. 2 ZPO. dem Eintragungsantrag entgegenstehe, sich nicht darauf beschränken dürfen, aus diesem Grunde allein, ohne weitere Prüfung des Antrags, eine zurückweisende Verfügung zu erlassen. Es ist Pflicht des Grundbuchrichters, einen Eintragungsantrag, selbst wenn gegen die Eintragung ein Hindernis besteht, das von vornherein die Zurückweisung des Antrags rechtfertigt, doch noch auf das etwaige Bestehen weiterer Hindernisse zu prüfen und demnächst in der zurückweisenden Verfügung dem Antragsteller sämtliche Beanstandungsgründe, die sich ergeben haben, mitzuteilen wenigstens dann, wenn die Hindernisse solche sind, die behoben werden können. Der Antragsteller darf nicht in die Lage versetzt werden, daß, nachdem er das eine Hindernis beseitigt hat, sein erneuter Antrag nunmehr aus einem anderen Grunde, der ihm zuvor nicht bekannt gegeben worden ist, abgelehnt und so die von ihm begehrte Eintragung weiter verzögert wird. Namentlich muß dies *gelten*, wenn es *sich*, *wie hier*, *um einen* der *eiligen Erledigung* bedürfenden Antrag auf Eintragung von Zwangshypotheken handelt. Demnach ist dem Nebenintervenienten nicht nur deswegen, weil er die Vorschrift des § 867 Abs. 2 ZPO. außer acht gelassen hat, sondern auch weil er den Eintragungsantrag nicht wegen des der Eintragung der beiden Beiträge von je 47,90 M. und der Geldstrafe aus § 866 Abs. 3 ZPO. entgegenstehenden Hindernisses beanstandet hat, ein Versehen zur Last zu legen.

Anderseits jedoch kommt zugunsten des Nebenintervenienten in Frage, ob ihm nicht, wenn er die zuletzt genannte Vorschrift in Betracht gezogen hätte, angemessenerweise zuzustehen wäre, daß er für die Erledigung des Eintragungsantrags wegen Prüfung der Zulässigkeit des Antrags auch in dieser Hinsicht eine längere Zeit aufwenden durfte. Die Entscheidung darüber zu treffen, ob der Eintragungsantrag deswegen, weil die beiden Beiträge von je 47,90 M. und die Geldstrafe nicht den Betrag von 300 M. überstiegen, zu beanstanden sei, erforderte reifliche Überlegung. Der Nebenintervenient mußte namentlich in Erwägung ziehen, was im gegebenen Falle als Schuldtitel im Sinne des § 866 Abs. 3 ZPO. zu erachten und ob zufolge der Zusammenrechnung der Beträge der mehreren Schuldtitel in dem Eintragungsantrag und in den diesem zugrunde liegenden Zusammenstellungen die Eintragung auch der genannten drei Forderungen zulässig sei. Zur Lösung dieser nicht ganz einfachen Fragen durfte er, wie es auch seine Pflicht als Grundbuchrichter war, sich zum mindesten über die einschlägige Rechtsprechung der obersten Gerichte unterrichten. Auch konnte in ihm einen Zweifel, ob ein Beanstandungsgrund gegeben sei, der Umstand berechtigterweise erwecken, daß der Eintragungsantrag von einer Behörde wie der Stadthauptkasse gestellt war, von der er voraussetzen durfte, daß sie die Zulässigkeit des Antrags gehörig geprüft habe. Daher fragt es sich, ob nicht von diesen Gesichtspunkten aus, die der Berufungsrichter nicht berücksichtigt hat, die Frist vom 25. bis zum 29. September 1909 für die Erledigung des Eintragungsantrags vom Berufungsrichter zu kurz bemessen worden ist.

Es kommt aber in dieser Hinsicht ferner noch folgendes zugunsten des Nebenintervenienten in Betracht. Wenn der Nebenintervenient bei Prüfung des Antrags pflichtgemäß die genannten Vorschriften der

§§ 866 Abs. 3, 867 Abs. 2 ZPO. in Erwägung gezogen hätte und dabei zu der richtigen Auffassung gelangt wäre, daß die Beträge von zweimal 47,90 M. und die Geldstrafe nicht eintragungsfähig seien und die übrigen Forderungen auf die einzelnen fünf Grundstücke verteilt werden müßten, hätte es für ihn nahegelegen, die Frage aufzuwerfen, ob nicht bei Verteilung der einzelnen Forderungen, wenn sie auf sämtliche oder auch nur auf mehrere der fünf Grundstücke erfolgte, auf einzelne Grundstücke nach den Beträgen der Forderungen Teile unter 300 M. entfallen müßten, ob deshalb die Eintragung solcher Teile nach § 866 Abs. 1 ZPO. *nicht unzulässig wäre und daher die Klägerin in der* zurückweisenden Verfügung auch hierauf hingewiesen werden müßte. Ein solches Bedenken wäre allerdings unbegründet gewesen. Die beiden Vorschriften stehen in keinem inneren Zusammenhange miteinander. § 867 Abs. 2 ZPO. ist bereits in der 2. Lesung des Entwurfs eines Bürgerlichen Gesetzbuchs beschlossen und dann durch die Novelle vom 17. Mai 1898 in die Zivilprozeßordnung eingefügt worden. Die Bestimmung sollte, entsprechend der für die Pfändung beweglicher Sachen im § 803 Abs. 1 Satz 2 ZPO. gegebenen, verhindern, daß der Gläubiger eine übermäßige Sicherung durch Eintragung der ganzen Forderung auf mehrere Grundstücke des Schuldners erlange (Prot. Bd. 3 S. 704 flg.). § 866 Abs. 3 ZPO. ist erst auf Grund eines Beschlusses der Kommission des Reichstags zur Beratung der erwähnten Novelle in die Zivilprozeßordnung aufgenommen worden. Für die Aufnahme war, wenn auch nebenbei bemerkt wurde, es solle das Grundbuch nicht mit kleinen Zwangshypotheken belastet werden, doch der Hauptgrund, „daß für die auf den Personalkredit hin gewährten kleinen Darlehne nicht der Anspruch auf Realsicherheit gewährt werden dürfe, da bei so geringfügigen Schuldbeträgen der Schuldner nie daran denken werde, daß durch dieselben sein Grundbesitz belastet werden würde". (Hahn und Mugdan, Material. Bd. 8 S. 421 flg.; Entsch. des RG.s in Zivils. Bd. 48 S. 246.)

Dem entspricht auch die Fassung des § 866 Abs. 3 ZPO., wonach es für die Frage der Zulässigkeit der Eintragung einer Zwangshypothek auf die Höhe der aus dem vollstreckbaren Schuldtitel sich ergebenden Forderung ankommt. Wird auf Grund eines Schuldtitels für eine den Betrag von 300 M. übersteigende Forderung deren Eintragung beantragt, so sind die Voraussetzungen des § 866 Abs. 3 ZPO. auch dann gegeben, wenn die Eintragung auf mehrere Grundstücke des Schuldners begehrt wird. Denn die Forderung übersteigt den Betrag von 300 M. und sie begründet sich auf einen einzigen Schuldtitel. Diese Zulässigkeit der Eintragung nach § 866 Abs. 3 ZPO. kann nicht dadurch beseitigt werden, daß der Gläubiger die Forderung gemäß § 867 Abs. 2 ZPO. auf die einzelnen Grundstücke verteilt. Daß durch Aufnahme des § 866 Abs. 3 die Verteilungsbestimmung in § 867 Abs. 2 weiter dahin verschärft wäre, daß, wenn bei der Verteilung auf die mehreren Grundstücke einzelne Forderungsteile nicht den Betrag von 300 M. überstiegen, der Gläubiger von einer solchen Verteilung Abstand nehmen müßte und nur auf ein oder einige Grundstücke, die möglicherweise nicht genügende Sicherheit bieten würden, die Forderung eintragen lassen dürfte, ergibt sich aus dem Gesetze nicht. Allerdings bestehen nach Eintragung der Forderung gemäß der Verteilung nur Einzelhypotheken in Höhe der einzelnen Forderungsteile (vgl. KGJahrb. Bd. 40 A S. 312). Aber die Eintragung der Forderungsteile erfolgt doch durch einen einheitlichen Zwangsvollstreckungsakt, der die hypothekarische Sicherung einer den Betrag von 300 M. übersteigenden Forderung auf Grund ein und desselben vollstreckbaren Schuldtitels zum Gegenstande hat. Eine Bestätigung der Richtigkeit dieser Auffassung ist übrigens auch daraus zu entnehmen, daß im § 867 Abs. 2 von der Hypothek, die auf mehrere Grundstücke eingetragen werden soll, gesprochen wird. Danach steht es der Verteilung der Forderung gemäß § 867 Abs. 2 nicht entgegen, wenn von der den Betrag von 300 M. übersteigenden Forderung auf einzelne Grundstücke ein Forderungsteil entfällt, der den Betrag von 300 M. nicht übersteigt. (Vgl. Rspr. OLG. Bd. 3 S. 201, Bd. 5 S. 331.)

Dies ist jedoch nicht völlig unzweifelhaft. Würde der Nebenintervenient, was bei der ihm obliegenden Berücksichtigung der §§ 866 Abs. 3, 867 Abs. 2 ZPO., wie bemerkt, nahegelegen hätte, die Frage der Zulässigkeit der beantragten Eintragung auch nach dieser Richtung in Erwägung genommen haben, so würde ihm hierfür ebenfalls ein angemessener Zeitraum zuzubilligen sein, um sich von der wirklichen Rechtslage Überzeugung zu verschaffen und zu diesem Zwecke mindestens von der einschlägigen Rechtsprechung sich Rates zu erholen. Der Berufungsrichter hätte daher auch von diesem Gesichtspunkte aus prüfen müssen, ob die dem Nebenintervenienten für die Erledigung des Eintragungsantrags bemessene Frist vom 25. bis zum 29. September 1909 ausreichend war, zumal in Anbetracht dessen, daß der 26. September ein Sonntag war, und wenn der Nebenintervenient die Sache einem Referendar zur Vorprüfung zuweisen durfte.

Wäre bei Berücksichtigung dessen, daß für den Nebenintervenienten auch die zuletzt erörterten beiden Zweifelsfragen in Betracht gekommen wären, wenn er pflichtgemäß eine zurückweisende Verfügung erlassen hätte, die Frist für Erlaß dieser Verfügung weiter zu erstrecken, so könnte dies für die Frage, ob das Versehen des Nebenintervenienten mit dem der Klägerin entstandenen Schaden in ursächlichem Zusammenhange stehe, von Bedeutung sein." (Hierauf wird die Darlegung des Berufungsrichters, daß der erneute und berichtigte Antrag der Klägerin voraussichtlich am 11. Oktober, jedenfalls aber am 13. Oktober vormittags beim Grundbuchamt eingegangen wäre, wiedergegeben, sowie die sich anschließende Ausführung des Berufungsrichters, die Klägerin hätte dann den Vorrang vor den Rechten des W. erlangt, weil die fraglichen Beschlagnahmen der Anteile des Heinrich H. und des Wilhelm H. zugunsten des W. erst am 13. Oktober nachmittags und am 19. Oktober 1909 wirksam geworden seien. Sodann wird fortgefahren:)

„Diese Zeitaufstellung könnte hinfällig werden, wenn aus den vorerörterten Gründen die dem Nebenintervenienten zuzubilligende Frist über den 29. September hinaus zu erstecken wäre, und es könnte sich ergeben, daß der vom Berufungsrichter für maßgeblich erachtete Zeitpunkt des Einganges des neuen berichtigten Antrags in dem Maße weiter zu verlegen wäre, daß er wenigstens dem Zeitpunkte der ersten Beschlagnahme nachfolgte; denn auch nach der Aufstellung des Berufungsrichters soll der Eingang des erneuten Antrags nicht vor dem 11. Oktober zu erwarten gewesen sein, und zwischen diesem Tage und der ersten Beschlagnahme am 13. Oktober liegen nur zwei Tage. Außerdem kommt in Betracht, daß, wenn der Nebenintervenient seiner Amtspflicht gemäß den Eintragungsantrag auch deswegen beanstandet hätte, weil die beiden Beiträge von je 47,90 M. und die Geldstrafe von 300 M. nach § 866 Abs. 3 ZPO. nicht eintragungsfähig waren, die Klägerin in Erwägung hätte ziehen müssen, ob sie von dem Antrag auf Eintragung dieser Forderungen Abstand nehmen solle oder ob sie etwa dem Grundbuchrichter den Nachweis erbringen könne und solle, daß die Forderungen mit einer der übrigen Forderungen in einem Schuldtitel, einem Heberollenauszuge, vereinigt seien. Diese Erwägung hätte möglicherweise eine weitere Verzögerung des Einganges des berichtigten Antrags herbeiführen können, ganz abgesehen von der Frage, ob nicht die Klägerin vielleicht eine unrichtige Maßnahme getroffen und dadurch einen Grund zur Beanstandung auch des erneuten Antrags gegeben hätte.

Es ist aber auch, wie die Revision mit Recht geltend macht, die Annahme des Berufungsrichters rechtsirrtümlich, daß der Zeitpunkt des Einganges des berichtigten Antrags überhaupt maßgebend gewesen wäre. Nach § 867 Abs. 1 ZPO. entsteht die Zwangshypothek erst mit der Eintragung. Die beiden in Rede stehenden Beschlagnahmen, die nach §§ 22, 27 Abs. 2 ZwVG. durch Zustellung des Beitrittsbeschlusses vom 9. Oktober an Heinrich H. und des Einleitungsbeschlusses vom 16. Oktober an Wilhelm H. am 13. bzw. 19. Oktober 1909 wirksam wurden, hatten gemäß §§ 23 Abs. 1, 27 Abs. 2 ZwVG. die Wirkung eines Veräußerungsverbots im Sinne der §§ 135, 136 BGB. Daher war eine gegen die Veräußerungsverbote verstoßende, im Wege der Zwangsvollstreckung erfolgende Verfügung über die zugunsten des W. beschlagnahmten Anteile des Heinrich und des Wilhelm H. an den fünf Grundstücken gemäß § 135 Abs. 1 BGB. dem W. gegenüber unwirksam. Solche Verfügungen aber wären die Eintragungen der Zwangshypotheken für die Klägerin, wenn sie auf Grund des berichtigten Antrags erst nach Eintritt der Wirksamkeit der Beschlagnahmen erfolgt wären, gewesen, da dadurch dingliche Rechte an den genannten Grundstücksanteilen erlangt, also Verfügungen über die Anteile im Wege der Zwangsvollstreckung erfolgt wären, und diese Verfügungen gegen die vorher wirksam gewordenen Veräußerungsverbote verstoßen würden. Mithin wären, wenn für die Klägerin die Zwangshypothek auf die Anteile des Heinrich H. erst nach dem 13. Oktober und die Zwangshypothek auf die Anteile des Wilhelm H. erst nach dem 19. Oktober 1909 auf Grund des erneuten Antrags eingetragen worden wären, die Hypotheken dem W. gegenuber unwirksam gewesen.

Hieran hätte es nichts geändert, wenn der erneute Eintragungsantrag schon vor diesen Zeitpunkt beim Grundbuchamt eingegangen wäre. Durch Stellung des Antrags auf Eintragung einer Zwangshypothek wird vom Gläubiger noch nicht ein Recht am Grundstück erlangt, auch nicht die Berechtigung, daß die Hypothek von ihm auch dann wirksam erworben werde, wenn der Schuldner, gegen den sich der Zwangsvollstreckungsakt richtet, in der Zwischenzeit bis zur Eintragung der Hypothek in der Verfügung über das Grundstück beschränkt wird. Zwar bestimmt § 878 BGB., daß eine von dem Berechtigten in Gemäßheit der §§ 873, 875, 877 abgegebene Erklärung nicht dadurch unwirksam wird, daß der Berechtigte in der Verfügung beschränkt wird, nachdem die Erklärung für ihn bindend geworden und der Antrag auf Eintragung bei dem Grundbuchamte gestellt worden ist, und daraus ist zu folgern, daß unter den zuletzt bezeichneten Voraussetzungen auch dann, wenn nach der Antragstellung der Berechtigte, insbesondere also bei Eintragung eines Rechtes am Grundstücke der Grundstückseigentümer, in der Verfügung beschränkt wird, die spätere dem Antrage gemäß erfolgende Eintragung wirksam ist. Jedoch bezieht sich diese Vorschrift, wie sich aus der Bezugnahme auf die §§ 873, 875, 877 BGB. ergibt, nur auf Eintragungen, die auf rechtsgeschäftlicher Grundlage beruhen. Bei Eintragungen im Wege der Zwangsvollstreckung ist für einen auf Grund eines vollstreckbaren Schuldtitels gestellten Eintragungsantrag eine entsprechende Vorschrift in den Gesetzen nicht gegeben (vgl. RJAmt. Entsch. Bd. 10 S. 232). Gemäß § 894 ZPO. steht freilich ein Urteil, wodurch der Berechtigte im obigen Sinne zur Bewilligung einer Eintragung rechtskräftig verurteilt worden ist, einer rechtsgeschäftlichen Erklärung gleich; nicht aber ein auf Zahlung eines Geldbetrags gerichteter Schuldtitel, auf Grund dessen nach § 867 ZPO. eine Zwangshypothek eingetragen werden kann. Die Klägerin könnte sich übrigens für die Wirksamkeit der nach den Beschlagnahmen erfolgten Eintragung der Zwangshypotheken auch nicht auf § 892 Abs. 1 Satz 2, Abs. 2 BGB. deswegen berufen, weil die Beschlagnahmen aus dem Grundbuche nicht ersichtlich gewesen und ihr auch zur Zeit der Stellung des Antrags auf Eintragung nicht bekannt gewesen seien. Denn diese Bestimmungen beziehen sich ebenfalls nur auf Rechtserwerb durch Rechtsgeschäft (Entsch. des RG.s in Zivils. Bd. 54 S. 104).

Danach kam es nicht auf den Zeitpunkt der Antragstellung an, sondern auf den der Eintragung der Zwangshypotheken. Der Berufungsrichter hätte daher prüfen müssen, ob auf Grund des erneuten und berichtigten Eintragungsantrags die Eintragung der Zwangshypotheken für die Klägerin noch vor dem Eintritte der Wirksamkeit der beiden Beschlagnahmen erfolgt oder doch wenigstens die Eintragung der Zwangshypothek auf die dem Wilhelm H. zustehenden Grundstücksanteile der Beschlagnahme dieser Anteile zugunsten des W. vorausgegangen wäre.

. . .

RGZ. 134, 56

1. Kann im Zwangsversteigerungsverfahren der Anordnungs- oder der Beitrittsbeschluß zur näheren Bezeichnung des Anspruchs, wegen dessen das Verfahren betrieben wird, auf den Vollstreckungstitel Bezug nehmen?

2. Handelt der Zwangsversteigerungsrichter fahrlässig, wenn er nicht beachtet, daß der Beitrittsbeschluß durch eine darin enthaltene Bezugnahme auf den Vollstreckungstitel ergänzt wird?

ZVG. §§ 15, 16, 26, 41, 44.

III. Zivilsenat. Urt. v. 2. Oktober 1931.

I. Landgericht Hildesheim. II. Oberlandesgericht Celle.

Durch Beschlüsse des Amtsgerichts F. war die Zwangsverwaltung und die Zwangsversteigerung des Grundbesitzes der Ehefrau Sp. angeordnet worden. Am 27. Januar 1926 beantragte der durch den jetzt klagenden Rechtsanwalt vertretene Landwirt Sch. ebenfalls die Zwangsversteigerung der Sp.schen Grundstücke wegen einer Forderung von 5590 RM. nebst Zinsen und Kosten. Er nahm hierbei Bezug auf seinen zu den Zwangsverwaltungsakten überreichten Antrag vom 25. Januar 1926. Diesem Antrag war ein Vollstreckungsbefehl beigefügt gewesen, der die Eheleute Sp. zur Zahlung von 5590 RM. und außerdem die Ehefrau Sp. zur Duldung der Zwangsvollstreckung in ihren Grundbesitz aus einer eingetragenen Gesamthypothek verurteilte. Das Amtsgericht F. ließ durch Beschluß vom 29. Januar 1926 den Beitritt des Landwirts Sch. zu dem bereits angeordneten Zwangsversteigerungsverfahren wegen des ihm zustehenden Anspruchs im Betrage von 5590 RM. Hauptforderung nebst Zinsen und Kosten auf Grund des Vollstreckungsbefehls des Amtsgerichts G. vom 5./19. Januar 1926 zu. Später traten noch weitere Gläubiger wegen persönlicher Forderungen bei. Versteigerungstermin wurde auf den 25. Juni 1926 anberaumt. In der Mitteilung des Gerichts vom 14. Juni 1926 über die betreibenden Gläubiger wurde bei dem Gläubiger Sch. der Zusatz gemacht, daß seine Eintragung im Grundbuch nicht bekannt sei. Im Versteigerungstermin ergab sich, daß Sch. bei der Aufstellung des geringsten Gebots nur als persönlicher Gläubiger berücksichtigt war. Sämtliche auf dem Grundbesitz ruhenden eingetragenen Rechte einschließlich der dem Sch. zustehenden Gesamthypothek waren als bestehenbleibend aufgenommen. Der Kläger erklärte als Vertreter des Sch., daß er die Zwangsversteigerung nicht nur als persönlicher Gläubiger, sondern auch aus der für die Forderung bestellten Hypothek betreiben wolle, weil der Schuldtitel auch dinglich erlassen sei, und beantragte, das geringste Gebot so aufzustellen, daß die Hypothek maßgebend sei. Der Antrag wurde zurückgewiesen. Der Termin endete mit einstweiliger Einstellung des Verfahrens, da keine Gebote abgegeben wurden. Gegen den Zurückweisungsbeschluß legte der Kläger Beschwerde ein mit dem Erfolg, daß das Beschwerdegericht das Versteigerungsgericht anwies, den Beitritt des Sch. als aus seinem dinglichen Recht erfolgt zu behandeln. Der Antrag, die Kosten der Staatskasse aufzuerlegen, wurde zurückgewiesen, da nicht ersichtlich sei, daß die Erfolglosigkeit der Zwangsversteigerung auf die Erlassung des aufgehobenen Beschlusses zurückzuführen sei; ein Verschulden des Richters sei nicht feszustellen. Das Versteigerungsgericht setzte daraufhin einen neuen Versteigerungstermin an. In einem von Frau Sp. gegen Sch. anhängig gemachten Rechtsstreit war am 23. Juni 1926 die einstweilige Einstellung der von Sch. betriebenen Zwangsvollstreckung angeordnet worden, falls Frau Sp. eine Sicherheit von 1000 RM. leiste. Nachdem diese Sicherheit geleistet war, wurde auf Grund des Einstellungsantrags vom 2. November 1926 das Zwangsversteigerungsverfahren einstweilen eingestellt. Erst am 13. Oktober 1928 kam es schließlich zur Versteigerung; der endgültige Verteilungstermin fand am 3. Mai 1929 statt.

Der Gläubiger Sch. will dadurch, daß nicht bereits am 25. Juni 1926 die Versteigerung durchgeführt werden konnte, Schaden erlitten haben und macht hierfür den verklagten Preußischen Staat verantwortlich, weil der Versteigerungsrichter schuldhaft seine Amtspflicht verletzt habe. Er hat einen Teilbetrag seines Schadensersatzanspruchs an den Kläger abgetreten, den dieser in Höhe von 300 RM. eingeklagt hat. Der Beklagte hält ein Verschulden des Versteigerungsrichters nicht für vorliegend, meint hilfsweise, daß ein solches für einen etwaigen Schaden des Rechtsvorgängers des Klägers, den jedenfalls eigenes Verschulden treffe, nicht ursächlich gewesen sei, und bestreitet endlich, daß der Rechtsvorgänger einen Schaden erlitten habe.

Das Landgericht hat die Klage abgewiesen. Auf die Berufung des Klägers hat das Oberlandesgericht den Klaganspruch dem Grunde nach für gerechtfertigt erklärt. Auf die Revision des Beklagten wurde dieser Anspruch auf die Hälfte der Klagforderung beschränkt.

Gründe:

Das Landgericht ist lediglich von der Frage ausgegangen, ob dem Versteigerungsrichter bei Erlaß des Beitrittsbeschlusses eine Amtspflichtverletzung untergelaufen sei, und hat die Klage, selbst bei Unterstellung einer Fahrlässigkeit des Richters, abgewiesen, weil der Vormann des Klägers, der Gläubiger Sch., es schuldhaft unterlassen habe, durch den Gebrauch eines Rechtsmittels, sei es durch Beschwerde gegen den Beitrittsbeschluß, sei es durch Antrag auf dessen Berichtigung, den Schaden abzuwenden (§ 839 Abs. 3 BGB.). Der Berufungsrichter hat im Gegensatz hierzu angenommen, daß der Zulassungsbeschluß des Versteigerungsrichters vom 29. Januar 1926 mit Rücksicht auf die in ihm enthaltene Bezugnahme auf den Vollstreckungstitel den Beitritt des Gläubigers Sch. auch für die dingliche Vollstreckung der Forderung angeordnet habe. Er hat demgemäß ein Verschulden des Versteigerungsrichters darin erblickt, daß dieser bei Berechnung des geringsten Gebots nach § 44 ZVG. diesen Umstand unberücksichtigt gelassen und die Berechnung so vorgenommen habe, als sei der Beitritt des Gläubigers nur wegen einer persönlichen Forderung erfolgt.

Die Revision rügt in erster Reihe, es sei nicht beachtet, daß der Gläubiger Sch. die Zwangsversteigerung bloß wegen seines persönlichen Anspruchs begehrt habe, indem er nur einen Zahlungsanspruch, nicht einen Anspruch auf Duldung der Zwangsvollstreckung in das Grundstück geltend gemacht habe. Die Bezugnahme auf den vollstreckbaren Zahlungsbefehl habe hieran nichts geändert. Es sei der Entschließung des Sch. vorbehalten gewesen, inwieweit er den Zahlungsbefehl habe ausnutzen wollen. Dementsprechend habe der Zulassungsbeschluß gleichfalls nur auf den persönlichen Anspruch bezogen werden können.

Die Rüge ist nicht begründet. Entscheidend muß allerdings sein, wie der die Zulassung des Beitritts anordnende Beschluß vom 29. Januar 1926 aufzufassen war. Denn unter dem in § 44 ZVG. genannten „Anspruch des Gläubigers“ kann bei Abweichung des Beschlusses vom Versteigerungsantrag nicht der im Antrag genannte Anspruch verstanden werden, sondern nur der Anspruch, wegen dessen durch Gerichtsbeschluß die Versteigerung angeordnet worden ist. Lediglich die gerichtliche Anordnung, welche die Durchsetzung des zur Vollstreckung gestellten Anspruchs im Wege der staatlichen Macht ermöglicht, kann für das weitere Verfahren maßgebend sein. Dies ergibt sich klar aus § 26 ZVG., der im ersten Halbsatz von der Anordnung der Zwangsversteigerung wegen eines Anspruchs aus einem eingetragenen Recht ausgeht. Diese Vorschrift ist dem § 17 Abs. 2

des preußischen Zwangsversteigerungsgesetzes vom 13. Juli 1883 (GS. S. 131) nachgebildet, worin die „Verhaftung" durch Beschlagnahme für eine bestimmte Forderung in völlig eindeutiger Weise zum Ausdruck gebracht worden war (vgl. Denkschrift zum Entwurf des Bundesrats, Reichstagsdrucks. 9. Legislatur-Periode IV. Session 1895/97 Nr. 607 S. 2842 und 2844).

Über Form und Inhalt des Beitrittsbeschlusses bestimmt allerdings das Gesetz nichts Näheres, ebensowenig wie es über den die Einleitung des Verfahrens anordnenden Zwangsversteigerungsbeschluß (§ 15 ZVG.) nähere Vorschriften enthält. Auch die Motive zum Entwurf I des Zwangsversteigerungsgesetzes (S. 121 zu § 25) lassen Angaben über den Inhalt des Anordnungs- oder Beitrittsbeschlusses vermissen. Sie ergeben, daß die Vorschrift des § 15 ZVG. an den § 755 Abs. 2 ZPO. a. F. angelehnt ist, der ebenfalls ohne nähere Angaben bloß bestimmte, daß die Zwangsversteigerung vom Gericht auf Antrag angeordnet werde. Ebensowenig enthielt das preußische Zwangsversteigerungsgesetz vom 13. Juli 1883 im § 16 nähere Angaben (vgl. ferner Denkschrift a. a. O. S. 2840). Es kann daher nur aus § 16 ZVG. sinngemäß entnommen werden, daß der Beschluß auch die dort für den Antrag vorgeschriebenen Angaben zu enthalten hat. Der Beschluß wird also außer der Benennung des Grundstücks und des Eigentümers (Schuldners) den Anspruch und auch den vollstreckbaren Titel zu bezeichnen haben, aus dem die Zwangsversteigerung betrieben wird. Es fragt sich somit, da in dem schon erwähnten Beschluß vom 29. Januar 1926 der dingliche Anspruch nicht erwähnt wird, und es nur heißt: „wegen des dem Antragsteller zustehenden Anspruchs im Betrage usw.", ob diese Angaben durch den Zusatz: „auf Grund des vollstreckbaren Zahlungsbefehls des Amtsgerichts usw." hinsichtlich der Bezeichnung des Anspruchs dahin ergänzt worden sind, daß der Beitritt wegen des im Zahlungsbefehl ebenfalls enthaltenen dinglichen Anspruchs aus der dort genannten Gesamthypothek zugelassen wurde.

Der Berufungsrichter hat dies angenommen. Rechtliche Bedenken bestehen hiergegen nicht. Wie sich aus der verschiedenen Wirkung der Zulassung der Zwangsvollstreckung wegen der persönlichen und der dinglichen Forderung (RGZ. Bd. 76 S. 116) und auch unmittelbar aus § 26 ZVG. ergibt, muß zwar an sich zwischen Anordnung der Versteigerung (oder Zulassung des Beitritts) aus einer persönlichen Forderung und derjenigen wegen eines Anspruchs aus einem eingetragenen Recht streng unterschieden werden. Es wird deshalb erforderlich sein, daß immerhin der Beschluß den Anspruch, aus dem die Zwangsversteigerung erfolgen soll, zweifelfrei erkennen läßt. Damit ist aber nicht gesagt, daß der Beschluß stets mit ausdrücklichen Worten den Anspruch als einen dinglichen aus einem eingetragenen Recht bezeichnen muß. Es muß genügen, daß der im Beschluß in Bezug genommene Titel auf einen Anspruch aus einem eingetragenen Recht lautet. Denn es ist für den Schuldner, dem der Beschluß nach gesetzlicher Vorschrift zuzustellen ist (§§ 8, 22 Abs. 1 ZVG.), und für den betreibenden Gläubiger aus dem Beschluß in Verbindung mit dem ihnen bekannten Titel ohne weiteres ersichtlich, aus welchem Anspruch die Versteigerung angeordnet oder der Beitritt zugelassen wurde. Eine Zustellung an die übrigen Beteiligten ist, im Gegensatz zur Zustellung der Terminsbestimmung (§ 41 Abs. 1 ZVG.), nicht gesetzlich vorgeschrieben. Sie sollen deshalb die Benachrichtigung gemäß § 41 Abs. 2 ZVG. erhalten (Motive zum Entwurf I S. 159 zu § 54; § 47 Abs. 2 preuß. ZVG.). Ihre Interessen können daher für die Frage der Zulässigkeit der Verweisung auf den Titel außer Betracht gelassen werden. Auch im Schrifttum ist es für die Erfordernisse des Versteigerungsantrags (§ 16 ZVG.) überwiegend als genügend angesehen worden, daß die Bezeichnung des Anspruchs durch eine ergänzende Verweisung auf den vollstreckbaren Titel ersetzt wird (Erläuterungsbücher zum ZVG. von Jaeckel-Güthe §§ 15, 16 Anm. 10 und von Fischer-Schäfer §§ 15, 16 Anm. 3). Die abweichende Ansicht von Wenz-Wagner (§ 16 Anm. 4), die darauf hinweisen, daß die Titel nicht dauernd bei den Akten bleiben, berücksichtigt nicht, daß durch die ergänzende Verweisung der überreichte Titel selbst zum Bestandteil des Antrags gemacht wird und daher ohne Anfertigung einer beglaubigten Abschrift nicht aus den Akten zurückzugeben sein wird.

Der Wortlaut des § 16 ZVG. in Verbindung mit der Entstehungsgeschichte spricht gleichfalls dafür, daß die ergänzende Verweisung zulässig sein muß. § 16 ZVG. enthält keine Mußvorschrift in der sonst üblichen gesetzlichen Ausdrucksweise. Er lautet, obschon seine Erfordernisse in der Hauptsache dem § 13 Nr. 1 und 2 preuß. ZVG. entlehnt sind (Motive zum Entwurf I S. 125), im Gegensatz zu dieser Mußvorschrift nur dahin: „Der Antrag soll bezeichnen . . .“ Auch die Motive zu § 28 des Entwurfs I (S. 124/125) besagen, daß es sich zwar im Gegensatz zu dem keine Angaben enthaltenden § 755 Abs. 2 ZPO. a. F. empfehle, im Interesse der Deutlichkeit und der leichten Handhabung des Gesetzes sowie im Hinblick auf die große Bedeutung der Anordnung für den Schuldner gewisse formelle Erfordernisse aufzustellen, daß es sich aber anderseits um keine erschöpfende Bestimmung handle und nur der Ordnung halber klargestellt werden solle, daß der Antrag die aufgeführten Erfordernisse unter allen Umständen zu enthalten habe, um nicht zurückgewiesen zu werden; von einer Nichtigkeit des Verfahrens könne bloß um deswillen, weil es ordnungsgemäß auf mangelhaften Antrag angeordnet worden sei, keine Rede sein. Auch die Denkschrift (a. a. O. S. 2840) betont den Charakter als Ordnungsvorschrift. Es handelt sich somit nur um eine solche in dem Sinne, daß sie den Versteigerungsrichter berechtigt, einen nicht vollständigen Antrag zurückzuweisen oder den Antragsteller zur

Ergänzung aufzufordern. Es ist daher sowohl nach dem Wortlaut als auch nach Sinn und Zweck und nach der Entstehungsgeschichte des Gesetzes zulässig, daß der Antrag und auch der Anordnungs- oder Beitrittsbeschluß zur Ergänzung auf den Schuldtitel Bezug nimmt.

Diese Grundsätze müssen aber ebenso in einem Falle wie dem vorliegenden Anwendung finden, wo der Titel sowohl den persönlichen als auch den dinglichen Anspruch umfaßt. Denn ausschlaggebend muß der wirtschaftliche Zweck des Verfahrens sein. Der Gläubiger beantragt die Zwangsversteigerung, damit er in möglichst weitgehendem Maße wegen des ihm zustehenden Anspruchs befriedigt wird. Diesem Zweck dienen Anordnungs- und Beitrittsbeschluß. Umfaßt somit der Titel den persönlichen und auch den dinglichen Anspruch, so kann es bei objektiver und wirtschaftlicher Betrachtungsweise nicht zweifelhaft sein, daß der Gläubiger die Zwangsversteigerung, abgesehen von der persönlichen Forderung, auch wegen des eingetragenen dinglichen Rechts betreiben will. Dies muß namentlich gelten in Zeiten der Wirtschaftsnot, in denen wegen der geringen Bietlust Angebote auf mehrfach oder erheblich belastete Grundstücke bei Übernahme aller Belastungen in das geringste Gebot kaum zu erwarten sind. Falls etwa der Gläubiger aus besonderen Gründen die Betreibung nur wegen der persönlichen Forderung wünscht, so kann man von ihm erwarten, daß er dies besonders hervorhebe. Irgendein Grund, anzunehmen, daß nur wegen der persönlichen Forderung vollstreckt werden solle, war nicht ersichtlich und bestand nicht.

Der Berufungsrichter hat auch nicht, wie die Revision weiter rügt, den § 286 ZPO. verletzt, indem er von der beantragten Einholung des Gutachtens eines Versteigerungsrichters über die Üblichkeit der ausdrücklichen Bezeichnung der Natur der zugrunde liegenden Forderung im Beitrittsbeschluß absah. Mit Recht erachtet der Berufungsrichter eine solche Übung als unwesentlich für die gebotene Auslegung des einmal erlassenen Beschlusses. Beim Fehlen einer ausdrücklichen Vorschrift kam es nur auf die ergänzende Auslegung des Gesetzes an, nicht auf Meinungen, die sich etwa über ein nach dem Gesetz einzuhaltendes Verfahren gebildet hatten. Mit Recht hebt das Urteil hervor, daß nicht entscheidend ist, was zweckmäßig in den Beschluß aufgenommen worden wäre, sondern ob ein dem Gesetzeszweck entsprechender Inhalt des Beschlusses erkennbar war.

Der Vorderrichter bejaht weiter ein Verschulden des Versteigerungsrichters. Er erblickt die Amtspflichtverletzung darin, daß der Richter bei Aufstellung des geringsten Gebots im Versteigerungstermin den Beschluß nicht im vorstehenden Sinne ausgelegt hat. Die Revision rügt, daß hierin eine Überspannung des an die Sorgfaltspflicht des Versteigerungsrichters zu legenden Maßstabs liege.

Sie meint, daß dem Richter eine anderweitige Auslegung gegenüber dem Wortlaut des Versteigerungsantrags und des Beitrittsbeschlusses nicht zum Verschulden habe gereichen können. Seine Auslegung sei zum mindesten möglich gewesen. Auch das Landgericht habe den Beschluß dahin verstanden, und die Beschwerdekammer habe gleichfalls ein Verschulden verneint.

Die Rüge ist unbegründet. Im Hinblick auf den geschilderten Zweck des Versteigerungsverfahrens mußte der Versteigerungsrichter schon in Vorbereitung des Zwangsversteigerungstermins sorgfältig prüfen, wegen welcher Ansprüche das Verfahren betrieben wurde. Bei der durch die Wichtigkeit dieser Aufgabe gebotenen Aufmerksamkeit konnte ihm hierbei nicht entgehen, daß der Gläubiger Sch. als Gläubiger der eingetragenen Gesamthypothek vermerkt war. Dieser Umstand mußte daher die Prüfung nahelegen, wegen welches Anspruchs Sch. das Verfahren betrieb. Bei der hierfür gebotenen Nachforschung mußte dem Richter dann auffallen, daß der Titel auch auf den dinglichen Anspruch lautete. Es ist deshalb dem Berufungsrichter in der Annahme beizutreten, die vorbereitende Mitteilung gemäß § 41 Abs. 2 ZVG. sei unrichtig und fehlsam gewesen. Aber selbst wenn der Richter infolge der unterlassenen Hervorhebung im Antrag und der fehlenden näheren Bezeichnung im Beitrittsbeschluß der Meinung sein mochte, die Versteigerung werde nur aus dem persönlichen Anspruch betrieben, so konnte er diese Meinung angesichts des vom Kläger im Versteigerungstermin erhobenen Einspruchs und des ausdrücklichen Hinweises auf Titel und Zweck des auf ihn gestützten Antrags ohne Verstoß gegen die ihm obliegende Sorgfaltspflicht nicht aufrechterhalten. Beim Fehlen bestimmter gesetzlicher Erfordernisse für den Inhalt des Beschlusses mußte sich ihm die Erkenntnis aufdrängen, daß der Beschluß seinen Inhalt durch den darin erwähnten Titel erhielt, zumal da es doch für den Gläubiger, wenn er einen Titel auf dingliche „Verhaftung" besaß, keinen vernünftigen Sinn hatte, allein wegen der persönlichen Forderung die doch unter den Zeitverhältnissen dann recht aussichtslos erscheinende Zwangsversteigerung zu betreiben. Er wurde auch nicht dadurch entschuldigt, daß der Kläger gegen die Mitteilung aus § 41 Abs. 2 ZVG. keinen Widerspruch erhoben hatte. Denn diese Unterlassung hatte keinerlei Rechtswirkung; es war inbesondere keine Zeit, einen neuen Beitrittsbeschluß zu erwirken. Höchstens konnte eine Klarstellung oder Berichtigung des Beschlusses nach § 319 ZPO. erfolgen. Dies konnte aber im Termin selbst geschehen und geschah auch zweckmäßig im Termin, in dem eine Aussprache möglich war. Der Richter konnte sich somit nach dem Einspruch des Klägers den gegen die Berechnung des geringsten Gebots sprechenden Bedenken nicht verschließen und er verletzte seine Amtspflicht gegenüber dem Gläubiger, wenn er den Beitrittsbeschluß nicht so verstand, wie er nach Sinn und Zweck des Versteigerungsantrags und des ganzen Verfahrens allein verstanden werden konnte. Die gebotene Nachprüfung der zur Verfügung stehenden Hilfsmittel mußte ihn zu der Ansicht führen, daß auch für den zugrunde liegenden Antrag die Bezugnahme auf den Titel als zulässig zu erachten war. Auf die Rechtsmeinung des Landgerichts in seinem Beschwerdebeschluß kann es demgegenüber nicht ankommen, da ein Verschulden des Versteigerungsrichters ohne jede nähere Begründung verneint worden ist. Die Ablehnung der anderweitigen Berechnung des geringsten Gebots enthielt somit eine *Amtspflichtverletzung* des *Richters*. Sie verpflichtet daher den Beklagten zum Ersatz des dem Vormann des Klägers hieraus erwachsenen Schadens (Art. 131 RVerf., § 839 BGB.). Eine Anwendung des § 839 Abs. 3 BGB. entfällt, da schon der im Termin erlassene zurückweisende Beschluß die Ursache zu dem Schadenseintritt setzte. Der Kläger hat im übrigen auch mit Erfolg Beschwerde eingelegt. Eine Beschwerde gegen den Zulassungsbeschluß, die das Landgericht vermißt und worauf die Revision hinweist, kam nicht in Frage, da dieser Beschluß ja im Sinne der Zulassung der Versteigerung auch aus dem dinglichen Recht auszulegen war.

Die Revision rügt weiterhin vergeblich, daß der Berufungsrichter das Vorbringen des Beklagten nicht beachtet habe, wonach der Grundstückseigentümer bei anderem Ausgang des Versteigerungstermins Maßnahmen zur einstweiligen Einstellung der Zwangsvollstreckung ergriffen hätte. Nach dem unstreitigen Sachverhalt war die Durchführung der am 23. Juni 1926 erlassenen einstweiligen Verfügung an der nicht rechtzeitigen Vollziehung und Hinterlegung der angeordneten Sicherheitsleistung von 1000 RM. gescheitert. Die Annahme konnte daher — insbesondere auch nach dem eigenen Vortrag des Beklagten — als begründet erscheinen, daß die Durchführung der einstweiligen Verfügung, die später erst am 19. November 1926 wiederholt wurde, dem Schuldner bis zur Verkündung des Zuschlags nicht möglich gewesen wäre. Nach diesem Zeitpunkt konnte sie aber nicht mehr zur Versagung des Zuschlags führen (§ 83 Nr. 5, § 100 Abs. 1 ZVG.). Der Berufungsrichter brauchte somit bei Prüfung des ursächlichen Zusammenhangs auf Grund des ihm in § 287 ZPO. eingeräumten freien Ermessens auf diesen Punkt nicht besonders einzugehen....

(Nach Zurückweisung einer Prozeßrüge heißt es weiter:)

Auch die übrigen Feststellungen des Berufungsrichters über den ursächlichen Zusammenhang, die sämtlich ihre Grundlage im tatrichterlichen Ermessen nach § 287 ZPO. finden, unterliegen keinerlei rechtlichen Bedenken.

Nur die Rüge, daß der Berufungsrichter den Einwand des mitwirkenden Verschuldens nicht ausreichend gewürdigt habe, mußte teilweise Erfolg haben. Der Berufungsrichter hat die Frage des mitwirkenden Verschuldens unter dem Gesichtspunkt geprüft, daß der Kläger nach Empfang der Benachrichtigung auf Grund des § 41 Abs. 2 ZVG. keine anderen Schritte ergriffen habe. Hierin kann allerdings — wie schon betont — kein Verschulden gefunden werden. Dagegen trifft den Kläger ein erhebliches Mitverschulden dadurch, daß er den Antrag vom 27. Januar 1926 mangelhaft gefaßt und hierdurch die vorhandene, der Auslegung bedürftige Fassung des Beitrittsbeschlusses vom 29. Januar 1926 und damit das Versehen des Zwangsversteigerungsrichters mitverschuldet hat (§ 254 BGB.). Zwar war, wie ausgeführt, an sich im Antrag die Bezugnahme auf den Titel zur näheren Bezeichnung des Anspruchs zulässig. Im vorliegenden Falle lag aber dem für die Zwangsversteigerungsakten bestimmten Antrag der Titel selbst nicht bei; vielmehr nahm dieser Antrag erst wieder auf den zu den Zwangsverwaltungsakten beigefügten Titel Bezug. Der Kläger mußte somit, da die Zulassung des Beitritts zum Zwangsverwaltungsverfahren schon geprüft sein konnte, damit rechnen, daß möglicherweise kein erneuter Einblick in den Titel vorgenommen werde. Er hätte daher jede Veranlassung gehabt, den Anspruch, wegen dessen er nunmehr auch die Versteigerung beantragte, genau im einzelnen zu bezeichnen. Dies muß um so mehr gelten, als auch der Antrag zum Zwangsverwaltungsverfahren eine zum mindesten recht undeutliche Verweisung auf den Titel enthielt. Der Titel wurde nur als überreicht erwähnt. Es blieb also unklar, ob damit bloß dem Erfordernis des § 16 ZVG. Genüge geschehen sollte, den Titel zu bezeichnen und beizufügen, oder ob die Beifügung und der Hinweis auf den Titel auch zur Ergänzung des Antrags hinsichtlich des Anspruchs geschah. Wenngleich nach Sinn und Zweck der Versteigerung das letztere anzunehmen ist (wovon auch der Berufungsrichter ausgeht), so war doch die Bezugnahme recht unklar, und dieser Umstand stellt ebenfalls ein nicht unerhebliches Mitverschulden dar, das sich in jedem Falle der Kläger selbst entgegenhalten lassen muß. Das angefochtene Urteil verletzt somit insoweit den § 254 BGB. Es bedarf jedoch nicht der Zurückverweisung, weil der Tatbestand völlig klar liegt und daher das Revisionsgericht selbst in der Lage ist, die Verteilung des Schadens in Abwägung des beiderseitigen Verschuldens vorzunehmen. Nach den gesamten Umständen erschien es angemessen, das Verschulden beider Teile gleich zu bewerten und den Schaden entsprechend, d. h. zur Hälfte, zu verteilen.

RGZ. 157, 89†

1. Inwieweit ist der Zwangsversteigerungsrichter verpflichtet, die ihm nach § 19 Abs. 2 ZVG. vom Grundbuchamt erteilten Abschriften und Auskünfte auf ihre Richtigkeit zu prüfen?

2. Welche Pflichten liegen dem Zwangsversteigerungsrichter bei Bestellung und Überwachung des Zustellungsvertreters gemäß § 6 ZVG. ob?

3.—4. . . .

V. Zivilsenat. Urt. v. 28. Februar 1938.

I. Landgericht Berlin. II. Kammergericht daselbst.

Die Kläger sind die Erben ihres Bruders, des am 10. April 1932 verstorbenen O. J. Für diesen war im Grundbuch von B.-M. eine Darlehnshypothek von 10000 RM. eingetragen. Über das belastete Grundstück wurde durch Beschluß vom 27. März 1936 das Zwangsversteigerungsverfahren angeordnet. Auf das Ersuchen gemäß § 19 ZVG. teilte das Grundbuchamt dem Vollstreckungsgericht beglaubigte Abschriften des Wohnungs- und Grundbuchblattes mit. Auf der Abschrift des Wohnungsblatts war zu dem Namen des Hypothekengläubigers O. J. mit Tintenstift der Vermerk gesetzt „verstorben". Die Zustellung der Terminsbestimmung wurde jedoch zunächst an O. J. gerichtet. Als der Rückbrief mit dem Vermerk „vor Jahren unbekannt verzogen" zu den Akten gelangte, bestellte der Versteigerungsrichter am 5. Mai 1936 den Justizangestellten N. zum Zustellungsvertreter „für den Hypothekengläubiger O. J. (angeblich verstorben) und seine etwaigen Rechtsnachfolger". Dem Zustellungsvertreter wurde die Ladung zum Versteigerungstermin ausgehändigt. Auf förmliche Zustellung verzichtete er. In dem Versteigerungstermin vom 7. Juli 1936 waren die Kläger nicht vertreten. Der Zuschlag wurde dem Handelsmann K. B. zu einem Bargebot von 5150 RM. mit der Maßgabe erteilt, daß Rechte am Grundstück nicht bestehen blieben. Am 9. Juli 1936 berichtete der Zustellungsvertreter, daß er sich durch Auskunft des Einwohnermeldeamtes die Gewißheit von dem Tode des O. J. verschafft, aber auf die Anfrage nach den Erben vom Amtsgericht einen negativen Bescheid erhalten habe. Am 10. Juli 1936 teilte er mit, daß nach Auskunft des Erstklägers die drei Kläger die Erben seien. Diese fochten den Zuschlagsbeschluß mit der sofortigen Beschwerde an. Das Landgericht wies die Beschwerde zurück. Die von den Klägern eingelegte weitere sofortige Beschwerde wurde als unzulässig verworfen.

Die Kläger, die mit ihrer Hypothek teilweise ausgefallen sind, haben vorgetragen, sie hätten, wenn sie von dem Versteigerungstermine Kenntnis erlangt hätten, das Grundstück ersteigert und dadurch ihre Hypothek voll gerettet. Ihren Schaden beziffern sie einschließlich der Kosten der im Zwangsversteigerungsverfahren eingelegten Beschwerden auf 7371,60 RM. Für diesen Betrag machen sie den Beklagten wegen fahrlässiger Amtspflichtverletzung der Grundbuchbeamten und des Vollstreckungsrichters haftbar. Von dem früheren Grundstückseigentümer und von dem Zustellungsvertreter können sie nach ihrer Behauptung Ersatz ihres Schadens nicht erwarten.

. . .

Dem Vollstreckungsrichter machen die Kläger zum Vorwurf, daß er sich durch den Bleistiftvermerk „verstorben" auf der ihm mitgeteilten Abschrift des Wohnungsblatts nicht veranlaßt gesehen habe, bei dem Grundbuchamt nach dem Bekanntsein der Erben zu fragen und selbst die Grundakten einzusehen; weiter daß er den Zustellungsvertreter nicht hinreichend belehrt und überwacht und daß er nicht die Bestellung eines Pflegers angeregt habe.

Der Beklagte hat jedes Verschulden der beteiligten Beamten in Abrede gestellt. Er hat weiter die Ursächlichkeit einer etwaigen Amtspflichtverletzung für den eingetretenen Schaden verneint mit der Begründung, daß die Kläger nach ihren Vermögensverhältnissen gar nicht in der Lage gewesen wären, das Grundstück anzusteigern. Endlich hat er geltend gemacht, daß die Voraussetzung des § 839 Abs. 1 Satz 2 BGB. von den Klägern nicht hinreichend dargetan sei, und daß die Kläger selbst das Hauptverschulden an dem Schaden treffe, da sie nichts zur Wahrung ihrer Rechte getan hätten, obwohl sie mit der Einleitung des Zwangsversteigerungsverfahrens rechneten. Die Kläger waren in den Vorinstanzen unterlegen. Auch ihre Revision blieb ohne Erfolg.

Gründe:

Das Kammergericht erachtet die Voraussetzung des § 839 Abs. 1 Satz 2 BGB. für gegeben. Es nimmt auch an, daß den Klägern infolge der Nichtkenntnis des Versteigerungstermins ein Schaden erwachsen ist. Es verneint jedoch eine schuldhafte Amtspflichtverletzung der in Frage kommenden Beamten.

Bei der Beurteilung des Verhaltens des Versteigerungsrichters ist zunächst von der Vorschrift des § 9 ZVG. auszugehen. Danach gelten diejenigen, die ein Recht an dem Grundstück haben, das aber zur Zeit der Eintragung des Vollstreckungsvermerks für sie im Grundbuch weder eingetragen noch durch Eintragung gesichert ist, nur dann als Beteiligte, wenn sie ihr Recht bei dem Vollstreckungsgericht anmelden und auf Verlangen glaubhaft machen. Dem Schutz der nicht aus der Grundbucheintragung ersichtlichen Berechtigten dient die Vorschrift des § 37 Nr. 4 in Verbindung mit § 39 ZVG. Die Klage geht von der unrichtigen Auffassung aus, als sei es Aufgabe des Versteigerungsrichters, von sich aus Ermittlungen nach den nicht eingetragenen Berechtigten anzustellen. Eine solche Pflicht besteht für den Versteigerungsrichter nicht. Sie würde ihn über Gebühr belasten, kaum zu übersehende Haftungsgefahren auslösen und das Verfahren ungebührlich verzögern. Das Gesetz verlangt vielmehr, wie die Vorschrift des § 37 Nr. 4 klar ergibt, daß die nicht im Grundbuch eingetragenen Grundstücksberechtigten ihrerseits die erforderlichen Schritte unternehmen, um im Verfahren berücksichtigt zu werden. Deshalb erfolgt die öffentliche Aufforderung an sie gemäß § 39 ZVG. Grundlage für die Tätigkeit des Versteigerungsrichters ist demnach der Grundbuchstand zur Zeit der Eintragung des Vollstreckungsvermerks. Dieser Grundbuchstand ergibt sich aus den beglaubigten Abschriften des Grundbuchblattes und der im Grundbuch in bezug genommenen Urkunden, die nach § 19 Abs. 2 ZVG. vom Grundbuchamt dem Vollstreckungsgericht zu erteilen sind. Auf die Richtigkeit und Vollständigkeit dieser Abschriften darf sich der Vollstreckungsrichter verlassen. Er ist nicht verpflichtet, das Grundbuch und die Grundakten selbst einzusehen. Dies ist nur dann geboten, wenn sich aus den Abschriften selbst Unstimmigkeiten oder offenbare Unrichtigkeiten ergeben. Die von der Revision angezogenen Bemerkungen in den Motiven zum Preußischen Zwangsversteigerungsgesetz können gegenüber der reichsgesetzlichen Regelung keine Bedeutung beanspruchen. Aus den vom Grundbuchamt erteilten beglaubigten Abschriften des Grundbuch- und des Wohnungsblatts war aber im gegebenen Falle nichts ersichtlich, was den Versteigerungsrichter bei pflichtmäßiger Prüfung hätte veranlassen müssen, Grundbuch und Grundakten selbst einzusehen. Der in der Abschrift des Wohnungsblatts zu dem Namen des Hypothekengläubigers O. J. gesetzte Bleistiftvermerk „verstorben“ deutete lediglich auf den Tod des eingetragenen Berechtigten hin. Zu einer Ermittelung der Erben war der Versteigerungsrichter nicht verpflichtet. Als Beteiligte hatte er diese erst zuzuziehen, wenn sie sich gemeldet und ihm gegenüber ausgewiesen hatten. Der Versteigerungsrichter verfuhr daher entsprechend der Vorschrift des § 6 ZVG., wenn er für den Bruder der Kläger und seine etwaigen Rechtsnachfolger einen Zustellungsvertreter bestellte, nachdem die an O. J. gerichtete Terminsnachricht als unbestellbar zurückgekommen war. Die Meinung der Kläger, der Versteigerungsrichter hätte sich mit der Mitteilung der Abschrift des Wohnungsblatts nicht begnügen dürfen, sondern eine vom Grundbuchrichter unterzeichnete Auskunft verlangen müssen, geht, wie unten darzulegen ist, fehl.

Darüber, welche Amtspflichten dem Versteigerungsrichter wegen der Person des Zustellungsvertreters obliegen, schweigt das Gesetz. Da aber die im § 6 ZVG. festgesetzte Amtspflicht zur Bestellung des Zustellungsvertreters offensichtlich darauf abzielt, daß die Belange des Vertretenen tunlichst geschützt werden sollen, so ergibt sich für den Vollstreckungsrichter die Amtspflicht, nur eine solche Person auszuwählen, die zur Erfüllung der Aufgabe des Zustellungsvertreters annehmbar fähig und willens ist. Im vorliegenden Fall hat der Versteigerungsrichter den Justizangestellten N. zum Zustellungsvertreter bestellt, der schon in sehr vielen anderen Fällen als solcher tätig gewesen war. Er hat also bei der Auswahl der Person des Zustellungsvertreters seine Amtspflicht nicht verletzt. Da er auch davon ausgehen durfte, daß N. über die ihm als Zustellungsvertreter obliegenden Aufgaben hinlänglich unterrichtet sei und über die erforderliche Erfahrung verfüge, so kann dem Kammergericht nicht entgegengetreten werden, wenn es annimmt, daß keine Veranlassung bestand, hier dem Zustellungsvertreter noch besondere Anweisungen und Belehrungen zu erteilen. Bei der Frage, inwieweit dem Vollstreckungsrichter eine Pflicht zur Überwachung des Zustellungsvertreters obliegt, ist davon auszugehen, daß dieser nicht, wie ein Pfleger, eine verwaltende Tätigkeit auszuüben, sondern lediglich eine bestimmte Ermittelungsaufgabe zu erfüllen hat, bis zu deren Erledigung die für den Vertretenen bestimmten Zustellungen an ihn erfolgen dürfen (§ 7 Abs. 1 und 2 ZVG.). Wenn daher auch eine gewisse Überwachungspflicht des Vollstreckungsrichters insoweit zu bejahen ist, als er einen Zustellungsvertreter, der seine Aufgabe offenbar nicht erfüllen kann oder will, entlassen muß, so können ihm doch im allgemeinen besondere Überwachungsmaßnahmen, wie die Anordnung einer periodischen Berichterstattung durch den Zustellungsvertreter, nicht zugemutet werden. Im gegebenen Falle war für den Vollstreckungsrichter kein Anhalt dafür gegeben, daß N., gegen dessen Zuverlässigkeit in früheren Fällen nichts vorgebracht ist, seiner Aufgabe nicht gerecht werde.

Schließlich ist dem Versteigerungsrichter auch kein Vorwurf daraus zu machen, daß er nicht die Bestellung eines Pflegers bei dem zuständigen Gericht angeregt hat. Hierzu wäre er nach § 50 FGG. nur dann verpflichtet gewesen, wenn eine Vertretung des Hypothekengläubigers oder seiner Erben im Zwangsversteigerungsverfahren erforderlich gewesen wäre. Das war aber nicht der Fall. Die Frage, ob es etwa zweckmäßig war, daß der Hypothekengläubiger mitbot, war vom Versteigerungsrichter nicht zu prüfen.

. . .

Aufhebung und einstweilige Einstellung des Verfahrens

RGZ. 89, 426

1. Welche Wirkung hat die Zurücknahme des Versteigerungsantrags, wenn der vorgehende von mehreren betreibenden Gläubigern nach dem Schlusse der Versteigerung den Antrag zurücknimmt?

ZwVG. §§ 29, 33, 44, 84.

2. Muß ein Rechtsanwalt einer von der seinigen abweichenden Rechtsanschauung im Interesse seiner Partei Rechnung tragen?

3. Kann der Nießbraucher einer verzinslichen Hypothekenforderung von dem den Ausfall der Hypothek Verschuldenden Zahlung des vollen Ausfalls an sich und den Hypothekengläubiger gemeinschaftlich oder nur Ersatz seines eigenen Schadens beanspruchen?

BGB. §§ 249, 1077flg.

III. Zivilsenat. Urt. v. 23. Februar 1917.

I. Landgericht III Berlin. II. Kammergericht daselbst.

Die Klägerin war als Nießbraucherin und ihre bei ihrem Tode vorhandene Nachkommenschaft als Gläubigerin einer ersten Hypothek von 72000 M. im Grundbuch eingetragen. Da der Grundstückseigentümer die Hypothekenzinsen nicht zahlte, beauftragte die Klägerin den Beklagten Rechtsanwalt M. mit der Wahrnehmung ihrer Rechte und der Betreibung der Zwangsversteigerung. Diese führte im Mai 1912 zu der Erteilung des Zuschlags an einen der Mitgläubiger der zweiten Hypothek, deren Beitritt zu dem Verfahren zugelassen war, und zwar zu dem Gebote von 65000 M. Die Beschwerden, die der Beklagte namens der Klägerin und ein Vertreter ihrer Kinder gegen den Zuschlagsbeschluß erhoben, hatten keinen Erfolg. Die erste Hypothek fiel infolgedessen in Höhe von 15122,41 M. aus.

Die Klägerin beansprucht nun wegen verschiedener, angeblich vom Beklagten verschuldeter Mißgriffe Schadensersatz. In erster Linie hat sie die Verurteilung des Beklagten beantragt, an sie und den Vertreter ihrer bei ihrem Tode vorhandenen Abkömmlinge gemeinschaftlich den Betrag von 15122,41 M. nebst Zinsen zu zahlen. Hilfsweise hat sie den Antrag gestellt, den Beklagten zu verurteilen, ihr eine lebenslängliche Rente von 756,12 M. (d. s. 5% Zinsen des Ausfalls) zu zahlen.

Das Landgericht hat dem ersteren Antrag unter Abzug von 50 M. als der Kosten, die durch die Zurücknahme des Versteigerungsantrags entstanden sein würden, entsprochen. Die Berufung des Beklagten ist zurückgewiesen worden. Auf seine Revision wurde die Sache an das Berufungsgericht zurückverwiesen.

Gründe:

„Der Berufungsrichter hat den Beklagten verurteilt, weil er es schuldhaft unterlassen habe, den Versteigerungsantrag der Klägerin zurückzunehmen und so den Zuschlag zu dem zur Befriedigung der Hypothek der Klägerin und ihrer Abkömmlinge nicht ausreichenden Meistgebote von 65000 M. zu verhindern. Die übrigen von der Klägerin gegen den Beklagten erhobenen Vorwürfe erklärt das Berufungsgericht für unbegründet. Seine auf diese sich beziehenden, von der Revisionsbeklagten zum Teil angegriffenen Entscheidungsgründe sind frei von Rechtsirrtum, und auch den dem Revisionskläger nachteiligen

Ausführungen ist im wesentlichen beizupflichten. Nur insoweit ist die Revision begründet, als sie die Nichtberücksichtigung des Einwandes des mitwirkenden eigenen Verschuldens rügt.

Mit Recht nimmt der Vorderrichter zunächst an, daß es auf Grund des zwischen den Parteien bestehenden Vertragsverhältnisses die Pflicht des Beklagten war, der Klägerin die Mittel an die Hand zu geben, die zur Erreichung des Zieles führen könnten, den Zuschlag für das Meistgebot von 65000 M. zu vereiteln. Wenn der Beklagte auch nicht, wie die Klägerin behauptet hatte, die Beschwerde gegen den *Zuschlagsbeschluß ohne Zustimmung der Klägerin und ihres Vertreters* T., sondern in dessen ausdrücklichem Auftrag eingelegt hat und wenn deshalb auch die von der Revision angefochtene Annahme des Berufungsgerichts, daß der Beklagte das mit der Beschwerde verfolgte Ziel gebilligt habe, Bedenken unterliegen mag, so folgt jene Pflicht des Beklagten doch aus dem von ihm selbst behaupteten, nach dem Versteigerungstermin erteilten, ausdrücklichen Auftrage des T., die Erteilung des Zuschlags unter allen Umständen zu verhindern, und aus der Annahme des Auftrags durch den Beklagten.

Dem Berufungsgericht ist ferner auch darin beizupflichten, daß die Zurücknahme des Versteigerungsantrags der Klägerin ein geeignetes Mittel war, die Erteilung des Zuschlags zu dem Gebote von 65000 M. zu verhindern. Die Zurücknahme des Versteigerungsantrags (§ 29 ZVG.) kann unzweifelhaft noch nach dem Schlusse der Versteigerung bis zur Verkündung des den Zuschlag erteilenden Beschlusses erfolgen, wie sich aus § 33 ZVG. ergibt. Sie kann auch, wenn das Verfahren von mehreren Gläubigern betrieben wird (wie in dem vorliegenden Falle von der Klägerin als der Nießbraucherin der ersten Hypothek und von den Gläubigern der zweiten Hypothek nach deren Beitritt), nicht etwa nur durch alle betreibenden Gläubiger gemeinsam erfolgen, sondern jeder von ihnen ist berechtigt, seinen Antrag zurückzunehmen; auch das unterliegt keinem Zweifel. Bestritten ist dagegen die Wirkung der Zurücknahme durch einen der betreibenden Gläubiger für den hier gegebenen Fall, daß die Zurücknahme erst nach dem Schlusse der Versteigerung erfolgt und der seinen Antrag zurücknehmende Gläubiger dem anderen betreibenden Gläubiger im Range vorgeht, seine Forderung also nach § 44 ZVG. für die Feststellung des geringsten Gebots maßgebend war. Während einige Bearbeiter des Zwangsvollstreckungsgesetzes annehmen, daß solchenfalls das geringste Gebot nicht anderweit zu berechnen sei, weil die Zurücknahme die einmal richtig erfolgte Feststellung nicht rückwirkend unrichtig machen könne, daß vielmehr auf Grund der abgeschlossenen Versteigerung das Verfahren einfach fortzusetzen und der Zuschlag zu erteilen sei, erklären andere die Versagung des Zuschlags und die Wiederholung des Verfahrens unter anderweitiger Feststellung des geringsten Gebots für erforderlich, sofern nicht die Berechtigten, welche infolge der Zurücknahme Anspruch auf Berücksichtigung in dem geringsten Gebote haben, ihre Nichtberücksichtigung genehmigen (§ 84 ZVG.). Mit Recht billigt das Berufungsgericht die letztere Ansicht, die auch von der Rechtsprechung geteilt wird (Entsch. des OLG. Breslau vom 17. April 1913, Rechtspr. d. OLG. Bd. 27 S. 211). Der von der Revision angezogene Satz aus Soergel 1914 S. 954 Nr. 75, der aus der Hessischen Rechtsprechung 15. Jahrg. S. 118 entnommen ist, findet sich, wie letztere ergibt, nicht in einer Entscheidung des Oberlandesgerichts Darmstadt, sondern in einem Beschlusse des Landgerichts Gießen und betrifft den Fall der Befriedigung des betreibenden Gläubigers ohne Zurücknahme des Versteigerungsantrags. Durch die Zurücknahme des Versteigerungsantrags scheidet der zurücknehmende Gläubiger aus dem Kreise der betreibenden Gläubiger aus und wird der bisherigen Feststellung des geringsten Gebots die Grundlage entzogen. Der Zuschlag kann jetzt nur noch auf Grund der durch seinen Austritt geschaffenen neuen Sach- und Rechtslage erteilt werden. Die Berechtigten, deren Rechte dem Anspruche des jetzt allein das Verfahren betreibenden Gläubigers vorgehen, haben Anspruch darauf, daß der Zuschlag nur auf ein ihre Rechte deckendes Gebot erteilt wird. Das geringste Gebot muß daher neu festgestellt und der Zuschlag auf Grund der abgeschlossenen Versteigerung versagt werden. Gegen die Ansicht, daß die Zurücknahme keine rückwirkende Kraft habe, verwertet das Berufungsgericht zutreffend die Vorschrift des § 29 ZVG., nach der die Zurücknahme die Aufhebung der Zwangsversteigerung, also den Wegfall des infolge des zurückgenommenen Antrags eingeleiteten und durchgeführten Verfahrens zur Folge habe; und daß auch eine nach dem Schlusse der Versteigerung erfolgende Zurücknahme zur Versagung des Zuschlags führen kann, ergibt sich aus § 33 ZVG.

Mit den beiden Vorinstanzen ist es weiter auch dem Beklagten zum Verschulden anzurechnen, daß er an die Zurücknahme des Versteigerungsantrags als ein zur Erreichung des obigen Zieles geeignetes Mittel nicht gedacht und der Klägerin diese Maßnahme nicht empfohlen hat. Mit Recht wird in beiden Urteilen Gewicht darauf gelegt, daß der Beklagte in den Wochen zwischen dem Versteigerungstermine vom 24. April 1912 und dem Zuschlagsverkündungstermine vom 15. Mai 1912 ausreichende Zeit hatte, die in Betracht kommenden Maßregeln zu erwägen. An die einstweilige Einstellung des Verfahrens hatte er bereits in jenem Termin ausweislich seines Briefes an T. vom 24. April 1912 gedacht. Nachdem diese an dem Widerspruche des Vertreters der mitbetreibenden Gläubiger der zweiten Hypothek gescheitert war, lag der Gedanke, den Versteigerungsantrag zurückzunehmen und den Betrieb des Verfahrens diesen Gläubigern allein zu überlassen, nicht so fern und hätte dem Beklagten bei pflichtmäßiger Überlegung kommen müssen. Hat er etwa deshalb hieran nicht gedacht, weil ihm das Zwangsvollstreckungsgesetz nicht genügend bekannt war, so gereicht das ihm nicht zur Entschuldigung; er hätte dann den Auftrag der Klägerin nicht übernehmen dürfen. Hätte er aber an der Hand des Schrifttums die Frage geprüft, ob die Zurücknahme des Antrags zur Versagung des Zuschlags führen würde, so würde er auch erkannt haben, daß diese Maßnahme nach einer zwar bestrittenen *), aber von namhaften Bearbeitern des Zwangsversteigerungsgesetzes **) vertretenen Ansicht zum Ziele führe, und hätte dann, selbst wenn er diese Ansicht nicht geteilt haben sollte, *auf Grund der erwähnten Weisung des Vertreters der Klägerin* den Weg betreten müssen, um die Klägerin vor dem sonst nicht vermeidbaren Schaden zu bewahren. Das Urteil des erkennenden Senats vom 22. Oktober 1915 (RGZ. Bd. 87 S. 187), auf das die Revision sich beruft, steht der Annahme eines Verschuldens des Beklagten nicht entgegen. Dort wird nur ein allgemeiner Grundsatz, daß der Rechtsanwalt jeder von der seinigen abweichenden Rechtsanschauung im Interesse seiner Partei fürsorglich Rechnung tragen müsse, als undurchführbar und die Tätigkeit des Rechtsanwalts oft hemmend oder lähmend abgelehnt und ausdrücklich ausgesprochen, es komme immer auf den einzelnen Fall und auf die einzelne Rechtsfrage an. Für den vorliegenden Fall ist entscheidend, daß der Beklagte einen anderen Weg zur Abwendung des Schadens nicht gefunden hatte, und daß nach der Ansicht namhafter Bearbeiter des Zwangsversteigerungsgesetzes die Zurücknahme des Versteigerungsantrags zu dem erstrebten Ziele führen mußte. Ob, wie die Revision hervorgehoben hat, der Beklagte nicht wissen konnte, daß später ein höherer Erlös erzielt werden würde, ist ohne Belang. Es handelt sich nach dem Versteigerungstermine für ihn um die Ausführung des ausdrücklichen Auftrags, die Erteilung des Zuschlags zu dem Gebote von 65000 M. unter allen Umständen zu verhindern.

Daß durch die Zurücknahme des Antrags nicht nur dieses Ziel erreicht, sondern auch tatsächlich der eingetretene Schaden in Höhe der Urteilssumme vermieden worden wäre, stellt der Vorderrichter einwandfrei fest.

Unbegründet ist endlich auch der Angriff der Revision gegen den Umfang der Verurteilung des Beklagten, an die Klägerin und den Vertreter ihrer bei ihrem Tode vorhandenen Nachkommenschaft gemeinschaftlich den ganzen Kapitalausfall der Hypothek (abzüglich 50 M.) nebst Zinsen zu zahlen. Der Beklagte macht hiergegen geltend,

---

*) Vgl. Wolff, ZVG. 3. Aufl. 1909 § 29 Anm. 1; Lindemann, ZVG. 1905 § 29 Anm. 2; Wenz-Wagner, Handbuch der Zwangsverst. und Zwangsverw. 4. Aufl. 1912 § 29 Anm. 2.

**) Vgl. Jaeckel-Güthe, 3. Aufl. 1909 § 29 Anm. 5; Reinhardt 1901 Bd. 1 § 29 Erl. 3; Altmann 1904 § 29 Anm. 3; Niedner 1904 § 29 Anm. 4; Steiner 2. Aufl. 1909 S. 124 Anm. 4.

der Schaden der Klägerin als der Nießbraucherin der Hypothekenforderung bestehe lediglich in dem Verluste des Zinsgenusses an dem Ausfalle, sie könne daher nur eine — allenfalls sicherzustellende — Zinsrente einklagen, zur Geltendmachung des Schadensersatzanspruchs für ihre Nachkommen, zu denen der Beklagte in keinem Vertragsverhältnisse gestanden habe, sei sie nicht berechtigt. Demgegenüber hat das Landgericht unter Billigung des Berufungsgerichts ausgeführt, wie die Klägerin nach § 1077 BGB. die Zahlung der vollen Hypothekenforderung, wenn sie nicht infolge des Verschuldens des Beklagten ausgefallen wäre, an sich und ihre Abkömmlinge gemeinschaftlich habe beanspruchen können, so könne sie jetzt von dem Beklagten, der ihr nach § 249 BGB. zur Wiederherstellung des früheren Zustandes verpflichtet sei, die Zahlung des Ausfalls an sich und ihre Nachkommen gemeinschaftlich fordern. Dem kann nur beigepflichtet werden. Insbesondere ist ein Bedenken gegen diese Ansicht nicht daraus herzuleiten, daß sie zu einer Verurteilung des Beklagten zum Ersatz eines Schadens führt, den nicht sein Vertragsgegner, sondern Dritte erlitten haben, zu denen er in keinem Vertragsverhältnis stand. Das ist keineswegs schlechthin ausgeschlossen (vgl. z. B. RGZ. Bd. 62 S. 334 flg., Bd. 87 S. 292) und wird hier durch die Eigenart der Rechtsstellung des Nießbrauchers einer auf Zinsen ausstehenden Forderung nach §§ 1077 flg. BGB. gerechtfertigt.

Begründet ist dagegen die Revisionsrüge der Nichtberücksichtigung des Einwandes eines mitwirkenden eigenen Verschuldens der Klägerin oder des Rendanten, Amtsrichters a. D. T., an den die Klägerin den Beklagten mit dem Bemerken verwiesen hatte, er vertrete sie in allen geschäftlichen Angelegenheiten, und mit dem daraufhin der Beklagte schriftlich verhandelt hatte. Das Berufungsgericht hat diesen Einwand überhaupt nicht geprüft, obwohl es, wie die Revision mit Recht hervorhebt, bei der Erörterung der Frage, ob der Beklagte durch Nichtausbieten der Hypothek seine Vertragspflicht schuldhaft verletzt habe, folgendes ausführt. Auf Grund der Briefe des Beklagten an T. vom 31. Januar und 16. April 1912, in denen jener das Erscheinen der Klägerin und eines ihrer Abkömmlinge im Versteigerungstermine für unbedingt empfehlenswert erklärt habe (und zwar, wie T. als früherem Amtsrichter nicht habe zweifelhaft sein können, um für den Fall des Nichtausbietens der Hypothek über die erforderlichen Schritte Beschluß zu fassen), sei es die Pflicht der Klägerin oder des T. gewesen, entweder diesem Verlangen des Beklagten nachzukommen oder den Beklagten mit Anweisungen über das Ausbieten der Hypothek zu versehen, wobei der Berufungsrichter auch weiter feststellt, daß T. jenes berechtigte Verlangen des Beklagten durch die Entsendung seines Sekretärs M. zum Termine nicht erfüllt habe, da dieser sich über seine Befugnis, für die Klägerin rechtsverbindliche Erklärungen abzugeben, nicht habe ausweisen können und der Beklagte deshalb seiner

Weisung, mitzubieten, nicht zu folgen brauchte. Da nun ferner die Klägerin selbst davon ausgeht, daß durch das Ausbieten der Hypothek der Schaden vermieden worden wäre — denn sie stützt ihre Klage auch auf die Unterlassung des Ausbietens durch den Beklagten —, kann der Einwand des mitwirkenden Verschuldens nicht, wie das Landgericht angenommen hat, ohne weiteres für unbegründet erachtet werden, sondern er ist von dem Berufungsgerichte zu prüfen."

RGZ. 125, 24

Welche Stellung nehmen in einem Zwangsversteigerungsverfahren, das mit Bewilligung der sämtlichen betreibenden Gläubiger zunächst einstweilen eingestellt, dann aber auf Antrag eines von ihnen fortgesetzt worden ist, die Gläubiger ein, die diesen Antrag nicht gestellt haben?

ZVG. § 27 Abs. 2, §§ 30, 31.

III. Zivilsenat. Urt. v. 7. Juni 1929.

I. Landgericht Frankfurt a. M. II. Oberlandesgericht daselbst.

Die Kläger waren je zur Hälfte Miteigentümer eines Hausgrundstücks. Auf Antrag der Fr.-Bank in N., für die unter Nr. 5 eine Sicherungshypothek zum Höchstbetrag von 5000 RM. eingetragen stand, wurde am 28. Mai 1926 wegen einer Forderung von 1200 RM. nebst Zinsen und Kosten die Zwangsversteigerung des Grundstücks angeordnet. Zum Beitritt wurden zwei weitere Gläubiger der Kläger zugelassen: 1. die Firma E. & Co. in Fr., für welche an erster Stelle zwei Grundschulden zum Gesamtbetrag von 15000 GM. eingetragen waren, wegen 386,18 RM. rückständiger Zinsen von diensem Betrag für die Zeit vom 1. Februar 1925 bis zum 30. April 1926, sowie wegen 14% rückständiger Zinsen von 13000 RM. vom 1. Mai 1926 ab; 2. die dinglich nicht gesicherte Firma K. & Co. in H. wegen einer Forderung von 1000 RM. nebst Zinsen und Kosten. Die Fr.-Bank trat dann auch noch wegen einer weiteren Forderung von 2400 RM. nebst Zinsen und Kosten dem Verfahren bei. Im ersten, auf den 30. August 1926 angesetzten Versteigerungstermin wurde das Verfahren durch Beschluß des Vollstreckungsgerichts einstweilen eingestellt, da die betreibenden Gläubiger die einstweilige Einstellung bewilligt hatten. Schon am 5. September 1926 beantragte die Fr.-Bank Fortsetzung der Zwangsversteigerung. Neuer Versteigerungstermin wurde nunmehr auf den 15. November 1926 vormittags 10 Uhr anberaumt. Am 2. November verfügte der Vollstreckungsrichter die vorgeschriebene Mitteilung an die Beteiligten, auf wessen Antrag und wegen welcher Ansprüche die Versteigerung erfolge. Er fügte hinzu:

„Das Verfahren ist, soweit es von den unter Ziff. 2 und 3 aufgeführten Gläubigern (d. h. E. & Co. und K. & P.) betrieben wird, zur Zeit einstweilen eingestellt.“

Mit diesem Zusatz wurde die Mitteilung am 4. November auch an die Kläger abgesandt. Am 11. November ging beim Vollstreckungsgericht das Ersuchen der Fr.-Bank ein, die Zwangsversteigerung einstweilen einzustellen. Da das die zweite Einstellungsbewilligung der Bank war, beschloß das Gericht am 12. November die Aufhebung des Verfahrens, soweit es von ihr betrieben werde. Dieser Beschluß wurde den Klägern am 15. November, dem Tage des Versteigerungstermins, wenige Stunden vor dessen Beginn, zugestellt. Im Versteigerungstermin erschienen die Kläger nicht. Er wurde gleichwohl abgehalten. Das geringste Gebot betrug 812,57 RM., die bar zu zahlen waren, während keine Rechte bestehen blieben. Das von dem an zweiter Stelle stehenden Hypothekengläubiger abgegebene Meistgebot betrug 15420 RM., und das Grundstück wurde ihm auf dieses Gebot durch Beschluß vom 22. November 1926 zugeschlagen. Die Beschwerde der Kläger gegen diesen Zuschlagsbeschluß blieb erfolglos, ebenso ihre weitere Beschwerde.

Die Kläger führen es auf eine schuldhafte Amtspflichtverletzung des Vollstreckungsrichters zurück, daß ihnen ihr Grundstück, das einen Wert von 57000 RM. gehabt habe, für rund 15000 RM. genommen worden sei. Auf Grund der Mitteilung vom 2. und des Beschlusses vom 12. November 1926 seien sie der Ansicht gewesen, daß die Zwangsversteigerung für alle betreibenden Gläubiger zum Stillstand gekommen sei. Sie hätten deshalb bestimmt angenommen, daß der Versteigerungstermin am 15. November 1926 nicht mehr abgehalten werde, und seien daher nicht erschienen. Ohne die irreführende Nachricht des Grichts würden sie dem Termin beigewohnt haben und dann würde es ihnen gelungen sein, die noch betreibenden beiden Gläubiger zur Zurücknahme ihres Antrags zu bewegen. Insbesondere der Hauptgläubigerin, der Firma E. & Co., sei es nicht darauf angekommen, das Grundstück versteigern zu lassen, sondern nur, Sicherheit für ihre Forderung zu erlangen. Zu ihrer wie der Firma K. & P. Sicherstellung wären die Kläger aber imstande gewesen, wenn sie nicht mit der Einstellung der von diesen Gläubigern betriebenen Zwangsvollstreckung gerechnet hätten. Sie hätten zwischen beiden Terminen mit verschiedenen Geldgebern verhandelt, um von ihnen die Mittel zur Ablösung der beiden Gläubiger zu erlangen. Diese Verhandlungen hätten sich sehr aussichtsvoll gestaltet. Namentlich habe der mit dem klagenden Ehemann befreundete Inhaber der Firma Gebr. B in Fr. die Hergabe der zur Vermeidung der Versteigerung nötigen Mittel versprochen, die er auch zur Verfügung gehabt habe. Mit Rücksicht auf die Mitteilung des Gerichts hätten sie, die Kläger, die Angelegenheit dann aber nicht mehr für dringlich erachtet und seien von der rechtzeitigen Befriedigung oder wenigstens Sicherstellung der noch in Frage kommenden beiden Gläubiger abgehalten worden. Für den ihnen durch das Verschulden des Vollstreckungsrichters erwachsenen Schaden hafte der Preußische Staat. Gegen ihn haben die Kläger von dem auf 57000 RM. berechneten Gesamtschaden einen Teilbetrag von 5000 RM. nebst Zinsen eingeklagt.

Der Beklagte bestreitet, daß den Klägern durch die Versteigerung des Grundstücks ein Schaden erwachsen sei. Jedenfalls sei das Verhalten des Vollstreckungsrichters für den etwa entstandenen Schaden nicht ursächlich gewesen. Denn die Firma E. & Co. würde eine nochmalige Einstellung des Verfahrens nur gegen eine erhebliche Barzahlung oder gegen völlige Sicherstellung der alsbaldigen Berichtigung ihrer Forderung bewilligt haben. Ihr diese zu gewähren seien die Kläger aber nicht in der Lage gewesen. Die Firma Gebr. B. sei zu der hiernach nötigen Hilfeleistung weder gewillt noch imstande gewesen. Auch wenn die Kläger am Versteigerungstermin teilgenommen hätten, würden sie sich also das Grundstück nicht haben erhalten können. Übrigens müsse es als erhebliches Mitverschulden der Kläger angesehen werden, daß sie in dem Termin, dessen Aufhebung ihnen nicht mitgeteilt worden sei, nicht erschienen seien. Außerdem hätten sie ja auch noch bis zum Zuschlag die Gläubiger befriedigen können.

Die Vorinstanzen haben die Klage abgewiesen. Die Revision der Kläger führte zur Aufhebung und Zurückverweisung.

Gründe:

Wenn ein Zwangsversteigerungsverfahren auf Grund einer von sämtlichen Gläubigern erteilten Bewilligung einstweilen eingestellt worden ist (§ 30 ZVG.), so muß es auf Antrag auch nur eines Gläubigers fortgesetzt werden (§ 31 Abs. 1 ZVG.). Streitig ist, welche Stellung in diesem Fall diejenigen Gläubiger einnehmen, die den Fortsetzungsantrag nicht gestellt haben. Nach der einen Ansicht fällt die einstweilige Einstellung für sämtliche Gläubiger weg, das Verfahren wird für sie alle fortgeführt. *) Nach der anderen Meinung geht das Verfahren nur für den betreibenden Gläubiger weiter, der die Fortsetzung beantragt hat. **) Das Verfahren, das der Vollstreckungs-

*) Goldmann im Recht 1913 S. 514 und in JW. 1926 S. 1181; Jäckel-Güthe ZVG. 5. Aufl. § 31 Anm. 3; Wenz in JW. 1921 S. 211; Wenz-Wagner Handbuch für die Zwangsvollstreckung u. die Zwangsverwaltung § 31 Anm. 8; Wolff ZVG. § 30 Anm. 8 und im Recht 1910 S. 654; Urteile des OLG. Posen vom 4. Juli 1914 (Pos. Jur Monatsschr. 1914 S. 121) und des OLG. Stettin vom 17. Juli 1925 (JW. 1925 S. 2275 Nr. 4).

**) Kretzschmar in JW. 1916 S. 1380; Marcus im Recht 1911 S. 94; Reinhard-Müller Handausgabe des ZVG. 6. Aufl. § 27 Anm. 6 u. § 30

richter bei der Versteigerung des Grundbesitzes der Kläger eingeschlagen hat, war von beiden Rechtsstandpunkten aus falsch. Wirkte der Fortsetzungsantrag der Fr.-Bank auch zugunsten der Firmen E. & Co. und K. & P., so traf der Zusatz zu der Mitteilung vom 2. November 1926, daß das Verfahren, soweit es von diesen beiden betrieben werde, zur Zeit eingestellt sei, nicht zu. Von der Gegenmeinung aus durfte, nachdem das nur noch von der Fr.-Bank betriebene Verfahren aufgehoben war, die Grundstücksversteigerung nicht mehr stattfinden. Der Versteigerungstermin vom 15. November 1926 hätte ebenfalls aufgehoben werden müssen. Das Berufungsgericht hat bei dieser Sachlage geglaubt, von einer Stellungnahme zu der gekennzeichneten Streitfrage absehen zu können, und hat sich damit begnügt, eine Amtspflichtverletzung des Versteigerungsrichters deshalb zu bejahen, weil sein Verhalten inkonsequent und nach jeder der beiden dargelegten Meinungen unrichtig gewesen sei. Diese Urteilsbegründung würde ausreichen, wenn die schädigenden Folgen des richterlichen Versehens in beiden Fällen — sowohl, wenn die Amtspflichtverletzung in einer unrichtigen Mitteilung, als auch dann, wenn sie in der Vornahme einer unzulässigen Versteigerung lag — die gleichen sein müßten. Das ist aber nicht der Fall. Und darin, daß diese Verschiedenheit nicht berücksichtigt ist, liegt der wesentliche Fehler des angefochtenen Erkenntnisses.

Hat der Beklagte für die Unrichtigkeit der Mitteilung vom 2. November 1926 einzustehen, so kommt es darauf an, welche nachteiligen Folgen für die Kläger dadurch eingetreten sind, daß sie auf die Richtigkeit der ihnen gemachten Angabe vertraut haben. Sie behaupten, daß sie sich dann, wenn sie mit der Fortsetzung des Verfahrens für die genannten beiden Gläubiger hätten rechnen müssen, die nötigen Mittel hätten verschaffen können, um diese mindestens zu einer Fristgewährung zu veranlassen, so daß es am 15. November 1926 nicht zur Versteigerung ihres Grundstücks gekommen wäre. Das Berufungsgericht hat den Beweis nicht für erbracht angesehen, daß die Kläger, wenn sie die fragliche amtliche Nachricht nicht erhalten hätten, von ihren Gläubigern eine vorläufige Abstandnahme von der Versteigerung erreicht hätten; es hat vielmehr angenommen, daß das Grundstück unter allen Umständen am 15. November 1926 versteigert worden wäre. Deshalb hat es wegen mangelnden Nachweises eines durch das Versehen des Richters entstandenen Schadens die Klage abgewiesen. Damit ist aber noch nicht dargetan, daß es auch dann an einer vom Beklagten zu vertretenden Schädigung der Kläger fehlt, wenn der Versteigerungs-

Anm. 3; Stillschweig in JW. 1916 S. 1013 u. S. 1182, ferner in den Anmerkungen zu den das. 1925 S. 2275 Nr. 4 u. 1926 S. 2111 Nr. 3 abgedruckten Urteilen; Urteil des Kammergerichts vom 19. Juni 1926 (JW. 1926 S. 2111 Nr. 3).

richter unzulässigerweise die Grundstücksversteigerung vorgenommen hat. Denn in diesem Falle kommt es, sein Verschulden vorausgesetzt, nicht darauf an, ob es den Klägern gelungen wäre, den Ausfall des auf den 15. November 1926 angesetzten Versteigerungstermins durch Verhandlungen mit ihren Gläubigern zu erzielen. Vielmehr liegt die Sache dann so, daß die Versteigerung nur infolge einer Amtspflichtverletzung hat stattfinden können, so daß die Kläger nicht erst zu beweisen brauchen, sie hätten den damaligen Zwangsverkauf ihres Grundstücks verhüten können. Ihre Schädigung könnte vielmehr nur dann verneint werden, wenn entweder der Versteigerungserlös ihnen einen völligen Ausgleich für den Verlust des Grundstücks gewährt hätte, oder wenn die Versteigerung demnächst doch hätte stattfinden müssen und auch dann keinen höheren Erlös als den am 15. November 1926 erzielten gebracht hätte. Diese, von der ersterörterten völlig verschiedene, Möglichkeit der Schadensgestaltung hat der Vorderrichter überhaupt nicht in den Kreis seiner Erwägungen gezogen. Seine Entscheidung muß deshalb dann aufgehoben werden, wenn der dem Richter zu machende Vorwurf gerade in der Abhaltung des Versteigerungstermins liegt. Darüber kann aber nur geurteilt werden, wenn festgestellt wird, wie bei der gegebenen Sachlage ordnungsmäßig hätte verfahren werden müssen.

Die eingangs dargelegte Streitfrage hat der erkennende Senat in seinem Urteil RGZ. Bd. 89 S. 426 noch nicht entschieden. Er hat dort aber bereits ausgesprochen, daß die Zurücknahme des Versteigerungsantrags in einem von mehreren Gläubigern betriebenen Verfahren nicht etwa nur durch alle betreibenden Gläubiger gemeinsam erfolgen könne, daß vielmehr jeder von ihnen berechtigt sei, seinen Antrag zurückzunehmen, um damit aus dem Kreise der betreibenden Gläubiger auszuscheiden. Das folgt daraus, daß jeder Gläubiger dieselben Rechte hat, einerlei, ob er den ersten Versteigerungsantrag gestellt hat oder ob er erst später beigetreten ist (§ 27 Abs. 2 ZVG.), und daß deshalb jeder neben den anderen betreibenden Gläubigern völlig unabhängig von ihnen steht. Diese selbständige Stellung der mehreren betreibenden Gläubiger zwingt dazu, den Fall der einstweiligen Einstellung nicht anders zu behandeln als den der Zurücknahme des Versteigerungsantrags. Der von der einstweiligen Einstellung betroffene Gläubiger scheidet damit zwar nicht dauernd und in vollem Umfang aus dem Verfahren aus wie ein Gläubiger, der seinen Versteigerungsantrag zurücknimmt. Das Verfahren ruht nur für ihn, während die Beschlagnahme mit ihren Wirkungen zu seinen Gunsten bestehen bleibt. Diese ihm vorläufig gebliebene, geminderte verfahrensrechtliche Stellung kann der Gläubiger, soweit die Einstellung auf seiner Bewilligung beruht, bis zum Ablauf der in § 31 Abs. 2 ZVG. vorgesehenen Frist jederzeit wieder in die eines vollberechtigten betreibenden Gläubigers verwandeln, indem er die Fortsetzung des Verfahrens beantragt. Ob aber diese Rechtsänderung eintreten soll, ist seiner freien Entschließung überlassen. Daß sie ihm durch Anträge der anderen betreibenden Gläubiger aufgezwungen werden könnte, denen er, wie schon gesagt, selbständig gegenübersteht, dafür lassen sich keine durchgreifenden Gründe anführen.

Die im Schrifttum häufige Betonung der Einheitlichkeit des Zwangsversteigerungsverfahrens setzt das voraus, was erst bewiesen werden soll. Es fragt sich gerade, ob die Gläubiger an einem einheitlichen Verfahren beteiligt sind oder ob nur die verschiedenen, von den einzelnen Gläubigern betriebenen Verfahren verbunden sind. Dasselbe gilt von der Erwägung, die Einstellungsbewilligung sei nur wirksam, wenn und solange die in § 30 ZVG. als ihre Folge vorgesehene Einstellung auch tatsächlich eintrete; daran fehle es, wenn ein anderer Gläubiger das Verfahren fortsetze. Auch bei diesem Gedankengang wird die Bejahung der streitigen Frage schon unterstellt. Nicht zugestimmt werden kann der Behauptung, die Einstellungsbewilligung eines Gläubigers setze voraus, daß das Versteigerungsverfahren völlig zum Stillstand komme. Es lassen sich durchaus Fälle denken, in denen der Gläubiger nur für seine Person vom Weiterbetreiben der Versteigerung absehen will, ohne daß es ihm auf das Vorgehen der anderen Gläubiger irgendwie ankommt. Außerdem fehlt es an dieser Voraussetzung in all den Fällen, in denen die Einstellung des Verfahrens nicht auf der Bewilligung des Gläubigers beruht, sondern auf einem gegen ihn ergangenen Gerichtsbeschluß. Von einer Absicht des Gerichts, die Einstellung nur für den Fall anzuordnen, daß kein anderer Gläubiger die Zwangsversteigerung betreibt, kann keine Rede sein. Es ist aber nicht angängig, hinsichtlich der Beteiligung an dem fortgesetzten Verfahren zu unterscheiden zwischen den Fällen der Einstellung auf Grund Bewilligung des Gläubigers und der durch gerichtliche Anordnung. Das Verfahren läßt sich auch ohne Beteiligung der von einer einstweiligen Einstellung betroffenen Gläubiger weiterhin unschwer durchführen. Wenn der Gläubiger, für den das Verfahren ruht, im Grundbuch eingetragen ist, und wenn er außerdem dem das Verfahren fortsetzender Gläubiger vorgeht, so bleibt sein Recht bestehen (§ 52, 49 ZVG.). Steht er hinter dem betreibenden Gläubiger, so fällt sein Anspruch nicht mehr in das geringste Gebot, ein Ergebnis, das auch vom Standpunkt der Gegenmeinung aus einträte. Die Ansprüche persönlicher Gläubiger, für die das Verfahren eingestellt ist, müssen allerdings dann in das Bargebot aufgenommen eingestellt ist, müssen allerdings dann in das Bargebot aufgenommen werden, wenn sie dem fortsetzenden Gläubiger vorgehen. Das ergibt sich zwar nicht unmittelbar aus dem Wortlaut des § 49 ZVG., muß aber wohl aus seinem Sinn und Zweck hergeleitet werden. Der auf sie entfallende Betrag muß dann gegebenenfalls hinterlegt werden. Es darf eben nicht außer acht gelassen werden, daß den Gläubigern, welche die Einstellung bewilligt haben, immer noch die Beschlagnahmewirkungen zur Seite stehen. Sie gelten deshalb auch weiter als Beteiligte im Sinne von § 9 ZVG., werden als solche von allen, diesen mitzuteilenden, Beschlüssen und Verfügungen des Vollstreckungsgerichts in Kenntnis gesetzt und sind daher jederzeit in der Lage, ihrerseits das Verfahren fortzusetzen, wenn es ihnen dienlich erscheint, und dann die vollen Befugnisse eines betreibenden Gläubigers auszuüben. Nur aufgezwungen werden soll ihnen diese Stellung nicht. Gerade der vorliegende Fall ist ein Beweis für die Richtigkeit der hier vertretenen Ansicht. Denn es läßt sich nicht rechtfertigen, ein Grundstück zu versteigern, obgleich von den betreibenden Gläubigern der eine den Versteigerungsantrag zurückgenommen, die beiden anderen die Einstellung des Verfahrens bewilligt haben.

Aus diesen Darlegungen ergibt sich für den gegenwärtigen Fall, daß der Antrag der Fr.-Bank vom 5. September 1926, das Zwangsversteigerungsverfahren fortzusetzen, nur für sie Rechtswirkungen erzeugt hat, dagegen die auf Bewilligung der Firmen E. & Co. und K. & P. erfolgte einstweilige Einstellung unberührt gelassen hat. Die den Beteiligten am 2. November 1926 vom Vollstreckungsgericht gemachte Mitteilung war also richtig. Sie enthielt keine Amtspflichtverletzung des Richters. Eine solche kann vielmehr nur daraus hergeleitet werden, daß er das Grundstück der Kläger versteigert hat, obwohl das von der Fr.-Bank betriebene Verfahren aufgehoben, das von den beiden anderen Gläubigern betriebene einstweilen eingestellt worden war.

Die Frage, ob dem Vollstreckungsrichter sein Verhalten in dieser Hinsicht als Verschulden anzurechnen ist, kann noch nicht abschließend beurteilt werden. An sich kann allerdings einem Richter, der in einer so umstrittenen, durch höchstrichterliche Entscheidung noch nicht geklärten Frage der einen, von höheren Gerichten und anerkannten Rechtslehrern vertretenen Meinung folgt, daraus auch dann kein Vorwurf gemacht werden, wenn seine Meinung schließlich im Rechtsstreit nicht die Billigung der höchsten Instanz findet. Im vorliegenden Fall genügt jedoch diese Erwägung nicht, um den Richter zu entlasten. Denn er hat, wie schon oben hervorgehoben, in seiner Behandlung der Sache geschwankt. Zunächst hat er — nach dem Gesagten objektiv richtig — angenommen, daß der Fortsetzungsantrag der Fr.-Bank die einstweilige Einstellung des von den beiden anderen Gläubigern betriebenen Verfahrens nicht berühre, und hat dieser Ansicht durch die Mitteilung vom 2. November 1926 den Klägern gegenüber Ausdruck verliehen. Diesen Standpunkt hat er dann aber verlassen und hat die Zwangsversteigerung trotz Aufhebung von der Fr.-Bank betriebenen Verfahrens für geboten erachtet und sie deshalb vorgenommen. Sollte er seine Ansicht ohne eine genügend sorgfältige Prüfung der Rechtslage gewechselt haben, so läge darin ein Verschulden. Und auf diesem Verschulden würde die, wie ausgeführt, objektiv unzulässige Versteigerung des Grundbesitzes beruhen, so daß sie selbst als schuldhafte Amtspflichtverletzung bezeichnet werden müßte. Möglich bleibt aber auch, daß der Richter zu seiner veränderten Stellungnahme auf Grund erneuter Vertiefung in Rechtsprechung und Schrifttum gelangt ist. Dann gereicht ihm zwar die Vornahme der Versteigerung selbst nicht zum Vorwurf. Er hätte dann aber des Irrtums über die Sachlage gedenken sollen, *den er in den Klägern durch seine frühere Mitteilung erweckt* haben mußte oder wenigstens erweckt haben konnte. Seine Pflicht wäre es daher solchenfalls gewesen, die Kläger davon zu benachrichtigen, daß die einstweilige Einstellung hinsichtlich der beiden anderen Gläubiger nunmehr doch als unwirksam erachtet werde. Dann liegt seine schuldhafte Amtspflichtverletzung in der Unterlassung dieser Mitteilung, sodaß es nicht, wie im erstgedachten Fall, auf die schädigenden Folgen der Versteigerung ankäme, sondern darauf, welchen Schaden die Unterlassung dieser Mitteilung den Klägern zugefügt hat. Die Sachlage wäre dann also ähnlich der, welche das Berufungsgericht allein bei Erörterung der Schadensfolgen in den Kreis seiner Erwägungen gezogen hat. Welche der dargelegten Möglichkeiten wirklich gegeben ist und ob der Sachverhalt nicht etwa noch eine andere Beurteilung der Verschuldensfrage gebietet, darüber hat der Tatrichter zu befinden, für den sich aus dem Gesagten auch die Notwendigkeit ergibt, die Schadensfrage erneut zu untersuchen.

Bestimmung des Versteigerungstermins

RGZ. 57, 200

Wie werden die Wirkungen des Zuschlags beeinflußt, wenn die Bezeichnung des Grundstücks in der Bekanntmachung des Versteigerungstermins nicht hinreichend deutlich ist?

Zwangsversteigerungsgesetz §§ 37, 38, 90. EinfGes. zum Zwangsversteigerungsgesetz § 6. Preuß. Allgem. Verfügung vom 7. Dezember 1899.

V. Zivilsenat. Urt. v. 16. März 1904.

I. Landgericht Lüneburg. II. Oberlandesgericht Celle.

Der Kläger war eingetragener Eigentümer des im Grundbuche von W. Bd. 1 Art. 1 verzeichneten Grundstücks. Nach dem Kataster und dem Grundbuche gehörten zu diesem auch die auf dem Grundbuchblatte in Abt. I „Verzeichnis der Grundstücke“ unter den laufenden Nummern 18, 19, 25 und 26 verzeichneten Parzellen 91, 92, $\frac{174}{112}$ und $\frac{175}{129}$ des Kartenblattes 1 der Gemarkung W. Vor dem Kläger war eingetragene Eigentümerin des Grundstücks gewesen die Kaufmannsehefrau Karoline M. in G. Gegen sie wurde im Oktober 1901 die Zwangsversteigerung des Grundstücks angeordnet, und in diesem Verfahren wurde es dem Kläger, dem der Meistbietende seine Rechte aus dem Meistgebot abgetreten hatte, durch Beschluß vom 10. Januar 1902 zugeschlagen. Früher gehörte das Grundstück dem Ackergutsbesitzer Kr. Dieser hatte von ihm im *Jahre 1894* verschiedene Parzellen abverkauft, darunter an den Beklagten die in dem Kaufvertrage vom 10. Juli 1894 bezeichneten; als solche waren aufgeführt „ein Wohnhaus mit Garten“ und „eine Scheune mit Garten“, außerdem Acker. Die Übergabe an den Beklagten war erfolgt, und er war seitdem im Besitz der ihm verkauften Parzellen verblieben. Auch die Auflassung an den Beklagten war erfolgt, und zwar in der Weise, daß in der Auflassungsverhandlung die aufgelassenen Parzellen nach den von der Katasterverwaltung erteilten Auszügen aus den vorläufigen Fortschreibungsverhandlungen speziell aufgeführt worden waren. Nicht mit aufgeführt waren die oben erwähnten Parzellen 91, 92, $\frac{174}{112}$ und $\frac{175}{129}$; sie waren aber das dem Beklagten mitverkaufte und ihm mitübergebene Wohnhaus mit Garten und Scheune mit Garten. Infolgedessen war auch der Beklagte als Eigentümer dieser Parzellen im Grundbuche nicht eingetragen, während der übrige ihm von K. verkaufte Grundbesitz für ihn abgeschrieben und auf ein besonderes Grundbuchblatt übertragen war. Vielmehr waren die erwähnten Parzellen grundbuchmäßig und im Kataster weiter als Bestandteil des dem Kr. verbliebenen Restgrundstücks geführt worden und standen als solche im Grundbuch und im Kataster auch noch vermerkt, als letzteres, nachdem es durch verschiedene Hände gegangen war, unter der Eigentümerin M. zur Zwangsversteigerung kam. Die Parzellen waren daher auch in der Bekanntmachung des Versteigerungstermins als Bestandteile des zu versteigernden Grundstücks aufgeführt, jedoch nur unter Angabe der laufenden Nummern, unter denen sie in dem Bestandsverzeichnisse des Grundbuchblattes eingetragen waren.

Nunmehr verlangte Kläger auf Grund des ihm erteilten Zuschlags und seiner daraufhin erfolgten Eintragung als Eigentümer im Grundbuche, daß Beklagter verurteilt werde, die vorerwähnten Parzellen zu räumen und ihm herauszugeben. Er siegte in erster Instanz ob; in zweiter Instanz aber wurde er mit der Klage abgewiesen. Auch seine Revision ist zurückgewiesen worden aus folgenden

Gründen:

„Der Berufungsrichter hat die Klage abgewiesen, weil 1. Kläger überhaupt nicht den Willen gehabt habe, durch den Zuschlag die jetzt streitigen Parzellen zu erwerben; 2. weil dem Kläger und seinem Rechtsurheber bei Abgabe des Meistgebots und Erteilung des Zuschlags bekannt gewesen sei, daß sich diese Parzellen im Besitz und Eigentum des Beklagten befanden; 3. weil das dem Zuschlage vorausgegangene Aufgebot derjenigen, welche ein der Versteigerung entgegenstehendes Recht haben (§ 37 Ziff. 5 des Gesetzes über die Zwangsversteigerung und Zwangsverwaltung vom 24. März 1897), nicht in gehöriger Weise erfolgt sei, und demzufolge der Zuschlag nicht die Kraft habe, das für den Beklagten begründete Recht zum Besitze zu vernichten; endlich 4. weil Kläger nach Erteilung des Zuschlags seine Verpflichtung, den Beklagten im Besitze zu belassen und auf ihn die Parzellen zum Eigentum grundbuchmäßig zu übertragen, anerkannt habe und daher dolos handle, wenn er jetzt dem entgegen die Herausgabe und Räumung der Parzellen verlange. Eines Eingehens auf die beiden ersten und auf den vierten Entscheidungsgrund und einer Stellungnahme zu ihnen bedarf es nicht, weil der dritte Entscheidungsgrund zutrifft, und dieser allein die angefochtene Entscheidung trägt.

In dieser Beziehung geht der Berufungsrichter richtig davon aus, daß die Vorschrift in § 90 des Zwangsversteigerungsgesetzes, nach welcher der Ersteher durch den Zuschlag Eigentümer des Grundstücks wird, insoweit, als damit das Erlöschen der Rechte Dritter an dem Grundstück notwendig verbunden ist, voraussetzt, daß bei der Veröffentlichung des Versteigerungstermins die vom Gesetz vorgeschriebene Aufforderung an diejenigen, welche ein der Versteigerung entgegenstehendes Recht habe, vor Erteilung des Zuschlags die Aufhebung oder einstweilige Einstellung des Verfahrens herbeizuführen, gehörig erfolgt ist. Denn es wäre, wie das Reichsgericht sowohl gegenüber dem Zuschlage wie in anderem Zusammenhange wiederholt hervorgehoben hat,

> vgl. Entsch. des RG.s in Zivils. Bd. 11 S. 275, Bd. 15 S. 249, Bd. 18 S. 275, Bd. 45 S. 284; vgl. auch Dernburg, Preuß. Hypothekenrecht Bd. 2 S. 416; und Jaeckel, Kommentar zum Zwangsversteigerungsgesetz § 90 Bem. 2,

mit dem materiellen Recht nicht zu vereinbaren, wenn das Gesetz einem bestimmten Rechtsakt die Wirkung beigelegt hätte, Eigentum zu begründen und damit das bestehende Eigentum Dritter zu vernichten, ohne denjenigen, denen hiernach ein Rechtsverlust droht, Gelegenheit und Veranlassung zu geben, sich hiergegen zu schützen. Zu diesem Zweck ist die in § 37 Ziff. 5 a. a. O. näher bezeichnete Aufforderung zur Geltendmachung der der Versteigerung entgegenstehenden Rechte im Gesetz vorgeschrieben, und sie ist so sehr notwendige Voraussetzung für die Wirkung des Zuschlags, daß, wenn sie nicht oder nicht gehörig ergangen ist, der Zuschlag seine Wirkung, Eigentum für den Ersteher unter Vernichtung aller entgegenstehenden Rechte Dritter zu begründen, nicht zu üben vermag. In dieser einschneidenden Bedeutung der öffentlichen Aufforderung ist es begründet, daß an ihre Richtigkeit und Deutlichkeit strenge Anforderungen gestellt werden müssen. Dies gilt in erster Reihe von der Bezeichnung des Grundstücks, auf welches sie sich bezieht. Das Gesetz hat zwar in § 37 Ziff. 1 nur vorgeschrieben, daß die Terminsbestimmung „die Bezeichnung des Grundstücks" enthalten muß; es hat aber für eine nähere Bezeichnung außerdem im § 38 angegeben, was die *Terminsbestimmung enthalten soll, und es hat ferner im § 6 EinfGes.* zum Zwangsversteigerungsgesetz die Landesjustizverwaltungen ermächtigt, auch noch die Aufnahme anderer Angaben über das Grundstück in die Terminsbestimmung vorzuschreiben. Dies ist für Preußen durch die Allg. Verfügung vom 7. Dezember 1899, betreffend den Inhalt der Bestimmung des Versteigerungstermins bei der Zwangsversteigerung von Grundstücken, (Just.-Min.-Bl. 1899 S. 790) geschehen. Alle diese Vorschriften bezwecken, das Grundstück möglichst genau, und zwar so zu bezeichnen, daß auch für Dritte erkennbar wird, auf welches Grundstück sich die Versteigerungsbekanntmachung bezieht. Ob dies im einzelnen Falle durch die gewählte Bezeichnung des Grundstücks, so wie sie sich in der Versteigerungsbekanntmachung findet, erreicht worden ist, ist Sache der tatsächlichen Beurteilung. Im vorliegenden Fall hat der Berufungsrichter die gewählte Bezeichnung nicht für genügend deutlich erachtet. Er bemängelt an ihr, daß sie zwar für das Grundstück das Grundbuchblatt angibt, zugleich aber die Parzellen, aus denen das Grundstück besteht, einzeln aufführt, und zwar letztere nicht nach ihrer Bezeichnung in den Grund- und Gebäudesteuerbüchern (Angabe der Nummer des Kartenblattes und der Parzelle; vgl. die bezogene Allg. Verfügung vom 7. Dezember 1899 unter Ziff. 3), sondern nur unter Angabe der laufenden Nummern, unter denen die Parzellen in dem Bestandsverzeichnisse des Grundbuchblattes eingetragen sind. Diese Bemängelung ist nicht unbegründet. Denn um aus der Versteigerungsbekanntmachung, so wie sie lautet, zu erkennen, welche Parzellen als zu dem zu versteigernden Grundstücke gehörig gemeint sind, muß man wissen, unter welcher laufenden Nummer des Bestandsverzeichnisses jede einzelne Parzelle eingetragen ist. Dies ist also noch ein Mehreres als die Kenntnis der Bezeichnung, unter welcher die Parzellen in den Grund- und Gebäudesteuerbüchern geführt werden, und man fragt sich vergeblich, woher Dritte auch diese Kenntnis haben sollen. Nun hätte sich vielleicht die gewählte Bezeichnung zu einer präziseren gestaltet, wenn die Lage und Kulturart hinzugesetzt worden wäre; denn beide sind charakteristisch. Es wird da unterschieden die Lage „im Dorfe", „in der Haide", „im Katzenschwanz", „in den Waddeweitzer Koppeln" und die Kulturart als „Acker", „Weide", „Wiese", „Hausgarten" oder „Hofraum mit

Gebäuden", und der Berufungsrichter erwägt zutreffend, daß der Beklagte wohl die Versteigerungsbekanntmachung auf das in seinem Besitz befindliche Wohnhaus mit Scheune und Garten hätte beziehen können, wenn aus ihr ersichtlich gewesen wäre, daß neben dem der Subhastatin wirklich gehörigen Hause „im Katzenschwanz" noch ein zweites Haus „im Dorfe" als zu dem Grundstück gehörig mit ausgeboten werden solle. Aber auch diese nähere Angabe (Ziff. 1 und 2 der bezogenen Allg. Verfügung) fehlt, und es bleibt so für die Erkennbarkeit der einzelnen aufgeführten Parzellen nichts weiter übrig als die Angabe der Ordnungsnummer des Bestandsverzeichnisses. Wenn unter solchen Umständen der Berufungsrichter die Bezeichnung als genügend nicht gelten läßt, um die in § 37 Ziff. 5 angedrohte Rechtsfolge eintreten zu lassen, und wenn er demzufolge auch dem Zuschlage die Wirkung abspricht, das Besitzrecht des Beklagten vernichtet zu haben, so kann hierin ein Rechtsirrtum nicht gefunden werden." ...

RGZ. 67, 380

1. Findet § 55 Abs. 2 ZwVG. Anwendung, wenn der Dritte sein Recht auf die Zubehörstücke nicht nach Maßgabe des § 37 Nr. 5 desselben Gesetzes geltend gemacht, sondern nur im Versteigerungstermine angemeldet, das Vollstreckungsgericht aber auf Grund der Anmeldung im Zuschlagsbeschlusse ausgesprochen hat, daß das Recht dem Ersteher gegenüber bestehen bleiben solle?

2. Ist die einem Zuschlagsbeschlusse gegebene Auslegung in der Revisionsinstanz frei nachzuprüfen?

V. Zivilsenat. Urt. v. 3. Februar 1908.

I. Landgericht Detmold. II. Oberlandesgericht Celle.

Bei der Zwangsversteigerung des Kolonats Nr. 2 in M. meldete der Kläger sein auf Kauf und Übergabe gestütztes Eigentum an dem Hofinventar im Versteigerungstermin an. Infolgedessen erging der Zuschlagsbeschluß, durch den das Grundstück dem Beklagten als Meistbietendem zugeschlagen wurde, mit dem Zusatz, daß der Anspruch des Anmelders auf Herausgabe des gesamten Hofinventars dem Ersteher gegenüber bestehen bleibe. Demnächst verlangte der Kläger im Prozeßwege vom Beklagten die Herausgabe des Inventars, eventuell Wertersatz. Der erste Richter wies die Klage ab. Die Berufung des Klägers blieb ohne Erfolg. Auf die Revision des Klägers ist das Berufungsurteil aufgehoben worden aus folgenden

Gründen:

„Der Berufungsrichter geht zutreffend davon aus, daß es nach § 55 Abs. 2 ZwVG., um Zubehörstücke eines zur Zwangsversteigerung kommenden Grundstücks von der Mitversteigerung auszuschließen, nicht genügt, das Recht auf die Gegenstände im Versteigerungstermine anzumelden, daß vielmehr wer ihre Ausschließung von der Versteigerung herbeiführen will, rechtzeitig einen Beschluß des Prozeß- oder Vollstreckungsgerichts gemäß §§ 771 Abs. 3, 769 ZPO., der die einstweilige Einstellung des Zwangsvollstreckungsverfahrens bezüglich der fraglichen Zubehörstücke anordnet, erwirken muß, und daß, wenn dies nicht geschehen ist, trotz der etwa erfolgten Anmeldung des Rechts auf die Gegenstände und trotz der Kenntnis, die der Ersteher durch diese Anmeldung oder auf sonstige Weise von dem Bestehen des Rechts erlangt hat, der Zuschlag des Grundstückes zugleich auch kraft des Gesetzes das Eigentum an den fraglichen Gegenständen auf den Ersteher mitüberträgt.

Diese Grundsätze bringt der Berufungsrichter auch auf den vorliegenden Fall zur Anwendung. Er führt aus, der in dem Zuschlagsbeschlusse enthaltene Vermerk, auf den der Kläger seinen Herausgabeanspruch im gegenwärtigen Prozeß stütze, sei, entsprechend der nach Ausweis des Versteigerungsprotokolls erfolgten bloßen Anmeldung des klägerischen Rechts, ein bloßer Vorbehalt dieses Rechts. Er besage nur, daß es dem Kläger unbenommen bleiben solle, seinen etwaigen Anspruch auf Herausgabe des Inventars trotz des Zuschlages gegen den Ersteher geltend zu machen, daß aber an sich der Zuschlag auch auf das vom Kläger beanspruchte Inventar sich erstrecken solle....

Dem Angriffe der Revision, der sich gegen diese Ausführungen richtet, konnte der Erfolg nicht versagt werden. Es fragt sich zunächst, ob in der Annahme des Berufungsrichters, daß das Vollstreckungsgericht durch die Erwähnung des klägerischen Rechts in der Formel des Zuschlagsbeschlusses etwas weiteres als einen bloßen Vorbehalt nicht habe aussprechen wollen, eine die Nachprüfung in der Revisionsinstanz ausschließende tatsächliche Feststellung im Sinne des § 561 ZPO. liegt. Das war zu verneinen. Allerdings ist der erkennende Senat in dem Urteil vom 10. Oktober 1899, Entsch. des RG.s in Zivils. Bd. 45 S. 331, sowie vorher bereits in dem Urteil vom 21. Januar 1891, Jurist. Wochenschr. S. 127 Nr. 27, davon ausgegangen, daß der in der Erlassung des Zuschlagsurteils (-beschlusses) sich kundgebende Wille des Vollstreckungsrichters, anders als die Tätigkeit des Spruchrichters, nicht einen Erkenntnisakt darstelle, der lediglich das vorhandene und als vorhanden gefundene Recht zwischen den Parteien deklariere, vielmehr insofern, als er einen bestehenden Rechtszustand ändere und einen neuen schaffe, die Natur eines konstitutiven Willensaktes habe, und daß er daher hinsichtlich seiner Auslegung und deren Nachprüfung in der Revisionsinstanz mit dem Vertragswillen der Parteien auf eine Stufe gestellt werden müsse. Damals handelte es sich indessen um Feststellung des Sinnes und der Bedeutung besonderer Versteigerungsbedingungen, die abweichend von den gesetzlichen von den Beteiligten festgesetzt und in den Zuschlagsbeschluß aufgenommen worden waren, so daß der Streit die Auslegung des Beschlusses nur mittelbar, unmittelbar dagegen die bei der Versteigerung abgegebenen Parteierklärungen betraf. Dementsprechend ist denn auch am Schlusse des zitierten Urteils ausdrücklich hervorgehoben, daß die rechtliche Tragweite des in der Zuschlagsentscheidung bekundeten Willens des Vollstreckungsrichters der freien Nachprüfung des Revisionsgerichts unterliege. Der letztere Fall aber ist gegenwärtig gegeben. Denn die Versteigerung hat, wie das Versteigerungsprotokoll besagt, nach den gesetzlichen Versteigerungsbedingungen stattgefunden, und es ist mithin nur die Frage zu entscheiden, mit welcher Wirkung der Vollstreckungsrichter das klägerische Recht dadurch, daß er es der Anmeldung gemäß im Zuschlagsbeschlusse berücksichtigte, zur Geltung hat bringen wollen. Dieser Wille ist, da der Zuschlagsbeschluß, unbeschadet seines im übrigen von dem Urteil des Spruchrichters abweichenden Charakters, gleich diesem eine der Rechtskraft fähige gerichtliche Entscheidung darstellt (§§ 96, 108 Abs. 2, 116 ZwVG.), für die Gestaltung der infolge des Zuschlags zwischen den Beteiligten eintretenden Rechtswirkungen unbedingt maßgebend. Es kommt dabei nichts darauf an, ob er sich mit dem Gesetze in Einklang befindet, oder grobe Rechtsverstöße enthält. Denn auch im letzteren Falle ist Abhilfe durch rechtzeitige Anfechtung des Zuschlagsbeschlusses mit der sofortigen Beschwerde möglich. Unterlassen die Beteiligten dies, so müssen sie die daraus sich ergebende gesetzwidrige Gestaltung ihrer gegenseitigen Rechtsbeziehungen gegen sich gelten lassen. Nachträgliche Korrektur im Prozeßwege ist ausgeschlossen.

Vgl. das Urteil des erkennenden Senats vom 16. Juni 1906, Rep. V. 594/05.

Für den vorliegenden Fall kann der Auffassung des Berufungsrichters, daß der Vollstreckungsrichter das Hofinventar dem Beklagten als Ersteher unbedingt habe zuschlagen wollen, und daß demgegenüber die gleichzeitig zugunsten des Klägers hinzugefügte Einschränkung einen bloßen Vorbehalt bedeute, der als solcher allerdings der rechtlichen Wirkung entbehren würde,

vgl. Entsch. des RG.s in Zivils. Bd. 39 S. 293; Jurist. Wochenschr. Jahrg. 1901 S. 467 Nr. 19,

nicht beigetreten werden." (Dies wird näher ausgeführt.) ...

RGZ. 70, 193

Kann der Widerspruchsklage in der Zwangsversteigerung entgegengehalten werden, daß die Geltendmachung des der Versteigerung entgegenstehenden Rechtes arglistig sei?

ZwVG. §§ 37 Nr. 5, 65.

V. Zivilsenat. Urt. v. 16. Januar 1909.

I. Landgericht Hannover. II. Oberlandesgericht Celle.

Der Beklagte hatte die Zwangsversteigerung des dem Hotelwirt St. gehörigen Grundstückes „Parkhaus" in H. betrieben und war darin mit seiner Hypothek von 20000 M. bis auf 282,54 M. ausgefallen. Die L.er Aktienbrauerei hatte die einstweilige Einstellung des Verfahrens bezüglich des Wirtschaftsinventars auf Grund ihres angeblichen Eigentums herbeigeführt und erhob die ihr aufgegebene Widerspruchsklage, mit dem Antrage: den Beklagten zu der Anerkennung zu verurteilen, daß in dem bezeichneten Zwangsversteigerungsverfahren die Zwangsvollstreckung in Ansehung der auf der Klaganlage A unter II aufgeführten beweglichen Sachen nicht zulässig sei. Der Beklagte beantragte Abweisung der Klage, und widerklagend: festzustellen, daß dieses Inventar Zubehör des Parkhauses sei und nur der Immobiliar-Zwangsvollstreckung unterliege, sowie die Klägerin zu verurteilen, daß sie den Fortgang der Immobiliar-Zwangsvollstreckung bezüglich des Inventars ihm gegenüber zu dulden habe.

St. und sein damaliger Mitbesitzer T. hatten das Inventar mit dem Grundstücke 1897 vom Beklagten gekauft und für diesen eine Restkaufgeldhypothek von 110000 M. eintragen lassen. Im Jahre 1899 hatten sie laut sog. Bierlieferungsvertrages vom 7. April das Inventar zur Sicherung für ein empfangenes Darlehn auf die Vereinsbrauerei H. kaufweise zu Eigentum übertragen. In gleicher Weise war 1901 das Eigentum auf die K.-Brauerei zu R. übergegangen. Nachdem inzwischen St. Alleineigentümer des Parkhauses geworden war, hatten im August und September 1903 zwischen ihm und seinen Gläubigern sog. Sanierungsverhandlungen stattgefunden, wobei am 9./10. September ein Bierlieferungsvertrag mit der jetzigen Klägerin, der L.er Aktienbrauerei, die ein Darlehn von 70000 M. hergab, wiederum mit einem Sicherungsverkauf des Inventars abgeschlossen wurde.

Die erwähnte Kaufgeldhypothek des Beklagten von 110000 M. war auf Grund dieser Verhandlungen zum Teil auf andere Gläubiger umgeschrieben und im Rest von 20000 M. gelöscht worden, und zwar am 10. Oktober 1903 gemäß Anträge vom 9. September. Am 10. Oktober war aber eine neue Hypothek von 20000 M. für den Beklagten wieder eingetragen worden auf Grund einer gleichfalls vom 9. September datierten Darlehnsschuldverschreibung des St. Dies ist die Hypothek, mit welcher der Beklagte in der Zwangsversteigerung zum größten Teil ausgefallen war.

Die Klägerin leitete ihr Eigentum an dem Inventar daraus her, daß es ihr am 9. September 1903 durch die K.-Brauerei und St. selbst übertragen worden sei, nachdem die K.-Brauerei das Eigentum von der Vereinsbrauerei H., und diese es von den Grundstückseigentümern erlangt habe. Der Beklagte bestritt den Eigentumserwerb und machte geltend, daß das Inventar von Anfang an, oder doch jedenfalls seitdem am 24. Mai 1901 die Vereinsbrauerei das Inventar nicht unmittelbar auf die K.-Brauerei, sondern auf die Grundstückseigentümer zurückübertragen habe, mit seiner Hypothek behaftet gewesen und behaftet geblieben sei.

Nachdem das Landgericht jedoch die Verurteilung des Widerklägers nach dem Klagantrage und die Abweisung der Widerklage damit begründet hatte, daß der Klägerin das Eigentum am Inventar in der Tat am 9. September 1903 vom Grundstückseigentümer übertragen worden sei, und die erst am 10. Oktober für den Beklagten eingetragene Hypothek dieses, dem Grundstückseigentümer nun nicht mehr gehörige, Zubehör nicht habe ergreifen können, brachte der Beklagte in der zweiten Instanz weiter folgendes vor. Die Löschung und Neueintragung seiner Resthypothek von 20000 M. habe lediglich ein Zurücktreten im Range bewirken, dagegen — wie ausdrücklich zwischen den Parteien betont und auch auf Befragen vom Vertreter des zugezogenen Notars bestätigt worden sei — an dem sonstigen pfandrechtlichen Inhalt, insbesondere auch an der Mithaftung des Inventars, nichts ändern sollen. Dabei sei ihm von T., dem Vertreter der Klägerin, absichtlich der Vertrag zwischen der Klägerin und St. vom 9./10. September 1903 verheimlicht, und arglistig zugesichert worden, daß seine Rechte durch die damaligen Abmachungen in keiner Weise verletzt würden. Nur dadurch sei er bewogen worden, in die förmliche Neueintragung der Hypothek zu willigen.

Die Klägerin bestritt diese Behauptungen und erklärte sie auch für unerheblich, weil das Inventar auch schon vorher der alten Hypothek des Beklagten nicht gehaftet habe.

Die Berufung des Beklagten wurde zurückgewiesen; auf seine Revision ist jedoch diese Entscheidung aufgehoben worden.

Gründe:

„Das Berufungsgericht hält für erwiesen, daß das Eigentum an dem streitigen Inventar von dem Grundstückseigentümer St., unter nachträglicher Genehmigung der K.-Brauerei, die bis dahin unbestritten dessen Eigentümerin gewesen, am 9. September 1903 auf die Klägerin übertragen worden sei. Daraus wird richtig gefolgert, daß die erst am 10. Oktober 1903 für den Beklagten eingetragene Hypothek von 20000 M. dieses Inventar nicht ergreifen konnte, weil es dem Grundstückseigentümer nicht gehörte. Die Behauptung des Beklagten, daß diese Hypothek in Wahrheit ein Teil seiner alten Hypothek von 110000 M. sei, die sich auf das Inventar erstreckt habe, weist das Berufungsgericht als unbegründet zurück, weil die alte Hypothek gelöscht und damit erloschen, die neue Hypothek aber erst durch ihre Eintragung ins Leben getreten sei; ob in der Tat das Inventar für die alte Hypothek mitgehaftet habe, wird deshalb unerörtert gelassen. Insoweit haben sich keine Bedenken von der Revision erheben lassen.

Auch die weitere Ausführung des Berufungsgerichts ist nicht angegriffen worden, daß die vertragliche Abmachung der Parteien, wie sie vom Beklagten behauptet worden ist, hieran nichts geändert haben würde. Auf diese Frage braucht hier nicht eingegangen zu werden, weil jedenfalls tatsächlich festgestellt ist, daß die Klägerin sich überhaupt nicht vertraglich verpflichtet hat, die neue Hypothek des Beklagten in dem gleichen Umfange gelten zu lassen wie die alte. Dagegen beschwert sich die Revision, und mit Recht, darüber, daß auch die vom Beklagten erhobene Einrede der Arglist verworfen worden ist.

Die Arglist soll darin bestanden haben, daß T., der Vertreter der Klägerin, in näher dargelegter Weise, durch Verheimlichung des Eigentumserwerbs der Klägerin an dem Inventar und fälschliche Vorstellungen über die rechtlichen Folgen, absichtlich den Beklagten dazu verleitet habe, in die Löschung seiner alten und in die Eintragung einer neuen Hypothek zu willigen. Das Berufungsgericht scheint die Einrede der Arglist in einem Streit im Zwangsversteigerungsverfahren über ein angebliches der Versteigerung entgegenstehendes Recht überhaupt für unzulässig zu halten; denn es führt aus: diese Einrede könnte zwar in gewissen Fällen gegen den Herausgabeanspruch des Eigentümers geltend gemacht werden; aber hier handle es sich nicht um einen Herausgabeanspruch der Klägerin, sondern um deren Verteidigung gegen den Versuch des Beklagten, ihm nach § 1120 BGB. nicht zustehende Rechte an dem Inventar im Zwangsversteigerungsverfahren durchzusetzen; nicht die Klägerin handle arglistig, sondern umgekehrt der Beklagte. Weiter wird hervorgehoben, daß die arglistige Verleitung des Beklagten zu der Hypothekenveränderung erst nach dem Eigentumserwerb der Klägerin an dem Inventar stattgefunden haben solle, diesen Erwerb also nicht beeinflußt haben könne, daß aber auch nicht etwa die Hypothekenveränderung vom Beklagten wegen Arglist angefochten worden sei. Dem Beklagten könnte demnach höchstens ein Schadensersatzanspruch aus §§ 823 Abs. 2, 826 BGB. zustehen; da aber eine Wiederherstellung des Zustandes, wie er ohne die arglistige Täuschung bestanden haben würde, unmöglich sei, indem die Klägerin den einmal gelöschten Hypothekposten nicht wieder ins Leben zu rufen vermöge, würde sich der Anspruch des Beklagten auf eine Geldentschädigung beschränken, die in dem gegenwärtigen Verfahren nicht geltend gemacht werden könnte. Diese Ausführungen gehen fehl.

Nach § 55 Abs. 2 ZwVG. hätte das Inventar, da es sich im Besitze des Schuldners befand, mitversteigert werden müssen. Dies war durch den Widerspruch der Klägerin verhindert worden, und diese hatte nun die Aufgabe, ihr der Versteigerung angeblich entgegenstehendes Recht, ihr Eigentum also, nachzuweisen. Und zwar hatte sie es im vorliegenden Prozesse dem Beklagten als dem beteiligten Gläubiger gegenüber nachzuweisen, woraus sich ohne weiteres ergibt, daß das Recht *geeignet sein mußte, gegen den Beklagten* durchgesetzt zu werden. Das ist nicht der Fall, wenn der Beklagte geltend machen kann, daß die Durchführung des Eigentumsanspruchs ihm gegenüber arglistig sein würde. Diese Behauptung hat er aufgestellt. Nach seiner Darstellung ist durch arglistiges Verfahren der Klägerin herbeigeführt worden — nicht daß die Klägerin das Eigentum am Inventar erwarb, wohl aber — daß hinterher sein Pfandrecht am Inventar unterging, und gerade dadurch die Klägerin in den Stand gesetzt wurde, der Mitversteigerung des Inventars für seine Hypothekenforderung auf Grund ihres Eigentums zu widersprechen. Nun hat freilich der Beklagte die Rechtsgeschäfte, zu denen er arglistig verleitet sein will, die Löschung seiner alten und Eintragung einer neuen Hypothek, nicht angefochten (§ 123 BGB.). Das hindert ihn aber nicht, wie das Berufungsgericht auch anerkennt, Schadensersatz wegen des Betruges zu verlangen (§§ 823 Abs. 2, 826 BGB.), und zwar gemäß § 249 BGB. in erster Reihe Herstellung des Zustandes zu fordern, der ohne den Betrug bestehen würde. Daß letzteres nicht mehr möglich wäre, wie das Berufungsgericht annimmt, ist nicht anzuerkennen. Allerdings kann die Klägerin die alte Hypothek nicht wieder herstellen, nachdem sie gelöscht, und das Grundstück in der Zwangsversteigerung verkauft worden ist. Wohl aber konnte sie von der Ausbeutung des arglistig gewonnenen Vorteils im Zwangsversteigerungsverfahren Abstand nehmen und sich in diesem Verfahren dem Beklagten gegenüber so behandeln lassen, als wenn der alte Zustand bestehen geblieben wäre, also als wenn der Beklagte seine alte Hypothek in deren altem Umfange unter Miterstreckung auf das Inventar behalten hätte. Darauf kann die Klägerin sich nicht etwa berufen, daß der Zustand, wie er ohne ihre Arglist bestanden haben würde, nicht tatsächlich hergestellt werden könne; denn aus dieser Wirkung ihrer eigenen Arglist darf sie keine Vorteile ableiten; dem Beklagten aber genügt es, wenn jener Zustand rechtlich hergestellt wird, und hierauf hat er als auf das Mindere gegenüber dem in § 249 BGB. anerkannten Recht einen wohlbegründeten Anspruch. Die Geltendmachung dieses Anspruchs kann auch keine Schwierigkeiten im Zwangsversteigerungsverfahren hervorrufen. Wird er in diesem Prozesse begründet befunden, so wird der Klägerin dem Beklagten gegenüber das Recht abgesprochen, der

Mitversteigerung des streitigen Inventars zu widersprechen, und sie wird auf die Widerklage des Beklagten verurteilt, ihm gegenüber den Fortgang der vorläufig eingestellten Immobiliar-Zwangsvollstreckung bezüglich des Inventars zu dulden. Das Verfahren ist also dann bezüglich des Inventars fortzusetzen, wie es stets zu geschehen hat, wenn das Zwangsversteigerungsverfahren auf Grund eines angeblichen der Versteigerung entgegenstehenden Rechtes einstweilen eingestellt worden war, und dieses Recht hernach nicht nachgewiesen werden kann. Bei der Verteilung des Erlöses aus dem Inventar ist dann nur zu beachten, daß die Entscheidung dieses Rechtsstreits nur Recht schaffen konnte unter den streitenden Parteien.

Das Berufungsurteil mußte aus diesen Gründen aufgehoben, und die danach noch nicht spruchreife Sache in die Berufungsinstanz zurückverwiesen werden."

RGZ. 85, 316

Erwirbt der Ersteher durch den Zuschlag auch an solchen Grundstücksflächen das Eigentum, die irrtümlich auf dem Grundbuchblatte des Schuldners, gleichzeitig aber auf dem Grundbuchblatte des wahren Eigentümers verzeichnet sind, wenn in der Terminsbestimmung ohne Erwähnung der doppelten Eintragung das Grundstück nur nach dem Grundbuchblatte des Schuldners bezeichnet ist?

Zwangsversteigerungsgesetz §§ 37, 38, 90.

V. Zivilsenat. Urt. v. 10. Oktober 1914.

I. Landgericht III Berlin. II. Kammergericht daselbst.

Der Beklagte war im Grundbuche von St. Bd. 18 Bl. Nr. 25 als Eigentümer eines Grundstücks eingetragen, das aus 33 Katasterparzellen, darunter Nr. 103/44 und Nr. 104/44 bestand. Von diesem Grundstücke ließ er die beiden bezeichneten Parzellen und fünf weitere am 4. November 1908 an Frau T. auf. Diese 7 Parzellen wurden unter Eintragung des Eigentums der Frau T. nach St. Bd. 37 Bl. Nr. 273 übertragen. Am 19. Januar 1910 veräußerte der Beklagte sein Restgrundstück an F. Demnächst wurden auf Grund eines Katasterauszugs vom 11. März 1910, der die bereits abgeschriebenen Parzellen Nr. 103/44 usw. und Nr. 104/44 usw. noch als Bestandteile des Grundstücks St. Bd. 18 Bl. 25 aufführte, auf dieses Grundbuchblatt die beiden abgeschriebenen Parzellen mit anderen Parzellen irrtümlich vom Grundbuchamt als Bestandteile des Grundstücks eingetragen. Infolgedessen waren die bezeichneten beiden Parzellen sowohl auf St. Nr. 37 Bl. Nr. 273 als auch auf St. Bd. 18 Bl. Nr. 25 als Grundstücksbestandteile vermerkt. Im März 1912 wurde die Zwangsversteigerung des Grundstücks des F., St. Bd. 18 Bl. Nr. 25, angeordnet. Die Terminsbestimmung enthielt folgende Grundstücksbezeichnung: „Das Grundstück St. Bd. 18 Bl. Nr. 25 mit einer Gesamtgröße von 3 ha 61 a 16 qm, Kartenblatt 15 Parzellennummern 103/44, 104/44 (folgen 25 weitere Parzellennummern), ist unter Art. 850 der Grundsteuermutterrolle von St. verzeichnet." Am 30. Mai 1912 wurde das Grundstück mit der Bezeichnung „St. Bd. 18 Bl. Nr. 25" den Klägern zugeschlagen. Am 14. Januar 1913 kam auf Antrag des Beklagten auch das Grundstück der Frau T., St. Bd. 37 Bl. Nr. 273 zur Zwangsversteigerung. Auf Antrag der Kläger wurde aber die Zwangsvollstreckung in die Parzellen Nr. 103/44 und 104/44 vom Vollstreckungsgericht einstweilen eingestellt. Die Kläger erhoben sodann Klage mit dem Antrage, die Zwangsversteigerung der Parzellen Nr. 103/44 und 104/44 für unzulässig zu erklären. Sie machten geltend, durch den Zuschlagsbeschluß vom 30. Mai 1912 hätten sie das Eigentum an den beiden Parzellen erworben.

Der erste Richter wies die Klage ab. Die Berufung der Kläger hatte keinen Erfolg. Auch ihre Revision wurde zurückgewiesen aus folgenden

Gründen:

. . . „Der Berufungsrichter führt aus: an sich erwerbe der Ersteher durch den Zuschlag das Eigentum an dem zur Zwangsversteigerung gestellten Grundstück in dem Umfange, in dem das Grundstück tatsächlich und rechtlich zur Zwangsversteigerung gestanden habe, also so, wie es in der Terminsbestimmung und in dem aus dieser nötigenfalls zu ergänzenden Zuschlagsbeschlusse bezeichnet sei, ohne daß es dabei auf die Willensmeinung irgend eines Beteiligten ankomme; er erwerbe es in diesem Umfang auch, wenn das Eigentum nicht dem Schuldner, sondern einem Dritten zugestanden habe, gleichviel ob der Ersteher in gutem Glauben über das Eigentum des Schuldners gewesen sei oder ob er gewußt habe, daß das Grundstück einem Dritten gehörte. Jedoch nimmt der Berufungsrichter anderseits an, ein Rechtsverlust dritter, an dem Grundstücke berechtigter Personen trete nur dann ein, wenn die Terminsbestimmung bezüglich des Grundstücks alle Angaben enthalte, welche etwaige Berechtigte in den Stand setzen könnten, ihr Recht in dem Zwangsversteigerungsverfahren gehörig zu verfolgen. Im vorliegenden Falle erachtet der Berufungsrichter den Inhalt der in Rede stehenden Terminsbestimmung hinsichtlich der streitigen beiden Parzellen als diesen Anforderungen nicht entsprechend: die Parzellen seien zwar mit anderen Katasterparzellen als Bestandteile des zur Zwangsversteigerung gestellten Grundstücks St. Bd. 18 Bl. Nr. 25 in der Terminsbestimmung aufgeführt gewesen. Aber, da die Parzellen vom Grundbuchblatte St. Bd. 18

Bl. Nr. 25 auf das Grundbuchblatt St. Bd. 37 Bl. Nr. 273 übertragen, von Frau T. auf Grund der ihr vom Beklagten erteilten Auflassung und der Eintragung auf das zuletzt genannte Grundbuchblatt zum Eigentum erworben und nur aus Versehen auch noch auf dem Grundbuchblatte Bd. 18 Bl. Nr. 25 als Grundstücksbestandteile vermerkt gewesen seien, könne jene Bezeichnung in der Terminsbestimmung nicht als ausreichend angesehen werden; vielmehr müsse bei einer solchen Sachlage verlangt werden, daß die Terminsbestimmung auch die Bezeichnung des Grundbuchblattes enthalte, auf dem der wahre Eigentümer *eingetragen sei, weil nur dann dieser in der Lage sei, seine* Rechte zu wahren. Deshalb verneint der Berufungsrichter, daß durch den Zuschlag vom 30. Mai 1912 das Eigentum an den beiden Parzellen der Frau T. verloren gegangen und von den Klägern erworben sei.

Dieser Rechtsauffassung ist beizutreten. Damit, daß das Eigentum an dem zur Zwangsversteigerung gestellten Grundstücke gemäß § 90 ZwVG. durch den Zuschlag auf den Ersteher übergeht, gleichviel ob das Grundstück dem Vollstreckungsschuldner oder einem Dritten gehört hat, ist notwendig das Erlöschen etwaiger Rechte Dritter an dem Grundstücke verbunden. Dieses Erlöschen, insbesondere die Vernichtung des etwaigen Eigentums eines Dritten, ist die Verwirklichung des bei der Bekanntmachung des Versteigerungstermins gemäß § 37 Nr. 5 ZwVG. anzudrohenden Rechtsnachteils. Deshalb ist der Eintritt des Rechtsverlustes nur dann gerechtfertigt, wenn dem Dritten durch die Bekanntmachung Gelegenheit und Veranlassung gegeben ist, sich gegen den Rechtsverlust durch die im § 37 Nr. 5 ZwVG. bezeichneten Maßnahmen zu schützen. Dies setzt aber voraus, daß der Gegenstand der Zwangsversteigerung in der Bekanntmachung des Versteigerungstermins so deutlich und genau bezeichnet war, daß Dritte und insbesondere derjenige Dritte, gegen den die Androhung verwirklicht werden soll, die Beziehung der Bezeichnung auf das ihm gehörige und in seinem Besitze befindliche Grundstück erkennen konnte (RGZ. Bd. 57 S. 203; Gruchots Beitr. Bd. 54 S. 401). Dem entspricht es auch, daß die Terminsbestimmung nach § 37 Nr. 1 ZwVG. die Bezeichnung des Grundstücks enthalten muß und nach § 38 ZwVG. die Bezeichnung des eingetragenen Eigentümers sowie die Angabe des Grundbuchblatts und der Größe des Grundstücks enthalten soll, und daß ferner durch § 6 EinfG. z. ZwVG. die Landesjustizverwaltungen ermächtigt sind, auch noch die Aufnahme anderer Angaben über das Grundstück vorzuschreiben, was für Preußen durch die Allg. Verfügung vom 7. Dezember 1899 (JMinBl. 1899 S. 790) geschehen ist. Wenn die Bekanntmachung das vorbezeichnete Erfordernis nicht erfüllt, geht das Eigentum des Dritten an dem Grundstücke nicht unter und erwirbt deshalb auch der Ersteher nicht das Eigentum (RGZ. Bd. 11 S. 277, Bd. 57 S. 203; Gruchots Beitr. Bd. 54 S. 401).

Im gegebenen Falle enthielt die Terminsbestimmung die Angabe des Grundbuchblatts und der Größe des Grundstücks, außerdem auch noch die Angabe der nach dem Grundbuchblatte den Bestand des Grundstücks bildenden Katasterparzellen, darunter der streitigen Parzellen Nr. 103/44 und Nr. 104/44. Diese Angaben würden hinsichtlich beider Parzellen, da diese sowohl nach dem Grundbuch als auch nach dem Kataster bezeichnet waren, den an den Inhalt der Bekanntmachung in der Terminsbestimmung zu stellenden Anforderungen genügen, wenn die beiden Parzellen nur auf dem einen Grundbuchblatt als Grundstücksbestandteile vermerkt gewesen wären. Da sie aber nicht nur auf dem Grundbuchblatt über das Grundstück des Vollstreckungsschuldners F., St. Bd. 18 Bl. Nr. 25, sondern auch auf dem Grundbuchblatt über das Grundstück der Frau T., St. Bd. 37 Bl. Nr. 273, gebucht waren, entbehrte die Bekanntmachung in der Terminsbestimmung insofern der Vollständigkeit, als nur angegeben war, daß die beiden Parzellen auf dem ersteren Grundbuchblatte, nicht auch, daß sie auf dem letzteren Grundbuchblatt ebenfalls als Grundstücksbestandteile eingetragen standen. Diese Unvollständigkeit war hinsichtlich der Frage, ob Frau T., welche die wahre Eigentümerin der beiden Parzellen zufolge der ihr vom Beklagten auf Grund des Kaufvertrages vom 4. November 1908 erteilten Auflassung war, ihres Eigentums an den beiden Parzellen verlustig gegangen ist und die Kläger durch den Zuschlag das Eigentum auch an diesen Parzellen erworben haben, von entscheidender Bedeutung. Zwar waren die beiden Parzellen in der Terminsbestimmung nach dem Kataster bezeichnet. Da jedoch die Parzellen nach dem Grundbuchblatt über das Grundstück der Frau T. zu diesem Grundstücke gehörten, war gegenüber Frau T. die Bezeichnung nach dem Grundbuchblatt allein maßgebend. Diese Bezeichnung enthielt aber nur die Angabe des Grundbuchblatts über ein anderes Grundstück. Weder war das Grundbuchblatt über das ihr gehörige, die beiden Parzellen umfassende Grundstück für sich allein angegeben, noch war vermerkt, daß die mit zur Zwangsversteigerung gestellten Parzellen nicht nur auf dem Grundbuchblatt über das Grundstück des F., sondern auch auf dem Grundbuchblatt über das Grundstück der Frau T. als Grundstücksbestandteile gebucht seien. Daher konnte die in der Terminsbestimmung enthaltene Aufforderung zur Geltendmachung von Rechten an dem zur Zwangsversteigerung gestellten Grundstück hinsichtlich der beiden streitigen Parzellen als wirksam gegen Frau T. gerichtet nicht gelten und ist deshalb das Eigentum an den Parzellen nicht durch den Zuschlag von Frau T. auf die Kläger übergegangen (vgl. RGZ. Bd. 11 S. 275 flg., Gruchots Beitr. Bd. 54 S. 402)."

RGZ. 88, 351

Zwangsversteigerung. Wie ist der Anteil zu bestimmen, der dem Eigentümer mitversteigerter fremder Gegenstände an dem Versteigerungserlöse gebührt?

ZwVG. § 37 Nr. 5, §§ 55, 90, 92 Abs. 1. BGB. § 816 Abs. 1 Satz 1.

V. Zivilsenat. Urt. v. 28. Juni 1916.

I. Landgericht Ravensburg. II. Oberlandesgericht Stuttgart.

Am 5. *Mai 1908* wurde die Zwangsversteigerung des dem Müller L. gehörigen Grundstücks in Sch. eingeleitet, das vorher der Witwe L. und ihren Kindern gehört hatte. Die Klägerin hatte der Witwe L. auf Grund eines Kaufvertrags vom 2. Februar 1907 für die auf dem Grundstücke betriebende Säge- und Mahlmühle eine Turbinenanlage unter Vorbehalt des Eigentums bis zur vollständigen Abzahlung des Kaufpreises von 12418,85 M. geliefert; von diesem Preise waren noch 10648,37 M. in Rest. Auf Grund des Eigentumsvorbehalts versuchte die Klägerin vor und im Versteigerungstermine vom 29. September 1908 die Einstellung der Zwangsvollstreckung hinsichtlich der Turbinenanlage zu erreichen. Jedoch hatten ihre hierauf gerichteten Anträge keinen Erfolg. Im Zuschlagsbeschlusse vom 8. Oktober 1908, durch den das Grundstück einer Firma K. für den bar zu entrichtenden Betrag von 75 100 M. zugeschlagen wurde, wurde vielmehr die Turbine nebst Zubehör ausdrücklich als Bestandteil, der mitverkauft und zugeschlagen werde, bezeichnet. Von dem Versteigerungserlöse gelangten im Verteilungstermine am 15. Dezember 1908 zur Hebung auf die an zweiter Stelle stehende Hypothek des Beklagten W. 4466,35 M., auf die dritte Hypothek der Beklagten Bl. 7135,20 M. und auf die vierte Hypothek des Beklagten H., die im übrigen ausfiel, 1292,91 M. Für die Klägerin war zur Sicherung ihrer Kaufpreisforderung ebenfalls eine Hypothek eingetragen worden. Sie liquidierte auf die Hypothek die vorgenannte Restforderung von 10648,37 M. nebst 5% Zinsen seit dem 17. Dezember 1908, fiel aber damit aus. Wegen dieses Betrags erhob sie, weil die von ihr auf das Grundstück gelieferten, zufolge des Eigentumsvorbehalts ihr gehörigen Gegenstände mitversteigert seien, Widerspruch gegen die Auszahlung der Liquidate der Beklagten Bl. und H. von 7135,20 M. und 1292,91 M. sowie gegen Auszahlung des Liquidats des Beklagten W. in Höhe des Teilbetrags von 2220,26 M. Auf Grund einer Vereinbarung der Beteiligten wurden in das Grundbuchheft der Ersteherin Hypotheken in Höhe der streitigen Beträge für die Beklagten mit dem Vorbehalt der Zuteilung an die Klägerin im Falle ihres Obsiegens in dem einzuleitenden Prozeß eingetragen.

Im gegenwärtigen Rechtsstreite verlangte die Klägerin die Feststellung, daß ihr Widerspruch gegen den Teilungsplan gerechtfertigt sei und die Hypotheken der Beklagten ihr zuständen. Die Parteien stritten in erster Linie darüber, ob, wie die Klägerin behauptete, die Turbinenanlage Zubehör des Grundstücks und daher zufolge des Eigentumsvorbehalts Eigentum der Klägerin gewesen sei, oder ob, wie die Beklagten geltend machten, die Turbinenanlage wesentlicher Bestandteil des Grundstücks geworden und daher das Eigentum der Klägerin daran untergegangen sei; in zweiter Linie darüber, welcher Betrag der Klägerin von dem Versteigerungserlöse zuzuteilen sei, wenn die Turbinenanlage Eigentum der Klägerin gewesen wäre. Nachdem durch erstinstanzliches Urteil die Klage, durch zweitinstanzliches Urteil die Berufung der Klägerin unter der Annahme, daß die Turbinenanlage wesentlicher Bestandteil durch die Einbringung auf das Grundstück geworden sei, zurückgewiesen, letzteres Urteil aber durch das frühere Revisionsurteil vom 22. April 1911 aufgehoben worden war, erklärte der Berufungsrichter den Klaganspruch dem Grunde nach für gerechtfertigt und wies die Sache zur weiteren Verhandlung über den Betrag an den ersten Richter zurück. Dieses Urteil wurde rechtskräftig.

In dem weiteren Verfahren vor dem ersten Richter sodann erkannte der Beklagte H. den gegen ihn gerichteten Anspruch der Klägerin an. Er wurde durch Teilurteil seinem Anerkenntnis gemäß verurteilt. Demnächst erkannte der erste Richter I. gegenüber der Beklagten Bl.: 1. auf die Feststellung, daß der von der Klägerin gegen den Teilungsplan erhobene Widerspruch begründet sei, 2. auf Verurteilung zur Übertragung der für die Beklagte auf dem fraglichen Grundstück eingetragenen ganzen Hypothek nebst Zinsen; II. gegenüber dem Beklagten W.: 1. auf die Feststellung, daß der Widerspruch der Klägerin gegen den Teilungsplan zum Betrage von 276,17 M. begründet sei, 2. auf Verurteilung, von der für den Beklagten auf dem fraglichen Grundstück eingetragenen Hypothek über 4000 M. den Teilbetrag von 276,17 M. nebst 4% Zinsen seit dem 17. Dezember 1908 auf die Klägerin zu übertragen, 3. auf Abweisung der weitergehenden Ansprüche der Klägerin gegen diesen Beklagten. Die Berufungen der Beklagten Bl. und W. wurden zurückgewiesen. Auch die Revision der Beklagten Bl. hatte keinen Erfolg.

Aus den Gründen:

...„In dem früheren Revisionsurteile vom 22. April 1911 ist für den Fall, daß vom Berufungsrichter entgegen seiner Entscheidung in dem damals von der Revision angefochtenen Berufungsurteile nach erneuter Verhandlung angenommen werden würde, daß die Turbinenanlage nicht wesentlicher Bestandteil des fraglichen Mühlengrundstücks geworden und somit zufolge des Eigentumsvorbehalts Eigentum der Klägerin geblieben sei, hinsichtlich der Frage, wie der der Klägerin zustehende Anteil am Versteigerungserlöse zu bestimmen sei, vom erkennenden Senate folgendes bemerkt worden. Im Falle der Mitversteigerung fremder beweglicher Sachen, die sich auf dem zur Zwangsversteigerung gestellten Grundstücke des Vollstreckungsschuldners zur Zeit der Versteigerung befänden, könne der Eigentümer der Sachen aus dem Versteigerungserlöse grundsätzlich nur den Betrag beanspruchen, um den ein höheres Gebot deswegen abgegeben worden sei, weil die betreffenden Sachen sich auf dem Grundstücke befunden hätten und mitversteigert worden seien; denn dieser Betrag sei der Versteigerungserlös, der nach § 37 N. 5 ZwVG. an die *Stelle der mitversteigerten Sachen treten solle. Jedoch sei, wenn nicht* besondere Umstände für eine andere Auffassung sprächen, anzunehmen: Versteigerungserlös, der von dem Gesamterlös auf die mitversteigerten Sachen entfallen sei, wäre derjenige Teilbetrag des Erlöses, welcher sich ergebe, wenn er zu dem Gesamterlöse in dasselbe Verhältnis gesetzt werde wie der Wert der Sachen zu dem Werte des ganzen Grundstücks einschließlich der Sachen.

Die Vorinstanzen haben nun, nachdem durch rechtskräftiges Urteil des Berufungsrichters der Klaganspruch dem Grunde nach für gerechtfertigt erklärt und dabei ausgesprochen worden war, daß die Turbinenanlage nicht wesentlicher Bestandteil des Mühlengrundstücks geworden sei, übereinstimmend erklärt, es habe sich nicht ermitteln lassen, um welchen Betrag ein höheres Gebot deswegen abgegeben worden sei, weil die zu der Turbinenanlage gehörigen Gegenstände sich auf dem Grundstücke befunden hätten und mitversteigert worden seien, und ferner, es sei der Anteil der Klägerin an dem Versteigerungserlöse nach dem vorbezeichneten Verhältnis des Wertes der Gegenstände zu dem Werte des ganzen Grundstücks zu bestimmen, weil besondere Umstände, welche für eine andere Auffassung sprächen, nicht vorlägen. Sodann haben die Vorinstanzen übereinstimmend auf Grund der Gutachten der vernommenen Sachverständigen den Wert des Grundstücks einschließlich der Turbinenanlage auf 94000 M. und den Wert der Turbinenanlage zur Zeit der Versteigerung auf 10421 M. festgestellt. In letzterer Hinsicht hatte die Beklagte geltend gemacht, es sei nur derjenige Wert einzusetzen den die Turbinenanlage für die Klägerin, also ohne Rücksicht auf die Einbauung und die Verbindung mit dem Grundstücke, gehabt habe. Dies vom Berufungsrichter für unrichtig erklärt worden mit der Ausführung: die Klägerin beanspruche nicht den Wert der Anlage an sich, sondern den Mehrbetrag des Versteigerungserlöses, der sich daraus ergeben habe, daß ihr Eigentum mitverkauft worden sei. Dies sei aber nicht der Verkäuflichkeitswert der Turbinenanlage für sich, vielmehr sei selbstverständlich dadurch, daß das Mühlenwerk als ein völlig eingerichtetes, mit Turbinenanlage versehenes Werk habe verkauft werden können, mehr erlöst worden, als bei einer Versteigerung des Werkes ohne Turbine und dieser für sich insgesamt erzielt worden wäre. An dieser Werterhöhung habe auch die Klägerin teil; denn durch ihr Eigentum, durch die Einbauung ihrer Maschinen sei dieser Mehrbetrag erzielt worden. Es sei daher gerechtfertigt, einen höhren Wert einzusetzen, als den Wert der vom Grundstücke losgelösten Turbine.

Die Revision macht hiergegen geltend, nach dem Gutachten des Sachverständigen L. habe der Wert der Turbinenanlage zur Zeit der Versteigerung am 29. September 1908 für die Klägerin nur 5725 M. betragen. Diesen Wert würde die Klägerin erlangt haben, wenn ihr ordnungsmäßigerweise die betreffenden Gegenstände vor der Versteigerung zurückgegeben worden wären. Der vom Berufungsrichter in die Berechnung eingesetzte höhere Wert von 10421,40 M. ergebe sich aus der Verbindung der Turbine mit dem Grundstücke, sei also vom Standpunkt eines am gesamten Grundstücke Berechtigten bemessen worden. Der § 92 ZwVG. gebe aber nur einen Anspruch auf Ersatz des Wertes, den das durch den Zuschlag erloschene Recht für den Berechtigten gehabt habe. Dieser Wert sei stets die Höchstsumme desjenigen, was der Berechtigte aus dem Erlöse beanspruchen könne.

Nach § 37 Nr. 5 ZwVG. muß die Terminbestimmung die Aufforderung an diejenigen, welche ein der Versteigerung entgegenstehendes Recht haben, enthalten, vor der Erteilung des Zuschlags die Aufhebung oder einstweilige Einstellung des Verfahrens herbeizuführen, widrigenfalls für das Recht der Versteigerungserlös an die Stelle des versteigerten Gegenstandes treten würde. Ein der Versteigerung entgegenstehendes Recht im Sinne dieser Vorschrift ist auch das Eigentum eines Dritten an beweglichen Gegenständen, die sich auf dem Grundstücke des Vollstreckungsschuldners befinden und auf die sich nach §§ 20, 22, 55 ZwVG. die Versteigerung des Grundstücks erstreckt. Führt der Dritte nicht gemäß §§ 769, 770, 771 ZPO. vor der Erteilung des Zuschlags die Aufhebung oder einstweilige Einstellung des Verfahrens bezüglich der Gegenstände herbei, so tritt, wie sich aus § 37 Nr. 5 ZwVG. ergibt, für das Eigentum des Dritten der Versteigerungserlös an die Stelle der versteigerten Gegenstände, deren Eigentümer durch den Zuschlag gemäß §§ 20, 22, 55, 90 ZwVG. der Ersteher wird. Es gebührt also dem Dritten nunmehr der Erlös, der durch die Versteigerung der Gegenstände erzielt worden ist. Dies entspricht dem § 816 Abs. 1 BGB., wonach, wenn ein Nichtberechtigter über einen Gegenstand eine Verfügung trifft, die dem Berechtigten gegenüber wirksam ist, er dem Berechtigten zur Herausgabe des durch die Verfügung Erlangten verpflichtet ist. Die letztere Vorschrift ist auch auf den Fall der Versteigerung gepfändeter, dem Schuldner nicht gehöriger Gegenstände durch den Gerichtsvollzieher in dem Urteile des VI. Zivilsenats vom 20. November 1905, Rep. VI. 69/05 (Jur. Wochenschr. 1906 S. 15 Nr. 13) mit der Ausführung zur

Anwendung gebracht worden, der Gläubiger treffe, indem er durch den Gerichtsvollzieher dem Schuldner nicht gehörige Gegenstände zum Zwecke seiner Befriedigung nehmen und versteigern lasse, als Nichtberechtigter über diese Gegenstände eine Verfügung, die mit Rücksicht auf die Rechte des Erwerbers dem Eigentümer gegenüber wirksam sei. Nicht anders verhält es sich, wenn in einem auf Antrag des betreibenden Gläubigers durch das Vollstreckungsgericht angeordneten Zwangsversteigerungsverfahren zugleich mit dem Grundstücke des Vollstreckungsschuldners Gegenstände, die dem Schuldner nicht gehören, versteigert werden. Der betreibende Gläubiger trifft dann, indem er durch das Vollstreckungsgericht die Gegenstände zum Zwecke seiner Befriedigung versteigern läßt, als Nichtberechtigter über die Gegenstände eine Verfügung, die mit Rücksicht auf die vom Ersteher durch den Zuschlag erworbenen Rechte dem Eigentümer gegenüber wirksam ist. Dem Eigentümer gebührt daher der durch die Versteigerung der Gegenstände erlangte Erlös. Dies ist durch die Vorschrift des § 37 Nr. 5 ZwVG. noch besonders zum Ausdrucke gebracht worden. Daher kann der dritte Eigentümer sein Recht auf den Erlös, der durch die Versteigerung der ihm gehörigen Gegenstände erzielt worden ist, im Verteilungstermine geltend machen und verlangen, daß der Erlös als nicht zum Vermögen des Vollstreckungsschuldners gehörig, sondern ihm gebührend aus der Teilungsmasse ausgeschieden und an ihn herausgegeben werde. Wird dieser Erlös vom Vollstreckungsgerichte zur Verteilung gebracht, so ist der Dritte zum Widerspruche gegen den Teilungsplan berechtigt und kann er von denjenigen Inhabern von Rechten am Grundstücke, die nicht zur Hebung gekommen wären, wenn der Erlös nicht zur Verteilung gebracht worden wäre, Einwilligung in die Zuweisung des durch die Verteilung dieses Erlöses Erlangten beanspruchen. Der Umfang des Anspruchs bestimmt sich nach dem Betrage des Erlöses, nicht etwa nach dem Werte, den die versteigerten Gegenstände zur Zeit der Versteigerung hatten.

§ 92 Abs. 1 ZwVG., wonach, wenn ein Recht, das nicht auf Zahlung eines Kapitals gerichtet ist, durch den Zuschlag erlischt (§ 91 ZwVG.), an die Stelle des Rechtes der Anspruch auf Ersatz des Wertes aus dem Versteigerungserlöse tritt, findet hier keine Anwendung. Diese Vorschrift bezieht sich nur auf die nach § 10 ZwVG. ein Recht auf Befriedigung aus dem Grundstücke gewährenden, nicht auf Zahlung eines Kapitals gerichteten Rechte. Für die der Versteigerung überhaupt entgegenstehenden Rechte enthält § 37 Nr. 5 ZwVG. die maßgebende Bestimmung, wonach eben, wenn die Berechtigten nicht vor der Erteilung des Zuschlags die Aufhebung oder einstweilige Einstellung des Verfahrens herbeiführen, für ihre Rechte die Versteigerungserlöse an die Stelle der versteigerten Gegenstände treten, also den Berechtigten an Stelle der Gegenstände die durch deren Versteigerung erzielten Erlöse gebühren und die Inhaber der ein Recht auf Befriedigung aus dem Grundstücke gewährenden Rechte kein Recht auf Verteilung solcher Erlöse unter sie haben.

Was sodann die Frage betrifft, wie im einzelnen Falle der Versteigerungserlös, der auf die dem Schuldner nicht gehörigen Gegenstände entfallen ist, zu ermitteln ist, so ist an der in dem Urteile vom 22. April 1911 dargelegten Auffassung festzuhalten. Werden für das Grundstück und für die Gegenstände gesonderte Gebote abgegeben und angenommen, so ergibt sich aus dem vom Ersteher auf die Gegenstände abgegebenen Meistgebote der fragliche Versteigerungserlös von selbst. Sind das Grundstück und die Gegenstände zusammen für ein einheitliches Gebot zugeschlagen worden, so ist zu ermitteln, welcher Teil des Gebots als auf die Gegenstände bezüglich anzusehen ist. Hat der Ersteher einen bestimmten Teil des Gebots deswegen abgegeben, weil die Gegenstände mit versteigert wurden, so ist dieser Teil der Erlös für die Gegenstände. Ist solches nicht geschehen, so ist, wenn nicht im einzelnen Falle besondere Umstände zu einer anderen Verteilung Anlaß geben, das Gebot nach dem Verhältnis des Wertes der Gegenstände zu dem Werte des versteigerten Ganzen, des Grundstücks zusammen mit den Gegenständen, zu verteilen. Der Teil des Gebots, der danach auf die Gegenstände entfällt, hat dann als der Erlös für diese zu gelten. Denn mutmaßlich ist nach jenem Verhältnis ein höheres Gebot deswegen erzielt worden, weil das Grundstück in Verbindung mit den Gegenständen versteigert wurde. Für eine solche Verteilung des Gebots hat sich der erkennende Senat auch bereits in dem Urteile vom 21. Oktober 1882, Rep. V 500/82, (RGZ. Bd. 8 S. 204), dem ein ähnlicher Fall wie hier zugrunde lag, nach dem damals geltenden preußischen Rechte unter Bezugnahme auf § 171 ALR. I, 11 ausgesprochen. Eine Bestätigung der Richtigkeit jener Verteilung ist jetzt im § 471 BGB. zu finden, wonach, wenn im Falle des Verkaufs mehrerer Sachen für einen Gesamtpreis die Wandelung wegen Mängel nur in Ansehung einzelner Sachen stattfindet, der Gesamtpreis in dem Verhältnis herabzusetzen ist, in welchem zur Zeit des Verkaufs der Gesamtwert der Sachen in mangelfreiem Zustande zu dem Werte der von der Wandelung nicht betroffenen Sachen gestanden haben würde.

Demnach haben die Vorinstanzen im vorliegenden Falle, in dem nach ihrer Erklärung sich nicht hat ermitteln lassen, um welchen Betrag ein höheres Gebot deswegen abgegeben worden ist, weil sich die zu der Turbinenanlage gehörigen Gegenstände auf dem Grundstücke befanden und mitversteigert wurden, und sich auch keine besonderen Umstände ergeben haben, die zu einer anderen Verteilung Anlaß böten, mit Recht das von dem Ersteher auf das Grundstück des Vollstreckungsschuldners und die Turbinenanlage der Klägerin einheitlich abgegebene Gebot nach dem vorbezeichneten Verhältnis der Werte verteilt. Daß sie dabei den Wert, den die Turbinenanlage infolge ihrer Verbindung mit dem Grundstücke zur Zeit der Versteigerung gehabt hat, in die Berechnung eingestellt haben, ist ebenfalls zutreffend. Der Meinung der Revision, daß nur der angeblich geringere Wert, den die zu der Turbinenanlage gehörigen Gegenstände für die Klägerin gehabt hätten, wenn die Gegenstände selbst an die Klägerin herausgegeben worden wären, in die Berechnung hätte eingestellt werden dürfen, kann nicht beigetreten werden. Haben die von der Klägerin unter Eigentumsvorbehalt auf das Grundstück gelieferten Gegenstände zur Zeit der Versteigerung infolge der Verbindung mit dem Grundstück einen höheren Wert gehabt, als wenn sie von dem Grundstücke getrennt gewesen wären, so ist mutmaßlich infolge der Verbindung für das versteigerte, aus dem Grundstück und den Gegenständen sich zusammensetzende Ganze ein höheres Gebot erzielt worden, als wenn das Grundstück und die Gegenstände nicht miteinander im Zusammenhange gestanden hätten. Deshalb ist, um zu ermitteln, welcher Teil des Gebots als auf die Gegenstände entfallen anzusehen ist, das Gebot nach dem Verhältnis des Wertes der Gegenstände, der sich mit Rücksicht auf den Zustand ihrer Verbindung mit dem Grundstück ergibt, zu dem Werte des versteigerten Ganzen zu teilen; denn infolge der Verbindung haben die mit dem Grundstücke verbundenen Gegenstände an dem mutmaßlich höheren Gebote verhältnismäßig ebenso teil wie das mit den Gegenständen verbundene Grundstück.

Allerdings würde hier, wenn die Behauptung der Beklagten richtig wäre, daß die Gegenstände, falls sie an die Klägerin herausgegeben worden wären, für diese nur einen Wert von 5725 M. gehabt hätten (was der Berufungsrichter dahingestellt gelassen hat), der auf die Gegenstände bezügliche Teil des Gebots von 75100 M. — der von den Vorinstanzen auf Grund der Feststellung, daß infolge der Verbindung zur Zeit der Versteigerung der Wert der Gegenstände 10421,40 M. und der Wert des versteigerten Ganzen 94000 M. betrug, nach der Gleichung 94000:10421,40 = 75100:x auf 8326,03 M. ermittelt worden ist — sich höher stellen als jener Wert. Jedoch ist die Meinung der Revision, daß der Betrag jenes Wertes die Höchstsumme desjenigen bilde, was die Klägerin beanspruchen dürfe, nicht zutreffend. Der Anspruch, der dem dritten Eigentümer zusteht, dessen Gegenstände zugleich mit dem Grundstücke des Vollstreckungsschuldners versteigert worden sind, kennzeichnet sich eben nicht als ein Anspruch auf Ersatz des Wertes, den die Gegenstände für ihn haben, aus dem Versteigerungserlöse, sondern als ein Anspruch auf Herausgabe des Erlöses, der durch die Versteigerung seiner Gegenstände tatsächlich erzielt worden ist. Auch wenn der Erlös den Wert, den die Gegenstände für den dritten Eigentümer hatten, übersteigt, gebührt dem Eigentümer der Erlös in ganzer Höhe, da nach § 37 Nr. 5 ZwVG. dieser Erlös an die Stelle der Gegenstände tritt. Diejenigen, denen ein Recht auf Befriedigung aus dem Grundstücke zusteht, haben auf den Erlös für die Gegenstände auch insoweit kein Recht, als er etwa jenen Wert übersteigt. Es gilt hier das gleiche wie wenn ein Nichtberechtigter über einen Gegenstand eine Verfügung trifft, die dem Berechtigten gegenüber wirksam ist, und dabei das durch die Verfügung Erlangte den Wert, den der Gegenstand für den Berechtigten hat, übersteigt. Der Nichtberechtigte muß nach § 816 Abs. 1 Satz 1 BGB. das Erlangte in ganzer Höhe an den Berechtigten herausgeben und hat kein Recht darauf, dasjenige, das er durch die unberechtigte Verfügung etwa nach besonders obwaltenden Verhältnissen über jenen Wert hinaus erlangt hat, für sich zu behalten.

In dem Urteile des IV. Zivilsenats vom 12. April 1911, Rep. IV. 384/10 (RGZ. Bd. 76 S. 212), auf das sich die Revision beruft, ist zwar für den Fall des Anspruchs des dritten Eigentümers mitversteigerter Zubehörstücke gegen die an letzter Stelle aus dem Versteigerungserlöse zur Hebung gelangten Hypothekengläubiger auf Herausgabe der Bereicherung die Vorschrift des § 92 Abs. 1 ZwVG. zur Anwendung gebracht worden. Jedoch wird auch § 37 Nr. 5 ZwVG. angezogen und daraus gefolgert, daß das Ergebnis der Versteigerung zu berücksichtigen sei. Ferner ist auf die vorerwähnten Urteile in Jur. Wochenschr. 1906 S. 15 Nr. 13 und RGZ. Bd. 8 S. 204 Bezug genommen, ist weiter für den Fall, daß für die dem Schuldner gehörigen Gegenstände und für die fremden Sachen gesonderte Gebote abgegeben worden seien, angenommen, daß es nicht auf den Wert der fremden Sachen, sondern auf den dafür erzielten Versteigerungserlös ankomme, und ist schließlich für den Fall des Zuschlags der Gegenstände des Schuldners und der fremden Sachen auf ein einheitliches Meistgebot ausgesprochen worden, daß der Versteigerungserlös dem Schuldner und dem dritten Eigentümer nach dem Verhältnis gebühre, in welchem zur Zeit der Versteigerung der Verkehrswert der dem Schuldner gehörigen Gegenstände zu dem Verkehrswerte der dem Dritten gehörigen Gegenstände gestanden habe, und daß demnach dem Dritten, dessen Eigentum erloschen sei, derjenige Betrag gebühre, welcher zu dem Gesamterlös in demselben Verhältnis stehe wie der Verkehrswert der fremden Sachen zu dem Verkehrswerte der Versteigerungsgegenstände. Hiernach würden die Ergebnisse der Darlegungen in diesem Urteil im Falle ihrer Anwendung auf die hier gegebene Sachlage (nach welcher weder in Betracht kommt, daß der Ersteher einen bestimmten Teil des Gebots deswegen abgegeben hat, weil die fremden Sachen mitversteigert wurden, noch daß besondere Umstände vorliegen, die zu einer anderen Verteilung des Gesamterlöses Anlaß böten) zu keiner anderen entscheidenden Folgerung führen wie die dargelegte Auffassung des erkennenden Senats: insbesondere würde auch danach der Klägerin von dem Versteigerungserlöse der Teil gebühren, der zu dem Gesamterlös in demselben

Verhältnis steht wie der Verkehrswert der der Klägerin gehörig gewesenen Gegenstände zu dem Verkehrswerte des versteigerten Ganzen. Darüber aber, ob der Verkehrswert der fremden Sachen mit Rücksicht darauf zu bestimmen ist, welchen Wert die Sachen im Falle ihrer Herausgabe an den dritten Eigentümer gehabt hätten, oder mit Rücksicht auf die Verbindung der fremden Sachen mit dem Grundstücke des Vollstreckungsschuldners, enthält das Urteil des IV. Zivilsenats keine Entscheidung. Es liegt daher zur Anrufung einer Entscheidung der Vereinigten Zivilsenate (§ 137 GVG.) kein Anlaß vor.

Die von den Vorinstanzen getroffene Feststellung der Werte der zu der Turbinenanlage gehörigen Gegenstände und des versteigerten Ganzen ist von der Revision nicht angefochten worden. Ferner ist die danach aufgestellte Berechnung des Anteils der Klägerin am Versteigerungserlös und die daraus gezogene Folgerung, daß der Klägerin die ganze Hypothek der Beklagten W. von 6500 M. nebst Zinsen und 256 M. Kostenersatz zustehe, weder in der Berufungsinstanz noch in der mündlichen Revisionsverhandlung angegriffen worden." ...

RGZ. 122, 61

Zur Anwendung des § 37 Nr. 4 des Zwangsversteigerungsgesetzes.

ZVG. § 37 Nr. 4, § 110.

V. Zivilsenat. Urt. v. 22. September 1928.

I. Landgericht II Berlin. II. Kammergericht daselbst.

Auf einem dem Architekten B. gehörenden Grundstück war in Abteilung III unter Nr. 3 eine Darlehnshypothek von 90000 Feingoldmark für die Klägerin eingetragen. Auf dem Grundstück lastete ferner eine für die Beklagte in Abteilung III Nr. 5 eingetragene Darlehnshypothek von 11000 GM. Am 29. Januar 1926 wurde im Grundbuch vermerkt, daß der Hypothek Abteilung III Nr. 5 der Vorrang vor der Hypothek Abteilung III Nr. 3 eingeräumt worden sei. In einer Urkunde vom 18. Februar 1926 erklärte B., die Beklagte habe für die Hypothek von 11000 GM. keinen Gegenwert gegeben, so daß sie ihm als Eigentümergrundschuld zustehe. Diese Eigentümergrundschuld nebst Zinsen vom 1. Januar 1926 ab verpfändete er der Beklagten zur Sicherung für alle Ansprüche jeglicher Art, die ihr aus der Geschäftsverbindung mit ihm bereits zuständen oder aus irgendeinem Grunde in Zukunft erwachsen würden. Zugleich erklärte B., daß er die Umschreibung der Hypothek als Eigentümergrundschuld auf seinen Namen, die Eintragung der Verpfändung und die Übersendung des Hypothekenbriefs an die Beklagte beantrage. Die Eintragung in das Grundbuch ist jedoch nicht erfolgt. Auf Antrag einer Hypothekenbank wurde durch Beschluß des Amtsgerichts Berlin-Schöneberg vom 1. Juli 1926 die

Zwangsversteigerung des Grundstücks angeordnet. Durch Schriftsatz vom 11. Oktober 1926 trat die Beklagte wegen einer Forderung von 6254 RM. nebst Zinsen und Kosten des Zahlungsbefehls der Zwangsversteigerung bei. Sie meldete an, daß die in Abteilung III unter Nr. 5 für sie eingetragene Hypothek von 11000 GM. nicht zur Entstehung gelangt sei, da das Darlehn nicht gewährt worden sei; die Hypothek sei vielmehr Eigentümergrundschuld geblieben. Diese Eigentümergrundschuld habe ihr B. durch Urkunde vom 18. Februar 1926 verpfändet, auch habe er ihr den Hypothekenbrief übergeben. Das Amtsgericht ließ am 15. Oktober 1926 den Beitritt der Beklagten wegen ihrer Ansprüche aus dem Vollstreckungsbefehl vom 15. Oktober 1926 zu. Auch die Klägerin meldete ihre Ansprüche in Höhe von 90000 GM. nebst Zinsen in Höhe von 6600 GM. und außerdem 3000 GM. Kosten an. Ihr Beitritt wurde am 27. Oktober 1926 zugelassen. Durch Beschluß vom 10. November 1926 wurde das Grundstück einer Baugenossenschaft für 165000 RM. zugeschlagen. Im Verteilungstermin erhob der Rechtsanwalt Bo. namens der Klägerin Widerspruch gegen die Zuteilung an die Beklagte, „soweit die Zinsen 3% übersteigen, also mit 85,40 RM.“ Die Beklagte ist nach dem Teilungsplan mit 6758,11 RM. zur Hebung gelangt, die Klägerin dagegen ist mit dem größten Teil ihrer angemeldeten Forderung ausgefallen.

Die Klägerin hat im ersten Rechtszug beantragt, die Beklagte zur Zahlung von 500 RM. nebst 8% Zinsen seit dem 1. März 1927 und zur Einwilligung in die Zahlung der hinterlegten 85 RM. Zinsen zu verurteilen. Das Landgericht hat die Beklagte zur Einwilligung verurteilt, im übrigen jedoch die Klage abgewiesen. Im zweiten Rechtszug hat die Klägerin um Verurteilung der Beklagten zu weiteren 4100 RM. nebst 8% Zinsen seit Klagzustellung gebeten. Das Kammergericht hat die Berufung der Klägerin zurückgewiesen. Ihre Revision führte zur Aufhebung und Zurückweisung.

Gründe:

Das Berufungsgericht hat ausgeführt: Nach dem Inhalt des Grundbuchs habe der Beklagten zur Zeit der Anordnung der Zwangsversteigerung für ihre als Darlehnshypothek eingetragene Post Abteilung III Nr. 5 der Vorrang vor der Hypothek der Klägerin Abteilung III Nr. 3 zugestanden. Der von der Klägerin jetzt für ihre Hypothek Abteilung III Nr. 3 in Anspruch genommene Rang vor der Beklagten sei daher ein aus dem Grundbuch nicht ersichtliches Recht im Sinne des § 37 Nr. 4 ZVG. Werde ein solches Recht nicht spätestens im Versteigerungstermin angemeldet, so sei nicht nur dieses Recht im Zwangsversteigerungsverfahren nicht zu berücksichtigen, sondern es trete ein materieller Rechtsverlust ein. So liege es aber hier. Es sei zwischen den Parteien unstreitig, ergebe sich übrigens auch aus den Zwangsversteigerungsakten, daß die Klägerin ihre aus dem Grundbuch nicht ersichtliche Rangstellung im Zwangsversteigerungsverfahren nicht geltend gemacht habe. Sie sei daher dieses Rangrechts völlig verlustig gegangen.

Diese Ausführungen sind für den Fall nicht zu beanstanden, daß die Hypothek der Beklagten und die Eigentümergrundschuld rechtswirksam begründet worden sind. Es ist anerkannten Rechtens, daß das Unterlassen rechtzeitiger Anmeldung eines aus dem Grundbuch nicht ersichtlichen Rechts nach §§ 110, 37 Nr. 4 ZVG. die endgültige Zurücksetzung im Range zur Folge hat und daß diese auch nicht *nachträglich durch eine Bereicherungsklage gegen denjenigen* beseitigt werden kann, der den Vorteil aus der Rangverschiebung erhalten hat (Jaeckel-Güthe 5. Aufl. Anm. 12 zu §§ 37, 38 ZVG., Anm. 1 zu § 113 und dortige Anführungen aus Rechtsprechung und Schrifttum). Und ebenso ist es richtig, daß zu den nach § 37 Nr. 4 ZVG. anzumeldenden Rechten auch ein aus dem Grundbuch nicht ersichtlicher Vorrang gehört (Jaeckel-Güthe Anm. 9 zu §§ 37, 38 ZVG.). In der Urkunde vom 29. Dezember 1925 hat die Klägerin der Hypothek der Beklagten von 11000 GM. nebst Zinsen den Vorrang vor ihrer eigenen Hypothek von 90000 FeinGM. eingeräumt. Diese Vorrangseinräumung ist am 29. Januar 1926 ohne jede Einschränkung im Grundbuch vermerkt worden. Unterstellt man zunächst, daß die Hypothek der Beklagten und die Eigentümergrundschuld rechtswirksam entstanden sind; was die Klägerin bestreitet, so bezieht sich die Vorrangseinräumung, sofern nicht in der Einigung eine Beschränkung eingeräumt ist, auch auf die wegen Nichtvalutierung der Hypothek entstandene Eigentümergrundschuld, und die Beklagte war auf Grund ihres Pfandrechts an dieser Eigentümergrundschuld zur Befriedigung aus dem Grundstück an der Rangstelle der Eigentümergrundschuld berechtigt. Ist aber, wie die Klägerin weiter geltendgemacht hat, entgegen der unbeschränkten Einräumung im Eintragungsvermerk, in der Einigung der Vorrang nur unter der Bedingung eingeräumt worden, daß die vortretende Hypothek der Beklagten durch Hingabe eines Baudarlehns valutiert werden müsse, der Vorrang also nicht einer durch Nichtvalutierung entstandenen Eigentümergrundschuld eingeräumt sein solle, so würde der Eigentümergrundschuld der Vorrang allerdings nicht zustehen, obwohl die Rangänderung uneingeschränkt eingetragen ist (RGZ. Bd. 61 S. 37, Bd. 76 S. 375, Bd. 83 S. 125; Planck-Strecker Anm. 3a zu § 880 BGB. und dortige Anführungen). Soweit die Klägerin sich auf die abweichend von der Eintragung erfolgte Einigung beruft und damit vorbringt, daß trotz uneingeschränkter Eintragung nach dieser Einigung ihrer Hypothek der Vorrang vor der Eigentümergrundschuld zustehe, aus deren Rangstelle die Beklagte Befriedigung aus dem Grundstück begehrt hat, macht sie geltend, daß ihrer Hypothek im Widerspruch zur Eintragung der Vorrang vor der der Beklagten verpfändeten Eigentümergrundschuld gebühre. Sie nimmt also einen aus dem Grundbuch „nicht ersichtlichen" Rang für ihre Hypothek in Anspruch und war verpflichtet, diesen Vorrang im Versteigerungsverfahren rechtzeitig (§ 37 Nr. 4 ZVG.) anzumelden und gegebenenfalls glaubhaft zu machen. Daß eine Glaubhaftmachung gerade in Fällen der vorliegenden Art bei Baugeldhypotheken schwierig sein kann, verkennt auch das Berufungsgericht nicht. Es weist jedoch zutreffend darauf hin, daß dieser Mißstand dem Zweck der Vorschrift weichen müsse, dem nicht im geringsten Gebot stehenden Berechtigten, der sein Recht herausbieten wolle, *Kenntnis über die Höhe der ihm vorgehenden Rechte zu verschaffen* und ihn dadurch in die Lage zu versetzen, das dazu erforderliche Gebot genau zu errechnen (RGZ. Bd. 76 S. 381). Im vorliegenden Falle hatte aber die Beklagte selbst bei der Anmeldung hervorgehoben, daß ihre Hypothek nicht vatuliert worden sei. Es hätte also nur noch der Glaubhaftmachung bedurft, daß es sich um ein Baudarlehen handle und daß der Hypothek der Beklagten nur unter der Bedingung eines solchen der Vorrang eingeräumt sein solle. Diese Glaubhaftmachung hätte die Klägerin z. B. durch eidesstattliche Versicherung oder durch Beibringung einer Erklärung des von ihr benannten Zeugen führen können.

Anders ist jedoch die Rechtslage zu beurteilen, wenn man entsprechend den weiteren Ausführungen der Klägerin unterstellt, es sei die für die Beklagte eingetragene Hypothek von 11000 GM. nichtig, die Vorrangseinräumung gegenstandslos und auch eine Eigentümergrundschuld nicht entstanden. Zwar nimmt auch in diesem Falle die Klägerin eine Befriedigung aus ihrer alten, ohne rechtswirksame Vorrangseinräumung bestehenden Rechtsstellung in Anspruch und macht daher auch insoweit einen Rang geltend, der mit der Eintragung des Vorrangs für die Hypothek der Beklagten im Widerspruch steht, also nicht aus dem Grundbuch ersichtlich ist. Gleichwohl finden die Vorschriften des § 37 Nr. 4 und des § 110 ZVG. für den Fall der Nichtigkeit der Hypothek der Beklagten und der Eigentümergrundschuld keine Anwendung. Nach § 110 ZVG. stehen Rechte, die ungeachtet der in § 37 Nr. 4 vorgeschriebenen Aufforderung nicht rechtzeitig angemeldet und glaubhaft gemacht sind, bei der Verteilung den übrigen Rechten nach. Unter den „übrigen Rechten" können aber nur rechtswirksam begründete, nicht dagegen Rechte verstanden werden, die zwar im Grundbuch eingetragen, tatsächlich aber nicht zur Entstehung gelangt sind. Wollte man anders urteilen, so würde es sich nicht um das Vorrücken eines Rechts im Zwangsversteigerungsverfahren zum Nachteil dessen handeln, der sich im Verfahren verschwiegen hat, sondern um die Begründung eines Anspruchs für einen Nichtberechtigten. Eine solche Wirkung hat jedoch § 110 ZVG. nicht im Auge, wenn er die Zurücksetzung des nicht angemeldeten Rechts hinter die „übrigen Rechte" bestimmt. Danach ist der Hypothekengläubiger, der einem im Grundbuch eingetragenen, aber nicht zur Entstehung gelangten Rechte den Vorrang vor seiner Hypothek eingeräumt hat, nicht verpflichtet, gemäß § 37 Nr. 4 ZVG. anzumelden, daß er den Rang aus seiner alten Rangstellung in Anspruch nehme. Ob aber im vorliegenden Falle die für die Beklagte eingetragene Hypothek und eine Eigentümergrundschuld nicht zur Entstehung gelangt sind, bedarf in tatsächlicher und rechtlicher Beziehung noch der Prüfung durch das Berufungsgericht.

RGZ. 129, 23

Besteht im Zwangsversteigerungsverfahren über Grundstücke auch gegenüber dem Meistbietenden eine Amtspflicht des das Verfahren leitenden Beamten zur Einhaltung der gesetzlichen Vorschriften?

BGB. § 839. ZVG. § 37 Nr. 4, §§ 44flg.

III. Zivilsenat. Urt. v. 6. Mai 1930.

I. Landgericht Elberfeld. II. Oberlandesgericht Düsseldorf.

Die Klägerin hatte beim Amtsgericht E. die Zwangsversteigerung der Grundstücke B.straße 27, 29 und 33 in E. beantragt. Die Zwangsversteigerung sollte zum Zweck der Aufhebung einer Gemeinschaft vorgenommen werden, die zwischen der Klägerin und einer Anzahl von Miterben nach dem Tode ihres Ehemanns bestand. Mit der Durchführung der Versteigerung betraute das Amtsgericht den verklagten Notar. Im Versteigerungstermin vom 6. September 1927 blieb die Klägerin mit dem einzigen abgegebenen Gebot von 5000 RM. Meistbietende. Durch Beschluß vom 15. September 1927 versagte der Beklagte den Zuschlag auf das Gebot der Klägerin, weil es so stark hinter dem Wert der Grundstücke zurückbleibe, daß sie eine ungerechtfertigte Bereicherung, die übrigen Beteiligten dagegen eine empfindliche Vermögensschädigung erfahren würden. Das von der Klägerin angerufene Amtsgericht bestätigte die Entscheidung des Beklagten, jedoch mit anderer Begründung, nämlich wegen unrichtiger Berechnung des geringsten Gebotes. Der Beklagte hatte eine im Grundbuch auf den Namen des Eisenwarenhändlers S. eingetragene Hypothek (ohne Brief) von 12000 PM. nicht in das geringste Gebot aufgenommen; über die Hypothek lag eine löschungsfähige Quittung der gehörig ausgewiesenen Erben des S. vor, und der Beklagte hatte daraufhin die Hypothek als nicht mehr bestehend angenommen. Diese Annahme mißbilligte das Amtsgericht. Die Beschwerde der Klägerin beim Landgericht blieb ohne Erfolg. Das Landgericht bestätigte die Rechtsauffassung des Amtsgerichts und stellte ferner fest, daß auch die öffentlich bekanntgemachte Terminsbestimmung im Punkte des § 37 Nr. 4 ZVG. eine Unvollständigkeit aufweise.

Im Hinblick auf diese Vorgänge erhob die Klägerin gegen den Beklagten Klage auf Grund des § 839 BGB. Sie beantragte, festzustellen, daß ihr der Beklagte allen Schaden zu ersetzen habe, der ihr dadurch entstanden sei, daß der Beklagte die Zwangsversteigerung vorschriftswidrig behandelt habe. Das Landgericht wies die Klage ab. Die Klägerin legte Berufung ein und ging zur Leistungsklage über. Wie sie vorbringt, ist inzwischen die Versteigerung durchgeführt worden und es hat dabei die Klägerin die Grundstücke Nr. 27 und 29 für das Meistgebot von 11600 RM., ein Dritter dagegen das Grundstück Nr. 33 für 10800 RM. erworben. Den ihr verbleibenden Schaden berechnet die Klägerin auf mindestens 3000 RM. Auf Zahlung dieses Betrages nebst Prozeßzinsen wurde die Klage im zweiten Rechtszug gerichtet. Diesen Anspruch erklärte das Oberlandesgericht dem Grunde nach für gerechtfertigt. Die Revision des Beklagten wurde zurückgewiesen.

Gründe:

Nach der Annahme des Berufungsrichters hat der Beklagte als Leiter des Zwangsversteigerungsverfahrens (§ 13 Abs. 1 EG. z. ZVG. in Verb. mit dem preußischem Gesetz vom 2. Juni 1924, GS. S. 5) gegen die Vorschriften über die Festsetzung des geringsten Gebotes (§ 44 ZVG.) verstoßen, indem er die Hypothek S. unberücksichtigt ließ, obwohl sie nach dem Grundbuch noch bestand, mindestens als Eigentümerhypothek oder -grundschuld. Des weiteren hatte die öffentlich bekanntgemachte Terminsbestimmung zwar die in § 37 Nr. 4 ZVG. vorgeschriebene Aufforderung zur Anmeldung der dort genannten Rechte enthalten, nicht aber auch die gleichfalls vorgeschriebene Aufforderung, die Rechte beim Widerspruch eines Gläubigers glaubhaft zu machen. Nach diesen beiden Richtungen nimmt der Berufungsrichter einen schuldhaften Verstoß des Beklagten gegen die gesetzlichen Vorschriften an. Dem ist beizutreten. Die Revision hat insoweit keine Angriffe erhoben.

Dagegen zieht die Revision in Abrede, daß der Beklagte nach diesen beiden Richtungen Amtspflichten verletzt habe, die ihm gegenüber der Klägerin als Bieterin obgelegen hätten. In der Tat ist die Klägerin, soweit sie als Antragstellerin und Miterbin an dem Verfahren beteiligt war, durch jene Verstöße und die auf ihnen beruhende Versagung des Zuschlags nicht geschädigt worden. Sie hatte im Gegenteil Vorteil davon; denn das später durchgeführte Versteigerungsverfahren hat einen höheren Erlös erbracht und dieser ist auch der Klägerin zu ihrem Anteil zugute gekommen. Das hat die Klägerin anerkannt, indem sie ihren Antrag entsprechend änderte. Nur in ihrer Eigenschaft als Bieterin will sie Schaden erlitten haben.

Wäre ihr der Zuschlag erteilt worden, so hätte sie, wie sie vorbringt, die drei Grundstücke um 5000 RM. zugeschlagen erhalten. Später hat sie für ungefähr den doppelten Betrag nur zwei der Grundstücke erworben.

Der Berufungsrichter nimmt an, die Pflicht zur Einhaltung der gesetzlichen Vorschriften bei Durchführung des Zwangsversteigerungsverfahrens habe dem Beklagten auch gegenüber der Klägerin als Bieterin obgelegen. Dem ist beizupflichten. Zutreffend erwägt der Berufungsrichter, daß im *Zwangsversteigerungsverfahren dem Meistbietenden* der Zuschlag nur unter ganz bestimmten Voraussetzungen versagt werden darf (§§ 81, 83, 85 ZVG.). Auf Grund dieser Vorschriften hat der Meistbietende freilich noch kein Recht am Grundstück oder auch nur auf den Erwerb des Grundstücks erlangt, wohl aber eine verfahrensrechtlich gesicherte Anwartschaft. Er ist also Beteiligter, wennschon nicht im technischen Sinne des § 9 ZVG., aber doch im Sinne der reichsgerichtlichen Rechtsprechung über den Kreis der Personen, denen gegenüber eine Amtspflicht besteht (RGZ. Bd. 72 S. 329, Bd. 78 S. 242, Bd. 127 S. 153). Die Amtspflichten bestehen nicht nur gegenüber den unmittelbar Beteiligten, sondern auch gegenüber anderen Personen, deren Rechte und Interessen durch die Amtshandlung beeinträchtigt werden können (RGZ. Bd. 127 S. 156). Dazu gehören jedenfalls die Personen, die sich an einem amtlichen Verfahren in zulässiger Weise beteiligen, namentlich also im Zwangsversteigerungsverfahren der Meistbietende, dessen Rechtsstellung im Zwangsversteigerungsgesetz immerhin gesetzlich geordnet ist, obwohl ihn dieses Gesetz nicht zu den „Beteiligten" im Sinne des § 9 zählt. Damit entfällt die Grundlage für die Behauptung, auf welche sich die Revision vornehmlich stützt, daß nämlich die Anwartschaft des Meistbietenden auf den Zuschlag erst dann bestehe, wenn das Verfahren einwandfrei so weit geführt worden sei, bis das Recht erworben, der Zuschlag erteilt werden könne. Diese Ansicht begegnet den erheblichsten praktischen Bedenken. Sie würde die Bieter und damit auch den künftigen Meistbietenden rechtlos stellen gegenüber der schuldhaften Verletzung der Verfahrensvorschriften, sobald die Verletzungen vor dem vorhin bezeichneten Zeitpunkt begangen worden wären. Die Ansicht ist aber auch rein rechtlich nicht begründet. Denn für den Tatbestand des § 839 BGB. kommt es, wie dargelegt, nicht darauf an, ob bereits ein festes Recht bestand, das verletzt wurde (wie etwa im Falle des § 823 BGB.), sondern nur darauf, daß der Beamte eine Amtspflicht verletzte, die in den verfahrensrechtlich gesicherten Kreis der Rechte und Interessen der Dritten eingreift. Diese Personen sind im Sinne des § 839 BGB. auch dann geschützt, wenn die Amtspflichtverletzung begangen wurde, bevor sie sich an dem Verfahren beteiligt hatten.

Nach dem Dargelegten hat der Beklagte mit den beiden festgestellten Verstößen gegen §§ 44flg. und gegen § 37 Nr. 4 ZVG. Amtspflichten verletzt, die ihm gegenüber der Klägerin als Meistbietender oblagen. Das Ergebnis des Berufungsrichters, daß der Schadenersatzanspruch der Klägerin dem Grunde nach gerechtfertigt sei, ist daher nicht zu beanstanden. . . .

RGZ. 150, 22

1. Welche rechtliche Bedeutung hat der Vermerk des Zuschlagbescheides, daß gewisse Sachen auf den Ersteher nicht übergehen, wenn diese Sachen wesentliche Bestandteile des versteigerten Grundstücks sind?

2. . . . .

BGB. §§ 93, 94 Abs. 2. ZVG. § 37 Nr. 5 § 90.

VII. Zivilsenat. Urt. v. 20. Dezember 1935.

Die Entscheidung ist abgedruckt unter „Bürgerliches Recht Allgemeiner Teil 2“.

Geringstes Gebot. Versteigerungsbedingungen

RGZ. 39, 292

Gehen bei dem Zwangsverkaufe eines Hausgrundstückes die in dem Hause befindlichen dem Eigentümer des letzteren gehörigen Möbel auf den Ersteher über?

ALR. I. 11 § 88.

Zwangsvollstreckungsgesetz vom 13. Juli 1883 § 1 Abs. 2.

V. Zivilsenat. Urt. v. 28. April 1897.

I. Landgericht Hirschberg. II. Oberlandesgericht Breslau.

Die Klägerin hat an K., den ehemaligen Besitzer des Weinbergrestaurants in W., Möbel verkauft und übergeben, sich aber das Eigentum bis zur vollständigen Bezahlung des Kaufpreises vorbehalten. Nach der Behauptung des Beklagten hat K. die sämtlichen Möbel zur Ausstattung der Restaurationsräume und der Fremdenzimmer verwendet, nach der Behauptung der Klägerin dagegen einige, nicht näher bezeichnete Sachen zu seinem persönlichen Gebrauche bestimmt. Das Restaurant des K. kam zur Subhastation. Im Versteigerungstermine meldete die Klägerin, welche behauptete, daß sie den Kaufpreis noch nicht vollständig erhalten habe, ihre Eigentumsansprüche an. Das Grundstück wurde unter Vorbehalt ihrer Rechte ausgeboten und mit diesem Vorbehalte dem Beklagten zugeschlagen.

Mit der Klage ward Herausgabe sämtlicher Möbel begehrt. Beklagter verlangt Abweisung der Klage, weil die Möbel Zubehör des Restaurants und mit diesem durch den Zuschlag in sein Eigentum übergegangen seien. Er behauptete auch, daß die Klägerin wegen des Kaufpreises voll befriedigt worden sei. Der erste Richter wies die Klage ab, und die Berufung der Klägerin wurde zurückgewiesen. Auf die Revision der Klägerin ist das Berufungsurteil aufgehoben, und die Sache in die Vorinstanz zurückverwiesen worden.

Gründe:

„Die seitens der Revision gegen das Berufungsurteil erhobenen Angriffe können nicht für begründet erachtet werden. Sie richten sich gegen die mit der Rechtsprechung des Reichsgerichtes im Einklange stehende Annahme, daß auch die sogenannten tatsächlichen Zubehörstücke von den Wirkungen des Zuschlages in der Subhastation mit betroffen werden, und daß der bloße Vorbehalt der angemeldeten Rechte des Eigentümers solcher Sachen nicht ausreiche, um jene Wirkungen auszuschließen, daß dazu vielmehr erforderlich sei, daß sie entweder durch die Versteigerungsbedingungen vom Mitverkaufe ausgeschlossen werden, oder Einstellung oder Aufhebung des Zwangsversteigerungsverfahrens seitens des Eigentümers herbeigeführt wird. Von diesen Grundsätzen abzugehen, liegt um so weniger Veranlassung vor, als sie im § 55 des Reichsgesetzes über die Zwangsversteigerung und die Zwangsverwaltung vom 24. März 1897 . . . gesetzliche Anerkennung gefunden haben.

Dagegen bietet das Berufungsurteil nach einer anderen Richtung hin zu Bedenken Anlaß, welche zu seiner Aufhebung führen. Die Klägerin hat nämlich behauptet, daß ein Teil der Möbel nicht zur Ausstattung der Restaurationsräume und Fremdenzimmer, sondern zur Ausstattung der eigenen Wohnung vom Subhastaten bestimmt und verwendet worden sei. Der Berufungsrichter erklärt dies für unerheblich, weil, selbst wenn diese Behauptung richtig sein sollte, doch auch dieser Teil der Möbel vom Eigentümer zum Zubehör des subhastierten Grundstückes bestimmt sein würde. Der Sinn dieser Ausführung ist schwer verständlich. Es kann damit gemeint sein, auch die zur Ausstattung der Wohnung eines Gasthofsbesitzers dienenden Möbel seien zum Zubehör des Gasthofes zu rechnen. Das wäre falsch, weil nach dem klaren Wortlaute des § 90 ALR. I. 2 nur die für den *eigentlichen* Betrieb der Gastwirtschaft bestimmten

Möbel Zubehöreigenschaft haben. Wahrscheinlicher ist es, daß der Berufungsrichter der Ausführung des ersten Richters hat beitreten wollen, auch die zum persönlichen Gebrauche des Restaurateurs bestimmten und verwendeten Möbel seien deshalb mit dem Zuschlage auf den Beklagten übergegangen, weil die Subhastation ein Verkauf in Bausch und Bogen sei, und bei einem solchen Verkaufe eines Hauses nach § 88 ALR. I. 11 dem Käufer alle Möbel gehören, welche zur Zeit des geschlossenen Kaufes in dem Hause befindlich und zur bequemen Wohnung erforderlich und dienlich sind. Auch diese Ausführung beruht jedoch auf Rechtsirrtum. Die Möbel eines Wohnhauses und die zum persönlichen Gebrauche eines Gasthofsbesitzers bestimmten und verwendeten Möbel werden von dem Immobiliarzwangsverkaufe nicht ergriffen. Gemäß § 757 Abs. 2 ZPO. bestimmt sich nach Landesgesetzen, welche Sachen und Rechte in Ansehung der Zwangsvollstreckung zum unbeweglichen Vermögen gehören. Im Anschlusse hieran bestimmt § 1 Abs. 2 des Zwangsvollstreckungsgesetzes vom 13. Juli 1883 (in wörtlicher Übereinstimmung mit § 1 Abs. 2 des Gesetzes, betreffend die Zwangsvollstreckung in das unbewegliche Vermögen, vom 4. März 1879 und in inhaltlicher Übereinstimmung mit §§ 20 Abs. 2, 55 Abs. 2 des Reichsgesetzes über die Zwangsvollstreckung vom 24. März 1897):

„Zu der Immobiliarmasse gehören auch diejenigen beweglichen Gegenstände, auf welche das bezüglich eines unbeweglichen Gegenstandes bestehende Pfand- oder Vorzugsrecht kraft Gesetzes sich miterstreckt.“

Daß damit bewegliche Sachen, welche dem Hypothekengläubiger nicht haften, den Wirkungen der Subhastation entzogen sind, ist nicht zweifelhaft. Darüber, auf welche beweglichen Gegenstände die Hypothek sich erstreckt, gibt § 30 EigErwGes. Auskunft, nach welchem unter anderem das bewegliche, dem Eigentümer gehörige Zubehör, solange bis es veräußert und vom Grundstücke räumlich getrennt worden ist, dem Hypothekengläubiger haftet. Was als bewegliches Zubehör unbeweglicher Sachen anzusehen ist, bestimmen die §§ 48flg. ALR. I, 2. Nur die hier aufgeführten Gegenstände haften also als Zubehör gemäß § 30 EigErwGes. dem Hypothekengläubiger (§ 444 ALR. I, 20),

vgl. Turnau, Grundbuchordnung 5. Aufl. Bd. 1 S. 730, 731 Anm. VII 1, 2, und Dernburg, Hypothekenrecht Bd. 2 S. 151 § 21,

und nur sie würden daher an sich von dem Zwangsverkaufe des Grundstückes ergriffen werden. Mit Rücksicht auf die Natur der Zwangsversteigerung und die Art, in welcher sie sich vollzieht, ist jedoch eine gewisse Erweiterung des Kreises der Zubehörstücke gegenüber den §§ 48flg. ALR. I, 2 geboten. Nach letzteren haben Sachen, welche ihrer Beschaffenheit nach zu den Zubehörstücken zu rechnen sein würden, dann nicht Zubehöreigenschaft, wenn sie zur Bewirtschaftung der unbeweglichen Sache nicht erforderlich sind (z. B. §§ 49, 53, 54), oder wenn sie Dritten gehören (§§ 60, 108). Nun ist nach dem gewöhnlichen Laufe der Dinge der Bieter beim Zwangsverkaufe nicht in der Lage, sich darüber Gewißheit verschaffen zu können, ob die beweglichen auf dem Grundstücke befindlichen Sachen, welche ihrer Natur nach Zubehörstücke sein können, auch wirklich solche sind, ob sie nicht Superinventar sind oder einem Dritten gehören. In Wahrung berechtigter Verkehrsinteressen hat das Reichsgericht mit Rücksicht hierauf angenommen, daß der Bieter in der Subhastation davon ausgehen dürfe, alle beweglichen Sachen, welche ihrer Natur nach unter die §§ 48flg. ALR. I, 2 fallen können, seien auch wirklich Zubehör, daß also insoweit der Zwangsverkauf ein Verkauf in Bausch und Bogen sei. Daher muß nach der Rechtsprechung des Reichsgerichts,

vgl. Entsch. des RG.s in Zivils. Bd. 19 S. 321flg.,

der dritte Eigentümer solcher Sachen dafür sorgen, daß sie von dem Verkaufe in der Subhastation ausgeschlossen werden, widrigenfalls sie mit dem Grundstücke auf den Ersteher übergehen, und daher kann dem Ersteher nicht mit Erfolg entgegengehalten werden, daß dergleichen im Gewahrsame des Subhastaten befindlich gewesene Sachen vom Eigentümer nicht zum Zubehör bestimmt oder zur Bewirtschaftung des Grundstückes nicht erforderlich seien.

Vgl. Gruchot, Beiträge Bd. 28 S. 1171, Bd. 38 S. 958flg.

Zu solchen Sachen, welche ihrer Natur nach Zubehör sein können, gehören die in den §§ 83—86 ALR. I, 11 aufgeführten, wie eine Vergleichung mit den §§ 49, 52, 66 ALR. I, 2 ergibt. Sie gehen, wie bei dem freihändigen Pauschalverkaufe eines Grundstückes, so auch bei der Subhastation auf den Ersteher über. Anders steht es dagegen mit den im § 88 ALR. I, 11 aufgeführten Möbeln. Diese haben ihrer Natur nach nicht Zubehöreigenschaft (§§ 77, 78 ALR. I, 2), können daher den Hypothekengläubigern als solchen nicht haften und gehören eben daher nicht zu der von der Subhastation allein ergriffenen Immobiliarmasse, wenn sie auch bei einem freihändigen Verkaufe in Bausch und Bogen auf den Käufer des Hauses mit übergehen. Demgemäß, und da der Umfang des zu einem Gasthofe nach § 90 ALR. I, 2 gehörigen Zubehörs in den §§ 83flg. ALR. I, 11 eine Erweiterung nicht erfahren hat, stellt sich die Entscheidung der Vorinstanzen insoweit als verfehlt dar, als die Behauptung der Klägerin, ein Teil der in Rede stehenden Möbel sei zum persönlichen Gebrauche des Restaurateurs bestimmt und verwendet worden, für unerheblich erklärt worden ist." . . .

RGZ. 42, 276

Zwangsversteigerungsverfahren; Behandlung des Rückstandes aus einer gemeinen Last, die sich in einmaliger Ausübung erschöpft.

V. Zivilsenat. Urt. v. 2. November 1898.

I. Landgericht II Berlin. II. Kammergericht daselbst.

Die klagende Handelsgesellschaft hatte die unter Androhung von Zwangsmaßregeln von ihr als jetziger Eigentümerin der Grundstücke *Pf.straße* Nr. 6 und 7 in *Wilmersdorf* geforderte Kanalisationsanschlußgebühr von 1835 M. unter Vorbehalt an die verklagte Gemeinde gezahlt und verlangte deren Zurückgabe. Sie hielt sich zur Entrichtung der Abgabe nicht für verpflichtet, weil diese schon zur Besitzzeit ihres, von der Beklagten auch zu derselben veranlagten, Vorbesitzers S. fällig geworden, aber von der Beklagten nicht in der Subhastation der Grundstücke unter S. angemeldet worden sei, und weil infolgedessen die Grundstücke frei von dieser Abgabe am 5. und 12. Februar 1895 auf die Preußische Hypotheken-Aktienbank in Berlin, die Ersteherin in der Subhastation, und demnächst von dieser auf sie, die Klägerin, übergegangen seien.

Die Beklagte bestritt, daß sie die Abgabe in der Subhastation hätte anmelden müssen, behauptete auch, daß die Gebühr erst mit dem Anschluß der Häuser an die Kanalisation, zur Besitzzeit der Klägerin, eventuell, infolge einer dem S. erteilten Stundung bis zur Rohbauabnahme der Häuser, gleichfalls zur Besitzzeit der Klägerin fällig geworden sei. Auch berief sie sich darauf, daß im Laufe dieses Prozesses eine Veranlagung der Klägerin zu der Abgabe stattgefunden habe.

In erster Instanz ist die Beklagte zur Zurückerstattung verurteilt worden, während in zweiter Instanz auf Abweisung der Klage erkannt ist. Das Berufungsurteil ist aufgehoben worden aus folgenden

Gründen:

„Die Klage ist darauf gegründet worden, daß die von der Klägerin eingezogene Kanalisationsanschlußgebühr auf ihrem Grundstück nicht mehr gehaftet habe, seitdem dieses gegen den Vorbesitzer S. — der in der Tat schon zu der Abgabe von der Beklagten veranlagt worden war — zur Zwangsversteigerung gebracht worden ist, ohne daß die Beklagte die damals angeblich schon fällige Abgabe angemeldet hatte. Bisher ist freilich noch bestritten geblieben, ob die Abgabe schon zu S.s Besitzzeit fällig gewesen sei und demgemäß in dem Zwangsversteigerungsverfahren habe angemeldet werden können; aber wenn die hierauf bezüglichen Klagebehauptungen und die daraus von der Klägerin gezogenen rechtlichen Folgerungen richtig sind, so kann die Beklagte ihre Verurteilung zur Rückerstattung der eingezogenen Summe nicht schon durch eine neue Veranlagung der Klägerin zu derselben Abgabe abwenden, weil diese Veranlagung ohne alle Bedeutung für die Frage ist, ob die Klägerin für einen Rückstand des S. verantwortlich gemacht werden könne.

Der Berufungsrichter geht nun mit Recht und in Übereinstimmung mit der Rechtsprechung davon aus, daß gleich den Straßenkostenbeiträgen, die nach Ortsstatut auf Grund des § 15 des Gesetzes vom 2. Juli 1875 erhoben werden, auch die hier in Rede stehende, auf derselben gesetzlichen Grundlage beruhende Kanalisationsanschlußgebühr eine gemeine, auf der Ortsverfassung beruhende und zugleich dingliche Last ist, die nach § 12 EigErwGes. nicht der Eintragung ins Grundbuch bedarf, und die bei einer Zwangsversteigerung des verpflichteten Grundstückes nach § 22 Abs. 3 des Zwangsversteigerungsgesetzes vom 13. Juli 1883 von selbst auf den Ersteher übergeht, soweit nicht die Kaufbedingungen etwas anderes bestimmen, oder die Beschlagnahme des Grundstückes der Geltendmachung entgegensteht. Die letztgedachte Ausnahme trifft hier nicht zu. Die Ansicht des Berufungsrichters aber, daß auch die gesetzlichen Kaufbedingungen, insbesondere die Vorschriften über die bei Feststellung des geringsten Gebotes zu berücksichtigenden Forderungen, im vorliegenden Fall dem Übergang der Abgabe auf den Ersteher nicht entgegenständen, muß als rechtsirrtümlich bezeichnet werden. Der Berufungsrichter führt in dieser Beziehung aus:

> Von den gemeinen Lasten seien nur die laufenden Hebungen und die Rückstände der laufenden Hebungen aus den beiden letzten Jahren in der Zwangsversteigerung anzumelden und aus den Kaufgeldern zu befriedigen (§§ 28, 56 des Gesetzes vom 13. Juli 1883). Diese Bestimmungen beträfen also nur solche gemeine Lasten, die eigentliche Reallasten seien, d. h. Rechte auf wiederkehrende Hebungen aus den Grundstücken, nicht solche, die sich — wie die hier zur Frage stehende Kanalisationsanschlußgebühr — in einer einmaligen Leistung erschöpften. In einem Fall letzterer Art bedürfe es nicht der Geltendmachung der Last in der Zwangsversteigerung, sondern bleibe das Recht durch die Zwangsversteigerung unberührt, wie das Reichsgericht erst kürzlich in einem Urteil des IV. Zivilsenates vom 13. Januar 1898 (Entsch. des RG.s in Zivils. Bd. 40 Nr. 83 S. 308 flg.) anerkannt habe.

In diesem Urteil des IV. Zivilsenates handelte es sich um die Frage, ob die durch das Gesetz vom 14. Juli 1893 begründete öffentlichrechtliche dingliche Belastung von Grundstücken mit der Verpflichtung zur Rückerstattung der nach dem Gesetze vom 21. Mai 1861 ausbezahlten Grundsteuerentschädigung trotz der Nichtanmeldung in der Zwangsversteigerung auf den Grundstücken haften bleibe. Diese Frage ist dort bejaht worden, und zwar aus dem entscheidenden

Grunde, weil im damaligen Fall die Erstattungsforderung zur Zeit der Zwangsversteigerung noch nicht fällig geworden, und deshalb im Zwangsversteigerungsverfahren überhaupt kein Raum zu ihrer Geltendmachung gegeben gewesen sei. Daneben finden sich allerdings Ausführungen, welche dahin gedeutet werden können, als ob der IV. Zivilsenat den Übergang der Verpflichtung auf den Ersteher auch dann annehmen würde, wenn die Erstattungsforderung damals schon fällig gewesen wäre, vorausgesetzt daß die Rückerstattung in einer Summe (in Kapital), und nicht, nach der dem Verpflichteten freigelassenen Wahl, in Rente zu erfolgen hatte. Indes diese Ansicht würde, wenn überhaupt, so jedenfalls nur für den damals zur Entscheidung stehenden Fall der Rückzahlung von Grundsteuerentschädigung aufgestellt worden sein, wie auch daraus hervorgeht, daß zu ihrer Begründung die Bestimmungen des Gesetzes vom 14. Juli 1893 herangezogen worden sind. Ob ihr in dieser Anwendung beigestimmt werden könnte, steht hier nicht zur Frage; die damalige Entscheidung ruht aber nicht auf diesem, sondern auf dem schon angegebenen anderen Grunde, und es konnte deshalb die Einholung einer Entscheidung der vereinigten Zivilsenate nach § 137 GVG. nicht erst in Frage kommen.

Auf diese Entscheidung des IV. Zivilsenates kann sich demnach der Berufungsrichter nicht zur Stütze seiner vorhin wiedergegebenen Rechtsausführungen berufen; diese lassen sich aber auch nicht mit den einschlagenden Vorschriften des Zwangsversteigerungsgesetzes vom 13. Juli 1883 vereinigen.

Die Bestimmungen in den §§ 28, 40 Ziff. 8, 56, 107 dieses Gesetzes können nur dahin verstanden werden, wie sie auch bisher in Praxis und Rechtsprechung verstanden worden sind: daß die bereits fällig, also rückständig gewordenen Beträge von gemeinen Lasten in allen Fällen aus den Kaufgeldern berichtigt werden sollen, daher angemeldet werden müssen und widrigenfalls nicht mehr aus dem Grundstück befriedigt werden brauchen. Der § 28 Abs. 1 spricht ausdrücklich von den Rückständen der gemeinen Lasten aus den beiden letzten Jahren, nicht, wie der Berufungsrichter, wohl nur versehentlich, anführt, von Rückständen der laufenden Hebungen aus den beiden letzten Jahren, die es kaum geben kann. Nun ist freilich in den §§ 56 und 57 von wiederkehrenden Hebungen die Rede, und es mag zugegeben werden, daß auch in § 28 Abs. 1 bei den dort genannten laufenden gemeinen Lasten und den Rückständen derselben aus den beiden letzten Jahren zunächst an gemeine Lasten mit wiederkehrenden Hebungen gedacht sein wird; aber das erklärt sich aus der Tatsache, daß gemeine Lasten dieser Art die weit überwiegende Regel bilden. Für eine verschiedene Behandlung der Rückstände aus gemeinen Lasten, je nachdem die bezügliche Last zu wiederkehrenden Leistungen verpflichtet, oder sich in einer einmaligen Leistung erschöpft, wäre gar kein Grund aufzufinden. In beiden Fällen erzeugt die Last im Augenblick des Fälligwerdens den Anspruch auf eine bestimmte Leistung; eben für diesen von der gemeinen Last als solcher bereits losgelösten Anspruch auf eine bestimmte Leistung, im Gegensatz zu der auf dem Grundstück haften bleibenden gemeinen Last selbst, hat der Gesetzgeber die Befriedigung aus den Kaufgeldern vorgeschrieben (§ 23), ihm einen Vorrang vor anderen Forderungen in der Zwangsversteigerung des Grundstückes eingeräumt und darum angeordnet, daß er angemeldet werden muß, um berücksichtigt werden zu können. Dies gilt dann aber für den Anspruch aus einer Last, die nur eine einmalige Leistung erzeugt, so gut wie für die Ansprüche aus einer Last mit wiederkehrenden Hebungen. Daß jene Last mit der einmaligen Leistung erlischt, ist hierbei ein gleichgültiger Umstand, der nicht das Mißverständnis erzeugen darf, als ob in diesem Fall ein Auseinanderhalten der Last selbst und des aus ihr entsprungenen Anspruches auf die bestimmte Leistung rechtlich nicht möglich wäre. Die entgegengesetzte Ansicht kann lediglich den Buchstaben des Gesetzes in gewissem Grade für sich anführen, nicht aber den Sinn des Gesetzes, und auch nicht die größere Zweckmäßigkeit. Im Gegenteil, es kann nicht zweifelhaft sein, daß sie zu einer großen Unsicherheit der Hypothekengläubiger bei der Berechnung des zu ihrer Deckung erforderlichen Versteigerungserlöses und infolge davon zu einer Schädigung des Realkredites führen müßte.

Die Entscheidung des Berufungsrichters war aus diesen Gründen aufzuheben. Die Sache ist jedoch noch nicht spruchreif, da noch bestritten ist, ob die in Frage stehende Abgabe schon zu S.s Besitzzeit fällig geworden sei. Es mußte deshalb eine Zurückverweisung in die Berufungsinstanz erfolgen."

RGZ. 43, 244

Zwangsversteigerung eines Grundstückes, das mit einer Grundgerechtigkeit und mit der Verpflichtung, deren Anlagen zu unterhalten, belastet ist. Einfluß des Umstandes, daß eine Geldvergütung für Wiederherstellung der zerstörten Anlagen ins geringste Gebot aufgenommen worden war.

V. Zivilsenat. Urt. v. 21. Januar 1899.

I. Landgericht Breslau. II. Oberlandesgericht daselbst.

Durch Zuschlagsurteil vom 4. März 1891 erwarb der Beklagte das Rittergut L. in der Zwangsversteigerung und übernahm dabei die seit dem Jahr 1801 auf demselben zugunsten des Rittergutes A. haftende Grundgerechtigkeit, einen bestimmten Wasserlauf auf L.er Grunde zu unterhalten, ohne Anrechnung auf den Kaufpreis. Schon in den 1870er Jahren waren von den damaligen Besitzern von L. Veränderungen an den Wasserwerken vorgenommen worden, die Überschwemmungen im Gute A. zur Folge gehabt hatten. Der Kläger, als Besitzer von A., hatte in der Subhastation von L. als Kosten der Wiederherstellung der Wasserwerke und als Schadensersatzanspruch eine Summe von 20000 M. zur Aufnahme ins geringste Gebot angemeldet, die auch ins geringste Gebot aufgenommen worden war. Gegen ihre Berücksichtigung bei der Verteilung des Erlöses erhob jedoch im Kaufgelderbelegungstermin der Beklagte, als beteiligter Hypothekengläubiger, Widerspruch; infolgedessen wurde die Summe als Streitmasse abgelegt. Kläger erhob dann gegen den Beklagten Klage auf Anerkennung seines Anspruches, ließ diese Klage hernach aber fallen, und die Streitmasse wurde dann dem Beklagten ausgekehrt.

Nunmehr verlangte der Kläger vom Beklagten die Erstattung eines Überschwemmungsschadens, der im Sommer 1896 auf seinem Gute A. entstanden war. Verursacht war der Schade dadurch, daß immer noch nicht der ordnungsmäßige frühere Zustand der Wasserwerke auf dem Gute L. wiederhergestellt worden war. Der Beklagte wandte u. a. ein, daß der Kläger durch sein Verhalten in der Subhastation den Anspruch gegen den Besitzer des Gutes L. auf Wiederherstellung der Wasseranlagen verloren habe. Er wurde damit in beiden Instanzen enthört; das Reichsgericht hat indes das Berufungsurteil aufgehoben und die Sache in die Berufungsinstanz zurückverwiesen, aus folgenden

Gründen:

„Es handelt sich um Überschwemmungsschaden aus dem Sommer 1896, als der Beklagte schon längst, seit dem Zuschlagsurteil vom 4. März 1891, Eigentümer des Grundstückes war, von wo das Wasser kam. Verursacht wurde der Schade durch den ordnungswidrigen Zustand des Wasserlaufs, dessen Bestand und Unterhaltung Gegenstand einer dem Gute des Klägers gegen das Gut des Beklagten zustehenden Grundgerechtigkeit ist. Wenn auch dieser ordnungswidrige Zustand durch einen Vorbesitzer des Beklagten herbeigeführt worden war, so kann doch dem ersten und dem ihm darin beitretenden Berufungsrichter unbedenklich in der Ausführung zugestimmt werden, daß — zunächst abgesehen von den Einreden des Beklagten — sowohl nach dem die Grundgerechtigkeit begründenden Vertrage vom 12. Januar 1801 und der Eintragung im Grundbuch, als nach den gesetzlichen Bestimmungen in §§ 35, 37 ALR. I, 22 die Verpflichtung zur Wiederherstellung der nicht etwa durch Zufall oder höhere Gewalt zerstörten Anlagen in der Unterhaltungspflicht einbegriffen ist, dem Beklagten als eingetragenem Eigentümer des dienenden Grundstückes, dinglich, obliegt, und sich für ihn täglich erneuerte, daß demnach die Versäumung dieser Pflicht sein Verschulden ist. Dies wird auch von der Revision nicht in Zweifel gezogen. Der Beklagte haftet also, wenn er nicht, sei es durch die Subhastation 1891, oder durch den Vergleich vom 17. Oktober 1896, von der Wiederherstellungspflicht frei geworden sein sollte, wie er behauptet."

(Es wird sodann ausgeführt, daß der Berufungsrichter die Frage des Vergleiches nicht genügend geprüft habe.)

„Es hat . . . auch der Ausführung nicht beigetreten werden können, mit welcher der Subhastation des dienenden Grundstückes *ein Einfluß auf den Fortbestand des Wiederherstellungsanspruches* gegen den Eigentümer dieses Grundstückes abgesprochen worden ist. Der Grund des Berufungsrichters: daß die im Jahr 1891 durchgeführte Subhastation keinen Einfluß auf den eingeklagten, aus dem Sommer 1896 stammenden Schadensanspruch üben könne, trifft nicht zu. Dieser Schade ist daraus entstanden, daß im Sommer 1896 immer noch nicht die Reparatur an den Servitutanlagen stattgefunden hatte, die schon vor der Subhastation notwendig geworden war, und wenn nun das Grundstück ohne die Verpflichtung zur Vornahme dieser Reparatur auf den Ersteher übergegangen wäre, würde er nicht wegen deren Unterlassung haftbar gemacht werden können. Im übrigen hat der Berufungsrichter zu diesem Punkt auf die Entscheidungsgründe des ersten Richters Bezug genommen, welche dahin gehen:

Durch die Aufnahme einer Forderung in das geringste Gebot werde über deren Vorhandensein oder Rang nichts entschieden. Die mit einer Servitut verbundene Unterhaltungspflicht sei ein Bestandteil der Servitut, nicht etwa eine neben ihr bestehende Reallast; sie sei daher in der Subhastation ebenso zu behandeln wie die Servitut selbst, gehe also, wenn die Kaufbedingungen nichts anderes bestimmten, mit der Servitut auf den Ersteher über. Eine Verpflichtung, solche Servitutleistungen gegen die Kaufgelder zu liquidieren, ordne das Zwangsversteigerungsgesetz vom 13. Juli 1883 nicht an. Daher sei, da das Zuschlagsurteil hieran nichts geändert habe, anzunehmen, daß die Servitut ungeteilt, mit der Wiederherstellungspflicht, auf den Ersteher, den Beklagten, übergegangen sei.

Gegen die hierin aufgestellten Rechtssätze lassen sich keine Bedenken erheben. Insbesondere kann der Revision nicht zugegeben werden, daß auch ohne eine Abänderung der gesetzlichen Kaufbedingungen etwaige Nebenansprüche aus einer Servitut, wie hier die Unterhaltungs- und Wiederherstellungsverpflichtung, sofern sie schon zur Zeit der Subhastation entstanden waren, nach Analogie des § 57 Abs. 1 des Gesetzes vom 13. Juli 1883 gegen die Kaufgelder liquidiert werden müßten. Dieses Gesetz erwähnt rückständige Leistungen aus einer Servitut überhaupt nicht; namentlich finden sich solche nicht aufgeführt unter den rückständigen Hebungen, die aus dem baren Kaufgelde zu befriedigen sind, und für eine analoge Anwendung der hierauf bezüglichen Vorschrift in § 57 Abs. 1 fehlt jeder Anhalt.

Indes darin gehen jene Gründe fehl, daß sie ohne weiteres annehmen, die mangels einer abweichenden Festsetzung der Subhastationsinteressenten maßgebenden gesetzlichen Kaufbedingungen seien auch im vorliegenden Falle maßgebend geblieben. Wenn dabei, wie es scheint, die Annahme leitend gewesen sein sollte, daß die Aufnahme eines Anspruchs in das geringste Gebot ohne jeden Einfluß auf die Frage zu bleiben habe, was als Gegenstand der Versteigerung und des Zuschlags anzusehen sei, so läge ein Rechtsirrtum vor.

Die Aufnahme ins geringste Gebot entscheidet allerdings nicht darüber, ob der aufgenommene Anspruch überhaupt als begründet anzuerkennen und demgemäß vom Ersteher zu übernehmen oder aus den Kaufgeldern zu befriedigen ist; diese Entscheidung wird erst bei der Kaufgelderbelegung getroffen. Erfolgt die Feststellung des geringsten Gebotes nach den, mangels einer anderweitigen Festsetzung der Beteiligten maßgebenden, Vorschriften der §§ 54—56, so kann für die Bieter durch die Aufnahme einer demnächst nicht anerkannten und ausfallenden Forderung ins geringste Gebot freilich insoweit, aber doch auch nur insoweit ein Nachteil entstehen, als dadurch das geringste Gebot überflüssigerweise erhöht worden ist. Diese Gefahr müssen sie nach dem Gesetz tragen, und dieselbe ist in den Fällen überhaupt ohne praktische Bedeutung, wo der Zuschlag für eine Summe erfolgt, die das geringste Gebot um mehr als den Betrag der ausgefallenen Forderung übersteigt — wie hier, wo das geringste Gebot 59044,47 M. betragen haben, und der Zuschlag für 621500 M. erfolgt sein soll.

Um eine solche Sachlage handelt es sich aber im vorliegenden Falle nicht, wo in Abweichung von den Vorschriften der §§ 54—56, also in offenbarer Abänderung der gesetzlichen Kaufbedingungen, für einen Naturalanspruch, der ohne eine Abänderung der gesetzlichen Kaufbedingungen mit der Servitut ohne Anrechnung auf den Kaufpreis von dem Ersteher übernommen werden müßte, ein Geldbetrag zur baren Befriedigung aus den Kaufgeldern ins geringste Gebot aufgenommen worden ist. Wenn hier der Ausfall des Geldbetrages bei den Kaufgeldern die Folge hätte, daß der Ersteher dann die Naturalverpflichtung übernehmen müßte, so würden die Bieter die doppelte Gefahr laufen, daß das geringste Gebot überflüssig erhöht sein könnte, und daß obendrein die Naturalverpflichtung auf den Ersteher überginge. Daß dies die notwendige Folge einer derartigen Abänderung der gesetzlichen Kaufbedingungen sei, läßt sich aus dem Gesetze nicht ableiten und folgt insbesondere nicht aus dem Grundsatz, daß das geringste Gebot noch nicht die Feststellung des aufgenommenen Anspruches enthält. Neben diesem Grundsatz besteht der andere, daß das geringste Gebot eine Kaufbedingung ist (§ 53), nämlich eine Versteigerungsbedingung, auf Grund deren die Bieter zur Abgabe ihrer Gebote aufgefordert werden und diese abgeben, die darum für den Inhalt der sich diesem Grunde entwickelnden Rechtsvorgänge, die mit dem Zuschlagsurteil abschließen, von Bedeutung ist. Die Frage nach den rechtlichen Folgen einer, wie hier, gestellten Bedingung, daß die Servitut ohne Anrechnung auf den Kaufpreis zu übernehmen sei, ins geringste Gebot jedoch als Kosten der Wiederherstellung der Servitutanlagen ein bestimmter Geldbetrag aufgenommen werde, kann nur nach der Absicht, in welcher diese Bedingung gestellt ist, beantwortet werden. Die Absicht kann dahin gegangen sein und wird in der Regel dahin gehen, daß die in Geld umgesetzte Wiederherstellungspflicht lediglich gegen die baren Kaufgelder liquidiert werden solle, und daß damit der Gläubiger die tatsächliche Wiederherstellung für diesmal selbst übernehme. Es kommt aber dabei auf die Verhandlungen bei Feststellung des geringsten Gebotes an, und diese mögen unter Umständen zu einer anderen Auffassung führen können. Je nachdem wird dann auch das Zuschlagsurteil, wenn es, wie hier, nicht eine ausdrückliche Bestimmung über die Wiederherstellungspflicht enthält, der einen oder der anderen Auslegung unterliegen.

Das Berufungsurteil, das diese Gesichtspunkte nicht beachtet hat, wird deshalb auch aus diesem Grunde mit Recht von der Revision angegriffen." . . .

RGZ. 70, 399

1. Wirkung eines Zuschlags „unter den gesetzlichen Versteigerungsbedingungen" gegenüber einer vorausgegangenen abweichenden Vereinbarung oder gegenüber einem bezüglich einzelner Zubehörstücke vorher erlassenen Einstellungsbeschlusse.

2. Inwiefern muß zu einer gemäß § 769 ZPO. erlassenen Anordnung des Prozeßgerichtes, damit dadurch die Einstellung des Verfahrens im Sinne der §§ 37 Nr. 5, 55 Abs. 2 ZwVG. herbeigeführt werde, noch ein Einstellungsbeschluß des Vollstreckungsgerichts hinzukommen?

3. Ist ein solcher Einstellungsbeschluß an eine besondere Form gebunden, und hängt seine Wirksamkeit davon ab, daß er zugestellt wird?

V. Zivilsenat. Urt. v. 13. März 1909.

I. Landgericht Chemnitz. II. Oberlandesgericht Dresden.

Die Klägerin behauptete, Eigentümerin einer großen Anzahl von Maschinen, die zum Fabrikgrundstück Bl. 130 des Grundbuches von

B. gehörten, zu sein, und erwirkte, als im Jahre 1906 auf Antrag der Beklagten als Hypothekengläubigerin die Zwangsversteigerung des bezeichneten Grundstückes eingeleitet wurde, einen Beschluß des zuständigen Prozeßgerichtes, durch den die einstweilige Einstellung des Zwangsvollstreckungsverfahrens, soweit es jene Maschinen betraf, angeordnet wurde. Den Beschluß machte der Vollstreckungsrichter im Versteigerungstermine mit dem Eröffnen bekannt, daß die in dem Beschluß aufgeführten Gegenstände von der Mitversteigerung ausgeschlossen blieben. Auch wurde zu Protokoll eine Vereinbarung der Beteiligten festgestellt, daß, falls die Klägerin mit ihren Eigentumsansprüchen nicht durchdringen sollte, die dadurch freiwerdenden Gegenstände nachträglich zu versteigern seien. Die Beklagte erhielt demnächst den Zuschlag „unter den gesetzlichen Bedingungen". Gegenüber der von der Klägerin auf Freigabe der Maschinen erhobenen Klage wandte sie ein, ein etwa vorhanden gewesenes Eigentum der Klägerin sei jedenfalls dadurch erloschen, daß die Maschinen infolge Einbringens Bestandteile des Fabrikgrundstücks geworden seien. Der 1. Richter wies aus diesem Grunde die Klage ab. Die Berufung der Klägerin wurde zurückgewiesen. Auf die von ihr eingelegte Revision ist das Berufungsurteil aufgehoben worden aus folgenden

Gründen:

„Der Berufungsrichter hat die Richtigkeit des erstinstanzlichen Abweisungsgrundes dahingestellt gelassen. Er geht davon aus, daß, selbst wenn die Bestandteilseigenschaft verneint werde, die streitigen Maschinen doch jedenfalls Zubehörstücke des versteigerten Fabrikgrundstückes gewesen seien, und daher ihre Mitversteigerung und ihr Übergang in das Eigentum der Beklagten, als der Ersteherin des Grundstückes, nur durch eine der Vorschrift des § 55 Abs. 2 ZwVG. entsprechende Geltendmachung der klägerischen Rechte wirksam habe ausgeschlossen werden können. Das sei nicht geschehen. Zunächst fehle es an einem Einstellungsbeschlusse des Vollstreckungsgerichtes, wie ihn § 37 Nr. 5 ZwVG. vorsehe; dieser könne durch einen gleichen Beschluß des Prozeßgerichtes nicht ersetzt werden, sei vielmehr neben letzterem noch erforderlich. Wollte man aber selbst in der bloßen Mitteilung des prozeßgerichtlichen Einstellungsbeschlusses durch das Vollstreckungsgericht den Willen des letzteren, seinerseits ebenfalls das Verfahren einzustellen, finden, so würde ein solcher Beschluß doch jedenfalls deshalb der Wirksamkeit entbehren, weil er nicht gemäß § 32 ZwVG. zugestellt sei; bloße Bekanntmachung durch Verkündigung genüge nicht. Endlich sei auch die protokollierte Vereinbarung in betreff der eventuellen Nachversteigerung der Maschinen bedeutungslos. Als abweichende Versteigerungsbedingung könne sie nicht in Frage kommen, da der Zuschlag unter den gesetzlichen Versteigerungsbedingungen erteilt sei. Außerdem würde es sich um eine Abweichung in bezug auf den Gegenstand der Versteigerung handeln; Abweichungen dieser Art aber könnten wirksam nur in der Form des § 65 ZwVG. (Anordnung des Vollstreckungsgerichtes) getroffen werden; den Vorschriften des § 59 desselben Gesetzes unterlägen sie nicht. Danach sei die fragliche Vereinbarung nur dahin aufzufassen, daß durch sie die Beklagte als betreibende Gläubigerin mit Zustimmung der übrigen Bieter im voraus für den Fall der Wiederaufhebung der prozeßgerichtlichen Einstellungsanordnung den in § 31 ZwVG. vorgesehenen Antrag auf Fortsetzung des Verfahrens habe stellen wollen.

Ob die Auffassung, die der Berufungsrichter hinsichtlich der Auslegung des § 59 ZwVG. und des Verhältnisses dieser Gesetzesvorschrift zu § 65 desselben Gesetzes vertritt, zu billigen sei, kann dahingestellt bleiben, da die Entscheidung des Berufungsrichters, soweit es sich um die Wirksamkeit der protokollierten Vereinbarung handelt, jedenfalls im Ergebnis sich als richtig erweist. Das Vollstreckungsgericht hat ausweislich der Formel des Zuschlagsbeschlusses das versteigerte Grundstück dem Ersteher unter den gesetzlichen Versteigerungsbedingungen zugeschlagen. Ist dies, wie in erster Linie unterstellt werden muß, mit Vorbedacht geschehen, so hat das Gericht dadurch zum Ausdruck gebracht, daß es in der fraglichen Vereinbarung nicht eine Abänderung der gesetzlichen Versteigerungsbedingungen erblicke. Dieser Entscheidung konnte, wenn sie unrichtig war, ebenso wie einer etwaigen Entscheidung, bei der das Vollstreckungsgericht die Vereinbarung versehentlich unberücksichtigt gelassen hätte, nur in der Weise entgegengetreten werden, daß gegen den Zuschlagsbeschluß rechtzeitig Beschwerde (§§ 96 flg. ZwVG.) eingelegt wurde. Beim Unterlassen der Anfechtung ging die Entscheidung in Rechtskraft über, und war sie insbesondere in einem späteren Rechtssreit, in dem auf jene Vereinbarung ein Anspruch gestützt wurde, für die Parteien und für das Gericht bindend;

vgl. das Urteil des erkennenden Senats in Entsch. in Zivils. Bd. 67 S. 382.

Von den übrigen Revisionsangriffen konnte auch der, auf den der Vertreter der Revisionsklägerin nach den mündlichen Ausführungen im Verhandlungstermin das Hauptgewicht legte, als begründet nicht anerkannt werden. Nach der Meinung der Revision ist die Annahme des Berufungsrichters, es habe zu einer im Sinne der §§ 37 Nr. 5, 55 Abs. 2 ZwVG. wirksamen Verfahrenseinstellung eines besonderen Einstellungsbeschlusses des Vollstreckungsgerichts bedurft, deshalb rechtsirrig, weil, wie sich namentlich aus § 31 Abs. 2 ZwVG. ergebe, das Gesetz die prozeßgerichtliche Anordnung der Einstellung und die Einstellung durch das Vollstreckungsgericht als zwei nebeneinander gleichberechtigte Einstellungsarten behandele und jeder von ihnen dieselbe Wirksamkeit für das Verfahren zuschreibe. Außerdem spreche gegen die Ansicht des Berufungsrichters § 775 ZPO., der gleichermaßen auf den Gerichtsvollzieher und auf den Versteigerungsrichter Anwendung finde. Wie danach der Gerichtsvollzieher, wenn das Prozeßgericht die Einstellung angeordnet habe, keine besondere Verfügung erlasse, sondern einfach sein Verhalten der Anordnung gemäß einrichte, so müsse dasselbe von dem Versteigerungsrichter gelten; das Verlangen, daß dieser noch einen mit der prozeßgerichtlichen Anordnung gleichlautenden selbständigen Beschluß zu erlassen habe, würde auf eine *leere Formalität hinauslaufen*.

Von diesen Ausführungen ist soviel richtig, daß nach dem Verhältnis, in dem das Zwangsversteigerungsgesetz zur Zivilprozeßordnung steht, die allgemeinen Bestimmungen über die Zwangsvollstreckung (Buch 8 Abschn. 1 ZPO.) allerdings auch für die Zwangsvollstreckung in unbewegliche Sachen gelten, da das Zwangsversteigerungsgesetz so gelesen werden muß, als wenn es in der Zivilprozeßordnung stände;

vgl. Mot. zum Entw. d. ZwVG. 1. Lesung S. 72; Denkschr. zum Bundesratsentw. S. 34.

Auch können, wie der Revision zuzugeben ist, die Umstände des Falles so liegen, daß sowohl Gerichtsvollzieher wie Vollstreckungsrichter, wenn ihnen die Anordnung des Prozeßgerichtes zu Gesicht kommt, zum Zwecke ihrer Befolgung nicht positiv zu handeln brauchen, sondern die Anordnung schon durch einfaches Liegenlassen der Sache auszuführen vermögen; so z. B. in den Fällen, in denen das Zwangsvollstreckungsverfahren beim Gerichtsvollzieher durch Vornahme von Pfändungen, beim Vollstreckungsrichter durch Erlassung des die Zwangsversteigerung anordnenden Beschlusses und durch Ersuchen des Grundbuchamts um Eintragung des Versteigerungsvermerks begonnen hat, der Versteigerungstermin jedoch noch nicht anberaumt ist. Anders aber, wenn der Termin bereits ansteht, oder gar seine Abhaltung bereits begonnen hat. Alsdann kann keine Rede davon sein, daß die prozeßgerichtliche Anordnung etwa über den Kopf des Gerichtsvollziehers oder Vollstreckungsrichters hinweg das Zwangsvollstreckungsverfahren unmittelbar zum Stillstand bringe. Vielmehr muß in einem solchen Falle das amtliche Vollstreckungsorgan eine auf die Ausführung der Anordnung gerichtete besondere Willenstätigkeit entfalten. Das geschieht beim Gerichtsvollzieher formlos; eine technische Bezeichnung für seine bezügliche Willensäußerung kennt die Gesetzessprache nicht. Hinsichtlich des Vollstreckungsrichters kommen die allgemeinen Grundsätze über die Form richterlicher Willenstätigkeit zur Anwendung, und danach ist es die B e s c h l u ß form, in der er seinen Willen, die Anordnung des Prozeßgerichtes zu befolgen, erklärt. Mit Recht ist daher der Berufungsrichter für den vorliegenden Fall davon ausgegangen, daß die vom Prozeßgericht gemäß § 769 getroffene Maßregel die Erlassung eines Einstellungsbeschlusses durch den Vollstreckungsrichter nicht entbehrlich machte.

Dagegen ist es, wie die Revision zutreffend geltend macht, rechtsirrig, wenn der Berufungsrichter weiterhin in Abrede stellt, daß der Vollstreckungsrichter in bezug auf die von der Klägerin mit ihrer Widerspruchsklage in Anspruch genommenen Maschinen einen den Voraussetzungen der §§ 37 Nr. 5, 55 Abs. 2 ZwVG. entsprechenden Einstellungsbeschluß erlassen habe. Besondere Vorschriften darüber, in welcher Form die gerichtlichen Beschlüsse zu ergehen haben, enthält weder die Zivilprozeßordnung, noch, soweit die vollstreckungsrichterliche Tätigkeit bei der Zwangsvollstreckung in unbewegliche Sachen in Frage kommt, das Zwangsversteigerungsgesetz. Es genügt daher jede Erklärung, die den Willen, eine bestimmte Entscheidung zu treffen, unzweideutig ergibt. Erforderlich ist nur, daß überhaupt eine Erklärung abgegeben wird; bloße konkludente Handlungen des Richters, die vielleicht den Schluß rechtfertigen, daß die Absicht, eine bestimmte Entscheidung zu treffen, bestanden hat, können den fehlenden Gerichtsbeschluß nicht ersetzen;

vgl. das Urteil des erkennenden Senats in Entsch. in Zivils. Bd. 64 S. 44.

Dieser Fall liegt indes gegenwärtig unzweifelhaft nicht vor. Denn das Versteigerungsprotokoll ergibt die ausdrückliche Willensäußerung des Vollstreckungsrichters, daß die streitigen Maschinen nicht mitversteigert werden sollten. Unrichtig ist auch die fernere Annahme des Berufungsrichters, daß der Einstellungsbeschluß nur durch Zustellung, nicht schon durch Verkündung wirksam werden konnte. Nach dem bereits erwähnten Verhältnis zwischen Zwangsversteigerungsgesetz und Zivilprozeßordnung gilt § 329 Abs. 2 ZPO. auch für das Zwangsversteigerungsverfahren. Danach, in Verbindung mit dem dort angezogenen § 312 Abs. 2 ZPO., würde die Befugnis eines Beteiligten, von einem verkündeten Einstellungsbeschlusse des Vollstreckungsgerichtes Gebrauch zu machen, nur dann von der vorgängigen Zustellung des Beschlusses abhangen, wenn das Gesetz ausdrücklich ein anderes bestimmte. Eine solche abweichende Bestimmung enthält aber § 32 ZwVG. nicht. Er schreibt vielmehr, ähnlich wie § 88 ebenda, nur vor, daß der Beschluß in jedem Falle, also auch dann, wenn die Notwendigkeit seiner Zustellung sich nicht schon aus § 329 Abs. 3 ZPO. ergibt, zuzustellen ist, und diese besondere Vorschrift ist insofern von Bedeutung, als der Lauf der Beschwerdefrist erst mit der Zustellung beginnt (§ 577 Abs. 2 ZPO.);

vgl. Jaeckel, Kommentar Bem. zu § 32 ZwVG.

Dagegen findet sich ein Satz des Inhaltes, daß die Bekanntmachung eines Einstellungsbeschlusses des Vollstreckungsgerichtes nur durch

Zustellung, nicht auch durch Verkündung erfolgen dürfe, nirgends im Gesetze ausgesprochen, und die Motive zum 1. Entwurf, der insoweit in den späteren Gesetzgebungsstadien keine Abänderung erfahren hat, nehmen ausdrücklich das Gegenteil an (S. 224).

In Frage könnte schließlich noch kommen, ob nicht der Umstand der Annahme einer im Sinne der §§ 37 Nr. 5, 55 Abs. 2 ZwVG. rechtsgültigen Verfahrenseinstellung entgegenstehe, daß der Zuschlagsbeschluß den Zuschlag schlechthin unter den gesetzlichen Versteigerungsbedingungen erteilt hat, also keinen Ausspruch darüber enthält, daß die streitigen Maschinen nicht mit zugeschlagen sein sollen. Auch hieraus läßt sich indessen ein Bedenken nicht entnehmen. Nach § 30 Abs. 2 ZwVG. erwirbt der Ersteher mit dem Grundstück zugleich die Gegenstände, auf die sich die Versteigerung erstreckt hat, und § 55 Abs. 2 hinwiederum nimmt von der Versteigerung die einem Dritten gehörenden Zubehörstücke aus, hinsichtlich deren der Dritte sein Recht nach Maßgabe des § 37 Nr. 5 geltend gemacht hat. Ist also die in der letzteren Gesetzesvorschrift erwähnte Einstellung des Verfahrens rechtsgültig erfolgt, so hat dies kraft Gesetzes zur Folge, daß die von der Einstellung betroffenen Gegenstände auf den Ersteher nicht mitübergehen." ...

RGZ. 80, 350

Haftet der Ersteher persönlich für eine in der Zwangsversteigerung bestehen gebliebene Grundschuld des Zwangsversteigerungsschuldners?

ZwVG. § 53.

V. Zivilsenat. Urt. v. 6. November 1912.

I. Landgericht Posen. II. Oberlandesgericht daselbst.

Das zur Konkursmasse der Eheleute G. gehörige Grundstück wurde am 22. Oktober 1910 zwangsweise versteigert und vom Beklagten erstanden. Nach den Versteigerungsbedingungen blieb eine eingetragene Sicherungshypothek von 9000 M. bestehen. Nachdem im Teilungsverfahren die Gläubigerin die Erklärung abgegeben hatte, daß ihr Ansprüche nicht zuständen, wurde die Hypothek als Grundschuld auf den Namen der Gemeinschuldner umschrieben. Dann kam das Grundstück erneut zur Zwangsversteigerung, und hierbei fiel die Grundschuld bis auf einen Betrag von 193,93 M. aus. Der Konkursverwalter war der Ansicht, daß der Beklagte in Höhe des Ausfalls persönlich hafte und beanspruchte mit der Klage Zahlung eines Teilbetrags von 4600 M. nebst Prozeßzinsen.

Klage und Berufung blieben erfolglos. Auch die Revision wurde zurückgewiesen.

Gründe:

„Die Revision macht geltend, der Beklagte habe die Sicherungshypothek auf den Kaufpreis übernommen, und er schulde den Betrag seines Gebots in der ersten Zwangsversteigerung noch jetzt, da die Sicherungshypothek in Wirklichkeit eine Eigentümergrundschuld der Versteigerungsschuldner gewesen sei. Unter Hinweis auf eine Entscheidung des Reichsgerichts (Jur. Wochenschr. 1896 S. 61 Nr. 25) glaubt die Revision, daß der Fall nicht anders beurteilt werden könne, als beim gewöhnlichen Grundstückskaufe. Werde hier vom Käufer eine Hypothek in Anrechnung auf den Kaufpreis übernommen und stelle sich dann heraus, daß die Hypothek dem Verkäufer selbst als Eigentümergrundschuld zustehe, so bleibe die Kaufpreisforderung bestehen. Allein sieht man auch davon ab, daß der Eigentumsübergang, der in der Zwangsversteigerung sich durch den Zuschlagsbeschluß vollzieht, nach dem Zwangsversteigerungsgesetze nicht unter den für den Kauf geltenden Vorschriften steht (Entsch. des RG.s in Zivils. Bd. 60 S. 54, Bd. 67 S. 382), so ist vor allem unzutreffend, daß der Beklagte die Hypothek auf den Kaufpreis übernommen habe. Die Sicherungshypothek war, wie der unstreitige Tatbestand ergibt, „nach den Versteigerungsbedingungen bestehen geblieben", und für einen solchen Fall bestimmt § 53 Satz 1 ZwVG., daß der Ersteher bei einer Hypothek die Schuld nur dann übernimmt, falls für sie der Schuldner zugleich persönlich haftet. Im vorliegenden Falle waren Ansprüche, für welche die Sicherungshypothek bestellt war, überhaupt nicht erwachsen, die Hypothek stand daher als Eigentümergrundschuld den Gemeinschuldnern selbst zu, so daß eine Übernahme der „Schuld" durch den Beklagten als Ersteher nicht in Frage kommen kann. Der mit der Klage geltend gemachte persönliche Anspruch besteht nicht."

RGZ. 84, 378

Wie gestaltet sich die Wirkung des § 53 ZwVG., wenn der Ersteher, der eine nach § 52 des Gesetzes stehen bleibende Hypothek übernimmt, zugleich der Gläubiger der durch die Hypothek gesicherten persönlichen Forderung ist?

VI. Zivilsenat. Urt. v. 6. April 1914.

I. Landgericht Stade. II. Oberlandesgericht Celle.

Für die Klägerin war auf dem Grundstücke des Schlachtermeisters Fu. in O., Grundbuch von C. Bd. 1 Bl. 2 unter Nr. 3 eine Hypothek von 10000 M. eingetragen, deren Grundlage eine Darlehnsschuld des Fu. an die Klägerin bildete. Für diese Dahrlehnsschuld hatten die Beklagten durch schriftliche Bürgschaftserklärung vom 24. Februar 1910 die selbstschuldnerische Bürgschaft übernommen.

Auf Antrag des Gläubigers der unter Nr. 4 auf demselben Grundstücke haftenden Hypothek kam das Grundstück im Jahre 1912 zur Zwangsversteigerung. Im Versteigerungstermine bot die Klägerin das ihre eigene Hypothek einschließende Mindestgebot, erhielt darauf den Zuschlag und wurde als Eigentümerin eingetragen. Die Beklagten haben der Klägerin erklärt, daß ihre Bürgschaft für die persönliche Schuld des Fu. erloschen sei. Die Klägerin erachtet dies nicht für zutreffend und behauptet überdies, daß die Beklagten oder der Beklagte H. Fe. zugleich in Vollmacht des Beklagten R. Fe. vor dem Versteigerungstermine mit den Vertretern der Klägerin vereinbart haben, diese sollte das Grundstück erstehen; die Beklagten übernähmen die Haftung für den Ausfall, den die Klägerin bei einer Weiterveräußerung des Grundstücks an ihrer Hypothek erleiden würde. Die Beklagten leugneten auch diese Verpflichtung. Die Klägerin hat deshalb gegen die Beklagten in erster Linie auf Feststellung des Fortbestehens ihrer Bürgschaftsverpflichtung, in zweiter Linie auf Feststellung der behaupteten Ausfallshaftung Klage erhoben.

Das Landgericht wies den Hauptantrag der Klägerin ab und machte auf den Hilfsantrag die Entscheidung von der Leistung der den Beklagten zugeschobenen Eide über die behauptete Vereinbarung abhängig; das Oberlandesgericht dagegen erkannte auf die Berufung der Klägerin abändernd dem Hauptantrage gemäß auf Feststellung des Fortbestehens der Bürgschaftsverpflichtung der Beklagten. Das Reichsgericht hat auf die Revision der Beklagten das Urteil des Berufungsgerichts aufgehoben und das erste Urteil wieder hergestellt aus folgenden

Gründen:

„Beide Vorentscheidungen stimmen darin überein, daß die prozeßrechtlichen Voraussetzungen der Feststellungsklage durch die ungewisse Rechtslage, in der sich die Klägerin befindet, gegeben sind. In der Sache selbst vertritt das Landgericht die Auffassung, daß die Anwendung der Bestimmung des § 53 ZwVG. auf den vorliegenden Fall die Übernahme der persönlichen Schuld des Fu. auf die Klägerin und damit das Erlöschen der Bürgschaftsverpflichtung der Beklagten ergebe, ohne daß es auf die in § 416 BGB. vorgesehene Mitteilung vom Schuldner an den Gläubiger ankomme, die überflüssig erscheine, wenn der Ersteher selbst der Gläubiger sei; der Hilfsantrag der Klage sei dagegen berechtigt, wenn die behauptete Vereinbarung erwiesen werde.

Das Berufungsgericht erachtet auch das Hauptbegehren der Klage bereits für begründet. Nach § 53 ZwVG., erwägt es, habe die Klägerin die persönliche Schuld nur unter der Voraussetzung übernommen, daß den Erfordernissen des § 416 BGB. genügt werde. Erst ihre Genehmigung der Übernahme auf Mitteilung des Schuldners Fu. habe die Aufhebung der Hauptschuld durch Vereinigung und damit auch die Bürgschaftsschuld der Beklagten zum Erlöschen bringen können. Die Erfüllung der Vorschrift des § 416 BGB. möge sich erübrigen, wenn der Ersteher, ohne die Mitteilung des Schuldners abzuwarten, den Willen der Übernahme der persönlichen Schuld deutlich zu erkennen gegeben habe. In dem Ausbieten ihrer Hypothek liege eine solche Erklärung aber noch nicht; dieses ergebe zunächst nur die Übernahme der dinglichen Schuld, die der persönlichen Schuld sei von einer weiteren Willensentschließung der Klägerin abhängig. Wenn *zweifellos feststände, daß das Grundstück der Klägerin wegen ihrer* Forderung vollständige Sicherheit gewähre, würde man vielleicht tatsächlich zu der Annahme gelangen können, daß die Klägerin durch Übernahme der persönlichen Schuld die Forderung zum Erlöschen habe bringen wollen. Daß das Grundstück aber einen solchen Wert habe, sei gar nicht behauptet. Das Gebot der Klägerin bei der Versteigerung erkläre sich aus dem Wunsche, sich die hypothekarische Sicherung zu erhalten. Die Verhältnisse lägen für die Klägerin jetzt genau so, wie zur Zeit der Darlehnsgewährung. Die hypothekarische Sicherung genügte ihr nicht, sie wollte daneben noch die Bürgschaft der Beklagten; es würde eine unvernünftige und unverantwortliche Handlungsweise der Vertreter der Klägerin gewesen sein, durch Übernahme der persönlichen Schuld die Bürgschaften preiszugeben. Das Verlangen der Beklagten, daß die Feststellung der Bürgschaftsschuld wenigstens dahin eingeschränkt werde, daß die Bürgen die Zahlung weigern könnten, solange die Klägerin den Hauptschuldner nicht von seiner Verbindlichkeit befreit hätte, habe keine gesetzliche Stütze.

Die Revision rügt die Verletzung des § 53 ZwVG. in Verbindung mit den §§ 415, 768 BGB. Die Übernahme der persönlichen Schuld durch den Ersteher erfolge nach § 53 ZwVG. ohne weiteres durch den Zuschlag, allerdings nur dem Schuldner gegenüber, dem er zur Befriedigung des Gläubigers verpflichtet werde. Sei der Ersteher selbst der Gläubiger, so würde seine Forderung auf Zahlung an den Schuldner durch diese gegen ihn als Ersteher begründete Einrede zurückgeschlagen werden. Diese Einrede stehe auch dem Bürgen zu. Der Heranziehung des § 416 BGB. bedürfe es nicht.

Der Revision war stattzugeben. Das Berufungsgericht geht von der Auffassung aus, daß das Bestehenbleiben einer Hypothek, die durch das geringste Gebot gedeckt ist (§ 52 ZwVG.), gemäß § 53 des Gesetzes nur von dinglichen Wirkungen begleitet sei und persönliche Rechtsbeziehungen zwischen den Beteiligten — Schuldner, Gläubiger und Ersteher — überhaupt nur unter der Voraussetzung auslöse, daß die in § 53 vorgesehene Mitteilung an den Gläubiger durch den Schuldner gemäß der Vorschrift des § 416 BGB. erfolge. Diese Auffassung ist rechtsirrig. Die Anwendung des § 416 BGB. in dem Falle des § 53 ZwVG. hat nur die Bedeutung, daß der regelmäßig mit dem Ersteher nicht gleichpersönliche (identische) Gläubiger, dessen Person deshalb im Gesetze als verschieden von derjenigen des Erstehers gedacht ist und gedacht werden muß, in die Übernahme der Schuld noch nicht hereingezogen wird, ehe die Voraussetzungen des § 416 BGB. erfüllt sind: vorher verliert er weder seinen persönlichen Anspruch gegen den ursprünglichen Schuldner noch gewinnt er ein persönliches Recht gegen den Ersteher. Dagegen tritt zwischen dem Ersteher und dem bisherigen Grundstückseigentümer, der zugleich persönlicher Schuldner der Hypothek war, wie aus dem Gesetze klar hervorgeht, die Wirkung der Übernahme der persönlichen Schuld sofort mit der Verkündung des Zuschlags (§§ 89flg. ZwVG., Entsch. des RG.s in Zivils. Bd. 75 S. 313) ein genau so, wie wenn bei freiwilliger Veräußerung der Erwerber eine auf dem Kaufgrundstück haftende Hypothek mit der persönlichen Schuld des Veräußerers in Anrechnung auf das Kaufgeld übernommen hätte (Entsch. des RG.s in Zivils. Bd. 43 S. 340, Warneyer Rechtspr. 1909 Nr. 56, 1911 Nr. 145, 1912 Nr. 203). Der Ersteher ist demnach dem ursprünglichen Schuldner gegenüber infolge der nach dem Gesetz in § 53 ZwVG. von selbst eintretenden Übernahme persönlich verpflichtet, ihn von der Schuld zu befreien, also den Gläubiger zu befriedigen. Ist nun der Ersteher selbst der Gläubiger, so ergibt sich, daß er, nachdem die Übernahme des § 53 ZwVG. durch den Zuschlag wirksam geworden ist, keinen persönlichen Anspruch mehr gegen den früheren Schuldner haben kann; seinem Zahlungsverlangen würde seine Verpflichtung, diesen von der Schuld zu befreien und sich wegen seiner Forderung selbst zu befriedigen, die er dem Schuldner gegenüber übernommen oder überkommen hat, vernichtend entgegenstehen. Es bedarf mithin in der Tat für die Wirkung der Übernahme gegenüber der Klägerin der in § 416 BGB. vorgesehenen Mitteilung nicht, die auch ohnedies, wenn der Ersteher und der Gläubiger eine und dieselbe Person ist, eine zweck- und sinnlose Förmlichkeit wäre. Mit der persönlichen Forderung gegen den Schuldner erlöschen aber auch die dafür eingegangenen Bürgschaften, und der auf Zahlung in Anspruch genommene Bürge kann sich nach § 768 BGB. auf die Wirkungen der Schuldübernahme berufen, welche zwischen dem Hauptschuldner und dem Gläubiger, der zugleich Ersteher des mit der stehengebliebenen Hypothek behafteten Grundstücks ist, eintrat.

Will der Ersteher, der zugleich Gläubiger einer nach § 53 ZwVG. von ihm übernommenen Hypothekenforderung ist, sich dem Erfolge nach die persönlichen Forderungen gegen Schuldner und Bürgen erhalten, so muß er mit diesen neue Verträge schließen. Er kann mit dem Bürgen, ehe die gesetzliche Wirkung eingetreten und die Schuld erloschen ist, eine Schuldübernahme durch diesen vereinbaren, und er kann, was im gegebenen Falle behauptet ist, mit dem Bürgen einen Sicherungsvertrag schließen, wonach dieser ihm für einen

Ausfall an der Hypothek bei der Wiederveräußerung des Grundstücks aufzukommen hat. Die Beweislast für eine solche Abmachung trifft selbstverständlich die Klägerin, die sich darauf beruft. Auf Feststellung der Verpflichtung der Beklagten aus dieser Abmachung ist der Hilfsantrag der Klage gerichtet; die in dem landgerichtlichen Urteile den Beklagten auferlegten zugeschobenen Eide haben sie zum Gegenstande." . . .

RGZ. 86, 357

Bleibt in Preußen ein von der Gemeinde zum Zwangsversteigerungsverfahren angemeldeter Straßenanliegerbeitrag, der in das geringste Gebot nicht aufgenommen worden ist, gegenüber dem Ersteher des Grundstücks als Grundstücksbelastung bestehen?

ZwVG. §§ 10, 52, 56. Preuß. AG. z. ZwVG. Art. 1, 2, 6. Preuß. AG. z. GBO. Art. 11.

V. Zivilsenat. Urt. v. 31. März 1915.

I. Landgericht II Berlin. II. Kammergericht daselbst.

Das in Neukölln Weserstraße 78 belegene Grundstück wurde im Jahre 1910 auf Grund des Zuschlags in der Zwangsversteigerung von der Grundstücksgesellschaft R. erworben. Am 11. Mai 1912 wurde von der beklagten Stadtgemeinde gegen diese Eigentümerin für das genannte Grundstück auf Grund des Ortsstatuts vom 30. Mai 1877 ein Anliegerbeitrag zur Regulierung der Weserstraße in Höhe von 4256 M. im Veranlagungsverfahren endgültig festgestellt. Inzwischen war das Grundstück wiederum zur Zwangsversteigerung gestellt worden. Der Versteigerungstermin stand am 30. Mai 1912 an. Vorher, am 25. Mai 1912, wurde von der Beklagten zu den Zwangsversteigerungsakten ihre Forderung auf Zahlung des Anliegerbeitrags mit dem Antrag auf vorzugsweise Befriedigung angemeldet. Im Versteigerungstermine nahm der Vollstreckungsrichter den Anliegerbeitrag in das geringste Gebot nicht auf. Das Grundstück wurde dem K. zugeschlagen. Im Kaufgelderbelegungstermin am 6. August 1912 wurde der Anliegerbeitrag von dem Vollstreckungsrichter nicht in den Teilungsplan aufgenommen und bei der Verteilung des Versteigerungserlöses nicht berücksichtigt. Der vom Vollstreckungsrichter am 30. Oktober 1912 unternommene Versuch, durch Verhandlung zwischen der Klägerin, die mit einer für sie auf dem Grundstück eingetragenen Hypothek zur Hebung gekommen war, und der Beklagten dieser noch nachträglich Befriedigung aus dem Erlöse zu verschaffen, hatte keinen Erfolg. Auch eine von der Beklagten in einem Vorprozesse gegen die Klägerin erhobene Ersatzklage führte nicht zur Befriedigung der Beklagten. Der Ersteher K. hatte im Kaufgelderbelegungstermin erklärt, daß er seine Verpflichtung aus dem Meistgebote nicht erfüllen könne. Infolgedessen kam es zur Wiederversteigerung des Grundstücks gegen K. In diesem Verfahren stand Versteigerungstermin am 27. Mai 1913 an. Vorher, am 26. April 1913, meldete die Beklagte zu den Zwangsversteigerungsakten wiederum den Anliegerbeitrag von 4256 M. mit dem Antrag auf vorzugsweise Befriedigung an. Im Versteigerungstermine wurde dieser Betrag in den bar zu zahlenden Teil des geringsten Gebots aufgenommen. Das Grundstück wurde der M. Grundstücksgesellschaft zugeschlagen. Im Kaufgelderbelegungstermin am 8. Juli 1913 kam die Forderung der Beklagten voll zur Hebung. Dagegen fiel die Klägerin mit ihrer auf dem Grundstück eingetragenen Sicherungshypothek zum Teil aus. Sie erhob gegen die Zuteilung der 4256 M. an die Beklagte Widerspruch. Das Vollstreckungsgericht erließ den Beschluß, daß die im Teilungsplane für die Beklagte vorgesehene Summe von 4256 M., falls das Prozeßgericht den Widerspruch der Klägerin für gerechtfertigt erklären würde, der Klägerin zufallen solle. Da die Ersteherin das Bargebot nicht erlegte, wurden für die Forderungen der im Teilungsplane berücksichtigten Gläubiger gegen die Ersteherin Sicherungshypotheken eingetragen, darunter eine Sicherungshypothek von 4256 M. für die Beklagte.

Die Klägerin erhob Widerspruchsklage mit dem Antrage, die Beklagte zu verurteilen, an sie die Sicherungshypothek von 4256 M. nebst Zinsen abzutreten. Sie machte geltend, die Beklagte habe ihren früher berechtigt gewesenen Anspruch auf den Anliegerbeitrag, soweit er aus dem Grundstücke zu befriedigen gewesen sei, dadurch verloren, daß der Anspruch, wenn auch zu Unrecht, in dem Zwangsversteigerungsverfahren gegen die Grundstücksgesellschaft R. nicht im Teilungsplane berücksichtigt worden sei. Der erste Richter wies die Klage ab. Die Berufung der Klägerin wurde zurückgewiesen. In der Berufungsinstanz verkündete die Klägerin dem preußischen Justizfiskus den Streit mit der Erklärung, sie beabsichtige, im Falle des ihr ungünstigen Ausganges des Rechtsstreits gegen den Fiskus einen Anspruch auf Schadloshaltung zu erheben, weil die Beklagte wegen der Forderung, die sie jetzt in dem Zwangsversteigerungsverfahren gegen K. geltend mache, zufolge Versehens der Vollstreckungsrichter nicht schon in dem Zwangsversteigerungsverfahren gegen die Grundstücksgesellschaft R. befriedigt worden sei.

Der von dem Justizfiskus als Streitgehilfen der Klägerin eingelegten Revision ist stattgegeben worden aus folgenden

Gründen:

„Die Vorderrichter erachten die von der Klägerin gemäß § 115 ZwVG., § 878 ZPO. erhobene Widerspruchsklage auf Übertragung der in dem Zwangsversteigerungsverfahren gegen K. der beklagten

Stadtgemeinde zugewiesenen Sicherungshypothek von 4256 M. für unbegründet. Der von der Beklagten geforderte Anliegerbeitrag von 4256 M. sei als eine in diesem Betrage sich erschöpfende öffentlichrechtliche dingliche Straßenbaulast, wiewohl er in dem Zwangsverversteigerungsverfahren gegen die frühere Grundstückseigentümerin, die Grundstücksgesellschaft R., nicht in das geringste Gebot aufgenommen gewesen sei, als Belastung des dem K. zugeschlagenen Grundstücks bestehen geblieben. Dieser Rechtsauffassung ist nicht beizutreten.

Zutreffend ist es allerdings, daß die Straßenbaulast eine öffentliche Last ist. Nach Art. 1 Abs. 1 Nr. 2 preuß. AG. z. ZwVG. gehören zu den öffentlichen Lasten „die auf einem nicht privatrechtlichen Titel beruhenden Abgaben und Leistungen, welche auf einem Grundstücke nach Gesetz oder Verfassung haften (gemeine Lasten)". Eine solche auf Ortsverfassung beruhende gemeine Last ist gemäß Art. 2 Nr. 2 AG. die auf Grundstücken, welche an einer hergerichteten Ortsstraße liegen, ruhende Last zur Leistung von Beiträgen zu den Straßenbaukosten, die nach Maßgabe eines auf Grund des § 15 des Fluchtliniengesetzes vom 2. Juli 1875 erlassenen Ortsstatuts von der Gemeinde erhoben werden (RGZ. Bd. 42 S. 278, Bd. 56 S. 396; Gruchots Beitr. Bd. 36 S. 977, Bd. 41 S. 153; Entsch. des preuß. OVerwG. Bd. 33 S. 125, 129, Bd. 41 S. 132). Diese Straßenbaulast ist ferner mit dinglicher Wirkung verbunden und besteht als Grundstücksbelastung auch gegenüber späteren Erwerbern des belasteten Grundstücks (RGZ. a. a. O.; Gruchots Beitr. Bd. 26 S. 1103, Bd. 41 S. 155; Entsch. des preuß. OVerwG. Bd. 33 S. 125). In letzterer Hinsicht macht es keinen Unterschied, ob der Erwerb zufolge freiwilliger Veräußerung oder auf Grund des Zuschlags in der Zwangsversteigerung erfolgt. Auch das dem Ersteher zugeschlagene Grundstück bleibt, sofern nicht durch besondere Kaufbedingung etwas anderes festgesetzt ist, mit der Straßenbaulast belastet (RGZ. Bd. 42 S. 278; Gruchots Beitr. Bd. 26 S. 1103). Dieses gilt gleichviel, ob im Zwangsversteigerungsverfahren über das Grundstück die Straßenbaulast bei Feststellung des geringsten Gebots berücksichtigt worden ist oder nicht. Denn die Last geht als öffentliche Last des Grundstücks den Rechten an dem Grundstücke bei der Zwangsversteigerung und Zwangsverwaltung im Range vor; daher ist sie nach Art. 11 Abs. 1 preuß. AG. z. GBO. von der Eintragung in das Grundbuch ausgeschlossen und bleibt sie gemäß Art. 6 Abs. 1 AG. z. ZwVG. auch dann bestehen, wenn sie in das geringste Gebot nicht aufgenommen worden ist.

Hierbei ist jedoch zu unterscheiden zwischen der Straßenbaulast und der aus ihr entspringenden Verpflichtung zu einer einzelnen bestimmten Geldleistung. Die Straßenbaulast ist vom Standpunkte des Verpflichteten im Sinne von Beitragspflicht oder Lastenpflicht (vgl. Entsch. des RG.s in Gruchots Beitr. Bd. 26 S. 1103), vom Standpunkte des Berechtigten im Sinne von Hauptrecht, aus dem sich die Ansprüche auf die einzelnen Beitragsleistungen ergeben (vgl. RG. im Zentralbl. f. freiw. Gerichtsb. Bd. 3 S. 814), aufzufassen; sie entsteht, wenn die im § 15 des Gesetzes vom 2. Juli 1875 genannten beiden Voraussetzungen gegeben sind, nämlich wenn die Kosten, die erstattet werden sollen, zur Herstellung der Straße aufgewendet worden sind und festgestellt werden können und ein Gebäude auf dem betreffenden Grundstück an der Straße errichtet wird (RGZ. Bd. 56 S. 398; Entsch. des preuß. OVerwG. Bd. 33 S. 127, 130, Bd. 40 S. 100). Dagegen wird die aus einer *Straßenbaulast entspringende Verpflichtung* zu einer bestimmten Beitragsleistung erst fällig, wenn die Leistung durch besondere Veranlagung im Sinne der §§ 61 flg. des preuß. Kommunalabgabengesetzes vom 14. Juli 1893 dem Grundstückseigentümer gegenüber zur Hebung gestellt worden ist (RGZ. Bd. 56 S. 398; Entsch. des preuß. OVerwG. Bd. 33 S. 130). Dieser Unterschied ist von maßgebender Bedeutung für die Frage, ob und inwieweit dem Ersteher eines an einer hergestellten Ortsstraße anliegenden Grundstücks Anliegerbeiträge obliegen. Wenn ein solches Grundstück, nachdem die Verpflichtung zur Leistung eines Anliegerbeitrags gegenüber dem Eigentümer auf die vorbezeichnete Weise zur Fälligkeit gebracht worden ist, freiwillig an einen anderen veräußert wird, so mag, falls nicht ein anderes vereinbart worden ist, die Rechtsfolge eintreten, daß der Erwerber dinglich mit dem Grundstück und der frühere Eigentümer persönlich für den Beitrag haftet (vgl. Entsch. des preuß. OVerwG. Bd. 33 S. 128, Bd. 41 S. 137). Aber nach § 56 Satz 2 ZwVG. trägt der Ersteher die Lasten des ersteigerten Grundstücks erst von dem Zuschlag an. Daraus folgt, daß der Ersteher die aus der Straßenbaulast, welche als Grundstücksbelastung auf ihn übergeht, entspringende Geldleistung zwar dann zu tragen hat, wenn sie während seiner Eigentumszeit gegen ihn zur Hebung gestellt und somit fällig gemacht wird (vgl. Entsch. des preuß. OVerwG. Bd. 33 S. 129), daß er dagegen für die bereits gegenüber seinem Vorbesitzer fällig gewordenen Anliegerbeiträge, die bisher nicht auf die eine oder die andere Weise berichtigt worden sind, weder persönlich noch dinglich mit dem Grundstücke haftet, sofern nicht etwa durch besondere Kaufbedingung anders bestimmt worden ist (vgl. RGZ. Bd. 42 S. 276 flg.; Gruchots Beitr. Bd. 26 S. 1102 flg.).

Im gegebenen Falle ist der Anliegerbeitrag von 4256 M. zufolge der Veranlagung durch die beklagte Stadtgemeinde am 11. Mai 1912 gegenüber der Grundstücksgesellschaft R. als damaliger Eigentümerin fällig geworden. Da über das fragliche Grundstück der Gesellschaft das Zwangsversteigerungsverfahren eingeleitet worden war, hat die Beklagte demnächst am 25. Mai 1912 ihren Anspruch zum Zwangsversteigerungsverfahren mit dem Antrag auf vorzugsweise Befriedigung angemeldet. Der Beklagten stand auch ein Recht auf vorzugsweise Befriedigung aus dem Grundstück, und zwar in der dritten Klasse, gemäß § 10 Abs. 1 Nr. 3 ZwVG. zu, da ihr Anspruch aus einer öffentlichen Last des Grundstücks, nämlich aus der Straßenbaulast, der Beitragspflicht wegen der Herstellungskosten der Weserstraße, an die das Grundstück angrenzte, entsprang. Der Anwendung dieser Vorschrift würde es auch nicht entgegengestanden haben, wenn die Straßenbaulast, wie der Berufungsrichter meint, sich durch einmalige Leistung der 4256 M. erschöpft hätte. Der § 10 Nr. 3 ZwVG. hat den § 28 Abs. 1 preuß. ZwVG. vom 13. Juli 1883 zum *Vorbild, wonach ein Recht auf Befriedigung in der fünften Rang*klasse hatten „die laufenden, auf dem Grundstücke haftenden gemeinen Lasten und die Rückstände derselben aus den beiden letzten Jahren". Das Reichsgericht hat wiederholt sowohl für den § 28 Abs. 1 preuß. ZwVG. (RGZ. Bd. 42 S. 280; Gruchots Beitr. Bd. 41 S. 154) als auch für den § 10 Abs. 1 Nr. 3 RZwVG. (RGZ. Bd. 56 S. 398, Bd. 65 S. 4) ausgesprochen, daß diese Vorschriften Lasten mit wiederkehrenden Leistungen nicht zur notwendigen Voraussetzung hätten, daß vielmehr die Vorschriften auch auf solche Lasten anwendbar seien, die sich durch einmalige Leistung erschöpften. Hiervon abzugehen liegt um so weniger Veranlassung vor, als in den Motiven zu § 9 Nr. 2, § 10 Nr. 2 des I. Entwurfs, aus denen dann der § 10 Abs. 1 Nr. 3 des Reichsgesetzes entstanden ist, ausdrücklich bemerkt wird (S. 92flg.): „Es gehören hierher nicht bloß wiederkehrende Leistungen, sondern auch einmalige Leistungen, wenn nur die Leistung auf Grund einer öffentlichen Last, welche auf dem Grundstücke ruht, zu bewirken ist." Es können aber aus einer Straßenbaulast, wie der in Rede stehenden, sich auch Verpflichtungen zu mehrmaligen Leistungen ergeben, so beispielsweise, wenn später andere Gebäude auf dem betreffenden Grundstück errichtet werden (Entsch. des preuß. OVerwG. Bd. 40 S. 100).

Fiel sonach der Anliegerbeitrag von 4256 M. unter die Vorschrift des § 10 Abs. 1 Nr. 3 ZwVG., so hätte die Anmeldung des Anspruchs der Beklagten vor dem Versteigerungstermine vom 30. Mai 1912 zunächst zur Folge haben müssen, daß, wenn der Anspruch dem Anspruche des betreibenden Gläubigers vorging, er gemäß §§ 44, 45 ZwVG. in das geringste Gebot aufgenommen wurde, und zwar nach § 49 Abs. 1 ZwVG. als ein von dem Ersteher im Verteilungstermine bar zu berichtigender Betrag. Eine solche Aufnahme in das geringste Gebot ist unstreitig nicht erfolgt. Die Revision macht geltend, die Aufnahme habe auch nicht erfolgen dürfen, und dem Vollstreckungsrichter, der das geringste Gebot im Versteigerungstermine festgestellt habe, falle wegen der Nichtaufnahme kein Versehen zur Last, weil die Beklagte zugleich wegen eines Grundsteueranspruchs, der ebenfalls in die dritte Klasse des § 10 ZwVG. gehöre und also dem Anspruch auf den Anliegerbeitrag nicht nachstehe, die Zwangsversteigerung betrieben habe. Allein nach den Tatbeständen der beiden Vorderurteile ist unter den Parteien in den Vorinstanzen unstreitig gewesen, daß der Vollstreckungsrichter „versehentlich“ den Anliegerbeitrag in das geringste Gebot nicht aufgenommen habe. Nach dem Tatbestande des Berufungsurteils ist zwar der Inhalt der Zwangsversteigerungsakten zum Gegenstande der mündlichen Verhandlung gemacht worden, aber nur insoweit, als auf diese Akten in den Gründen Bezug genommen ist, und in den Entscheidungsgründen ist nichts davon enthalten, von welchem Gläubiger und wegen welchen Anspruchs die Zwangsversteigerung betrieben worden ist. Jedoch kommt es für die Entscheidung überhaupt nicht darauf an, ob mit Recht oder versehentlich zu Unrecht die Aufnahme des Anliegerbeitrags in das geringste Gebot unterblieben ist. Gegenüber dem Ersteher K. war nach der unstreitigen Sachlage weder das eine noch das andere von Bedeutung. Wäre die Aufnahme des Anliegerbeitrags zu Unrecht nicht erfolgt, so hätte dies für die Rechtslage des Erstehers allerdings dann von Bedeutung sein können, wenn ihm der Zuschlag für ein Gebot erteilt worden wäre, das außer dem geringsten Gebote nicht auch den Anliegerbeitrag deckte; es hätte die Beklagte dann gemäß § 83 Nr. 1, §§ 97 Abs. 1, 100 Abs. 1 ZwVG. den Zuschlagsbeschluß wegen unrichtiger Feststellung des geringsten Gebots, durch die sie in ihrem Rechte verletzt worden wäre, mit der sofortigen Beschwerde anfechten können (RGZ. Bd. 59 S. 274). Aber unstreitig ist dem Ersteher K. das Grundstück für ein das geringste Gebot unter Hinzurechnung der 4256 M. weit übersteigendes Gebot zugeschlagen worden. Die Beklagte mußte sich wegen Befriedigung ihres Anspruchs an den Versteigerungserlös halten. Ihres Rechtes auf vorzugsweise Befriedigung aus dem Erlöse nach § 10 Abs. 1 Nr. 3 ZwVG. ging sie, auch wenn ihr Anspruch bei der Feststellung des geringsten Gebots zu Unrecht unberücksichtigt geblieben wäre, nicht etwa nach § 37 Nr. 4, § 110 ZwVG. verlustig; denn sie hatte ihren Anspruch rechtzeitig angemeldet (RGZ. Bd. 59 S. 269). Wenn ihr vom Vollstreckungsrichter versehentlich aus dem Versteigerungserlöse nichts zugeteilt wurde, so galt nach § 115 Abs. 2 ZwVG. zufolge der Anmeldung der Teilungsplan als von ihr durch Widerspruch angefochten und mußte sie nötigenfalls, um aus dem Versteigerungserlöse Befriedigung zu erlangen, Widerspruchsklage gemäß § 115 Abs. 1 ZwVG., §§ 876flg. ZPO. gegen den beteiligten Gläubiger erheben. Der Ersteher K. hatte nur den Versteigerungserlös zu entrichten. Nicht etwa lag ihm noch außerdem ob, die Beklagte wegen ihres Anspruchs auf Zahlung von 4256 M. zu befriedigen. Da der Anspruch nicht zu den Rechten gehörte, die bei der Feststellung des geringsten Gebots berücksichtigt und nicht durch Zahlung zu decken waren, blieb er nicht an dem Grundstücke bestehen, vielmehr erlosch er nach § 52 Abs. 1 ZwVG., soweit er das Grundstück belastet hatte, und es trat an die Stelle des Grundstücks der Versteigerungserlös als Befriedigungsobjekt (RGZ. Bd. 42 S. 279; Gruchots Beitr. Bd. 26 S. 1104).

Rechtsirrtümlich ist die Annahme des Berufungsrichters, daß § 52 Abs. 1 ZwVG. hier keine Anwendung finde und der Anspruch der Beklagten als das von K. erworbene Grundstück weiter belastend bestehen geblieben sei, weil nach Art. 6 preuß. AG. z. ZwVG. die in der einmaligen Zahlung der streitigen Anliegerbeiträge sich erschöpfende öffentlichrechtliche dingliche Straßenbaulast trotz ihrer Nichtberücksichtigung bei der Feststellung des geringsten Gebots das Grundstück weiter belaste. Nach den obigen Ausführungen ist wohl die Straßenbaulast im Sinne von Beitragspflicht, Lastenpflicht, sofern sie nicht anderweit erloschen sein sollte, als Belastung des Grundstücks gegenüber dem Ersteher K. bestehen geblieben, nicht dagegen der aus dieser Grund- und Hauptlast entsprungene Anspruch auf Zahlung des einzelnen Anliegerbeitrags von 4256 M., der gegen die frühere Eigentümerin festgesetzt worden war.

Demnach hat die Beklagte diesen ihren Anspruch in dem Zwangsversteigerungsverfahren gegen K. zu Unrecht geltend gemacht. Ein Recht auf Befriedigung aus dem von der M. Grundstücksgesellschaft, der in diesem Verfahren das Grundstück zugeschlagen worden ist, zu entrichtenden Versteigerungserlöse stand ihr wegen des Anspruchs nicht zu. Daher . . . war auf die Revision des preußischen Fiskus als Streitgehilfen der Klägerin und auf die Berufung der Klägerin gegen das erstinstanzliche Urteil unter Abänderung dieses Urteils die Beklagte nach dem Klagantrage zur Abtretung der ihr zugewiesenen Sicherungshypothek von 4256 M. nebst Zinsen an die Klägerin zu verurteilen."

RGZ. 98, 273

Was ist im Sinne von § 57 Satz 3 ZVG. unter dem ersten Termine zu verstehen, für den die Kündigung zulässig ist?

III. Zivilsenat. Urt. v. 26. März 1920.

I. Landgericht III Berlin. II. Kammergericht daselbst.

Der Kläger hat im Jahre 1917 eine Wohnung in Berlin-Grunewald gemietet. Nach einem Nachtrage zum Mietvertrage läuft die Vertragszeit am 31. März 1921 ab. Der Beklagte, dem das Grundstück in dem am 3. April 1919 abgehaltenen Zwangsversteigerungstermine zugeschlagen wurde, hat dem Kläger das Mietverhältnis am 4. April 1919 für den 30. Juni desselben Jahres aufgekündigt. Nach dem Widerspruche des Mieters hat er am 11. April 1919 eine neue Kündigung und zwar diesmal für den 30. September des gleichen Jahres ausgebracht, die vom Kläger wiederum zurückgewiesen wurde. Im jetzigen Rechtsstreite begehrt dieser die Feststellung, daß die für den 30. September 1919 ausgesprochene Kündigung unzulässig ist.

Das Landgericht hat der Klage stattgegeben. Berufung und Revision des Beklagten blieben erfolglos.

Gründe:

„Nach § 57 ZVG. verb. mit § 571 Abs. 1 BGB. tritt der Ersteher, wenn das versteigerte Grundstück vermietet und dem Mieter zur Zeit des Zuschlags bereits überlassen ist, an Stelle des Vermieters in die sich während der Dauer seines Eigentums aus dem Mietverhältnis ergebenden Rechte und Verpflichtungen ein. Er ist jedoch befugt, den Mietvertrag unter Einhaltung der gesetzlichen Frist (§ 565 Abs. 4 BGB.) für den ersten Termin, für welchen es zulässig ist, zu kündigen. Das Berufungsgericht legt diese Vorschrift im Anschluß an das Urteil des Reichsgerichts RGZ. Bd. 74 S. 35 dahin aus, daß unter dem ersten Termine, für welchen die Kündigung zulässig ist, nur ein solcher zu verstehen sei, für den die Kündigung bei Beobachtung der im Verkehr erforderlichen Sorgfalt möglich sei. Eine Kündigungsmöglichkeit in diesem Sinne hat nach der Ansicht des Vorderrichters für den Beklagten am 3. April 1919 bestanden, so daß die Kündigungserklärungen vom 4. und 11. April 1919 verspätet und unwirksam seien. Die Revision bekämpft diese Auffassung und meint, wenn der Zuschlag, wie hier, erst am dritten Werktage des Kalendervierteljahrs erfolge, so müsse es innerhalb des Anwendungsgebiets des § 565 Abs. 1 Satz 1 BGB. in Übereinstimmung mit der zu unterstellenden Absicht des Gesetzgebers zur Vermeidung einer übereilten Entschließung des Erstehers unter allen Umständen zugelassen werden, daß dieser spätestens am dritten Werktage des nächstfolgenden Kalendervierteljahrs für den Schluß dieses Zeitraums kündige.

Der Angriff ist nicht begründet. Die Vorschrift in § 57 ZVG. will eine billige Ausgleichung der Interessen der am Zwangsversteigerungsverfahren beteiligten Gläubiger sowie des Erstehers einerseits und des Mieters anderseits herbeiführen. Der Gesetzgeber hat erwogen, daß die Erzielung eines angemessenen Versteigerungserlöses gefährdet sei, wenn der Ersteher damit rechnen müsse, das Grundstück im Besitz eines Mieters zu finden, dessen Recht vielleicht noch Jahre dauert und auch durch sonstige Beschränkungen dem Eigentümer hinderlich ist. Aus diesem Grunde ist dem Ersteher das Recht eingeräumt worden, das Mietverhältnis ohne Rücksicht auf seine vertragliche Dauer unter Wahrung der gesetzlichen Frist zu kündigen (Denkschrift S. 78 der Heymannschen Ausgabe). Um indessen einen für den Mieter unerträglichen Schwebezustand auszuschließen und eine möglichst baldige Entschließung des Erstehers darüber zu veranlassen, ob das Mietverhältnis fortbestehen solle, ist die Kündigungsbefugnis dahin eingeschränkt, daß sie nur für den ersten zulässigen Termin ausgeübt werden könne. Den beiden Zwecken, welche hiernach das Gesetz verfolgt, kann nur durch eine Auslegung Rechnung getragen werden, welche zwar neben der abstrakten Zulässigkeit noch die Möglichkeit der Kündigung zugunsten des Erstehers fordert, diese Möglichkeit aber so begrenzt, wie es der billigen Rücksichtnahme auf die Interessen sowohl des Erstehers wie des Mieters entspricht. Als der erste Termin, für welchen die Kündigung zulässig ist, kann sonach im Sinne von § 57 ZVG. nur derjenige erste zulässige Termin angesehen werden, für den die Kündigung vom Ersteher nicht ohne Verschulden unterlassen werden darf, und ob dies zutrifft, läßt sich nicht mit Hilfe eines so allgemeinen Grundsatzes, wie ihn die Revision aufstellt, sondern nur an der Hand der Umstände des Einzelfalls beurteilen.

Es kann sich daher nur noch fragen, ob der Berufungsrichter bei der Lage des gegenwärtigen Falles an die Sorgfalt des Beklagten in bezug auf die rechtzeitige Ausübung des Kündigungsrechts zu strenge Anforderungen gestellt hat. Auch das war zu verneinen. Der Zuschlag ist dem Beklagten am 3. April 1919 unstreitig spätestens um 12 Uhr mittags erteilt worden. Nach seinem eigenen Vorbringen ist er sich in gemeinsamer Beratung mit seinem Vertrauensmann noch vor 6 Uhr über die Kündigung schlüssig geworden. Er hatte, wie ebenfalls außer Streit ist, im versteigerten Grundstücke seine Wohnung. Nach den Feststellungen des Berufungsgerichts waren ihm die Verhältnisse des Grundstücks genau bekannt; es wohnten dort außer ihm nur wenige Mieter. Die Kündigungsschreiben vom 4. und 11. April 1919 hat er dem Kläger, wie er zugestanden hat, durch die Portierfrau zustellen lassen, woraus erhellt, daß er eine Zustellung mittels eingeschriebenen Briefes oder durch Vermittelung des Gerichtsvollziehers (§ 132 BGB.) nicht für erforderlich hielt. Der Kläger war bei der Verkündung des Zuschlagsbeschlusses unbestrittenermaßen zugegen. Er konnte deshalb — dahingestellt, ob er unter anderen Umständen hierzu befugt gewesen wäre — ohne Schikane (§ 226 BGB.) nicht verlangen, daß sich der Beklagte bei der Kündigung als Ersteher ausweise. Eine Ausfertigung des Zuschlagsbeschlusses, deren Beschaffung Zeit erfordert hätte, brauchte daher der Beklagte bei der Kündigung nicht vorzulegen. Bei dieser Sachgestaltung hat das Berufungsgericht ohne Rechtsverstoß angenommen, daß die Kündigung am 3. April 1919 erfolgen konnte und mußte. Die spätere Kündigung zum 30. September 1919 erweist sich demnach als unwirksam."

RGZ. 124, 195

Wird durch die Erwerbung eines realen Teils von einem einheitlich verpachteten Grundstück, die sich durch Zuschlag in der Zwangsversteigerung vollzieht, das Pachtverhältnis über das ganze Grundstück beeinflußt?

BGB. § 571. ZVG. §§ 57, 57a.

VIII. Zivilsenat. Urt. v. 29. April 1929.

I. Landgericht I Berlin. II. Kammergericht daselbst.

Durch Vertrag vom 23. April 1917 hat der Vater des Beklagten von dem Rittergutsbesitzer B. den Gutsteil „der Zootzen", den er und seine Rechtsvorgänger schon lange Jahre in Pachtbesitz hatten, für die Zeit bis zum 30. Juni 1937 weiter gepachtet. Der Beklagte ist Rechtsnachfolger seines Vaters in der Pacht geworden; das Rittergut, zu dem „der Zootzen" gehörte, haben die Eheleute St. erworben. In dem gegen diese Eigentümer eingeleiteten Zwangsversteigerungsverfahren erstand die Klägerin laut Zuschlagsbeschluß vom 1. April 1927 900 Morgen des „Zootzen". Mit Schreiben vom 23. April 1927 kündigte sie dem Beklagten den Pachtvertrag zum 30. Juni 1928. Der Beklagte widersprach der Kündigung und machte geltend, daß zu dem ihm verpachteten „Zootzen" außer den der Klägerin zugeschlagenen 900 Morgen noch weitere etwa 250 Morgen gehörten. Die Klägerin verlangte mit der Klage Verurteilung des Beklagten zur Räumung des von ihm gepachteten Grundstücks „der Zootzen", soweit es der Klägerin zugeschlagen ist. Das Landgericht gab der Klage statt. Die Berufung des Beklagten blieb ohne Erfolg, ebenso seine Revision.

Gründe:

Der Berufungsrichter unterstellt, daß außer dem der Klägerin zugeschlagenen, 900 Morgen großen Stück weitere 250 Morgen zu dem an den Beklagten verpachteten Besitz gehörten, und folgert daraus, daß die Klägerin nach §§ 581, 571 BGB. nur für einen Teil der Pachtung in die Rechte des Verpächters eingetreten sei. Er läßt unentschieden, ob aus einer realen Teilung des Pachtguts im Fall der freiwilligen Veräußerung von Teilen eine Zerreißung des bisher einheitlichen Pachtvertrags in zwei (oder mehr) Pachtverträge folge. Für den Fall der Zwangsversteigerung, also eines zwangsweisen obrigkeitlichen Eingriffs, biete eine solche Einwirkung auf Rechte Dritter nichts besonderes. Das Kündigungsrecht nach § 57a ZVG. sei dem Ersteher mit im Interesse der dinglich Berechtigten zur Erzielung eines besseren Steigpreises gewährt. Diese Zweckbestimmung lasse es nicht zu, den Pachtvertrag auch nach der Abtrennung des versteigerten Teils durch den Zuschlag als einheitlichen Vertrag anzusehen und etwa die Zustimmung des oder der Resteigentümer zur Kündigung zu verlangen.

Die Revision meint, die Teilkündigung eines Miet- oder Pachtverhältnisses sei dem deutschen Recht fremd; zu einer Kündigung des Pachtverhältnisses im ganzen sei die Klägerin nicht befugt und sie habe eine solche auch nicht erklärt.

Diese Angriffe treffen nicht die entscheidende Erwägung des Berufungsrichters, der davon ausgeht, daß die Kündigung des Erstehers für ein Pachtverhältnis erfolgte, das schon durch den Eigentumsübergang *mittels Zuschlags vom ursprünglichen Gesamtpachtverhältnis* abgespalten und auf das ersteigerte Grundstück gegenständlich beschränkt ist. Diese beiden Vorgänge, Eigentumserwerb in der Versteigerung mit der Folge des § 571 BGB. und Kündigung des Erstehers, sind in ihrer Einwirkung auf das Mietverhältnis klar voneinander zu scheiden. In der bis zum Reichsgesetz vom 8. Juni 1915 (RGBl. S. 327) geltenden Fassung wurden beide Begleiterscheinungen des Übergangs in § 57 ZVG. durch die Verbindung „jedoch" gegenübergestellt. Das Änderungsgesetz hat ohne den Willen, sachlich zu ändern, die Abscheidung beider Gedanken durch die Stellung in die besonderen §§ 57 und 57a betont. Soweit es sich um den Eintritt in die Vermieterstellung durch Zuschlag handelt, kann seine Einwirkung auf das Mietverhältnis nicht anders beurteilt werden als im Falle freiwilliger Veräußerung. Der Wortlaut des § 57 ZVG., der die entsprechende Anwendung des § 571 BGB. anordnet mag für eine abweichende Auslegung in dem und jenem Falle Raum lassen. Die Betrachtung der Sachlage gibt dazu keinen Anlaß. Wenn der Ersteher die Kündigungsbefugnis des § 57a nicht oder nicht rechtzeitig ausübt, so bleibt das Mietverhältnis in einem Ruhezustand, der die Annahme fernlegt, daß sich der Erwerb durch Versteigerung in ihm ausprägen müßte. Nach der Gesetzesgeschichte ist eine besondere Gestaltung des Satzes „Heuer geht vor Kauf" für das Zwangsversteigerungsrecht ausschließlich durch Zulassung der gesetzlichen Kündigung zur Geltung erlangt. Nach den Protokollen S. 163flg. ist bei Beratung der bürgerlichrechtlichen Gestaltung dieser Rechtsregel auch der kommenden Ordnung des Zwangsversteigerungsrechts vorgearbeitet worden. In diesen Beratungen war nach der Feststellung auf S. 168 zu 3 der Antrag gestellt worden, den Ersteher in die Verpflichtungen des Vermieters nur insoweit eintreten zu lassen, als sich diese Verpflichtungen auf die Überlassung des Gebrauchs beziehen. Dieser Antrag wurde damit begründet, daß zwar zu § 509 (der dem § 571 BGB. entsprechenden Vorschrift) ein ähnlicher Antrag verworfen worden sei, daß sich aber der Vorschlag für das Verhältnis des Erstehers zum Mieter doch durch die Rücksicht auf die bei der Zwangsversteigerung beteiligten Gläubiger rechtfertige. Der Antrag wurde abgelehnt, weil durch die vorgeschlagene

Beschränkung der Pflichten des Erstehers eine Zerreißung des Mietverhältnisses eintrete, wie die Kommission sie bei ihren zu § 509 gefaßten Beschlüssen hauptsächlich habe vermeiden wollen. Der vollständige Eintritt des Erstehers in die Pflichten des Vermieters entspreche sowohl der Konkursordnung als auch der Auffassung des preußischen Rechts (§§ 350flg. ALR. I, 21) in der reichsgerichtlichen Rechtsprechung (RGZ. Bd. 17 S. 284).

Das Reichsgericht (RGZ. Bd. 71 S. 404, Bd. 103 S. 168) hat denn auch *zwischen dem Eintritt des Erwerbers auf Grund freihändiger* Veräußerung und dem durch Zuschlag in bezug auf den Inhalt der Rechte und Pflichten, in die er eintritt, keinen Unterschied gemacht. Es kann deshalb für die Gestalt, die das Miet- oder Pachtverhältnis im Fall der Versteigerung eines realen Teils des Pachtlandes durch den Zuschlag annimmt, nur auf die Gesichtspunkte ankommen, welche § 571 BGB. allgemein und die Eigenart des Pacht- und Mietverhältnisses im besonderen an die Hand geben.

Hierzu wird von Zimmermann, Die Rechtswirkungen der Veräußerung und der Belastung des vermieteten Grundstücks auf das Mietsverhältnis nach deutschem Recht, von Staudinger § 571 B I 4b, von Mittelstein, Die Miete S. 620 und von Hoeniger im Archiv für bürg. Recht Bd. 35 S. 284 die Auffassung vertreten, daß bei realer Abveräußerung nach der Natur der Sache eine Spaltung des Miet-(Pacht-) Verhältnisses eintreten müsse. Wie Mittelstein nicht verkennt, kann die von ihm unterstellte Spaltung des Mietverhältnisses zur Folge haben, daß dem Mieter nicht mehr der volle vertragsmäßige Gebrauch gewährt wird. Es ist aber gerade der Gedanke des im bürgerlichen Recht angenommenen Satzes „Kauf bricht nicht Miete", daß der Mieter (Pächter) durch den Übergang des Eigentums im Wege der Einzelfolge (oder des originären Erwerbs) in seiner Rechtsstellung nicht beeinträchtigt werden soll (RGZ. Bd. 102 S. 180, Bd. 103 S. 167). Es ist nicht zu erkennen, weshalb diese Wahrung der Mieterrechte da Halt machen sollte, wo die Beeinträchtigung durch Zerreißung des einheitlich begründeten Rechtsverhältnisses droht. Hand in Hand mit dieser Erwägung geht die andere, daß aus der Teilung des Eigentums noch nicht die Zerteilung des Miet- (Pacht-) Vertrags folgt, dessen Ziel von der Mieterseite aus die Erlangung eines einheitlichen und unteilbaren wirtschaftlichen Wertes ist (JW. 1916 S. 849 Nr. 4; Gruch. Bd. 59 S. 469) und der die dem Vermieter gebührenden Mietzinsansprüche mit der Gebrauchsüberlassung als ganzem verknüpft. Es ist offenbar, daß ein Pächter, der ein Landgut auf Grund eines Pachtvertrags bewirtschaftet, in der Abhängigkeit von der Person des Verpächters (§ 21 KO.), in der Geltendmachung der Mängelrechte nach §§ 537, 538, 542 BGB. und noch in vielen anderen rechtlichen und tatsächlichen Beziehungen ganz anders gestellt ist, als wenn er dieselbe Gesamtfläche gestückelt auf Grund mehrerer Pachtverträge besäße.

Die Wirkung, welche die nachträgliche reale Teilung des Eigentums am Pachtgegenstand durch einen unter § 571 BGB. fallenden Vorgang auf das Vertragsverhältnis ausübt, kann deshalb keine andere sein, als daß ohne Beeinträchtigung und Änderung des Vertragsinhalts nunmehr auf der Vermieterseite eine Personengesamtheit steht (Komm. v. RGR. § 571 Anm. 3 S. 205). Soweit es sich um den Bestand des Schuldverhältnisses im ganzen handelt, sind diese mehreren Vermieter in der Aktivstellung Gläubiger einer unteilbaren Leistung im Sinne von § 432 BGB.

Ob daraus für den Regelfall folgt, daß zur Ausübung des Kündigungsrechts aus dieser Gemeinschaftsstellung heraus alle Teilnehmer zusammenwirken müssen, bedarf für den vorliegenden Fall nicht der Entscheidung. Denn die Sonderregelung des § 57a ZVG. hat das dort gewährte außerordentliche Kündigungsrecht auf andere Grundlagen als die der Vertragskündigung gestellt, so daß es sich auch in der erörterten bürgerlichrechtlichen Gestaltung durchsetzt. Die Besonderheit dieses Kündigungsrechts erschöpft sich nicht darin, daß es sich um ein außerordentliches Kündigungsrecht des Vermieters handelt, wie es etwa das bürgerliche Recht in § 569 BGB. den beiden Mietparteien zugesteht. Seine Bedeutung beruht auf der Stellung im prozessualen Zwangsversteigrungsrecht. Die Bewilligung des Kündigungsrechts nach § 57a ist eine gesetzliche Versteigerungsbedingung. Soweit die Beteiligten, zu denen nach § 9 Nr. 2 ZVG. der sein Recht anmeldende Mieter (Pächter) gehört, sie nicht im Wege des § 59 das. abändern, liegt sie der Erteilung des Zuschlags zugrunde und umgrenzt seine Wirkung. Der Zuschlag enthält aber nach der Rechtsprechung des Reichsgerichts (Seuff. Arch. Bd. 63 Nr. 192) „die staatliche Verleihung des Eigentums, die für sich allein maßgebend ist für den Umfang und für sämtliche Beziehungen dieser Verleihung". Eine der durch die Verleihung erfaßten Beziehungen ist das Verhältnis zum Mieter (Pächter). Insoweit gibt der Zuschlag zu den gesetzlichen Bedingungen dem Ersteher die öffentliche Gewähr, daß er das Recht aus § 57a in bezug auf das versteigerte Grundstück ausüben darf, und zwar mit der im Gesetz geregelten Wirkung, daß das Grundstück von der Miets- (Pacht-) Last frei wird. Die im Verfahren nicht einmal anmeldungsfähige Verbindung des Pachtrechts mit dem Pachtrecht an anderen Grundstücken darf dem durch Zuschlag erworbenen dinglich gedachten Kündigungsrecht nicht entgegengehalten werden. Kann danach der Ersteher kraft der dinglichen und öffentlichrechtlichen Eigenart des Rechts aus § 57a ohne Rücksicht auf die besondere schuldrechtliche Gestaltung Freistellung seines Grundstücks aus der Pacht nach ordnungsmäßiger Kündigung beanspruchen, so mag für das einheitliche Pachtverhältnis eine Einwirkung dieses Umstands nach den Vorschriften über Unmöglichkeit der Leistung in Frage kommen. Einer Stellungnahme hierzu bedarf es indessen nicht, weil es für die zu treffende Entscheidung nur auf die Kraft der Kündigung in bezug auf das ersteigerte Grundstück ankommt.

RGZ. 125, 299

1. Unter welchen Voraussetzungen darf ein Zwangsversteigerungstermin vertagt werden? Enthält die sachlich ungerechtfertigte Vertagung eines solchen Termins stets ein Verschulden des Versteigerungsrichters?

2. An wen ist der Beschluß zuzustellen, durch den das höhere Gericht ein gemeinsames Vollstreckungsgericht bestellt? Welches Gericht hat für die Zustellung dieses Beschlusses zu sorgen?

ZVG. §§ 2, 16, 18, 43, 65. ZPO. § 37 Abs. 2, §§ 227, 329 Abs. 3.

III. Zivilsenat. Urt. v. 5. Juli 1929.

I. Landgericht Kassel. II. Oberlandesgericht daselbst.

Der Mühlenbesitzer A. in Sch.mühle bei R. (Oberschlesien) schuldete der Klägerin erhebliche Beträge; sie waren zum Teil durch Sicherungshypotheken gedeckt, die auf den teils in Preußen, teils in Hessen gelegenen Grundstücken des Schuldners eingetragen waren. Auf Antrag der Klägerin wurde die Zwangsversteigerung dieser Grundstücke, auf denen der Schuldner eine Mühle betrieb, angeordnet, und zwar, soweit sie in Preußen lagen, durch Beschluß des preußischen Amtsgerichts Bergen (Kreis Hanau) vom 17. Juni 1925, soweit sie in Hessen lagen, durch Beschluß des hessischen Amtsgerichts Vilbel vom 23. dess. Mts. Der erstgenannte Beschluß wurde am 20., der zweitgenannte am 24. Juni der Klägerin und dem Schuldner zugestellt. Die Zwangsversteigerungsvermerke wurden im Grundbuch an den gleichen Tagen eingetragen. Im Antrag auf Zwangsversteigerung hatte die Klägerin bemerkt, daß sie gleichzeitig beim Reichsgericht beantragt habe, für das weitere Verfahren auch wegen der hessischen Grundstücke das Amtsgericht Bergen als Vollstreckungsgericht zu bestellen. Dem Antrag der Klägerin entsprechend bestimmte das Reichsgericht durch Beschluß vom 17. Juni 1925 das Amtsgericht Bergen gemäß §§ 2, 18 ZVG. zum gemeinsamen Vollstreckungsgericht. Der Beschluß wurde vom Reichsgericht nur der Klägerin zugestellt, welche die Beschlußausfertigung dem Amtsgericht Bergen einreichte.

Das Amtsgericht Bergen setzte, nachdem es vom Amtsgericht Vilbel dessen Zwangsversteigerungsakten eingefordert hatte, Versteigerungstermin auf den 20. Oktober 1925 an. Der Termin mußte aufgehoben werden, da eine der Bekanntmachungen nicht rechtzeitig erfolgt war. Neuer Versteigerungstermin wurde auf den 19. Januar 1926 angesetzt. In der Zwischenzeit wurde der Beitritt der Klägerin wegen verschiedener anderer Forderungen sowie der Beitritt noch weiterer Gläubiger des A. zugelassen. Im Termin vom 19. Januar 1926 blieb die Klägerin mit einem Bargebot von 2823,32 RM. für die hessischen und von 3000 RM. für die preußischen Grundstücke Meistbietende und erhielt dafür durch Beschluß vom 9. Februar 1926 die Grundstücke zugeschlagen. In das geringste Gebot war eine Lohnforderung des Obermüllers R. in Sch.mühle im Betrag von 150 RM. aufgenommen. *In den Versteigerungsbedingungen hieß es, daß der* Ersteher als persönlicher und als dinglicher Schuldner die Verpflichtung übernehme, drei nach dem 15. Juni 1922 zur Löschung gelangte Hypotheken insoweit aufzuwerten, als sie der Aufwertung nach dem Aufwertungsgesetz unterlägen. Der Zuschlagsbeschluß wurde auf die sofortige Beschwerde des Schuldners durch Beschluß des Landgerichts Hanau vom 27. Februar 1926 aufgehoben, weil die bezeichnete Lohnforderung nicht hätte berücksichtigt und die Übernahme der Aufwertungshypotheken nicht hätte zur Versteigerungsbedingung gemacht werden dürfen.

Im neuen Versteigerungstermin vom 6. Juli 1926 beantragte der Schuldner noch vor Feststellung des geringsten Gebots gemäß § 65 ZVG., die von ihm näher bezeichneten Zubehörstücke seiner Mühle (Maschinen, maschinelle Betriebseinrichtungen und Fuhrpark) durch einen Gerichtsvollzieher besonders versteigern zu lassen, weil hierdurch ein höherer Erlös zu erzielen sei. Das Amtsgericht beschloß trotz Widerspruchs der Klägerin, die Verhandlung zu vertagen, um einen Sachverständigen darüber zu hören, ob bei einer getrennten Versteigerung ein wesentlich höherer Preis erzielt werden könne, als wenn die Gebäude mit den Maschinen versteigert würden. Im nächsten Versteigerungstermin, am 17. September 1926, lehnte das Amtsgericht, nachdem inzwischen das Gutachten erstattet worden war, den Antrag des Schuldners auf besondere Versteigerung der fraglichen Zubehörteile ab. In diesem Termin blieb die Klägerin mit einem Bargebot von 8000 RM. erneut Meistbietende und erhielt durch Beschluß vom gleichen Tage den Zuschlag. Die dagegen vom Schuldner und von einer anderen Gläubigerin eingelegten sofortigen Beschwerden wurden vom Landgericht zurückgewiesen. Auf weitere Beschwerde hin hob aber das Oberlandesgericht durch Beschluß vom 10. Dezember 1926 den Zuschlagsbeschluß vom 17. September nebst dem ihm vorausgegangenen Verfahren auf, da der Beschluß des Reichsgerichts vom 17. Juni 1925, durch den das Amtsgericht Bergen zum gemeinsamen Vollstreckungsgericht bestellt worden war, dem Schuldner hätte zugestellt werden müssen, was nicht geschehen sei.

Die Klägerin wandte sich nunmehr nochmals an das Reichsgericht mit dem Antrag, zur Behebung aller Zweifel das Amtsgericht Bergen erneut zum gemeinsamen Vollstreckungsgericht zu bestellen, und zwar wegen ihrer sämtlichen Forderungen, wegen der Forderungen der Beitrittsgläubiger und wegen der Forderungen anderer etwa beigetretener oder noch beitretender Gläubiger. Das Reichsgericht bestimmte daraufhin durch Beschluß vom 22. Dezember 1926 zum Zwecke der Zwangsvollstreckung wegen der von der Klägerin bezeichneten Forderungen in die Grundstücke des Schuldners, sowie zum Zwecke der Zwangsvollstreckung wegen der Forderungen der dem Zwangsversteigerungsverfahren beigetretenen Gläubiger in diese Grundstücke wiederum das Amtsgericht Bergen zum gemeinsamen Vollstreckungsgericht mit dem Bemerken, ein besonderer Ausspruch dahin, daß dieses Gericht auch für die Zwangsvollstreckung der Klägerin und der beigetretenen oder etwa noch beitretenden Gläubiger wegen etwaiger weiterer Forderungen als gemeinsames Vollstreckungsgericht bestimmt werde, erscheine überflüssig. Der Beschluß wurde vom Reichsgericht der Klägerin, dem Schuldner und sämtlichen beigetretenen Gläubigern zugestellt. Sodann erklärte das Landgericht Hanau durch Beschluß vom 31. Dezember 1926 den einzigen Richter des Amtsgerichts Bergen — nachdem er von einem Verhältnis Anzeige gemacht hatte, das seine Ablehnung rechtfertigen könnte — für befangen und bestimmte durch Beschluß vom 15. Januar 1927 das Amtsgericht Hanau als zuständiges Gericht. Dieses ließ sämtliche vom Amtsgericht Bergen erlassenen Beitrittsbeschlüsse den Beteiligten mit Ausnahme der betreibenden Gläubigerin (der Klägerin) und des Schuldners nochmals zustellen. Am 23. März 1927 fand vor ihm ein Zwangsversteigerungstermin statt, der mit dem Zuschlag der Grundstücke wiederum an die Klägerin zum Bargebot von 8000 RM. endete. Diesen Zuschlagsbeschluß hob das Landgericht Hanau durch Beschluß vom 20. April 1927 auf, weil die Beitrittsbeschlüsse des Amtsgerichts Bergen durch den Beschluß des Oberlandesgerichts Kassel vom 10. Dezember 1926 mitaufgehoben worden seien; das Amtsgericht Hanau habe sie also, statt sich mit der Wiederholung ihrer Zustellung zu begnügen, von neuem erlassen müssen. Das Oberlandesgericht Kassel wies durch Beschluß vom 23. Mai 1927 die weitere Beschwerde der Klägerin zurück, indem es sich den Gründen des Landgerichts anschloß und außerdem darauf hinwies, daß sich aus den Akten nicht habe feststellen lassen, ob der landgerichtliche Beschluß vom 31. Dezember 1926, durch den der Richter des Amtsgerichts Bergen für befangen erklärt worden war, zugestellt worden sei. Der letzte Versteigerungstermin fand am 24. August 1927 statt. Auch diesmal erhielt die Klägerin den Zuschlag, aber erst für ein Bargebot von 11000 RM. Dieser Zuschlagsbeschluß ist rechtskräftig geworden.

Die Klägerin ist der Auffassung, daß die lange Dauer des von ihr betriebenen Zwangsversteigerungsverfahrens auf schuldhafte Amtspflichtverletzungen der beteiligten Justizbeamten zurückzuführen sei.

Die Fehler, die mehrfach zur Aufhebung der Zuschlagsbeschlüsse geführt hätten, seien bei Anwendung der erforderlichen Sorgfalt sämtlich zu vermeiden gewesen. Ungesetzlich oder zum mindesten unangebracht sei auch die Vertagung des Versteigerungstermins vom 6. Juli 1926 gewesen. Sie behauptet, durch die Hinauszögerung des Termins erheblichen Schaden erlitten zu haben. Sie habe höhere Beträge an Gerichts- und Anwaltskosten sowie an Reisekosten und sonstigen Auslagen aufwenden müssen. Bei früherer Aufhebung der neben dem Zwangsversteigerungsverfahren einherlaufenden Zwangsverwaltung wären ihr erhebliche Zuschüsse erspart geblieben, da sie zu letzterer habe leisten müssen. Die ihr vom Schuldner gezahlten Beträge hätten lange Zeit zinslos brach gelegen, während sie dafür teuere Kredite habe aufnehmen müssen. Wäre es ihr gelungen, die Mühle früher zu ersteigern, so hätte sie nicht im letzten Versteigerungstermin einen höheren Betrag bieten müssen als in den ersten. Außerdem hätte sie dann die Mühle früher in Betrieb nehmen und gewinnbringend ausnutzen können. Unter Vorbehalt weiterer Ansprüche hat sie zunächst einen Teilbetrag von 10000 RM. nebst Zinsen eingeklagt.

Der Beklagte bestreitet, daß die im Zwangsversteigerungsverfahren tätig gewesenen Beamten schuldhaft gehandelt hätten.

Das Landgericht hat die Klage abgewiesen. Das Oberlandesgericht hat dagegen den Anspruch der Klägerin mit der Maßgabe dem Grunde nach für gerechtfertigt erklärt, daß der Beklagte der Klägerin den Schaden zu ersetzen habe, der ihr dadurch entstanden sei, daß im Zwangsversteigerungsverfahren der Versteigerungstermin am 6. Juli 1926 nicht durchgeführt und der Klägerin nicht auf Grund dieses Termins der Zuschlag endgültig erteilt worden sei. Die Revision des Beklagten führte zur Aufhebung und Zurückverweisung.

Gründe:

Das Berufungsgericht erblickt eine den Beklagten gegenüber der Klägerin zum Schadensersatz verpflichtende schuldhafte Amtspflichtverletzung des Versteigerungsrichters in der Vertagung des Versteigerungstermins vom 6. Juli 1926. Ihm ist darin beizustimmen, daß diese Vertagung nicht hätte erfolgen dürfen. Rechtlich gründet sich die an sich nicht zu leugnende Zulässigkeit einer solchen Vertagung auf den auch im Bereich des Zwangsversteigerungsgesetzes geltenden § 227 ZPO., der eine Vertagung beim Vorliegen erheblicher Gründe gestattet. Diese Gründe müssen aber im Zwangsversteigerungsverfahren besonders zwingender Natur sein. Der erkennende Senat hat das zunächst in seinem Urteil vom 25. April 1911 III 330/10 (abgedr. JW. 1911 S. 599 Nr. 54, Recht 1911 Nr. 2459, Bayr. Z. f. Rpfl. 1911 S. 280) für die Vertagung eines Termins zur Verkündung des Zuschlagsbeschlusses, dann in seinem Urteil vom 27. Februar 1914 III 522/13 (abgedr. WarnRspr. 1914 Nr. 188, Recht 1914 Nr. 1191) auch für die Vertagung eines Zwangsversteigerungstermins ausgesprochen. In der letztgenannten Entscheidung hat er hervorgehoben, daß solche Vertagung mit Rücksicht auf die Vorschrift in § 43 Abs. 1 ZVG. eine erhebliche Verzögerung des Verfahrens zur Folge habe, durch welche die laufenden Beträge der wiederkehrenden Leistungen anwüchsen und die Befriedigung der nachfolgenden Gläubiger gefährdet werde. Zudem könne durch sie der Kreis der Bietungslustigen verringert werden. Mit Rücksicht auf diese und etwaige sonstige Nachteile sei die Vertagung eines Versteigerungstermins, wenn auch nicht völlig unzulässig, so doch nur in ganz außergewöhnlichen Fällen gerechtfertigt. Ein solcher Fall lag, wie der Vorderrichter zutreffend dargelegt hat, hier nicht vor.

Im Termin vom 6. Juli 1926 stellte zunächst der Schuldner auf Grund von § 65 ZVG. den Antrag, die in einer von ihm überreichten „Taxation" aufgeführten Maschinen und maschinellen Betriebseinrichtungen sowie den Fuhrpark der Mühle durch einen Gerichtsvollzieher besonders versteigern zu lassen. Nunmehr beantragte der Vertreter der Deutschen Bank, einer beteiligten Gläubigerin, Vertagung und Anhörung eines Sachverständigen darüber, ob ein höherer Erlös erzielt werden könne, wenn Gebäude und Maschinen gesondert versteigert würden. Die Klägerin widersprach mit der Begründung, daß bei der Einzelversteigerung kein höherer Erlös zu erwarten sei. Gleichwohl beschloß das Amtsgericht die Vertagung zur Anhörung eines Sachverständigen. Für diese einschneidende Maßnahme bot der Antrag des Schuldners, mochte ihn auch eine Gläubigerin bis zu einem gewissen Grade unterstützen, keine hinreichende Grundlage. Der Schuldner berief sich lediglich auf die von ihm überreichte „Taxation", eine am 31. März 1925 von einem Zivilingenieur aufgestellte Schätzung der Sch.mühle. Dieses Privatgutachten deutete in keiner Weise an, daß die Gebäude und die Maschinen im Fall einer Trennung voneinander wertvoller würden, hob vielmehr im Eingang hervor, daß die Abschätzung erfolgt sei in Ansehung des Alters, des Zustands und des Verwendungszwecks der einzelnen Gebäude und Maschinen „unter Berücksichtigung des Umstands, daß sich die Mühle in Betrieb befinde." Nach allgemeiner Erfahrung ist ja überhaupt ein gewerblicher Betrieb regelmäßig besser zu verwerten, wenn er zu einer Einheit zusammengefaßt bleibt, als wenn er in seine Bestandteile zerlegt wird. Bei mangelnder Ertragsfähigkeit eines Unternehmens mag geboten sein, Gebäude und Maschinen auseinanderzureißen und je für sich zu verwerten. Für das Vorliegen eines solchen oder eines anderen Ausnahmefalls fehlte es hier aber dem Versteigerungsrichter an jedem Anhalt. War danach bei Anordnung der vom Schuldner beantragten Maßnahme kein höherer Erlös zu erwarten, so mußte sein nur für diesen Fall gerechtfertigter Antrag abgelehnt werden. Durch die Vertagung des Termins und die gleichzeitige Anordnung einer Begutachtung durch einen Sachverständigen eröffnete ihm zwar das Gericht die Möglichkeit, doch noch zum Ziel zu kommen und die getrennte Verwertung von Mühlengebäuden und Mühlenzubehör zu erreichen. Das geschah aber auf Gefahr der sonstigen Beteiligten, insbesondere der betreibenden Gläubigerin, der Klägerin, und war deshalb ein nicht zu rechtfertigendes Entgegenkommen gegenüber dem Schuldner, der rechtzeitig für eine hinreichende Begründung seines Antrags hätte sorgen sollen. Das Vollstreckungsgericht konnte seinen Beschluß, einen Sachverständigen zu hören, nur auf § 144 ZPO. stützen, da die Vernehmung eines solchen nicht vom Schuldner (dem Antragsteller für gesonderte Verwertung), sondern von einem Dritten, einer beteiligten Gläubigerin, beantragt, d. h. in Wirklichkeit nur angeregt worden war. Es mag dahingestellt bleiben, inwieweit im Zwangsversteigerungsverfahren für eine Beweisaufnahme von Amtswegen überhaupt Raum ist. Hier hätte sie jedenfalls deshalb unterbleiben müssen, weil sie keine oder doch nur äußerst geringe Aussicht auf ein Ergebnis bot, das zu der vom Schuldner gewünschten Anwendung des § 65 ZVG. hätte führen können, während sie anderseits mit der Möglichkeit erheblicher Schädigung der übrigen Beteiligten erkauft wurde. Ein zureichender Grund für die nur in seltenen Ausnahmefällen zulässige Vertagung eines Versteigerungstermins stand also dem Amtsgericht bei seiner Beschlußfassung nicht zur Seite.

Die danach sachlich zweifellos unrichtige Maßnahme hat das Berufungsgericht dem Versteigerungsrichter auch als Verschulden zugerechnet. Das ist indessen nicht zu billigen. Nicht schon jedes sachliche Fehlgreifen eines Beamten kann als fahrlässig angesehen werden. Vielmehr müssen die Umstände des Falles die weitere Feststellung rechtfertigen, daß der Beamte nicht die im Verkehr erforderliche Sorgfalt beobachtet hat. An solchen Umständen mangelt es hier.

Wie vorweg zu bemerken, kann dem Versteigerungsrichter nicht schon daraus ein Vorwurf gemacht werden, daß er die obengenannten beiden Urteile des Senats nicht beachtet hat. In der amtlichen Sammlung der reichsgerichtlichen Entscheidungen sind sie nicht abgedruckt worden. Das in Preußen gebräuchlichste Erläuterungsbuch von Jäckel-Güthe weist zwar an zwei Stellen (5. Aufl. 1915 § 43 Anm. 1 a. E. S. 200 oben und § 85 Anm. 1 S. 375) darauf hin, daß eine Vertagung des Versteigerungstermins nur in außergewöhnlichen Fällen gerechtfertigt sei, führt aber lediglich an der ersten Stelle das diese Frage behandelnde Urteil vom 27. Februar 1914 an. Außerdem sind beide Bemerkungen im Wortverzeichnis des Buches unter „Versteigerungstermin — Verlegung des VT. (Vertagung)“ nicht angeführt, können also nicht ohne weiteres gefunden werden. Wie wenig das genannte Urteil bekannt geworden ist, zeigt auch die vielbenutzte Textausgabe mit Anmerkungen von Krech-Fischer (Zwangsvollstrekkung in das unbewegliche Vermögen, Sammlung Guttentag), die in der damals neuesten 9. Auflage (1922) in Anmerkung 2 zu § 43 (S. 71) einfach sagt: „Vertagung aus sonstigen Gründen ist zulässig", bei diesem Satz auch allein die Entscheidung des Senats vom 25. April 1911 nennt. Der Vollstreckungsrichter konnte also nur vom Gesetz ausgehen, von dem schon erwähnten § 227 ZPO., der die Zulässigkeit einer Terminsvertagung vom Vorliegen erheblicher Gründe abhängig macht und damit dem richterlichen Ermessen weiten Spielraum läßt. In der Rechtsprechung des Senats steht fest, daß bei Ermessensentscheidungen ein Verschulden des Beamten nur in seltenen Fällen angenommen werden kann, etwa bei Willkür oder wenn die Handlung so fehlsam ist, daß sie sich schlechterdings nicht erklären oder rechtfertigen läßt (RGZ. Bd. 121 S. 232/233). Das ist allerdings bisher nur für Maßnahmen von Verwaltungsbeamten ausgesprochen worden, muß aber auch für prozeßleitende Verfügungen von Richtern gelten. Von Willkür kann hier keine Rede sein. Falsch war die Vertagung allerdings. Aber es bleibt doch zu erwägen, daß der Antrag aus § 65 ZVG. erst im Termin gestellt wurde und daß er sofort beschieden werden mußte. Hinzu kam die Anregung von dritter Seite, vom Vertreter einer Gläubigerin, durch Anhörung eines Sachverständigen zu klären, ob die Voraussetzungen für die beantragte Anordnung gegeben seien. Wenn der Richter dann diesen Ausweg trotz des Widerspruchs der interessierten und daher als einseitig eingestellt anzusehenden Klägerin wählte, so kann man nach der ganzen Sachlage doch noch nicht von einem schuldhaften Ermessungsmißbrauch sprechen.

Das Oberlandesgericht macht in diesem Zusammenhang dem Versteigerungsrichter freilich noch weiter zum Vorwurf, daß er den Versteigerungstermin vor Feststellung des geringsten Gebots abgebrochen hat. Es führt aus, § 65 Abs. 2 ZVG. lasse die besondere Versteigerung einzelner Gegenstände nur zu, wenn das geringste Gebot erreicht sei. Der Richter habe deshalb im Termin vom 6. Juli 1926 zunächst durch ein Ausgebot der Grundstücke ohne Zubehör feststellen müssen, ob denn das geringste Gebot erreicht werde. Es sei anzunehmen, daß es nicht erreicht worden wäre, da schon am 19. Januar 1926 wenig mehr als das geringste Gebot erzielt worden sei. Wenn es gleichwohl am 6. Juli 1926 auf diese Weise nur für die Grundstücke erzielt worden wäre, so hätte die Grundstücksversteigerung zu Ende geführt werden können. Andernfalls hätte sich sofort die Unzulässigkeit der gesonderten Versteigerung des Zubehörs herausgestellt. Äußerstenfalls hätte sich der Richter die Entscheidung über den Antrag aus § 65 ZVG. bis zur Erteilung des Zuschlags vorbehalten und dann bis zu dessen Verkündung die nötigen Ermittlungen anstellen sollen. Ob diesen Erwägungen in allen Punkten beigestimmt werden kann, bedarf keiner Erörterung. Denn jedenfalls kann es dem Vollstreckungsrichter nicht als Fahrlässigkeit angerechnet werden, daß er in der kurzen, ihm für seine Entschließung zur Verfügung stehenden Zeit nicht darauf verfallen ist, diese Wege zu beschreiten. Dabei ist gegenüber den Ausführungen der Revision zu betonen, daß nach § 65 Abs. 2 ZVG. die Anordnung der besonderen Versteigerung zulässig ist, ehe feststeht, ob das geringste Gebot erreicht wird. Nur ihre Ausführung hat bei dessen Nichterreichung zu unterbleiben. So durfte der Richter über den Antrag des Schuldners entscheiden, ohne schon die Vorschrift des Abs. 2 zu berücksichtigen. Daß damals bereits objektiv festgestanden hätte und auch für den Richter *zweifelfrei erkennbar gewesen wäre,* bei getrennter Verwertung der Maschinen usw. werde das geringste Gebot nicht erzielt werden, ist vom Berufungsgericht nicht festgestellt worden; es sagt nur, ein solches Ergebnis sei mit Sicherheit anzunehmen, konnte auch bei der ganzen Sachlage begreiflicherweise nicht mehr sagen. Bemerkt mag nur noch werden, daß der vom Berufungsgericht für zulässig erachtete Weg, die Grundstücke ohne das Zubehör auszubieten und dann, falls das geringste Gebot erreicht worden wäre, ihre Zwangsversteigerung zu Ende zu führen, sachlich darauf hinausgelaufen wäre, dem Antrag des Schuldners stattzugeben. Es wäre damit eine erhebliche Gefährdung der Belange der übrigen Beteiligten verbunden gewesen, da die einheitliche Verwertung nach der eigenen Annahme des Vorderrichters ein besseres Ergebnis erwarten ließ als die getrennte.

Der erste Vorwurf, den das Berufungsgericht gegen den Versteigerungsrichter erhebt, ist danach wenigstens für den inneren Tatbestand unbegründet. Damit entfällt die Annahme einer durch die Vertagung des Versteigerungstermins vom 6. Juli 1926 begangenen schuldhaften Amtspflichtverletzung. Ebenso ungerechtfertigt ist aber die Annahme, die beteiligten Versteigerungsrichter hätten weiter ein Amtsversehen dadurch begangen, daß sie nicht für die ordnungsmäßig Zustellung des Beschlusses des Reichsgerichts vom 17. Juni 1925 gesorgt und dadurch ebenfalls die verspätete Zuschlagerteilung an die Klägerin verschuldet hätten. Das Oberlandesgericht hat diesen Standpunkt in seinem Urteil unter gleichzeitiger Bezugnahme auf seinen im Zwangsversteigerungs-Beschwerdeverfahren ergangenen Beschluß vom 10. Dezember 1926 ausführlich begründet. Es kann ihm jedoch weder in sachlicher noch in persönlicher Richtung beigepflichtet werden.

Der Beschluß des Reichsgerichts vom 17. Juni 1925, durch den das Amtsgericht Bergen zum gemeinsamen Vollstreckungsgericht bestimmt worden ist, wurde vom Reichsgericht nur der Klägerin als Antragstellerin zugestellt. Dieses Verfahren wird anscheinend vom Berufungsgericht gebilligt; es sagt wenigstens, daß das der herrschenden Meinung entsprochen habe. Dann fährt es aber fort, eine ganz andere Frage sei es, ob das Amtsgericht Bergen den reichsgerichtlichen Beschluß, als dieser ihm von der Klägerin vorgelegt worden sei, im Rahmen des schwebenden Zwangsversteigerungsverfahrens habe zustellen müssen. Diese Frage sei zu bejahen. Denn der ein Gericht für zuständig erklärende Beschluß erlange nicht schon dadurch Wirksamkeit, daß er vom bestimmenden Gericht dem Gesuchsteller ausgehändigt werde, sondern erst dadurch, daß er dem bestimmten Gericht von jenem vorgelegt werde und daß seine Zustellung an den Gegner oder sonst Beteiligten erfolge. Diese Zustellung sei im Zwangsversteigerungsverfahren von Amts wegen, also vom Gericht, zu bewirken. Das gelte hier um so mehr, als durch den Beschluß des Reichsgerichts die bei den Amtsgerichten Bergen und Vilbel schwebenden Einzelverfahren in das neu eröffnete gemeinschaftliche Verfahren vor ersterem übergeleitet worden seien. Bei dieser Sachlage könne kein Zweifel bestehen, daß der Beschluß des Reichsgerichts vom Amtsgericht Bergen dem Grundstückseigentümer zuzustellen gewesen sei. Das Unterbleiben der Zustellung mache das vom Amtsgericht Bergen als gemeinsamen Vollstreckungsgericht betriebene Verfahren unzulässig. Der Mangel der Zustellung sei durch die Bekanntgabe des reichsgerichtlichen Beschlusses im Versteigerungstermin trotz Anwesenheit des Schuldners nicht geheilt worden. Der Versteigerungsrichter habe, als ihm der fragliche Beschluß von der Klägerin vorgelegt worden sei, mit besonderer Sorgfalt seine ordnungsmäßige Zustellung prüfen müssen, da sich auf ihm das ganze Verfahren aufgebaut habe. Dann hätte er die Notwendigkeit der Zustellung erkennen müssen. Zweifel in der Richtung, ob die Zustellung dem Reichsgericht oder dem Amtsgericht obliege, habe er klären müssen. Mit der Zustellung durch ersteres habe er beim Fehlen jedes Nachweises nicht rechnen können, zumal da derartige Beschlüsse nach herrschender Meinung nur dem Gesuchsteller mitgeteilt würden. Mindestens sei daher eine Anfrage beim Reichsgericht geboten gewesen.

An diesen Ausführungen ist zunächst unrichtig die Annahme, daß der Beschluß des Reichsgerichts durch das Amtsgericht hätte zugestellt werden müssen. Das Berufungsgericht bewegt sich in einem Widerspruch, wenn es einerseits das Verfahren des Reichsgerichts, Zustellung nur an die Antragstellerin, billigt, auf der anderen Seite aber für die Wirksamkeit des Beschlusses seine Zustellung an den Gegner, den Grundstückseigentümer und Schuldner, fordert. Wäre letzteres richtig, so würde diese Zustellung noch Aufgabe des Reichsgerichts gewesen sein. Denn ebensowenig, wie ein Gericht die Entscheidungen eines anderen Gerichts wirksam verkünden kann, kann es dessen nichtverkündeten Beschlüssen dadurch Wirksamkeit verleihen, daß es sie zustellt. Die Formen zu wahren, in denen nach dem Gesetz gerichtliche Entscheidungen kundzutun sind, ist ausschließlich Sache des entscheidenden Gerichts selbst. Eine vom Amtsgericht bewirkte Zustellung des reichsgerichtlichen Beschlusses würde diesem also nicht zu einer ihm etwa bis dahin fehlenden Rechtswirkung verholfen haben. Sie hätte nur seine weitere tatsächliche Bekanntgabe bedeutet, wäre rechtlich also auf dieselbe Stufe zu stellen mit der vom Berufungsgericht für bedeutungslos erklärten Verlesung des Beschlusses, die in jedem Versteigerungstermin geschehen ist.

Kann danach keine Amtspflichtverletzung der beteiligten Vollstreckungsrichter daraus hergeleitet werden, daß sie nicht ihrerseits die Zustellung des reichsgerichtlichen Beschlusses durch die Geschäftsstelle des Amtsgerichts veranlaßt haben, so könnte ihnen nur dann ein Vorwurf gemacht werden, wenn das Reichsgericht verpflichtet gewesen wäre, seinen Beschluß auch dem Antragsgegner zuzustellen, und wenn ferner die Versteigerungsrichter hätten prüfen müssen, ob das geschehen sei. Schon das erstere ist zu verneinen. Das Verfahren zur Bestimmung eines gemeinsamen Vollstreckungsgerichts nach § 2 ZVG. gehört zwar nicht der Justizverwaltung an, sondern fällt in das Gebiet der Rechtspflege. Indessen ist es kein Teil des eigentlichen Zwangsversteigerungsverfahrens. Es dient nur dessen Zwecken, indem es zur Bestimmung des für die Zwangsversteigerung zuständigen Gerichts führen soll. Seine verfahrensrechtliche Selbständigkeit gegenüber dem Vollstreckungsverfahren liegt darin begründet, daß es bei einem anderen, höheren Gericht anhängig ist. Für dieses kommt eine Rücksichtnahme auf den Stand des Verfahrens beim Vollstreckungsgericht nicht in Betracht. Deshalb ist es für die Frage, an wen das bestimmende Gericht seinen Beschluß zustellen muß, unerheblich, ob zur Zeit des Ergehens des Beschlusses das Zwangsversteigerungsverfahren schon durch den Erlaß des Anordnungsbeschlusses eingeleitet worden ist oder nicht. Der Standpunkt, daß nur im ersten, nicht auch im letzten Falle der Beschluß außer dem Gläubiger auch dem Schuldner zuzustellen sei, läßt sich zudem praktisch gar nicht durchführen, wie gerade der vorliegende Sachverhalt beweist. Der Beschluß des Reichsgerichts datiert vom 17. Juni 1925, vom gleichen Tage datiert aber auch der Anordnungsbeschluß des Amtsgerichts Bergen, während der Beschluß des Amtsgerichts Vilbel erst am 23. Juni ergangen ist. Ob der Beschluß des Amtsgerichts Bergen dem des Reichsgerichts vorausgegangen ist, läßt sich demnach nicht feststellen. Man muß freilich den Beschluß des Reichsgerichts, der als nicht verkündeter Beschluß erst mit der Zustellung wirksam wurde, bis dahin als nicht vorhanden betrachten. Er ist der Antragstellerin, der jetzigen Klägerin, am 24. Juni zugestellt worden. Damals schwebten beide Zwangsversteigerungsverfahren bereits, da die Anordnungsbeschlüsse gegen die Regel ohne Zustellung wirksam werden. Der reichsgerichtliche Beschluß hätte also von der gekennzeichneten — abzulehnenden — Rechtsauffassung aus auch an den Schuldner zugestellt werden müssen. Von diesen sich bei den unteren Gerichten abspielenden Vorgängen hat aber die Geschäftsstelle des höheren Gerichts, welche die Zustellung zu bewirken hätte (§ 209 ZPO.), keine Kenntnis. So kann ihnen auch keine Bedeutung für die Vornahme der Zustellung beigemessen werden.

Maßgebend für die Zustellung eines nach § 2 ZVG. ergehenden Beschlusses ist der auch für den Bereich des Zwangsversteigerungsgesetzes geltende § 329 Abs. 3 ZPO., wonach nicht verkündete Beschlüsse des Gerichts den Parteien von Amts wegen zuzustellen sind. Es kommt deshalb darauf an, wer in dem vor dem höheren Gericht *anhängigen Verfahren zur Bestimmung eines gemeinsamen Gerichts* Partei ist. Da dieses Verfahren, wie dargelegt, gegenüber dem eigentlichen Zwangsversteigerungsverfahren selbständig ist, so müssen die an ihm beteiligten Personen aus seinem eigentlichen Wesen heraus bestimmt werden. Und da ist entscheidend, daß das Verfahren ein einseitiges ist. Nur der Antragsteller ist an ihm beteiligt. Von ihm wird es veranlaßt, ohne daß er übrigens den weiteren Verlauf des Verfahrens und dessen Ergebnis entscheidend zu beeinflussen vermag. Denn das höhere Gericht ist bei der von ihm zu treffenden Bestimmung des zuständigen Gerichts weder an den Antrag noch an die Behauptungen des Antragsstellers gebunden. Es ist ein Verfahren von Amts wegen, das keine eigentlichen Parteien kennt. Es dient ja auch nicht der Verwirklichung von Ansprüchen. Nur die Stelle soll gefunden werden, der diese Aufgabe demnächst obliegt. Daß nur der Gläubiger als Antragsteller, nicht auch der Schuldner in dem Verfahren eine Rolle spielt, kommt im Gesetz selbst dadurch zum Ausdruck, daß zwar der Gläubiger einen seinen Antrag ablehnenden Beschluß anfechten kann, daß aber der Schuldner sich nicht gegen einen dem Antrag stattgebenden Beschluß wehren kann (§ 2 Abs. 1 letzter Halbsatz ZVG., § 37 Abs. 2 ZPO.). Der Schuldner steht mithin völlig außerhalb des Verfahrens und zählt deshalb nicht zu den Personen, die bei Anwendung des § 329 Abs. 3 ZPO. als Partei angesehen werden müssen. Eine Zustellung an ihn ist nicht geboten. Vielmehr genügt, was übrigens auch langjähriger Übung des Reichsgerichts entspricht, die Zustellung des nach § 2 ZVG. ergehenden Beschlusses an den Gesuchsteller.

Damit wird der Beschluß nach dem oben Gesagten wirksam. Es bedarf nicht etwa später noch seiner Zustellung an den Schuldner. Vielmehr ist nur seine Bekanntgabe geboten. Zunächst muß ihn der Antragsteller dem Vollstreckungsgericht vorlegen, das ja seine Zuständigkeit von Amts wegen prüfen muß. Der Beschluß gehört insofern zu den für den Beginn der Zwangsversteigerung erforderlichen Urkunden im Sinne von § 16 Abs. 2 ZVG. Das zum Vollstreckungsgericht bestellte Gericht soll ferner von der Anordnung die übrigen Gerichte in Kenntnis setzen (§ 2 Abs. 2 Satz 2 ZVG.). Endlich folgt aus der Natur der Dinge die Notwendigkeit einer Mitteilung des Beschlusses an die sonst Beteiligten. Diesem Erfordernis ist hier dadurch völlig genügt worden, daß in jedem Versteigerungstermin der Beschluß des Reichsgerichts verlesen worden ist.

Die Behandlung des reichsgerichtlichen Beschlusses durch die Versteigerungsrichter ist also vom Oberlandesgericht sowohl in seinem Beschluß vom 10. Dezember 1926 als auch in dem jetzt angefochtenen Urteil unrichtig beurteilt worden. Das Unterbleiben der Zustellung an den Schuldner bot keinen Grund, das Zwangsversteigerungsverfahren für unzulässig zu erklären und den ergangenen Zuschlagsbeschluß aufzuheben. Eine solche Stellungnahme der höheren Instanz konnten die Vollstreckungsrichter auch nicht voraussehen und sie waren daher auch nicht etwa verpflichtet, dieser Möglichkeit im Voraus Rechnung zu tragen und den fraglichen Beschluß zustellen zu lassen. Sie haben in dieser Hinsicht keine Amtspflicht verletzt.

Die wesentlichen Grundlagen der vom Berufungsgericht ausgesprochenen Bejahung des Klaganspruchs haben sich sonach als haltlos herausgestellt. Daraus folgt die Notwendigkeit, das angefochtene Urteil aufzuheben und die Sache an die Berufungsinstanz zurückzuverweisen, das die weiter noch von der Klägerin gegen die beteiligten Vollstreckungsrichter erhobenen Vorwürfe zu prüfen haben wird. . . .

RGZ. 127, 272

Wann erstreckt sich der Zuschlag in der Zwangsversteigerung nicht auf Zubehörstücke, die nicht dem Grundstückseigentümer gehören?

ZVG. §§ 37, 55, 90.

V. Zivilsenat. Urt. v. 26. Februar 1930.

I. Landgericht I Berlin. II. Kammergericht daselbst.

Der Gastwirt Th. war Eigentümer eines Hotel- und Restaurationsgrundstücks in St. Das Grundstück kam am 18. Oktober 1926 bei der K-Abteilung des Amtsgerichts St. zur Zwangsversteigerung. Noch am Versteigerungstag erwirkte der Kläger, der das Eigentum an Einrichtungsgegenständen für sich in Anspruch nahm, bei der M-Abteilung des Amtsgerichts einen Beschluß, durch den angeordnet wurde, daß die Zwangsvollstreckung in jene Gegenstände einstweilen einzustellen sei. Er legte im Versteigerungstermin diesen Beschluß vor und meldete „Aussonderungsansprüche" an. Das Versteigerungsgericht gab den Beschluß den Beteiligten, darunter den im Termin vertretenen Beklagten bekannt, und beschloß und verkündete, daß „die in jenem Beschluß aufgeführten Gegenstände von der Zwangsversteigerung ausgeschlossen seien". Bei der dann folgenden Abgabe von

Geboten blieb der Beklagte zu 2 Meistbietender und erhielt durch sofort verkündeten Beschluß den Zuschlag. In diesem Beschluß ist der Ausschluß der Einrichtungsgegenstände nicht erwähnt.

Die Beklagten haben am 28. April 1927 auf Grund vollstreckbarer Titel gegen Th. Einrichtungsgegenstände, die der Kläger am 18. Oktober 1926 als sein Eigentum in Anspruch genommen hatte, durch den Gerichtsvollzieher pfänden lassen. Der Kläger, gestützt auf sein Eigentum, widerspricht der Pfändung und klagt darauf, daß sie für ungültig erklärt werde. Die Beklagten bestreiten, daß er jemals Eigentümer der Gegenstände gewesen sei, vertreten aber auch die Ansicht, daß er das Eigentum, wenn er es etwa bis zum 18. Oktober 1926 gehabt haben sollte, durch den Zuschlagbeschluß verloren habe, der die Gegenstände nicht ausnehme.

Das Landgericht erklärte die Zwangsvollstreckung der Beklagten für unzulässig. Das Kammergericht wies die Klage ab. Die Revision des Klägers hatte Erfolg aus folgenden

Gründen:

Das Berufungsgericht läßt die Klage an dem Inhalt des Zuschlagbeschlusses vom 18. Oktober 1926 scheitern. Es ist der Meinung, daß das Eigentum des Klägers an den Gegenständen, deren Freigabe er begehrt, mit dem Zuschlag erloschen sei, wenn es bis dahin bestanden habe. Der Zuschlagsbeschluß erwähne nichts davon, daß die Gegenstände von der Zwangsversteigerung ausgenommen seien, und darauf beruhe der Untergang des Eigentums des Klägers. Ein im Versteigerungstermin verkündeter, im Zuschlag aber nicht erwähnter Beschluß des Versteigerungsgerichts, daß die Sachen vom Versteigerungsverfahren ausgeschlossen seien, genüge nicht, um dem Kläger das Eigentum zu erhalten, weil Versteigerungsbedingungen, die der Zuschlagbeschluß selbst nicht erkennen lasse, auch dann nicht in ihn hineingelegt werden dürften, wenn sie der Versteigerung zugrunde gelegen hätten.

Diese Rechtsansicht hält der Revision nicht stand. Nach den Darlegungen des Berufungsgerichts muß zugunsten des Klägers die Möglichkeit unterstellt werden, daß die Gegenstände, die er für sich beansprucht, Zubehörstücke des versteigerten Grundstücks waren, die zur Zeit der Beschlagnahme und des Zuschlags im Zwangsversteigerungsverfahren sich zwar im Besitz des Versteigerungsschuldners Th. auf dem Grundstück befanden, aber nicht in dessen Eigentum gelangt waren, sondern dem Kläger gehörten. Bei diesem Sachverhalt würde das Eigentum des Klägers an ihnen durch einen Beschluß des Versteigerungsgerichts über ihren Ausschluß vom Versteigerungsverfahren gewahrt sein, ohne daß der Zuschlagbeschluß den Ausschluß zu erwähnen brauchte.

Nach § 90 Abs. 2 ZVG. erwirbt der Ersteher durch den Zuschlag zugleich mit dem Grundstück auch die Gegenstände, auf welche sich die Versteigerung erstreckt hat. Nach § 55 Abs. 2 ZVG. — Abs. 1 kommt bei dem unterstellten Sachverhalt nicht in Betracht (§ 20 Abs. 2 ZVG., § 1120 BGB.) — erstreckt sich die Versteigerung auch auf Zubehörstücke, die im Besitz des Schuldners, aber im Eigentum eines Dritten stehen, sofern nicht der Eigentümer sein Recht nach § 37 Nr. 5 ZVG. geltend gemacht hat. Zur Geltendmachung des Rechts nach § 37 Nr. 5 genügt zwar nicht die bloße Anmeldung, wohl aber ein vor der Erteilung des Zuschlags *vom Eigentümer der Gegenstände* erwirkter Beschluß über die Aufhebung oder einstweilige Einstellung des Verfahrens in die Gegenstände. Liegt ein solcher Beschluß des Versteigerungsgerichts vor, so scheiden die dem Dritten gehörigen Zubehörstücke kraft Gesetzes aus dem Versteigerungsverfahren aus; der Zuschlag erstreckt sich kraft Gesetzes nicht auf sie. Es handelt sich hier also nicht um einen Ausschluß der Gegenstände von der Zwangsversteigerung, der durch eine von den gesetzlichen Regeln abweichende, vom Versteigerungsgericht auf Antrag angeordnete Versteigerungsbedingung nach § 65 ZVG. herbeigeführt würde. Derartige Versteigerungsbedingungen bedürfen allerdings der Aufnahme in den Zuschlagbeschluß (§ 82 ZVG.); ihre Übergehung in diesem Beschluß kann nur mit der Beschwerde gegen den Zuschlag (§ 83 Nr. 5, § 100 ZVG.), nicht nach seiner Rechtskraft im Prozeßweg berichtigt werden. Das gilt aber nicht von den sich unmittelbar aus dem Gesetz ergebenden Regeln über die Tragweite des Zuschlagbeschlusses im Regelfalle. Sie bedürfen keiner Erwähnung im Zuschlagbeschluß, um gegen die Beteiligten und insbesondere gegen den Ersteher zu wirken. An diesen Rechtsgrundsätzen hat das Reichsgericht in ständiger Rechtsprechung festgehalten und aus ihnen gefolgert, daß der Dritteigentümer von Zubehörstücken, der sein Recht durch einen vor dem Zuschlag erlassenen und im Versteigerungstermin verkündeten Aufhebungs- oder Einstellungsbeschluß des Versteigerungsgerichts gewahrt hat, das Eigentum ohne Rücksicht auf seine Erwähnung im Zuschlagbeschluß behält (RGZ. Bd. 70 S. 399; RGU. v. 21. Juni 1910 VII 519/09 und v. 23. Dezember 1910 VII 57/10; Reinhard-Müller 2. Aufl. Anm. V 3 zu § 55 ZVG.; Fischer-Schäfer 2. Aufl. Anm. 3 zu § 55 und Anm. 4 zu § 90). Im Schrifttum (Jaeckel-Güthe 6. Aufl. Anm. 8 zu § 90; Wolff 3. Aufl. Anm. 8 zu § 55 und Anm. 4 zu § 90) wird freilich auch die abweichende Meinung vertreten, daß es nicht genüge, wenn der Dritteigentümer einen ordnungsmäßigen Aufhebungs- oder Einstellungsbeschluß im Versteigerungstermin vor dem Zuschlag erwirkt habe, daß vielmehr der Ausschluß des Zubehörs im Zuschlagbeschluß erwähnt werden müsse. Diese Ansicht findet aber im Gesetz keine Stütze. Sie kann sich ebensowenig auf die Entscheidungen des erkennenden Senats vom 28. Januar 1905, 3. Februar 1908 und 12. Mai

1920 (RGZ. Bd. 60 S. 48, Bd. 67 S. 380; JW. 1920 S. 902 Nr. 8 = Recht 1921 Nr. 1517) berufen. Denn dort ist nur gesagt, daß einerseits eine von den gesetzlichen Regeln abweichende Versteigerungsbedingung im Zuschlag erwähnt werden müsse, widrigenfalls der Zuschlag zu den gesetzlichen Bedingungen erteilt sei, und daß anderseits der nicht mit der Beschwerde angefochtene und damit rechtskräftig gewordene Zuschlag, der trotz des Fehlens eines Beschlusses nach § 37 Nr. 5, § 55 Abs. 2 ZVG. dem Zubehöreigentümer auf bloße Anmeldung hin zu Unrecht sein Eigentum gewahrt habe, wirksam sei und nicht mehr im Prozeßweg berichtigt werden könne. Beides trifft für den hier behandelten Fall der Nichterwähnung eines gemäß den § 37 Nr. 5, § 55 Abs. 2 ZVG. ergangenen Beschlusses im Zuschlag nicht zu. Auch das Urteil des erkennenden Senats vom 9. Mai 1908 (Gruch. Bd. 52 S. 877 = SeuffArch. Bd. 63 S. 333 = Recht 1908 Nr. 2397) beruht auf einem anderen Tatbestand. Dort handelte es sich nicht um Zubehör, sondern, wie im Eingang der Gründe ausdrücklich betont wird, um einen wesentlichen Bestandteil des versteigerten Grundstücks. Wenn das Erkenntnis beiläufig äußert, bei einem Zubehörstück wäre die Rechtslage im wesentlichen die gleiche, so ist diese für die damals getroffene Entscheidung belanglose Bemerkung allerdings nicht zutreffend und durch die erwähnte Rechtsprechung des Reichsgerichts überholt.

Hiernach trägt die Begründung, mit der das Berufungsgericht die Klage abgewiesen hat, die Entscheidung nicht. Der Rechtsstreit ist im übrigen noch nicht zur Endentscheidung reif.

RGZ. 138, 125

Findet die Vorschrift des § 50 ZVG. über die Barzahlung des Kapitalbetrags von Hypotheken usw., die trotz Nichtbestehens bei Feststellung des geringsten Gebots berücksichtigt sind, entsprechende Anwendung, wenn eine im geringsten Gebot berücksichtigte Hypothek einer nicht berücksichtigten Hypothek eines anderen Beteiligten im Rang nachsteht?

V. Zivilsenat. Urt. v. 29. Oktober 1932.

I. Landgericht Wuppertal. II Oberlandesgericht Düsseldorf.

Der Kaufmann H. in B. war seit dem 13. Oktober 1923 Eigentümer des Grundstücks R.straße 19 daselbst. Im Jahre 1924 wurde für ihn in Abteilung III unter Nr. 31 eine Eigentümergrundschuld eingetragen in Höhe von 11000 g Feingold. Diese Grundschuld verpfändete er zunächst durch privatschriftlichen Vertrag vom 20. März und darauf durch notariellen Vertrag vom 15. September 1924 an die Klägerin zur Sicherung für alle ihr zustehenden gegenwärtigen und künftigen Forderungen gegen die B.er Konservatorfabrik GmbH. in B., deren Geschäftsführer er war. Die Verpfändung wurde am 21. Oktober 1924 ins Grundbuch eingetragen. Durch notariellen Vertrag vom 4. Dezember 1926 übernahm er die Schuld der genannten Gesellschaft, die sich damals auf 22000 GM. = 7885,30 g Feingold belief, als eigene und persönliche und trat der Klägerin die ihr verpfändete Grundschuld zu einem Teilbetrag von 7885,30 g Feingold unter Umwandlung in eine Darlehnshypothek mit Rang vor dem Überrest ab. Die Klägerin bewilligte gleichzeitig die Löschung des Pfandvermerks. Die Abtretung und die Löschung des Pfandvermerks wurden am 5. *Januar* 1927 *ins* Grundbuch eingetragen.

Im Jahre 1927 wurde auf Antrag der Klägerin wegen ihrer vorgenannten Hypothekenforderung die Zwangsversteigerung des Grundstücks angeordnet. In dem Versteigerungsverfahren meldete die Beklagte die für sie in Abt. III unter Nr. 19 seit dem 31. Oktober 1904 im Grundbuch eingetragen gewesene und am 13. November 1923 nach Zahlung gelöschte Hypothek von 65800 PM. an, nachdem sie am 18. Oktober 1927 einen Widerspruch gegen die Löschung hatte eintragen lassen. Ihre Hypothek wurde vom Versteigerungsrichter in Höhe des gesetzlichen Aufwertungsbetrags von 16100,48 RM. in das geringste Gebot aufgenommen mit der Bestimmung, daß sie bestehen bleibe und von dem Ersteher zu übernehmen sei. Die Klägerin hat hiergegen im Versteigerungstermin Widerspruch erhoben und, nachdem ihr als Meistbietender der Zuschlag zu dem durch Barzahlung zu berichtigenden Gebot von 2167,02 RM. erteilt worden war, sofortige Beschwerde gegen den Zuschlagsbeschluß eingelegt. Diese ist vom Landgericht zurückgewiesen und ihre sofortige weitere Beschwerde vom Oberlandesgericht als unzulässig verworfen worden.

Die Klägerin ist der Ansicht, daß die Hypothek der Beklagten der ihrigen im Rang nachgehe und daher zu Unrecht in das geringste Gebot aufgenommen worden sei. Sie macht geltend, ihr bereits im Jahre 1924 erworbenes Pfandrecht sei bestehen geblieben zur Sicherung für die ihr zur Zeit der Zwangsversteigerung zustehende Forderung von 18734,49 RM. Zeitlich sei der Erwerb des Pfandrechts maßgebend, da die Abtretung nur eine Umwandlung oder Verwirklichung des Pfandrechts darstelle. Sie nimmt die Beklagte unter Berufung auf § 50 ZVG. sowie aus dem Gesichtspunkt der ungerechtfertigten Bereicherung in Anspruch und hat beantragt, 1. festzustellen, daß sie nicht verpflichtet sei, der Beklagten die im Grundbuch von B. Bd. 65 Bl. 3223/20 in Abt. III unter Nr. 5 eingetragenen 16100,48 GM. zu zahlen; 2. die Beklagte zu verurteilen, in die Löschung der vorbezeichneten Hypothek einzuwilligen und der Klägerin den über die Post lautenden Hypothekenbrief herauszugeben.

Die beiden Vorinstanzen haben die Klage abgewiesen. Die Revision der Klägerin hatte keinen Erfolg.

Gründe:

Mit zutreffender Begründung hat das Oberlandesgericht ausgeführt, daß der Klaganspruch schon an der Rechtskraft des Zuschlagsbeschlusses vom 22. Februar 1928 scheitert. Die hiergegen von der Revision erhobenen Angriffe sind nicht durchschlagend.

Das Reichsgericht hat in ständiger Rechtsprechung daran festgehalten, daß der Zuschlagsbeschluß die Bedeutung eines Richterspruchs hat, der bestimmend ist für die Rechtsstellung des Erstehers und für die Änderungen, die durch den Zuschlag an den Rechten der Beteiligten eintreten. Hierbei ist es gleichgültig, ob der Zuschlagsbeschluß mit dem Gesetz im Einklang steht oder nicht (RGZ. Bd. 129 S. 155 [159] und die dort angezogenen Entscheidungen). Nur insofern ergibt sich aus § 50 ZVG. eine Schranke, als der Zuschlag nicht fähig ist, einem überhaupt nicht bestehenden Recht zur Entstehung zu verhelfen (RGUrt. vom 12. Februar 1930 V 492/28, abgedr. AufwRspr. Bd. 5 S. 302 Nr. 134).

Im vorliegenden Fall herrscht nun aber zwischen den Parteien kein Streit darüber, daß die Aufwertungshypothek der Beklagten von 16100,48 RM. zu Recht besteht. Gestritten wird nur darüber, ob dieser Aufwertungshypothek der Vorrang vor der Hypothek der Klägerin gebührte. Für diesen Streit ist jedoch kein Raum mehr, nachdem der Zuschlagsbeschluß rechtskräftig geworden ist und die Klägerin von dem Recht aus § 91 Abs. 2 ZVG., das sie als Ersteherin und Gläubigerin durch einseitige Erklärung in der dort vorgeschriebenen Form und Frist hätte ausüben können, keinen Gebrauch gemacht hat (vgl. das vererwähnte Urteil). Denn dadurch, daß das Recht der Beklagten in das geringste Gebot aufgenommen wurde, ist es bestehen geblieben, während das im geringsten Gebot nicht berücksichtigte Recht der Klägerin mangels der Voraussetzungen des § 91 Abs. 2 ZVG. endgültig erloschen ist (§§ 52, 91 ZVG.). Da dieses Recht untergegangen ist, so kann auch von einem Rangverhältnis zwischen ihm und dem Recht der Beklagten keine Rede mehr sein. Es ist somit durch den Zuschlag kein Vorrang des Rechts der Beklagten vor dem der Klägerin begründet worden, sondern es ist nur die negative Wirkung eingetreten, daß der Vorrang des Rechts der Klägerin, falls er sachlichrechtlich bestanden haben sollte, mit dem gemäß § 91 Abs. 1 ZVG. eingetretenen Untergang dieses Rechts gegenstandlos geworden ist. Diese Folge des rechtskräftigen Zuschlagsbeschlusses kann im Prozeßwege nicht mehr beseitigt werden, wobei es natürlich keinen Unterschied machen kann, ob die Rechtskraft durch Nichteinlegung oder durch erfolglosen Gebrauch eines Rechtsmittels herbeigeführt worden ist.

§ 50 ZVG. trifft, wie sich aus den obigen Ausführungen ergibt, deshalb nicht zu, weil die Hypothek der Beklagten materiell zu Recht besteht. Die Erweiterung dieser Vorschrift, die in dem Entwurf vorgesehen war, ist nicht Inhalt des Gesetzes geworden. Sie kann also keine unmittelbare Anwendung finden (vgl. RGZ. Bd. 59 S. 266). Aber auch eine sinngemäße Anwendung auf den vorliegenden Fall kann nicht in Frage kommen, da dieser sich von dem in § 50 ZVG. geregelten Tatbestand wesentlich unterscheidet. Dort sind es nicht die Versteigerungsbedingungen, die das Recht zum Erlöschen bringen, sondern das Recht besteht aus sachlich-rechtlichen Gründen überhaupt nicht, und es wird nur dieser materiellen Rechtslage durch die im § 50 enthaltene Ergänzung der Versteigerungsbedingungen Rechnung getragen. *Hier* aber wird das *sachlich-rechtlich* begründete Recht durch die infolge der Rechtskraft des Zuschlags maßgebenden Versteigerungsbedingungen nur vor dem Untergang bewahrt.

Ungerechtfertigte Bereicherung der Beklagten liegt nicht vor, da der rechtliche Grund des Bestehenbleibens ihres Rechts in dem Zuschlagsbeschluß zu erblicken ist.

RGZ. 144, 281

Wie wirkt eine außerhalb des geringsten Gebots stehende Auflassungsvormerkung bei der Verteilung des Versteigerungserlöses auf nacheingetragene Rechte ein?

BGB. § 883, 888. ZVG. § 48, 91, 92.

V. Zivilsenat. Urt. v. 28. April 1934.

Die Entscheidung ist abgedruckt unter Bürgerliches Recht, Sachenrecht 1".

Versteigerung

RGZ. 154, 397

Welche Bedeutung hat es für die Berechnung der Frist des § 73 Abs. 1 ZVG., wenn der Richter nach der Aufforderung zur Abgabe von Geboten den Terminsraum verläßt mit der in der Versteigerungsniederschrift beurkundeten Erklärung, er begebe sich in sein Dienstzimmer, wo er jederzeit zur Entgegennahme weiterer Gebote zu erreichen sei?

V. Zivilsenat. Urt. v. 12. Mai 1937.

I. Landgericht Schwerin. II. Oberlandesgericht Rostock.

Am 21. März 1934 gelangte vor dem Amtsgericht in Schw. das daselbst unter Blatt 2716 des Grundbuchs auf den Namen der F.schen

Erben eingetragene Grundstück Nr. 91 zur Zwangsversteigerung. Das Gericht forderte um 9 Uhr 20 Minuten zur Abgabe von Geboten auf. Es wurden zunächst zwei Gebote abgegeben. Als sodann trotz Aufforderung keine Gebote mehr erfolgten, verkündete der Richter laut Versteigerungsniederschrift: „Ich begebe mich jetzt in mein Dienstzimmer Nr. 9, wo ich jederzeit zur Entgegennahme weiterer Gebote zu erreichen bin. Um 10 Uhr 15 Minuten wird der Termin in diesem Zimmer wieder fortgesetzt". Die Niederschrift fährt sodann fort. „Nach Fortsetzung des Termins um 10 Uhr 15 Minuten boten weiter:

Kaufmann L. und Steuerinspektor Schr. (Kläger), beide zu Schw., zu gleichen Teilen	5300 RM.,
Domökonomus Sch. für Domkirche in Schw.	7000 RM.,
Kaufmann L. und Steuerinspektor Schr. zu gleichen Teilen	7500 RM."

Die beiden Vorgenannten blieben mit diesem Gebot Meistbietende. Um 10 Uhr 25 Minuten wurde der Schluß der Versteigerung verkündet. Durch Beschluß vom 28. März 1934 wurde das Grundstück zum Betrage von 7500 RM. dem Kläger zugeschlagen, dem der Kaufmann L. seine Rechte aus dem Meistgebot abgetreten hatte. Auf die sofortige Beschwerde des Miterben F. wurde durch Beschluß des Landgerichts vom 23. April 1934 der Zuschlagsbeschluß des Amtsgerichts wegen Nichtbeachtung der einstündigen Frist aus § 73 ZVG. aufgehoben. In dem daraufhin angesetzten zweiten Versteigerungstermin vom 31. Mai 1934 blieb die Stadt Schw. mit 11300 RM. Meistbietende und erhielt den Zuschlag.

Mit der Begründung, der diensttuende Richter habe in dem ersten Versteigerungstermin das Terminszimmer nicht verlassen dürfen, er habe durch Nichtbeachtung der einstündigen Frist aus § 73 ZVG. seine Amtspflicht verletzt, verlangt der Kläger von dem Beklagten Ersatz seines auf 3800 RM. berechneten Schadens zu einem Teilbetrag von 150 RM. nebst Zinsen. Der Beklagte hat eine Amtspflichtverletzung des Versteigerungsrichters in Abrede gestellt und weiter ausgeführt, der Anspruch des Klägers scheitere auch daran, daß dieser versäumt habe, gegen den Beschluß des Landgerichts, durch den der Zuschlag versagt worden sei, das Rechtsmittel der weiteren sofortigen Beschwerde einzulegen.

Die Revision des im ersten und zweiten Rechtszug unterlegenen Klägers führte zur Aufhebung und Zurückverweisung.

Gründe:

Daß dem Versteigerungsrichter im Zwangsversteigerungsverfahren über Grundstücke auch gegenüber dem Meistbietenden eine Amtspflicht zur Einhaltung der gesetzlichen Vorschriften obliegt, ist in der Rechtsprechung des Reichsgerichts anerkannt (RGZ. Bd. 129 S. 23; JW. 1934 S. 2842 Nr. 2).

In der Entscheidung vom 13. Dezember 1933 V 302/33 (RGZ. Bd. 142 S. 383flg.) hat der erkennende Senat ausgeführt, es gehöre zum Wesen der vom Richter wahrzunehmenden Versteigerung, daß der Richter während der ganzen Dauer des Termins zur Entgegennahme von Geboten bereit sei. Das sei aber nur dann derFall, wenn und solange der Richter an der Terminsstelle, d. h. in dem Raum, in dem die Versteigerung stattfinde, zugegen sei. Jedes Weggehen des Richters aus diesem Raum bewirke eine Unterbrechung des Termins, deren Zeitdauer nicht in die Dauer der Versteigerung eingerechnet werden dürfe. Dabei könne es für diese Wirkung keinen Unterschied machen, ob das Fernsein lang oder kurz dauere, ob der Richter schnell wieder herbeigerufen werden könne oder nicht. Die Bedeutung, die das Gesetz einer einstündigen Dauer der Versteigerung beilege, verbiete eine mildere Auffassung. An dieser Rechtsprechung ist festzuhalten, da sie allein dem Zweck des Gesetzes entspricht, während eine laxe Handhabung der Vorschrift des § 73 ZVG. notwendig zur Rechtsunsicherheit führen muß.

Das Oberlandesgericht hat im gegebenen Fall eine Unterbrechung der Versteigerung verneint mit der Begründung, der Richter habe den Termin für die Zwecke der Abgabe weiterer Gebote vorübergehend in einen anderen Geschäftsraum des Amtsgerichts verlegt. Dieser Auffassung kann nicht beigetreten werden. Die Versteigerungsniederschrift ist als Urkunde über die Vorgänge im Versteigerungstermin der selbständigen Auslegung durch das Revisionsgericht zugänglich. Hätte der Richter den Termin vorübergehend in einen anderen Raum verlegen wollen, so hätte dies zur Folge gehabt, daß sich auch die sämtlichen Anwesenden dorthin hätten begeben können. Das hat aber der Richter offenbar nicht beabsichtigt. Auch fehlt in der Versteigerungsniederschrift ein Vermerk darüber, daß der Urkundsbeamte dem Richter in sein Dienstzimmer gefolgt ist. Dafür, daß der Termin vorübergehend ohne den sonst zugezogenen Urkundsbeamten hätte abgehalten werden sollen (§ 163 Abs. 3 ZPO.), ist kein Anhalt gegeben. Der Sinn der Anordnung des Versteigerungsrichters kann daher nur dahin verstanden werden, daß dieser, falls vor 10 Uhr 15 Minuten die Abgabe weiterer Gebote angekündigt werden sollte, jederzeit zur alsbaldigen Entgegennahme dieser Gebote aus seinem Diestzimmer in den Terminsraum zurückgerufen werden könne. Hierin hat der Versteigerungsrichter trotz des Wortlautes der Versteigerungsniederschrift, daß um 10 Uhr 15 Minuten die Verhandlung in dem Terminszimmer „fortgesetzt werde", keine Unterbrechung der Versteigerungsverhandlung erblickt. Denn er hat die Dauer seines Aufenthalts in seinem Dienstzimmer nicht in der Sitzungsniederschrift festgelegt, während er eine sonstige Unterbrechung von 3 Minuten ausdrücklich erwähnt hat. Ebensowenig hat er die um 9 Uhr 20 Minuten in Lauf gesetzte Bietungsfrist um die Dauer seines Aufenthaltes in seinem Diestzimmer verlängert. Er ist vielmehr davon ausgegangen, daß er infolge der von ihm für die Möglichkeit seiner jederzeitigen Rückkehr getroffenen Anordnung als für den ganzen Zeitraum der Frist des § 73 Abs. 1 ZVG. im Termin anwesend geblieben anzusehen sei. Diese Auffassung widerspricht aber der Bedeutung der vorgedachten Vorschrift, wie sie in der oben erwähnten Rechtsprechung des Reichsgerichts festgestellt worden ist. Demgemäß hat das Landgericht auf die sofortige Beschwerde eines Beteiligten mit zutreffender Begründung gemäß § 83 Nr. 7 ZVG. *den Zuschlag versagt. Eine weitere sofortige* Beschwerde des Klägers wäre erfolglos gewesen, so daß die Berufung des Beklagten auf die Vorschrift des § 839 Abs. 3 BGB. nicht durchgreift.

Da hiernach der Versteigerungsrichter nicht gesetzmäßig verfahren ist, bleibt zu prüfen, ob ihm ein Verschulden zur Last fällt. In dieser Beziehung wird es bei der Stellung, die von den führenden Erläuterungsbüchern zu der Auslegung des § 73 Abs. 1 ZVG. bisher eingenommen war, wesentlich darauf ankommen, ob dem Versteigerungsrichter am 21. März 1934 die Entscheidung des Reichsgerichts vom 13. Dezember 1933 (RGZ. Bd. 142 S. 383) bekannt war, verneinendenfalls, ob ihm die Nichtkenntnis als Fahrlässigkeit anzurechnen ist. Da das Berufungsgericht in dieser Hinsicht keine Feststellungen getroffen hat, so bedarf die Sache einer erneuten Erörterung in der Tatsacheninstanz.

Entscheidung über den Zuschlag

RGZ. 40, 395

Wem ist der Beschluß, durch welchen der Anspruch eines Hypothekengläubigers auf den Subhastationserlös nach erteiltem Zuschlage gepfändet wird, zuzustellen?

Preuß. Gesetz, betr. die Zwangsvollstreckung in das unbewegliche Vermögen, vom 13. Juli 1883 § 40 Ziff. 9. §§ 104flg.

Preuß. AusfGes. zur Deutschen ZPO. vom 24. März 1879 § 16. ZPO. §§ 730, 754 Abs. 2.

V. Zivilsenat. Urt. v. 22. Dezember 1897.

I. Landgericht Liegnitz. II. Oberlandesgericht Breslau.

Beide Parteien hatten rechtskräftige Forderungen gegen den Bäckermeister Str. Für diesen stand im Grundbuche des dem Gutsbesitzer S. gehörigen Grundstückes L. Nr. 13 eine Hypothek von 11400 M. eingetragen. Das Grundstück kam zur Subhastation und wurde am 7. März 1894 dem Beklagten zugeschlagen. Demnächst haben die Parteien wegen ihrer Forderungen den Betrag, der auf jene Hypothek zur Hebung gelangt sei und am 30. März 1894 zur Auszahlung gelangen würde, pfänden und sich überweisen lassen. Die Pfändungsbeschlüsse sind — außer dem Schuldner — seitens des Klägers nur dem Ersteher (dem Beklagten) als Drittschuldner, seitens des Beklagten außerdem noch dem Subhastaten und dem Subhastationsrichter zugestellt worden. Auf die Hypothek kamen 2369,81 M. zur Hebung. Beklagter zahlte diesen Betrag nicht, verrechnete ihn vielmehr auf seine viel höhere rechtskräftige Forderung an Str. Kläger hatte seinen Anspruch auf den Zwangsversteigerungserlös beim Subhastationsrichter angemeldet, aber der Verrechnung dieses Teiles des Erlöses nicht ausdrücklich widersprochen. Er sah den Ersteher für den Drittschuldner im Sinne des § 730 ZPO. an und verlangte auf Grund seiner unstreitig älteren Pfändung von dem Beklagten Herauszahlung eines Teiles des verrechneten Erlöses mit 450 M. nebst Zinsen. Beklagter verlangte Abweisung der Klage, und widerklagend Feststellung, daß dem Kläger ein Anspruch auf Zahlung des zur Hebung gelangten Betrages von 2369,81 M. nicht zustehe.

Der erste Richter erkannte dem Antrage des Beklagten gemäß. Er nahm an, daß der Subhastat der Drittschuldner sei; an diesen sei eine Zustellung des Pfändungsbeschlusses seitens des Klägers nicht erfolgt, seine Pfändung also rechtsunwirksam.

Der Berufungsrichter erkannte dagegen zugunsten des Klägers, mit der Ausführung, daß der Ersteher in bezug auf das von ihm zu erlegende Kaufgeld Schuldner der zur Hebung gelangenden Hypothekengläubiger sei. Auf die Revision des Beklagten ist das Berufungsurteil aufgehoben, und das erste Urteil wieder hergestellt worden, aus folgenden

Gründen:

. . . „Die in der Praxis und Literatur sehr umstrittene Frage, wem der Beschluß, durch welchen der Anspruch des Hypothekengläubigers auf den Subhastationserlös nach Erlaß des Zuschlagsurteiles gepfändet wird, zugestellt werden müsse, ob in einem solchen Falle ein Drittschuldner im Sinne des § 730 ZPO. vorhanden, und wer dies sei, entscheidet das Reichsgericht dahin, daß ein Drittschuldner in der Person des Subhastaten vorhanden, und daß erst mit der Zustellung an diesen die Pfändung als bewirkt anzusehen ist. Für maßgebend sind folgende Erwägungen erachtet worden. . . .

Nach der herrschenden und für richtig zu erachtenden Meinung (welche im § 15 Ziff. 4 des EinfG.s zur ZPO. und in den Motiven zur letzteren S. 349 eine wesentliche Stütze findet) hat nach preußischem Rechte der hypothekarische Anspruch eine Geldforderung zum Gegenstande, deren Zahlung jedoch nur aus dem Pfandgrundstücke gefordert werden kann.

Vgl. z. B. Jurist. Wochenschrift 1887 S. 272 und Entsch. des RG.s in Zivils. Bd. 20 S. 307flg. und S. 365flg.

Nach § 16 des preuß. AusfG.s zur ZPO. vom 24. März 1879 ist zum Nachweise der Pfändung einer Hypothekenforderung der Nachweis der Zustellung des Pfändungsbeschlusses an den Eigentümer des Grundstückes erforderlich und ausreichend. Damit ist der Eigentümer ausdrücklich für den Drittschuldner des (hier nur in Rede stehenden) dinglichen Anspruches erklärt.

Vgl. v. Meibom im Archiv für zivil. Praxis Bd. 72 S. 456flg. und 476.

Dadurch, daß die Subhastation des Pfandgrundstückes eingeleitet wird, tritt in dieser Beziehung eine Änderung offenbar nicht ein. Der Eigentümer bleibt nach wie vor Drittschuldner. In Frage steht, ob er diese Eigenschaft mit dem Zuschlage verliert. Diese Frage muß verneint werden.

Gemäß § 40 Ziff. 9 und §§ 104flg. der preußischen Zwangsvollstreckungsordnung vom 13. Juli 1883 (ebenso nach § 37 Ziff. 5 und § 92 Abs. 1 des Reichs-Zwangsvollstreckungsgesetzes) tritt nach erfolgtem Zuschlage der Anspruch auf den Erlös, und nach dessen Hinterlegung oder Zahlung an den Subhastationsrichter das Geld selbst an die Stelle des bisherigen Pfandgegenstandes, derart, daß die Hypotheken, soweit sie nicht gemäß §§ 57, 107, 115 des Gesetzes vom 13. Juli 1883 vom Ersteher übernommen werden müssen, nunmehr auf dem Erlöse ruhen.

Vgl. Förster-Eccius, Bd. 3 § 184 Anm. 65.

Daß jetzt der Anspruch des Hypothekengläubigers auf Zahlung einer Geldsumme geht, ist vollends zweifellos. Ein Anspruch auf Zahlung setzt aber begrifflich das Vorhandensein eines Schuldners, dem die Zahlung obliegt, voraus, und dieser Schuldner ist selbstverständlich zugleich der Drittschuldner des den hypothekarischen Anspruch pfändenden Gläubigers. Damit erscheint die Anwendung des § 754 Abs. 2 ZPO., der voraussetzt, daß es sich nicht um eine Geldforderung handelt,

vgl. Entsch. des RG.s in Zivils. Bd. 20 S. 368flg.,

und daß ein Drittschuldner nicht vorhanden ist, ausgeschlossen.

Als dieser Drittschuldner muß der Subhastat angesehen werden, weil dinglich verhaftet für den Hypothekenanspruch nur der Eigentümer des Pfandgegenstandes sein kann, also, wie früher der Eigentümer des Grundstückes, so jetzt der Eigentümer des noch ausstehenden oder hinterlegten Erlöses. Eigentümer des Erlöses ist aber vermöge des aus § 40 Ziff. 9 und §§ 104flg. der Zwangsvollstreckungsordnung vom 13. Juli 1883 sich ergebenden Surrogationsgrundsatzes der Subhastat.

Vgl. Striethorst, Archiv Bd. 60 S. 170, Bd. 81 S. 72; Entsch. des Obertribunals Bd. 73 S. 111flg.; Entsch. des RG.s in Zivils. Bd. 5 S. 310, und Denkschrift zum Reichs-Zwangsvollstreckungsgesetze S. 98.

Gegen diese Rechtsgrundsätze verstößt der Berufungsrichter, indem er den Ersteher für den Drittschuldner erklärt. Er verletzt aber zugleich auch die §§ 117, 128, 129 a. a. O., aus welchen sich klar ergibt, daß dem zur Hebung gelangenden Hypothekengläubiger bezüglich des Erlöses ein Gläubigerrecht gegen den Ersteher solange nicht zusteht, als der Erlös ihm nicht überwiesen worden ist.

Vgl. Entsch. des RG.s in Zivils. Bd. 5 S. 310, und Denkschrift a. a. O.

Demgemäß mußte das Berufungsurteil, welches lediglich auf der Annahme beruht, daß dem Kläger durch Zustellung des Pfändungsbeschlusses ein (früheres) Pfandrecht auf den Erlös erworben sei, aufgehoben worden.

Stand dem Kläger ein Pfandrecht nicht zu, so konnte er bei der Subhastation als bloß persönlicher Gläubiger des Str. keine Berücksichtigung finden.

Vgl. § 113 Abs. 6 a. a. O.; Entsch. des RG.s in Zivils. Bd. 18 S. 297.

Damit ist freilich . . . nicht ausgeschlossen, daß Kläger außerhalb des Zwangsvollstreckungsverfahrens ein besseres Recht auf die Hebung geltend machen darf. Von dieser Befugnis macht der Kläger mit der vorliegenden Klage Gebrauch. Er hat jedoch ein besseres Recht auf den Erlös nicht darzulegen vermocht.“ . . .

RGZ. 49, 253

Wie muß der Besitz eines Dritten an dem sog. tatsächlichen Zubehör beschaffen sein, wenn er bewirken soll, daß letzteres vom Zuschlage nicht mitergriffen wird?

V. Zivilsenat. Urt. v. 8. Juni 1901.

I. Landgericht Essen. II. Oberlandesgericht Hamm.

In einer gegen den Brauereidirektor Johann E. in B. durchgeführten Zwangsversteigerung sind Grundstücke, die auf dessen Namen im Grundbuche eingetragen waren, dem Kläger durch Zuschlagsurteil vom 11. Oktober 1899 zugeschlagen worden. Auf ihnen betrieb die offene Handelsgesellschaft E. & Co., Schloßbrauerei zu B., als deren Inhaber im Handelsregister die nicht in Gütergemeinschaft lebenden

Eheleute Brauereidirektor Johann E. und Louise geb. B. in B. eingetragen sind, eine Brauerei. Zur Zeit, als das Zuschlagsurteil erging, befanden sich auf den Grundstücken eine Anzahl beweglicher Gegenstände (Bottiche, Fässer, Wagen, Pferde usw.), welche dem Betriebe der Brauerei dienten. Diese ließ die Beklagte auf Grund eines gegen die in Konkurs geratene Firma E. & Co. vollstreckbaren Urteiles am 14. Dezember 1899 pfänden. Kläger widersprach dieser Pfändung, indem er behauptete, durch das Zuschlagsurteil auch Eigentümer der gepfändeten Gegenstände, die er als Zubehör der Grundstücke in Anspruch nimmt, geworden zu sein. Seine Klage auf Freigabe derselben wurde in erster und zweiter Instanz abgewiesen.

Auf Revision des Klägers wurde aber das Berufungsurteil aufgehoben, und, unter Abänderung des ersten Urteiles, nach dem Klagantrage erkannt aus folgenden

Gründen:

„Mit dem Berufungsrichter ist davon auszugehen, daß die durch den Zuschlag betroffenen Grundstücke, deren eingetragener Eigentümer Johann E. war, dadurch, daß sie früher von ihm in die offene Handelsgesellschaft E. & Co. eingebracht worden sein sollen, nicht in deren Eigentum übergegangen sind. Denn Inhaber der Handelsgesellschaft waren die E.schen Eheleute; der Fall liegt also nicht so, wie der in dem Urteile des Reichsgerichtes vom 23. Oktober 1893 (Gruchot, Beiträge Bd. 38 S. 1061) entschiedene, für welchen der IV. Zivilsenat des Reichsgerichtes — allerdings nicht ohne Widerspruch; vgl. Jahrb. für Entsch. des Kammerger. Bd. 17 S. 44 — angenommen hat, daß es außer der Einbringung einer Auflassung an die Handelsgesellschaft und deren Eintragung als Eigentümerin nicht bedürfe.

Abzuweisen ist daher die Unterstellung, von welcher der Kläger auszugehen scheint, und die auch bei Begründung der Revision wieder hervorgetreten ist, als ob das Brauereiinventar und die Grundstücke demselben Eigentümer gehört haben; dies war nicht der Fall. Die Grundstücke gehörten dem Subhastaten Johann E., und das Brauereiinventar war, soviel zu ersehen, Eigentum der die Brauerei betreibenden Gesellschaft. Dies ist aber für die Frage, ob der Ersteher nicht trotzdem durch den Zuschlag Eigentum auch an dem Inventar erworben habe, nicht ausschlaggebend, wie bereits das Berufungsgericht im Gegensatze zum ersten Richter zutreffend erwogen hat. Da in dieser Beziehung die Judikatur des Reichsgerichtes eine feststehende ist, und neue Gesichtspunkte, die zu einer nochmaligen Prüfung der Frage Veranlassung geben könnten, im gegenwärtigen Verfahren nicht geltend gemacht worden sind, erübrigt es sich, hierauf genauer einzugehen.

Das Bedenken des Berufungsrichters liegt auf einer anderen Seite. Er verkennt nicht, daß in der Rechtsprechung des Reichsgerichtes, nach welcher auch das sog. tatsächliche Zubehör vom Zuschlage ergriffen und dem Ersteher mit zugeschlagen wird,

vgl. Entsch. des RG.s in Zivils. Bd. 2 S. 255, Bd. 19 S. 321, Bd. 39 S. 292; Gruchot, Beiträge Bd. 34 S. 1105,

auch das Verkehrsbedürfnis in Betracht gezogen worden ist, mit dem es nicht vereinbar wäre, wenn der Bieter erst durch Nachforschungen *und Erkundigungen feststellen müßte, ob die auf dem Grundstücke* tatsächlich vorhandenen Zubehörstücke, die als solche nach ihrer Natur und wirtschaftlichen Bestimmung erkennbar sind, auch rechtlich als Zubehör des Grundstückes gelten können. Aber er meint, die eine Voraussetzung sei doch festzuhalten, daß der Subhastat sich im Besitze des tatsächlichen Zubehörs befinden müsse, und gerade an dieser Voraussetzung fehle es hier, da nicht Johann E., sondern die Firma E. & Co., im Besitze des Brauereiinventars gewesen sei.

In dieser Allgemeinheit ist der Entscheidungsgrund unrichtig; er bedarf der Einschränkung dahin, daß auch ein Besitzverhältnis, durch welches die Wirkung des Zuschlages auf das sog. tatsächliche Zubehör ausgeschlossen werden soll, erkennbar in die Erscheinung treten muß. An sich ist es richtig, daß der Zuschlag auf Zubehörstücke, die sich nicht im Besitze des Subhastaten befinden, nicht bezogen werden kann. Denn wenn das Grundstück so ausgeboten und so zugeschlagen werden soll, wie es sich tatsächlich darstellt, so muß auch der Umstand, daß nicht der Subhastat, sondern ein Dritter die auf dem Grundstück vorhandenen Gegenstände besitzt, die an sich Zubehör sein könnten, von den Bietern beachtet werden. Das Reichsgericht hat dies wiederholt und namentlich in Beziehung auf Pächter anerkannt, die sich im Besitze des Grundstückes befinden.

Vgl. die Entsch. des erkennenden Senats vom 27. November 1889 und 22. Mai 1895 in Gruchot's Beiträgen Bd. 34 S. 1110 und Bd. 39 S. 1050.

Auch das Reichsgesetz über die Zwangsversteigerung und Zwangsverwaltung vom 27. März 1897 bezieht in § 55 Abs. 2 ausdrücklich die Versteigerung nur auf diejenigen Zubehörstücke, „die sich im Besitze des Schuldners oder eines neu eingetretenen Eigentümers befinden". Soll aber durch den Besitz eines Dritten die tatsächliche Zubehöreigenschaft dem Bieter gegenüber ausgeschlossen werden, so müssen auch diese beiden einander ausschließenden Umstände gleichmäßig erkennbar sein. Die Sache darf nicht so liegen, daß der Besitz des Dritten durch die bestehenden und in die äußere Erscheinung tretenden Umstände verdeckt wird. So aber liegt die Sache hier; Johann E., der Subhastat, war Brauereidirektor; er war zugleich Mitinhaber der die Brauerei betreibenden Gesellschaft. Dafür, daß in irgend welcher Weise ein Besitzverhältnis der Gesellschaft im Gegensatze zu der wahrnehmbaren Tatsache, daß Johann E. die Grundstücke besaß und den Brauereibetrieb leitete, erkennbar gewesen wäre, ist von der Beklagten nichts angeführt worden. Für die Bieter bestand daher keine Veranlassung, hinter den von ihnen wahrnehmbaren Zustand zurückzugreifen und erst noch festzustellen, ob das, was äußerlich als ein Besitzverhältnis des Johann E. in die Erscheinung trat, sich auch rechtlich als solches charakterisierte. Sie durften dies, da nichts für das Gegenteil sprach, ohne weiteres annehmen und durften erwarten, daß, wenn es anders sein sollte, der Dritte seine Rechte der ergangenen Aufforderung gemäß (§ 40 Nr. 9 des Gesetzes, betreffend die Zwangsvollstreckung in das unbewegliche Vermögen, vom 13. Juli 1883) geltend gemacht haben würde. In Ermangelung einer solchen Geltendmachung hat daher der Zuschlag auch das tatsächliche Zubehör ergriffen, und da zu ihm, wie nicht streitig ist, das von der Beklagten in Pfändung genommene Brauereiinventar, wie solches in dem Protokolle des Gerichtsvollziehers vom 14. Dezember 1899 verzeichnet ist, gehört, so hat der Kläger auch dieses durch den Zuschlag erworben." ...

RGZ. 54, 308

Kann ein bei der Zwangsversteigerung eines Grundstücks abgegebenes Meistgebot im Prozeßwege wegen Irrtums angefochten werden?

Reichsgesetz über die Zwangsversteigerung und die Zwangsverwaltung vom 20. Mai 1898 §§ 81 Abs. 1. 100 Abs. 1.

V. Zivilsenat. Urt. v. 22. April 1903.

I. Landgericht Köslin. II. Oberlandesgericht Stettin.

Die Klägerin, die bei der Zwangsversteigerung mehrerer Grundstücke ein Meistgebot von 9000 M. abgegeben hatte, focht dieses Gebot noch im Versteigerungstermine wegen Irrtums an, indem sie behauptete, sie habe nur 900 Taler bieten wollen. Nachdem zufolge einer von ihr erwirkten einstweiligen Verfügung des Prozeßgerichts die Zuschlagserteilung ausgesetzt worden war, klagte sie gegen mehrere am Zwangsversteigerungsverfahren Beteiligte, die die Ungültigkeit des Meistgebots bestritten, auf Anerkennung dieser Ungültigkeit. Der erste Richter legte ihr über den behaupteten Irrtum einen richterlichen Eid auf, der zweite Richter wies die Klage ab. Die Revision der Klägerin ist zurückgewiesen worden aus folgenden

Gründen:

. . . „Der Berufungsrichter geht davon aus, daß das Vollstreckungsgericht bei der ihm nach §§ 79, 81 des Zwangsversteigerungsgesetzes obliegenden Entscheidung über den Zuschlag zugleich auch zu prüfen und zu entscheiden habe, ob ein rechtswirksames Meistgebot vorliegt. Diese Entscheidung könne ebenso wie die über die Zuschlagserteilung überhaupt durch Beschwerde nach § 100 ebenda angefochten werden. Dagegen stehe es den Beteiligten nicht frei, nach ihrem Belieben Teile der durch Gesetz dem Vollstreckungsgericht zugewiesenen Tätigkeit aus dem Zwangsvollstreckungsverfahren auszuschalten und zum Gegenstand eines besonderen Rechtsstreits zu machen. Danach sei für eine Entscheidung des Prozeßgerichts, wie sie im vorliegenden Falle begehrt werde, kein Raum.

Diese Ausführungen sind zutreffend. Mit Unrecht beruft sich zu ihrer Bekämpfung die Revision auf den allgemeinen Satz, wonach die Zulässigkeit des ordentlichen Rechtsweges den Regelfall bildet, und Ausnahmen davon nur insoweit gelten, als sie im Gesetz ausdrücklich bestimmt sind. Ein solcher Satz hat Anerkennung in der Rechtsprechung des Reichsgerichts für die Fälle gefunden, in denen es sich nach § 13 des Gerichtsverfassungsgesetzes um die Abgrenzung der Zuständigkeit der ordentlichen Gerichte gegenüber derjenigen der Verwaltungsbehörden und Verwaltungsgerichte handelt. Er kann aber nicht zur Entscheidung der Frage herangezogen werden, ob innerhalb der unzweifelhaft gegebenen gerichtlichen Zuständigkeit das obligatorische mündliche Verfahren oder das Beschlußverfahren stattzufinden hat. Hier greift vielmehr der Gesichtspunkt durch, daß, wenn das Gesetz die Erledigung von Anträgen oder Einwendungen im Beschlußverfahren vorschreibt, der Weg der ordentlichen Klage ausgeschlossen ist, es sei denn, daß, wie z. B. im Falle des § 768 ZPO., das Gesetz ausdrücklich der Partei ein Wahlrecht gibt. Dieser Grundsatz gilt insbesondere für das Zwangsvollstreckungsverfahren. Das Reichsgericht hat ihn hier bereits wiederholt im Bereiche der Mobiliarzwangsvollstreckung zur Anwendung gebracht, wo z. B. bei Streitigkeiten über die Pfändbarkeit einer Forderung der Prozeßweg schlechthin für unzulässig erklärt worden ist, gleichviel ob der Einwand der Unzulässigkeit der Pfändung auf die Vorschriften der Zivilprozeßordnung oder auf Vorschriften des materiellen Rechts gestützt wurde.

Vgl. die Urteile vom 3. Mai 1884 in Gruchots Beitr. Bd. 28 S. 1164; vom 27. Mai 1886, Entsch. des RG.s in Zivils. Bd. 16 S. 347; vom 22. Oktober 1897, ebenda Bd. 40 S. 365.

Daß auch das Verfahren der Zwangsvollstreckung in Grundstücke, namentlich das Zwangsversteigerungsverfahren, von demselben Grundsatz beherrscht wird, kann einem Bedenken um so weniger unterliegen, als, wie die Zivilprozeßordnung durch § 869 klarstellt, ihre Vorschriften bei Anwendung des Zwangsversteigerungsgesetzes in gleicher Weise Platz greifen, wie wenn das Gesetz ein Bestandteil der Zivilprozeßordnung selbst wäre.

Vgl. die Denkschrift zum Gesetz S. 38.

Danach ist wegen des im vorliegenden Falle zwischen den Parteien bestehenden Streitpunktes der Klageweg ohne weiteres ausgeschlossen, sofern feststeht, daß das erwähnte Gesetz Streitigkeiten dieser Art der Entscheidung des Vollstreckungsgerichts hat zuweisen wollen. Letzteres aber ist unzweifelhaft die Absicht des Gesetzgebers gewesen. Nach § 71 Abs. 1 des Gesetzes hat das Vollstreckungsgericht die Wirksamkeit eines abgegebenen Gebots von amtswegen zu prüfen und, wenn sich dessen Unwirksamkeit ergibt, es zurückzuweisen. Ist die Zurückweisung zu Unrecht unterblieben, und hat das Gebot nicht etwa durch Übergebot seine Erledigung gefunden, so muß das Versäumte bei der Entscheidung über den Zuschlag nachgeholt werden. Der Zuschlag ist nicht dem unwirksamen Höchstgebot, sondern dem nächst niedrigeren wirksamen Gebot zu erteilen. Dies hatte der im Jahre 1889 veröffentlichte erste Entwurf des Gesetzes in § 113 Abs. 2 Satz 1 und Abs. 3 zu besonderem Ausdruck gebracht. Die Bestimmungen wurden von der mit der zweiten Lesung des Entwurfs betrauten Kommission gestrichen, weil man sie teils als überflüssig, teils als unzureichend ansah. Man nahm an, es ergebe sich schon aus der Vorschrift des § 113 Abs. 1 Entw. (§ 81 Abs. 1 des Gesetzes) als Aufgabe des Richters, an der Hand der über das Bieten gegebenen Bestimmungen festzustellen, welche Gebote wirksam sind, welche von den an sich wirksamen Geboten infolge widerspruchsloser Zurückweisung erloschen sind, und welches von den hiernach als wirksam und nicht erloschen sich darstellenden Geboten das Meistgebot ist.

Vgl. Bemerkungen zu der vorläufigen Zusammenstellung der Beschlüsse der Kommission Bd. 2 S. 170, 171.

Daß die hierüber zu treffenden Entscheidungen einer Nachprüfung in der Beschwerdeinstanz unterliegen, ist durch die Fassung des § 100 Abs. 1 des Gesetzes, wonach die Beschwerde auch auf eine Verletzung des § 81 Abs. 1 gestützt werden kann, klargestellt. Ein Unterschied, aus welchem Grunde die Unwirksamkeit des Gebots behauptet wird, ob wegen Geschäftsunfähigkeit oder beschränkter Geschäftsfähigkeit des Bietenden oder wegen Willensmängel in der Person des letzteren infolge von Irrtum, Betrug oder Drohung, ist dabei nirgends gemacht. Die den ordentlichen Prozeßgang ausschließende Zuständigkeit des Vollstreckungsgerichts zur Prüfung und Entscheidung ist daher nach allen Richtungen hin eine uneingeschränkte.

Vgl. auch das Urteil des erkennenden Senats vom 15. Mai 1895, Entsch. des RG.s in Zivils. Bd. 35 S. 396, das sich auf einen ähnlichen, nach dem früheren preußischen Zwangsvollstreckungsgesetz vom 13. Juli 1883 zu entscheidenden Fall bezog.

Der Hinweis der Revision darauf, daß die Feststellung bestrittener Tatsachen durch das Vollstreckungsgericht unter Umständen auf Schwierigkeiten stoßen könne, namentlich dann, wenn, wie im vorliegenden Fall, der erste Richter angenommen habe, der erbrachte Beweis unvollständig sei und der Ergänzung durch einen richterlichen Eid bedürfe, würde schon an sich gegenüber dem, was durch Auslegung als positiver Gesetzesinhalt festgestellt wird, belanglos sein. Das Bedenken entbehrt aber auch sachlich der Begründung, da das Beschlußverfahren ebenfalls Raum für die Anordnung und Ableistung von Eiden durch die Partei gewährt.

Vgl. die Beschlüsse des Reichsgerichts vom 28. Dezember 1901, Entsch. des RG.s in Zivils. Bd. 50 S. 368, sowie der Oberlandesgerichte Dresden, Seufferts Archiv Bd. 46 S. 122, und Hamburg, ebenda Bd. 57 S. 82." ...

RGZ. 60, 48 †

1. Darf der Zuschlagsbeschluß hinsichtlich der Bedingungen, unter denen der Richter den Zuschlag erteilt hat, aus dem Versteigerungsprotokolle durch Hinübernahme einer Bedingung aus diesem in den Beschluß ergänzt werden?

2. Rangverbesserung des bei der Zwangsversteigerung bestehen bleibenden Altenteils.

3. ....

ZwVG. §§ 82, 88, 97 Abs. 1, 100 Abs. 1. EinfGes. zum ZwVG. § 9. Preuß. AusfGes. zum ZwVG. Art. 6 Abs. 2.

V. Zivilsenat. Urt. v. 28. Januar 1905.

I. Landgericht Altona. II. Oberlandesgericht Kiel.

Für den Kläger haftete auf einem Grundstück in E. ein lebenslänglicher Abschied, bestehend aus freier Wohnung, Beköstigung und sonstigen Bezügen. Der Auszug war in Abteilung II des Grundbuchs unter Nr. 1 mit dem Bemerken eingetragen, daß er „im Range nach Nr. 5 Abteilung III" stehe. Das Grundstück kam im Jahre 1901 zur Zwangsversteigerung. Im Bietungstermin beantragten drei dem Rechte des Klägers in der Rangordnung vorgehende Hypothekengläubiger, deren Hypotheken durch das geringste Gebot nicht gedeckt wurden, das Erlöschen des Abschieds des Klägers als Versteigerungsbedingung festzusetzen. Das Grundstück wurde infolgedessen doppelt ausgeboten, und zwar, wie es im Versteigerungsprotokoll wörtlich hieß:

„I. unter folgenden Bedingungen:
1. der Abt. II Nr. 1 für Ferdinand B. eingetragene Abschied bleibt bestehen;
2. bar zu zahlen sind (5 unter a bis d näher bezeichnete Beträge) 300 M.;
3. das Bargebot ist im Verteilungstermin zu erlegen und vom Zuschlag ab mit 4 Prozent zu verzinsen;
4. die Kosten des Zuschlagsbeschlusses fallen dem Ersteher zur Last;

II. unter folgenden Bedingungen:
1. bar zu zahlen sind die unter Nr. I 2 aufgeführten Ansprüche von 300 M.;
2. das gesamte Bargebot ist im Verteilungstermine bar zu zahlen und bis dahin vom Zuschlage ab mit 4 Prozent zu verzinsen;
3. die Kosten des Zuschlagsbeschlusses fallen dem Ersteher zur Last."

Das Protokoll ergab nicht, daß ein Gebot unter den Bedingungen zu I abgegeben worden wäre, sondern es war über die abgegebenen Gebote nur folgendes protokolliert:

„Es boten, und zwar unter der Bedingung zu II (ohne Übernahme des Abschieds)

Schmiedemeister Wilhelm S. hier 3800 M.;
B. . . . . 4000 M.;
S. . . . . 4050 M."

Weitere Gebote wurden als abgegeben nicht festgestellt. Der Zuschlag wurde durch Beschluß vom 5. Dezember 1901, nachdem S. seine Rechte aus dem Meistgebot dem Beklagten abgetreten hatte, diesem für den „durch Zahlung zu berichtigenden Betrag von 4050 M. unter folgenden Bedingungen" erteilt:

1. das Bargebot von 4050 M. ist von heute ab mit 4 Prozent zu verzinsen;
2. der Schmiedemeister Wilhelm S. in E. wird für die Erfüllung der sich aus dem Zuschlage ergebenden Verpflichtungen für mithaftend erklärt;
3. die Kosten des Beschlusses fallen dem Ersteher zur Last.

Beschwerde wurde gegen den Zuschlag nicht eingelegt. Auf Grund desselben wurde nach Abhaltung des Verteilungstermins das Grundbuch berichtigt, der Beklagte als Ersteher eingetragen, und der Abschied des Klägers gelöscht.

Die Löschung wollte der Kläger sich nicht gefallen lassen. Er wies darauf hin, daß der Zuschlagsbeschluß so wie er lautet das Erlöschen seines dinglichen Rechtes als Versteigerungsbedingung nicht aufstelle, und führte aus, daß sich hieraus dessen Bestehenbleiben ergebe. Er verlangte, daß der Beklagte verurteilt werde, in die Wiedereintragung des Abschiedes nach Maßgabe des denselben konstituierenden Vertrags zu willigen, und ihm diesen lebenslänglichen Abschied — und zwar auch bei Vermeidung der Zwangsvollstreckung in das für ihn dinglich haftende Grundstück — zu gewähren. Der Beklagte beantragte Abweisung der Klage; er hielt für entscheidend, daß das Meistgebot, für das ihm nach erfolgter Abtretung der Rechte der Zuschlag erteilt wurde, nach den nicht mißzuverstehenden Feststellungen des Versteigerungsprotokolls ohne Übernahme des Abschiedsrechts abgegeben war; eventuell machte er geltend, daß Kläger für eine Wiedereintragung seines Rechts nur denjenigen Rang beanspruchen könne, der ihm vor der Zwangsversteigerung zugestanden habe.

Der erste Richter wies die Klage insoweit ab, als der Beklagte für den Abschied auch als persönlich verhaftet in Anspruch genommen wurde; im übrigen gab er der Klage statt, verurteilte also den Beklagten, die Wiedereintragung des Abschieds zu dulden und für ihn dem Kläger mit dem Grundstück zu haften. Gegen dieses Urteil legten beide Teile, soweit zu ihren Ungunsten erkannt war, Berufung ein. Der Kläger wiederholte seinen Antrag mit der Einschränkung, daß der Beklagte zur Gewährung des Abschieds nur so lange, als er Eigentümer des belasteten Grundstücks sei, verpflichtet sein solle. Der zweite Richter wies die Berufung des Klägers zurück und erkannte auf die Berufung des Beklagten unter Abänderung des ersten Urteils auf Abweisung der Klage. Dieses Urteil wurde auf Revision des Klägers aufgehoben, und in der Sache selbst das Urteil erster Instanz unter Zurückweisung der Berufung des Beklagten auf die Berufung des Klägers dahin abgeändert, daß der Beklagte verurteilt wurde, dem Kläger auf dessen Lebenszeit, solange der Beklagte Eigentümer des Grundstücks bleibe, den Abschied zu gewähren, und zwar auch bei Vermeidung der Zwangsvollstreckung in das Grundstück.

Gründe:

„Daß der Zedent des Beklagten das Meistgebot von 4050 M., für welches dem Beklagten der Zuschlag erteilt ist, wie es im Versteigerungsprotokoll wörtlich heißt: „ohne Übernahme des Abschieds", d. h. unter der Bedingung, daß das Abschiedsrecht des Klägers erlöschen solle, abgegeben hat, ist nach den getroffenen Feststellungen außer Zweifel. Ebenso steht andererseits fest, daß im Zuschlagsbeschluß, obwohl er die Bedingungen festsetzt, unter denen der Zuschlag erteilt wird, die Bedingung, daß das Abschiedsrecht des Klägers erlösche, keine ausdrückliche Aufnahme gefunden hat; der Zuschlagsbeschluß erwähnt das Abschiedsrecht des Klägers überhaupt nicht. Es fragt sich nun, ob es rechtlich zulässig ist, den Zuschlagsbeschluß hinsichtlich der Bedingungen, unter denen der Zuschlag erteilt wird, derartig aus dem Versteigerungsprotokoll zu ergänzen, daß eine Bedingung, unter der das den Zuschlag findende Meistgebot nach dem Versteigerungsprotokoll abgegeben worden ist, auch für den Zuschlag gilt, obwohl sie aus dem Zuschlagsbeschluß als gestellt nicht zu ersehen ist. Es handelt sich aber, wie gleich vorweg bemerkt werden mag, nicht um eine Auslegung des Zuschlagsbeschlusses; denn ausgelegt kann nur werden, was der Zuschlagsbeschluß enthält, nicht aber, was er nicht enthält. Es handelt sich auch nicht um eine „offenbare Unrichtigkeit" im Sinne des § 319 ZPO., wofern diese Vorschrift, wie allgemein angenommen wird, auf Zuschlagsbeschlüsse anwendbar sein sollte. Die Voraussetzungen einer bloßen Berichtigung liegen nicht vor, sondern es handelt sich geradezu um eine Ergänzung des Zuschlags aus dem Versteigerungsprotokoll und um die Frage, ob eine solche Ergänzung zulässig ist. Der Berufungsrichter hält sie für zulässig; darin aber kann ihm nicht beigetreten werden.

Der vom Berufungsrichter für seine Meinung hauptsächlich verwertete Grund wäre überzeugend, wenn er richtig wäre. Er geht dahin, daß Beklagter überhaupt nicht berechtigt gewesen sei, den Zuschlagsbeschluß anzufechten, weil die Beschwerde gegen den Zuschlag nach § 100 Abs. 1 ZwVG. nur darauf gestützt werden dürfe, daß eine der Vorschriften der §§ 81, 83—85 daselbst verletzt, oder daß der Zuschlag unter anderen als den der Versteigerung zugrunde gelegten Bedingungen erteilt sei, und keine dieser Voraussetzungen hier vorliege. Letzteres ist unrichtig. Wenn der Zuschlag die Bedingungen nicht enthält, unter denen die Versteigerung stattgefunden hat, so ist er eben unter anderen als den der Versteigerung zugrunde gelegten Bedingungen erteilt. Daß der Beklagte als Ersteher (§ 97 Abs. 1 ZwVG.) zur Beschwerde berechtigt gewesen wäre und diese nach § 100 Abs. 1 hätte begründen können, läßt sich daher nicht bezweifeln. In Wahrheit liegt in dem Grunde des Berufungsrichters eine petitio principii, d. h. der Berufungsrichter nimmt das, was er erst dartun will, schon vorweg, indem er davon ausgeht, daß der Zuschlagsbeschluß nur dann unter anderen als den der Versteigerung zugrunde gelegten Bedingungen erteilt sei, wenn er a u s d r ü c k l i c h eine der Versteigerung nicht zugrunde gelegte Bedingung festsetze. Dies entspricht aber weder dem Wortlaute noch dem Sinne des § 100 Abs. 1 und verkennt die selbständige Bedeutung des Zuschlagsbeschlusses. An den Zuschlag knüpfen sich rechtliche Folgen der verschiedensten Art; sie sind im Gesetz selbst festgelegt und teils solche, von denen, weil sie mit den Grundprinzipien des Verfahrens zusammenhängen, die Beteiligten nicht abweichen dürfen, teils solche, deren Abänderung den Beteiligten durch aufzustellende Versteigerungsbedingungen freisteht. Werden vom Gesetz abweichende Versteigerungsbedingungen nicht gestellt, so treten mit Notwendigkeit die gesetzlichen Versteigerungsbedingungen ein. Und wenn nun § 82 ZwVG. vorschreibt: „In dem Beschlusse, durch welchen der Zuschlag erteilt wird, sind das Grundstück, der Ersteher, das Gebot und die Versteigerungsbedingungen zu bezeichnen", so kann dies nur dahin verstanden werden, daß, insoweit der Beschluß Versteigerungsbedingungen nicht bezeichnet, die gesetzlichen Bedingungen eintreten müssen. Man braucht nicht erst darauf Gewicht zu legen, daß dies die Motive zum ZwVG. (S. 243, 260) ausdrücklich hervorheben; auch wenn dies nicht der Fall wäre, könnte man nach dem Zusammenhange des Gesetzes (§ 82, § 91 Abs. 1, § 100 Abs. 1) zu keinem anderen Ergebnis kommen. Es darf dabei die Lage derjenigen Beteiligten, die im Versteigerungstermin nicht erschienen sind, nicht außer acht gelassen werden. Unrichtig wäre es, in ihrem Nichterscheinen eine Nachlässigkeit zu finden und sich etwa ihnen gegenüber mit der Erwägung zu beruhigen, daß sie es sich selbst zuzuschreiben haben, wenn sie von dem Inhalt der Verhandlung im Versteigerungstermin keine Kenntnis erhalten. Von einer Säumigkeit ist hier keine Rede; ob ein Beteiligter Veranlassung nehmen will, seine Rechte wahrzunehmen, bleibt im Zwangsversteigerungsverfahren seiner Beurteilung überlassen. Er braucht nicht teilzunehmen, weil er sich darauf verlassen darf, daß gesetzmäßig verfahren wird, und daß ihm Mitteilung über das Ergebnis des Verfahrens zugeht. Deshalb ist in § 88 ZwVG. vorgeschrieben, daß der Beschluß, durch welchen der Zuschlag erteilt wird, den Beteiligten, soweit sie weder im Versteigerungstermine noch im Verkündungstermine erschienen sind, zuzustellen ist. Sie sollen dadurch in die Lage gebracht werden, zu prüfen, ob der Beschluß sie in ihren Rechten verletzt und von ihnen etwa mit der Beschwerde zu beseitigen ist. Dadurch wird die Bedeutung der Vorschrift des § 82, daß im Zuschlagsbeschluß auch die Versteigerungsbedingungen zu bezeichnen sind, ins richtige Licht gestellt: der Beschluß selbst muß die Bedingungen, unter denen der Zuschlag erteilt wird, ersehen lassen. Mit Notwendigkeit folgt auch hier wieder, daß, wenn er keine angibt, die gesetzlichen Bedingungen gelten müssen.

Der Berufungsrichter hat sich ferner auf ein Erkenntnis des vormaligen Obertribunals vom 21. April 1879 (bei Gruchot, Beitr. Bd. 23 S. 744) und auf ein Urteil des Reichsgerichts vom 16. September 1882 (preuß. JMBl. 1883 S. 13) bezogen. Beide sind noch unter der Herrschaft der preußischen Subhastationsordnung von 1869 ergangen, stehen aber der Meinung des Berufungsgerichts nicht zur Seite. Das erste spricht sogar direkt das Gegenteil aus, und die reichsgerichtliche Entscheidung beruht auf einer hier nicht in Betracht kommenden Verwendung des Zubehörbegriffs. Es braucht indes hierauf nicht eingegangen zu werden: denn wäre selbst nach früherem Recht die gegenteilige, vom Berufungsgericht vertretene Meinung begründet, so darf doch nicht außer acht bleiben, daß damals der Zuschlag nur eine deklaratorische Bedeutung hatte. Der Richter stellte durch ihn fest, daß im Versteigerungstermine durch Willensübereinstimmung der Beteiligten ein Kaufvertrag bestimmten Inhalts zustande gekommen sei. Das heutige Recht erkennt dagegen dem Zuschlage eine konstitutive Bedeutung zu. Der Zuschlag ist im heutigen Recht keine bloße Bestätigung eines Kaufvertrages; er entnimmt seine Kraft überhaupt nicht einer im Versteigerungstermin zustande gekommenen Willenseinigung der Beteiligten, die er als erfolgt feststellt; sondern durch ihn überträgt der Richter kraft der ihm vom Gesetz gegebenen Macht im gesetzlich geordneten Verfahren das Grundstück des Schuldners zu *eigen auf den Ersteher für einen bestimmten Preis und unter bestimmten* Bedingungen. Diese mehr publizistische Auffassung des Zuschlags, wonach er seine Kraft nicht in einem mit dem Ersteher abgeschlossenen Kaufvertrage, sondern in dem vom Richter zu gewährenden exekutorischen Rechtsschutze findet, hat nach und nach Eingang in die Rechtslehre gefunden, und sie liegt, mochten ihr auch für das landrechtliche Gebiet, wie wenigstens behauptet wird, Bedenken entgegenstehen, dem heute geltenden Reichsgesetze über die Zwangsversteigerung und die Zwangsverwaltung vom 24. März 1897 in der Fassung vom 20. Mai 1898 zugrunde. Hierüber kann nach der selbständigen Ausgestaltung, die in ihm der Zuschlag und seine Wirkungen erfahren haben, und bei der ersichtlich das in den Motiven (S. 118, 259) noch besonders gerechtfertigte Bestreben hervortritt, die Wirkungen des Zuschlags nicht als Folgen eines nach privatrechtlichen Normen zu beurteilenden Kaufvertrages erscheinen zu lassen, kaum noch ein Zweifel sein. Dies wird auch in der neueren Literatur überwiegend — wenngleich nicht ohne Widerspruch — angenommen. Von diesem Standpunkt aus erscheint nun aber ein Zurückgehen auf die Versteigerungsverhandlung, um aus ihr die Bedingungen zu entnehmen, unter denen der Zuschlag gelten soll, erst recht unzulässig. Ist der Zuschlag ein selbständiger Akt der richterlichen Gewalt, so muß er auch selbst die Bedingungen ergeben, unter denen er erteilt ist. Es dürfen in ihn nicht Bedingungen hineingelegt werden, die er selbst nicht erkennen läßt, mögen sie auch die der Versteigerung zugrunde gelegten sein. Dies wäre für das heute geltende Recht auch dann anzunehmen, wenn es im bisherigen preußischen Recht anders gewesen sein sollte; in Wahrheit aber war es in diesem ebenso. Das auf der gegenteiligen Meinung beruhende Berufungsurteil war daher aufzuheben.

Einer Zurückweisung der Sache in die Vorinstanz bedarf es nicht. Ist der Zuschlag, weil er hinsichtlich der Bedingungen aus dem Versteigerungsprotokoll nicht so, wie der Berufungsrichter mit dem Beklagten will, ergänzt werden darf, nur unter den in ihm ausgesprochenen und im übrigen unter den gesetzlichen Bedingungen erteilt, so muß das Abschiedsrecht des Klägers nach § 9 EinfGes. zum ZwVG. in Verbindung mit Art. 6 Abs. 2 preuß. AusfGes. dazu bestehen bleiben. Der Beklagte hätte dies abwenden können, wenn er gegen den Zuschlag Beschwerde eingelegt und die Erteilung unter richtigen, d. h. unter den der Abgabe des Meistgebots entsprechenden, Bedingungen verlangt hätte. Er hat dies nicht getan, sondern den Zuschlag rechtskräftig werden lassen. Die Folge muß sein, daß die in den Zuschlagsbeschluß nicht aufgenommene Bedingung wegfällt, nicht anders, wie wenn sie überhaupt nicht gestellt worden wäre. Der Beklagte hat daher als Ersteher auch keinen Anspruch darauf, daß die dem Abschiedsrecht in der Rangordnung vorgehenden, bei der *Zwangsversteigerung aber ausgefallenen Hypotheken*, oder vielmehr die Stellen, an denen sie gestanden haben, ihm zur Verfügung (vielleicht mit Hilfe eines Rangvorbehalts, vgl. § 881 Abs. 1 BGB.) offen gehalten werden. Denn die ausgefallenen Hypotheken sind nach gesetzlicher Vorschrift zu löschen (§ 130 Abs. 1 ZwVG.), und daraus ergibt sich von selbst, daß das bestehenbleibende Abschiedsrecht im Range aufrückt. Sowenig ein Ersteher, wenn die Bedingung des Erlöschens für das Abschiedsrecht überhaupt nicht gestellt worden ist, die Rangverbesserung, die das bestehenbleibende Recht dann gewinnt, für sich verwerten darf, sowenig darf dies der Beklagte, da ihm gegenüber der rechtskräftige Zuschlag gilt.

RGZ. 70, 411

Rechtswirkung der gemäß § 91 Abs. 2 ZwVG. zwischen dem Hypothekengläubiger und dem Ersteher des Grundstückes getroffenen Vereinbarung des Bestehenbleibens der Hypothek gegenüber dem Bürgen für die persönliche Schuld. Wird die Forthaftung des Bürgen durch eine von diesem formlos dem Gläubiger gegebene Zusage begründet?

BGB. §§ 766, 767, 414, 418. ZwVG. § 91.

VI. Zivilsenat. Urt. v. 18. März 1909.

I. Landgericht Dresden. II. Oberlandesgericht daselbst.

Der Beklagte hatte bezüglich eines dem Architekten Pr. von der Klägerin gegebenen Baudarlehns die selbstschuldnerische Bürgschaft übernommen. Am 8. Januar 1907 kam das Grundstück des Pr., auf welchem die Hypothek für das Darlehn eingetragen war, zur Zwangsversteigerung. Der Beklagte erkannte unter jenem Tage urkundlich an, der Klägerin aus seiner Bürgschaft 51500 M. schuldig zu sein. In dem Termine zur Verteilung des Versteigerungserlöses, am 2. März 1907, vereinbarte der Ersteher des Grundstückes Sch. mit der Klägerin das Bestehenbleiben eines Teiles ihrer Hypothek in Höhe von 46500 M. Mit der Behauptung, daß sie in das Bestehenbleiben der Hypothek nur eingewilligt habe, nachdem der Beklagte ihr seine fortdauernde Haftung als Bürge zugesichert habe, belangte sodann die Klägerin den Beklagten auf Zahlung des restlichen Darlehensbetrages. Der Beklagte verteidigte sich insbesondere dahin, daß durch die Vereinbarung des Bestehenbleibens der Hypothek seine Haftung aus der Bürgschaft erloschen sei. Das Landgericht machte die Entscheidung von einem dem Liquidator der Klägerin über die mündlichen Beredungen der Beteiligten in dem Verteilungstermine auferlegten Eide abhängig. Die Berufung des Beklagten wurde vom Oberlandesgericht (mit einer hier nicht interessierenden Maßgabe) zurückgewiesen. Auch die Revision des Beklagten ist zurückgewiesen worden.

Aus den Gründen:

„Das Berufungsgericht hat, wie schon der erste Richter, die Frage, ob infolge der in dem Verteilungstermine vom 2. März 1907 zwischen der Klägerin und dem Ersteher über das Bestehenbleiben der Hypothek getroffenen Vereinbarung die Verpflichtungen des Beklagten aus der Bürgschaftsurkunde vom 5. Juli 1905 und aus seiner urkundlichen Erklärung vom 8. Januar 1907 erloschen seien, verneinend beantwortet. Zwar sei in § 91 Abs. 3 Satz 2 ZwVG. bestimmt, daß der nach Maßgabe von § 91 Abs. 2 erfolgten Vereinbarung die gleiche Wirkung innewohnen solle, wie der Befriedigung der Berechtigten aus dem Grundstücke, und es würde also die Vereinbarung vom 2. März 1907 an sich die Wirkung haben, daß die bisherige Haftung des ursprünglichen persönlichen Schuldners Pr. und in gleicher Weise die seiner seitherigen Mitverpflichteten, in erster Linie diejenige des Beklagten als Bürgen, wegfiele. Allein die angezogene Vorschrift enthalte kein zwingendes Recht gegenüber den Vertragschließenden. Das Rechtsverhältnis dieser zueinander bestimme sich vielmehr von da an lediglich aus ihren vertragsmäßigen Vereinbarungen. Es sei daher durchaus zulässig, daß nunmehr der Ersteher die persönliche Haftung für die bestehengelassene Forderung übernehme, und daß auch ein Mitverpflichteter, z. B. ein Bürge, die Fortdauer seiner Haftung als solcher zusage. Für den Einzelfall müsse im Wege der Auslegung festgestellt werden, worauf die Absicht der Vertragschließenden, also der Berechtigten und des Erstehers, nicht minder auch des beteiligten Dritten, hier des Bürgen, gerichtet gewesen sei. Regelmäßig werde wohl die Absicht der Vertragschließenden auf Übernahme der zugrunde liegenden persönlichen Schuld von seiten des Erstehers gerichtet sein. Im vorliegenden Falle behaupte — noch weitergehend — die Klägerin, sie sei auf das Ansinnen des Erstehers Sch. und des Beklagten, in das Bestehenbleiben einer Hypothek von 46500 M. zu willigen, erst eingegangen, nachdem sie sich in der Zwischenzeit bis zum Abschlusse der zu Protokoll gegebenen Vereinbarung von dem Beklagten die fortdauernde Wirksamkeit seiner Verpflichtung habe zusichern lassen. Sie behaupte also das Dazwischentreten eines besonderen Abkommens zwischen den gegenwärtigen Prozeßparteien mit dem Inhalte, daß der Beklagte mit ihr das Bestehenbleiben seiner Bürgschaft hinsichtlich der Hypothekenforderung von 46500 M. vereinbart habe. Ein solches Abkommen sei durchaus zulässig, also auch rechtswirksam gewesen. Es habe zu seiner Gültigkeit nicht einmal der in § 766 BGB. für die Bürgschaftserklärung vorgeschriebenen Form bedurft. Denn es habe sich solchenfalls nicht um die Neubegründung einer Bürgschaftsverpflichtung gehandelt, sondern, wie schon der dem Gesetze entsprechende Ausdruck „Vereinbarung des Bestehenbleibens" erkennen lasse, nur um die Anerkennung des Nichterloschenseins einer seitherigen Schuld, und hierfür habe das Gesetz (§§ 125 flg. BGB.) die schriftliche Form nicht vorgeschrieben.

Die Revision rügt Verletzung des § 91 ZwVG. und des § 766, sowie des § 767 Abs. 1 BGB. Auch wenn man der Ansicht des Berufungsgerichts beitrete, daß der § 91 a. a. O. nicht zwingendes Recht enthalte, so treffe die Entscheidung nicht den Kern der Sache. Es stehe fest, daß die Klägerin aus dem Grundstückserlöse befriedigt worden wäre. Demzufolge sei jedenfalls die Schuld des Pr. von dem Übereinkommen der anderen Beteiligten nicht getroffen, sondern nach § 91 Abs. 3 Satz 2 ZwVG. getilgt worden. Rechtlich liege die Sache so, daß der Ersteher Sch. gegen sich erst eine neue Forderung auf Grund des im Versteigerungstermine getroffenen Abkommens begründet habe, die an die Stelle der erloschenen Forderung gegen Pr. treten sollte. Unter allen Umständen habe der Beklagte nur für Pr., nicht aber für den neuen Schuldner Bürgschaft geleistet. Die unter Eid gestellte Erklärung sei daher wegen Formmangels nicht zu beachten.

Diese Einwendungen erscheinen nicht als begründet; vielmehr war der Rechtsauffassung des Berufungsgerichts beizupflichten.

Richtig ist zwar, daß infolge der Vorschrift des § 91 Abs. 3 Satzes 2 ZwVG., wonach die Vereinbarung des Bestehenbleibens eines Rechtes an dem Grundstücke unter den in Abs. 2 angegebenen Voraussetzungen „wie die Befriedigung des Berechtigten aus dem Grundstücke wirkt", der persönliche Schuldner Pr. der Klägerin gegenüber von der Schuld befreit wurde, und daß in weiterer Konsequenz (§§ 362, 767 Abs. 1 BGB.) damit auch die Haftung des Bürgen erloschen wäre, wofern es bei der Rechtsregel zu bewenden hätte. Aber das Berufungsgericht geht mit Recht davon aus, daß jene Rechtswirkung durch besondere Vereinbarung der Beteiligten im gegebenen Falle ausgeschlossen oder modifiziert werden kann. Der Zweck des Gesetzes, durch die Schlußbestimmung des § 91 die berechtigten Interessen des persönlichen Schuldners, der etwaigen Mitverpflichteten oder der Regreßberechtigten zu wahren, (Motive zu § 91 — § 139 des Entwurfs S. 262) wird nicht gefährdet durch Zulassung einer anderweiten vertraglichen Regelung des Verhältnisses unter den Vertragschließenden. Es ist im übrigen streitig, welche Bedeutung einer gemäß § 91 Abs. 2 a. a. O. getroffenen Vereinbarung für die persönliche Forderung zukommt. Der § 91 bezieht sich dem Wortlaute nach nur auf das Erlöschen oder Bestehenbleiben des dinglichen Rechtes, spricht namentlich nicht von einer Übernahme der Schuld, und die Vorschrift des § 53 ZwVG. läßt sich auf diesen Fall nicht übertragen. Eine neuerdings mehrfach vertretene Ansicht geht dahin, daß infolge einer Vereinbarung nach § 91 Abs. 2 mit der dinglichen Haftung gleichzeitig ohne weiteres auch die persönliche Haftung auf den Ersteher übergehe.

Vgl. Wolff, ZwVG. § 91 Bem. 5, 2. Aufl. S. 210; Linckelmann, in der Jurist. Wochenschr. 1903 S. 336 flg.; Kammergericht zu Berlin 6. Juli 1905, Rechtsprechung der Oberlandesgerichte Bd. 11 S. 127.

Die im gegenwärtigen Falle von dem Berufungsgerichte zugrunde gelegte, auch früher schon von dem Oberlandesgerichte Dresden (Rechtspr. der Oberlandesgerichte Bd. 9 S. 140) befolgte Auffassung will es von dem im Einzelfalle erklärten oder durch Auslegung zu ermittelnden Parteiwillen abhängig machen, ob eine Schuldübernahme von seiten des Erstehers mit dem vereinbarten Bestehenbleiben des Rechtes verbunden ist, was bei Hypotheken für die Regel angenommen werden dürfe.

Vgl. Reinhard, Das Zwangsversteigerungsgesetz Bd. 1 zu § 91 Bem. 4 S. 456; Jaeckel, ZwVG. zu § 91 Bem. 3, 2. Aufl. S. 334; im Ergebnisse wohl auch Turnau u. Förster, Liegenschaftsrecht Bd. 1, 3. Aufl. Anhang S. 1134 flg. Nr. 1.

Unter allen Umständen aber ist die Annahme, daß der Ersteher des Grundstückes die persönliche Schuld übernommen habe, dann völlig unbedenklich, wenn eine darauf gerichtete Willensmeinung der Beteiligten in ihren Verhandlungen erkennbar zum Ausdrucke gekommen ist. Und wenn das Berufungsgericht im vorliegenden Falle aus den Beredungen der Beteiligten einen solchen Vertragswillen entnommen hat, so ist das eine wesentlich tatsächliche Beurteilung, die zu rechtlichen Bedenken keinen Anlaß bietet.

Außer Zweifel steht weiterhin, daß das Gesetz Raum läßt für eine Vereinbarung zwischen dem Hypothekengläubiger und dem Bürgen, wonach dieser für die vom Ersteher übernommene persönliche Schuld forthaften soll. Die — privative — Schuldübernahme (§ 414 BGB.) ist nach jetzigem Rechte ein mit der Wirkung der Sukzession in die bestehen bleibende Schuld bekleideter Akt. Es handelt sich also nicht darum, daß der Ersteher erst eine neue Forderung gegen sich begründet hätte; eine Novation der Forderung steht nicht in Frage. Der Beklagte hätte daher durch die von der Klägerin behaupteten Erklärungen seine Forthaftung für die im gegebenen Falle durch die Vereinbarung zwischen der Klägerin und dem Ersteher im Bestande erhaltene Forderung anerkannt oder zugesichert, während allerdings der bisherige Hauptschuldner Pr. von der Schuld befreit worden ist. Nun erlischt zwar zufolge einer Schuldübernahme in der Regel die für die Forderung bestellte Bürgschaft (§ 418 Abs. 1 Satz 1 BGB.). Allein diese Rechtsfolge kann durch das Einverständnis zwischen dem Gläubiger und dem Bürgen ausgeschlossen werden. Wenn die Wirkung eines Erlöschens oder Bestehenbleibens von Bürgschaften und Pfandrechten nicht lediglich auf den Grund der nach § 91 Abs. 2 ZwVG. getroffenen *Vereinbarung zurückzuführen ist (vgl.* Turnau u. Förster a. a. O. S. 1135 Nr. 2), sondern hierfür die in jener Vereinbarung liegende oder neben ihr besonders verabredete Schuldübernahme in Betracht kommt, dann muß auch die Bestimmung in § 418 Abs. 1 Satz 3 eingreifen. Danach erlischt die Bürgschaft nicht, wenn der Bürge in die Schuldübernahme einwilligt.

Von diesem Standpunkte aus erweist sich auch die Annahme als gerechtfertigt, daß die behauptete Zusage des Beklagten in betreff seiner fortdauernden Haftung als Bürgen nicht der Schriftform nach § 766 BGB. bedurfte. Der Beklagte hat hierdurch nicht einen neuen Bürgschaftsvertrag mit der Klägerin abgeschlossen, nicht neuerdings eine Bürgschaftserklärung im Sinne von § 766 BGB. abgegeben. Auch die in § 418 Abs. 1 Satz 3 BGB. vorgesehene Einwilligung hat nicht die Bedeutung einer Neubegründung der Bürgschaftsobligation, sondern die, daß die Bürgschaft, die sonst erloschen wäre, aufrecht erhalten bleibt. Und diese Einwilligung, eine Zustimmung im Sinne von § 183 BGB., kann formlos dem einen wie dem anderen Teile gegenüber erklärt werden (§ 182 Abs. 1 und 2).

Vgl. Rehbein, BGB. zu §§ 414 flg. Bem. 8 S. 420 flg.; dazu v. Staudinger, Komm. zum BGB. § 182 Bem. 7, § 183 Bem. 1.

Ob für eine nachträgliche Genehmigung der Schuldübernahme durch den Bürgen (Planck, BGB. § 418 Bem. 2 S. 304; Oertmann, Recht der Schuldverhältnisse § 418 Bem. 2) das gleiche gilt, kann hier dahingestellt bleiben. Ist, wie es vorliegend nach den Klagebehauptungen der Fall wäre, von dem Bürgen, bevor die Schuldübernahme von seiten des Erstehers perfekt geworden war, nicht bloß eine einseitige Zustimmungserklärung abgegeben, sondern der Fortbestand der Bürgschaft mit der Gläubigerin vereinbart worden, so kann für dieses Abkommen mindestens ebensowenig wie für jene Einwilligung die schriftliche Form als erforderlich angesehen werden." ...

RGZ. 75, 313

Erlischt die Eigentümer-Grundschuld mit der Verkündung, oder mit der Rechtskraft des Zuschlagsbeschlusses? Ist eine nach dem Zu-

schlage bewirkte Pfändung der Eigentümer-Grundschuld schlechthin unwirksam?

BGB. § 133. ZwVG. §§ 89, 91. ZPO. §§ 830, 857 Abs. 6.

V. Zivilsenat. Urt. v. 22. Februar 1911.

I. Landgericht Bochum. II. Oberlandesgericht Hamm.

In dem Verfahren, betreffend die Zwangsversteigerung mehrerer den Eheleuten Sch.-W. gehöriger Grundstücke, war der Zuschlag am 3. Oktober 1908 erteilt worden. Im Kaufgelder-Verteilungstermine vom 7. November 1908 kam eine in Abt. III Nr. 17 für einen Kaufmann H. eingetragene Sicherungshypothek als Eigentümer-Grundschuld zum Ansatze, und es entfiel darauf der Rest des Versteigerungserlöses von 2923,03 M. Auf diese Hebung erhoben die Parteien als Pfändungs-Pfandgläubiger Anspruch.

a) Die Beklagte hatte am 3. Oktober 1908 gemäß § 845 ZPO. eine Benachrichtigung, daß die Pfändung der Eigentümer-Grundschuld bevorstehe, die an Stelle der bezahlten Hypothekenforderung des Kaufmanns H. entstanden sei, den Schuldnern Sch.-W., sowie am 5. Oktober 1908 dem angeblichen Drittschuldner H. zustellen lassen, und berief sich auf einen Pfändungs- und Überweisungsbeschluß vom 9. Oktober 1908, worin die bezeichnete Eigentümer-Grundschuld in Höhe von 4318,25 M. nebst Zinsen und Kosten gepfändet und ihr zur Einziehung überwiesen war. Das Einziehungsverbot war den Eheleuten Sch.-W. am 21. Oktober, das Zahlungsverbot dem Kaufmann H. am 17. Oktober 1908 zugestellt.

b) Die Klägerin hatte am 5. November 1908 nach vorangegangenen Pfändungsankündigungen vom 30. September und 23. Oktober 1908 wegen vollstreckbarer Forderungen von 3944,10 M. nebst Zinsen und Kosten die angebliche Forderung des Schuldners Sch.-W. an H. aus der Eigentümer-Hypothek pfänden und sich zur Einziehung überweisen lassen. Sämtliche Urkunden waren am 1. Oktober, 23. Oktober und 6. November 1908 dem Vollstreckungsgerichte zugestellt; der Pfändungsbeschluß sollte am 14. November 1908 auch dem Ehemanne Sch.-W. zugestellt sein.

Der Vollstreckungsrichter verwies, da die Klägerin der Auszahlung an die Beklagte widersprach, die Parteien auf den Rechtsweg und sprach die Streitmasse, die er in Höhe von 2922,33 M. hinterlegte, für den Fall, daß die Klägerin mit ihrem Widerspruche nicht durchdringe, der Beklagten zu.

Die Klägerin klagte darauf mit dem Antrage, die Beklagte zur Bewilligung der Auszahlung der Streitmasse und der Hinterlegungszinsen zu verurteilen; die Beklagte beantragte widerklagend, daß die Klägerin zur Einwilligung in die Auszahlung an sie verurteilt werde.

Das Landgericht erkannte nach dem Antrage der Widerklage, das Oberlandesgericht umgekehrt nach dem der Klage.

Im Laufe des Rechtsstreits hatte sich die Klägerin auf den Standpunkt gestellt, daß alle bezeichneten Pfändungen und Pfändungsankündigungen ungültig seien, weil sie nur die Eigentümer-Grundschuld, die durch den Zuschlag erloschen gewesen sei, beträfen. In Betracht komme nur eine Pfändungsankündigung der Klägerin vom 7. Januar 1909 und ein am 14. Januar 1909 erzielter Pfändungs- und Überweisungsbeschluß, denen zufolge die Forderung ihres Schuldners an die Hinterlegungsstelle auf Auszahlung der Streitmasse gepfändet sei. Zugestellt war die Pfändungsankündigung der Regierung und dem Schuldner Sch.-W. am 8. Januar 1909, der Pfändungsbeschluß der ersten am 18. Januar, dem zweiten am 19. Januar 1909.

Das Oberlandesgericht trat der Ausführung der Klägerin bei. Auf die Revision der Beklagten ist das Berufungsurteil aufgehoben und die Berufung der Klägerin gegen das landgerichtliche Urteil zurückgewiesen worden.

Aus den Gründen:

„Der Berufungsrichter hat zunächst gegen den wiederholt vom Reichsgerichte

vgl. Entsch. in Zivils. Bd. 62 S. 171, Bd. 65 S. 65; Zentr.-Bl. für freiw. Ger. Bd. 10 S. 248

ausgesprochenen Grundsatz verstoßen, daß bei ordnungsmäßig durchgeführtem Verteilungsverfahren, wie es hier vorlag, der im Verteilungstermine erhobene und zum Rechtswege verwiesene Widerspruch nicht mit nachträglich eingetretenen Tatsachen, insbesondere nachträglichen Pfändungen, gerechtfertigt werden kann. Aber auch wenn man davon absieht, ist das Berufungsurteil nicht haltbar.

Zutreffend ist es zwar, wenn der Berufungsrichter, übereinstimmend mit dem Landgerichte, angenommen hat, daß . . . die Post Abt. III Nr. 17 zur Eigentümer-Grundschuld geworden ist und daß deshalb an sich die früheren Grundstückseigentümer, und nicht etwa die Beklagte, wie diese eventuell geltend gemacht hat, mit ihrer in Abt. III Nr. 20 nacheingetragenen Hypothek, auf den Rest des Versteigerungserlöses Anspruch hatten. Richtig ist es auch, daß mit dem Zuschlage am 3. Oktober 1908 die Eigentümer-Grundschuld als solche erloschen war und daß es deshalb richtiger gewesen wäre, in der Pfändungsankündigung der Beklagten und in dem Pfändungsbeschlusse nicht die Eigentümer-Grundschuld, sondern das Recht auf Befriedigung aus dem Versteigerungserlöse als gepfändet zu bezeichnen. Man kann auch nicht, wie es die Revision will, für die Zeit zwischen der Verkündung und der Rechtskraft des Zuschlagsbeschlusses (§§ 90, 91 ZwVG.) eine

Ausnahme machen, denn die Wirkungen des Zuschlages treten nach § 89 schon mit der Verkündung ein.

Vgl. Jäckel Bem. 1 zu § 89, Bem. 3 zu § 90 ZwVG.

Der Berufungsrichter geht aber zu weit, wenn er mit Rücksicht hierauf einer nach dem Zuschlage vorgenommenen Pfändung der Eigentümer-Grundschuld jede Bedeutung abspricht. Denn Hypotheken und Grundschulden erlöschen mit dem Zuschlage nur insoweit, als sie das Grundstück belasten. An die Stelle dieses Grundstücks tritt als Surrogat der Versteigerungserlös, und an diesem dauern die Rechte und die früheren Rechtsbeziehungen fort.

Vgl. Entsch. des RG.s in Zivils. Bd. 40 S. 397, Bd. 43 S. 427 Bd. 55 S. 223, Bd. 63 S. 216, Bd. 65 S. 418, auch Jur. Wochenschr. 1910 S. 806 Nr. 18.

Gerade hierauf beruht auch die ständige Rechtsprechung des Reichsgerichts, die nach dem Zuschlage bei der Pfändung, gleichviel ob sich der Versteigerungserlös noch im Besitze des Erstehers oder in der vorläufigen Verwahrung des Amtsgerichts oder in der Verwahrung der Hinterlegungsstelle befindet, keinen andern Drittschuldner als den früheren Eigentümer anerkennt und deshalb bei der Eigentümer-Grundschuld lediglich die Zustellung an diesen Eigentümer entscheiden läßt.

Vgl. Entsch. in Zivils. Bd. 40 S. 395, Bd. 43 S. 427, Bd. 64 S. 216, sowie das Urteil in der Sache Rep. V. 272/07.

Deshalb wird selbst in Urteilen des Reichsgerichts hin und wieder davon gesprochen, daß Eigentümer-Grundschulden durch Verrechnungen und Erklärungen im Verteilungstermine entstehen,

vgl. Entsch. in Zivils. Bd. 55 S. 217, Bd. 64 S. 212,

und erörtert, wie nach dem Zuschlage die Pfändung einer Eigentümerhypothek oder der darauf entfallenen Hebung zu bewirken sei.

Vgl. Entsch. in Zivils. Bd. 43 S. 427.

Der Ausdruck im Pfändungsbeschlusse der Beklagten mag also ungenau gewesen sein; solche Ungenauigkeiten aber können, wenn sonst, wie hier, über den Sinn kein Zweifel obwalten kann, nicht schaden.

Vgl. Entsch. des RG.s in Zivils. Bd. 42 S. 325, Bd. 64 S. 216; Gruch. Bd. 48 S. 1157.

Der Berufungsrichter hat daher, indem er sich an den Wortlaut klammerte, den § 133 BGB. verletzt.

Geht man hiervon aus, so war des Urteil des Landgerichts richtig, da der ordnungsgemäßig dem Schuldner (früheren Eigentümer) zugestellte Pfändungsbeschluß der Beklagten den Pfändungen der Klägerin zeitlich vorging." . . .

RGZ. 86, 255

Ist während des Zwangsversteigerungsverfahrens

1. die Umwandlung einer Rentenschuld in eine Hypothek dem Ersteher gegenüber wirksam, wenn nach den Versteigerungsbedingungen das Recht als Rentenschuld bestehen bleiben soll?

2. die vom Vollstreckungsschuldner erklärte Kündigung einer Rentenschuld dem Ersteher gegenüber wirksam, wenn die Rentenschuld dem Rechte des betreibenden Gläubigers im Range vorging und der Gläubiger gegen die Kündigung Widerspruch erhoben hatte?

ZwVG. §§ 20, 23, 44, 52, 54, 82, 90, 91, 92, 100.
BGB. §§ 135, 136, 1201, 1202.

V. Zivilsenat. Urt. v. 24. Februar 1915.

I. Landgericht Hamburg. II. Oberlandesgericht daselbst.

Auf den im Grundbuche von E. Bl. Nr. 2170 und 2171 verzeichneten Grundstücken des F. waren in Abt. III Nr. 3 für den Kläger Hypotheken eingetragen. Auf Antrag des Klägers wurde am 14. März 1913 die Zwangsversteigerung der Grundstücke angeordnet. Der Versteigerungstermin wurde auf den 10. Juli 1913 anberaumt. Auf den Grundstücken stand in Abt. III Nr. 1 je eine jährliche, durch Zahlung von 2812,50 M. ablösbare Rentenschuld für N. Testament seit dem 27. März 1912 eingetragen. In zwei notariell beglaubigten Urkunden vom 4. Juli 1913 traten die N.schen Testamentsvollstrecker die beiden Rentenschulden unter Bewilligung der Umschreibung mit der laufenden Rente seit 1. Juli 1913 an M. ab. Ferner bewilligten und beantragten M. und der Grundstückseigentümer F. in zwei notariell beglaubigten Urkunden, daß die beiden Rentenschulden in Grundschulden von je 2812,50 M., diese Grundschulden weiter in Hypotheken für Darlehne von je 2812,50 M., mit 5% vom 1. Juli 1913 ab verzinslich, umgewandelt und daß diese Umwandlungen mit Zinsvermerken in das Grundbuch eingetragen würden. Auch wurde erklärt, daß die Hypotheken ohne weitere Kündigung am 1. Oktober 1913 zur Rückzahlung fällig seien. Sodann trat M. in zwei notariell beglaubigten Urkunden vom 5. Juli 1913 die beiden Hypotheken nebst den 5% Zinsen seit dem 1. Juli 1913 unter Bewilligung der Umschreibung an den Beklagten ab. Auf Grund dieser zu den Grundakten eingereichten Urkunden wurden am 7./8. Juli 1913 zunächst die Abtretungen der Rentenschulden an M. nebst den Umwandlungen der Rentenschulden in Grundschulden und dieser Grundschulden in Hypotheken und sodann die Abtretungen an den Beklagten in das Grundbuch eingetragen.

Im Versteigerungstermine meldete M. zu den Zwangsversteigerungsakten an: die Rente sei ihm seit dem 1. Juli 1913 abgetreten und in eine mit 5% verzinsliche Hypothek von 280120,50 M. umgewandelt, der Schuldner habe die Rente auf den 1. Oktober 1913 gekündigt, die Hypothek sei ebenfalls am 1. Oktober 1913 fällig. Der Kläger erhob gegen die Umwandlung der Rente und gegen die Kündigung Widerspruch. Er erstand dann die beiden Grundstücke. Sie wurden ihm am 24. Juli 1913 zugeschlagen. In den beiden Zuschlagsbeschlüssen war unter den Zuschlagsbedingungen gemäß der Feststellung des geringsten Gebots als bestehen bleibend außer anderen Rechten aufgeführt:

Abt. III Nr. 1: Zur Zeit der Eintragung des Versteigerungsvermerks M. 75 jährliche, mit M. 2812,50 zu lösende Rente.

Auf sofortige Beschwerde des Klägers wurden durch Beschluß des Beschwerdegerichts vom 21. August 1913 in beiden Zuschlagsbeschlüssen die Worte „zur Zeit der Eintragung des Versteigerungsvermerks" gestrichen, weil das Vollstreckungsgericht zu der Frage, ob es das Grundstück mit einer Rentenschuld oder mit einer Hypothek zugeschlagen, keine Stellung genommen habe, in den Versteigerungsbedingungen aber das Recht als Rentenschuld berücksichtigt sei.

Der Kläger erhob dann Klage mit dem Antrage, den Beklagten zu verurteilen, darin zu willigen, daß die auf den beiden Grundstücken in Abt. III Nr. 1 eingetragenen, mit 5% verzinslichen Hypotheken von je 2812,50 M. in die ursprünglichen Renten von je 75 M. mit 2812,50 M. Ablösungswert wieder umgewandelt würden. Er machte geltend: die Umwandlung der Renten in Hypotheken sei ihm gegenüber als den betreibenden Gläubiger unwirksam, ebenso die Kündigung der Renten; jedenfalls seien ihm die Grundstücke mit bestehenbleibenden Renten zugeschlagen worden. Der Beklagte erhob Widerklage mit dem Antrage, den Kläger zu verurteilen, wegen je 2812,50 M. nebst 5% Zinsen seit 24. Juli 1913 die Zwangsvollstreckung in die beiden Grundstücke zu dulden. Er trug vor: die durch die Anordnung der Zwangsversteigerung erfolgte Beschlagnahme habe nicht die Rentenschuld ergriffen und nicht die Umwandlung der Rentenschuld unwirksam gemacht; der Grundstückseigentümer F. habe die Renten am 6. Juli 1913 zur Auszahlung auf den 1. Oktober 1913 gekündigt, und die Kündigung sei wirksam.

Der erste Richter verurteilte den Beklagten nach dem Klagantrage und wies die Widerklage ab. Die Berufung des Beklagten hatte keinen Erfolg. Auch die Revision des Beklagten wurde zurückgewiesen aus folgenden

Gründen:

„Der Kläger war in den Verfahren auf Zwangsversteigerung der beiden früher dem F. gehörigen Grundstücke betreibender Gläubiger und ist zugleich Ersteher der Grundstücke. Jedoch sind seine Rechte als betreibender Gläubiger von seinen Rechten als Ersteher zu scheiden. Der Kläger hat nicht deswegen, weil er auch betreibender Gläubiger war, als Ersteher mehr oder weniger Rechte wie ein Dritter, wenn diesem die Grundstücke zugeschlagen wären. Durch die Anordnung der Zwangsversteigerung wurden die Grundstücke und, soweit *nicht* § 21 ZwVG. *Ausnahmen bestimmt, auch diejenigen* Gegenstände, auf welche sich bei einem Grundstücke die Hypothek erstreckt, gemäß §§ 20, 23 ZwVG. mit der Wirkung eines Veräußerungsverbots zugunsten des Klägers als betreibenden Gläubigers beschlagnahmt. Daher war nach §§ 135, 136 BGB. eine Verfügung über einen der von der Beschlagnahme betroffenen Gegenstände, die gegen das Veräußerungsverbot verstieß, zwar nicht nichtig, aber dem Kläger als betreibendem Gläubiger gegenüber unwirksam. Hier steht in Frage, ob die angeblich von dem Grundstückseigentümer und Vollstreckungsschuldner F. erklärte Kündigung der auf den Grundstücken eingetragenen Rentenschulden und die Umwandlung der Rentenschulden in Hypotheken Verfügungen waren, die gegen das Veräußerungsverbot verstießen.

Jedoch kann in Übereinstimmung mit dem Berufungsrichter davon abgesehen werden, ob die Umwandlung, deren Unwirksamkeit mit der Klage geltend gemacht wird, für sich allein oder in Verbindung mit der Kündigung, insbesondere auch soweit nicht damit die Festsetzung einer Verzinsung zu 5% verknüpft war, eine solche Verfügung darstellt. Wie der Berufungsrichter mit Recht annimmt, hatte die Umwandlung, gleichviel ob sie gegenüber dem Kläger als betreibendem Gläubiger unwirksam war oder nicht, dem Kläger als Ersteher gegenüber keine Wirkung. Den nach den auf die Beschwerde des Klägers durch den Beschluß vom 21. August 1913 geänderten Zuschlagsbeschlüssen vom 24. Juli 1913 ist hinsichtlich der in Abt. III Nr. 1 eingetragenen Belastungen gemäß § 82 ZwVG. als Versteigerungsbedingung bezeichnet, daß 75 M. jährliche, mit 2812,50 M. abzulösende Rente bestehen bleibe. Damit sollte nach dem Beschlusse vom 21. August, der die Worte in den Zuschlagsbeschlüssen „zur Zeit der Eintragung des Versteigerungsvermerks" strich, zum Ausdruck gebracht werden, daß die Belastung nicht als Hypothek, sondern als Rentenschuld bestehen bleibe. Der Beklagte hat den Beschluß vom 21. August nicht gemäß § 100 ZwVG. mit der weiteren Beschwerde angefochten. Daher steht rechtskräftig fest, daß die im Wege der Umwandlung aus den Rentenschulden für den Beklagten eingetragenen beiden Hypotheken nach den Versteigerungsbedingungen nicht bestehen bleiben sollten. Gemäß §§ 90 Abs. 1, 91 Abs. 1 ZwVG. sind deshalb die hypothekarischen Rechte des Beklagten erloschen. Daraus folgt, daß die Klage auf Bewilligung, die auf den beiden Grundstücken für den Beklagten eingetragenen, mit 5% verzinslichen beiden Hypotheken wieder in die ursprünglichen Renten umzuwandeln, als Klage auf Bewilligung der Grundbuchberichtigung gemäß § 894 BGB. begründet und die Widerklage, soweit sie sich auf die hypothekarischen Eintragungen stützt und die Zinsansprüche von 5% seit dem 24. Juli 1913 verfolgt, unbegründet ist.

Die Widerklage ist aber auch insoweit, als sie sich auf die angebliche *Kündigung der Rentenschulden durch den Grundstückseigentümer* und Vollstreckungsschuldner F. gründet, ungerechtfertigt. Die Kündigung hätte, wenn sie wirksam gewesen wäre, zum Erfolge gehabt, daß der Rechtszustand der beiden Grundstücke hinsichtlich des Umfanges ihrer Belastung zum Nachteile des Klägers als betreibenden Gläubigers, dessen Hypotheken den Rentenschulden im Range nachstanden, verändert wurde. Dem Gläubiger der Rentenschulden stand ein Recht zur Kündigung und ein Anspruch auf Ablösung nicht zu (§ 1201 Abs. 2 BGB.). Er konnte daher die Zahlung der Ablösungssummen aus den Grundstücken nicht verlangen. Dies galt auch, nachdem die Zwangsversteigerung der Grundstücke angeordnet war. Zwar schreibt § 92 Abs. 3 ZwVG. vor, daß bei ablösbaren Rechten sich der Betrag der Ersatzleistung durch die Ablösungssumme bestimmt. Diese Vorschrift findet aber nur dann Anwendung, wenn die ablösbaren Rechte durch den Zuschlag erlöschen und aus dem Bargebote zu decken sind. Nur unter dieser Voraussetzung hätte der Gläubiger der Rentenschulden Zahlung der Ablösungssummen aus den baren Versteigerungserlösen verlangen können. Da jedoch die Rentenschulden den Hypotheken des Klägers als betreibenden Gläubigers im Range vorgingen und sie also nach §§ 44, 52 ZwVG. bestehen bleiben mußten, erlangte der Gläubiger auch durch die Anordnung der Zwangsversteigerung keinen Anspruch auf Zahlung der Ablösungssummen. Vielmehr war er auch nach der Durchführung der Zwangsversteigerung auf den Bezug der jährlichen Renten beschränkt. Die Kündigung der Rentenschulden durch den Grundstückseigentümer aber verschaffte ihm nach § 1202 Abs. 3 BGB. das Recht, nach dem Ablaufe der Kündigungsfrist die Zahlung der Ablösungssummen aus den Grundstücken zu verlangen. Die Höhe der Ablösungssumme unterliegt der freien Festsetzung der Beteiligten bei der Bestellung der Rentenschuld. Ein bestimmtes Verhältnis zwischen Rente und Ablösungssumme ist im Gesetze nicht vorgeschrieben. Die Ablösungssumme kann auch den bei einer Kapitalisierung der Jahresrente sich ergebenden Betrag oder den sonstigen Wert des Rentenbezugsrechts übersteigen. Letzteres ist bei den in Rede stehenden Rentenschulden, wie der Berufungsrichter annimmt, der Fall. Mithin würden hier dadurch, daß zufolge der Kündigung die Ablösungssummen nach Ablauf der Kündigungsfrist fällig wurden, die Ansprüche des Gläubigers aus den Rentenschulden auf Zahlung aus dem Grundstück erhöht worden sein. Dies konnte diejenigen, die im Versteigerungstermin auf die Grundstücke bieten wollten, vom Mitbieten abhalten oder zur Abgabe geringerer Gebote veranlassen, da sie damit rechnen mußten, daß sie nach Ablauf der Kündigungsfrist statt der Renten die hohen Ablösungssummen zu zahlen hatten. Deshalb gereichte die während des Zwangsversteigerungsverfahrens von dem Grundstückseigentümer und Vollstreckungsschuldner erklärte Kündigung der Rentenschulden dem Kläger als dem betreibenden Gläubiger, der wegen seiner Hypotheken Befriedigung aus dem zu erzielenden baren Versteigerungserlöse suchte, zum Nachteil. Daraus folgt, daß die Kündigung der Rentenschulden mit Rücksicht auf ihren wirtschaftlichen Erfolg eine Verfügung über das beschlagnahmte Grundstück enthielt, durch die der Vollstreckungsschuldner gegen das zugunsten des Klägers bestehende Veräußerungsverbot verstieß, und daß daher die Kündigung dem Kläger als betreibendem Gläubiger gegenüber unwirksam war. Der Kläger hat die Unwirksamkeit im Versteigerungstermine nach der Anmeldung des M. geltend gemacht, indem er gegen die Kündigung der Rentenschulden und die Umwandlung in Hypotheken Widerspruch erhob. Deshalb kann er auch als Ersteher und jetziger Eigentümer der Grundstücke sich auf Unwirksamkeit der Kündigung berufen.

Dieser Rechtsauffassung, die im wesentlichen mit der des Berufungsrichters übereinstimmt, sucht die Revision durch den Hinweis auf § 54 Abs. 1 ZwVG. entgegenzutreten, wonach die von dem Gläubiger dem Eigentümer oder von diesem dem Gläubiger erklärte Kündigung einer Hypothek, einer Grundschuld oder einer Rentenschuld dem Ersteher gegenüber nur wirksam ist, wenn sie spätestens in dem Versteigerungstermine vor der Aufforderung zur Abgabe von Geboten erfolgt und bei dem Gericht angemeldet worden ist. Die Revision meint, damit sei ausgesprochen, daß die Kündigung einer Rentenschuld auch noch bis zur Aufforderung zur Abgabe von Geboten im Versteigerungstermin erfolgen könne, und sei die allgemeine Wirksamkeit einer solchen Kündigung anerkannt; nur dem Ersteher gegenüber sei dadurch die Wirksamkeit ausgeschlossen, falls die Kündigung nicht rechtzeitig erfolgt oder angemeldet sei. Allein die Vorschrift des § 54 Abs. 1 a. a. O. trifft die Frage der Zulässigkeit und Wirksamkeit der Kündigung einer Hypothek, einer Grundschuld oder einer Rentenschuld überhaupt nicht. Diese Vorschrift setzt vielmehr eine an sich wirksame Kündigung voraus und schränkt nur zugunsten des Erstehers die Wirksamkeit ein, indem sie die Wirksamkeit gegenüber dem Ersteher davon abhängig macht, daß die Kündigung spätestens bis zu dem genannten Zeitpunkt erfolgt und bei dem Gericht angemeldet worden ist. Wenn eine Kündigung überhaupt nicht rechtswirksam ist, hat sie schon nach allgemeinen Vorschriften auch dem Ersteher gegenüber keine Wirkung und bedarf es dann der Anwendung des § 54 Abs. 1 gar nicht. Auch der Einwand läßt sich der dargelegten Rechtsauffassung nicht entgegensetzen, daß, wenn sie richtig wäre, die Vorschrift des § 54 Abs. 1 wenigstens hinsichtlich einer Rentenschuld überflüssig sein würde, weil dann eine jede Kündigung einer Rentenschuld schon an sich dem Ersteher gegenüber unwirksam wäre. Beispielsweise kann die Kündigung einer Rentenschuld an sich wirksam erfolgt und unter den Voraussetzungen des § 54 Abs. 1 auch dem Ersteher gegenüber wirksam sein, wenn sie vor Einleitung des Zwangsversteigerungsverfahrens bewirkt worden ist oder wenn der betreibende Gläubiger seine Einwilligung dazu erteilt hat." . . .

RGZ. 129, 155

1. Zur rechtsgestaltenden Wirkung des Zuschlagsbeschlusses.

2. Ist der Zwangsversteigerungsrichter befugt, den Zuschlagsbeschluß durch einen nachträglichen Beschluß zu ergänzen oder zu ändern?

3. Welche Bedeutung haben Vorgänge im Versteigerungstermin für die Auslegung des Zuschlagsbeschlusses?

ZVG. §§ 89flg. BGB. §§ 892, 894.

V. Zivilsenat. Urt. v. 28. Mai 1930.

I. Landgericht Düsseldorf. II. Oberlandesgericht daselbst.

Auf einem Grundstück in D. war an erster Rangstelle für die Beklagte eine Vorkriegshypothek von 90000 M. eingetragen; sie wurde im Juli 1923 in Papiermark zum Nennbetrag zurückgezahlt und am 25. April 1924 gelöscht. Am 11. September 1924 bewilligte die Grundeigentümerin die Eintragung einer Darlehenshypothek von 75000 GM. für die Firma M.; diese Hypothek wurde am 17. September 1924 eingetragen. Am 17. Oktober 1924 wurde auf Grund einer einstweiligen Verfügung vom 9. Oktober 1924 ein Widerspruch gegen die Löschung der Hypothek der Beklagten im Grundbuch vermerkt. Im Februar 1926 wurde die Zwangsversteigerung des Grundstücks auf Betreiben der Firma M. wegen der erwähnten Hypothek eingeleitet. Nachdem diese Firma Meistbietende geblieben war und erklärt hatte, daß sie das Meistgebot für die Klägerin abgegeben habe, wurde dieser am 5. Juni 1926 der Zuschlag erteilt. Im Versteigerungstermin war folgendes als Versteigerungsbedingung bekanntgegeben worden:

„Als Teil des geringsten Gebots soll bestehen bleiben 1. . . . . 2. Die Abt. III Nr. 1 für die G. L. Bank eingetragen gewesene, am 25. April 1924 gelöschte Hypothek von 90000 M. mit einem Aufwertungsbetrage von 13500 GM. minus 1,58 GM.

Zu dieser Hypothek ist in Abt. III Sp. 1 bis 4 des Grundbuchs einzutragen: 13500 GM. weniger 1,58 GM. Darlehen, verzinslich und zahlbar gemäß Aufwertungsgesetz vom 16. Juli 1925, im übrigen gemäß Eintragungsbewilligung vom 4./8. Dezember 1916 und 3. Mai 1904, sofort vollstreckbar gegen jeden Eigentümer. An Stelle der am 25. April 1924 gelöschten Hypothek Abt. III Nr. 1 von 90000 M. auf Grund des Aufwertungsgesetzes und vorliegender Anmeldung aufgewertet mit 15% auf 13500 GM. abzüglich gezahlter 1,58 GM., wieder eingetragen am .... Diese Hypothek ist bedingt *durch die endgültige Feststellung des Aufwertungsbetrages.* Wenn die Hypothek mit einem geringeren Aufwertungsbetrag zu Recht besteht, so hat der Ersteher über sein Meistgebot hinaus als Ersatzzahlung einen Betrag zu leisten, dessen Höhe sich auf den Unterschied zwischen dem vorläufig angenommenen Aufwertungsbetrag und dem Mindestbetrag der Aufwertung beläuft."

Im Versteigerungsprotokoll steht weiter vermerkt:

„Es wurde noch ausdrücklich darauf hingewiesen, daß der Satz: Diese Hypothek ist bedingt durch die endgültige Feststellung des Aufwertungsbetrages, dahin zu verstehen sei, daß die Aufwertungshypothek auch bedingt sei durch die endgültige Feststellung des Ranges dieser Hypothek mit der ursprünglichen, am 25. April 1924 gelöschten Post Abt. III Nr. 1 von 90000 M."

Im Zuschlagsbeschluß ist als Zuschlagsbedingung die eben für die Hypothek der Beklagten wiedergegebene Bestimmung ohne die Protokollerläuterung enthalten. Weiter erging ein Beschluß vom 17. Juni 1926 dahin:

„Der Satz: Diese Hypothek ist bedingt durch die endgültige Feststellung des Aufwertungsbetrages, ist dahin zu verstehen, daß die Aufwertungshypothek auch bedingt ist durch die endgültige Feststellung des Ranges dieser Hypothek mit der ursprünglichen, am 25. April 1924 gelöschten Post Abt. III Nr. 1 von 90000 M."

Die gegen diesen Zusatzbeschluß von der Beklagten eingelegte sofortige Beschwerde ist zurückgewiesen, ihre weitere Beschwerde als unzulässig verworfen worden. Im Grundbuch wurde auf Ersuchen des Versteigerungsgerichts in Abt. III unter Nr. 9 eine Hypothek von 13498,42 GM. Darlehen „bedingt durch die endgültige Feststellung des Aufwertungsbetrags und des Ranges mit der ursprünglichen, am 25. April 1924 gelöschten Post Abt. III Nr. 1 von 90000 M." für die Beklagte eingetragen, weiter unter Nr. 10 eine Sicherungshypothek im gleichen Betrage für die Firma M. zur Sicherung ihrer Ansprüche aus der früheren Hypothek von 75000 GM., soweit diese ausgefallen ist; diese Eintragung bedingt durch die Feststellung, daß der Aufwertungsanspruch der Beklagten nicht oder nicht in der angenommenen Höhe oder nicht mit dem Rang vor der bisherigen Post

Abt. III Nr. 7 von 75000 GM. zu Recht besteht. Die Klägerin hat, angeblich mit Ermächtigung der Firma M. klagend, Löschung der für die Beklagte eingetragenen Hypothek begehrt und ist damit in beiden Vorinstanzen durchgedrungen. Sie vertritt den Standpunkt, die für die Beklagte als bedingt eingetragene Hypothek sei zu löschen, weil die Firma M. ihre Hypothek im guten Glauben an das Erloschensein der damals nicht mehr im Grundbuch stehenden Hypothek der Beklagten erworben habe und ihr deswegen nach § 20 AufwG., § 892 BGB. der Vorrang vor dieser Hypothek zustehe. Die Beklagte hat die Klagberechtigung der Klägerin bezweifelt und weiter geltend gemacht, bei der Versteigerung und dem Zuschlagsbeschluß sei als Bedingung für ihre im geringsten Gebot stehende Hypothek lediglich die Feststellung des Aufwertungsbetrags gesetzt worden, von einer Bedingtheit durch die Rangstellung sei nicht die Rede gewesen, wie auch die Firma M. ihr damals den Vorrang für drei Fünftel ihrer Aufwertungshypothek (§ 6 Abs. 2 AufwG.) nicht streitig gemacht habe; der die Bedingtheit durch den Rang einführende Zusatzbeschluß vom 17. Juni 1926 sei unzulässig gewesen und daher unbeachtlich; das Versteigerungsprotokoll sei erst nachträglich ergänzt worden. Nach der Behauptung der Beklagten soll die Firma M. beim Erwerb ihrer Hypothek Kenntnis von dem Aufwertungsanspruch der Beklagten gehabt haben.

Die Revision der Beklagten führte zur Aufhebung und Zurückverweisung.

Gründe:

Das Berufungsgericht bejaht die Sachberechtigung der Klägerin, nachdem es sich aus einem Schreiben der Firma M. die Überzeugung verschafft hat, daß die Klage auch auf Grund einer Ermächtigung dieser Firma erhoben sei, wie das schon in der Klage behauptet worden war. Diese Stellungnahme ist, obwohl die Revision hierzu keinen besonderen Angriff erhoben hat, doch von Amts wegen nachzuprüfen. Gegen die Bejahung der Klageberechtigung erheben sich keine durchgreifenden Bedenken. Die Hypothek zugunsten der Beklagten ist nach Inhalt der Eintragung in ihrer Rechtswirkung aufschiebend bedingt durch die Feststellung des Aufwertungsbetrags in dieser Höhe, und weiter durch die eines Vorrangs der Beklagten vor der im Jahre 1924 für die Firma M. entstandenen Hypothek. Die Klägerin unternimmt den Nachweis, daß sich die letztere Bedingung nicht erfüllen könne, daß sie also ausgefallen sei, und zieht daraus die Folgerung, daß die Eintragung ohne Rechtswirkung und daher zu löschen sei. Solche Grundbuchberichtigungsklage (§ 894 BGB.) steht gerade der Klägerin als Grundeigentümerin zu. Nun handelt es sich nach den Vorgängen im Zwangsversteigerungsverfahren und bei der Abhängigkeit der unter Nr. 10 für die Firma M. eingetragenen

Sicherungshypothek vom Nichtbestehen der Eintragung zugunsten der Beklagten im Wesen der Sache um einen Rang- und Hebungsstreit zwischen diesen beiden Personen. Ein Bedenken dagegen, daß die Klägerin diesen Streit zur Lösung bringt, kann aber nicht bestehen, nachdem das Berufungsgericht in nicht anzugreifender Urkundenauslegung festgestellt hat, daß die Streitgegnerin der Beklagten die Klägerin zum Prozeß ermächtigt habe. Danach muß die ermächtigende Firma die Rechtshandlungen der Klägerin wie eigene gelten lassen und deshalb auch die Wirkungen des in diesem Prozeß ergehenden Urteils anerkennen (vgl. JW. 1929 S. 1747 Nr. 12). Es handelt sich hier nicht um die Einklagung eines fremden Rechts, sondern um den in der Person der Klägerin entstandenen Grundbuchberichtigungsanspruch, wobei sie gleichzeitig von der Firma M. mit der Wahrnehmung ihrer Belange betraut war. Deswegen bedarf es keiner Erörterung über das bei der prozessualen Geltendmachung eines fremden Rechts zu erfordernde besondere eigene Interesse des Klägers an solcher Einklagung.

Das Berufungsgericht erachtet die unter den Parteien streitige Frage, ob die für die Beklagte in das geringste Gebot eingestellte Hypothek bedingt gewesen sei durch Feststellung des Aufwertungsbetrags und des Rangs — so die Klägerin — oder nur durch Feststellung des Aufwertungsbetrags — so die Beklagte —, für unerheblich, weil durch die Feststellung des geringsten Gebots keine materiellrechtliche Entscheidung über das Bestehen eines aufgenommenen Rechts getroffen werde. Das Berufungsgericht prüft deswegen lediglich, ob die Beklagte nach dem Aufwertungsgesetz den Vorrang vor der Hypothek der Firma M. hatte, und kommt hier zur Verneinung, weil diese Firma ihre Hypothek im guten Glauben an die Richtigkeit des Grundbuchs, das ihr die erste Stelle auswies, erworben habe.

Die Revision mußte Erfolg haben. Es kommt abweichend von der Ansicht des Berufungsgerichts in erster Linie auf den Inhalt des rechtskräftig gewordenen Zuschlagsbeschlusses an. Dieser hat nach der ständigen Rechtsprechung des Reichsgerichts die Bedeutung eines Richterspruchs, der bestimmend ist für die Änderungen, die durch den Zuschlag an den Rechten der Beteiligten eintreten, und für die Rechtsstellung des Erstehers; und zwar gleichgültig, ob er mit dem Gesetz in Einklang steht oder nicht (RGZ. Bd. 59 S. 266, Bd. 67 S. 380, Bd. 74 S. 205; JW. 1928 S. 2851 Nr. 39, 1929 S. 3163 Nr. 15). Allerdings hat der Zuschlag, wie das Berufungsgericht ausführt, nicht derartig rechtsgestaltende Kraft, daß er einem in ihm berücksichtigten, in Wirklichkeit nicht bestehenden Rechte zur Entstehung verhelfen könnte (RG. in AufwRspr. 1930 S. 302). Um einen solchen Fall handelt es sich aber hier nicht; denn daß die Aufwertungshypothek der Beklagten, deren Höhe von der Aufwertungsstelle noch nicht festgestellt worden ist, vor der Zwangsversteigerung des mit ihr belasteten Grundstücks mindestens in dem jetzt in Betracht kommenden Betrage bestanden habe, hat die Klägerin nicht bestritten. Sie bekämpft nur den Anspruch der Beklagten, mit ihrer Hypothek zu diesem Betrage die erste Rangstelle vor der Hypothek der Firma M. eingenommen zu haben; wie diesen Anspruch nach der Behauptung der Klägerin auch schon im Versteigerungsverfahren die Firma M. bestritten haben soll. Wenn aber eine bestehende Hypothek vom Versteigerungsrichter in das geringste Gebot gesetzt und das Grundstück unter der Bedingung der Übernahme dieser Hypothek zugeschlagen wird, obwohl sie in Wirklichkeit den Rang hinter der Hypothek des betreibenden Gläubigers hatte und somit nicht in das geringste Gebot hineingehörte, so bewirkt die Rechtskraft des unter solcher Bedingung erteilten Zuschlags, daß der Ersteher sich diese Grundstücksbelastung gefallen lassen muß. Durch den Zuschlag wurde die Hypothek vor dem Erlöschen gerettet, obschon sie, falls sie nicht durch Bargebot gedeckt war, bei richtiger Rangeinstellung erloschen wäre (JW. 1928 S. 2851 Nr. 39; AufwRspr. 1930 S. 302; OLG. Stettin in JW. 1930 S. 848 Nr. 15). Solcher Verlauf der Zwangsversteigerung kann dann bewirken, daß statt dessen eine Hypothek, die den Rang vor der zu Unrecht in das geringste Gebot eingestellten Hypothek hatte, ausfällt und erlischt (§ 91 ZVG.), während sie bei richtiger Handhabung möglicherweise zur Hebung gekommen wäre. So kann der rechtskräftige Zuschlag in bestehende Rechte eingreifen. Ein Beteiligter, der mit seinem Inhalt nicht einverstanden ist, muß im Beschwerdeweg Abhilfe zu schaffen versuchen. Gelingt ihm das nicht, so ist der ergangene Zuschlag so hinzunehmen, wie er sich bei objektiver Deutung darstellt.

Die Klägerin führt aus, der Zuschlagsbeschluß, erläutert durch den Ergänzungsbeschluß, und die daraufhin erfolgte Grundbucheintragung ergäben die Bedingtheit der Hypothek der Beklagten auch durch früheres Rangvorrecht vor der Hypothek der Firma M.; weil solches Vorrecht nicht bestanden habe, sei die Hypothek zu löschen. Die Beklagte nimmt den Zuschlagsbeschluß ohne den Ergänzungsbeschluß, der jeder rechtlichen Wirkung entbehre, und meint, danach sei ihr Recht lediglich bedingt durch das Bestehen des Aufwertungsrechts überhaupt, einerlei mit welchem Range; weil dies Recht unbezweifelt bestanden habe, so bestehe die für sie eingetragene Hypothek zu Recht.

Die rechtliche Bedeutung der Zuschlagsentscheidung unterliegt der freien Nachprüfung des Revisionsgerichts (JW. 1929 S. 3163 Nr. 15 = AufwRspr. 1929 S. 930). Der Wille und die Meinung des Versteigerungsrichters sind dabei so weit maßgebend, wie sie im Beschluß zum Ausdruck gekommen sind. Fraglich ist nun, ob als Zuschlag lediglich der Zuschlagsbeschluß vom 4. Juni 1926 anzusehen oder ob auch der Ergänzungsbeschluß vom 17. Juni 1926 in Betracht zu ziehen ist. Das Erstere ist richtig. Der Zuschlagsbeschluß wird mit der Verkündung wirksam (§ 89 ZVG.); diese Wirksamkeit entfällt nur bei Aufhebung des Beschlusses im Beschwerdewege. Eine sachliche Abänderung durch den Versteigerungsrichter ist nach der Verkündung nicht mehr möglich (§ 577 Abs. 3 ZPO.). Nur die nachträgliche Berichtigung offenbarer Unrichtigkeiten im Sinne des § 319 ZPO. ist zuzulassen. Der am 17. Juni 1926 ergangene Beschluß hätte somit nur als Berichtigung einer „offenbaren Unrichtigkeit" ergehen dürfen. Eine solche stellt er aber nicht dar. Der Versteigerungsrichter erklärt in ihm, ein Satz des Zuschlagsbeschlusses sei in bestimmtem Sinne zu verstehen. Er selbst will also eine Auslegung, eine Klarstellung des bereits in dem früheren Beschlusse Ausgesprochenen, nicht aber eine Richtigstellung eines bisher unrichtigen Spruchs geben. Das Beschwerdegericht sagt, der Versteigerungsrichter habe den Zuschlagsbeschluß „ergänzt". Nun würden diese Bezeichnungen nicht entscheidend sein, wenn doch sachlich die Berichtigung einer offenbaren Unrichtigkeit vorläge; also dann, wenn die „Rangbedingung" offenbar versehentlich im Zuschlagsbeschluß fortgeblieben wäre. Für die Frage der Urteilsberichtigung (§ 319 ZPO.) hält das Reichsgericht daran fest, daß sich bei einer Berichtigung des entscheidenden Ausspruchs das Versehen aus dem Zusammenhalt von Formel und Gründen ergeben muß, daß die Entscheidungsgründe unzweideutig erkennen lassen müssen, welche anderweite, vom Inhalt der Urteilsformel abweichende Entscheidung das Gericht hat erlassen wollen (RGZ. Bd. 23 S. 399; JW. 1901 S. 58 Nr. 4; Gruch. Bd. 46 S. 146). Nur dann kann von einer offenbaren Unrichtigkeit die Rede sein. Es sind das also Fälle, wo beim Lesen des Urteils den Parteien von vornherein ersichtlich ist, daß der Richter etwas anderes hat aussprechen wollen. Auch bei einem Zuschlagsbeschluß kann nur dann von einer offenbaren Unrichtigkeit die Rede sein, wenn der Inhalt des Beschlusses selbst das wirklich Gewollte klar ergibt. Eine Berichtigung ist dann allerdings bei solchen Beschlüssen, wenn sie, wie das meist der Fall ist, keine Entscheidungsgründe enthalten, erheblich erschwert. Eine versehentliche Auslassung im Spruch wird in viel selteneren Fällen, als bei Urteilen, „offenbar" sein können. Aber nicht nur der Gesetzeswortlaut, sondern auch die für alle Beteiligten wichtige rechtsbegründende Bedeutung des Zuschlagsbeschlusses zwingt dazu, einer Berichtigung, die noch nach Rechtskraft möglich ist, diese enge Grenze zu ziehen. An dem Erfordernis des „offenbar" ist festzuhalten, und es kann die Entscheidung darüber, ob ein solches Versehen vorliegt, nicht rein in das Ermessen des Versteigerungsrichters gestellt werden; sie muß vielmehr auf objektiver Grundlage nachzuprüfen sein. Von dieser Rechtsauffassung aus kann der Beschluß vom 17. Juni 1926 sachlich nicht als Berichtigung einer offenbaren Unrichtigkeit des Zuschlagsbeschlusses angesehen werden, denn dessen Inhalt für sich allein läßt die „Rangbedingung“ nicht klar erkennen.

Ist der Ergänzungsbeschluß somit zu Unrecht ergangen, so fragt sich doch, ob die formelle Rechtskraft des Beschlusses, die nach Zurückweisung der von der Beklagten gegen ihn eingelegten Beschwerde besteht, ihn unter den Beteiligten wirksam und für den vorliegenden Rechtsstreit beachtlich gemacht hat. Das ist zu verneinen. Denn der Beschluß ist gegenüber der durch den Zuschlagsbeschluß mit dessen Verkündung eingetretenen Wirkung unstatthaft und völlig unwirksam (vgl. *ähnlich RGZ. Bd. 122 S. 333 und RGUrt. vom 5. Februar 1926 III 92/25*). Wollte man einen derartigen Ergänzungsbeschluß für beachtlich halten, so ergäbe das einen unlösbaren Widerspruch mit der Vorschrift des § 89 ZVG. Solches kann angesichts der rechtschaffenden Bedeutung des Zuschlagsbeschlusses nicht zugelassen werden. Die Gestaltung des Versteigerungsverfahrens bringt es mit sich, daß, abgesehen von zulässiger Berichtigung, der Zuschlag — sein Rechtskräftigwerden vorausgesetzt — mit der Verkündung der Einwirkung des Versteigerungsrichters entzogen ist. Ein hiervon abweichendes Handeln des Richters ist sachlich unwirksam und kann nicht durch die formelle Rechtskraft eines nachträglichen Beschlusses gedeckt werden.

Die Rechtsbeziehungen der an der Zwangsversteigerung Beteiligten und des Erstehers zueinander, hier der Prozeßparteien und der Firma M., werden also durch den Zuschlagsbeschluß allein ohne den Ergänzungsbeschluß geregelt. Es fragt sich, ob bei dieser Sachlage der Standpunkt der Klägerin haltbar ist, das Fortbestehen der Aufwertungshypothek der Beklagten an der ihr durch die Einstellung in das geringste Gebot gegebenen Stelle sei nicht nur von der Feststellung des Aufwertungsbetrags, sondern auch von der des Ranges vor der 1924 eingetragenen Hypothek der Firma M. abhängig. Die Klägerin meint, schon der Zuschlagsbeschluß allein sei so auszulegen, daß er diese Doppelbedingung enthalte. Sie beruft sich dafür auf den Inhalt des Versteigerungsprotokolls und stellt unter Beweis, bereits in diesem Termin sei der Streit über den Rang der Aufwertungshypothek der Beklagten zutage getreten; der Versteigerungsrichter habe darauf erklärt, der Rangstreit sei allein vom Prozeßrichter zu entscheiden, die im Protokoll stehende und verlesene, für das Bestehenbleiben der Hypothek gegebene Bedingung solle auch die Feststellung des streitig gewordenen Ranges an der alten Stelle vor der 1924 eingetragenen Hypothek der Firma M. umfassen; in solchem Sinne sei nach dieser Erläuterung die Bedingung von allen Beteiligten verstanden worden. Die Beklagte hat Beweis für das Gegenteil angetreten, daß nämlich im Versteigerungstermin von der Rangfrage überhaupt nicht die Rede gewesen und der darauf bezügliche Protokollvermerk erst nachträglich eingeschoben worden sei.

Rechtlich ist daran festzuhalten, daß zwar eine Ergänzung des Zuschlagsbeschlusses aus den Vorgängen im Versteigerungstermin und aus der Niederschrift darüber unzulässig (RGZ. Bd. 60 S. 48), daß aber der Zuschlagsbeschluß auszulegen ist (JW. 1920 S. 902 Nr. 8). Es darf in den Beschluß nichts nachträglich hineingetragen werden, was nicht schon irgendwie in ihm Ausdruck gefunden hat; aber es können doch Vorgänge aus dem Versteigerungstermin zur Erläuterung des im Beschluß Ausgesprochenen herangezogen werden. Aus solchen kann eine im Zuschlag enthaltene Bestimmung eine von allen Beteiligten verstandene und gewollte Bedeutung erhalten, die ihr ohne Kenntnis der Versteigerungsvorgänge nicht beizumessen wäre. So würde die Sache hier liegen, wenn die von der Klägerin aufgestellte Behauptung über die vom Versteigerungsrichter angeblich gegebene Erläuterung zutrifft. Dann wäre zu sagen, daß die für das Bestehenbleiben der Hypothek der Beklagten gesetzte Bedingung, die im Beschluß enthalten ist, von allen Beteiligten im Sinne einer Doppelbedingung, nämlich der Feststellung sowohl des Aufwertungsbetrags wie auch der seines Ranges an bestimmter Stelle, verstanden worden ist und deshalb so gelten muß. Eine Berücksichtigung des strengen Wortlauts allein wäre, vorherige klare Erläuterung vorausgesetzt, um so weniger angebracht, als es sich um eine Zwangsversteigerung aus dem Jahre 1926, also aus einer Zeit handelt, in der die Behandlung der Aufwertungsrechte und der sich aus ihnen ergebenden Rangfragen den Zwangsversteigerungsrichtern außerordentliche Schwierigkeiten bereitete, aus denen sich leicht eine nicht ganz scharfe Fassung der Zuschlagsbedingungen ergeben konnte. Wird erwiesen, daß alle Beteiligten das im Beschluß Ausgesprochene in dem bestimmten Sinne, in welchem es ihnen erläutert worden war, verstanden haben, so muß das unter ihnen gelten.

Das Berufungsgericht wird sonach die Vorgänge im Versteigerungstermin durch Beweisaufnahme aufzuklären haben. Sollte bei der dem Zuschlagsbeschluß dann zu gebenden Auslegung der Beklagten eine im geringsten Gebot stehende, vom Ersteher zu übernehmende Hypothek nur dann zustehen, wenn nicht nur der Aufwertungsbetrag, sondern auch der gesetzlich begründete Vorrang des Aufwertungsrechts vor der Hypothek der Firma M. festgestellt würde, so ist unerheblich, ob der Versteigerungsrichter das geringste Gebot dem Gesetz entsprechend festgestellt hat. Maßgebend ist vielmehr der so klargestellte Inhalt des Zuschlags. Es kommt in diesem Falle weiter auf die vom Berufungsgericht bereits behandelte Frage an, ob die Beklagte nach den Bestimmungen des Aufwertungsgesetzes den Vorrang vor der 1924 für die Firma M. eingetragenen Hypothek beanspruchen konnte. Die Ausführungen zu diesem Punkt, die auch die Revision nicht angreift, sind frei von Rechtsirrtum. Da zu der Zeit, wo die Firma M. ihre Hypothek erwarb, die Vorkriegshypothek der

Beklagten gelöscht und der Aufwertungsanspruch nicht durch einen Widerspruch gesichert war, so hatte die Firma den Grundbuchstand für sich. Daß sie von dessen Unrichtigkeit Kenntnis gehabt habe, verneint das Berufungsgericht ohne Rechtsirrtum in nicht anzugreifender Würdigung des Sachverhalts. Bei einem der Klägerin günstigen Ausfall der Beweisaufnahme über die Versteigerungsvorgänge und einer danach zu gewinnenden Auslegung des Zuschlagsbeschlusses in ihrem Sinne beständen keine weiteren Bedenken gegen das Durchdringen der Klage.

Sollte sich aber eine solche Auslegung nicht ergeben, sondern dem genauen Wortlaut entsprechend für die Übernahme der Aufwertungshypothek der Beklagten durch den Ersteher nur die Bedingung einer Feststellung des Aufwertungsrechts der Höhe nach bestehen, so wäre die Klage auf Löschung der Aufwertungshypothek, die sich auf den Ausfall einer Bedingung der Vorrangfeststellung stützt, unbegründet, weil eine solche Bedingung nach dem Zuschlag nicht bestände. Der Umstand, daß die auf Ersuchen des Versteigerungsrichters erfolgte Grundbucheintragung auch die Bedingung der Rangfeststellung enthält, ändert daran nichts. Rechtsbegründend wirkt allein der Zuschlagsbeschluß mit dem durch richtige Auslegung sich ergebenden Inhalt. Eine Grundbucheintragung, die diesem nicht entspricht, ist unrichtig und, da Vertrauen auf den Grundbuchinhalt nicht in Frage kommt, ohne Einfluß auf die sachliche Rechtsgestaltung. Alsdann würde die Rechtskraft des Zuschlagsbeschlusses das Vorrücken der Beklagten dadurch rechtfertigen, daß nach seinem Inhalt ihre Hypothek, als im geringsten Gebot stehend, von der Klägerin als Ersteherin zu übernehmen wäre, während die Hypothek der Firma M. auf Grund des § 91 ZVG. erloschen wäre. Dann könnten die Folgen einer unrichtigen Feststellung des geringsten Gebots für diese Gläubigerin auch weder aus dem Gesichtspunkt der ungerechtfertigten Bereicherung noch mit Hilfe der §§ 50, 125 ZVG. beseitigt werden (JW. 1928 S. 2851 Nr. 39 = AufwRspr. 1928 S. 593).

RGZ. 153, 252

1. Über die Grenzen der Auslegungs- und Berichtigungsmöglichkeit bei einem Zuschlagsbeschluß.

2. Kann derjenige, dessen Recht infolge eines mit dem Gesetz nicht im Einklang stehenden Zuschlagsbeschlusses erloschen ist, einen Bereicherungsanspruch geltend machen?

ZVG. §§ 82, 91, 92, 115. ZPO. §§ 319, 878 Abs. 2.

V. Zivilsenat. Urt. v. 20. Januar 1937.

I. Landgericht Hannover. II. Oberlandesgericht Celle.

Auf dem Grundbuchblatte des Grundstücks O.str. 91 in H. ist in Abt. II Nr. 1 am 21. September 1881 eine Grunddienstbarkeit zugunsten des Nachbargrundstücks O.str. 90 eingetragen. Eigentümerin des herrschenden Grundstücks ist die Beklagte. An dem dienenden Grundstück waren im Range nach dieser Grunddienstbarkeit für die Klägerin in Abt. III Nr. 13 und 15 zwei Grundschulden eingetragen. Aus Zinsrückständen betrieb die Klägerin die Zwangsversteigerung. Durch Beschluß vom 10. Januar 1935 ist ihr das Grundstück zugeschlagen unter der Bedingung: „Rechte bleiben nicht bestehen". Auf Grund eines Beschlusses vom 22. Februar 1935 ersuchte der Vollstreckungsrichter das Grundbuchamt, die Grunddienstbarkeit nicht zu löschen, da sie, weil vor 1900 begründet, gemäß § 9 EG. z. ZVG., Art. 6 Pr. AG. z. ZVG. ungeachtet der Nichtberücksichtigung bei der Feststellung des geringsten Gebots bestehen geblieben sei. Eine hiergegen von der Klägerin erhobene Beschwerde war erfolglos. Das Vollstreckungsgericht hat sodann durch Beschluß vom 28. Juni 1935 von Amts wegen den Zuschlagsbeschluß vom 10. Januar 1935 gemäß § 319 ZPO. dahin berichtigt:

Bei der Feststellung des geringsten Gebotes berücksichtigte eingetragene Rechte bleiben nicht bestehen.

Eine dagegen erhobene sofortige Beschwerde der Klägerin ist durch Beschluß des Landgerichts vom 19. Juli 1935 zurückgewiesen worden.

Die Klägerin ist der Ansicht, der Zuschlagsbeschluß vom 10. Januar 1935 in der Fassung: „Rechte bleiben nicht bestehen" habe das Erlöschen sämtlicher Belastungen, also auch der Grunddienstbarkeit bestimmt, die Anweisung des Versteigerungsgerichts an das Grundbuchamt, dieses Recht nicht zu löschen, sei unzulässig gewesen, ferner sei der Berichtigungsbeschluß vom 28. Juni 1935 unwirksam, da er nicht die Berichtigung einer offenbaren Unrichtigkeit gemäß § 319 ZPO. zum Gegenstande gehabt habe. Sie hat Klage erhoben mit dem Antrage, die Beklagte zu verurteilen, anzuerkennen, daß die streitige Grunddienstbarkeit durch den rechtskräftigen Zuschlagsbeschluß vom 10. Januar 1935 erloschen sei, und ihre Löschung im Grundbuche zu bewilligen. Die Beklagte hat in erster Linie um Abweisung der Klage gebeten, hilfsweise aber beantragt, sie zur Löschung nur Zug um Zug gegen Zahlung von 12500 RM. zu verurteilen. In den Vorinstanzen ist die Klägerin unterlegen. Ihre Revision führte zur Aufhebung und Zurückverweisung.

Gründe:

Den Gegenstand des Rechtssreits bildet eine Grunddienstbarkeit, die vor dem Inkrafttreten des Bürgerlichen Gesetzbuchs begründet worden ist, ohne daß die Eintragung im Grundbuch erforderlich war

(§ 12 Abs. 2 des Pr. Ges. vom 5. Mai 1872 [GS. S. 433], ausgedehnt auf die Provinz Hannover durch Gesetz vom 28. Mai 1873 [GS. S. 253] mit Nov. vom 29. Januar 1879 [GS. S. 12]). Sie bedurfte daher nach Art. 187 Abs. 1 EG. z. BGB. zur Erhaltung ihrer Wirksamkeit gegenüber dem öffentlichen Glauben des Grundbuchs nicht der Eintragung. Ein solches Recht bleibt gemäß § 9 EG. z. ZVG. in Verbindung mit Art. 6 Pr. AG. z. ZVG. auch dann bestehen, wenn es bei der Feststellung des geringsten Gebots nicht berücksichtigt worden ist, und zwar ohne Rücksicht darauf, ob es im Grundbuch eingetragen war oder nicht. Insoweit ist den Ausführungen des Berufungsurteils beizutreten.

Es fragt sich aber, ob das Erlöschen der Grunddienstbarkeit nicht deshalb eingetreten ist, weil der Zuschlagsbeschluß die Bedingung enthielt: „Rechte bleiben nicht bestehen". Das Oberlandesgericht meint, der Zwangsversteigerungsrichter habe die sich aus § 9 EG. z. ZVG. in Verbindung mit Art. 6 Pr. AG. z. ZVG. ergebende Rechtslage erkannt und sei daher bei Erlaß des Zuschlagsbeschlusses von ihr ausgegangen. Es könne demnach nicht angenommen werden, daß er durch die Fassung des Zuschlagsbeschlusses das Erlöschen sämtlicher Rechte habe bestimmen wollen. Die hiergegen von der Revision erhobenen Angriffe sind begründet. Der Zuschlagsbeschluß als richterlicher Hoheitsakt unterliegt der selbständigen Auslegung durch das Revisionsgericht (RG. in JW. 1920 S. 902 Nr. 8). Er hat die Bedeutung eines Richterspruchs, der bestimmend ist für die Rechte, die der Ersteher erwirbt, und für die Änderungen, die an den Rechten der Beteiligten eintreten, selbst wenn sein Inhalt insoweit mit dem Gesetze nicht im Einklang steht (vgl. RGZ. Bd. 129 S. 155 [159] und die dort angeführten Entscheidungen). Im Interesse der Sicherheit des Rechtsverkehrs müssen hinsichtlich der Auslegung des Zuschlagsbeschlusses strenge Grenzen nach der Richtung gezogen werden, daß der Wille des Versteigerungsrichters nur insoweit Berücksichtigung beanspruchen kann, als er in dem Beschluß in einer für die Beteiligten erkennbaren Weise zum Ausdruck gelangt ist, und daß im Wege der Auslegung nichts in den Beschluß hineingetragen werden darf, was sich nicht aus ihm ergibt. Die Vorgänge im Versteigerungstermin können zwar zur Erläuterung des Zuschlagsbeschlusses insofern benutzt werden, als hieraus eine in ihm enthaltene Bestimmung eine von allen Beteiligten verstandene Bedeutung erhalten kann; es darf aber nicht eine Versteigerungsbedingung, die im Versteigerungstermin festgesetzt worden, jedoch im Zuschlagsbeschlusse nicht aufgeführt ist, aus dem Versteigerungsprotokoll zur Ergänzung des Zuschlagsbeschlusses verwertet werden (vgl. RGZ. Bd. 60 S. 48 [51]). Denn der § 82 ZVG. bestimmt ausdrücklich, daß die Versteigerungsbedingungen in dem Zuschlagsbeschlusse zu bezeichnen sind, damit die Beteiligten, auch soweit sie nicht im Versteigerungstermin anwesend waren, durch die Mitteilung des Beschlusses (§ 88 ZVG.) in die Lage gesetzt werden, zu prüfen, ob der Beschluß ihre Rechte verletzt. An diesen Grundsätzen ist festzuhalten, da sie für die Sicherheit des Rechtsverkehrs unerläßlich sind. Wendet man sie auf den gegebenen Fall an, so ergibt sich folgendes: Die Bestimmung im Zuschlagsbeschlusse: „Rechte bleiben nicht bestehen" ist an sich unzweideutig. Sie bringt zum Ausdruck, daß alle an dem Grundstück bestehenden Rechte erlöschen sollen. Es fragt sich, ob auf Grund von Vorgängen im Versteigerungstermin eine einschränkende Auslegung geboten ist. Im Protokoll findet sich bei der Beurkundung der Versteigerungsbedingungen der Vermerk: „Versteigerungsbedingungen, die von den gesetzlichen Vorschriften abweichen, sind nicht festgestellt". Daß hierbei aber der Versteigerungsrichter auf das Bestehenbleiben der in Streit befindlichen Grunddienstbarkeit auf Grund der Vorschriften des § 9 EG. z. ZVG. und des Art. 6 Pr. AG. z. ZVG. hingewiesen hätte, ist aus dem Protokoll nicht ersichtlich und auch von der Beklagten nicht behauptet. Mangels einer derartigen Erörterung im Versteigerungstermin kann aber nicht gesagt werden, daß die Bestimmung des Zuschlagsbeschlusses: „Rechte bleiben nicht bestehen" von allen Beteiligten in dem Sinne hätte verstanden werden können, in dem sie vom Oberlandesgericht ausgelegt wird. Daß gerade die Beklagte sie nicht so verstanden hat, sondern davon ausgegangen ist, die Grunddienstbarkeit sei erloschen, ergibt ihre Anmeldung vom 21. Januar 1935 an das Vollstreckungsgericht. Hätte der Zuschlagsbeschluß überhaupt nichts über das Bestehenbleiben von Rechten gesagt, dann wären insoweit ohne weiteres die gesetzlichen Versteigerungsbedingungen eingetreten mit der sich aus § 9 EG. z. ZVG. in Verbindung mit Art. 6 Pr. AG. z. ZVG. ergebenden Folge des Bestehenbleibens der Grunddienstbarkeit. Nur in diesem Umfange kann den Ausführungen der Revisionsbeantwortung beigetreten werden. Da aber der Zuschlagsbeschluß das Nichtbestehenbleiben sämtlicher Rechte unzweideutig als Bedingung, unter der der Zuschlag erteilt wird, festsetzt, so ist durch diese Bedingung die gesetzliche Versteigerungsbedingung aus § 9 EG. z. ZVG. in Verbindung mit Art. 6 Pr. AG. z. ZVG. ausgeschaltet, und es kann auch nicht zur Ergänzung des Zuschlagsbeschlusses auf das Versteigerungsprotokoll zurückgegriffen werden. Die Grunddienstbarkeit ist daher nach § 91 Abs. 1 ZVG. erloschen. Ein etwa abweichender Wille des Versteigerungsrichters muß unberücksichtigt bleiben, da er im Zuschlagsbeschlusse keinen Ausdruck gefunden hat. Bei dieser Rechtslage kommt es auf die Revisionsrüge, daß die Feststellung des Willens des Vollstreckungsrichters durch das Oberlandesgericht auf einem Verfahrensmangel beruhe, nicht an.

Aus den vorstehenden Erörterungen ergibt sich weiter, daß der Berichtigungsbeschluß vom 28. Juni 1935 unbeachtlich ist. Denn es handelt sich nicht um die Berichtigung einer offenbaren Unrichtigkeit im Sinne des § 319 ZPO., sondern darum, daß dem Zuschlagsbeschluß nach Eintritt seiner Rechtskraft ein Sinn beigelegt werden soll, der sich aus seinem Inhalt nicht ergibt. Dieses Verfahren ist aber, wie bereits oben ausgeführt, unzulässig (vgl. auch RGZ. Bd. 129 S. 161/162). Die Beklagte, die, wie ihre Anmeldung vom 21. Januar 1935 ergibt, aus dem Zuschlagsbeschlusse das Erlöschen der Grunddienstbarkeit erkannt hat, hätte durch Einlegung der sofortigen Beschwerde die Versagung des Zuschlags gemäß den §§ 100, 83 Nr. 1 ZVG. herbeiführen müssen. Da sie dies unterlassen hat, ist die Dienstbarkeit endgültig erloschen.

Der Rechtsstreit ist indessen noch nicht zur Endentscheidung reif, weil es nunmehr einer Erörterung des von der Beklagten geltend gemachten Zurückbehaltungsrechts in der Tatsacheninstanz bedarf. Die Meinung der Klägerin, ein Bereicherungsanspruch der Beklagten komme rechtlich überhaupt nicht in Betracht, geht fehl. Allerdings kann die Beklagte nicht im Wege eines solchen Anspruchs von der Klägerin die Wiedereinräumung der Dienstbarkeit verlangen. Denn diese ist nicht ohne Rechtsgrund erloschen. Den Rechtsgrund bildet vielmehr der rechtskräftige Zuschlagsbeschluß (RGZ. Bd. 138 S. 125 [129]). Allein nach § 92 Abs. 1 ZVG. ist an die Stelle des erloschenen Rechts der Anspruch auf Ersatz des Wertes aus dem Versteigerungserlöse getreten. Da die Dienstbarkeit den Grundschulden der Klägerin im Range vorging, so war die Beklagte hinsichtlich des Wertersatzes aus dem Erlöse vor den Grundschulden der Klägerin hebungsberechtigt. Dieser Anspruch ist der Beklagten nicht dadurch verloren gegangen, daß er im Teilungsplane unberücksichtigt geblieben ist. Denn der Teilungsplan hat nicht, wie der Zuschlagsbeschluß, die Kraft eines Richterspruchs. Wenn die Beklagte gegen den Teilungsplan keinen Widerspruch erhoben hat, so hindert auch dieser Umstand nicht, daß sie ihr besseres Recht gegenüber der Klägerin zur Geltung bringt (§ 115 Abs. 1 ZVG., § 878 Abs. 2 ZPO.; RGZ. Bd. 145 S. 343 [348/349]; RGUrt. vom 12. Februar 1930 V 492/28 in AufwRspr. 1930 S. 302 [304]).

RGZ. 156, 271

1. Wirkt die gemäß § 91 Abs. 2 ZVG. zwischen einem Grundschuldgläubiger und dem Ersteher über das Bestehenbleiben der Grundschuld getroffene Vereinbarung auch insoweit als Befriedigung aus dem Grundstück, als das Recht außerhalb des Meistgebotes liegt und aus dem Versteigerungserlös nicht zur Hebung gelangt?

2. Kann ein Grundstück, das der zur Übereignung an eine Gesellschaft m. b. H. schuldrechtlich verpflichtete Alleingesellschafter und Geschäftsführer der Gesellschaft an diese aufgelassen hat, im Konkurse der Gesellschaft nach § 64 KO. als zu deren Konkursmasse ge-

hörig behandelt werden, wenn die Gesellschaft noch nicht als Eigentümerin im Grundbuch eingetragen ist?

3. Findet § 68 KO. entsprechende Anwendung, wenn ein Gläubiger des Gemeinschuldners eine dingliche Sicherheit an einer Sache besitzt, die einem Dritten gehört, der Dritte aber für die Forderung nicht persönlich haftet?

VII. Zivilsenat. Urt. v. 30. November 1937.

I. Landgericht Rostock. II. Oberlandesgericht daselbst.

Für einen der „Dampfziegelwerke H. H. GmbH." in P. gewährten Kredit erhielt die Klägerin neben anderen Sicherheiten Grundschulden im Gesamtbetrage von 125000 GM. auf der im Grundbuch von P. für den Kaufmann H. H. eingetragenen Erbpachthufe Nr. 8. H. hatte sich im Gesellschaftsvertrag zur Einbringung dieser Erbpachthufe in die genannte GmbH. verpflichtet und sie in notarieller Verhandlung vom 21. April 1926 als damaliger alleiniger Gesellschafter und Geschäftsführer der G. m. b. H. an diese aufgelassen und die Umschreibung im Grundbuch bewilligt. Die Umschreibung erfolgte indessen nicht. H. H. starb am 8. August 1926. Über das Vermögen der G. m. b. H. wurde am 28. März 1933 das Konkursverfahren eröffnet und der Beklagte zum Konkursverwalter bestellt. Die Klägerin meldete ihre Forderung, die sich am Tage der Konkurseröffnung auf 134533,10 RM. belief, zur Konkurstabelle an. Die Forderung wurde in Höhe des Ausfalls festgestellt.

Für die Schuld der GmbH. hatte sich der Regierungsrat a. D. K. in P. sebstschuldnerisch verbürgt. Nach Anordnung der Zwangsversteigerung der mit den Grundschulden belasteten Erbpachthufe schloß die Klägerin mit K. am 16. Juni 1933 einen Vertrag, worin sich dieser verpflichtete, die Grundschulden einschließlich der aufgelaufenen Zinsen bis zur Höhe der Forderung der Klägerin auszubieten. In dem Vertrage heißt es weiter:

Herr K. erwirbt im Zwangsversteigerungsverfahren das Grundstück, wenn nicht ein Gebot abgegeben wird, das über den von der Girozentrale gegebenen Kredit hinausgeht. Sollten im Zwangsversteigerungstermin Interessenten nicht vorhanden sein, die eine Ausschließung der gesamten Forderung des Sparkassengiroverbandes notwendig machen, so kann Herr K. auch zu einem geringeren Preise das Grundstück erwerben. Bleibt Herr K. am Meistgebot, so läßt der Sparkassengiroverband die Grundschulden von 125000 GM. stehen. Darüber hinaus werden für den Sparkassengiroverband Grundschulden eingetragen, so daß der gesamte jetzt der Dampfziegelwerke H. H. GmbH. gewährte Kredit durch Grundschulden auf diesem Grundstück gedeckt ist. Die Grundschulden werden in der Weise getilgt, daß in den ersten beiden Jahren vom Ertrag des Grundstücks bzw. des auf ihm betriebenen Ziegeleigewerbes 50% an den Sparkassengiroverband abzuführen sind; in den folgenden Jahren mindestens je 10000 RM. Entsprechend den jährlichen Abzahlungen sind die rangschlechtesten Grundschulden zu löschen bzw. an Herrn K. abzutreten. Für diejenigen Beträge, die der Sparkassengiroverband in dem Grundstück stehen läßt und jeweils stehen hat, haftet Herr K. auch persönlich.

K. erhielt den Zuschlag für ein Gesamtgebot von 85000 RM. Nach den Versteigerungsbedingungen blieben eingetragene Rechte nicht bestehen. Im Verteilungstermin erklärten die Klägerin und K. zu gerichtlichem Protokoll, daß sie das Bestehenbleiben der Grundschulden im Gesamtbetrage von 125000 GM. vereinbart hätten.

Die Klägerin hat demnächst ihren Ausfall auf 44310,33 RM. berechnet, indem sie neben dem Erlös aus der Verwertung anderer kleinerer Sicherheiten als Erlös aus den Grundschulden den Betrag von 84341,63 RM. von der angemeldeten Forderung in Abzug gebracht hat. Auf die Weigerung des Konkursverwalters, diesen Ausfall anzuerkennen, hat sie die vorliegende Klage auf Feststellung ihrer Ausfallsforderung in der von ihr berechneten Höhe erhoben.

Der Beklagte hat den Ausfall bestritten mit der Begründung, die Klägerin sei durch die Vereinbarung mit K. über das Bestehenbleiben der Grundschulden in Höhe von 125000 RM. befriedigt; im übrigen sei eine an die Klägerin abgetretene Forderung von 945 RM. sowie der Wert eines zur Sicherung übereigneten Greifbaggers statt mit 1500 RM. mit 3000 RM. zu berücksichtigen; dann bleibe nur ein Betrag von 1206,96 RM., der durch die inzwischen geleisteten Zahlungen des K. getilgt sei.

Das Landgericht hat unter Zurückstellung der Entscheidung über die Anrechnung des Wertes des Greifbaggers und der Forderung von 945 RM. die Ausfallsforderung der Klägerin durch Teilurteil auf 41365,33 RM. festgestellt. In dem durch die Berufung des Beklagten eröffneten zweiten Rechtszuge hat die Klägerin geltend gemacht, sie brauche sich, da die Erbpachthufe nicht zur Konkursmasse gehört habe, den Erlös daraus nicht als Absonderungsberechtigte, sondern nur nach Maßgabe des § 68 KO. anrechnen zu lassen.

Das Oberlandesgericht hat die Berufung des Beklagten unter rechnerischer Berichtigung der festgestellten Ausfallsforderung auf 40365,33 RM. zurückgewiesen. Die Revision des Beklagten blieb erfolglos.

Gründe:

Die zulässige Feststellungsklage erachtet der Berufungsrichter aus folgenden Erwägungen für begründet:

Eine volle Befriedigung der Klägerin, die ein Konkursteilnahmerecht in jedem Falle ausschließe, sei nicht erfolgt. K. sei als Bürge überhaupt nicht in Anspruch genommen worden. Mit den von ihm geleisteten Zahlungen habe er seine Schuld aus dem Ausbietungsvertrage vom 16. Juni 1933 abgetragen. Nach teilweiser Befriedigung der Klägerin aus der Erbpachthufe gemäß § 91 Abs. 2 Satz 2 ZVG. habe ein Gesamtschuldverhältnis zwischen K. und der GmbH. nur noch in Höhe der Restforderung der Klägerin an die Gesellschaft bestanden. Diese Restforderung habe jedenfalls weit unter dem Betrage von 115000 RM. gelegen, bis auf den K. seine Schuld abgetragen habe, und sei somit durch die Abschlagszahlungen nicht berührt worden. Aus den übrigen Sicherheiten sei die Klägerin nur zum Teil befriedigt worden oder habe sie ihre Befriedigung zu erwarten. Auch nach der Berechnung des Konkursverwalters, welche die Nebenansprüche nicht berücksichtige, bestehe noch eine Restforderung von 1206,96 RM. Bei den Sicherheiten, welche die Klägerin erhalten habe, sei zu unterscheiden zwischen den der Masse zugehörigen und den ihr fremden Gegenständen. Soweit die Klägerin aus ersteren abgesonderte Befriedigung erhalten habe, könne sie verhältnismäßige Befriedigung aus der Konkursmasse nicht mehr verlangen (§ 64 KO.). Ihre Teilbefriedigung aus Gegenständen, die nicht zur Konkursmasse gehörten, bleibe jedoch nach Maßgabe des § 68 KO. für das Konkursteilnahmerecht (bis zur vollen Befriedigung) außer Betracht. Demgemäß müßte das, was die Klägerin auf ihre Grundschulden aus der Erbpachthufe erhalten habe, für die Berechnung ihres Teilnahmerechts ausscheiden; denn das belastete Grundstück habe zur Zeit der Konkurseröffnung nicht der Gemeinschuldnerin, sondern den Erben des als Eigentümer eingetragenen H. H. gehört. Von einem „materiellen Eigentum" der Gesellschaft m. b. H. könne deshalb keine Rede sein, weil H. H. zur Übereignung des Grundstücks an die GmbH. verpflichtet gewesen sei und es auch bereits aufgelassen habe. In dieser Hinsicht sei es auch bedeutungslos, daß H. H. bei der Auflassung alleiniger Gesellschafter und Geschäftsführer der Gesellschaft gewesen sei. Bedeutungslos sei es ferner, daß die Klägerin im ersten Rechtszug in der irrigen Meinung, die Erbpachthufe sei ein Massegrundstück, ihren Ausfall unter Abzug des Versteigerungserlöses berechnet habe, da insoweit eine Einigung mit dem Konkursverwalter, an die sie gebunden sei, nicht vorliege. Ob ihre frühere Berechnungsart als Teilverzicht zu deuten sei, bedürfe keiner Entscheidung, da sie nach wie vor nur Berücksichtigung mit einer Forderung von 44310,33 RM. verlange. Ihr tatsächlicher Ausfall liege aber, wenn der Versteigerungserlös — möge dieser 85000 oder 125000 RM. betragen — außer Betracht bleibe, in jedem Falle über dem Klagebetrag. Eines Eingehens auf die übrigen Sicherheiten bedürfe es deshalb nicht. Welchen

Betrag die Klägerin bis zu ihrer vollen Befriedigung noch zu fordern habe, sei im vorliegenden Rechtsstreit nicht zu erörtern.

Die Revision macht zunächst geltend, der Berufungsrichter habe zu Unrecht ein Gesamtschuldverhältnis des K. mit der Gesellschaft für den 125000 RM. übersteigenden Teil der Forderung (also etwa 10000 RM.) angenommen, da die Klägerin K. in vollem Umfang aus der Gesamtschuld entlassen und mit ihm ein neues selbständiges Abkommen getroffen habe. § 68 KO. sei deshalb nicht anwendbar. Die Gesellschaft schulde der Klägerin dann nur noch die Quote von *135000—125000 = 10000 RM. abzüglich des Erlöses aus den massezugehörigen* Sicherheiten. Das Berufungsgericht rechne mit einem Rest der Konkursforderung der Klägerin von nur 1206,96 RM.; im übrigen hätte also die Klägerin jedenfalls abgewiesen werden müssen.

Die Revision kann mit diesem Vorbringen keinen Erfolg haben. Sie befaßt sich mit den Ausführungen des Berufungsrichters darüber, ob die Klägerin bereits voll befriedigt ist. Diese Prüfung war geboten, weil ein Konkursteilnahmerecht der Klägerin sowohl unter dem Gesichtspunkt des § 64 als auch nach dem Grundsatz des § 68 KO. dann nicht mehr in Betracht kommen kann, wenn die Klägerin, sei es aus massezugehörigen, sei es aus massefremden Sicherheiten, für ihre Forderung volle Befriedigung erlangt hat. Davon geht der Berufungsrichter zutreffend aus. Er zieht bei dieser Prüfung in Betracht, daß die Klägerin durch die Vereinbarung mit K. über das Bestehenbleiben ihrer Grundschulden gemäß § 91 Abs. 3 Satz 2 ZVG. teilweise Befriedigung erlangt hat; er nimmt aber dazu nicht Stellung, in welcher Höhe diese Befriedigung erfolgt ist, ob nur in Höhe des Betrages, zu dem die Klägerin aus dem Versteigerungserlös zur Hebung gekommen wäre (85000 RM.), oder in Höhe des Gesamtbetrages der vereinbarungsgemäß bestehenbleibenden Grundschulden (125000 RM.). Diese Frage, deren Klärung — allerdings über das Ziel dieser Klage hinaus — für die endgültige Feststellung der Ansprüche der Klägerin an die Konkursmasse von erheblicher Bedeutung ist und einem neuen Streit vorzubeugen vermag, ist im letzten Sinne zu entscheiden. Da die Klägerin unzweideutig das Bestehenbleiben der Grundschulden auch insoweit, als sie nicht zur Hebung gelangt wären, in der vom Gesetz vorgeschriebenen Form mit K. vereinbart hat, wirkt nach der ganz allgemeinen und keine Einschränkung zulassenden Fassung des § 91 ZVG. die Vereinbarung im vollen Betrage der Grundschulden (125000 RM.) wie die Befriedigung der Klägerin aus dem Grundstück (Jaeckel-Güthe ZVG. 7. Aufl. Anm. 9 zu § 91; Fischer-Schäfer 2. Aufl. Anm. 4 zu § 91; Reinhart-Müller 3./4. Aufl. Anm. III 4 zu § 91). Ist die Klägerin aber in dieser Höhe aus dem Grundstück befriedigt, so ist insoweit ihre Forderung zum Betrage von 125000 RM. gegen die Gemeinschuldnerin getilgt. Gleichwohl ist die Klägerin nicht voll befriedigt. Der verklagte Konkursverwalter berechnet den Restbetrag ihrer Forderung unter voller Berücksichtigung der erörterten gesetzlichen Befriedigung (125000 RM.) und des Erlöses aus den kleineren massezugehörigen Sicherheiten (unter Einschluß der nach dem erstinstanzlichen Urteil streitig gebliebenen) auf 1206,96 RM. Eine volle Befriedigung wäre nur dann anzunehmen, wenn die vertraglichen Zahlungen des K. (135000—115000 = 20000 RM.) auf die Restforderung der Klägerin gegen die Gemeinschuldnerin anzurechnen wären. Das lehnt der Berufungsrichter aber ab, indem er mit Recht annimmt, daß diese Zahlungen des K. auf die bestehengebliebenen Grundschulden, die zur Sicherung seiner Alleinschuld dienen, geleistet sind und diese nur zum Teil tilgen.

Ist aber die Klägerin hiernach noch nicht voll befriedigt, so hängt die Frage, ob er ein Konkursteilnahmerecht in der von ihr beanspruchten Höhe zusteht, nach der zutreffenden Beurteilung des Berufungsrichters lediglich davon ab, ob die Teilbefriedigung aus der Erbpachthufe nach § 64 oder § 68 KO. zu berücksichtigen ist. Ohne Bedeutung für die Entscheidung ist es hingegen, ob für die 125000 RM. übersteigende Forderung der Klägerin ein Gesamtschuldverhältnis des K. mit der Gemeinschuldnerin weiterbesteht oder ob, wie die Revision meint, durch die Umwandlung der Bürgschaftsschuld des K. das Gesamtschuldverhältnis gänzlich weggefallen ist. K. hat, wie der Berufungsrichter feststellt, auf diese Restschuld nichts geleistet. Also war nicht darüber zu entscheiden, ob derartige Leistungen nach § 64 oder § 68 KO. zu berücksichtigen wären. Die Stellungnahme des Berufungsrichters zu der Frage, ob und inwieweit ein Gesamtschuldverhältnis zwischen K. und der Gemeinschuldnerin noch besteht, ist nur beiläufig und für die Entscheidung ohne Bedeutung.

Die Revision meint weiter, die Befriedigung der Klägerin aus der Erbpachthufe sei nur gemäß § 64 und nicht, wie der Berufungsrichter annehme, gemäß § 68 KO. zu berücksichtigen, weil die Erbpachthufe nach der besonderen Sachlage (Auflassung und Umschreibungsantrag zugunsten der GmbH. durch ihren zur Einbringung verpflichteten Alleingesellschafter und Geschäftsführer, Eintragung der Grundschulden für die GmbH.) als massezugehörig behandelt werden müsse. Dem Berufungsrichter ist indessen darin zuzustimmen, daß im vorliegenden Fall eine Hintansetzung der personen- und vermögensrechtlichen Selbständigkeit der GmbH. und ihrer Gesellschafter nicht zu rechtfertigen ist. Die Rechtsprechung des Reichsgerichts hat diesen Weg nur ausnahmsweise und insbesondere dann beschritten, wenn es sich als notwendig erwies, um einem mit der Gesellschaft in Rechtsbeziehungen getretenen Dritten zu der ihm nach Treu und Glauben zukommenden Leistung zu verhelfen (RGZ. Bd. 99 S. 234, Bd. 103 S. 66, Bd. 129 S. 50 [54]). So liegt hier der Fall nicht. Die Klägerin ist Gläubigerin der Gesellschaft. Die rechtliche Durchführung der Trennung des Vermögens der letzteren von dem ihrer Gesellschafter kann in dem für die Klägerin günstigsten Falle nur dazu führen, daß sie im Konkurse der Gesellschaft volle Befriedigung für ihre Forderung erlangt. Bei dieser Sachlage ist kein sittliches Bedürfnis gegeben, ihr darin entgegenzutreten und ihr die Berufung darauf zu versagen, daß die Erbpachthufe rechtlich nicht zu dem Konkursvermögen gehöre. . . .

Die Revision führt schließlich aus, daß der § 68 KO., mit dem der Berufungsrichter die Befriedigung der Klägerin aus der Erbpachthufe begründet, nicht anwendbar sei, weil H. H. als Eigentümer der letzteren für die Forderung der Klägerin nicht persönlich gehaftet habe. Es ist zutreffend, daß die Vorschrift des § 68 KO. den Fall der bloßen Sachmithaftung massefremder Vermögensgegenstände für eine Verbindlichkeit des Gemeinschuldners nicht unmittelbar erfaßt. Sie ist vielmehr auf den Fall zugeschnitten, daß über das Vermögen mehrerer oder einer von mehreren Personen, die nebeneinander auch persönlich für das Ganze haften, das Konkursverfahren eröffnet ist. Der Berufungsrichter hat sich indessen in Anlehnung an Jaeger (KO. 6./7. Aufl. Bd. II Anm. 2a zu § 68) für die entsprechende Anwendung auf den hier gegebenen Fall entschieden. Für eine verschiedenartige Behandlung der Sachmithaftung und der persönlichen Mithaftung im Konkurse fehlt in der Tat, wie Jaeger a. a. O. zutreffend bemerkt (ebenso Mentzel KO. 5. Aufl. Anm. 5 zu § 64), jeder innere Grund. In seiner bisherigen Rechtsprechung hat das Reichsgericht zu dieser Frage noch nicht ausdrücklich Stellung genommen (vgl. RGZ. Bd. 74 S. 233/234). Es ist indessen anerkannt worden, daß ein Gläubiger, der für seine Forderung gegen den Gemeinschuldner ein Pfandrecht an einer nicht zum Konkursvermögen gehörigen Sache besitzt, an die Vorschrift des § 64 nicht gebunden ist, also für den vollen Betrag seiner Forderung verhältnismäßige Befriedigung aus der Konkursmasse verlangen und sich daneben für den Ausfall, den er im Konkurse erleidet, an das Pfand halten kann (RGZ. Bd. 22 S. 325 [331], Bd. 59 S. 367 [368]. In der letztgenannten Entscheidung ist (S. 373) weiter ausgesprochen, wenn der durch Pfand an massefremder Sache gesicherte Gläubiger aus dem Pfand eine teilweise Befriedigung erhalten habe, so komme dieser Umstand zwar für die Berechnung der von dem Gläubiger höchstens zu erlangenden vollen Befriedigung in Betracht, er könne aber — auch abgesehen von der Vorschrift des § 68 KO. — nicht dazu führen, das Befriedigungsrecht dieses Gläubigers im Konkurs auf den Ausfall zu beschränken, weil insoweit der Bestand der Forderung zur Zeit der Konkurseröffnung maßgebend bleibe. Diese Auffassung führt praktisch schon ohne weiteres zur entsprechenden Anwendung des § 68 im Falle bloß sachlicher Mithaftung. Es liegt also völlig im Sinne der bisherigen höchstrichterlichen Rechtsprechung, wenn sich der Senat nunmehr behufs Gewinnung eines klaren Grundsatzes für die entsprechende Anwendung der Vorschrift ausspricht und damit die Auffassung des Berufungsgerichts billigt.

Daß im vorliegenden Falle die Billigkeit der Anwendung des § 68 KO. entgegenstehe, wie die Revision meint, ist nicht einzusehen. Insbesondere ist in dieser Hinsicht belanglos, ob die Klägerin bereits bis auf 1206,96 RM. befriedigt ist, was der Berufungsrichter unterstellt. Ist das der Fall, so nimmt die Klägerin mit der festgestellten Ausfallsforderung nur bis zur vollen Befriedigung dieser Restforderung an der *Verteilung der Konkursmasse teil. Etwaige Überhebungen kann* der Konkursverwalter mit der Bereicherungsklage zurückverlangen.

Beschwerde

RGZ. 73, 194†

Ist eine Klage auf Nichtigkeitserklärung eines Zuschlagsbeschlusses gegen den Versteigerungsbeamten und den Ersteher zulässig?

ZwVG. §§ 95flg. ZPO. §§ 577, 579, 580, 869. EinfGes. zum ZwVG. § 13. Els.-Lothr. AusfGes. zum ZwVG. vom 13. November 1899.

V. Zivilsenat. Urt. v. 30. März 1910.

I. Landgericht Metz. II. Oberlandesgericht Colmar.

Durch Beschluß des Amtsgerichts M. war die Zwangsversteigerung eines den Eheleuten R., den Gemeinschuldnern der zu 3 mitklagenden Konkursmasse, gehörigen Grundstückes eingeleitet, und der Beklagte zu 2 als Notar, der das Verfahren zu leiten habe, bezeichnet. Dieser nahm die Versteigerung vor und erteilte dem Beklagten zu 1 den Zuschlag. Die Kläger, von denen die zu 1 und 2 ebenfalls am Versteigerungsverfahren beteiligt waren, erhoben demnächst gegen die beiden Beklagten Klage mit dem Antrage, die Zwangsversteigerung und den erteilten Zuschlag für nichtig zu erklären. Sie machten geltend, das versteigerte Grundstück sei zugunsten des Beklagten zu 2 mit einer Hypothek belastet, und deshalb der Beklagte zu 2 gemäß § 2 AusfGes. z. ZwVG., § 41 Nr. 1 ZPO. als Versteigerungsbeamter kraft Gesetzes ausgeschlossen gewesen. Der erste Richter wies die Klage als unzulässig ab. Die Berufung der Kläger wurde zurückgewiesen. Auch ihre Revision blieb ohne Erfolg aus folgenden

Gründen:

. . . „Aus § 869 ZPO., der bestimmt, daß die Zwangsversteigerung und die Zwangsverwaltung durch ein besonderes Gesetz geregelt werden, folgt, daß das Gesetz, betreffend die Zwangsversteigerung und Zwangsverwaltung vom 20. Mai 1898 als ein Teil der Zivilprozeßordnung anzusehen ist. Deshalb finden die Vorschriften der Zivilprozeßordnung, namentlich die des 8. Buches über die Zwangsvollstreckung, auch auf das Zwangsversteigerungsverfahren Anwendung, soweit sich nicht aus dem genannten Gesetze etwas anderes ergibt. Nach § 793 ZPO. findet gegen Entscheidungen, die im Zwangsvollstreckungsverfahren ohne mündliche Verhandlung erfolgen können, sofortige Beschwerde statt. Dies gilt sonach auch für das Zwangsversteigerungsverfahren. Daneben enthalten die §§ 95 flg. ZwVG. Sonderbestimmungen. § 95 schränkt die Zulässigkeit der Beschwerde gegen Entscheidungen, die vor der Beschlußfassung über den Zuschlag erfolgen, auf bestimmte Entscheidungsfälle ein. Nach § 96 finden auf die Beschwerde gegen die Entscheidung über den Zuschlag die Vorschriften der Zivilprozeßordnung über die sofortige Beschwerde nur insoweit Anwendung, als nicht in den §§ 97—104 ein anderes vorgeschrieben ist. § 100 beschränkt die Zulässigkeit dieser Beschwerde auf bestimmte Beschwerdegründe. § 98 trifft Bestimmung darüber, von wann ab die Frist für diese sofortige Beschwerde beginnt. Die letztere Vorschrift bezieht sich aber nur auf die gewöhnliche sofortige Beschwerde. Daneben findet die Vorschrift des § 557 Abs. 2 Satz 2 ZPO. über die außerordentliche sofortige Beschwerde Anwendung, wonach, wenn die Erfordernisse der Nichtigkeits- oder der Restitutionsklage vorliegen, die Beschwerde auch nach Ablauf der Beschwerdefrist innerhalb der für diese Klagen geltenden Notfristen erhoben werden kann.

Vorliegend kommt nach der Sachdarstellung der Kläger in Frage, ob hinsichtlich der Entscheidung über die Erteilung des Zuschlags ein Nichtigkeitsgrund aus § 579 Nr. 2 ZPO., nämlich Mitwirkung eines Richters, der von der Ausübung des Richteramtes kraft Gesetzes ausgeschlossen war, gegeben ist. In der Rechtslehre herrscht Streit darüber, ob, wenn die Erfordernisse der Nichtigkeits- oder der Restitutionsklage gemäß §§ 579, 580 ZPO. vorliegen, die sofortige Beschwerde innerhalb der aus § 577 Abs. 2 Satz 3 ZPO. sich ergebenden Frist unbedingt zulässig ist, oder ob auf die in den §§ 579, 580 ZPO. angegebenen Gründe eine Beschwerde gegen den Zuschlag nur dann gestützt werden kann, wenn damit zugleich einer der im § 100 ZwVG. zugelassenen Beschwerdegründe gegeben ist. Einer Entscheidung dieser Frage bedarf es jedoch für den gegenwärtigen Rechtsstreit nicht. Jedenfalls folgt aus den angeführten Vorschriften, daß gegen Entscheidungen im Zwangsversteigerungsverfahren, insbesondere auch gegen die Erteilung des Zuschlags, die sofortige Beschwerde der einzige vom Gesetz zugelassene Rechtsbehelf ist, und daß dies auch dann gilt, wenn ein Nichtigkeitsgrund vorliegt. Eine Nichtigkeits- oder Restitutionsklage ist schon deshalb unstatthaft, weil diese Klagen nur gegen Endurteile vom Gesetz (§ 578 ZPO.) zugelassen sind.

Aber auch durch eine gewöhnliche Klage, insbesondere, wie vorliegend, gegen den Versteigerungsbeamten und den Ersteher, kann die Entscheidung über die Zuschlagserteilung nicht angefochten werden, weil das Gesetz den vermeintlich Verletzten lediglich auf den Weg der Beschwerde verweist." ...

Verteilung des Erlöses

RGZ. 39, 318

Können die Beteiligten im Kaufgelderbelegungstermine verlangen, daß das Gesamtgebot nach einen anderen, als dem in § 112 des Gesetzes vom 13. Juli 1883 vorgeschriebenen Maßstabe auf mehrere versteigerte Grundstücke verteilt werde?

V. Zivilsenat. Urt. v. 23. Juni 1897.

I. Landgericht Dortmund. II. Oberlandesgericht Hamm.

Die Parteien waren als Realgläubiger bei der Verteilung einer in einer Zwangsversteigerungssache gebildeten Streitmasse von 8211,09 M. interessiert. Versteigert worden waren ein Hausgrundstück und drei Ackergrundstücke; der Zuschlag war für ein Gesamtgebot von 22000 M. erteilt. Von letzteren waren die jetzt streitigen 8211,09 M. übrig geblieben, und es handelte sich darum, wieviel hiervon auf das Hausgrundstück, und wieviel auf die drei Ackergrundstücke zu rechnen sei. Je nach dem Verteilungsmaßstabe verschob sich die Befriedigung oder der Ausfall der Parteien mit ihren Hypothekenforderungen. Die Kläger verlangten eine Verteilung nach Maßgabe des Gebäudesteuernutzungswertes und Grundsteuerreinertrages; der Beklagte wollte die Verteilung nach Maßgabe des durch Sachverständige ermittelten Wertes der Grundstücke vorgenommen wissen. Die Vorinstanzen erkannten nach dem Antrage des Beklagten, indem sie annahmen, daß die Vorschrift in § 112 des Zwangsvollstreckungsgesetzes vom 13. Juli 1883 nicht die Befugnis der Interessenten ausschließe, eine Verteilung des Gesamterlöses zu verlangen, bei welcher nicht der Grundsteuerreinertrag und der Gebäudesteuernutzungswert zugrunde gelegt werde.

Die Revision der Kläger ist zurückgewiesen worden aus folgenden

Gründen:

... „Es handelt sich um die Frage, ob der § 112 des Gesetzes, betreffend die Zwangsvollstreckung in das unbewegliche Vermögen, vom 13. Juli 1883 eine Verteilung des Gesamterlöses auf die einzelnen versteigerten Grundstücke unter Zugrundelegung der Steuerbeträge mit der Wirkung vorschreibt, daß die Beteiligten eine Verteilung nach anderem Maßstabe nicht sollen verlangen können. Die Revision behauptet dies; jedoch mit Unrecht.

Der § 112, welcher, ebenso wie § 38, zu dessen Ergänzung er dient, in dem von der Regierung vorgelegten Gesetzentwurfe nicht vorhanden war, ist von der Kommission des Abgeordnetenhauses eingeschaltet worden. Dies ist, wie der Kommissionsbericht S. 34 hervorhebt, in dem Sinne geschehen, daß „demjenigen, der sich dadurch benachteiligt glaubt, die Geltendmachung seines Widerspruches und der Nachweis eines anderen Wertverhältnisses offen bleibt". Der Revision ist zuzugeben, daß diese Erläuterung in dem Kommissionsberichte für die Auslegung des Gesetzes nicht ausschlaggebend sein kann; immerhin aber läßt sie erkennen, welche Tragweite die Vorschrift nach der Absicht desjenigen Faktors der Gesetzgebung, von welchem sie ausgegangen ist, haben sollte. Entscheidend freilich muß der Wortlaut des Gesetzes bleiben, und die Beziehung, in der die Vorschrift zu anderen Bestimmungen des Gesetzes steht. Wäre daher der Wortlaut des Gesetzes mit der Absicht des Gesetzgebers unvereinbar, oder ergäbe sich aus anderen Bestimmungen des Gesetzes, daß die Vorschrift so, wie sie der Kommissionsbericht verstanden wissen will, nicht ausgelegt werden kann, so würde dies, ohne daß die Bemerkung in dem Kommissionsberichte daran etwas ändern könnte, für die richterliche Auslegung entscheidend sein. Dies ist aber nicht der Fall.

Was den Wortlaut des § 112 anlangt, so läßt sich nicht verkennen, daß das Gesetz mit den Worten: „so ist . . . zugrunde zu legen", eine Wendung gebraucht, die zunächst der von der Revision vertretenen Auslegung zur Seite steht. Aber die ausdrückliche Bezugnahme auf § 38 Abs. 2 ergibt zugleich, daß die Vorschrift sich als Ausführung des dort ausgesprochenen materiellen Grundsatzes darstellt, nach welchem „ein nach Verhältnis des Wertes zu bestimmender Teil des Preises auf jedes Grundstück zu rechnen ist". Eine Bestimmung darüber, wie dieser Grundsatz zur Ausführung gebracht werden soll, erschien um so mehr geboten, als die Judikatur des vormaligen Königl. Obertribunales eine Verteilung unter Zugrundelegung der Steuerbeträge nicht gelten lassen wollte,

vgl. Striethorst, Archiv Bd. 93 S. 297,

und damit die Frage entstanden war, ob es für die Verteilung des Gesamterlöses jedesmal einer Abschätzung der versteigerten Grundstücke durch Sachverständige bedürfe. Diese Frage sollte verneint, und in diesem Sinne sollte eine Anweisung an das Vollstreckungsgericht dahin gegeben werden, daß, wofern nicht die Interessenten über ein anderes Wertverhältnis einig seien, oder von einem derselben ein solches nachgewiesen würde, die Verteilung nach Maßgabe des Grundsteuerreinertrages und des Gebäudesteuernutzungswertes vorzunehmen sei. Im Gesetze hat diese Auffassung dadurch erkennbaren Ausdruck gefunden, daß man die Worte „bei Aufstellung des Planes" hinzugefügt hat. Mit ihnen ist darauf hingewiesen, daß es sich um eine Vorschrift handelt, die für das Vollstreckungsgericht, wenn es den Plan aufstellt, gegeben ist, nicht aber um eine Vorschrift, die auch für die Interessenten eine unabänderliche *Festsetzung enthalten und ihre Rechte endgültig bestimmen* sollte. Daraus erklärt sich auch, daß man die Vorschrift gerade an dieser Stelle, wo sie sich befindet, im Gesetze eingefügt hat. Denn indem das Gesetz im unmittelbaren Anschlusse an sie weiter vorschreibt, daß mit dem Interessenten über den aufgestellten Teilungsplan zu verhandeln sei, und wie die Erledigung erhobener Widersprüche zu erfolgen habe (§ 113), gestattet es den Rückschluß, daß dasjenige, was für die Aufstellung des Planes unmittelbar vorher vorgeschrieben ist, gleichfalls den Gegenstand der Verhandlung mit den Interessenten zu bilden habe und von ihrem Widerspruche betroffen werden könne. Es läßt sich also nicht behaupten, daß der Wortlaut des Gesetzes zu einer über die ausgesprochene Absicht des Gesetzgebers hinausgehenden Auslegung zwänge.

Ebensowenig sprechen für sie andere durchgreifende Gründe. Die Revision weist zwar darauf hin, daß, wenn die Verteilung des Gesamterlöses nach einem Wertverhältnisse vorgenommen werde, welches bei der Feststellung des geringsten Gebotes nicht zugrunde gelegt worden ist, sich hieraus ergeben könne, daß auch Gläubiger, die innerhalb des geringsten Gebotes stehen, einen Ausfall erleiden müßten. Sie will hieraus schließen, daß — wofern es überhaupt zulässig wäre, eine von der Regel des § 112 abweichende Verteilung zu verlangen — dies bereits im Versteigerungstermine geschehen müsse, weil sich nur so eine sichere Durchführung des in § 22 Abs. 1 und § 54 Abs. 1 des Gesetzes vom 13. Juli 1883 ausgesprochenen Grundsatzes ermöglichen lasse. Das Bedenken ist an sich begründet; aber der Schluß, den die Revision hieraus ziehen will, geht zu weit. Ergibt sich bei einem anderen Verteilungsmaßstabe das Resultat, daß Gläubiger, die innerhalb des geringsten Gebotes stehen, einen Ausfall erleiden würden, den sie bei Innehaltung der Verteilung nach Maßgabe des § 112 nicht erlitten haben würden, so wird die Frage entstehen, ob diese Gläubiger der von einem Interessenten verlangten anderen Verteilung mit Erfolg widersprechen können. Genauer wäre die Frage wohl dahin zu stellen, ob es eines Widerspruches überhaupt bedarf, oder ob nicht vielmehr auch ohne solchen die Verteilung insoweit unter Einhaltung des für die Feststellung des geringsten Gebotes maßgebend gewesenen Wertverhältnisses stattfinden muß, als eine Abweichung von ihm die im geringsten Gebote stehenden Gläubiger schädigen und damit die Grundlage des Verfahrens verrücken würde. Einer Entscheidung hierüber bedarf es im vorliegenden Falle nicht; denn die Revisionsklägerin steht nicht im geringsten Gebote und kann sich daher nicht darauf berufen, daß die ihr hierdurch gewährleistete Rechtsstellung mit der von dem Beklagten verlangten Verteilung erschüttert werde. Damit erledigt sich — wenigstens für den vorliegenden Fall — das von der Revision aufgestellte Bedenken. Im übrigen würde, wenn man es überhaupt für zulässig halten wollte, eine *Vorschrift des Inhaltes in das Gesetz hineinzuinterpretieren*, daß bereits im Versteigerungstermine dasjenige Wertverhältnis angegeben werden müsse, nach welchem abweichend von § 112 ein Interessent die Verteilung des Gesamterlöses verlangen will, mit einer solchen Vorschrift nichts gewonnen sein. Denn es würde sofort die Frage entstehen, wie das geringste Gebot festgestellt werden soll, wenn der betreibende Gläubiger oder ein anderer Interessant das angegebene Wertverhältnis bestreitet und die Feststellung des geringsten Gebotes nach einem anderen Wertverhältnisse oder unter Zugrundelegung der Steuerbeträge verlangt. Weder der Vollstreckungsrichter würde in der Lage sein, über diesen Streit zu entscheiden, noch läßt sich annehmen, daß etwa das Verfahren so lange ausgesetzt werden müßte, bis ein für alle Beteiligten maßgebendes Wertverhältnis im Prozeßwege festgesetzt worden ist.

Endlich kann auch daraus ein durchschlagendes Bedenken nicht hergeleitet werden, daß die Interessenten, welche nicht im geringsten Gebote stehen, im Versteigerungstermine mit Sicherheit nicht berechnen könnten, bis zu welcher Höhe geboten werden muß, um für ihre Hypothek volle Deckung zu finden. Ganz von der Hand weisen läßt sich auch dieser Gesichtspunkt nicht. Aber andererseits ist es Sache der Interessenten, sich rechtzeitig darüber zu informieren, in welchem Wertverhältnisse zu einander die mehreren gleichzeitig zur Versteigerung kommenden Grundstücke ihres Schuldners stehen. Ist dieses Wertverhältnis von ihnen rechtzeitig ermittelt, so können sie auch bei der Versteigerung unter Zugrundelegung desselben wissen, wie hoch sich das Gesamtgebot belaufen muß, um bei seiner Verteilung, wenn diese abweichend von der Regel des § 112 nach dem Wertverhältnisse verlangt werden sollte, einen ihre Forderung deckenden Betrag auf das ihnen haftende Grundstück abzuwerfen. Die Berücksichtigung der Lage derjenigen, welche Gebote abgeben wollen, um für ihre eigene Forderung Deckung zu finden, hat auch bei der durch den Plenarbeschluß vom 28. Dezember 1896 (Rep. III, 54/96) *) entschiedenen Frage nicht dahin geführt, das Gesetz in einer derartig positiven Weise zu ergänzen, wie dies geschehen

*) Siehe Bd. 38 Nr. 84 S. 312.

müßte, wenn man mit der Revision annehmen wollte, daß die Geltendmachung eines anderen Verteilungsmaßstabes bereits im Versteigerungstermine zu erfolgen habe." . . .

RGZ. 41, 317

Verteilung des Gesamterlöses in der Zwangsversteigerung auf mehrere Grundstücke, soweit es dabei auf die Zubehöreigenschaft mitversteigerter Mobilien ankommt. Wie ist letztere zu bestimmen, wenn die mehreren Grundstücke zusammen ein Fabriketablissement gebildet haben?

V. Zivilsenat. Urt. v. 7. Mai 1898.

I. Landgericht Paderborn. II. Oberlandesgericht Hamm.

Die Revision der Klägerin ist vom Reichsgerichte stattgegeben worden. Aus den (das Sachverhältnis ergebenden)

Gründen:

. . . „In tatsächlicher Beziehung steht fest, daß die vier . . . Grundstücke zu einem ungetrennten Preise ausgeboten und zugeschlagen worden sind, und daß jedes derselben im Grundbuche eine besondere Nummer und ein eigenes Grundbuchblatt besitzt. Es handelt sich nun um die Verteilung des Gesamtpreises auf die einzelnen Grundstücke gemäß §§ 38, 112 des Gesetzes vom 13. Juli 1883, für welche der Berufungsrichter in Übereinstimmung mit den vom erkennenden Senat des Reichsgerichtes in dem Urteile vom 23. Juni 1897,

Entsch. des RG.s in Zivils. Bd. 39 S. 318 flg.,

ausgesprochenen Grundsätzen den durch Sachverständige ermittelten Wert, und nicht das in § 38 Abs. 2 a. a. O. angegebene Wertverhältnis maßgebend sein lassen will. Der Berufungsrichter stellt im Anschluß an das von dem Baurat B. erstattete Gutachten, welchem er unter eingehender Begründung den Vorzug vor den Gutachten der anderen Sachverständigen gegeben hat, den Wert der Grundstücke einschließlich der auf ihnen vorhandenen Gebäude wie folgt fest: für das Grundstück Nr. 1 auf 24403,20 M.; für das Grundstück Nr. 2 auf 28475,30 M.; für das Grundstück Nr. 3 auf 14914,76 M.; für das Grundstück Nr. 4, auf welchem sich Gebäude nicht befinden, auf 592 M. Außer diesen Werten kommt aber weiter in Betracht, daß auf den versteigerten Grundstücken eine mechanische Seilereifabrik betrieben wurde, für welche Maschinen im Gesamtwerte von 57380 M. angeschafft, mitverkauft und mitzugeschlagen worden sind. Diese Maschinen befanden sich, wie der Berufungsrichter unangefochten festgestellt hat, nur in den auf dem Grundstück Nr. 2 errichteten Gebäuden; mit ihnen waren sie zum Teil (Dampfkessel, Dampfmaschinen,

Transmissionen) fest verbunden; zum Teil (Arbeitsmaschinen) waren sie in ihnen ohne feste Verbindung aufgestellt. Es fragt sich nun, welchen Grundstücken der Wert dieser Maschinen bei der Verteilung des Gesamterlöses zugerechnet werden soll. Diese Frage beantwortet der Berufungsrichter dahin, daß er denjenigen Grundstücken zugerechnet werden müsse, „welche zum Betriebe der mechanischen Seilereifabrik, in der die Maschinen verwendet wurden, tatsächlich gedient haben", und stellt nunmehr — wiederum im Anschluß an das B.sche Gutachten — fest, daß dies bei den Grundstücken Nr. 1, 2 und 3 der Fall gewesen sei, während das Grundstück Nr. 4 in keiner Beziehung zum Fabrikbetriebe gestanden habe. Was insbesondere das Grundstück Nr. 3 anlangt, so müsse dieses als zum Fabriketablissement gehörig angesehen werden, weil die auf der Parzelle Nr. 3151/77 stehenden Gebäude als Lagerräume zur Aufbewahrung der Rohstoffe und fertigen Waren gedient hätten, und die Parzelle Nr. 3152/77 als Zugang zu diesen Räumen habe verwendet werden müssen. Müßten hiernach die drei Grundstücke Nr. 1, 2 und 3 als ein Fabriketablissement gelten, so folge daraus, daß jedem von ihnen ein verhältnismäßiger Teil des Wertes der Maschinen als Zubehör zugerechnet werden müsse. Dementsprechend werden nun die einzelnen Werte berechnet. . . .

Mit Recht wird diese Begründung von der Revision als teilweise rechtsirrtümlich bezeichnet. Sie ist dies zunächst insofern, als sie darauf, daß ein Teil der Maschinen mit den auf dem Grundstück Nr. 2 stehenden Gebäuden in feste Verbindung gebracht ist, keine Rücksicht nimmt. Dieser Umstand ist von dem Standpunkte aus, welchen der Berufungsrichter vertrittt, wesentlich, weil die so verbundenen Maschinen Substanzteile desjenigen Grundstückes, mit welchem die feste Verbindung hergestellt worden ist, hier also Substanzteile des Grundstückes Nr. 2, geworden sind,

vgl. Entsch. des RG.s in Zivils. Bd. 2 S. 251, Bd. 26 S. 343; Rassow-Küntzel, Beiträge Bd. 30 S. 846; Zeitschrift für Bergrecht Bd. 30 S. 84,

und sich damit für die Beurteilung der Frage, ob ihr Wert trotzdem auch den anderen Grundstücken anteilig zuzurechnen ist, eine andere rechtliche Grundlage ergeben würde. Käme es hierauf an, so hätte die Sache in die Vorinstanz zurückverwiesen werden müssen, um festzustellen, bei welchen Maschinen eine solche dauernde, die Substanzeigenschaft begründende Verbindung stattgefunden hat.

Es kommt aber hierauf nicht an, weil die Revision begründet ist, auch wenn man davon, daß ein Teil der Maschinen zur Substanz des Grundstückes Nr. 2 gehören würde, ganz absieht. Der Berufungsrichter hat im Anschluß an das B.sche Gutachten festgestellt, daß die Grundstücke Nr. 1, 2 und 3 insofern zu einer wirtschaftlichen Einheit verbunden sind, als sie sämtlich zum Betriebe desselben Fabrikgeschäftes dienen. Auf dem Grundstück Nr. 1 befindet sich das Wohnhaus und das Kontor; auf Nr. 2 ist die eigentliche Produktionsstätte, und Nr. 3 enthält die Lagerräume für Material und Waren. Aus dieser Gemeinsamkeit für denselben Endzweck (für das Fabrikgeschäft) schließt der Berufungsrichter, daß die drei Grundstücke auch rechtlich als ein Grundstück, nämlich als ein Fabrikgrundstück, anzusehen seien, und folgert hieraus, daß die Pertinenzien des einen Grundstückes zugleich Pertinenzstücke des anderen geworden seien. Dies ist unrichtig. *Es ist dabei übersehen, daß trotz der Einheitlichkeit* des Endzweckes jedes der drei Grundstücke seine eigene und von den anderen Grundstücken verschiedene wirtschaftliche Bestimmung beibehalten hat. Allerdings gehören alle drei Grundstücke zum Fabrikgeschäft; ein jedes dient ihm aber nur in einer bestimmten, seiner eigenen wirtschaftlichen Beschaffenheit entsprechenden Weise. Sie sind nicht ein Grundstück mit derselben wirtschaftlichen Bestimmung geworden, sondern sind geblieben, was sie waren: das eine bestimmt zum Wohnen und zur Geschäftsleitung, das andere bestimmt zur Herstellung der Waren, mit deren Anfertigung sich die „Fabrik" beschäftigt, das dritte bestimmt zum Warenlager und zur Aufbewahrung des Materiales. Daraus folgt dann aber auch, daß die Zubehörstücke des einen Grundstückes nicht zugleich Zubehörstücke des anderen sind. Denn die Zubehöreigenschaft richtet sich auch nach preußischem Rechte — ebenso wie nach dem künftigen Rechte des Bürgerlichen Gesetzbuches (§ 97 daselbst) — nach dem wirtschaftlichen Zwecke desjenigen Grundstückes, zu welchem die Nebensache in einem entsprechenden räumlichen Verhältnisse steht, oder — wie der § 42 ALR. I, 2 sagt — mit welchem sie in „fortwährende Verbindung" gebracht ist (§ 46 a. a. O.).

Vgl. Eccius, Preußisches Privatrecht Bd. 1 § 21 Anm. 33; und Dernburg, Preußisches Privatrecht Bd. 1 § 62.

Die Maschinen dienten nur zur Herstellung der Waren auf dem Grundstück Nr. 2, auf dem sie sich befanden; die Sachverständigen heben dies ausdrücklich hervor, und es besteht kein Zweifel darüber, daß an dieser produktiven, das eigentliche Fabrikgrundstück kennzeichnenden Tätigkeit die Grundstücke Nr. 1 und Nr. 3 keinen Teil hatten. Demzufolge dienten die Maschinen auch nur dem wirtschaftlichen Zwecke dieses Grundstückes, und dies darf nicht dadurch verwischt werden, daß über den jedem der drei Grundstücke eigentümlichen wirtschaftlichen Zweck noch ein aus dem Fabrikgeschäft hergeleiteter Gesamtzweck übergeordnet wird. Denn nicht ein Fabrikgeschäft ist versteigert worden, sondern die Grundstücke. Mögen daher auch in Ansehung der Fabrik die Maschinen als zu dieser gehörig betrachtet werden, so sind sie doch — was die Frage nach ihrer

Zubehörigkeit zu einem Grundstück anlangt — nur Zubehörstücke des Grundstückes Nr. 2, weil sie nur dem wirtschaftlichen Zwecke dieses Grundstückes zu dienen bestimmt waren.

Hiernach unterliegt die Vorentscheidung, die den Zubehörbegriff auf einer unrichtigen Grundlage konstruiert, der Aufhebung." . . .

RGZ. 59, 266

Welche Ansprüche kann ein Hypothekengläubiger, dessen Recht bei Feststellung des geringsten Gebots versehentlich übergangen worden ist, gegen die ihm in der Rangordnung nachstehenden, bei der Feststellung des geringsten Gebots berücksichtigten Ansprüche erheben?

V. Zivilsenat. Urt. v. 3. Dezember 1904.

I. Landgericht Mülhausen. II. Oberlandesgericht Colmar.

Für die Klägerin, Ehefrau G., haftete auf einem Grundstück in Mülhausen eine hypothekarisch sichergestellte Forderung von 10400 M. nebst $4^1/_2$ Prozent Zinsen. Dieser stand der Vorrang vor einer für die Beklagte auf demselben Grundstück eingetragenen, zu 4 Prozent verzinslichen Hypothek von 8000 M. zu. Das Grundstück kam im Jahre 1901 auf Antrag eines der Beklagten in der Rangordnung nachstehenden Hypothekengläubigers B. zur Zwangsversteigerung, die vom Notar H. (dem Nebenintervenienten) als Versteigerungsbeamten geleitet wurde. Obwohl die Klägerin ihre Forderung zum Zwangsversteigerungsverfahren auch noch angemeldet hatte, übersah der Notar, daß dieser Forderung der Vorrang vor der Hypothek der Beklagten zustand und nahm unrichtigerweise an, daß nur eine hier nicht weiter in Betracht kommende Hypothek der Gebrüder G. von 8000 M. und die Hypothek der Beklagten von 8000 M. dem betreibenden Gläubiger vorgingen. Infolge dessen stellte er das geringste Gebot dahin fest, daß es insgesamt 17892,43 M. betrage, nämlich daß der Ersteher zu übernehmen habe die G.sche Hypothek mit 8000 M. und die Hypothek der Beklagten mit 8000 M., und bar zu zahlen habe einen von der Steuerkasse in Mülhausen angemeldeten Betrag von 29,60 M., sowie an Zinsen aus der G.schen Hypothek 900,7 M. und aus der Hypothek der Beklagten 962,76 M. Die Forderung der Klägerin blieb also bei der Feststellung des geringsten Gebots unberücksichtigt. Ein Widerspruch gegen diese Feststellung wurde, obwohl im Versteigerungstermin sowohl die Beklagte wie auch die Klägerin, diese durch ihren Ehemann, vertreten waren, nicht erhoben, sondern auf Grund des so festgestellten geringsten Gebots das Grundstück ausgeboten, und der Zuschlag für ein Meistgebot von 20900 M. von dem Versteigerungsbeamten erteilt. Er wurde rechtskräftig, da ein Rechtsmittel gegen ihn nicht eingelegt wurde. Bei der Verteilung des

Erlöses wollte der Versteigerungsbeamte den Bedingungen, unter denen der Zuschlag erteilt worden war, entsprechend feststellen, daß die G.sche Hypothek von 8000 M. und die Hypothek der Beklagten von 8000 M. bestehen bleiben, und er wollte ferner den bar zu zahlenden Erlös von 4900 M. zuzüglich der von ihm bis zum Verteilungstermin aufgelaufenen Zinsen von 54,28 M., zusammen also den Betrag von 4954,28 M., der bar gezahlt worden war, anweisen: vorweg auf Kosten, Steuern und Zinsen der G.schen Hypothek mit 1134,15 M., sodann an die Beklagte auf die von ihr liquidierten Hypothekenzinsen mit 1214,89 M. und *den Rest von* 2505,24 M. der *Klägerin*. Die Klägerin, deren Forderung nebst Zinsen sich auf 11917,20 M. belief, würde hierdurch einen Ausfall von 9311,96 M. erlitten haben. Sie widersprach nun aber dieser Verteilung des Erlöses, indem sie jetzt geltend machte, daß ihrer Forderung der Vorrang vor der Hypothek der Beklagten zustehe. Sie verlangte, daß ihre Forderung an Stelle der der Beklagten in Höhe von 8000 M. vom Ersteher übernommen, und daß ihr der ganze nach Abzug der vorweg verteilten 1134,15 M. verbleibende Rest des bar gezahlten Erlöses mit 3820,13 M. zugeteilt werde. Nachdem infolge dieses Widerspruchs der streitige Teil des Barerlöses hinterlegt worden war, erhoben sie und ihr Ehemann die gegenwärtige Klage und verkündeten zugleich dem Notar den Streit.

Die Beklagte verlangte Abweisung der Klage, verkündete aber auch ihrerseits dem Notar den Streit; der Notar erkannte keine Regreßansprüche an, trat aber der klagenden Seite im Rechtsstreite bei.

Der erste Richter ordnete eine Berichtigung des Teilungsplanes dahin an, daß der Rest des bargezahlten Steigpreises mit 3820,13 M. der Klägerin zugewiesen werde; im übrigen wies er die Klage ab. Gegen dieses Urteil legten beide Teile und der Nebenintervenient Berufung ein. Der zweite Richter wies die Berufung der Beklagten zurück, hob dagegen auf die Berufung der Gegenseite das Urteil des Landgerichts, soweit es die Klage abwies, auf und ordnete eine noch weitere Berichtigung des Teilungsplanes dahin an, daß die in ihm als bestehen bleibend aufgeführte Hypothek der Beklagten mit Zinsen seit dem 24. Dezember 1901 den Klägern übertragen werde zur Befriedigung ihrer Restforderung in Höhe von 8097,7 M. und Zinsen vom 26. März 1902 an. Dieses Urteil wurde auf die Revision der Beklagten insoweit aufgehoben, als es der Berufung der Kläger stattgegeben hatte, und insoweit wurde die Berufung der Kläger und des Nebenintervenienten gegen das Urteil erster Instanz zurückgewiesen; im übrigen wurde die Revision zurückgewiesen aus folgenden

Gründen:

„Bei richtiger Feststellung des geringsten Gebots hätte nach § 45 ZwVG. nicht bloß die G.sche Hypothek und die Hypothek der

Beklagten, sondern auch die Hypothek der Klägerin als bestehen bleibend (§ 52 das.) berücksichtigt werden müssen, da alle drei Hypotheken in der Rangordnung dem betreibenden Gläubiger vorgingen. Dies ist nun aber nicht geschehen. Die Hypothek der Klägerin ist bei Feststellung des geringsten Gebots, auf Grund dessen das Ausgebot erfolgt, und der Zuschlag erteilt ist, unberücksichtigt geblieben, und nur die Hypothek der Beklagten, die in der Rangordnung der der Klägerin nachsteht, und die Hypothek der Gebrüder G. haben Berücksichtigung gefunden. Nun fragt es sich, welche Folgen dies für die *Verteilung des Erlöses hat. Die Vorinstanzen sind richtig* davon ausgegangen, daß der Hypothek der Klägerin trotz ihrer Nichtberücksichtigung der ihr zustehende Rang, also auch der Vorrang vor der Hypothek der Beklagten, verblieben ist. Denn das heute geltende Recht kennt in der Zwangsversteigerung eine Zurücksetzung im Range nur als Folge nicht rechtzeitiger Anmeldung oder Glaubhaftmachung (§ 110 ZwVG.), und von dieser Folge kann die Klägerin nicht betroffen sein, da ihre Hypothek als eingetragen der Anmeldung nicht bedurfte und von ihr überdies angemeldet worden ist. Hat aber die Klägerin ihren Rang behalten, so geht sie auch bei der Verteilung des Erlöses, soweit nicht die festgestellten Versteigerungsbedingungen etwas anderes festsetzen, der Beklagten vor, und daraus folgt, daß der bar zu zahlende Erlös, den im vorliegenden Falle der Ersteher auch bar berichtigt hat, der Klägerin gebührt. Es sind dies die der Klägerin in erster und zweiter Instanz zugesprochenen 3820,13 M., die nach Abzug der vorweg verteilten 1134,15 M. von den bargezahlten 4954,28 M. übrig bleiben. Darin ist zwar auch ein Teil des geringsten Gebots enthalten, nämlich derjenige Teil, der nach § 49 Abs. 1 ZwVG. bar zu zahlen ist; aber soweit das geringste Gebot einen Betrag als bar zu zahlenden festsetzt, trifft es keine Bestimmung darüber, wem dieser Betrag bei der Verteilung zufallen soll. Es bestimmt nur die Höhe der Barzahlung, unter der Gebote nicht zugelassen werden dürfen, während sich erst bei der Verteilung des Erlöses ergibt, welche Gläubiger aus dieser Barzahlung zu befriedigen sind. Daß die Höhe des vom geringsten Gebot bar zu zahlenden Teils, wie aus § 49 Abs. 1 a. a. O. hervorgeht, sich nach bestimmten, entweder aus dem Grundbuch ersichtlichen oder angemeldeten Ansprüchen richtet, darf daran nicht irre machen; denn das Gesetz schreibt nirgends vor, daß nur diejenigen Ansprüche, nach denen die Höhe der Barzahlung bestimmt worden ist, bei ihrer Verteilung berücksichtigt werden dürfen; es läßt im Gegenteil durch die Vorschrift im § 109 Abs. 2, daß der nach Deckung der Kosten verbleibende Überschuß „auf die Rechte, welche durch Zahlung zu decken sind, verteilt" werden soll, und durch die darauf folgende Bestimmung im § 110, daß die dort erwähnten Rechte den übrigen bei der Verteilung nachstehen sollen, erkennen, daß für die Verteilung des Barerlöses die grundbuchmäßige Rangordnung maßgebend ist, und daß hierbei nur diejenigen Gläubiger, auf die der § 110 zutrifft, eine Zurücksetzung im Range erfahren dürfen. So wird auch das Gesetz — wenn auch nicht ohne Widerspruch, vgl. Kretzschmar, Das Reichsgesetz über die Zwangsversteigerung usw. S. 185 — überwiegend in der bisher zu ihm erschienenen Kommentarliteratur verstanden,

vgl. Fischer-Schäfer, Bem. 4 zu § 45; Jaeckel, Bem. 8 zu § 45; Reinhard, Bem. II unter 2 zu § 45,

und es spricht wesentlich für dieses Verständnis, daß auch das hierin vorbildlich gewesene preußische Gesetz vom 13. Juli 1883 fast einstimmig und unter Zustimmung des Reichsgerichts (Jurist. Wochenschr. 1893 S. 71 Nr. 47) die gleiche Auslegung gefunden hat.

Vgl. Kurlbaum, Neue Grundsätze der Zwangsversteigerung S. 53 flg., und die Kommentare zu diesem Gesetz von Krech-Fischer, 3. Aufl. S. 218, und von Jaeckel, 3. Aufl. S. 250, 252, 289.

Der Berufungsrichter hat nun aber der Klägerin nicht bloß den nach Abzug der vorweg zu berichtigenden Posten vorhandenen Barerlös („Bargebot“ im Sinne des § 49 Abs. 1 ZwVG.) zugesprochen, sondern den Teilungsplan noch weiter dahin abgeändert, daß auch die Hypothek der Beklagten von 8000 M., die bei Feststellung des geringsten Gebots berücksichtigt worden ist und daher nach § 52 ZwVG. bestehen bleibt, nebst Zinsen seit dem 24. Dezember 1901 auf die Klägerin übertragen werden soll. Darin kann ihm nicht beigetreten werden. Vorweg ist dabei zu bemerken, daß auch in dieser Beziehung die Feststellung des geringsten Gebots nicht ganz korrekt erfolgt ist. Denn sie geht dahin, daß der Ersteher die G.sche Hypothek und die Hypothek der Beklagten zu übernehmen habe, während das Gesetz eine Übernahme durch den Ersteher, soweit das dingliche Recht in Betracht kommt, überhaupt nicht vorschreibt und die Übernahme der etwa bestehenden persönlichen Haftung des Schuldners besonders regelt (§ 53 ZwVG.). Richtiger wäre es daher gewesen, wenn der Versteigerungsbeamte zur Feststellung des geringsten Gebots nur ausgesprochen und im Protokoll festgestellt hätte (§§ 66, 78 ZwVG.), welche Hypotheken berücksichtigt worden sind; denn hieraus würde sich nach § 52 Abs. 1 das. von selbst ergeben haben, daß diese Hypotheken gegen den Ersteher bestehen bleiben. Aber sachlich kommt die getroffene Feststellung des geringsten Gebots auf dasselbe hinaus, und ihre inkorrekte Fassung hat daher keine Bedeutung. Die Frage ist also die, ob ein Hypothekengläubiger, dessen Hypothek bei der Feststellung des geringsten Gebots berücksichtigt worden ist und daher bestehen bleiben soll, bei der Verteilung des Erlöses dulden muß, daß sie nicht bestehen bleibt, weil eine ihm in der Rangordnung vorgehende Hypothek, die bei der Feststellung des geringsten Gebots hätte berücksichtigt werden sollen, nicht berücksichtigt worden ist.

Diese Frage ist — im Gegensatze zum Berufungsgericht — zu verneinen.

Zunächst mag hervorgehoben werden, wenn auch ein entscheidendes Gewicht darauf nicht zu legen ist, daß die Annahme des Berufungsgerichts zu Konsequenzen führt, die befremdlich erscheinen müssen. Denn die Folge wäre, daß jeder Hypothekengläubiger befugt sein müßte, obwohl s e i n e Hypothek bei der Feststellung des geringsten Gebots berücksichtigt worden ist, den Zuschlag anzufechten, wenn eine ihm vorgehende Hypothek bei der Feststellung des geringsten Gebots keine Berücksichtigung gefunden hat. Will man annehmen, daß einer solchen Beschwerde gegen den Zuschlag der § 100 Abs. 2 ZwVG. nicht entgegensteht, so würde der übergangene Hypothekengläubiger, von dem man meinen sollte, daß es in erster Reihe seine Sache sei, den Zuschlag, durch den er in seinem Rechte verletzt wird, anzufechten, dies unterlassen und abwarten dürfen, ob der bei der Feststellung des geringsten Gebots berücksichtigte Nachhypothekar die Beschwerde erhebt. Denn erhebt er sie, und dringt er mit ihr durch, so kommt der Erfolg, nämlich die Aufhebung des Zuschlags, auch dem übergangenen Anspruche zugute; und erhebt er sie nicht, so würde der übergangene Anspruch den berücksichtigten Hypothekengläubiger immer noch aus dem geringsten Gebot herausdrängen. Aber noch mehr! Von Erfolg könnte die Beschwerde natürlich nur dann sein, wenn die nicht berücksichtigte Hypothek zu Unrecht übergangen worden ist. Zu Unrecht ist sie aber nur dann übergangen, wenn und soweit sie noch besteht. Ob dies der Fall ist, müßte der nachstehende Hypothekengläubiger doch erst feststellen können, bevor er die Beschwerde erhebt. Zu dieser Feststellung über ein ihm fremdes Rechtsverhältnis wird er aber in vielen Fällen gar nicht in der Lage sein, namentlich dann nicht, wenn der Vorhypothekar im Versteigerungstermin nicht erschienen ist, oder wenn der Nachhypothekar selbst den Versteigerungstermin nicht wahrgenommen hat, weil er als ein dem betreibenden Gläubiger vorgehender Berechtigter hierzu keine Veranlassung hatte. Gerade der letzterwähnte Fall zeigt, zu welcher Konsequenz man käme: der Hypothekengläubiger, der im Versteigerungstermin ausgeblieben ist, und der nun aus dem ihm nach § 88 ZwVG. zugestellten Beschlusse über die Erteilung des Zuschlags, da dieser nach § 82 das. auch die Versteigerungsbedingungen enthalten muß, ersieht, daß zwar seine eigene Hypothek bei der Feststellung des geringsten Gebots berücksichtigt worden ist, daß aber eine der ihm vorgehenden Hypotheken nicht berücksichtigt worden ist, müßte festzustellen suchen, wie dies gekommen ist, um darüber ins klare zu gelangen, ob hier eine Übergehung zu Unrecht stattgefunden hat; denn wenn dies der Fall sein sollte, müßte er selbst die Beschwerde einlegen, um nicht hinterher, nachdem der Zuschlag rechtskräftig geworden, von dem übergangenen Anspruch aus der Berücksichtigung beim geringsten Gebot herausgedrängt zu werden und auf den bar zu zahlenden Erlös angewiesen, also, soweit dieser nicht zureicht, der Gefahr des Ausfalls ausgesetzt zu sein. Vor welche Schwierigkeiten damit der Nachhypothekar gestellt würde, namentlich wenn ihm, wie dies wohl oft der Fall sein wird, die Rechtsverhältnisse der Vorhypotheken unbekannt sind, und wenn man weiter beachtet, daß ihm zu seinen Ermittelungen nach § 96 ZwVG. nur eine vierzehntägige Frist zu Gebote stände, braucht nicht weiter ausgeführt zu werden.

Derartige Erwägungen sind nun zwar, wie bereits bemerkt, nicht ausschlaggebend; aber sie *erregen doch von vornherein Bedenken* gegen eine Auslegung des Gesetzes, die zu so unbefriedigenden Ergebnissen führt. Ob sich letztere nach dem preußischen Zwangsversteigerungsgesetze vom 13. Juli 1883 ergeben hätten, kann unerörtert bleiben; denn das Reichsgesetz über die Zwangsversteigerung und Zwangsverwaltung vom 24. März 1897 weicht in einer hier maßgebenden Beziehung bei seinen Vorschriften über die Feststellung des geringsten Gebots und über die Verteilung des Erlöses von dem preußischen Gesetze ab. Es schreibt nicht vor, daß das geringste Gebot auf einen Betrag festgesetzt werden soll, der ausreichend ist, um die dem betreibenden Gläubiger vorgehenden Rechte und die aus dem Erlöse zu entnehmenden Kosten des Verfahrens zu decken, und der daher nur gefunden werden kann, wenn man jene Rechte, also namentlich die Kapitalbeträge der dem betreibenden Gläubiger vorgehenden Hypotheken- und Grundschulden, ziffermäßig zusammen rechnet; das Reichsgesetz läßt vielmehr die dem betreibenden Gläubiger vorgehenden Rechte bei der Feststellung des geringsten Gebots nur berücksichtigen (§ 45 ZwVG.) und schreibt dann vor (§ 52), daß sie, soweit sie nicht durch Zahlung zu decken sind (§ 49 Abs. 1), insoweit bestehen bleiben, als sie bei der Feststellung des geringsten Gebots berücksichtigt worden sind. Das Reichsgesetz kennt auch keine Zuteilung des Erlöses auf Rechte, die bei der Feststellung des geringsten Gebots berücksichtigt und nicht durch Zahlung zu decken sind; es kann eine solche Zuteilung nicht kennen, weil diese Rechte eben bestehen bleiben, also auf sie nichts zuzuteilen ist. Daraus erklärt es sich, daß das Reichsgesetz bezüglich dieser Rechte bei der Verteilung des Erlöses nur vorschreibt, sie seien „in dem Plane auch anzugeben" (§ 113 Abs. 2). Eine Erklärung des Richters, durch welche nun erst — bei der Verteilung des Erlöses — bestimmt würde, welche Rechte der Ersteher in Anrechnung auf das Meistgebot und auf das in ihm steckende geringste Gebot zu übernehmen habe, findet nicht mehr statt. Sie kann auch nicht stattfinden oder wäre wenigstens völlig überflüssig; denn die Rechte, welche bestehen bleiben, stehen bereits dadurch fest, daß sie bei der Feststellung des geringsten Gebots berücksichtigt worden sind, und die Übernahme der persönlichen Haftung des Schuldners, wofern eine solche besteht, folgt für den Ersteher bei bestehen bleibenden Hypotheken aus dem Gesetz selbst (§ 53). Den Weg, den das preußische Gesetz einschlug, daß nämlich das geringste Gebot für alle bei ihm in Betracht kommenden Rechte, also auch für diejenigen, die der Ersteher übernehmen sollte, nur einen Betrag festsetzte, und daß erst bei der Verteilung des Erlöses durch den Richter bestimmt wurde, welche Rechte in Anrechnung auf jenen Betrag der Ersteher übernahm (§§ 57, 107, 115 des preußischen Gesetzes vom 13. Juli 1883), hat das Reichsgesetz verlassen. Nach ihm sind die bestehenbleibenden Rechte schon bestimmt, wenn das Ausgebot erfolgt; sie *sind dadurch bestimmt, daß sie bei der Feststellung des geringsten* Gebots berücksichtigt worden sind, und zugleich ist bestimmt (§ 52 Abs. 1 Satz 2), daß die übrigen Rechte (die nicht berücksichtigten) erlöschen. Damit sind die Versteigerungsbedingungen festgesetzt, und für die Verteilung des Erlöses das Ergebnis gewonnen, daß nur das bar zu zahlende Meistgebot zu verteilen ist, so daß es in der Tat, wie auch § 113 Abs. 2 ZwVG. vorschreibt, für die bestehen bleibenden Rechte nur der Angabe bedarf, welche Rechte nach den Versteigerungsbedingungen bestehen bleiben.

Aus dieser Konstruktion des Verfahrens folgt dann aber auch weiter, daß Rechte, die nach den Versteigerungsbedingungen bestehen bleiben sollen, bei der Verteilung des Erlöses nicht als solche behandelt werden dürfen, die erlöschen. Wenn das geringste Gebot und die Versteigerungsbedingungen unrichtig sind, wenn z. B., wie im vorliegenden Falle, eine dem betreibenden Gläubiger vorgehende Hypothek bei der Feststellung des geringsten Gebots nicht berücksichtigt worden ist und daher nach § 52 Abs. 1 Satz 2 erlischt, so ist es Sache des übergangenen Gläubigers, den Zuschlag wegen unrichtiger Feststellung des geringsten Gebots, durch die er in seinem Rechte verletzt wird, anzufechten (§ 83 Nr. 1. § 100 Abs. 1. § 97 Abs. 1 ZwVG.). Zu diesem Zwecke schreibt das Gesetz vor, daß der Beschluß, durch den der Zuschlag erteilt wird, den Beteiligten, soweit sie weder im Versteigerungstermin noch im Verkündigungstermin erschienen sind, zugestellt werden muß (§ 88), und daß in ihm auch die Versteigerungsbedingungen zu bezeichnen sind (§ 82). Läßt der übergangene Gläubiger den Zuschlag rechtskräftig werden, so kann er auch die Versteigerungsbedingungen, die für andere Gläubiger das Bestehenbleiben ihrer Forderungen festsetzen, nicht mehr anfechten. Sie sind mit der Rechtskraft des Zuschlags auch für die Verteilung des Erlöses maßgebend geworden. Das Gegenteil folgt keineswegs aus den §§ 50, 51 ZwVG. Diese Vorschriften beziehen sich auf den Fall, daß das geringste Gebot, wenn es richtig festgestellt worden wäre, anders hätte festgestellt werden müssen, überhaupt nicht. Sie setzen im Gegenteil voraus, daß das geringste Gebot so, wie es festgestellt worden ist, richtig, d. h. dem Grundbuch und den vorliegenden Anmeldungen entsprechend, aufgestellt worden ist, daß aber ein Recht, das hiernach Berücksichtigung finden mußte und berücksichtigt worden ist, in Wahrheit nicht besteht. Sie geben also nicht den Weg, auf welchem ein Fehler, der bei der Feststellung des geringsten Gebots vorgekommen ist, beseitigt werden kann, sondern sie geben den Weg, wie das materielle Recht einem richtig festgestellten geringsten Gebot gegenüber aufrecht erhalten werden kann. Der Gläubiger, der unter Berufung auf die §§ 50, 51 eine Erhöhung der Barzahlung des Erstehers verlangt, weil ein bei der Feststellung des geringsten Gebots berücksichtigtes Recht nicht besteht, behauptet gar nicht, daß das geringste Gebot nach den hierüber *bestehenden Vorschriften unrichtig* festgestellt worden sei, sondern stützt sich auf einen Tatbestand, der mit diesen Vorschriften nichts zu tun hat und dem materiellen Recht angehört. Er kann diesen Tatbestand nicht anders, als erst bei der Verteilung des Erlöses geltend machen, namentlich nicht durch eine Beschwerde gegen den Zuschlag. Darin zeigt sich der Gegensatz zu demjenigen Gläubiger, der geltend machen kann, daß er durch eine unrichtige Feststellung des geringsten Gebots in seinem Rechte verletzt sei. Diesem hat das Gesetz die Beschwerde gegen den Zuschlag gegeben, jenem nicht. Daraus folgt dann aber auch weiter, daß der Gläubiger, der es versäumt hat, die Beschwerde einzulegen, obwohl er durch unrichtige Feststellung des geringsten Gebots in seinem Rechte verletzt ist, sich auf die §§ 50, 51 überhaupt nicht berufen kann. Dies ist wichtig für die im Entwurfe zum Zwangsversteigerungsgesetze vorgesehene Erweiterung der jetzt im § 50 Abs. 1 des Gesetzes enthaltenen Vorschrift. Der Entwurf nämlich wollte in § 69 Abs. 2 eine Erhöhung der Barzahlung für den Ersteher auch dann eintreten lassen, wenn die bei Feststellung des geringsten Gebots berücksichtigte Hypothek

> „den nicht berücksichtigten Rechten eines anderen Beteiligten nachsteht oder gleichsteht oder gegenüber einem solchen Beteiligten unwirksam ist, zugunsten dieses Beteiligten, sofern derselbe von seinem Rechte Gebrauch macht“.

In das geltende Gesetz ist diese Vorschrift nicht übergegangen, aber nur deshalb nicht, weil man annahm, daß es sich nur um singuläre Fälle handeln könne, die der Entscheidung durch die Jurisprudenz überlassen bleiben könnten (vgl. Jaeckel, Zwangsversteigerungsgesetz, 2. Aufl. S. 194 Note 6). Der Berufungsrichter führt nun aus, daß diese Erweiterung des § 50 Abs. 1, obwohl sie in das Gesetz nicht ausdrücklich aufgenommen worden sei, gleichwohl gelten müsse. Dies mag sein, wird auch jetzt überwiegend in der Literatur als richtig angenommen. Aber wenn die Erweiterung gilt, so gilt sie doch eben nur da, wo der Grundsatz des § 50 Abs. 1 selbst zur Anwendung kommen könnte; sie gilt also nicht, wenn es sich um eine unrichtige Feststellung des geringsten Gebots handelt, die der durch sie betroffene Gläubiger durch Anfechtung des Zuschlags hätte beseitigen müssen. Dies hat der Berufungsrichter verkannt, und auf dieser unrichtigen Anwendung des Gesetzes beruht es, daß er in weiterer Abänderung des Teilungsplanes die Hypothek der Beklagten, die bei der Feststellung des geringsten Gebots berücksichtigt worden ist, nicht für die Beklagte fortbestehen lassen, sondern sie der Klägerin zuweisen will.

In den Vorinstanzen ist endlich auch der Gesichtspunkt der Bereicherung zur Sprache gekommen. Es ist behauptet worden, die Beklagte würde sich auf Kosten der Klägerin bereichern, wenn ihre Hypothek bestehen bliebe, während die Klägerin, soweit das bar gezahlte Kaufgeld zu ihrer Befriedigung nicht ausreiche, leer ausginge, und die Beklagte sei auch aus diesem Grunde nach § 812 BGB. verpflichtet, den Vorteil, den sie ohne rechtlichen Grund erlange, an die Klägerin herauszugeben. Aber auch mit dieser Begründung läßt sich die vom Berufungsrichter angeordnete weitere Abänderung des Teilungsplanes nicht rechtfertigen. Zunächst deshalb nicht, weil es sich hier um einen Verteilungsstreit handelt, für dessen Entscheidung es nur darauf ankommen kann, ob der vom Versteigerungsbeamten aufgestellte Teilungsplan den über die Verteilung des Erlöses im Zwangsversteigerungsgesetze enthaltenen Vorschriften entspricht. Ist dies der Fall, und behauptet ein Beteiligter, daß ein anderer Beteiligter nach den Vorschriften des materiellen Rechts verpflichtet sei, dasjenige an ihn herauszugeben, was er nach dem Teilungsplan erhalte, so ist dies kein Verteilungsstreit, sondern ein Rechtsanspruch, der sich völlig außerhalb des Verteilungsverfahrens bewegt, und mit dem eine Abänderung des Teilungsplans nicht verlangt werden kann. Dies allein würde ausreichen, um den Bereicherungsanspruch hier auszuscheiden. Aber die Beklagte hat auch zutreffend entgegnet, daß sie weder einen Vorteil habe, noch daß sie einen solchen ohne rechtlichen Grund erlangt haben würde. Einen Vorteil habe sie nicht, weil auch ihre Hypothek dem betreibenden Gläubiger vorging, sie also ebenso wie die Klägerin einen Anspruch darauf hatte, bei der Feststellung des geringsten Gebots berücksichtigt zu werden; hätte sie aber einen Vorteil, so beruhe der rechtliche Grund für ihn in dem Verhalten der Klägerin, nämlich darin, daß diese den Zuschlag mit den sie in ihrem Rechte verletzenden Versteigerungsbedingungen habe rechtskräftig werden lassen. Daß diese Entgegnung zutrifft, ergibt sich auch daraus, daß umgekehrt, nämlich wenn man die Klägerin mit einer Hypothek von 8000 M. an die Stelle der Beklagten rücken läßt, die Beklagte die Benachteiligte sein würde. Die Beklagte hatte darauf, daß ihre Hypothek, weil sie ebenfalls dem betreibenden Gläubiger vorging, in diesem Subhastationsverfahren unberührt blieb, oder — wie es jetzt in Zwangsversteigerungsgesetze heißt — bestehen blieb, das gleiche Recht wie die Klägerin. Stehen in dieser Beziehung die Parteien einander gleich, und muß eine von ihnen den Nachteil tragen, so entspricht es auch dem materiellen Recht, daß dies diejenige Partei sei, die es verabsäumt hat, ihre Rechte während des Zwangsversteigerungsverfahrens gehörig wahrzunehmen.“ ...

RGZ. 64, 308 †

1. Kann der Ersteher den auf eine Eigentümergrundschuld des Versteigerungsschuldners entfallenen Teil des zu zahlenden Versteigerungserlöses gegen seine ausgefallenen Forderungen aufrechnen?

ZwVG. § 107 Abs. 2.

2. . . . .

3. Steht der Pfändung einer Forderung die vertragliche Verpflichtung des Gläubigers zur Abtretung an einen anderen entgegen?

ZPO. § 835.

V. Zivilsenat. Urt. v. 22. November 1906.

I. Landgericht Detmold. II. Oberlandesgericht Celle.

Als die Grundstücke des G. in K. am 23. Dezember 1904 zur notwendigen Zwangsversteigerung kamen, worin sie der P.er Bank zugeschlagen wurden, waren von der erststelligen Hypothek 4999,50 M. zurückgezahlt und Eigentümergrundschuld des G. geworden. Sie sollten bar zur Hebung kommen. Im Verteilungstermin am 29. Januar 1905 beanspruchte der beteiligte Gläubiger Pl., daß ihm davon 4900 M. überwiesen würden, auf Grund eines Pfändungs- und Überweisungsbeschlusses des Landgerichts D. vom 7. Januar 1905, der als gepfändet und überwiesen bezeichnete den Anspruch des G. aus der Eigentümergrundschuld auf Auszahlung des Betrages von 4900 M. aus dem Versteigerungserlöse. Dem widersprach die P.er Bank, Ersteherin und zugleich beträchtlich ausfallende, zweitstellige Hypothekengläubigerin. Sie legte eine notariell beglaubigte Urkunde vom 28. April 1904 vor, worin G. erklärt hatte, daß er die von der ersten Hypothek zurückgezahlten und künftig zurückzuzahlenden Beträge der P.er Bank abtrete, die Eintragung dessen im Grundbuch, und ferner die Bildung eines Zweigdokuments und die Aushändigung an die P.er Bank bewillige und beantrage. Sie nahm auf Grund dieser Zession den Anspruch des G. auf Auszahlung der Eigentümergrundschuld in voller Höhe in Anspruch und erklärte ferner, sie rechne mit diesem ihr abgetretenen Betrage gegen den Anspruch des G. auf Zahlung des Versteigerungserlöses auf. Die 4999,50 M. wurden nun als Streitmasse hinterlegt, und es klagte dann die P.er Bank gegen Pl. auf Einwilligung in die Auszahlung der Streitmasse an sie.

Die Klägerin wiederholte zur Begründung der Klage die schon im Verteilungstermin abgegebene Aufrechnungserklärung, die sie jetzt auch auf die Forderungen erstreckte, mit denen sie ausgefallen war (in einem Betrage von 45369,66 M.). Außerdem berief sie sich auf die Abtretung der G.schen Grundschuld vom 28. April 1904 (§§ 1154, 1117 Abs. 2 BGB.), die sich auch auf das etwaige Recht des G. auf den Erlös in einer Zwangsversteigerung bezogen haben sollte — was der Beklagte bestritt. Sie behauptete, bei Auszahlung der Versteigerungssumme den Vorbehalt gemacht zu haben, daß der streitige Betrag ihr selbst zurückzuzahlen sei. Daß der Hypothekenbrief nicht zwecks Bildung eines Teilbriefs beim Grundbuchamt eingereicht, und die Bildung eines Teilbriefs nicht beantragt worden war, gab sie zu, machte aber geltend, daß die Abtretung den G. jedenfalls obligatorisch verpflichtet habe, und der Beklagte sich ebensowenig wie G. diesen Verpflichtungen entziehen könne, ohne arglistig zu handeln.

Der Beklagte bestritt, daß die Abtretung vom 28. April 1904 rechtswirksam, und eine Aufrechnung überhaupt statthaft sei: die jedenfalls erforderliche Ausfertigung eines Teilhypothekenbriefes sei nicht erfolgt, und gegen persönliche Ansprüche der Klägerin sei Beklagter durch § 892 BGB. geschützt; eine Aufrechnung sei aber nur möglich zwischen Gläubiger und Schuldner, und der Schuldner G. sei nicht Gläubiger der Versteigerungssumme.

In erster Instanz wurde auf Klagabweisung erkannt. Die Berufung der Klägerin wurde zurückgewiesen, mit der Feststellung, daß in Höhe von 99,50 M. ein Anspruch des Beklagten auf die hinterlegte Summe nicht bestehe. Auch die Revision der Klägerin wurde zurückgewiesen, aus folgenden

Gründen:

„Die Klägerin hat den von ihr erhobenen Anspruch auf den Teil des — von ihr selbst als Ersteherin erlegten — Versteigerungserlöses, der auf die Eigentümergrundschuld des Versteigerungsschuldners G. entfallen ist, in doppelter Weise zu begründen versucht: einmal durch eine Aufrechnung, die sie mit diesem Teilbetrag ihrer Ersteherschuld gegen ihrseitige Forderungen an G. vornehmen will, und zweitens durch Berufung auf die in der Urkunde vom 28. April 1904 von G. erklärte Abtretung der von ihm auf die erststellige Hypothek zurückgezahlten Beträge an sie. Der Berufungsrichter hat in Übereinstimmung mit dem ersten Richter beide Klagebegründungen verworfen.

Für die Aufrechnung wollte die Klägerin zwei Forderungen an G. verwerten: erstens die erwähnten ihr in der Urkunde vom 28. April 1904 von G. abgetretenen Beträge, und zweitens einen entsprechenden Teil der Forderungen, mit denen sie in der Zwangsversteigerung ausgefallen ist. Die erste Aufrechnung hält der Berufungsrichter schon deshalb für hinfällig, weil die Abtretung vom 28. April

1904 unwirksam geblieben sei, und wenn dies richtig ist — worauf später zurückzukommen sein wird —, ist damit in der Tat die erste Aufrechnung erledigt. Die zweite Aufrechnung ist mit der Begründung vom Berufungsrichter für unstatthaft erklärt worden — die übrigens auch auf die erste Aufrechnung gepaßt haben würde —, daß G. gar keinen Anspruch gegen die Klägerin auf Zahlung der Schuld, welche diese aufrechnen will, gehabt habe, somit die Voraussetzung für eine Aufrechnung fehle, daß zwei Personen einander dem Gegenstande nach gleichartige Leistungen schulden müssen (§ 387 BGB.). Der *Berufungsrichter führt aus:*

G. sei mit den auf die erste Hypothek zurückgezahlten Beträgen, denen seitdem keine persönliche Forderung mehr zugrunde gelegen habe, Grundschuldgläubiger an seinem eigenen Grundstück geworden und als solcher, als Realgläubiger, an der Zwangsversteigerung des Grundstücks, mit dem Anspruch auf Befriedigung aus dem Grundstück oder dem Erlöse, beteiligt gewesen. Aber weder in dieser noch in seiner Eigenschaft als Eigentümer des Grundstücks habe er gegen den Ersteher einen Anspruch auf Zahlung gehabt. Zwischen dem Realgläubiger als solchem und dem Ersteher bestehe überhaupt kein Schuldverhältnis — solange nicht etwa nach § 118 ZwVG. dem Realgläubiger ein Anspruch gegen den Ersteher gerichtsseitig überwiesen werde —. Und der Eigentümer des Grundstücks, der Versteigerungsschuldner, sei zwar nach wie vor Inhaber des in der Versteigerung begriffenen Vermögens, aber infolge der Beschlagnahme nicht verfügungsberechtigt.

Diesen Ausführungen mußte beigetreten werden. Darüber kann kein Zweifel bestehen, daß die an der Zwangsversteigerung beteiligten Gläubiger, von dem erwähnten Fall des § 118 abgesehen, keinen Anspruch auf Zahlung gegen den Ersteher, mit dem sie in gar keinem Vertragsverhältnisse stehen, sondern nur ein Recht darauf haben, nach den für das Zwangsversteigerungsverfahren gegebenen Vorschriften wegen ihrer Forderungen befriedigt zu werden.

Vgl. Jaeckel, ZwVG. 2. Aufl. S. 384 Bem. 2 zu § 107; Entsch. des RG.s in Zivils. Bd. 5 S. 310.

Es könnte höchstens in Frage kommen, ob dadurch etwas geändert werde, daß G. nicht bloß beteiligter Gläubiger, sondern auch Versteigerungsschuldner und Eigentümer des versteigerten Grundstücks war; aber auch daß muß, mit dem Berufungsrichter, verneint werden. Zwar war die Versteigerungsmasse im Vermögen des G. geblieben, und er mag daher als Gläubiger der durch Meistgebot und Zuschlag für den Ersteher entstandenen Schuld bezeichnet werden (vgl. Jaeckel a. a. O.); aber seiner Verfügung war diese Forderung entzogen; er konnte sie nicht durch Einziehung oder Aufrechnung oder sonstwie zum Erlöschen bringen; sie konnte daher auch nicht ihm gegenüber aufgerechnet werden. Er konnte vielmehr nur verlangen, daß mit dem Erlöse nach Vorschrift des Zwangsversteigerungsgesetzes verfahren werde. Zu seiner eigenen Verfügung zurück erhielt er nur den auf seine Eigentümergrundschuld entfallenen Betrag, dies also auch nur in seiner Eigenschaft als beteiligter Gläubiger, nicht als Inhaber der Versteigerungsmasse, und erst durch die Zuteilung im Verteilungstermin, auch nur als ein Stück der Versteigerungsmasse, nicht als eine Teilschuld der Ersteherin. Damals war überdies bereits der Betrag von dem Beklagten gültig, wie der Berufungsrichter weiter zutreffend dargelegt hat, gepfändet und ihm überwiesen worden, wodurch also der Anspruch des G. auf diese Hebung einer Aufrechnung durch den Ersteher selbst dann entrückt worden wäre, wenn man nach der erwähnten Verteilung ein unmittelbares Schuldverhältnis zwischen der Klägerin als Ersteherin und G. bezüglich dieses Postens annehmen könnte.

Endlich erwägt noch der Berufungsrichter, ob dem Beklagten, wie die Klägerin behauptet hatte, ein arglistiges Verhalten um deswillen vorgeworfen werden könne, weil er nur ein durch Pfändung und Überweisung erworbenes Recht des G. geltend mache, G. aber, wie der Berufungsrichter auch zugibt, arglistig gehandelt haben würde, wenn er einem Verlangen der Klägerin, die zur Ausführung der vereinbarten Abtretung der Grundschuld erforderlichen Schritte zu tun, entgegen getreten wäre, oder wenn er, nachdem solche Schritte inzwischen durch Erlöschen der Grundschuld unmöglich geworden sind, der Klägerin den Zugriff auf den an die Stelle getretenen Erlös streitig machen wollte. Mit Recht gelangt aber der Berufungsrichter zu einer Verneinung dieser Frage. Der Beklagte verfolgt ein Recht, das er gutgläubig durch eine gültige Pfändung und Überweisung erworben hat, und das er deshalb zwar nur in dem Bestande, aber doch auch in dem vollen Bestande ausüben darf, den es zur Zeit seines Erwerbes hatte. Durch die bloße obligatorische, jedoch noch nicht erfüllte Verpflichtung des G., über dieses Recht zugunsten eines anderen zu verfügen, hatte das Recht an sich keinen Abbruch erlitten.

Die Revision konnte aus diesen Gründen keinen Erfolg haben."

RGZ. 66, 391

Sind unter dem in § 112 Abs. 3 ZwVG. erwähnten Einzelausgebot im Gegensatze zu einem Gesamtausgebot auch Ausgebote einzelner Grundstücksgruppen zu verstehen?

ZwVG. §§ 112 Abs. 3, 63 Abs. 2 Satz 2.

V. Zivilsenat. Urt. v. 19. Oktober 1907.

I. Landgericht Arnsberg. II. Oberlandesgericht Hamm.

Der im Grundbuche von D. Bd. VI Bl. 4 und Bd. XII Bl. 5, auf jedem mit einer großen Anzahl einzelner Grundstücke, eingetragene Grundbesitz des Stefan W. kam im Jahre 1905 gleichzeitig zur Zwangsversteigerung. Im Versteigerungstermin am 20. Oktober 1905 wurden zunächst die Grundstücke jedes der beiden Grundbuchblätter für sich ausgeboten; es wurde ein Meistbargebot abgegeben auf Bd. VI Bl. 4 von 27700 M., auf Bd. XII Bl. 5 von 17400 M. Inzwischen hatten sämtliche Beteiligte sich damit einverstanden erklärt, daß das Ausgebot der einzelnen Grundstücke jedes Grundbuchblatts unterbleiben sollte. Darauf wurden die sämtlichen Grundstücke beider Grundbuchblätter zusammen ausgeboten; es erfolgte ein Meistgebot von 48950 M. Die erschienenen Beteiligten erklärten sich für den Zuschlag auf das Gesamtbargebot von 48950 M., und der Zuschlag wurde dann durch Beschluß vom 27. Oktober 1905 diesem Gesamtgebot erteilt; der Zuschlag ist rechtskräftig geworden.

Im Verteilungstermin am 11. Dezember 1905 wurde gemäß § 112 ZwVG. eine Verteilung des Gesamterlöses auf die Grundstücke je von Bd. VI Bl. 4 und Bd. XII Bd. 5 vorgenommen. Die Teilungsmasse wurde auf 58493,98 M. festgestellt. Nachdem das Wertverhältnis der beiden Grundstücksgruppen in vorgeschriebener Weise, nach § 112 Abs. 2 Satz 1 ZwVG., § 11 EinfGes. und Art. 8 preuß. AusfGes. zum ZwVG., auf 28836 M. für Bd. VI Bl. 4 und 16257 M. für Bd. XII Bl. 5 ermittelt war, wurde dementsprechend die Teilungsmasse mit 37399,24 M. auf Bd. VI Bl. 4 und 21084,74 M. auf Bd. XII Bl. 5, also der bare Erlös, unter Abrechnung der bestehen bleibenden Hypotheken, dort 150 M., hier 10000 M., je mit 37249,24 M. und 11084,74 M. auf die beiden Gruppen verteilt.

Auf Bd. XII Bl. 5 hatte der Kaufmann M., der hier auch der betreibende Gläubiger war, Hypothekenforderungen von zusammen 19670,05 M. angemeldet, denen, abgesehen von dem Anteile an den vorweg zu berichtigenden Kosten- usw. Forderungen, nur 820,67 M. vorgingen. Er würde demnach zum größten Teil zur Hebung gekommen sein, wenn der Zuschlag auf das Einzelgebot von 17400 M. erteilt worden wäre. Es kam daher in Frage, ob nicht die Verteilung des Gesamterlöses nach § 112 Abs. 3 vorzunehmen sei, nämlich so, daß der dort bezeichnete Fehlbetrag dem verhältnismäßigen Werte von Bd. XII Bl. 5 hinzu-, und vom Werte von Bd. VI Bl. 4 abgerechnet würde. Das Amtsgericht stellte auch eine solche Berechnung auf, wonach der Fehlbetrag sich auf 7220,44 M. belief. M. hätte demnach bei solcher Verteilung einen um diesen Betrag geringeren Ausfall erlitten; dagegen würde dann ein Ausfall gleicher Höhe die bei Bd. VI Bl. 4 an letzter Stelle zum Zuge gelangenden Gläubiger getroffen haben. Das Amtsgericht wandte jedoch die in § 112 Abs. 3 vorgesehene Verteilung nicht an, sondern beschloß, nach Abs. 2 zu verteilen, wonach M. mit 9405,98 M. ausfiel. Hiergegen erhob der

Bäckermeister Joh. H., als Zessionar des M., Widerspruch. Infolgedessen wurde eine entsprechende Streitmasse zwischen H. und jenen Gläubigern aus dem Erlöse hinterlegt, um die dann auf Klage des H. im Prozeßwege gestritten wurde. Sie wurde in allen Instanzen dem Kläger zugesprochen.

Aus den Gründen des Revisionsurteils:

„Sowohl das Landgericht wie das Oberlandesgericht haben angenommen — abweichend von dem Vollstreckungsrichter —, daß die *Verteilung des Erlöses aus dem Gesamtausgebot* über die beiden versteigerten Grundstücksgruppen (auf Bd. XII Blatt 5 und Bd. VI Bl. 4 des Grundbuchs) nach Maßgabe des § 112 Abs. 3 ZwVG. zu geschehen habe. In den Vorinstanzen haben die Beklagten die Anwendbarkeit dieser Gesetzesbestimmung auf den vorliegenden Fall hauptsächlich mit der Begründung bestritten, daß ihrer Meinung nach ein Einzelausgebot in dem dort vorausgesetzten Sinne hier überhaupt nicht stattgefunden habe. Der § 112 beschäftigt sich mit dem Falle, daß bei der Versteigerung mehrerer Grundstücke der Zuschlag auf Grund eines Gesamtausgebots (vgl. § 63 Abs. 2) erteilt worden ist, und nun eine Verteilung des Erlöses auf die einzelnen Grundstücke notwendig wird. Dann soll der Überschuß, der sich nach Deckung der Kosten und sonstigen gemeinschaftlichen Belastungen ergibt (Abs. 1), der Regel nach auf die einzelnen Grundstücke nach dem Verhältnisse ihres Wertes verteilt werden (Abs. 2). Wenn jedoch der hiernach auf das einzelne Grundstück entfallende Erlösanteil nicht zur Befriedigung u. a. derjenigen Ansprüche ausreicht, die gedeckt sein würden, wenn dem auf das Einzelausgebot dieses Grundstücks abgegebenen Meistgebot der Zuschlag erteilt worden wäre, so soll sich der Anteil dieses Grundstücks an dem Überschuß um den Fehlbetrag erhöhen (Abs. 3). Die Beklagten sind nun der Ansicht, daß in § 112 das Gesamtausgebot und das Einzelausgebot einander in dem Sinne gegenübergestellt seien, daß unter Einzelausgebot nur das Ausgebot jedes einzelnen Grundstücks zu verstehen sei, das nach § 63 Abs. 1 allemal stattfinden muß, sofern nicht von den in Abs. 5 näher bezeichneten Beteiligten darauf verzichtet wird. Sie berufen sich darauf, daß demgegenüber in Abs. 2 des § 63 nicht bloß das Ausgebot aller, sondern auch das einiger Grundstücke als Gesamtausgebot bezeichnet wird, und wollen daraus schließen, daß auch unter dem in § 112 Abs. 2 gebrauchten Ausdruck „Einzelausgebot" nur ein Ausgebot der einzelnen Grundstücke verstanden werden dürfe, also nicht das hier neben dem Gesamtausgebot sämtlicher Grundstücke veranstaltete (auch Gesamt-) Ausgebot der beiden großen Grundstücksgruppen je von Bd. XII Bl. 5 und Bd. VI Bl. 4 des Grundbuchs.

Den Wortlaut der §§ 63 und 112 hat diese Auffassung in gewisser Weise für sich, aber auch nichts weiter; es kann vielmehr keinem

Zweifel unterliegen, daß nach Absicht des Gesetzes der in § 112 Abs. 3 vorgeschriebene Verteilungsmaßstab jedesmal angewandt werden soll, sobald neben dem Gesamtausgebot, auf das der Zuschlag erteilt wird, weniger umfangreiche Ausgebote mit einem für bestimmte Gläubiger günstigeren Ergebnisse stattgefunden haben.

Die Zulassung eines Gesamtausgebots verfolgt den Zweck, einen möglichst hohen Erlös zu erzielen, weil (wie es in der Denkschrift heißt, Heymannsche Ausg. S. 81) das Gesamtausgebot erfahrungsmäßig nicht selten ein besseres Versteigerungsergebnis liefert als das Einzelausgebot. Dabei konnte dem Gesetzgeber aber nicht entgehen, daß trotzdem das Einzelausgebot für diesen oder jenen Gläubiger ein günstigeres Ergebnis liefern kann, und diesen Widerstreit der Interessen hat er dahin gelöst, daß ein solcher Vorteil dem Gläubiger auch beim Zuschlag auf das Gesamtausgebot erhalten bleiben soll. Schon die Motive bemerkten zum § 63, um die Bestimmung zu rechtfertigen, daß neben dem Einzelausgebot auf Verlangen jedes Beteiligten ein Gesamtausgebot stattfinden muß, trotz Widerspruchs anderer Beteiligter: das weitere Verfahren sei so geregelt, daß der Zuschlag auf Grund des Gesamtausgebots nur erteilt werde, wenn auf diesem Wege die berechtigten Interessen in größerem Umfange Berücksichtigung fänden als durch die Einzelversteigerung. Zu der damit gemeinten Regelung gehört besonders die Bestimmung in Abs. 3 des § 112 (vgl. auch § 63 Abs. 4). Zu dieser Bestimmung wird in der Denkschrift (S. 100) ausgeführt:

> In dem hier vorausgesetzten Falle dürfe für die Verteilung des Gesamterlöses auf die einzelnen Grundstücke deren Wertverhältnis nicht schlechthin, sondern nur unter der Voraussetzung maßgebend sein, daß dadurch kein Berechtigter in seinen durch das Einzelausgebot erworbenen Aussichten auf Befriedigung beeinträchtigt werde. Habe also ein Einzelausgebot stattgefunden, so müßten diejenigen, welche aus dem für ein Grundstück erzielten Meistgebote Befriedigung erlangt haben würden, wenn dem Bieter der Zuschlag erteilt worden wäre, in Höhe dieses Gebots unter allen Umständen aus dem Gesamterlöse befriedigt werden....

Wenn die hiernach klar vorliegende Absicht des Gesetzes sich auf Fälle wie den vorliegenden nicht beziehen sollte, wie die Beklagten meinen, so enthielte das Gesetz eine unerklärliche Lücke. Hier standen dem Gesamtausgebot zwar nicht Ausgebote der zahlreichen einzelnen Grundstücke, worauf von den Beteiligten nach § 63 Abs. 5 verzichtet worden war, wohl aber Ausgebote von zwei Grundstücksgruppen gegenüber, die dann auch noch zusammen ausgeboten wurden. Daß solchem Zusammenausgebot gegenüber die Ausgebote der beiden einzelnen Grundstücksgruppen Einzelausgebote sind und auch richtig als solche bezeichnet werden dürfen, ist nicht zu bestreiten; auch hat dieses Einzelausgebot der Gruppe Bd. XII Bl. 5 für den Zedenten des Klägers das günstigere Ergebnis geliefert, das in dem vom Gesetzgeber in § 112 Abs. 3 vorausgesetzten Falle bei dem Zuschlage auf das Gesamtausgebot erhalten bleiben soll. Müßte gleichwohl dieser Gläubiger auf den Vorteil aus dem erwähnten Einzelausgebot zugunsten anderer Gläubiger verzichten, so wäre dies schlechterdings nicht zu verstehen. Nachdem in Abs. 2 des § 63 auch das Ausgebot einiger Grundstücke — im Gegensatz zu dem Ausgebot der einzelnen und aller Grundstücke — zugelassen worden war, mußte der Gesetzgeber mit der Möglichkeit rechnen, daß daneben noch ein Gesamtausgebot aller Grundstücke stattfinden werde; denn nach § 63 Abs. 2 kann jeder Beteiligte ein solches Gesamtausgebot sogar verlangen. Daraus mußte sich dann aber die weitere Möglichkeit aufdrängen, daß die Gruppenausgebote und das Gesamtausgebot für die einzelnen Gläubiger ein verschiedenes Ergebnis liefern konnten. Dieser Interessenwiderstreit bedurfte aber gerade so gut einer Lösung, wie beim Zusammentreffen von Ausgeboten einzelner Grundstücke und einem Gesamtausgebot. Eine verschiedenartige Behandlung dieser beiden Fälle würde sich aber nicht erklären lassen. Sie unterscheiden sich zwar darin, daß das Ausgebot der einzelnen Grundstücke zwingend vorgeschrieben ist, sofern nicht darauf verzichtet wird (§ 63 Abs. 1 und 5), während Gruppenausgebote nur auf Antrag anzuordnen sind oder doch angeordnet werden können (Abs. 2); allein daraus ergeben sich weder rechtliche noch tatsächliche Anhaltspunkte für eine verschiedenartige Bewertung der Gläubigerinteressen, die dabei miteinander in Widerstreit kommen können. Auch mußte der Gesetzgeber, obgleich er für das Ausgebot einiger Grundstücke einen Antrag fordert, mit einem häufigen Vorkommen solcher Ausgebote rechnen, namentlich in Gegenden, wo, wie anscheinend in der hier in Frage stehenden, das Zusammenschreiben mehrerer Grundstücke auf einem gemeinschaftlichen Grundbuchblatt (§ 4 GBO.) üblich ist, und infolgedessen Gruppenausgebote gewisse praktische Vorzüge vor dem Ausgebot der einzelnen Grundstücke haben können. Um so weniger darf angenommen werden, daß der Gesetzgeber dies dadurch erschwert oder sogar verhindert habe, daß er dem günstigen Ausfall eines Gruppenausgebots für einzelne Gläubiger jede Berücksichtigung gegenüber einem Gesamtausgebot versagt hätte. Aus allen diesen Erwägungen erscheint es vielmehr als zweifellos, daß mit den Vorderrichtern die Vorschrift in § 112 Abs. 3 ZwVG. auch auf den vorliegenden Fall bezogen werden muß, daß die (Einzel-)Ausgebote einiger Grundstücke für bestimmte Gläubiger günstiger ausgefallen sind, als das Gesamtausgebot aller zur Versteigerung stehenden Grundstücke.“ ...

RGZ. 71, 404

1. Zur Anwendung des § 571 BGB.

2. Tritt die Fälligkeit einer Hypothek, die auf einem Grundstücke für dessen Mieter eingetragen ist, gemäß § 111 ZwVG. auch dann ein, wenn diesem Eintritte ein Recht des Erstehers aus dem Mietvertrage nach § 571 BGB. und § 57 ZwVG. entgegensteht?

3. Bedeutung des sog. Surrogationsprinzips im Verfahren betreffend die Zwangsversteigerung von Grundstücken.

4. Rechtliche Natur der Übertragung der gegen den Ersteher auf Zahlung des Bargebotes bestehenden Forderung auf die Berechtigten, deren Ansprüche zur Hebung gelangt sind, und der Eintragung einer Sicherungshypothek für diese Forderung auf dem versteigerten Grundstücke.

5. Sind bei der Zwangsvollstreckung aus der übertragenen Forderung auch solche Einwendungen statthaft, die bei einer im Wege des Rechtsstreites erfolgenden Geltendmachung des ursprünglichen Anspruchs von dem Ersteher hätten entgegengesetzt werden können?

BGB. § 571.
ZwVG. §§ 57, 91, 111, 118, 128, 132. ZPO. §§ 767, 794 Nr. 3.

III. Zivilsenat. Urt. v. 13. Juli 1909.

I. Landgericht Göttingen. II. Oberlandesgericht Celle.

Auf dem Grundstücke des Kaufmannes W. in G. stand in Abt. III unter Nr. 5 eine Restdarlehnshypothek von 9000 M. für die Beklagte eingetragen. Diese hatte durch schriftlichen Vertrag vom 15. November 1901 eine Anzahl von Räumen von W. gemietet, und zwar war in bezug auf einen Teil der Räume die Mietzeit fest bis zum 1. Oktober 1911 bestimmt. In § 10 des Vertrages war festgesetzt, daß die Mieterin die ihr gegen den Vermieter zustehende Hypothekenforderung von damals noch 17000 M. oder die jeweilige Resthypothek nicht kündigen dürfe, solange sie die Mietgegenstände unter den durch den Vertrag bestimmten Bedingungen in Benutzung habe. Durch Beschluß des Amtsgerichts in G. vom 4. Oktober 1907 wurde im Zwangsversteigerungsverfahren das Grundstück der Klägerin zugeschlagen. Bei Festsetzung des geringsten Gebots war die Resthypothek der Beklagten nicht mit aufgenommen worden. Diese kam bei der Versteigerung im vollen Betrage zur Hebung. Im Verteilungstermine weigerte sich die Ersteherin, die 9000 M. auf die Hypothek der Beklagten bar zu zahlen. Darauf wurde zur Ausführung des Teilungsplanes durch Anordnung des Gerichts die Forderung gegen die Ersteherin auf Zahlung des Meistgebots auf die Beklagte in Höhe von 9000 M. nebst 4 v. H. Zinsen seit dem 3. Januar 1908 übertragen, und es wurde für die übertragene Forderung eine Sicherungshypothek auf das versteigerte Grundstück mit dem Range des ursprünglichen Anspruchs der Beklagten eingetragen. Der Beklagten wurde auch eine vollstreckbare Ausfertigung des Zuschlagsbeschlusses mit der Angabe des Betrages der übertragenen Forderung erteilt. Sie teilte sodann der Klägerin mit, daß sie die Zwangsvollstreckung in das bewegliche Vermögen der Klägerin betreiben werde, leitete auch nach ihrer Angabe die Zwangsvollstreckung in das Grundstück gegen die Klägerin ein. Wiederholte Aufforderungen der Klägerin, die 9000 M auf dem Grundstücke stehen zu lassen, beantwortete die Beklagte ablehnend.

Die Klägerin erhob darauf Klage und beantragte, zu erkennen, daß die Beklagte nicht berechtigt sei, auf Grund des Beschlusses vom 4. Oktober 1907 wegen der ihr im Verteilungstermine übertragenen Forderung von 9000 M. nebst Zinsen Zwangsvollstreckung gegen sie zu betreiben. Die Beklagte behauptete, nach dem Erlöschen der ursprünglichen Hypothek und gemäß dem Verteilungsplane die bare Auszahlung ihrer Forderung verlangen zu können. Die Klägerin erklärte sich schließlich bereit, anstatt der erloschenen Hypothek für die Beklagte eine neue Hypothek mit gleichem Range und unter den gleichen Bedingungen auf das von ihr erworbene Grundstück eintragen zu lassen. Die Beklagte lehnte dieses Angebot ab, weil es rechtlich nicht ausführbar sei.

Das Landgericht erklärte die Zwangsvollstreckung in das Grundstück auf Grund des Zuschlagsbeschlusses für unzulässig und stellte ferner fest, daß die Zwangsvollstreckung in das bewegliche Vermögen der Klägerin auf Grund des Beschlusses unzulässig sei. Die Berufung und die Revision der Beklagten sind zurückgewiesen, die Revision aus folgenden

Gründen:

„Das Berufungsgericht ist, nachdem es die Statthaftigkeit der erhobenen Klage als einer Einwandklage aus § 767 ZPO. festgestellt hat in materieller Hinsicht davon ausgegangen, daß nach § 57 ZwVG., wenn das versteigerte Grundstück (wie im vorliegenden Falle) vermietet und dem Mieter überlassen sei, auf das Verhältnis zwischen diesem und dem Ersteher der bei der freiwilligen Veräußerung geltende Grundsatz „Kauf bricht nicht Miete“ entsprechend anzuwenden sei. Die Klägerin sei als Ersteherin des Grundstücks anstatt des Vermieters W. in die Rechte und Pflichten eingetreten, die sich während der Dauer ihres Eigentums aus dem Mietverhältnisse ergäben. Sie habe den Vertrag auch nicht gekündigt. Zwar trete der neue Erwerber nur in die aus dem eigentlichen Mietverhältnisse sich ergebenden Rechte und Pflichten ein, und in bezug auf solche aus Nebenabreden, die mit diesem in keinem unmittelbaren Zusammenhange ständen und nur aus dessen Anlaß getroffen seien, finde kein

Übergang statt. Allein nach dem Inhalte des Vertrages stelle sich die in § 10 bestimmte Unkündbarkeit der Hypothekenforderung der Beklagten als ein wesentlicher Bestandteil des Mietvertrages selbst dar und bilde eine der vom Mieter für die Überlassung des Gebrauches der Sache zu gewährenden Gegenleistungen; es müsse ohne weiteres angenommen werden, daß diese Verpflichtung bei Bemessung des Mietzinses mit in Rechnung gestellt sei. Für diesen Zusammenhang der Vereinbarung über die Unkündbarkeit der Hypothekenforderung mit dem eigentlichen Mietvertrage spreche ferner der Umstand, daß *nach § 3 die Mietzinsen nicht bar gezahlt, sondern gemäß § 9* verwandt und auf die Hypothekenforderung verrechnet werden sollten. Die Entscheidung des Reichsgerichts in der Jur. Woch. von 1906 S. 58, worauf die Beklagte hingewiesen habe, treffe auf den vorliegenden Fall nicht zu, da ein wesentlich anders gearteter Tatbestand zugrunde gelegen habe. Hiernach sei der § 10 des Mietvertrages auch unter den jetzigen Streitteilen maßgebend, und deshalb der von der Klägerin jetzt daraus gegen die Zwangsvollstreckung aus dem Zuschlagsbeschlusse abgeleitete Einwand berechtigt.

Das Gericht erörtert sodann die Bedeutung des Umstandes, daß die Beklagte ihre Forderung gegen die Klägerin nicht mehr auf Grund des ursprünglichen Darlehnsverhältnisses, sondern auf Grund der gerichtlichen Forderungsübertragung geltend macht. Es hält ihn für einflußlos, weil sich lediglich der Rechtsgrund geändert habe, während es sich nach wie vor um dasselbe Kapital handele. Auch von dem nach § 91 ZwVG. eingetretenen Erlöschen der Hypothek nimmt es an, daß es die Beklagte nicht berechtige, entgegen dem § 10 des Mietvertrages die Rückzahlung des Kapitals zu verlangen. Denn § 111 ZwVG., wonach betagte Ansprüche bei der Zwangsversteigerung, soweit sie nicht in das geringste Gebot fielen, als fällig gölten, könne dann nicht platzgreifen, wenn zwischen den Beteiligten eine anderweitige vertragliche Vereinbarung bestehe. Der Beklagten sei auch durch die Eintragung der Sicherungshypothek genügend anderweitige Sicherheit geschaffen, und die Klägerin habe sich erboten, die Sicherungshypothek in eine gewöhnliche Verkehrshypothek mit dem Inhalte der ursprünglichen umzuwandeln, was in § 1186 BGB. ausdrücklich zugelassen sei. Mit Rücksicht darauf endlich, daß, wenn die Beklagte im Verteilungstermine ihre Zustimmung zu dem Bestehenbleiben der ursprünglichen Hypothek, zu der sie nach dem Mietvertrage verpflichtet gewesen wäre, erklärt hätte, diese Hypothek gemäß § 91 Abs. 2 ZwVG. erhalten geblieben wäre, könne die Klägerin der Beklagten den Einwand der Arglist entgegenstellen.

Diese Begründung des Berufungsurteils läßt keinen Rechtsirrtum, auf dem die Entscheidung beruhte, erkennen, wenn auch nicht allen Ausführungen beizutreten ist.

Die Revision rügt Verletzung der §§ 91 und 111 ZwVG. Die Hypothek sei durch den Zuschlag erloschen; der Übertragung des ihr entsprechenden Teiles der Kaufpreisforderung anstatt der nach § 111 fällig gewordenen Darlehnshypothekenforderung gegenüber sei eine Verpflichtung der Beklagten, das Kaufgeld stehen zu lassen, aus § 10 des Vertrages nicht herzuleiten, da dieser nur die Kündigung der Darlehnshypothek ausschließe. Die Angriffe sind nicht begründet.

Mit Recht ist das Berufungsgericht davon ausgegangen, daß auf das Rechtsverhältnis zwischen den jetzigen Parteien § 57 ZwVG. Anwendung finde, wonach, wenn das Grundstück einem Mieter oder Pächter überlassen ist, die Vorschriften der §§ 571, 572, des § 573 Satz 1 und der §§ 574, 575 BGB. entsprechende Anwendung finden, der Ersteher jedoch berechtigt ist, das Miet- oder Pachtverhältnis unter Einhaltung der gesetzlichen Frist für den ersten zulässigen Termin zu kündigen. Die Klägerin, als Ersteherin des Grundstücks, hat das Mietverhältnis nicht gekündigt. Sie ist deshalb gemäß § 571 BGB. anstatt des Vermieters W. in dessen Rechte und Verpflichtungen eingetreten, die sich während der Dauer ihres Eigentums aus dem Mietverhältnisse ergeben. Nun hat der VI. Zivilsenat des Reichsgerichts allerdings in einem Urteile vom 30. November 1905 (Seuffert's Arch. Bd. 61 S. 183 und Jur. Wochenschr. 1905 S. 58 Nr. 10) ausgesprochen, daß, was den Übergang der Rechte betreffe, nur solche Rechte des bisherigen Vermieters in Betracht kämen, welche die Pflichten des Mieters in bezug auf die Gebarung mit dem Mietgegenstande, in bezug auf seine Rückgabe und in bezug auf die Entrichtung der Gegenleistung für den Gebrauch der vermieteten Sache beträfen. Dagegen finde ein Übergang sonstiger dem Vermieter gegen den Mieter zustehender Ansprüche kraft Gesetzes nicht statt, auch wenn die Vereinbarung, worauf sie beruhten, zusammen mit den das Mietverhältnis selbst regelnden getroffen seien, mit diesen in engem wirtschaftlichen Zusammenhange ständen und lediglich mit Rücksicht auf den Mietvertrag abgeschlossen worden seien. Von diesem Gesichtspunkte aus ist in jenem Falle angenommen worden, daß der neue Erwerber eines an einen Mieter überlassenen Grundstücks nicht anstatt des Vermieters in die Rechte aus einem vertragsmäßigen Wettbewerbverbote für den Mieter auf die Zeit nach Ablauf des Mietverhältnisses — es handelte sich um den Betrieb einer Weinwirtschaft — eingetreten sei.

Allein gegen die in jenem Urteile enthaltene Auslegung des § 571 BGB. hat auch das Berufungsgericht nicht verstoßen. Denn es hat ausgeführt, die in § 10 des Mietvertrages bestimmte Verpflichtung der Mieterin, die ihr gegen den Vermieter zustehende Hypothekenforderung von 17000 M. oder die jeweilige Resthypothek nicht zu kündigen, solange sie die Mietgegenstände unter den im Vertrage festgesetzten Bedingungen in Benutzung habe, stelle sich gerade als ein Teil der Gegenleistung dar, die sie dem Vermieter für die Benutzung der Räume außer dem eigentlichen Mietzinse zu gewähren habe, und es müsse ohne weiteres angenommen werden, daß diese Verpflichtung bei Bemessung des Mietzinses mit in Rechnung gestellt sei. Schon dieser Teil der Darlegungen trägt die Annahme des Berufungsgerichts, daß es sich bei der Verpflichtung aus § 10 des Vertrages um eine Verbindlichkeit des Mieters gerade als solchen handelt. Sie lassen in dieser Beziehung jedenfalls keinen Rechtsirrtum erkennen und liegen im übrigen auf dem Gebiete der Würdigung des festgestellten Sachverhältnisses in tatsächlicher Beziehung.

Das gleiche gilt aber auch von der ferneren Ausführung für den unlöslichen Zusammenhang der Vereinbarung über die Unkündbarkeit der Hypothekenforderung mit dem eigentlichen Mietvertrage spreche ferner der Umstand, daß nach § 3 des Vertrages die Mietzinsen nicht bar gezahlt, sondern gemäß § 9 verwendet oder auf die Hypothekenforderung verrechnet werden sollten. Denn auch hiermit hat das Berufungsgericht ersichtlich aussprechen wollen, daß nach dem Vertrage die Verpflichtung der Beklagten als Mieterin, die Hypothekenforderung oder die jeweilige Resthypothek während der Dauer der Benutzung der Mietgegenstände nicht zu kündigen, nur die Ergänzung der besondern Vertragsbestimmung darüber bildete, daß der Mietzins nicht bar entrichtet, sondern nach Abzug der Zinsen der Hypothekenforderung zur Sicherheit der Beklagten wegen ihres Anspruches auf Erstattung der Kosten des von ihr bewirkten Umbaues der Räume im Betrage von 3000 M., demnächst aber auf die Hypothekenforderung selbst angerechnet werden sollte (§ 9 des Vertrages). Es war demnach durch den Vertrag geradezu eine besondere Art der Erfüllung der Verpflichtung des Mieters zur Zahlung des Mietzinses festgesetzt. Demgemäß ist auch bei der Festsetzung der beschränkten Unkündbarkeit der Hypothek im vorliegenden Falle gerade das Erfordernis erfüllt, bei dessen Vorliegen jenes Urteil des VI. Zivilsenats des Reichsgerichts annimmt, daß es sich um ein Recht handele, das sich nach seinem Inhalte als ein Recht des Vermieters als solchen darstelle, insofern nur beim Bestehen dieses Rechtes die vereinbarte Art der Tilgung des Mietzinses durchführbar sei.

Demgemäß ist die Annahme des Berufungsgerichts nicht zu beanstanden, daß infolge des durch den Zuschlag bewirkten Eintritts der Klägerin in die aus dem Mietverhältnisse zwischen W. als Vermieter und der Beklagten als Mieterin entspringenden Rechte und Pflichten des Vermieters die Klägerin auch in das Recht aus § 10 des Mietvertrages, daß die Beklagte während der Dauer der Benutzung der Mietgegenstände ihre Hypothekenforderung von ursprünglich 17000 M. nicht kündigen darf, eingetreten ist. Es entsteht aber die Frage, ob und wie sich dieses Recht wirksam erweisen kann einerseits gegenüber den Bestimmungen des § 111 ZwVG., wonach die aus dem Versteigerungserlöse zu berichtigenden Ansprüche als fällig gelten, und des § 91, wonach durch den Zuschlag die Rechte erlöschen, die nicht nach den Versteigerungsbedingungen bestehen bleiben sollen, und anderseits gegenüber den Bestimmungen des § 118, wonach, soweit das Bargebot nicht berichtigt wird, die Forderung gegen den Ersteher auf die Berechtigten übertragen wird, das § 128, wonach für diese Forderung eine Sicherungshypothek auf dem Grundstücke mit dem Range des Anspruchs einzutragen ist, und des § 132, wonach die Forderung gegen den Ersteher und der Anspruch aus der Sicherungshypothek gegen diesen und jeden späteren Eigentümer vollstreckbar ist. *Indes ist zunächst der Satz des § 111, daß betagte Ansprüche als* fällig gelten, nur eine Folge aus dem angenommenen Grundsatze, daß die Zwangsversteigerung, soweit es sich nicht um Belastungen des Grundstücks handelt, die in das geringste Gebot mit aufgenommen sind, bestimmt ist, dem Ersteher ein lastenfreies Grundstück zu verschaffen. Dieses Recht des Erstehers auf ein so beschaffenes Grundstück wird aber eingeschränkt gerade durch die Vorschriften des bürgerlichen Rechts, die auf dem Satze „Kauf bricht nicht Miete" beruhen, soweit dieser Satz nach § 57 ZwVG. auch gegenüber dem Ersteher zur Anwendung kommt. Steht ein nach § 571 Abs. 1 BGB. dem Ersteher zustehendes Recht aus einem in Ansehung des Grundstücks geschlossenen Mietvertrage dem Eintritte der Fälligkeit eines Anspruchs des Mieters entgegen, so kann insoweit die Fiktion der Fälligkeit des Anspruchs gemäß § 111 ZwVG. nicht geltend gemacht werden, weil jene Bestimmung dem materiellen, diese lediglich dem Zwangsvollstreckungsrechte angehört.

Die Bedeutung der Vorschrift des § 91 aber, daß durch den Zuschlag die Rechte erlöschen, die nicht nach den Versteigerungsbedingungen bestehen bleiben sollen, läßt sich nur im Zusammenhange mit den Bestimmungen der §§ 118 und 128, daß, soweit das Bargebot nicht berichtigt wird, die Forderung gegen den Ersteher auf den Berechtigten zu übertragen und für diesen eine Sicherungshypothek an dem Grundstücke mit dem Range des Anspruchs einzutragen ist, zutreffend würdigen. In ihnen allen kommt das sog. Surrogationsprinzip zum Ausdrucke. Der § 140 des ersten Entwurfs zum ZwVG. (von 1889) sprach es in § 140 Abs. 1 ausdrücklich aus:

„Der Versteigerungserlös tritt in Ansehung der nach § 138 erlöschenden Rechte an die Stelle des Grundstücks und der übrigen Gegenstände."

Die Begründung aber bemerkte dazu:

„Der Eigentümer, welchem das Grundstück durch den Zuschlag genommen wird, erlangt dafür den Anspruch auf Zahlung des Betrages, welcher in Erfüllung des Meistgebotes von dem Ersteher oder einem andern zu zahlen ist, gegen den Verpflichteten und, wenn die Zahlung bewirkt wird, das Eigentum an den Grundstücken, natürlich unbeschadet der den Beteiligten zustehenden Rechte."

und ferner:

„Das Surrogationsprinzip führt in Ansehung der ihm unterliegenden Rechte dahin, daß der Berechtigte durch Zahlung eines dem Werte des Rechtes entsprechenden Kapitals aus dem Versteigerungserlöse abgefunden wird".

Vgl. Entw. des Gesetzes, betr. die Zwangsvollstreckung in das unbewegliche Vermögen nebst Motiven S. 263 flg.

Die Kommission II hat jenen Satz des Entwurfs nur deshalb gestrichen, weil er sich aus anderen Vorschriften des Gesetzes von selbst ergebe, im übrigen aber die ihm zugrunde liegende rechtliche Auffassung ausdrücklich gebilligt.

Vgl. Bemerk. zu der vorläufigen Zusammmenst. der Beschl. der Kommission für die zweite Lesung des Entwurfs eines Gesetzes, betr. die Zwangsvollstr. usw. S. 200 flg.

Es kann auf sich beruhen, ob hiernach, wie Jaeckel-Güthe, ZwVG. 3. Aufl., Bem. 1 zu § 92, ausführen, trotz des § 91 Abs. 1 das dingliche Recht als solches bestehen bleibt, weil von den beiden zum Begriffe der Hypothek, Grundschuld oder Rentenschuld nach den §§ 1113, 1191 und 1199 BGB. gehörigen Momenten, daß die Zahlung einer bestimmten Geldsumme an den Berechtigten und die Zahlung dieser Summe „aus dem Grundstücke" erfolge, das zweite Merkmal, die dingliche Bindung des Grundstückwertes, nicht dadurch aufhöre, daß der Zuschlag an den Ersteher erteilt werde, vielmehr in der Gestalt fortdauere, daß der durch die dingliche Haftung gesicherte Grundstückswert nunmehr von dem Grundstücke getrennt sei und eine selbständige Existenz gewonnen habe, wonach er eben unmittelbar geeignet sei, zur Berichtigung des dinglichen Anspruchs zu dienen. Denn auch wenn man mit dem V. Zivilsenate des Reichsgerichts (Entsch. Bd. 55 S. 264) annimmt, daß das in den §§ 118 und 128 dem aus dem Versteigerungserlöse nicht befriedigten Gläubiger gewährte Forderungsrecht nebst Sicherungshypothek ein anders geartetes Recht als das ursprüngliche ist, so kann doch darüber kein Zweifel bestehen, daß dieses neue Recht nach der erklärten Absicht des Gesetzes an die Stelle des durch den Zuschlag erloschenen treten, daß es der Sache nach die Fortsetzung des ursprünglichen in einer unmittelbar die Zwangsvollstreckung ermöglichenden Gestalt bilden soll. In dieser Beziehung kommt namentlich in Betracht, daß nach § 128 die Sicherungshypothek für die übertragene Kaufgeldforderung „mit dem Range des Anspruchs", d. h. des ursprünglichen Anspruchs, einzutragen ist (vgl. Entsch. des RG.s in Zivils. Bd. 60 S. 223 flg.); und vor allem, daß nach § 132 der Anspruch aus der Sicherungshypothek gegen den Ersteher und jeden späteren Eigentümer vollstreckbar ist und die Zwangsvollstreckung auf Grund einer vollstreckbaren Ausfertigung des Zuschlagsbeschlusses in das bewegliche wie in das unbewegliche Vermögen des Erstehers stattfindet.

Dafür, daß dies auch die Auffassung bei der Herstellung des Entwurfs des Gesetzes gewesen ist, spricht zunächst die Bemerkung der Begründung zu dem ersten Entwurfe (Motive a. a. O. S. 306), die Eintragung habe die Natur einer Zwangsmaßregel gegen den Ersteher und deshalb könne im Hinblick auf § 1130 BGB. (erster Entwurf) nur eine Sicherungshypothek in Aussicht genommen werden. Ferner die Ausführung in den oben erwähnten Bemerkungen zu der vorläufigen Zusammenstellung der Beschlüsse der II. Kommission (a. a. O. S. 232), die Verteilung erfolge durch Übertragung der Forderung auf die Berechtigten; letztere sei, wie das Verteilungsverfahren überhaupt ein Akt der Zwangsvollstreckung und habe mithin die Natur einer Überweisung im Sinne der Zivilprozeßordnung, wenn auch das Wort „Überweisung" vermieden werde. Materiell kann es sich demnach, wie bei der Überweisung einer Forderung im Wege der Zwangsvollstreckung, nur um die zwangsweise erfolgende Durchführung des ursprünglichen Anspruchs handeln, wenn auch der eigentümliche Aufbau des Verfahrens der Zwangsversteigerung von Grundstücken bedingt, daß der ursprüngliche Anspruch gänzlich schon infolge des Zuschlages erlischt und daß der „übertragene" Anspruch formell an seine Stelle tritt, während bei der Überweisung nur, wenn sie an Zahlungsstatt erfolgt, die ursprüngliche Forderung als getilgt gilt, wenn sie dagegen zur Einziehung erfolgt, die überwiesene Forderung zunächst neben die ursprüngliche tritt (§ 835 ZPO.).

Steht aber materiell bei der Zwangsvollstreckung aus der übertragenen Forderung eine solche aus dem ursprünglichen Anspruche in Frage, so müssen gegen sie auch die Einwendungen statthaft sein, die bei einer im Wege des Rechtsstreits erfolgenden Geltendmachung des ursprünglichen Anspruchs von dem Ersteher entgegengesetzt werden könnten. Denn dann muß auch der § 767 ZPO. platzgreifen, da der Zuschlagsbeschluß, aus dem die Zwangsvollstreckung nach § 132 ZwVG. stattfindet, nach § 95 der Beschwerde unterliegt und deshalb zu den in § 794 Nr. 3 ZPO. bezeichneten Entscheidungen, aus denen die Zwangsvollstreckung stattfindet, gehört und auf die Zwangsvollstreckung nach § 795 die Vorschriften der §§ 724—793 entsprechende Anwendung finden. Nur scheidet hier die in § 767 Abs. 2 bestimmte Beschränkung aus, weil eine mündliche Verhandlung, in der „Einwendungen" spätestens hätten geltend gemacht werden können, nicht stattgefunden hat (vgl. Jaeckel-Güthe, a. a. O. Bem. 10 zu § 133). Daß aber im vorliegenden Falle der § 10 des Mietvertrages einen solchen durchgreifenden Einwand gegen den in Gestalt des Vollstrekkungsanspruches auftretenden Anspruch der Beklagten auf Zahlung der ursprünglichen Hypothekenforderung begründet, ist oben dargelegt.

Es wird auf diesem Wege gegenüber einer nach der formalen Gestaltung des Zwangsversteigerungsverfahrens ohne vorangegangenen Rechtsstreit und ohne Vorliegen der Voraussetzungen auch nur für die Erhebung einer Klage vollstreckbar gewordenen Hypothekenforderung, die der Gläubiger nach dem materiellen Rechte auf dem Grundstücke auch dem Ersteher gegenüber auf Grund bereits früher eingegangener Verpflichtung hätte stehen lassen müssen, derselbe Erfolg erreicht, der nach § 91 Abs. 2 des Gesetzes sonst erst durch eine besondere Vereinbarung zwischen dem Gläubiger und dem Ersteher dahin erzielt wird, daß ein an sich durch den Zuschlag erloschenes Recht bestehen bleiben solle, eine Vereinbarung, die entweder im Verteilungstermine erklärt oder durch eine öffentlich beglaubigte Urkunde nachgewiesen werden muß. Für die Gläubigerin liegt der hier zur Entscheidung stehende Fall ähnlich wie der, auf den sich die weitere Bemerkung der „Motive" a. a. O. S. 306 bezieht:

> „Eine solche Hypothek" — nämlich eine Sicherungshypothek — „genügt hier dem Bedürfnisse vollständig, da das Gesetz nach Lage der Sache davon ausgehen muß, daß es sich nur um eine vorübergehende Sicherstellung handelt. Will der Gläubiger die Forderung dem Ersteher kreditieren, so wird es ihm nicht schwer fallen, diesen zur Umwandlung der Sicherungshypothek in eine seinen Wünschen entsprechende normale Hypothek zu bestimmen."

Denn was hier für den Fall späterer Verständigung zwischen Gläubiger und Ersteher über die Kreditierung der übertragenen Forderung empfohlen wird, muß auch von einem Falle wie dem vorliegenden gelten, in welchem der Gläubiger infolge eines früher geschlossenen, ihn nach den Bestimmungen des materiellen Rechts bindenden Vertrages verpflichtet ist, von der Ausübung des formal erlangten Rechtes zur Beitreibung der übertragenen Forderung Abstand zu nehmen, wie ja auch die Klägerin der Beklagten das Anerbieten gemacht hat, die Sicherungshypothek in eine Verkehrshypothek mit dem Inhalte der ursprünglichen Hypothek umzuwandeln." ...

RGZ. 72, 344

Unter welchen Voraussetzungen darf der Ersteher eines Grundstückes seine Forderung aus der Pfändung und Überweisung einer zur Hebung gelangten Eigentümergrundschuld des früheren Grundstückseigentümers gegen die Forderung aufrechnen, mit der dieser auf Grund seines Grundschuldrechts im Kaufgelderverteilungstermin die Bezahlung des Bargebotes oder nach Ausführung des Teilungsplans die Herausgabe der Bereicherung vom Ersteher verlangt?

ZwVG. §§ 115, 118.

V. Zivilsenat. Urt. v. 8. Januar 1910.

I. Landgericht Frankfurt a. M. II. Oberlandesgericht daselbst.

Auf dem den Eheleuten B. gehörigen Grundstück Fr. Bd. 18 Bl. 688 haftete hinter der Hypothek eines Hermann Z. von 10000 M. für den Beklagten eine Hypothek von 5000 M. Bei der Zwangsversteigerung erwarb der Beklagte das Grundstück, fiel jedoch mit dem größten Teile seiner Hypothek aus. Nunmehr erwirkte er auf Grund seines inzwischen vollstreckbar gewordenen Hypothekenanspruchs die Pfändung und Überweisung der H.schen Hypothek, die in Höhe von 3373,50 M. Eigentümergrundschuld der Eheleute B. geworden und zur Hebung gelangt war, und rechnete damit gegen seine Schuld aus dem Meistgebot in dem Kaufgelderverteilungstermin auf. Der Vollstreckungsrichter ließ, als Widerspruch nicht erhoben wurde, die Aufrechnung zu. Später ließ ein persönlicher Gläubiger der Eheleute B., der Schreinermeister M., mit der Behauptung, die Aufrechnung sei zu Unrecht erfolgt, die danach den Eheleuten B. angeblich noch jetzt gegen den Beklagten zustehende Forderung wegen seines vollstreckbaren Anspruchs pfänden und sich zur Einziehung überweisen. Als sein Zessionar klagte der Kläger die überwiesenen Beträge gegen den Beklagten ein. Er wurde indessen mit der Klage in beiden Instanzen abgewiesen. Auch seine Revision blieb ohne Erfolg.

Gründe:

„Beide Vorderrichter gehen, übereinstimmend mit dem Urteil des Reichsgerichts vom 22. November 1906 (Entsch. in Zivils. Bd. 64 S. 308), davon aus, daß der Ersteher seine Schuld aus dem Meistgebot mit Ansprüchen an die zur Hebung gelangenden Gläubiger so lange nicht aufrechnen kann, als den Gläubigern nicht die Forderung auf den rückständigen Erlös nach Maßgabe des § 118 ZwVG. übertragen ist. Begründet wird dies damit, daß es vor diesem Zeitpunkt an einer obligatorischen Beziehung zwischen dem Gläubiger und dem Ersteher fehle; bei dem grundschuldberechtigten Eigentümer, dem allerdings — als Eigentümer des Erlöses und Forderungsberechtigten gegenüber dem Ersteher — jene Beziehung nicht abzusprechen ist,

vgl. Entsch. d. RG.s in Zivils. Bd. 40 S. 395, Bd. 43 S. 427,

damit, daß ihm vor jenem Zeitpunkt ein Verfügungsrecht über die Forderung nicht zustehe. Das Landgericht hatte nun eine Übertragung im Sinne des § 118 ZwVG., wenngleich sie nicht ausdrücklich im Verteilungstermin ausgesprochen worden war, in der Zulassung der Aufrechnung als mitenthalten angesehen, und da es der weitergehenden Ansicht Jaeckels (Bem. 1 zu § 115 ZwVG.), der auch die Aufrechnung mit der übertragenen Forderung für unzulässig erachtet, nicht beitrat, die Klage schon aus diesem Grunde für unbegründet erklärt. Das Berufungsgericht vermißt indessen das Vorhandensein einer die Übertragung aussprechenden Anordnung; gleichwohl erachtet es das Verteilungsverfahren mangels eines gegen die Zulassung der Aufrechnung erhobenen Widerspruchs für endgültig abgeschlossen und nur einen Bereicherungsanspruch des grundschuldberechtigten Eigentümers für gegeben. Dieser Anspruch sei zwar durch Pfändung, Überweisung und Abtretung auf den Kläger übergegangen, ihm gegenüber aber die Aufrechnung des Beklagten unbedenklich zulässig und durchgreifend, so daß es auf die vom Beklagten ausgebrachte Pfändung und Überweisung nicht weiter ankomme.

An sich hätte es näher gelegen, sich zunächst mit dieser Pfändung und Überweisung des Beklagten zu beschäftigen, da diese den Akten, aus denen der Kläger seine Legitimation ableitet, zeitlich voranging. Der Einwand, den der Kläger erhob, daß nämlich der Beklagte den Besitz des Hypothekenbriefes nicht erlangt habe, war nicht stichhaltig, da die Pfändung und Überweisung erst nach dem Zuschlag erfolgt war.

Vgl. Entsch. d. RG.s in Zivils. Bd. 63 S. 214, Bd. 64 S. 216.

Auch war die Annahme des Landgerichts, daß die Zulassung der Aufrechnung im Verteilungstermin die Zuteilung des auf die Eigentümergrundschuld entfallenen, rückständig gebliebenen Teiles des Erlöses mit enthalte, nicht ohne weiteres von der Hand zu weisen. Um eine eigentliche Übertragung der Forderung gegen den Ersteher handelte es sich dabei gar nicht, da der Eigentümer des versteigerten Grundstücks bereits Gläubiger war, sondern nur um eine Zuweisung zur freien Verfügung oder, wie Fischer-Schäfer (Bem. 1 zu § 118 a. a. O.) sich ausdrücken, um eine Freigabe.

Indessen sind auch gegen die Ausführungen des Berufungsrichters schließlich Bedenken nicht zu erheben. Das Verteilungsverfahren war durch Zulassung der Aufrechnung abgeschlossen, und wenn eine Übertragung oder Zuweisung des rückständig gebliebenen Erlöses im Sinne des § 118 ZwVG. nicht vorlag, eine Person, die diesen Teil des Erlöses vom Ersteher hätte einfordern können, nicht vorhanden. Der frühere Eigentümer und seine Rechtsnachfolger konnten höchstens Bereicherungsansprüche geltend machen, woran sie der Umstand, daß sie im Verteilungstermin keinen Widerspruch erhoben hatten, nach der Rechtsprechung des Reichsgerichts nicht hinderte.

Vgl. Entsch. d. RG.s in Zivils. Bd. 58 S. 156, Bd. 64 S. 194.

Dem Bereicherungsanspruch gegenüber aber konnte der Beklagte zweifellos aufrechnen. Zwar bestreitet dies die Revision mit der Behauptung, daß dies ebenso unzulässig sei, wie die Aufrechnung mit der Hebung im Verteilungstermin vor der Übertragung und (nach Jaeckel) nach der Übertragung, da die Gründe Jaeckels auch für den Bereicherungsanspruch zuträfen. Der Ersteher könne, wie Jaeckel annehme, seine Lage dadurch, daß er mit dem Erlöse im Rückstande bleibe, nicht verbessern; dies gelte auch für den Bereicherungsanspruch, und dem Beklagten falle, wenn er Aufrechnung verlange, ein Verstoß gegen die guten Sitten zur Last. Davon kann indessen keine Rede sein. Die Versagung der Aufrechnung im Verteilungstermin vor der Forderungsübertragung nach § 118 ZwVG. hat ihren Grund in rechtlichen Hindernissen; mit der guten Sitte hat sie nicht das mindeste zu tun. Fallen die Hindernisse weg, so ist nicht abzusehen, warum die Aufrechnung noch weiter unzulässig sein soll. Am allerwenigsten aber kann die *Unzulässigkeit dann behauptet werden, wenn überhaupt nicht* mehr die Forderung aus dem Meistgebot, sondern ein ganz anderer Anspruch in Frage steht.“ ...

RGZ. 73, 298

Wer ist Berechtigter im Sinne des § 117 des Gesetzes über die Zwangsversteigerung und die Zwangsverwaltung vom 20. Mai 1898?

III. Zivilsenat. Urt. v. 8. April 1910.

I. Landgericht Wiesbaden. II. Oberlandesgericht Frankfurt a. M.

Die Beantwortung der Frage ergibt sich aus folgenden, den Sachverhalt ergebenden

Gründen:

„Der Beklagte hat als Vollstreckungsrichter die Zwangsvollstreckung in gewisse Grundstücke durchgeführt. Der Versteigerungsvermerk war eingetragen am 27. Juli 1907; der Versteigerungstermin fand am 17. Oktober, der Verteilungstermin am 12. Dezember 1907 statt. Zur Zeit der Eintragung des Versteigerungsvermerks stand im Grundbuch eine Buchhypothek für den Architekten O. in Höhe von 10000 M. Am 23. November 1907 wurde diese Hypothek von dem Architekten O. an den Kläger abgetreten, die Abtretung in das Grundbuch eingetragen und schriftliche Nachricht davon zu den Versteigerungsakten (Einlauf 29. November) gegeben. Die Eintragung der Abtretung und die Nachricht zu den Versteigerungsakten hatte der Beklagte selbst als Grundbuchrichter vollzogen. Auf die Hypothek entfiel der Erlös von 4039,59 M. Diesen Betrag hat der Beklagte am 14. Dezember 1907 dem Architekten O. auszahlen lassen; dieser hat das Geld verwendet und ist mittellos; von ihm vermag der Kläger Ersatz nicht zu erlangen. Darum fordert der Kläger Ersatz vom Beklagten, der durch Auszahlung des Erlöses an den Architekten O. seine Amtspflicht fahrlässig verletzt habe.

Beide Instanzen wiesen die Klage ab; sie nehmen an, daß der Kläger sein Recht nicht nach § 9 Nr. 2 ZVG. angemeldet habe. Der

Berufungsrichter fügt bei: die vom Beklagten vertretene Ansicht, daß er den Kläger mangels einer spätestens im Verteilungstermine erfolgten Anmeldung gemäß § 114 ZVG. bei der Auszahlung des Erlöses nicht habe berücksichtigen dürfen, sei bedenklich, da mit gutem Grunde nur die Posten und deren Beträge, abgesehen von der Legitimation, als „Ansprüche" im Sinne des § 114 aufgefaßt werden könnten; doch sei diese Auffassung im Gesetze nicht klar ausgedrückt und trete in den Kommentaren nicht völlig unzweideutig hervor; der gegenteilige, nach eingehender Prüfung eingenommene Standpunkt des Beklagten stelle eine Fahrlässigkeit nicht dar, zumal mangels höchstrichterlicher Entscheidungen dem Richter überlassen bleiben müsse, zu einem nicht unzweideutigen, auch durch die Wissenschaft und die Rechtsprechung nicht geklärten Gesetze selbständig Stellung zu nehmen.

Die Revision ist begründet. Zwar nicht, soweit sie zur Nachprüfung anheimstellt, ob nicht eine Anmeldung des klägerischen Rechtes im Sinne des § 9 Nr. 2 ZVG. stattgefunden hat. Insoweit ist dem Ergebnis der Vorinstanzen beizutreten. Eine nähere Darlegung hierüber erübrigt sich. Denn mit Recht ist gerügt, daß der Beklagte den § 117 ZVG. übersehen, und daß von dieser Norm aus der Berufungsrichter das Verfahren des Beklagten nicht geprüft hat.

Die den Kläger schädigende Handlung war die Auszahlung des Erlöses an den Architekten O. und von der Auszahlung des Versteigerungserlöses handelt gerade § 117 ZVG. Hier ist Zahlung an den Berechtigten angeordnet, nicht an den beteiligten Berechtigten. Daß hiernach gerade bei der Auszahlung die gegenwärtige Berechtigung, die jetzige Legitimation geprüft werden muß, stellt § 126 nebst den Verfahrensvorschriften für den Fall der Unbekanntschaft der Person des Berechtigten, §§ 135 flg., außer Zweifel. § 126 bezeichnet den Berechtigten als unbekannt, wenn der vor dem Versteigerungsvermerk im Grundbuch eingetragene Inhaber einer Briefhypothek den Brief nicht vorlegt. An ihn darf also nicht ausgezahlt werden, auch wenn er zu dieser Briefhypothek alleiniger Beteiligter im Sinne des § 9 ist. Und an den Zessionar, der den Brief vorlegt und sich gemäß § 1155 BGB. legitimiert, ist auszuzahlen, auch wenn er sein Recht niemals angemeldet hatte, und auch wenn die Zession etwa erst nach dem Verteilungstermin unmittelbar vor der Auszahlung erfolgte.

Die Bedeutung dieser Norm für die Buchhypothek liegt auf der Hand: berechtigt ist der zur Zeit der Auszahlung im Grundbuch eingetragene Hypothekargläubiger; die Eintragung des Klägers hatte vorliegend der Beklagte selbst besorgt und er hatte selbst Nachricht davon zu den Versteigerungsakten gegeben. Es kann nicht anerkannt werden, daß das Gesetz irgend einer Unklarheit oder Unsicherheit Raum gibt. Und ebensowenig läßt einer der gebräuchlichen Kommentare (Jaeckel, Fischer-Schäfer, Wolff, Reinhardt, von der Pfordten) einen Zweifel daran, daß die Auszahlung gerade das Stadium des Verfahrens ist, in dem die gegenwärtige Legitimation geprüft werden muß. Zum Beispiel: Fischer-Schäfer (1902) S. 433/434 „der Richter handelt zwar bei der Verteilung nicht als Vertreter des Schuldners; aber er bezahlt doch dessen Schuld aus dessen Vermögen. Er darf nur unter denselben privatrechtlichen Voraussetzungen zahlen, unter denen der Schuldner zu zahlen verpflichtet ist"; „bei Hypotheken, über die kein Brief erteilt ist, hängt der Erwerb des Gläubigerrechts von der Eintragung ab, so daß sich hier die Legitimation des Berechtigten aus dem Grundbuche ergibt"; von der Pfordten (1905) S. 380 „*die Auszahlung an einen Unberechtigten ist unbedingt hintanzuhalten*"; Reinhardt (1901) Bd. 2 S. 108 „Ist der Brief ausgeschlossen, so ist stets der letzte ins Grundbuch eingetragene Gläubiger der Berechtigte"; Jaeckel (2. Aufl. 1904) S. 456 „Der letzte im Grundbuch eingetragene Gläubiger ist also bei der Buchhypothek der Anspruchsberechtigte."

Nach dem Rechtsstandpunkt des Beklagten gäbe es keinen unbekannten Berechtigten, wäre mangels eines anderweiten Beteiligten ohne weiteres an den eingetragenen Briefhypothekargläubiger auszuzahlen und wäre an den nicht eingetragenen, sich nicht beteiligenden Zessionar nicht auszuzahlen. Dieser Standpunkt war nur möglich infolge Übersehens der gerade die Auszahlung treffenden Gesetzesbestimmungen; diesen gegenüber mußte er sofort unhaltbar werden. Denn diese Normen gehen unmittelbar dahin, daß die Berechtigung, den Versteigerungserlös ausgezahlt zu erhalten, von Beteiligung im Sinne des § 9 ZVG. oder von Berücksichtigung bei Feststellung des geringsten Gebotes (§ 45) oder von Aufnahme in den Teilungsplan (§ 114) nicht abhängig ist.

Zu § 114 insbesondere hatte die Rechtsprechung (Entsch. des RG.s in Zivils. Bd. 15 S. 223/226, Bd. 62 S. 171) klargestellt, daß die Aufnahme in den Teilungsplan lediglich die objektive Post, deren Existenz, Umfang und Rang betrifft. In dieser Rechtsprechung wie in den Kommentaren war auch hingewiesen auf den historischen Zusammenhang der §§ 117, 126, 135 flg. ZVG. mit den entsprechenden Bestimmungen der preußischen Subhastationsordnung vom 15. März 1869 und des preußischen Gesetzes, betr. die Zwangsvollstreckung in das unbewegliche Vermögen vom 13. Juli 1883. Schon die §§ 80/91 dieser Subhastationsordnung hatten die amtliche Fürsorge des Subhastationsrichters für Feststellung der gegenwärtigen Legitimation statuiert, und schon § 70 hatte bestimmt, daß der Widerspruch gegen den Teilungsplan auf einen Legitimationsstreit nicht begründet werden kann (wie nach § 124 des jetzt geltenden ZVG.). Eben dasselbe ergab sich aus dem Gesetz von 1883, §§ 113, 120 („Ist zu einer Forderung ein Gläubiger nicht legitimiert"), 131 („zur Ermittelung der unbekannten Berechtigten einer zur Hebung kommenden Forderung"), 132 („wird die bei der Verteilung des bar zu zahlenden Kaufgeldes fehlende

Legitimation eines Gläubigers nachträglich geführt"), 133, 134. Und die Motive des ersten zu dem jetzt geltenden Gesetze ergangenen Entwurfs von 1889, dessen §§ 158, 181/187 mit den jetzigen §§ 117, 126, 135 flg., soweit hierher erheblich ist, übereinstimmen, hatten ausdrücklich bemerkt, daß die §§ 181/187 den §§ 120, 131/136 des preuß. Gesetzes von 1883 entsprechen.

Nach all diesem hat der Beklagte die ihm gegenüber dem Kläger obliegende Amtspflicht fahrlässig verletzt, und es kann dem Kläger auch nicht zum Nachteil gereichen, daß die Vorinstanzen die Sachlage nicht unter dem *Gesichtspunkt der §§ 117, 126, 135 ZVG. geprüft* haben." (Es folgen tatsächliche Ausführungen, sodann wird fortgefahren.) „Ein Mitverschulden des Klägers kann nicht in Frage kommen. Denn nachdem der Kläger am 23. November 1907 im Grundbuch als nunmehriger Inhaber der Hypothek eingetragen war, lag ihm irgendwelche andere Maßnahme zur Wahrung seines Rechtes nicht mehr ob; er durfte lediglich auf die Auszahlung des Erlöses an ihn warten und eine Auszahlung an den nicht mehr berechtigten Architekten O. für ausgeschlossen erachten."

RGZ. 76, 379

Stehen Rechte, die ungeachtet der in § 37 Nr. 4 ZwVG. bestimmten Aufforderung nicht rechtzeitig angemeldet oder glaubhaft gemacht worden sind, bei der Verteilung den übrigen Rechten endgültig nach, oder ist eine Bereicherungsklage aus der an sich besseren Rangstellung trotzdem zulässig?

ZwVG. § 110.

V. Zivilsenat. Urt. v. 14. Juni 1911.

I. Landgericht Allenstein. II. Oberlandesgericht Königsberg.

Der Kläger nahm den Beklagten aus § 839 BGB. auf Schadensersatzleistung in Anspruch, weil es dessen fahrlässigem Verhalten als Zwangsversteigerungsrichter zuzuschreiben sei, daß eine für den Kläger erst nach der Eintragung des Versteigerungsvermerks eingetragene und daher der Anmeldung (spätestens im Versteigerungstermine) bedürftige Hypothekenforderung nicht rechtzeitig angemeldet und deshalb zum größeren Teile ausgefallen sei, während Forderungen zur Hebung gelangt seien, die bei rechtzeitiger Anmeldung seiner Forderung, weil im Range nachstehend, erst hinter ihr Anspruch auf Befriedigung gehabt hätten. Seiner Klage gab das Landgericht im wesentlichen statt. Auf die Berufung des Beklagten ermäßigte das Oberlandesgericht den dem Kläger zugesprochenen Betrag. Der Revision des Klägers wurde stattgegeben, und die Berufung des Beklagten zurückgewiesen.

Aus den Gründen:

„Während das Landgericht den auf § 839 BGB. gestützten Schadensersatzanspruch des Klägers in Höhe von 402,49 M. als berechtigt anerkannt hat, indem es die in §§ 37 Nr. 4 und 110 ZwVG. ausgesprochene Zurücksetzung seiner erst nach der Eintragung des Versteigerungsvermerks eingetragenen Hypothek, die bis zur Aufforderung zur Abgabe von Geboten infolge fahrlässigen Verhaltens des Beklagten nicht angemeldet worden war, als eine endgültige erachtete, hat das Berufungsgericht den dem Kläger zugesprochenen Betrag auf 319,23 M. ermäßigt, da es die Bereicherungsklage trotz jener Gesetzesbestimmungen nicht für ausgeschlossen hält und der Meinung ist, daß sie in Höhe des abgesetzten Betrags Erfolg gehabt haben würde. Diese Auffassung erscheint nicht zutreffend.

Das Oberlandesgericht, das für seine Entscheidung die frühere Gesetzgebung heranzieht, verkennt die schwerwiegende Bedeutung des Unterschiedes zwischen den erwähnten Bestimmungen und dem früheren Rechte. Für das im allgemeinen, wie das Berufungsgericht zutreffend hervorhebt, dem Reichsgesetz als Vorbild dienende preußische Gesetz vom 13. Juli 1883, § 40 Nr. 8, wie auch noch für den I. Entwurf des Reichsgesetzes vom 24. März 1897, §§ 44 Nr. 4 und 152, war der leitende Grundgedanke, daß für die Feststellung des geringsten Gebots die nötige Unterlage geschaffen werden sollte, so daß die Aufforderung zur Anmeldung auf die wirtschaftlich möglichst zutreffende Feststellung dieses Gebots abgestellt wurde, und daher gar keine Veranlassung vorlag, das Rangverhältnis der nicht in dieses Gebot aufzunehmenden Rechte für den Fall ihrer verspäteten Anmeldung zu berühren. Dem gegenüber stellen sich die Bestimmungen des § 37 Nr. 4 und in Verbindung damit die des § 110 ZwVG. durch ihr Weitergreifen als eine schwerwiegende Veränderung dar. Schon „die Bemerkungen zu der vorläufigen Zusammenstellung der Beschlüsse der Kommission (im Reichsjustizamt) für die II. Lesung“ des Gesetzentwurfs weisen zu § 44 Nr. 4 darauf hin, wie eine Änderung gegen den Entwurf von 1888 darin bestehe, daß die nicht angemeldeten, aber der Anmeldung bedürfenden Ansprüche nicht nur den bei der Feststellung des geringsten Gebots berücksichtigten Rechten, sondern auch dem Anspruche des betreibenden und der ihm nachfolgenden Gläubiger nachgesetzt würden. Dieser Grundsatz finde in dem dem Urteile des Reichsgerichts vom 6. Februar 1889 (Entsch. in Zivils. Bd. 23 S. 235) zugrunde liegenden Gedanken seine Rechtfertigung, daß die nachstehenden Gläubiger nur dann, wenn sie rechtzeitig, d. h. vor der Aufforderung zur Abgabe von Geboten, Kenntnis von den ihnen vorgehenden Ansprüchen erhielten, in der Lage seien, durch höheres Mitbieten sich ihre Rechte zu wahren. Und in der Denkschrift zu dem dem Bundesrat vorgelegten Entwurfe, der den § 37 Nr. 4 schon in der zum Gesetz gewordenen Fassung enthielt (Drucksachen des Bundesrats, Session von 1896 Nr. 4), wird bereits zu §§ 37, 38 bemerkt: „für die Gestaltung dieses Inhalts kommt in Betracht, daß es sich darum handelt, alle, deren Rechte von dem Verfahren berührt werden, zur Wahrnehmung dieser Rechte zu veranlassen, und zugleich diejenigen, die zum Erwerbe des Grundstücks etwa geneigt sind, auf diese Gelegenheit aufmerksam zu machen". Die Neuerung besteht daher darin, daß nunmehr auch die Rechte angemeldet werden müssen, die bei der Feststellung des geringsten Gebots nicht berücksichtigt werden können, *sollen sie dem Nachteil entgehen, daß sie bei der* Verteilung des Erlöses an die letzte Stelle treten. Der damit bezweckte, oben bereits erwähnte Vorteil liegt darin, daß ein nicht im geringsten Gebote stehender Berechtigter, der sein Recht herausbieten will, genau das dazu erforderliche Gebot berechnen kann, da er nunmehr über die Höhe der ihm vorgehenden Rechte unterrichtet ist.

Vgl. Jaeckel-Güthe § 37 Anm. 5; v. d. Pfordten §§ 35—43 S. 107d; Reinhardt § 37 Bem. III; Fischer-Schäfer §§ 37, 38 Anm. 2.

Bei dieser wesentlichen Veränderung, auf die auch am Schlusse der Plenarentscheidung vom 28. Dezember 1896 (Entsch. des RG.s in Zivils. Bd. 38 S. 312) hingewiesen wird, liegt es auf der Hand, daß aus Erörterungen über Bestimmungen des früheren Rechts, wie sie vom Berufungsgericht angestellt werden, für die vorliegende Frage nichts gewonnen werden kann.

Aus einem ähnlichen Grunde geht die Bezugnahme des Berufungsgerichts auf eine Bemerkung bei Gaupp-Stein (§ 878 ZPO. III) fehl. Wenn dort der Verlust des Anrechts auf die Teilungsmasse als solche als ausreichende Strafe für den angesehen wird, der zwar dem Teilungsplan widersprochen, aber die Klage nicht innerhalb der in § 878 ZPO. vorgesehenen Frist erhoben hat, so erscheint seine Schlechterstellung in diesem beschränkten Umfange durchaus sachgemäß. Denn es soll lediglich verhindert werden, daß sein Verhalten die Verteilung des bereits feststehenden Erlöses ungebührlich verzögere (s. auch Entsch. des RG.s in Zivils. Bd. 58 S. 156). Dessenungeachtet hat es der Gesetzgeber für geboten erachtet, hier ausdrücklich auszusprechen, daß dem Säumigen deshalb nicht die Klage aus seinem besseren Rechte verschlossen sein sollte, während sich eine entsprechende Bestimmung bei § 110 ZwVG. nicht findet. Es mag dahingestellt bleiben, ob der Gesichtspunkt der Strafe bei § 878 ZPO. in der Tat anwendbar erscheint; bei den §§ 37 Nr. 4 und 110 ZwVG. ist er es jedenfalls nicht. Nicht um zu strafen, erfolgt hier die Zurücksetzung, sondern um zu verhindern, daß andere Berechtigte, die sich auf die Sachlage verließen, geschädigt werden.

Wenn auch zuzugeben ist, daß der Wortlaut des Gesetzes nach dieser Richtung nicht völlig klar ist, so muß doch sein Sinn aus dem bereits mehrfach erwähnten Zwecke dieser Bestimmungen entnommen werden. Wenn das Gesetz es ermöglichen will, daß ein Berechtigter in der Lage sei, sich das zur Ausbietung seiner Forderung erforderliche Gebot auszurechnen, dann muß es notwendig den Nachteil des Zurücktretens, den es dem Säumigen androht, als endgültig ansehen. Wollte es ihn, wie das Berufungsgericht annimmt, auf das Verteilungsverfahren beschränken und gleichzeitig außerhalb dieses Verfahrens *dem Säumigen gestatten, von dem,* der die nicht angemeldete Forderung bei seiner Berechnung außer Betracht gelassen hat, Ersatz für seinen Ausfall, wenn auch nur in Höhe der Bereicherung, zu fordern, so würde dadurch leicht die wohlwollende Absicht des Gesetzgebers in ihr Gegenteil umgekehrt werden. Im Gegensatze zu § 878 ZPO., wo es sich, wie bereits erwähnt, nur um die Verteilung des bereits feststehenden Erlöses handelt, bestimmt sich hier dessen Höhe möglicherweise dadurch, daß sich Bietungslustige auf den Zurücktritt derartiger anzumeldender, aber nicht rechtzeitig angemeldeter Forderungen verlassen haben.

Kann somit der Gesichtspunkt der Bestrafung des Säumigen hier von keiner Bedeutung sein, so kann auch das vom Berufungsgericht angezogene Urteil des Oberlandesgerichts in Stuttgart vom 9. Oktober 1908 („Recht“ 1908 Beilageband S. 599 Nr. 3320) nicht als zutreffend bezeichnet werden, das eine Klage zur Geltendmachung des besseren Rechts deshalb zulassen will, weil der Verlust des Anspruchs auf die Teilungsmasse Strafe genug sei, und die Verhängung endgültigen Rechtsverlustes weit über Zweck und Rahmen des Verteilungsverfahrens hinausgehen würde. Diese Bemerkung mag anwendbar sein auf Bestimmungen, die sich in ihrem Zwecke auf die Regelung des Verteilungsverfahrens beschränken, wie der bereits mehrfach erwähnte § 878 ZPO., nicht aber auf die vorliegenden, die Bedeutung für die dauernde Regelung der sachlichen Rechtsverhältnisse beanspruchen.... Es handelt sich eben nicht nur, wie das Berufungsgericht ausspricht, um eine endgültige Verteilung des Erlöses im allgemeinen, sondern um eine Bestimmung, die, darüber hinausgehend, für die Bemessung des Erlöses von Bedeutung sein kann und bietungslustigen Berechtigten eine Richtschnur bieten soll für die Bemessung ihrer Gebote.

Die Rechtslehre vertritt denn auch, soweit sie zu der Frage Stellung genommen hat, ersichtlich durchgehends den Standpunkt, daß die im Zwangsversteigerungsgesetz getroffene Regelung eine endgültige, eine Bereicherungsklage ausschließende ist, wie auch die bisher ergangenen veröffentlichten Entscheidungen von Oberlandesgerichten, bis auf das erwähnte des Oberlandesgerichts in Stuttgart, sich zu der gleichen Auffassung bekennen *). Wenn auch der IV. Senat des Reichsgerichts in seinem Urteile vom 3. Januar 1910 (Warneyer, Erg.-Bd. 1910 Nr. 117) in der Entscheidung eines übrigens nicht völlig gleichliegenden Falles die Zulässigkeit einer Bereicherungsklage in einer beiläufigen Bemerkung nicht für ausgeschlossen erklärt, so enthält das Urteil doch die weitere Ausführung, daß die ungerechtfertigte Bereicherung nicht in der vom Gesetze gewollten Änderung der Rangordnung gefunden werden dürfe, da die Anweisung auf den Erlös im Range vor der Hypothek des gemäß § 110 ZwVG. Zurückgesetzten nicht ohne rechtlichen Grund erlangt sei, womit das gleiche Ergebnis erzielt wird, wie bei der hier vertretenen Auffassung." . . .

RGZ. 84, 8

Inwiefern kann bei einer Zwangsversteigerung der Ersteher des Grundstücks gegenüber einem Gläubiger, dem die Forderung aus dem Bargebot übertragen worden ist, gegen diese Forderung mit solchen Forderungen aufrechnen, die ihm gegen den Vollstreckungsschuldner zustehen?

V. Zivilsenat. Urt. v. 20. Dezember 1913.

I. Landgericht I Berlin. II. Kammergericht daselbst.

Der Beklagte A. war Eigentümer eines Grundstücks in B., das zur Zwangsversteigerung kam und am 25. April 1912 dem Kläger zugeschlagen wurde. Im Verteilungstermin am 4. Juni 1912 erklärte die Preußische Zentral-Bodenkredit-Aktiengesellschaft, daß von den für sie auf dem Grundstück eingetragenen und zur Hebung gekommenen Amortisationshypotheken Beträge von 9608,75 M. und 4747,10 M. getilgt seien und von ihr nicht beansprucht würden. Der betreffende Teil des Versteigerungserlöses wurde darauf in Höhe von 278,55 M. vom Beklagten A. und in Höhe von 14077,30 M. nebst 373,72 M. Zinsen auf Grund einer Abtretungserklärung dieses Beklagten vom 7. September 1911 vom Beklagten W. in Anspruch genommen. Die Ansprüche wurden im Teilungsplane berücksichtigt. Der Kläger widersprach diesen Ansätzen und ließ das Bargebot im Umfange der An-

*) Vgl. Jaeckel-Güthe § 37 Anm. 5 u. 12, § 110 Anm. 4, § 113 Anm. 1; v. d. Pfordten §§ 35—43 S. 107d u. § 110 Anm. 1; Fischer-Schäfer § 115 Anm. 3f; Steiner §§ 37, 38 Anm. 2d; OLG. Königsberg (II. ZS.) vom 16. Oktober 1901 (ROLG. Bd. 3 S. 335); OLG. Posen vom 1. Mai 1903 (ROLG. Bd. 9 S. 140 u. Jur. Monatsschrift f. Posen 1903 S. 117); Kammergericht vom 3. März 1909 (Bl. f. Rechtspflege i. Bez. d. KG. 1909 S. 106); OLG. Dresden vom 18. Dezember 1909 (Lobe's Zentralbl. f. freiw. G. u. N. Bd. 4 S. 718).

sprüche des A. und des W. unberichtigt, indem er mit ausgefallenen Hypothekenforderungen und anderen ihm gegen den Beklagten A. zustehenden Forderungen aufrechnete. Das Vollstreckungsgericht hielt die Aufrechnung für unzulässig und übertrug den beiden Beklagten in Höhe ihrer Ansprüche die Forderung gegen den Kläger auf Zahlung des Bargebots. Dieser wiederholte seine Aufrechnungserklärung im Verteilungstermin und stellte sie dem Verwalter des zur Zeit der Versteigerung über das Vermögen des Beklagten A. eingeleiteten Konkurses und nach der Einstellung des Konkurses auch noch diesem Beklagten selbst zu.

Mit der gegenwärtigen Klage verfolgt der Kläger seinen gegen den Teilungsplan erhobenen Widerspruch. Er beantragte: 1. den Widerspruch für begründet zu erklären, 2. festzustellen, daß die in der Zwangsversteigerung den Beklagten übertragenen Forderungen nicht zu Recht bestehen, 3. den Verteilungsplan insoweit aufzuheben, als er die zur Eigentümergrundschuld gewordenen 14355,85 M. betrifft, und insoweit eine andere Verteilung anzuordnen. Das Landgericht traf die Feststellung, daß die dem Beklagten A. gegen den Kläger übertragene Forderung von 278,55 M. nicht mehr bestehe, wies die Klage aber im übrigen ab. Die Berufung des Klägers wurde vom Kammergerichte zurückgewiesen. Auf die Revision des Klägers wurde das Berufungsurteil, insoweit es die Klage gegen den Beklagten W., und zwar den Klagantrag unter 2 betrifft, aufgehoben aus folgenden

Gründen:

. . . „Auch dem Beklagten W. gegenüber gründet der Kläger seine Klaganträge auf die Aufrechnung mit Ausfallsforderungen und anderen ihm gegen den Beklagten A. zustehenden Forderungen. Mit Recht unterscheidet das Berufungsgericht, wie schon das Landgericht, einerseits zwischen den Klaganträgen unter 1 und 3, die im Rahmen einer den Widerspruch gegen den Teilungsplan verfolgenden Klage (§ 115 ZwVG. und § 878 ZPO.) bleiben, und anderseits dem Klagantrag unter 2, der über diesen Rahmen deshalb hinausgeht, weil der Bestand der den Beklagten gemäß dem § 118 ZwVG. zur Ausführung des Teilungsplans übertragenen Forderungen auch von Umständen und Rechtswirkungen abhängig ist, die erst nach der Feststellung des Teilungsplans eingetreten sind, die Richtigkeit des Planes und der Verteilung aber unberührt lassen.

Bei jenen Anträgen unter 1 und 3 handelt es sich lediglich um die Frage, ob der Widerspruch des Klägers gegen den Teilungsplan und insbesondere gegen die Berücksichtigung der Ansprüche der Beklagten begründet ist. Mit Recht hat deshalb das Berufungsgericht bei ihrer Beurteilung die Rechtslage zur Zeit der Feststellung des Teilungsplanes (§§ 113, 114 ZwVG.) zugrunde gelegt und die Änderungen, welche darin durch die zur Ausführung des Teilungsplans erfolgte Übertragung der Forderung gegen den Ersteher (§ 118) und durch die späteren Aufrechnungserklärungen des Klägers herbeigeführt worden sind, außer Betracht gelassen (vgl. Entsch. des RG.s in Zivils. Bd. 65 S. 66, Bd. 75 S. 315)." ...

(Es wird ausgeführt, daß danach der gegen den Ansatz des Beklagten W. im Teilungsplane erhobene Widerspruch durch die Aufrechnung mit Forderungen des Klägers an den Beklagten A. nicht begründet wird, und zwar auch dann nicht, wenn die Abtretung der Eigentümergrundschuld an W. mangels Übergabe des Hypothekenbriefs unwirksam ist. Hierauf wird fortgefahren:)

„Ihre eigentlichen Angriffe richtet die Revision dagegen, daß das Berufungsgericht auch den Aufrechnungserklärungen des Klägers nach der gemäß dem § 118 erfolgten Übertragung die Wirksamkeit dem Beklagten W. gegenüber abgesprochen hat. Die Angriffe berühren nach dem Gesagten nur die Abweisung des Feststellungsantrags unter 2 gegenüber diesem Beklagten; in diesem Umfange war ihnen aber auch Folge zu geben. Prozessuale Bedenken gegen den Feststellungsantrag und seine Verbindung mit der den Widerspruch gegen den Teilungsplan verfolgenden Klage bestehen nicht (vgl. in letzterer Beziehung § 260 ZPO. und Entsch. des RG.s bei Gruchot Bd. 54 S. 1061). Sie sind auch von keiner Seite angeregt worden.

Durch die Übertragung der Forderung gegen den Ersteher (§ 118 ZwVG.) sind die Beklagten, wie auch vom Berufungsgerichte nicht verkannt ist, in Höhe der auf sie übertragenen Teile der Forderung Gläubiger des Klägers geworden, insbesondere hat der Beklagte W. eine Forderung an den Kläger erlangt, die ebenso, wie die Forderungen, mit denen dieser aufgerechnet hat, auf Zahlung einer Geldsumme gerichtet ist. Das Erfordernis der Gleichartigkeit der den Gegenstand der beiderseitigen Forderungen bildenden Leistungen war damit erfüllt. Ohne weiteres darf nach dem vorliegenden Sachverhalt ferner angenommen werden, daß der Kläger die ihm auf Grund seiner Forderungen gebührende Leistung zur Zeit der Aufrechnungserklärungen fordern und die ihm dem Beklagten W. gegenüber obliegende Leistung zu gleicher Zeit bewirken konnte (vgl. §§ 387, 271 BGB.). Der Aufrechnung steht auch der Umstand nicht entgegen, daß der Kläger in die Lage, aus der heraus er sich durch Aufrechnung befriedigen will, dadurch gekommen ist, daß er seiner Verpflichtung zur Entrichtung des Bargebots nicht genügt hat. Der Senat findet keine Veranlassung, von dem in seinem Urteile vom 8. Januar 1910 (Entsch. des RG.s in Zivils. Bd. 72 S. 346) eingenommenen Standpunkt abzugehen. Hiernach lassen sich Bedenken gegen die Zulässig- und Wirksamkeit der Aufrechnung nur daraus hernehmen, daß dem Kläger die Forderungen, mit denen er aufgerechnet hat, nicht gegen den Beklagten W., sondern nur gegen den Beklagten A. zustehen. Indes auch diese Bedenken schlagen nicht durch, wenn die Abtretung der Eigentümergrundschuld vom 7. September 1911, wie vom Berufungsgericht offen gelassen und hier deshalb zu unterstellen ist, mangels Übergabe des Hypothekenbriefs unwirksam geblieben ist.

Daß die auf W. übertragene Forderung nicht die ihm von A. abgetretene Grundschuld oder das an die Stelle dieser — gemäß § 91 ZwVG. mit dem Zuschlag erloschenen — Grundschuld tretende Recht auf Befriedigung aus dem Versteigerungserlöse, sondern ein Teil der mit dem Zuschlag entstandenen Forderung gegen den Ersteher auf Zahlung des Bargebots ist, hat das Landgericht und mit ihm das Berufungsgericht mit Recht angenommen. Zuzugeben ist der Revision, daß nichtsdestoweniger das Vollstreckungsgericht, das nach dem § 118 ZwVG. die Forderung gegen den Ersteher auf die Berechtigten zu übertragen hatte, den Grund für die Übertragung auf W. nur aus jener Abtretung vom 7. September 1911 hergenommen haben, und daß dieser Umstand bei Würdigung der durch diese Übertragung geschaffenen Rechtslage nicht unberücksichtigt bleiben darf. Hat A. etwa einen entsprechenden Teil seines Anspruchs auf Befriedigung aus dem Versteigerungserlös im Verteilungstermine formlos an W. abgetreten, so kommt dies schon deshalb nicht in Betracht, weil A. damals als Gemeinschuldner eine solche Abtretung wirksam nicht vornehmen konnte. Anderseits muß dem Berufungsgerichte zugegeben werden, daß die Regel des § 406 BGB., wonach der Schuldner eine ihm gegen den bisherigen Gläubiger zustehende Forderung auch dem neuen Gläubiger gegenüber aufrechnen kann, auf den Fall einer Übertragung der Forderung gegen den Ersteher jedenfalls nicht unmittelbar angewendet werden kann, und daß es sich bei dieser Übertragung auch nicht um einen Fall der Übertragung kraft Gesetzes im Sinne des § 412 BGB. handelt. Allein dem § 406 liegt, wie dem § 404 BGB., der allgemeinere Rechtsgedanke zugrunde, daß die Rechtslage des Schuldners durch die Abtretung keine Verschlechterung erfahren darf, insbesondere auch nicht mit Bezug auf die Möglichkeit, mit seinen Forderungen an den bisherigen Gläubiger gegen die abgetretene Forderung aufzurechnen (vgl. Entsch. des RG.s in Zivils. Bd. 73 S. 140, s. auch Motive zu den §§ 302, 303 des I. Entw. Bd. 2 S. 131). Und diesem Rechtsgedanken darf und muß zur Vermeidung einer unbilligen Rechtsverkürzung hier wenigstens insoweit Anwendung gegeben werden, als dem Ersteher die Aufrechnungsmöglichkeit nicht entzogen werden kann, wenn die Übertragung anstatt an den eigentlich Berechtigten auf Grund einer unwirksamen Abtretung an den Abtretungsempfänger erfolgt. Für den vorliegenden Fall insbesondere entsprechen dem die folgenden Erwägungen.

Der Kläger konnte allerdings als Ersteher, solange und soweit nicht der Beklagte A. über die Forderung gegen ihn durch die Übertragung gemäß dem § 118 ZwVG. Verfügungsmacht erlangt hatte, auch diesem Beklagten gegenüber nicht aufrechnen, dies auch dann nicht, wenn man in dem an die Stelle der Eigentümergrundschuld tretenden Rechte auf Befriedigung aus dem Versteigerungserlös ein Pfandrecht an der Erlösforderung gegen den Ersteher erkennt und mit dem VII. Zivilsenat des Reichsgerichts (Entsch. des RG.s in Zivils. Bd. 58 S. 108) annimmt, daß der Schuldner einer verpfändeten Forderung an sich berechtigt ist, dagegen mit Forderungen aufzurechnen, die ihm gegen den Pfandgläubiger zustehen. Immerhin aber hatte er — die Unwirksamkeit der Abtretung vom 7. September 1911 vorausgesetzt — die rechtlich begründete Aussicht, demnächst A. gegenüber aufrechnen zu können, weil die Übertragung (in der vollen Höhe der Eigentümergrundschuld) nach § 118 an diesen als den Berechtigten zu erfolgen hatte. Durch die — im vorausgesetzten Falle — zu Unrecht erfolgte Übertragung auf den Beklagten W. als vermeintlichen Rechtsnachfolger des A. würde ihm diese Aufrechnungsmöglichkeit entzogen sein. Darf aber durch die Übertragung einer Forderung die Rechtslage des Schuldners nach dem dem § 406 zugrunde liegenden Rechtsgedanken insbesondere hinsichtlich der Aufrechnungsmöglichkeit nicht verschlechtert werden, so muß dem Kläger die Möglichkeit offen gelassen sein, mit seinen Forderungen an A. gegen die übertragene Forderung auch dem Beklagten W. gegenüber aufzurechnen. Die Ausnahmen, die der § 406 in seinem zweiten Teile von der in seinem ersten Teile gegebenen Regel macht, begründen nach dem vorliegenden Sachverhalte keine Einschränkung.

Indem das Berufungsgericht dem Kläger das Recht, gegen die auf W. übertragene Forderung mit seinen Forderungen an A. aufzurechnen, versagt hat ohne Unterschied, ob die Abtretung vom 7. September 1911 wirksam erfolgt ist oder nicht, hat es den § 406 BGB. in dem ihm zugrunde liegenden Rechtsgedanken verletzt." ...

RGZ. 101, 117

1. Findet der § 112 ZVG. auch dann Anwendung, wenn die einzelnen Raumteile eines Grundstücks verschieden belastet sind?

2. Erlangt eine Entpfändung auch ohne Löschung dingliche Wirkung, wenn die Löschung zufolge des Zuschlags nicht mehr in Frage kommt?

3. Ist, wenn die zur Hebung gekommenen Hypothekengläubiger von dem Ersteher außergerichtlich befriedigt sind, die Widerspruchsklage nur noch gegen den Ersteher zulässig?

V. Zivilsenat. Urt. v. 15. Dezember 1920.

I. Landgericht II Berlin. II. Kammergericht daselbst.

Für die Erstbeklagte waren auf dem dem Architekten K. gehörigen Grundstücke in Abt. III Nr. 6, 7 und 9 des Grundbuchs mehrere Hypotheken im Gesamtbetrage von 347000 M. eingetragen und für die Beklagte zu 2 auf demselben Grundstück in Abt. III Nr. 6, 9 und 16 verschiedene Hypotheken im Gesamtbetrage von 50000 M., die den ersteren im Range nachstanden. Hinter den Hypotheken der Zweitbeklagten stand der Kaufmann H. mit einer Hypothek von 13560 M., der alsdann eine Hypothek des Klägers in Höhe von 18000 M. im Range nachfolgte.

Zu dem Pfandgrundstücke gehörten außer einem bebauten Hofraum von 2360 qm Größe auch noch die 48 und 410 qm großen *Flächenabschnitte A und B, die zu Straßenzwecken bestimmt* waren. Diese Parzellen hatte die Erstbeklagte in einer notariell beglaubigten Urkunde vom 12. Dezember 1911 aus der Pfandhaft entlassen, ohne daß jedoch ihre Hypotheken auf diesen Flächen im Grundbuch gelöscht worden waren. Auch die Zweitbeklagte und ihre Rechtsvorgängerin haben wegen ihrer Hypotheken in notariellen oder notariell beglaubigten Urkunden vom 29. Dezember 1910 und 17. Januar 1911 die bezeichneten Parzellen aus der Pfandhaft freigegeben. Diese Entpfändung ist bei ihren Hypotheken im Grundbuche vermerkt worden, eine Abschreibung der pfandentlassenen Flächen vom Grundstück hat jedoch nicht stattgefunden.

Auf Antrag der Beklagten wurde das Pfandgrundstück am 13. August 1912 im Wege der Zwangsvollstreckung versteigert. Die Versteigerung bezog sich auch auf die entpfändeten Parzellen A und B. Den Zuschlag erhielt für den durch Zahlung zu berichtigenden Betrag von 370000 M. die Beklagte zu 2. Neben dem bar zu zahlenden Betrage blieb nach den Zuschlagsbedingungen ein für die Gemeinde B.-L. in Abt. II Nr. 1 eingetragenes Straßenrecht im Werte von 5000 M. bestehen, dessen Bestehenbleiben als Teil des geringsten Gebots auch schon in den Versteigerungsbedingungen festgelegt war.

Aus der im Verteilungstermine auf 373113,66 M. festgestellten Teilungsmasse sollte die Erstbeklagte volle Deckung erhalten. Es kam jedoch nicht zur Zahlung im Termine, weil sie und die Ersteherin unter Bezugnahme auf eine notarielle Urkunde vom 19. September 1912 im Verteilungstermine vom 29. Oktober 1912 erklärten, daß das Bestehenbleiben der für die Beklagte zu 1 eingetragenen Hypotheken im Betrage von 337000 M. zwischen ihnen vereinbart und sie wegen des weiteren Betrages einschließlich der Zinsen und Kosten in Höhe von 28407,45 M. außergerichtlich befriedigt sei. Auf das Liquidat der Beklagten zu 2 entfiel aus dem Versteigerungserlöse nur ein Betrag von 2453,89 M., den sie als gleichzeitige Ersteherin auf den von ihr zu zahlenden Erlös verrechnete. Der Kläger fiel ganz aus.

Im Verteilungstermine erhob der Kläger in Höhe seines Liquidats von 18467,21 M. gegen die Liquidate der Beklagten Widerspruch, indem er geltend machte, daß die Beklagten aus dem auf die entpfändeten Parzellen entfallenden Teil des Versteigerungserlöses keine Befriedigung zu beanspruchen hätten. Da die Ersteherin diesen Betrag nicht noch einmal zahlte, so wurde die gegen sie bestehende Forderung auf Zahlung des Versteigerungserlöses in Höhe von 18467,21 M. unter der Bedingung, daß der Widerspruch des Klägers für begründet erklärt werde, auf den Kläger übertragen und zur Sicherung dieses Anspruchs für ihn eine Sicherungshypothek zum gleichen Betrage auf dem erstandenen Grundstücke eingetragen.

In Verfolg seines Widerspruchs erhob der Kläger Klage mit dem Antrage, *seinen Widerspruch für berechtigt zu erklären und die* Beklagten als Gesamtschuldner zu verurteilen, an ihn den Betrag des Wertes der Parzellen A und B bis zur Höhe von 11000 M. nebst 4% Zinsen seit dem 29. Oktober 1912 zu zahlen. Hilfsweise forderte er Verurteilung der Beklagten, die Umwandlung der für ihn bedingt eingetragenen Sicherungshypothek in eine mit 5% verzinsliche Darlehnshypothek auf den bezeichneten Parzellen mit dem Range an erster Stelle zu bewilligen. Seine Klage hat er auch auf ungerechtfertigte Bereicherung gestützt. Gegen die Erstbeklagte machte er geltend, daß sie auf Grund ihrer Entpfändungserklärung dem Eigentümer K. gegenüber zur Löschung ihrer Hypotheken auf den pfandentlassenen Parzellen verpflichtet gewesen sei, und daß K. ihm diesen Anspruch im Versteigerungstermine und später auch noch in einer notariell beglaubigten Urkunde vom 17. Oktober 1912 abgetreten habe. Die Beklagten hielten sowohl den Widerspruch wie den Bereicherungsanspruch des Klägers für unbegründet. Die Zweitbeklagte verlangte mit einer Widerklage auch die Löschung der für den Kläger eingetragenen Sicherungshypothek.

Die Vorinstanzen haben die Klage abgewiesen und den Kläger nach dem Widerklagantrag verurteilt.

Das Berufungsgericht hat die Widerspruchsklage gegen die Beklagte zu 1 für hinfällig erklärt, weil die von dem Kläger behauptete Abtretung der dem K. erwachsenen Rechte auf Löschung im Versteigerungstermine nicht erwiesen sei und der Kläger seinen Widerspruch im Verteilungstermin auf diese Abtretung auch nicht gestützt habe. Den Bereicherungsanspruch gegen sie hat es nicht für gerechtfertigt gehalten, weil eine etwaige Bereicherung der Beklagten zu 1 nicht auf Kosten des Klägers, sondern des voreingetragenen Hypothekengläubigers H. erfolgt sein würde.

Den Anspruch gegen die Zweitbeklagte hat das Berufungsgericht über den Betrag von 2453,89 M. hinaus schon deshalb als unbegründet angesehen, weil ihr aus dem Versteigerungserlöse nur dieser Betrag zugeflossen sei. Es hat aber auch in Höhe von 2453,89 M. dem Klagantrage nicht Folge gegeben, weil infolge der Mitversteigerung der Parzellen A und B der Versteigerungserlös nicht größer geworden und infolgedessen auf diese Parzellen von dem Erlöse nichts entfallen sei.

Der Revision des Klägers wurde stattgegeben.

Aus den Gründen:

. . . . Die Erstbeklagte hat in der notariell beglaubigten Urkunde vom 12. Dezember 1911 wegen ihrer Hypotheken im Gesamtbetrage von 347000 M. die Parzellen A und B aus der Pfandhaft entlassen, ohne daß diese Pfandentlassung im Grundbuche vermerkt worden ist. Deshalb ist die durch die Entpfändung beabsichtigte Aufhebung des Pfandrechts, die nach § 875 BGB. die Löschung der Hypotheken auf den entpfändeten Flächen voraussetzte, nicht eingetreten, vielmehr blieben die Parzellen noch weiter mit den Hypotheken der Erstbeklagten behaftet, und sie waren es insbesondere auch, als das Pfandgrundstück zur Zwangsversteigerung gelangte. Die Pfandentlassung äußerte auch keine dingliche Wirkung, als demnächst das Grundstück versteigert wurde und wegen Erlöschens der Hypotheken (§ 91 ZVG.) ihre Löschung auf den streitigen Parzellen nicht mehr in Frage kam. Denn mag es auch richtig sein, daß nach der Erteilung des Zuschlags das hypothekarische Recht der nicht bestehen bleibenden Hypotheken nicht mehr als Hypothek an dem Grundstück, sondern nur noch als dingliches, aus der Hypothek fließendes Recht auf den Versteigerungserlös zur Erscheinung kommt, so folgt daraus doch nicht, daß die erklärte Pfandentlassung, die während Bestehens der Hypotheken nur durch Löschung im Grundbuche verwirklicht werden konnte, mit dem Zuschlag auch ohne diese Voraussetzung dingliche Wirkung erlangte. Vielmehr trat, wenn die Hypotheken wegen der mangelnden Löschung bis zum Zuschlage noch nicht zur Aufhebung gelangt waren, mit dem Zuschlage die Ersatzforderung auf den Versteigerungserlös an ihre Stelle. Die Pfandentlassung hatte deshalb nach wie vor nur schuldrechtliche Folgen, und zwar wie vorher mit dem Inhalte, daß die Gläubigerin ihr Pfandrecht an den entlassenen Parzellen nicht geltend machen sollte, so jetzt in der Richtung, daß sie aus dem auf die Parzellen entfallenen Versteigerungserlöse keine Befriedigung suchen durfte.

Anders liegt der Fall bei den für die Zweitbeklagte auf den beiden Parzellen eingetragen, gewesenen Hypotheken. Hier ist auf Grund der notariell beglaubigten Entpfändungserklärungen von 29. Dezember 1911 die Pfandentlassung auch ins Grundbuch eingetragen worden. Allerdings ohne daß die aus der Pfandhaft entlassenen Parzellen dabei auch von dem Grundstück abgeschrieben sind, wie nach § 6 Satz 1 GBO. hätte geschehen sollen. Aber diese Vorschrift enthält, wogegen auch nicht etwa die Fassung: „ist . . . abzuschreiben“ spricht, nur eine Ordnungsvorschrift, so daß ihre Nichtbefolgung nicht die Unwirksamkeit der Löschung zur Folge hatte, sondern materiellrechtlich die

Wirkungen der Pfandentlassung auch ohne die Abschreibung eintreten ließ (vgl. Güthe GBO. Anm. 17 zu § 6, Predari Anm. 7 zu § 6; JW. 1905 S. 319).

Daraus ergibt sich, daß die beiden Parzellen wegen der für die Zweitbeklagte eingetragenen Hypotheken aus der Pfandhaft ausgeschieden und somit nicht alle Bestandteile des Grundstücks gleichmäßig belastet gewesen sind, als es versteigert wurde. Deshalb war die Verteilung des Versteigerungserlöses nach Maßgabe des § 112 ZVG. zu bewirken. Zwar bezieht sich diese Vorschrift nur auf die Versteigerung mehrerer Grundstücke. Aber wie sie auch Anwendung findet, wenn Bruchteile eines Grundstücks, die verschieden belastet sind, für ein Gesamtangebot zugeschlagen werden, so muß sie entsprechend auch dann angewandt werden, wenn die einzelnen Raumteile eines Grundstücks nicht gleichmäßig belastet sind. Denn wenn diese Teile auch nicht ordnungsgemäß durch Übertragung auf ein anderes Blatt oder Buchung unter besonderer Nummer des bisherigen Blattes von dem Grundstück abgeschrieben sind, so waren sie wegen ihrer von dem Restgrundstück verschiedenen Belastung doch materiell selbständige Grundstücke und darum auch bei der Verteilung des Versteigerungserlöses wie solche zu behandeln.

Demgemäß waren aus dem Gesamterlöse zunächst die im § 109 ZVG. bezeichneten Kosten sowie die im geringsten Gebot liegenden, durch Zahlung zu deckenden Rechte (§ 49 Abs. 1), für welche die sämtlichen Teile des Grundstücks gleichmäßig hafteten, zu begleichen und alsdann der Überschuß nach dem Wertverhältnis der verschieden belasteten Grundstücke zu verteilen, ohne daß nach Lage des Falles zu diesem Überschusse noch eine Hinzurechnung nach Maßgabe des § 112 Abs. 2 ZVG. zu erfolgen brauchte. Denn das nach den Versteigerungs- und Zuschlagsbedingungen bestehen bleibende Straßenrecht der Gemeinde B.-L. war auf allen Grundstücksteilen gleichmäßig eingetragen, und die Hypotheken, deren Bestehenbleiben zwischen der Ersteherin und der Erstbeklagten vertraglich vereinbart war, fielen nicht unter die in § 112 Abs. 2 ZVG. bezeichneten Rechte (Jaeckel-Güthe ZVG. § 112 Anm. 6a$\beta\beta$ und 6a$\alpha\alpha$). Es war hiernach rechtsirrtümlich, wenn das Berufungsgericht darauf Gewicht gelegt hat, ob sich die Gebote infolge der Mitversteigerung der beiden Parzellen erhöht haben oder ohne ihre Mitversteigerung dieselben Gebote abgegeben worden wären. Maßgebend war in jedem Falle nur das Wertverhältnis der einzelnen Teile, wobei der Wert nach § 11 EinfG. und Art. 8 des preuß. AusfG. zum ZVG. ermittelt werden mußte.

Da der Verteilungsplan nicht nach Maßgabe des § 112 ZVG. aufgestellt worden ist, so mag vielleicht auch die sofortige Beschwerde gegen ihn zulässig gewesen sein; wegen seiner materiellen Unrichtigkeit war auf jeden Fall aber auch die Widerspruchsklage gegeben. Es bleibt jedoch zu berücksichtigen, daß nach der notariellen Urkunde vom 19. September 1912, die im Verteilungstermine vorgelegt wurde, das Bestehenbleiben der für die Erstbeklagte eingetragenen Hypotheken in Höhe von 337000 M. vereinbart und der weitere Betrag von 28407,45 M. außergerichtlich beglichen, und daß ferner der auf die Hypotheken der Zweitbeklagten entfallende Betrag von 2453,89 M. durch Verrechnung bezahlt worden ist. Denn wenn das auch zufolge des Widerspruchs des Klägers den Fortgang des gerichtlichen Verteilungsverfahrens nicht hinderte (§ 144 ZVG.), so hatte es doch, wie das Berufungsgericht nicht berücksichtigt hat, zur Folge, daß der Widerspruch nicht mehr gegen die Beklagten als Gläubiger gerichtet werden konnte, sondern nur gegen die Zweitbeklagte als Ersteherin noch zulässig war (Jaeckel-Güthe § 144 Anm. 16; Fischer-Schaefer § 144 Anm. 3 B c; v. d. Pfordten § 144 Anm. II 3). Ob die zufolge dieses Widerspruchs zu erhebende Klage ebenso als Widerspruchsklage zu gelten hat, wie es die Klage gegen die Gläubiger wäre, wenn diese noch nicht befriedigt gewesen sein würden, kann dahingestellt bleiben. Jedenfalls ist sie zu behandeln, als wenn sie eine Widerspruchsklage wäre. Dabei schließt sie jedoch trotz des noch schwebenden Verteilungsverfahrens die Bereicherungsklage gegen die Beklagten nicht aus. Denn wegen ihrer tatsächlichen, wenn auch außergerichtlichen Befriedigung sind die Beklagten in dieser Beziehung ebenso anzusehen, als wenn sie im Verteilungsverfahren selbst Deckung gefunden hätten.

Für beide Klagen kommt es darauf an, was bei richtig aufgestelltem Plane materiell richtig auf die Beklagten zu verteilen gewesen wäre, insbesondere also auch darauf, ob die Beklagten bei der Verteilung des auf die entpfändeten Parzellen entfallenden Erlöses überhaupt berücksichtigt werden durften. In dieser Hinsicht steht soviel schon fest, daß die Zweitbeklagte von dem Erlöse, der auf die von ihr oder ihren Rechtsvorgängern entpfändeten Parzellen entfiel, nichts verlangen konnte. Inwieweit die Erstbeklagte auf diesen Erlös Anspruch hatte, hängt davon ab, ob sie dem Kläger gegenüber verpflichtet war, sich der Befriedigung aus dem auf die streitigen Parzellen zu verteilenden Erlöse zu enthalten. Ein entsprechendes Recht konnte der Kläger nur durch die Abtretung des Versteigerungsschuldners K. gewinnen, die aber laut der Abtretungsurkunde vom 17. Oktober 1912 in Wirklichkeit stattgefunden hat und im Verteilungstermine vom 29. Oktober 1912 auch geltend gemacht worden ist....

RGZ. 133, 201

Wie wirkt die Anordnung des Versteigerungsgerichts aus § 118 ZVG., wenn die Forderung gegen den Ersteher widerspruchslos einem zwar der Form, aber nicht der Sache nach Berechtigten übertragen wird?

ZPO. §§ 771, 878. ZVG. §§ 91, 92, 115, 118, 128.

V. Zivilsenat. Urt. v. 8. Juli 1931.

I. Landgericht I Berlin. II. Kammergericht daselbst.

Auf zwei Grundstücken der Witwe S. war im Jahre 1926 eine Gesamtgrundschuld von 125000 GM. eingetragen worden. Die Grundschuld wurde am 16. April 1928 an den Fabrikbesitzer R. abgetreten. Dieser trat sie am 17. April 1928 durch schriftliche Erklärung und Übergabe des Grundschuldbriefs sicherungshalber an die Klägerin ab. Die Abtretung an R. wurde am 30. April 1928 im Grundbuch eingetragen. Die Abtretung an die Klägerin ist *nicht zur Eintragung* gelangt.

Im Einverständnis mit der Klägerin, die nicht als Grundschuldgläubigerin nach außen hervortreten wollte, betrieb R. im eigenen Namen Mitte September 1928 die Zwangsversteigerung der Grundstücke aus der Grundschuld. Am 29. Januar 1929 meldete er für sich Kapital und Zinsen an. Im Versteigerungstermin am 1. Februar 1929 erhielt er für ein Bargebot von 90000 RM. den Zuschlag. Am 20. März 1929 überreichte er dem Versteigerungsgericht den Grundschuldbrief, den die Klägerin ihm überlassen hatte. Im Verteilungstermin am 2. Mai 1929 wurden ihm aus dem Barerlös 81895,56 RM. auf die Grundschuld zugeteilt. Kurz zuvor hatte aber die Beklagte gegen ihn einen Arrest in Höhe von 200000 RM. erwirkt und durch zwei Beschlüsse des Arrestgerichts vom 26. und 27. April 1929 seine Ansprüche gegen die Witwe S. und gegen den Preußischen Staat aus der Grundschuld und dem auf sie in der Zwangsversteigerung entfallenden Barerlös gepfändet. Die Beklagte überreichte diese Beschlüsse im Verteilungstermin dem Versteigerungsgericht. R. erklärte im Termine, daß er das Bargebot nicht zahlen wolle. Daraufhin übertrug ihm das Versteigerungsgericht die mit dem Pfändungspfandrecht der Beklagten aus den Beschlüssen vom 26. und 27. April 1929 belastete Forderung gegen ihn selbst auf Zahlung des Bargebots in Höhe des zur Hebung gelangten Betrags der Grundschuld. Ein Widerspruch gegen den Teilungsplan wurde nicht erhoben. Die Beklagte pfändete durch Beschluß des Arrestgerichts vom 15. Mai 1929 den für R. infolge Nichtberichtigung des Bargebots als Sicherungshypothek einzutragenden Betrag und reichte den Beschluß dem Versteigerungsgericht ein. Auf Ersuchen des Versteigerungsrichters nahm das Grundbuchamt am 18. Mai 1929 folgende Eintragungen vor: R. wurde als Grundstückseigentümer eingetragen; die Grundschuld wurde gelöscht; für R. wurde eine Sicherungshypothek von 81817,98 GM. eingetragen zur Sicherung der infolge Nichtberichtigung des Bargebots ihm übertragenen Forderung gegen ihn selbst; bei dieser Sicherungshypothek wurde für die Beklagte ein Pfandrecht unter Bezugnahme auf die Pfändungsbeschlüsse vom 26. April, 27. April und 15. Mai 1929 eingetragen. Am 5. Juni 1929 trat R. die Sicherungshypothek an die Klägerin ab. Die Abtretung wurde am 13. Juni 1929 im Grundbuch eingetragen. Am 19. Juni 1929 wurde für die Klägerin auf Grund einer einstweiligen Verfügung vom 13./14. Juni 1929 ein Widerspruch gegen die Eintragung des Pfandrechts der Beklagten eingetragen.

Im September 1929 betrieb ein Gläubiger, welcher der von R. an die Klägerin abgetretenen Sicherungshypothek im Range vorging, erneut die Zwangsversteigerung. Die Grundstücke wurden am 28. Januar 1930 für ein Bargebot von 112000 RM. der D. Grundverkehr-GmbH. zugeschlagen. Auf die Sicherungshypothek der Klägerin kamen im Verteilungstermin am 27. Februar 1930 aus dem von der Ersteherin gezahlten Barerlös 8317,26 RM. zur Hebung. Das Versteigerungsgericht ordnete an, daß dieser Betrag als Streitmasse zwischen der Klägerin und der Beklagten hinterlegt werde. Ein Widerspruch gegen den Teilungsplan wurde nicht erhoben; der Betrag wurde hinterlegt. Die Sicherungshypothek wurde bei der Eintragung der neuen Eigentümerin am 25. April 1930 gelöscht.

Die Klage begehrt die Einwilligung der Beklagten in die Auszahlung der Hinterlegungsmasse an die Klägerin. Sie wurde in allen Rechtszügen abgewiesen.

Gründe:

Die Entscheidung des Rechtsstreits hängt davon ab, ob die Beklagte an der Sicherungshypothek, die R. der Klägerin im Juni 1929 abgetreten hat, ein der Klägerin gegenüber gültiges Pfändungspfandrecht erworben hatte. Mit Recht haben die Vorinstanzen diese Frage bejaht und demzufolge der Beklagten das Recht auf den hinterlegten Versteigerungserlös aus der Sicherungshypothek zugesprochen.

Die ursprüngliche Grundschuld von 125000 GM. stand während des ersten, von R. betriebenen Zwangsversteigerungsverfahrens entgegen der formellen Grundbuchlage materiell der Klägerin, nicht dem R. zu. Die Grundschuld erlosch mit dem Zuschlag am 1. Februar 1929 (§ 91 Abs. 1 ZVG.). Das materielle Recht der Klägerin ergriff nunmehr den Versteigerungserlös (§ 92 ZVG.). Der Anspruch der Witwe S. (als der früheren Eigentümerin) gegen R. (als den Ersteher) auf Berichtigung des Bargebots von 90000 RM. war also mit dem Recht der Klägerin (als Grundschuldgläubigerin) auf Befriedigung aus dem von R. zu zahlenden Betrage belastet. Die Klägerin hat indessen ihr Recht dadurch verloren, daß sie sich an dem Versteigerungsverfahren nicht beteiligte und widerspruchslos den Verteilungsplan vom 2. Mai 1929, der nur die formelle Grundbuchlage berücksichtigen konnte, aufstellen und durchführen ließ.

Da R. das Bargebot nicht berichtigte, mußte das Versteigerungsgericht im Verteilungstermin am 2. Mai 1929 gemäß den §§ 118, 128 ZVG. verfahren. Dabei konnte es als den Berechtigten aus der Grundschuld nicht die Klägerin, sondern nur den R. berücksichtigen. Nach dem Grundbuchstande und nach der Lage des Zwangsversteigerungsverfahrens war der auf die Grundschuld entfallende Teil der Forderung auf das Bargebot dem R. zu übertragen und für ihn durch Sicherungshypothek dinglich zu sichern. Die Übertragung der Forderung gegen den Ersteher auf ihn selbst ist rechtlich nicht ausgeschlossen (Reinhard-Müller Kommentar zum ZVG. 3./4. Aufl. Anm. I 4 zu § 118). Wie sich in einem solchen Falle demnächst das Rechtsverhältnis in Ansehung der übertragenen Forderung und der für sie eingetragenen Sicherungshypothek für die Person des Erstehers im einzelnen gestaltet, braucht nicht näher untersucht zu werden. Für die Entscheidung des Falles genügen folgende Erwägungen: Da die Ausnahmevorschriften im § 118 Abs. 2 Satz 2 bis 4 ZVG. nach dem gegebenen Tatbestand nicht in Betracht kommen, wirkte die Übertragung der Forderung auf R. nach Satz 1 das. wie die Befriedigung des Grundschuldgläubigers aus dem Grundstück. Das Recht der Klägerin auf Befriedigung aus der Grundschuld und dem Barerlös erlosch also mit der Übertragung der Forderung auf R. Daß diese Übertragung nicht der materiellen Rechtslage entsprach, hinderte den Untergang des Rechts der Klägerin nicht. Die Rechtsfolge des § 118 Abs. 2 Satz 1 tritt auch dann ein, wenn der bei der Übertragung Begünstigte nicht der materiell Hebungsberechtigte ist (Reinhard-Müller a. a. O. Anm. I 3 zu § 118 und Handausgabe 7. Aufl. Anm. 1b zu § 118; OLG. Breslau in LZ. 1915 Sp. 582 Nr. 31). Von der Übertragung an besteht nur noch die übertragene Forderung und die für sie eingetragene Sicherungshypothek. Forderung und Hypothek stehen aber kraft der Übertragung nicht nur formell, sondern auch materiell demjenigen zu, auf den das Versteigerungsgericht die Übertragung nach § 118 Abs. 1 Satz 1 ZVG. anordnet und für den es die Sicherungshypothek nach § 128 das. eintragen läßt. Zwar beruhen auch diese Vorschriften im Grunde genommen auf dem Gedanken des Surrogationsprinzips (RGZ. Bd. 71 S. 412). Die übertragene Forderung und die für sie eingetragene Sicherungshypothek ersetzen die früher vorhanden gewesenen Rechte. Dennoch kann sich die Person des Gläubigers der übertragenen Forderung und des Inhabers der Sicherungshypothek bei widerspruchslos gebliebener Anordnung des Versteigerungsgerichts nur nach dem Inhalt dieser Anordnung richten. Der Übergang der Forderung vollzieht sich kraft eines Richterakts. Außerhalb dieses Akts liegende, von ihm nicht berücksichtigte Verhältnisse beeinflussen den Übergang der Forderung des Subhastaten auf die in der richterlichen Anordnung bezeichnete Person nicht. R. ist also durch die Anordnung des Versteigerungsgerichts vom 2. Mai 1929 und durch die Eintragung der Sicherungshypothek am 18. Mai 1929 — Vorgänge, bei denen die Klägerin mit ihrem früheren Recht ausgeschaltet war, — nicht nur formal, sondern wirtschaftlich und rechtlich Gläubiger der ihm übertragenen Forderung und Berechtigter aus der Sicherungshypothek geworden. Dem stand sein im Versteigerungsverfahren nicht berücksichtigtes persönliches Verhältnis zur Klägerin — von ihr als Treuhandverhältnis bezeichnet — nicht entgegen. Denn daraus läßt sich kein dingliches Recht der Klägerin an der auf R. übertragenen Forderung und an der Sicherungshypothek herleiten, sondern nur schuldrechtliche Ansprüche der Klägerin gegen R. aus Vertrag und ungerechtfertigter Bereicherung. Auf dieser Grundlage konnte sie, ohne sich am Zwangsversteigerungsverfahren beteiligt zu haben, von R. die Herausgabe (Abtretung) der ihm übertragenen Forderung und der ihm zustehenden Sicherungshypothek verlangen (Jäckel-Güthe ZVG. 6. Aufl. Anm. 1 zu § 113). Bis zur Durchsetzung dieser Ansprüche blieben aber die Forderung und die Hypothek wirtschaftlich und rechtlich im Vermögen des R. und unterlagen daher dem Zugriff seiner mit Vollstreckungstiteln gegen ihn versehenen Gläubiger.

Die Beklagte hat nun spätestens durch den Beschluß des Arrestgerichts vom 15. Mai 1929 in Verbindung mit der Eintragung im Grundbuch vom 18. Mai ein wirksames Pfändungspfandrecht an der auf R. übertragenen Forderung und an seiner Sicherungshypothek erlangt. Ob sich schon die Beschlüsse vom 26. und 27. April 1929 für die Begründung eines solchen Pfändungspfandrechts verwerten lassen, kann dahingestellt bleiben. Der Besitz des über die frühere Grundschuld gebildeten Briefs war jedenfalls zur Erlangung des Pfandrechts an der neuen Sicherungshypothek nicht erforderlich. Die schuldrechtlichen Ansprüche der Klägerin gegen R. standen dem Erwerb des Pfandrechts nicht im Wege. Sie gaben ihr kein Recht, der Pfändung der Beklagten in das Vermögen ihres Schuldners R. nach § 771 ZPO. zu widersprechen (Stein-Jonas ZPO. 14. Aufl. Bd. 2 S. 583 Anm. II 1 c zu § 771). Zwar war durch die Sicherungsübereignung vom 17. April 1928 zwischen R. als Treugeber und der Klägerin als Treuhänderin ein Treuhandverhältnis in Ansehung der Grundschuld begründet worden. Aus der Ermächtigung der Klägerin an R., die Grundschuld in der Zwangsversteigerung nach Maßgabe der formellen, nicht der materiellen Rechtslage geltend zu machen, läßt sich aber wegen der im Mai 1929 auf R. übertragenen Forderung und der für ihn entstandenen Sicherungshypothek kein (uneigennütziges) Treuhandverhältnis zwischen der Klägerin als Treugeberin und R. als Treuhänder herleiten, so daß die Klägerin auch auf dieser Rechtsgrundlage kein Widerspruchsrecht aus § 771 ZPO. wider die Vollstreckungsmaßnahmen der Beklagten gegen R. in Anspruch nehmen kann (Rosenberg Lehrbuch des Zivilprozeßrechts 3. Aufl. S. 667 flg. unter b β). Aus § 115 ZVG., § 878 Abs. 2 ZPO. kann die Klägerin das Pfändungspfandrecht der Beklagten nicht angreifen, weil sie weder einen Widerspruch gegen den Verteilungsplan im Zwangsversteigerungsverfahren erhoben hat, noch ein „besseres Recht“ an der gepfändeten Forderung und Hypothek besitzt. Sie hat erst durch die Abtretung vom 5. Juni 1929 und die Eintragung vom 13. Juni ein Recht an der Forderung und der Hypothek erlangt. Damals war das Recht aber schon mit dem Pfandrecht der Beklagten belastet. Diese ist auch nicht auf Kosten der Klägerin ohne rechtlichen Grund bereichert (§ 812 BGB.). Sie hat vielmehr ihre Rechtsstellung als Pfandgläubigerin auf Kosten des R. und mit rechtlichem Grund erlangt. Auf die persönlichen Ansprüche der Klägerin gegen R. brauchte die Beklagte bei ihren Vollstreckungsmaßnahmen gegen R. keine Rücksicht zu nehmen; sie durfte pfänden, was zum Vermögen ihres Schuldners gehörte. *Übrigens hätte die Klägerin* — entgegen der Ansicht der Revision — im Ergebnis nicht besser gestanden, wenn R. am 2. Mai 1929 das Bargebot berichtigt und das Versteigerungsgericht ihm den auf die Grundschuld zur Hebung gelangten Betrag ausgezahlt hätte. Denn dann wäre — mangels Berücksichtigung des „Treuhandverhältnisses" im Zwangsversteigerungsverfahren — durch die Zahlung des Versteigerungsgerichts an R. dieser und nicht die Klägerin Eigentümer des gezahlten Geldes geworden. Das Geld hätte also bis zur Weitergabe von R. an die Klägerin dem Pfändungszugriff der Beklagten ebenso unterlegen, wie jetzt die übertragene Forderung und die Sicherungshypothek bis zur Abtretung an die Klägerin diesem Zugriff zugänglich gewesen sind.

RGZ. 136, 91

1. Wer wird Hypothekengläubiger, wenn der Zwangsversteigerungsrichter im Verteilungstermin eine Forderung gegen den Ersteher auf unbestimmte Empfänger überträgt, dann aber, hiervon abweichend, die für die Forderung einzutragende Sicherungshypothek für eine namentlich benannte Person als Gläubigerin eintragen läßt, die in Wahrheit nicht berechtigt ist?

2. Zur Frage befreiender Schuldübernahme durch den Ersteher im Falle des § 53 Abs. 1 ZVG.

ZVG. §§ 53, 118, 128, 135flg. BGB. §§ 414flg.

V. Zivilsenat. Urt. v. 20. April 1932.

I. Landgericht Bartenstein. II. Oberlandesgericht Königsberg.

Der Beklagte ließ als Eigentümer des Gutes P. am 3. Oktober 1924 in Abt. III unter Nr. 22 des Grundbuchs eine Darlehnshypothek von 30000 GM. für die Landschaft eintragen, wovon jedoch 9000 GM. nicht valutiert wurden und daher Eigentümergrundschuld blieben. Schon vorher, am 4. August 1924, hatte er anerkannt, dem Kläger den Betrag von 10000 RM. zu schulden, und hatte zur Sicherheit hierfür in Abt. III unter Nr. 21 des Grundbuchs eine Höchstbetragshypothek von 10000 GM. eintragen lassen, vor der jedoch die Landschaftshypothek den Vorrang erhielt. Das Gut kam zur Zwangsversteigerung und wurde am 14. August 1925 dem Gutsbesitzer F. als Meistbietendem zugeschlagen. Die Hypotheken Nr. 21 und Nr. 22 blieben als im geringsten Gebot enthalten bestehen. Da F. die Ersteherschuld nicht zahlte, kam es zur neuen Versteigerung des Gutes. Am 18. März 1926 erstand es der Kläger. Bei dieser Versteigerung entfiel auf den nichtvalutierten Teil der Landschaftshypothek Nr. 22 aus dem Bargebot der Betrag von 9696 RM., während die rangschlechtere Hypothek Nr. 21 ausfiel. Da der Ersteher nicht zahlte und die Landschaft insoweit keinen Anspruch erhob, wurde im Verteilungstermin am 6. Mai 1926 eine Forderung von 9696 RM. gegen den Ersteher „an die unbestimmten Empfänger" übertragen. Auf Ersuchen des Zwangsversteigerungsrichters wurde aber demnächst in Abt. III unter Nr. 47 des Grundbuchs eine Sicherungshypothek für die übertragene Forderung von 9696 RM., abweichend von der im Verteilungstermin ausgesprochenen Forderungszuteilung, für die Landschaft eingetragen, dies ohne äußeren Anlaß für die Veränderung in der Gläubigerbezeichnung. Die Landschaft bewilligte später freiwillig die Löschung der Sicherungshypothek, die aber noch nicht erfolgt ist, weil der Beklagte die Hypothek für sich beansprucht.

Der Kläger erklärte dem Beklagten gegenüber die Aufrechnung gegen seine Ersteherschuld von 9696 RM. mit seinen Forderungen gegen den Beklagten, die früher durch die bei der letzten Versteigerung ausgefallene Hypothek Nr. 21 gesichert gewesen waren. Diese Forderungen bemißt der Kläger auf 10000 RM. Er klagte mit dem Antrage, den Beklagten zu verurteilen, die Löschung der in Abt. III Nr. 47 eingetragenen Post von 9696 RM. zu bewilligen. Der Beklagte bestreitet, daß der Kläger ihm gegenüber eine zur Aufrechnung gegen seine Ersteherschuld geeignete Forderung habe, denn der Kläger habe die in § 53 ZVG. begründete Übernahme der Schuld durch F., als dieser das Gut mit Bestehenbleiben der für die Forderung bestellten Sicherungshypothek Nr. 21 ersteigerte, genehmigt, indem er bald darauf einen Schuldtitel wegen der persönlichen Forderung gegen F. erwirkte. Der Kläger will die Schuldübernahme durch F. nicht genehmigt haben. Es sei ihm nur darauf angekommen, sich der von der Landschaft betriebenen Neuversteigerung wegen der Hypothek Nr. 21 anzuschließen.

Der Kläger ist in zwei Rechtszügen unterlegen. Seine Revision führte zur Aufhebung und Zurückverweisung.

Gründe:

Das Berufungsgericht führt aus: Unstreitig sei der Beklagte Gläubiger der irrtümlich auf den Namen der Landschaft eingetragenen Sicherungshypothek Nr. 47 von 9696 RM. Für die zur Aufrechnung gestellte Gegenforderung habe aber der Kläger an Stelle des Beklagten den Gutsbesitzer F. als neuen Schuldner angenommen, indem er gegen ihn einen Zahlungsbefehl und nach Zurücknahme des Widerspruchs des F. einen Vollstreckungsbefehl erwirkte. Daher sei der Beklagte von seiner Schuld gegenüber dem Kläger befreit, und dieser könne seine Ersteherschuld nicht durch Aufrechnung tilgen.

Die Revision rügt, daß gegen den Kläger der Abschluß eines Schuldübernahmevertrags mit F. und die Genehmigung der gesetzlichen Schuldübernahme unter Verletzung materiellen Rechts angenommen worden sei. Das Berufungsurteil geht bei Prüfung dieser Frage davon aus, *die Hypothek Nr. 47 stehe unstreitig dem Beklagten* zu. Wenn auch die Revision insoweit kein Bedenken erhoben hat, so war doch in diesem Punkt eine Nachprüfung von Amts wegen geboten; denn als „unstreitig" stehen wohl die Tatsachen bindend fest, nicht aber gilt das für die Rechtsfolge, wer danach Gläubiger der Hypothek ist. Wegen der rechtsbegründenden Wirkung, die dem Richterakt der Forderungsübertragung und Hypothekeneintragung nach den §§ 118, 128 ZVG. zukommt (RGZ. Bd. 127 S. 356, Bd. 133 S. 204), kann sich nämlich die in der mündlichen Verhandlung vor dem Revisionsgericht zur Sprache gebrachte Frage erheben, ob nicht die auf Ersuchen des Versteigerungsrichters als Gläubigerin der Hypothek eingetragene Landschaft durch die Eintragung Gläubigerin geworden ist, auch wenn sie kein Recht auf den Teil des Versteigerungserlöses hatte, an dessen Stelle die Hypothek getreten ist, sondern das Recht darauf dem Beklagten als Eigentümergrundschuldgläubiger zustand. Bei Nachprüfung ergibt sich indessen doch der Ausgangspunkt des Oberlandesgerichts als richtig, daß der Beklagte Gläubiger der Hypothek sei und daß in der Eintragung der Landschaft als Gläubigerin eine Grundbuchunrichtigkeit im Sinne des § 894 BGB. liege. Weil die Landschaft vor und im Verteilungstermin erklärte, der hier in Betracht kommende Teil ihrer Hypothek Nr. 22 sei nicht valutiert, weil aber der Gläubiger der so entstandenen Eigentümergrundschuld, der Beklagte, nicht als Berechtigter auftrat, übertrug der Versteigerungsrichter die Forderung auf den entsprechenden Teil des Erlöses „auf die unbestimmten Empfänger". Damit war ein Forderungsrecht für denjenigen als Gläubiger entstanden, den der Versteigerungsrichter im gesetzmäßigen Verfahren, dessen regelmäßiger Verlauf in den §§ 135 flg. ZVG. vorgeschrieben ist, nachträglich ermitteln würde. Der Versteigerungsrichter ist hier aber nicht nach dem Gesetz verfahren, wonach er die Hypothek entsprechend der Forderungsübertragung „für den unbekannten Berechtigten" hätte eintragen lassen (§§ 126, 128 ZVG.) und dann den Berechtigten hätte ermitteln sollen, sondern er hat ohne weiteres das Grundbuchamt ersucht, die nach § 128 ZVG. zu bestellende Hypothek (abweichend von der Forderungsübertragung) für die Landschaft als Gläubigerin einzutragen. Der Versteigerungsrichter ist zu dieser Abweichung nicht etwa auf

Grund des Ergebnisses nachträglicher Ermittlung oder durch eine sonstige, von ihm zu berücksichtigende Veränderung der Sachlage gelangt. Vielmehr ist ein sachlicher Grund für seine Sinnesänderung zwischen Verteilungstermin und Eintragungsersuchen nicht nach außen hervorgetreten und überhaupt nicht ersichtlich. Bei solchem Sachverhalt liegt es nicht in der Macht des Richters, das den unbekannten Berechtigten durch die Forderungsübertragung im Verteilungstermin erwachsene Recht durch Veranlassung einer von dieser abweichenden Hypothekeneintragung zu beseitigen. Der Versteigerungsrichter mag ein materiell bestehendes Recht verändern können, wenn er sich bei nachträglicher Ermittlung des Berechtigten irrt, wenn er dabei eine sachlich nicht berechtigte Person fälschlich in die Stelle des „unbekannten Berechtigten" einrücken läßt. Er kann das aber nicht, indem er in einer gesetzlich nicht begründeten Weise einen Zwiespalt zwischen Forderungsübertragung und Hypothekeneintragung schafft. In solchem Falle wird Gläubiger der mit der Eintragung entstehenden Hypothek (§ 128 Abs. 3 ZVG.) der „unbekannte Berechtigte"; er bleibt trotz anderer Eintragung Gläubiger der ihm früher zugewiesenen, jetzt mit einer Sicherungshypothek bekleideten Forderung. Durch die Eintragung einer anderen Person als Gläubigerin, hier der Landschaft, entsteht eine Grundbuchunrichtigkeit. Der in Wahrheit sachlich Berechtigte wird mit Eintragung der Hypothek deren Gläubiger und kann danach Grundbuchberichtigung verlangen, wenn er sein Recht nachweist oder dieses unbestritten ist. Hiernach trifft es also zu, daß der Beklagte, weil er Eigentümergrundschuldgläubiger war, auch Gläubiger der an die Stelle der Eigentümergrundschuld getretenen Hypothek Nr. 47 geworden ist. Daher konnte der Kläger die dieser Hypothek zugrundeliegende Forderung des Beklagten durch Aufrechnung mit einer ihm etwa gegen diesen zustehenden Forderung tilgen (vgl. RGZ. Bd. 84 S. 11). Falls auf diese Weise die dem Beklagten hypothekarisch gesicherte Ersteherschuld des Klägers getilgt sein sollte, ist die Hypothek Nr. 47 zur Eigentümergrundschuld des Klägers geworden, und er kann über sie durch das mit der Klage gestellte Löschungsbegehren verfügen....

Es kommt daher darauf an, ob das Berufungsgericht mit Recht angenommen hat, zur Zeit der dem Beklagten erklärten Aufrechnung habe infolge Schuldübergangs auf F. keine Forderung des Klägers gegen den Beklagten mehr bestanden. Die Ausführungen des Berufungsgericht hierüber sind nicht zu billigen. Richtig ist, daß durch den am 14. August 1925 unter Bestehenbleiben der Höchstbetragshypothek Nr. 21 erteilten Zuschlag an F. die in § 53 ZVG. bestimmte Voraussetzung für eine Schuldübernahme durch F. gegeben war, die den Beklagten von seiner unter die Höchstbetragshypothek fallenden Schuld befreite. Zu ihrem Wirksamwerden war aber eine Willenserklärung des Gläubigers, des Klägers, erforderlich. Ohne seine Zustimmung konnte ihm kein neuer Schuldner aufgedrängt werden. Der im Gesetz vorgesehene Weg des § 416 BGB. ist nicht beschritten worden. Im Falle des § 53 ZVG. sind aber auch die §§ 414, 415 BGB. anwendbar (JW. 1929 S. 733 Nr. 6; RGZ. Bd. 125 S. 100). Das Berufungsgericht nimmt in erster Reihe einen Schuldübernahmevertrag zwischen dem Kläger und F. im Sinne des § 414 BGB. an, stillschweigend geschlossen dadurch, daß der Kläger gegen F. einen Zahlungsbefehl wegen der persönlichen Schuld von 10080 RM. erwirkt und F. seinen zunächst eingelegten Widerspruch zurückgenommen habe. Das Oberlandesgericht sieht also in diesen beiden Vorgängen einen Vertragsschluß zwischen dem Kläger und F., der aus Anlaß der diesem durch § 53 ZVG. auferlegten Verpflichtung erfolgt sein soll. Dabei ist jedoch nicht ausreichend beachtet worden, daß der Abschluß eines solchen Vertrags durch Stillschweigen etwas Außergewöhnliches wäre. Der Gläubiger würde damit auf seinen bisherigen Schuldner verzichtet haben. Ein solcher Verzichtswille kann, wenn er nicht ausdrücklich erklärt wird, nur dann als vorhanden und zum Ausdruck gelangt angenommen werden, wenn er sich aus den Umständen zweifelsfrei und mit Sicherheit ergibt, wenn die Geschehnisse nicht wohl eine andere Deutung zulassen (WarnRspr. 1914 Nr. 281; JW. 1919 S. 237 Nr. 2, 1929 S. 35 Nr. 5). Allerdings sind in der neueren Rechtsprechung, namentlich im Zusammenhang mit Aufwertungsfragen, die Anforderungen an den Ausdruck stillschweigender Genehmigung einer Schuldübernahme aus § 415 BGB. und an die Mitteilung von solcher zwischen altem und neuem Schuldner vereinbarten Übernahme milde beurteilt worden. Etwas anderes ist es aber, ob man annehmen darf, es sei ein neuer Vertrag in seiner Gesamtheit stillschweigend geschlossen worden. Das kann nur dann angenommen werden, wenn die Umstände mit besonderer Entschiedenheit dafür sprechen. Das Oberlandesgericht hat nicht hinreichend geprüft, ob die Sachlage hier wirklich so stark und zwingend für einen solchen, nicht naheliegenden Fall sprach. Die Erwirkung eines Zahlungsbefehls und die Zurücknahme eines gegen ihn erhobenen Widerspruchs sind zunächst reine Prozeßhandlungen, denen für gewöhnlich ein Wille zum Vertragsschluß nicht innewohnt. Gerade wenn F. aus § 53 ZVG. gesetzlich belastet war, lag es fern, daß er sich noch durch besonderen neuen Vertrag verpflichten sollte und wollte.

Das Berufungsgericht nimmt in zweiter Reihe an, der Kläger habe die gesetzliche Schuldübernahme durch F. stillschweigend genehmigt, womit dieser nach § 415 BGB. persönlicher Schuldner des Klägers geworden und der Beklagte von seiner Schuld befreit worden sei. Eine Mitteilung von der Schuldübernahme gemäß § 415 Abs. 1 Satz 2 BGB. hält das Oberlandesgericht nicht für erforderlich, weil es sich um eine gesetzliche, daher dem Gläubiger bekannte Schuldübernahme handle. Dies Absehen von dem in § 415 BGB. aufgestellten Mitteilungserfordernis ist rechtsirrig (vgl. dazu JW. 1929 S. 733 Nr. 6 und RGZ. Bd. 125 S. 100, wo der VI. Senat diese Frage unentschieden gelassen hat). Die in § 415 BGB. vorgesehene Mitteilung ist keine reine Tathandlung, sondern eine Willenserklärung, die das Zugriffsrecht des Gläubigers nach dem Willen des bisherigen Schuldners oder des Übernehmers erst eröffnen soll. Weder aus dem Wortlaut noch aus dem Sinn des Gesetzes ist ein Grund zu entnehmen, bei Anwendung des § 415 BGB. auf den besonderen Fall der gesetzlichen Schuldübernahme nach § 53 ZVG. von dem Erfordernis der Mitteilung abzusehen. Zur Schuldbefreiung des Beklagten auf Grund von § 53 ZVG. in Verbindung mit § 415 BGB. müßte eine solche — stillschweigende oder ausdrückliche — Mitteilung und danach erfolgte Genehmigung durch den Kläger festzustellen sein. Im übrigen müßte auch hier, falls die Genehmigung stillschweigend erklärt sein soll, die schlüssige Handlung, worin sie liegen soll, deutlich und zweifelsfrei den Willen des Klägers erkennen lassen, den Beklagten aus seiner persönlichen Schuld zu entlassen und für ihn den F. nicht nur als dinglichen, sondern auch als persönlichen Schuldner anzunehmen....

RGZ. 162, 24

1. Zur Auslegung des § 128 Abs. 3 Satz 2 Abs. 4 ZVG.

2.—4....

ZVG. §§ 44, 49, 52, 128, 130.

V. Zivilsenat. Urt. v. 30. Oktober 1939.

Die Entscheidung ist abgedruckt unter „Recht der Schuldverhältnisse 11".

RGZ. 166, 113

1. Stehen, soweit es sich um Unzulässigkeit der Rechtsausübung durch eine Ehefrau aus einem mit Mitteln des schuldenden Ehemannes (Wechselmitschuldners) bewirkten Erwerbe von vollstreckbaren Titeln handelt, den eigenen Mitteln des Schuldners die von ihm durch die Ehefrau anfechtbar erlangten Mittel gleich? In welchem Umfange kann die Anfechtbarkeit der Erlangung der Mittel berücksichtigt werden?

2. Wann kommen Rechte des Schuldners am Versteigerungserlös im Zwangsversteigerungsverfahren in Frage? Welche Ziele kann sein Widerspruch gegen den Verteilungsplan haben?

BGB. §§ 226, 242, 826. ZVG. § 115. ZPO. § 878 Abs. 2.

II. Zivilsenat. Urt. v. 17. Februar 1941.

I. Landgericht Kiel. II. Oberlandesgericht daselbst.

Der Kläger und der Ehemann der Beklagten Matthias M. sind Brüder. Ein dritter Bruder ist der Hofbesitzer Nikolaus M. in D. Der Ehemann der Beklagten besaß ein Landgut in Bo., das am 4. Februar 1928 unter Zwangsverwaltung und im Jahre 1929 zur Zwangsversteigerung kam. Ersteherin war die Spar- und Darlehnskasse in Mo. nach Zuschlag vom 6. Juli 1929. Der Kläger hatte ein Gut in Bü. Über dessen Pachtung bestand zwischen ihm und Matthias M. ein Gesellschaftsverhältnis, das der Kläger 1926 kündigte und dessen Auseinandersetzung zunächst nicht vor sich ging und im Streit ist. Durch einen Vertrag vom 18. September 1928, auf Grund dessen am 19. September 1928 Nikolaus M. als Bürge 10000 RM. an den Ehemann der Beklagten zahlte, sollen nach Behauptung des Klägers alle gegenseitigen Ansprüche erledigt worden sein. In dieser Zeit verlor auch der Kläger sein Gut, das im Januar 1928 von Nikolaus M. übernommen wurde. Der Kläger wurde von Nikolaus M. gegen Gehalt auf dem Gut angestellt. Die Beklagte hat durch Ehevertrag vom 11. Februar 1926 mit ihrem Ehemanne Gütertrennung vereinbart; das ist am 24. Januar 1928, also kurz vor Beginn der Zwangsverwaltung, in das Güterrechtsregister eingetragen worden.

Aus der Ausstellung von Gefälligkeitsakzepten für eine Firma H. F. H. in Mö., die am 2. Februar 1927 in Konkurs kam, ist dem Ehemanne der Beklagten eine Anzahl von Wechselschulden an Banken erwachsen, für die er diesen, um seine Inanspruchnahme aus den verfallenen und nicht eingelösten Abschnitten zu vermeiden, neue Wechsel gab, die am 11. Februar 1927 vom Kläger ausgestellt, von Matthias M. angenommen wurden. Auch diese Wechsel wurden nach Verfall protestiert. Die Banken erwirkten aus ihnen gegen den Kläger und den Ehemann der Beklagten u. a. folgende, diese als Gesamtschuldner zur Zahlung verpflichtenden, rechtskräftigen Urteile:

1. die L. Landesbank in R.:

a) Urteil des Landgerichts Kiel vom 20. Dezember 1927 — 8 P 233/27 — über 1031,45 RM. nebst Zinsen und Wechselunkosten; hierzu Kostenfestsetzungsbeschluß vom 21. Dezember 1927 über 109,43 RM.;

b) Urteil des Landgerichts Kiel vom 24. Januar 1928 — 8 P 2/28 — über 3186,90 RM. nebst Zinsen und Wechselunkosten; hierzu Kostenfestsetzungsbeschluß vom 10. Februar 1928 über 289,56 RM.;

2. die C.bank in L.:

zwei Urteile des Landgerichts Lübeck vom 12. November und 28. Dezember 1927 — L II H 159 und 182/27 — über 3285,60 RM. und 1137,80 RM., je nebst Zinsen und Wechselunkosten;

3. die D. Bank, Zweigstelle L. in L.:

Versäumnisurteil des Landgerichts Lübeck vom 7. Januar 1928 — L II H 177/27 — über 5620,20 RM. nebst Zinsen und Wechselunkosten; hierzu Kostenfestsetzungsbeschluß vom 12. März 1928 über 419,20 RM. Wegen der Wechsel ist streitig, ob im inneren Verhältnis der beiden Brüder der Ehemann der Beklagten als derjenige, der die Annahme erklärt hat und auch dem Aussteller wechselmäßig gehaftet hätte (Art. 23 Abs. 2 WO.), der alleinige Schuldner sein sollte, wie der Kläger behauptet, oder ob beide Brüder — nach der Behauptung der Beklagten — im Fall ihrer Inanspruchnahme die Beträge je zur Hälfte tragen sollten.

In den Jahren 1929 bis 1932 kaufte die Beklagte einer großen Anzahl von Gläubigern ihres Ehemannes ihre Forderungen an ihn ab — insgesamt nach ihrer Angabe Forderungen im Betrage von etwa 67000 RM. mit einem Aufwande von etwas über 13000 RM. —. Unter den aufgekauften Forderungen waren auch die oben aufgeführten Wechselforderungen an die beiden Brüder, und zwar zahlte die Beklagte dafür der L. Landesbank und der C.bank je 800 RM., der D. Bank für ihre sich insgesamt auf 12092,70 RM. belaufenden Forderungen 950 RM. Die Banken händigten der Beklagten die gegen die beiden Brüder erwirkten Schuldtitel aus und traten ihr auch ihre Rechte aus dinglichen Sicherungen auf dem Gute Bo. ab. Die Beklagte ließ die Vollstreckungsklauseln aus den gegen die Brüder ergangenen Wechselurteilen und den dazu erlassenen Kostenfestsetzungsbeschlüssen auf sich umschreiben. Auf Grund dieser Schuldtitel führte sie einen Anfechtungsstreit beim Landgericht K. wegen der Übertragung von Vermögenswerten, die aus der Pachtung Bü. des Klägers stammten, gegen den dritten Bruder Nikolaus M. und die G. AG. in E., in dem sie unterlag. Die von ihr zu erstattenden Streitkosten wurden auf 1785,30 RM. festgesetzt. Als wegen dieser Kostenforderung Zwangsvollstreckung gegen sie betrieben wurde, leitete die Beklagte aus den von der L. Landesbank und von der C.bank erworbenen Schuldtiteln die Zwangsvollstreckung gegen den Kläger ein.

Nunmehr hat der Kläger Zwangsvollstreckungsgegenklage gemäß § 767 ZPO. mit der Behauptung der Unzulässigkeit der Rechtsausübung der Beklagten erhoben, und zwar in einem Rechtsstreit beim Landgericht Lübeck gegen die Vollstreckung aus den von der C.bank gegen ihn erwirkten Schuldtiteln, im gegenwärtigen Rechtsstreit (Klageschrift vom 27. August 1937) beim Landgericht Kiel gegen die Vollstreckung aus dem von der L. Landesbank gegen ihn erwirkten, oben unter 1b aufgeführten Urteil nebst Kostenfestsetzungsbeschluß. Er hat beantragt, die Zwangsvollstreckung aus dem Urteile der Kammer für Handelssachen des Landgerichts Kiel vom 24. Januar 1928 (8 P 2/28) und dem in derselben Sache erlassenen Kostenfestsetzungsbeschluß vom 10. Februar 1928 (oben 1b) durch die Beklagte für unzulässig zu erklären.

Das Landgericht hat durch Urteil vom 23. März 1938 der Klage stattgegeben. Die Beklagte hat Berufung eingelegt und im zweiten Rechtszug eine vom Berufungsgericht gegen den Widerspruch des Klägers als sachdienlich zugelassene Widerklage mit dem Antrag erhoben, festzustellen, daß sie dem Kläger gegenüber berechtigt sei, das vollstreckbare Versäumnisurteil L II H 177/27 des Landgerichts Lübeck vom 7. Januar 1928 (oben unter 3) in Höhe von 3417,80 RM. nebst Zinsen zur Zwangsvollstreckung zu benutzen. Das Oberlandesgericht hat durch Urteil vom 17. September 1938 die Berufung der Beklagten zurückgewiesen und ihre Widerklage abgewiesen. Auf Revision der Beklagten und Widerklägerin ist dieses Berufungsurteil durch Urteil des jetzt erkennenden Senats vom 6. Mai 1939 aufgehoben und die Sache zu anderweiter Verhandlung und Entscheidung an das Berufungsgericht zurückverwiesen worden. Das Revisionsurteil bemerkt am Schlusse zusammenfassend: Die Feststellungen des Berufungsgerichts, die Beklagte habe nur als von ihrem Ehemanne vorgeschobene Person gehandelt und sei mit diesem wirtschaftlich gleichzusetzen, der Ehemann habe im Innenverhältnis zum Kläger allein für die am 11. Februar 1927 den Banken gegenüber eingegangenen Wechselverpflichtungen einstehen sollen und die Beklagte habe das gewußt, beruhten auf Rechtsirrtum.

Im weiteren Verfahren hat die Beklagte ihren Widerklageantrag erweitert. Das Berufungsgericht hat auch diese Erweiterung zugelassen. Die Beklagte hat dabei in ihren Widerklageantrag einbezogen: 1. das Versäumnisurteil des Landgerichts Lübeck vom 7. Januar 1928 (oben unter 3 bisher im Teilbetrage von 3417,80 RM.) in seinem vollen Betrage von 5620,20 RM. nebst Zinsen, 2. den Kostenfestsetzungsbeschluß in derselben Sache vom 12. März 1928 über 419,20 RM., 3. das vollstreckbare Versäumnisurteil der Kammer für Handelssachen des Landgerichts in Kiel — 8 P 233/27 — (oben unter 1a) über 1031,45 RM. nebst Zinsen und Wechselunkosten, 4. den Kostenfestsetzungsbeschluß in derselben Sache vom 21. Dezember 1927 über 109,43 RM.

Das Oberlandesgericht hat danach durch Urteil vom 25. April 1940 umgekehrt erkannt, nämlich unter Abänderung des landgerichtlichen Urteils auf die Berufung der Beklagten die Klage abgewiesen und der erweiterten Widerklage in vollem Umfange stattgegeben, auch dem Kläger die Kosten der drei Rechtszüge auferlegt.

Dagegen hat der Kläger Revision eingelegt mit dem Antrage, das angefochtene Urteil aufzuheben und nach seinen Anträgen im vorigen Rechtszuge zu erkennen, also die Berufung der Klägerin zurückzuweisen und die Widerklage in ihrem jetzigen Umfang abzuweisen. Die Revision blieb ohne Erfolg.

Aus den Gründen:

1. Gegen die Feststellungen des Vorderrichters über die Herkunft der zum Erwerbe der Klage- und Widerklageforderungen verwendeten Mittel, 800 RM. und 950 RM., erhebt die Revision Angriffe teils allgemeiner Art, teils zu jedem Punkt im besonderen. Die allgemeinen, d. h. zur Auswirkung auf beide Schuldtitelerwerbungen bestimmten Angriffe bestehen einmal in der Behauptung, der Vorderrichter habe die Beweislast verkannt. Sodann wird geltend gemacht, der Vorderrichter mache rechtsirrig einen Unterschied zwischen Mitteln des Ehemannes der Beklagten (mit denen nach der Stellungnahme des Klägers so oder so die Schuldtitelerwerbungen vorgenommen worden sein sollen) und Mitteln der Beklagten, die sie in anfechtbarer Weise aus dem Vermögen des Ehemannes erhalten habe. Der Vorderrichter verweise darauf, das der Anfechtung unterworfene Rechtsgeschäft sei deshalb noch nicht nichtig, während es, so meint die Revision, für die Unzulässigkeit der Rechtsausübung gleichgültig sei (oder sein müsse), ob die an die Banken gezahlten Mittel solche des Ehemannes gewesen seien oder solche, die er vorher der Beklagten in anfechtbarer Weise zur Verfügung gestellt habe.

Der Revision kann zugegeben werden, daß für die Frage der Unzulässigkeit der Rechtsausübung, soweit sie von der Herkunft der Mittel für einen Rechtserwerb abhängt, die Erlangung der Mittel durch eine anfechtbare Handlung von demjenigen, aus dessen Person die Unzulässigkeit abgeleitet wird und dessen Mittel zum Rechtserwerbe nicht hätten verwendet sein dürfen, beachtlich ist. Der Rechtsbegriff der Unzulässigkeit der Rechtsausübung, der im Gesetze nirgends eine allgemeine Regelung erfahren hat, für dessen Bedeutung überhaupt die von der Revision angezogenen, der Verwirklichung des Rechts höherer Ordnung dienlichen §§ 242, 826 BGB., auch das Schikaneverbot des § 226 BGB. herangezogen werden und der früher und namentlich im gemeinen Recht unter den Begriff der gegenwärtigen Arglist gestellt worden ist, läßt Raum für die Beachtung eines jeden Gesichtspunktes, welcher der Erreichung wahrer innerer Gerechtigkeit dient. Unter diesem Gesichtspunkte steht schon der gemeinrechtliche und auch heute noch gültige (RGZ. Bd. 112 S. 280 [283], Bd. 126 S. 383 [385] Satz: dolo facit, qui petit, quod redditurus est — arglistig handelt, wer fordert, was er alsbald zurückgewähren muß —, der für diese Gleichstellung bei der Frage der unzulässigen Rechtsausübung besonders verwertet werden kann. Aber es muß dann auch so liegen, daß ein Rückgewähranspruch nach den Grundsätzen des Anfechtungsrechts wenigstens der Sache nach zu Recht besteht, wenn auch die förmlichen Erfordernisse seiner Durchsetzung, um die es sich ja nicht handelt, nicht vorliegen. Es muß also nicht gerade ein vollstreckbarer Titel vorhanden sein, wie ihn §§ 2, 5 AnfG. fordern, aber er müßte nach der sachlich-rechtlichen Lage zu erlangen sein. Noch weniger muß ein vollstreckbarer Titel für den Rückgewähranspruch selbst schon durchgesetzt sein. Ist eine Anfechtung in dem für die Urteilsfällung maßgebenden Zeitpunkt (Verhandlungsschluß des Rechtszugs) oder — was hier offen bleiben kann — im Zeitpunkte der Geltendmachung der Anfechtbarkeit durch Klage oder Einrede nicht mehr möglich, so scheidet die Anfechtbarkeit, mag sie auch vorher einmal gegeben gewesen sein, als Grund für die Unzulässigkeit der Rechtsausübung im gegenwärtigen Zeitpunkt, auf die sie auch nach dem Standpunkte der Revision selbst abzustellen ist, aus. Das zeigt insbesondere die Bestimmung des § 12 AnfG.: „Die Anfechtung ... kann nur binnen ... erfolgen". Daraus folgt für den vorliegenden Fall, in dem zwischen den nach dem Willen des Klägers anfechtbaren Rechtshandlungen des Ehemannes der Beklagten — seines angeblichen Schuldners nach Wechselrecht für den Fall, daß er die im Streite befindlichen Wechselforderungen erworben hätte — und der Beklagten einerseits und der Geltendmachung der Anfechtbarkeit im Rechtsstreit andrerseits eine ganze Reihe von Jahren liegt, mindestens die Jahre 1930 bis 1936: Jede Anfechtbarkeit nach den Gründen des § 3 Nr. 2 bis 4 AnfG., welche die Anfechtbarkeit auf Verträge und unentgeltliche Verfügungen beschränken, die im letzten Jahr oder (Nr. 4) in den letzten zwei Jahren vor der Anfechtung vorgekommen sind, scheidet aus. Übrig und zu prüfen bleibt nur die Anfechtbarkeit nach § 3 Nr. 1 wegen Rechtshandlungen, die „der Schuldner" in der dem anderen Teil, also hier der Beklagten bekannten Absicht, seine Gläubiger zu benachteiligen, vorgenommen hat; hier ist nach § 12 Satz 1 AnfG. der Anfechtung nur eine zehnjährige Grenze gesetzt. Der Kläger hat die Gläubigerstellung aus den Wechseln noch gar nicht, erlangt sie vielmehr nur bedingt — bedingt durch Erfüllung der streitigen, ehemals den Banken zustehenden Forderungen — und glaubt außerhalb Wechselrechts nur den Anspruch zu haben, daß der Ehemann der Beklagten die Wechsel sämtlich allein einlöse und ihn dadurch von den Verbindlichkeiten aus den Wechseln befreie. Ob er wegen dieses Anspruchs als zur Anfechtung berechtigter Gläubiger im Sinne des § 2 AnfG. oder wenigstens als berechtigt zur Geltendmachung der Unzulässigkeit der Rechtsausübung, gleich als ob er ein solcher anfechtungsberechtigter Gläubiger wäre, anzusehen ist, wäre eine weitere Frage. Zunächst hat der Vorderrichter, der die Anwendbarkeit der Nummern 2 bis 4 des § 3 AnfG. auch wegen Nichteinhaltung der darin aufgestellten Fristen abgelehnt hat, ausgesprochen, für eine Anfechtung nach § 3 Nr. 1 habe der Kläger trotz Hinweises nichts Näheres dargelegt. Damit ist aus tatsächlichen Gründen die Anwendbarkeit auch dieser Nummer abgelehnt. Hierzu vermag aber die Revision keinen Angriff in der Richtung zu erheben, daß tatsächliches Vorbringen des Klägers, das in diesem Zusammenhange verwertbar wäre, unbeachtet geblieben sei.

2. Zu den der L. Landesbank zugeflossenen 800 RM., die zufolge eines Vergleichs mit der Spar- und Darlehnskasse Mo. gezahlt worden sind, sagt das Urteil, die Ausführungen des Klägers, daß diese nicht aus eigenen Mitteln der Beklagten, sondern aus solchen des Ehemannes stammten, gingen fehl. Es stellt auf der Grundlage eines den Inhalt des nachher zustande gekommenen Teilvergleichs enthaltenden Schreibens des Rechtsanwalts Dr. Sch. vom 24. April 1931 an die Anwälte der Vergleichsgegnerin fest, die 800 RM. setzten sich aus zwei Teilen zusammen: a) 200 RM., gezahlt zur Abtragung („als Auszahlung") einer für die Beklagte eingetragenen Sicherungshypothek (Nr. 67) im gleichen Betrage; hier erhelle ohne weiteres, daß nicht davon gesprochen werden könne, der Betrag stamme aus Mitteln des Ehemannes; b) 600 RM., gezahlt als Vergütung für die Zustimmung der Beklagten zur Hinterlegung der Streitmasse von 55000 RM. bei einer anderen Bank zu einem höheren Zinsfuß; diese 600 RM. habe die Beklagte unmittelbar von der Bank erhalten. Zu b) führt das Urteil weiter aus: Deshalb, weil sich der Ehemann — der seit 1926 nicht mehr zur Verwaltung des Frauenvermögens berechtigt war — mit einer derartigen Regelung einverstanden erklärt habe, stamme die Auszahlung noch nicht aus Mitteln des Mannes. Zwar hätten beide Ehegatten (in einem gemeinsam begonnenen Rechtsstreit mit der Spar- und Darlehnskasse Mo. als Ersteherin des Gutes Bo. wegen Widerspruchs gegen den Verteilungsplan im Zwangsversteigerungsverfahren) Ansprüche auf die hinterlegten (der Ersteherin nach § 10 Nr. 1 ZVG. für Zwangsverwaltungskosten zugewiesenen) 55000 RM. gestellt, aber die Ansprüche hätten bei der Beklagten darauf beruht, daß sie als Gläubigerin einer Forderung von 20000 RM. (der ersten unberücksichtigt gebliebenen) ausgefallen sei, während der Ehemann seine Ansprüche als früherer Eigentümer des Grundstücks erhoben habe. Hinzugefügt wird: Ob für die Gläubiger des Ehemannes ein Anfechtungsrecht bestanden habe, weil möglicherweise ein Verzicht auf einen Rechtserwerb zugunsten der Beklagten vorgelegen habe — dies wohl deshalb, weil in dem Vergleich nicht eine gleiche oder ähnliche Vergütung für die Zustimmung des Mannes, an diesen zahlbar, bedungen ist —, könne dahingestellt bleiben, da auch dann der der Beklagten zugeflossene Betrag Bestandteil ihres Vermögens geworden sei.

Hierzu sagt die Revision, das Berufungsgericht unterstelle selbst die Möglichkeit, daß ein Verzicht auf einen Rechtserwerb zugunsten der Beklagten vorgelegen habe. Dann sei aber die Einrede der unzulässigen Rechtsausübung begründet; es habe näherer Untersuchung bedurft, aus welchem Grunde vereinbart worden sei, daß der Betrag von 600 RM. an die Beklagte und nicht an ihren Ehemann ausbezahlt werden solle. Auch unter Berücksichtigung des Umstandes, daß die Beklagte mit ihrer Forderung von 20000 RM. dem Manne vorgegangen sei — wozu die Revision selbst nicht den Einwand anbringt, daß auch diese 20000 RM. aus Mitteln des Mannes stammten —, hätten die 600 RM. zu mindestens $^{35}/_{55}$ dem Ehemanne der Beklagten zugestanden, so daß also mindestens $^{7}/_{11}$ eine unentgeltliche Verfügung vorliege. Die Einrede der unzulässigen Rechtsausübung sei aber auch dann begründet, wenn der Betrag von 800 RM. zur überwiegenden Teil aus Mitteln des Ehemannes der Beklagten stamme. Diese Ausführung zielt also darauf ab, die Unentgeltlichkeit einer Zuwendung des Ehemannes der Beklagten mindestens zum Teil zu beweisen, was nach dem oben unter 1 Ausgeführten infolge Zeitablaufs für die Anfechtbarkeit des Mittelerwerbs nicht mehr erheblich ist. Sie läßt aber auch völlig außer acht, daß hier eine Erlangung der Geldmittel durch eine anfechtbare Handlung von dem Ehemanne der Beklagten überhaupt nicht in Frage kommt. Kein Gläubiger des Mannes könnte im Wege der Anfechtung erreichen, daß von der Beklagten Geldmittel zurückgewährt werden, die sie weder von ihrem Ehemanne selbst noch von einem Schuldner des Ehemannes erlangt hat; Schuldner des Mannes, der mit seiner Zustimmung („zufolge seiner Verfügung") an die Beklagte gezahlt hat, war die Vergleichsgegnerin nie; aus seinem Vermögen ist durch diesen Vergleich nichts ausgeschieden worden, weshalb der Vorderrichter von dem „Verzicht auf einen Rechtserwerb" spricht. Wie das Ziel der vom Vorderrichter als möglich ins Auge gefaßten Anfechtung zu bestimmen wäre und ob überhaupt die Anfechtung eines Verzichts auf einen Rechtserwerb nach dem Anfechtungsgesetz stattfinden würde, kann hier auf sich beruhen. Im übrigen war es bei der ganz verschiedenen Rechtsstellung, in der sich die Eheleute zu ihr befanden, durchaus Sache der Entschließung der Vertragsgegnerin, wem sie eine Vergütung für die Zustimmung zu der für zweckmäßig erachteten Verwaltungsmaßnahme zugestehen wollte. Wie die Urkunde ergibt, ist der Ehemann auch sonst anders behandelt worden als die Frau; denn auch er war Gläubiger einer auf dem Grundstück lastenden Sicherungshypothek Nr. 68 von 1275 RM., die in einem Zuge mit der Nr. 67 von 200 RM. der Beklagten erwähnt ist. Diese 1275 RM. sollten aber nach der Vereinbarung nicht an ihn ausgezahlt, sondern nebst aufgelaufenen Zinsen als Streitsumme ebenso wie die 55000 RM. bei der Bank gegen erhöhten Zins hinterlegt werden. Die von der Revision aufgestellte Rechnung, wonach die 600 RM. zu mindestens $^{35}/_{55}$ oder $^{7}/_{11}$ dem Ehemanne der Beklagten zugestanden haben sollen, ist aus dem vorgetragenen, wie dem vom Vorderrichter festgestellten Sachverhalt und aus dem Inhalt der Urkunde vom 24. April 1931 überhaupt nicht zu verstehen. Die an dem Teilvergleich Beteiligten, Eheleute M. und die Ersteherin Spar- und Darlehnskasse Mo., haben über die Ausführung des Teilungsplans gestritten, nach welchem der Ersteherin 55000 RM., die dann hinterlegt wurden, gemäß § 10 Nr. 1 ZVG. für Zwangsverwaltungskosten zugeteilt wurden mit der Wirkung, daß die Beklagte als erste folgende

Gläubigerin mit ihrer Grundschuld von 20000 RM. vollkommen ausfiel, natürlich auch mit ihrer nach dem Teilvergleich wieder vergüteten Sicherungshypothek Nr. 67 von 200 RM. und ihr Ehemann mit der folgenden Sicherungshypothek Nr. 68 von 1275 RM., die nach dem Vergleich zur Streitmasse gezogen wurde. Für die Grundschuld von 20000 RM. ist unstreitig und durch Urkunden nachgewiesen, daß sie von der Beklagten (schon nach der Durchführung der Zwangsversteigerung bis zum Zuschlag am 6. Juli 1929, also künftig in der Gestalt des Erwerbs der Rechte aus dem ihrethalben erhobenen Widerspruch gegen den *Teilungsplan*) von der *Firma P. Kr. in H.* um 5000 RM. gekauft worden ist, die ihr von Nikolaus M. als Darlehn gegen Sicherungsübereignung gegeben worden sind. Zusammen mit der Grundschuld erwarb die Beklagte für die 5000 RM. auch alle Forderungen der Firma Kr. an ihren Ehemann aus Wechseln. Da die Beklagte mehr als die Grundschuld samt Anhang an Zinsen und Kosten aus der Verteilungsmasse nicht hätte verlangen können, kann rechnerisch ungefähr gesagt werden, ihr stünden $^{20}/_{55}$ oder $^{4}/_{11}$ der Streitmasse zu, vorausgesetzt, daß der Ersteherin Zwangsverwaltungskosten überhaupt nicht zuzuteilen waren. Woher aber der Anspruch des Ehemannes auf den Rest von $^{35}/_{55}$ oder $^{7}/_{11}$ kommen sollte, ist in keiner Weise ersichtlich. Wenn dem Kläger als Schuldner oder früherem Grundeigentümer nach § 115 ZVG. in Verbindung mit §§ 875 bis 878 ZPO. hier im Zwangsversteigerungsverfahren ein Recht zum Widerspruch gegen den Verteilungsplan zukam, wie in RGZ. Bd. 145 S. 343 (348) für den Konkursverwalter des Schuldners angenommen wird, so folgt daraus nicht die sachlich-rechtliche Befugnis, als Schuldner denjenigen Teil der Hinterlegungsmasse für sich in Anspruch zu nehmen, der nicht seiner Ehefrau, der Beklagten, als der ersten völlig ausgefallenen Gläubigerin zuzuteilen war. Ein Recht des Schuldners zum Widerspruch gegen den Teilungsplan, das aus seinem Interesse daran abzuleiten ist, daß der Erlös nur an wirklich Berechtigte gezahlt werde, kann und darf auch nur zum Ziele haben, den Erlös den Berechtigten in der gehörigen Ordnung zufließen zu lassen. Insofern nahm hier der Ehemann schon von Rechts wegen eine Hilfsstellung für die Beklagte als erste ausgefallene Gläubigerin ein, der er auch nur als Streitgehilfe in der Widerspruchsklage hätte beitreten können. Wenn sich das Widerspruchsverfahren (zu dem die Erhebung von Widersprüchen weiterer ausgefallener Gläubiger nicht vorgebracht ist) und das Widerspruchsklageverfahren allein zwischen der ersten ausgefallenen Gläubigerin, dem Schuldner und der Ersteherin als einer nach § 10 Nr. 1 ZVG. berücksichtigten bevorrechtigten Massegläubigerin abgespielt hat, so gebührte doch der im Streit befangene Betrag der Teilungsmasse sachlich-rechtlich in erster Reihe der Ersteherin nach dem Umfang ihres Rechts aus § 10 Nr. 1 ZVG. — je höher sich der berechtigte Betrag belief, um so weniger blieb sonst zu verteilen übrig —, in zweiter Reihe der Beklagten als der Erstberechtigten unter den ausgefallenen Gläubigern, in dritter Reihe den übrigen ausgefallenen Gläubigern, gleichviel ob sie Widerspruch erhoben hatten oder nicht. Denn der in § 115 Abs. 1 ZVG. als entsprechend anwendbar erklärte § 878 Abs. 2 ZPO. bestimmt, daß die Befugnis des widersprechenden Gläubigers, im Wege der Klage ein besseres Recht gegen den Gläubiger geltendzumachen, welcher nach dem Plan einen Geldbetrag erhalten hat, durch die Versäumung der Frist zur Widerspruchsklage und durch die Ausführung des Planes nicht ausgeschlossen wird, und die ständige Rechtsprechung (RGZ. Bd. 58 S. 156, Bd. 145 S. 343 [348/349], Bd. 153 S. 352 [356] geht dahin, daß die Verfolgung eines besseren Rechts gegenüber dem planmäßig bedachten Gläubiger, der eben dann ihm gegenüber im Teilungsverfahren ungerechtfertigt bereichert worden ist, auch demjenigen Gläubiger unbenommen ist, der schon den Widerspruch im Teilungsverfahren versäumt hat. Die sachlich Berechtigten sind also nach Maßgabe ihres Ranges die weiteren Gläubiger, und erst hinter ihnen, wenn sie alle befriedigt sind, kann der Schuldner mit dem etwa freibleibenden Reste noch zum Zuge kommen. Was gegenüber dem im Teilungsverfahren ungerechtfertigt bedachten Gläubiger gilt, muß natürlich erst recht gegenüber dem Schuldner gelten, dem in der Zwangsversteigerung nur dann etwas verbleiben kann, wenn seine beigetretenen Gläubiger befriedigt sind. Daß auf diese Weise für den Kläger noch etwas herauskäme, dafür fehlt es an jedem Anhalt und an jeder Behauptung. Die Beteiligung des Klägers wegen der im Teilvergleiche wieder berücksichtigten, ausgefallenen Hypothek Nr. 68 von 1275 RM. wäre gering, wenn nicht wegen der berechtigten Verwaltungskosten der Ersteherin und der Summe der dazwischen stehenden Gläubigeransprüche tatsächlich wertlos.

RGZ. 166, 249

Wird durch Unterlassung von Widerspruch gegen den Teilungsplan im Verteilungstermine die Verfolgung eines Schadensersatzanspruchs aus unrichtiger Aufstellung des Teilungsplanes ausgeschlossen?

ZVG. § 115. ZPO. §§ 876flg.

V. Zivilsenat. Urt. v. 20. März 1941.

I. Landgericht Glatz.

Der Kläger und der Vater seiner von ihm geschiedenen Ehefrau, der am 26. April 1937 verstorbene Landwirt R., waren je zur Hälfte Miteigentümer des Grundstücks G. Bl. 15. Nur auf der Hälfte des R. lastete für dessen Tochter, die vormalige Ehefrau des Klägers, unter

Abt. II Nr. 11 des Grundbuchs eine Leibrente und ein Altenteil. Auf R.s Antrag fand im Jahre 1935 die Teilungsversteigerung des Grundstücks statt; am 13. März 1935 wurde es dem Antragsteller R. unter Bestehenbleiben eingetragener Belastungen, darunter auch der Post II Nr. 11, für sein Meistbargebot von 20000 RM. zugeschlagen. Im Verteilungstermin vom 8. Mai 1935 blieb unberücksichtigt, daß die zu übernehmende Post II Nr. 11 mit einem Anrechnungswerte von 6000 RM. ganz zu Lasten des Erstehers R. ging und daher mit der Hälfte des Betrags zugunsten des Klägers auszugleichen war. Wäre das geschehen, so würde auf *eine nicht übernommene Hypothek* von 10000 RM., die einem Bruder des Klägers, dem Landwirt Alfred H., an dessen Eigentumshälfte zustand, ein um 3000 RM. höherer Betrag zur Hebung gekommen sein, während dieser Bruder jetzt mit 4685,92 RM. ausgefallen ist.

Mit einer Eingabe vom 4. Mai 1935 hatte der Kläger den Ausgleichungsanspruch durch seinen Rechtsanwalt K. zur Berücksichtigung bei der Verteilung angemeldet. Im Verteilungstermine war außer dem Kläger und dem seinen Rechtsanwalt vertretenden Bürovorsteher auch der Bruder des Klägers, Alfred H., zugegen gewesen. Die Niederschrift besagt, daß über den aufgestellten — die Ausgleichung nicht vorsehenden — Teilungsplan sofort verhandelt und daß ein Widerspruch weder erhoben worden, noch von Amts wegen zu berücksichtigen gewesen sei. Die Verteilung hatte sofort stattgefunden. Noch an demselben Tage hatte der Rechtsanwalt K. namens des Klägers schriftlich Widerspruch eingelegt, womit er die Nichtberücksichtigung des Ausgleichsanspruchs als völlig unverständlich rügte und ausführte, daß die Verteilung, soweit nicht Gläubiger zu befriedigen waren, nicht Sache des Verfahrens, der Überschuß vielmehr mangels Einigung der Miteigentümer zu hinterlegen gewesen sei. Eine gegen die Nichtberücksichtigung eingelegte sofortige Beschwerde hat der Anwalt des Klägers nach Hinweis auf ihre Unzulässigkeit zurückgenommen.

Der Kläger trägt vor, daß er mit Ausgleichsklage zunächst seinen früheren Miteigentümer R. unter Streitverkündung an den Beklagten in Anspruch genommen habe, daß er aber mit dieser Klage durch Urteil des Oberlandesgerichts B. vom 12. Dezember 1938 abgewiesen worden sei, weil einen Bereicherungsanspruch nicht er, sondern nur sein Bruder Alfred H. wegen seines Ausfalls in der Zwangsversteigerung geltend machen könne; eine von ihm schon dort behauptete Abtretung des Anspruchs seines Bruders an ihn sei als nicht genügend erwiesen angesehen worden.

Indem er, jetzt gestützt auf eine Abtretung seines Bruders vom 7. Mai 1939, weiter behauptet, daß sich im R.schen Nachlasse keinerlei Masse mehr befinde, nachdem das Grundstück G. Bl. 15 Erbhof geworden und auf eine Enkelin R.s übergegangen sei, fordert er mit der Klage nunmehr aus dem Rechte seines Bruders Schadensersatz vom verklagten Deutschen Reich wegen Amtspflichtverletzung des Versteigerungsrichters. Seinem Antrage gemäß ist der Beklagte verurteilt worden, ihm 3000 RM. nebst Zinsen zu zahlen. Der Beklagte hatte dem Amtsgerichtsrat V. in F. den Streit verkündet, der jedoch dem Verfahren nicht beigetreten ist. Die vom Beklagten mit Einwilligung des Gegners unmittelbar eingelegte Revision führte zur Aufhebung und Zurückverweisung an das Oberlandesgericht.

Aus den Gründen:

Das Landgericht begründet die Verurteilung wie folgt: Daß dem verstorbenen R. aus dem Versteigerungserlöse 3000 RM. zugeflossen seien, die Alfred H. zugestanden hätten, bestreite auch der Beklagte nicht. Durch diese unrechtmäßige Verteilung habe der Versteigerungsrichter eine ihm gegenüber Alfred H. obliegende Amtspflicht verletzt, ohne sich damit entlasten zu können, daß jener im Verteilungstermin am 8. Mai 1935 zugegen gewesen sei und gegen den Teilungsplan keinen Widerspruch erhoben habe. Im Unterlassen des Widerspruchs könne keine Versäumung eines Rechtsmittels im Sinne des § 839 Abs. 3 BGB. gefunden werden, weil Alfred H. darauf habe vertrauen dürfen, daß der Versteigerungsrichter den gesetzlichen Verteilungsvorschriften genügen werde und daß in dem Verteilungsplane, den er zwar wohl verstanden, dessen Unrichtigkeit er aber nicht erkannt habe, seine Ansprüche gewahrt sein würden. Das Versagen anderweiter Ersatzmöglichkeit ergebe sich aus den Akten über die Verwaltung des Nachlasses R. Verjährung liege nicht vor, weil Alfred H. von seinem Anspruch erst im Vorprozeß durch das Berufungsurteil vom 12. Dezember 1938 sichere Kenntnis erlangt habe. Angriffe der Revision richten sich gegen die Auslegung des § 839 Abs. 3 BGB., gegen die Verneinung anderweiter Ersatzmöglichkeit und gegen die Verwerfung der Verjährungseinrede.

1. Gegen die Ausführungen des angefochtenen Urteils, die dahin gehen, dem Klageanspruch stehe nicht entgegen, daß der geschädigte Hypothekengläubiger Alfred H. im Verteilungstermine vom 8. Mai 1935 dem Teilungsplane nicht widersprochen habe, wendet sich die Revision nur unter dem Gesichtspunkt, ob sich Alfred H. damit eines die Ersatzpflicht des Beklagten ausschließenden, fahrlässigen Nichtgebrauchs eines Rechtsmittels schuldig gemacht habe (§ 839 Abs. 3 BGB.). Darüber hinaus war aber nach § 559 ZPO. zugunsten der Verteidigung des Beklagten zu prüfen, ob nicht auch abgesehen von der Frage eines Verschuldens im Sinne der genannten Vorschrift die Ersatzpflicht des Beklagten nach den das Verteilungsverfahren regelnden gesetzlichen Bestimmungen schon durch das bloße Unterlassen des Widerspruchs im Verteilungstermin ausgeschlossen wurde. Nach § 877 Abs. 1 ZPO., der, wie die Vorschriften der §§ 876 bis 882 daselbst überhaupt, auf das Verfahren der Teilungsversteigerung eines Grund-

stücks gemäß §§ 180, 105flg., § 115 Abs. 1 ZVG. entsprechende Anwendung findet, wird gegen einen Gläubiger, der im Verteilungstermine weder erschienen ist noch vor dem Termine beim Gericht Widerspruch erhoben hat, angenommen, daß er mit der Ausführung des Planes einverstanden sei, und diese Folgerung gilt auch gegen einen Gläubiger, der im Verteilungstermine zwar erschienen war, aber weder dem Teilungsplan ausdrücklich widersprochen, noch sich ausdrücklich dem von einem anderen erhobenen Widerspruch angeschlossen hat (Jonas-Pohle ZPO. 16. Aufl. Bem. I zu § 877 unter Bezugnahme auf RGZ. Bd. 26 S. 423flg.; Jäckel-Güthe ZVG. 7. Aufl. S. 551 Bem. a zu § 877 ZPO.). Alfred H. war erschienen, hat aber, was die Niederschrift ergibt und auch der Kläger nicht bestreitet, weder dem erst im Termin aufgestellten Teilungsplane selbständig widersprochen, noch sich den schriftlich vorliegenden Widerspruch zu eigen gemacht, der in der Geltendmachung des Ausgleichungsanspruchs seines Bruders, des Klägers, durch dessen Rechtsanwalt K. laut der Eingabe vom 4. Mai 1935 zu finden war. Ohne solche Aneignung konnte aber zugunsten von Alfred H. kein Widerspruch seines Bruders, obwohl sich mit diesem sein eigener Widerspruch nach Grund und Ziel gedeckt haben würde, wirksam werden. Mochte jene Eingabe allerdings als vor dem Verteilungstermine schriftlich erhobener Widerspruch gegen den demnächst aufgestellten Teilungsplan anzuerkennen und als solcher im Verteilungstermine nach § 115 Abs. 1 ZVG. selbst dann zu behandeln und zu berücksichtigen gewesen sein, wenn von dem erschienenen Widersprechenden (Kläger) nicht nochmals ausdrücklich widersprochen, sondern, wie hier, geschwiegen wurde, so handelt es sich doch nur um einen Widerspruch des Klägers aus eigenem Rechte, nicht aus dem Rechte des Bruders, dessen Schaden hier allein in Frage steht. Im Verteilungstermine stand aber jeder Beteiligte für sich. Dem durch die Art der Verteilung bedrohten Hypothekengläubiger konnte der Widerspruch eines anderen, des bisherigen Grundstückseigentümers und Hypothekenschuldners, mag es auch sein Bruder sein, als solcher nicht zustatten kommen. In der Übergehung dieses Widerspruchs war auch eine Alfred H. gegenüber begangene Amtspflichtverletzung des Versteigerungsrichters nicht zu finden, und zugunsten eines Schadensersatzanspruchs seines Bruders kann sich der Kläger auf einen nur von ihm persönlich eingelegten Widerspruch nicht berufen.

Ist demnach davon auszugehen, daß gegen Alfred H. mangels eines von ihm im Verteilungstermin eingelegten Widerspruchs die Annahme seines Einverständnisses mit der „Ausführung des Planes“ eingreift, so kann doch dem Landgericht nicht entgegengetreten werden, wenn es sich im angefochtenen Urteil zwar nicht ausdrücklich, aber mittelbar auf den Standpunkt gestellt hat, daß aus jenem Einverständnis die weittragende Folgerung einer Preisgabe des Schadensersatzanspruchs nicht gezogen werden dürfe, der dem Schweigenden aus einer bei Aufstellung des Teilungsplans ihm gegenüber begangenen Amtspflichtverletzung erwachse. Das anzunehmende Einverständnis mit der Ausführung des Teilungsplans ist dahin zu begrenzen, daß der Gläubiger der Durchführung der Verteilung gemäß dem Teilungsplane sich nicht widersetzen, das Verteilungsverfahren nicht hemmen wolle (vgl. über die rein verfahrensrechtliche Bedeutung der Vorschrift besonders Seuffert-Walsmann ZPO. 12. Aufl. Bem. 1 zu § 877 Abs. 1, Bem. 2b zu § 878 Abs. 2; RGZ. Bd. 39 S. 377 [380], Bd. 76 S. 379 [381 *unten*]). *Es darf aber nicht ausdehnend dahin ausgelegt* werden, daß sich der Gläubiger damit kraft sachlichrechtlichen Verzichts der Ansprüche begeben wolle, die ihm etwa aus einer zur Zeit der Widerspruchsmöglichkeit noch nicht erkennbaren und übersehbaren, geschweige denn erkannten und übersehenen Amtspflichtverletzung bei Aufstellung des Teilungsplanes erwachsen könnten. Eine Folge von solcher sachlichrechtlichen Tragweite aus der auf bloßes Schweigen im Verteilungstermine begründeten Unterstellung des Einverständnisses mit der Ausführung des Planes herzuleiten, kann nicht als Wille des Gesetzes angesehen werden. Es sei auf § 878 Abs. 2 ZPO. verwiesen, wonach die Befugnis des widersprechenden Gläubigers, sein besseres sachliches Recht gegen einen befriedigten Gläubiger im Wege der Klage geltend zu machen, durch die Versäumung der Frist des Abs. 1 und durch die Ausführung des Planes nicht ausgeschlossen wird. Wenn diese Vorschrift zwar nur von dem widersprechenden Gläubiger handelt, so ist doch in der Rechtsprechung anerkannt, daß aus ihr kein Schluß auf das Gegenteil zuungunsten des Nichtwidersprechenden entnommen werden darf. Auch diesem bleibt daher die Befugnis der Durchsetzung seines besseren Rechts außerhalb des Verteilungsverfahrens gewahrt. Handelt es sich freilich im vorliegenden Falle nicht um einen (Rang-) Streit mehrerer Gläubiger untereinander und nicht um einen Anspruch, welcher der schon zur Zeit des Verteilungsverfahrens bestehenden sachlichen Rechtslage entspringt, so muß doch zugunsten eines Schadensersatzanspruchs aus Amtspflichtverletzung des Versteigerungsrichters, der erst im Laufe des Verteilungsverfahrens durch unrichtige Aufstellung des Teilungsplans entsteht, in gleicher Weise die Rechtsverfolgung außerhalb des Verteilungsverfahrens offen gehalten werden. Allerdings ist der Schaden des Gläubigers Alfred H. nicht schon durch die Aufstellung des Teilungsplans allein, sondern erst dadurch entstanden, daß die Verteilung diesem Plane gemäß durchgeführt wurde. Aber der ursächliche Zusammenhang ist damit nicht unterbrochen; vielmehr stellt sich die planmäßige Verteilung gerade als die regelmäßige, dem natürlichen Verlaufe der Dinge entsprechende Folge der (unrichtigen) Planaufstellung dar. Die Unterstellung einer Genehmigung des falschen Teilungsplans im Sinn eines Verzichts auf die sachlich-rechtliche Haftung aus der Amtspflichtverletzung ist der bloßen Unterlassung eines Widerspruchs im Verteilungsverfahren gegen die Ausführung des Teilungsplans nicht zu entnehmen.

Daß in der dem § 182 Abs. 2 ZVG. zuwiderlaufenden Aufstellung des Teilungsplans eine auch Alfred H. als dem beteiligten Hypothekengläubiger gegenüber begangene, fahrlässige Amtspflichtverletzung des für die Aufstellung verantwortlichen Zwangsversteigerungsrichters lag, hat das Landgericht rechtlich bedenkenfrei und ohne Bestreiten des Beklagten angenommen. Von dieser Voraussetzung aus genügte demnach die bloße Tatsache der Unterlassung des Widerspruchs im Verteilungsverfahren als solche zur Abweisung der Klage nicht. Doch ist weiter zu prüfen, ob der Klageanspruch nach § 839 Abs. 3 BGB. deshalb ausgeschlossen ist, weil in dem Unterlassen des Widerspruchs der schuldhafte Nichtgebrauch eines Rechtsmittels zu erblicken sei. Gemäß der weiten Auslegung, welche die Rechtsprechung dem Begriffe des Rechtsmittels im Sinne des § 839 Abs. 3 gegeben hat, ist auch der Widerspruch im Verteilungsverfahren, der unmittelbar der Abwendung des aus unrichtiger Verteilung drohenden Schadens dient, als Rechtsmittel im Sinne der genannten Vorschrift anzusehen. Es kommt deshalb auf die Frage an, ob der Nichtgebrauch unter den vorliegenden Umständen schuldhaft war. Dagegen, daß dies das Landgericht verneint hat, wendet sich die Revision des Beklagten in erster Reihe. Auf die (naheliegende) Möglichkeit, daß dem Alfred H., solange er im Verteilungstermine noch widersprechen konnte, die Eingabe seines Bruders vom 4. Mai 1935 und ihre Begründung bekannt geworden sei, was ihn um so mehr hätte veranlassen können, sich wenigstens dem Widerspruch seines Bruders anzuschließen, ist mangels dahingehender Behauptungen des Beklagten nicht einzugehen. Konnte aber das Landgericht bedenkenfrei annehmen, daß der Bruder des Klägers, ein dörflicher Land- und Gastwirt, als Laie in rechtlichen Dingen und besonders in den schwierigen Fragen des Zwangsversteigerungsverfahrens die Unrichtigkeit des Teilungsplans, vor den er erst im Verteilungstermine gestellt wurde, nicht erkannt hat, so ist ihm auch darin beizutreten, daß es dem Bruder des Klägers die Versäumung besserer Vorbereitung auf den Verteilungstermin und namentlich der Zuziehung eines rechtskundigen Beraters nicht als Verschulden bei Unterlassung des Widerspruchs zugerechnet hat. Die Revision versucht, aus § 115 Abs. 1 ZVG., wonach über den Teilungsplan sofort zu verhandeln ist, eine besondere, hier durch Nichterfüllung schuldhaft verletzte Verpflichtung des anwesenden Bruders des Klägers zur sorgfältigen Prüfung des aufgestellten Teilungsplans herzuleiten. Aber dem verantwortlichen, sachkundigen Leiter des Verteilungsverfahrens gegenüber durfte Alfred H. darauf vertrauen, daß der Plan, für dessen Prüfung nur geringe Zeit zur Verfügung stand, nicht gegen die Vorschrift des § 182 Abs. 2 ZVG. aufgestellt sein würde. In Betreff der unterlassenen Zuziehung rechtskundigen Beistandes macht die Revision für sich eine Entscheidung des III. Zivilsenats des Reichsgerichts III 120/35 vom 29. November 1935 geltend, wo gegen den Anspruch aus Amtspflichtverletzung des Zwangsversteigerungsrichters in den Entscheidungsgründen allerdings allgemein ausgeführt ist, daß, wenn der Laie auf seinen Rechtskenntnissen der Lage nicht gewachsen sei — und das sei für Fragen des Zwangsversteigerungsverfahrens in aller Regel der Fall und jedermann geläufig —, sein Verschulden schon darin liege, daß er nicht rechtzeitig einen rechtskundigen Berater zugezogen habe. Aber jener Fall lag wesentlich anders als der hier gegebene. Dort handelte es sich um die Versäumung rechtzeitiger Beschwerde gegen einen Zuschlagsbescheid und konnte dem Laien zugemutet werden, daß er sich über die Möglichkeiten einer Anfechtung der ihm vorliegenden gerichtlichen Entscheidung rechtzeitig unter Befragung eines Rechtskundigen unterrichtete. Im vorliegenden Falle dagegen würde die Bejahung des Verschuldens voraussetzen, daß in einem Verfahren, für welches kein Anwaltszwang besteht, jeder daran Beteiligte verpflichtet wäre, sich gegen mögliche Verletzungen der gesetzlichen Vorschriften durch den leitenden Richter mittels Zuziehung rechtskundigen Beistandes im voraus zu sichern. Daß der III. Zivilsenat mit jener Ausführung eine so weitgehende Verpflichtung habe feststellen wollen, kann seinem in der Besonderheit des Falles wurzelnden Ausspruch nicht entnommen werden.

2. In der Nichtanwendung des § 839 Abs. 3 BGB. ist hiernach kein Rechtsfehler des angefochtenen Urteils zu erblicken. Zu rechtlichen Bedenken geben dagegen die kurzen Begründungen Veranlassung, mit denen der Vorderrichter die Einwendungen des Beklagten aus § 839 Abs. 1 Satz 2 und § 852 BGB. zurückweist (wird näher dargelegt).

Zwangsverwaltung

RGZ. 24, 273 †

Welche rechtlichen Folgen hat die Einleitung der Zwangsverwaltung eines Grundstückes durch Zustellung des Gerichtsbeschlusses an den Schuldner für die Mieter? Tritt in betreff ihrer die Beschlagnahme erst mit der Benachrichtigung von derselben oder mit der Zustellung des Zahlungsverbotes in Wirksamkeit?

V. Zivilsenat. Urt. v. 3. Juli 1889.

I. Landgericht I Berlin. II. Kammergericht daselbst.

Die Revision der Klägerin ist zurückgewiesen aus folgenden

Gründen:

„Es liegt folgender Sachverhalt vor:

Das Haus Lützowufer Nr.1 in Berlin gehörte zu Ende des Jahres 1884 dem Rittergutsbesitzer E., früherem Ehemanne der Klägerin. Die fünf Beklagten hatten in demselben Mietswohnungen inne. Ihr Vertrag mit E. bestimmte, daß die Miete vierteljährlich im voraus bezahlt werden sollte. Von den Beklagten haben die Baronin v. H. am 30. Dezember, die übrigen vier Beklagten am 31. Dezember 1884 die Miete für das erste Quartal des Jahres 1885 an den E., bzw. dessen Bevollmächtigten bezahlt.

Der Klägerin und ihrer Mutter stand gegen den E. eine Forderung von 39086 M. zu. Sie brachten gegen ihren Schuldner im August 1884 den dinglichen Arrest aus und ließen am 3. September desselben Jahres auf dem oben gedachten Grundstücke eine Vormerkung in Höhe ihrer Forderung eintragen. Am 15. Dezember 1884 ist E. zur Zahlung nach den Anträgen der beiden Gläubigerinnen verurteilt worden. Dieselben stellten nunmehr das Grundstück zur Zwangsversteigerung und Zwangsverwaltung. Der gerichtliche Beschluß, durch welchen diese beiden Verfahren eingeleitet wurden, ist am 29. Dezember 1884 ergangen und dem Schuldner E. am 30. Dezember 1884 zugestellt. Die Übergabe des Hausgrundstückes an den Zwangsverwalter hat am 31. Dezember 1884, die Zustellung des gerichtlichen Zahlungsverbotes an die Beklagten am 3. Januar 1885 stattgefunden.

Bei der Zwangsversteigerung sind die Klägerin und ihre Mutter im Kaufgelderverteilungsverfahren mit ihrer Forderung nur zum Betrage von 1613 M. zur Hebung gelangt. Die Mutter der Klägerin ist verstorben und von der letzteren beerbt worden. Diese hat sich zur Deckung des ausgefallenen Betrages ihrer Forderung die seitens der Beklagten für das erste Quartal 1885 zu zahlenden Mieten von dem Versteigerungsgerichte am 27. Dezember 1886 überweisen lassen. Sie verlangt unter Beitritt ihres jetzigen Ehemannes die Verurteilung der Beklagten zur Zahlung der Mieten an sie und begründet ihre Klage dahin, es habe eine Vorauszahlung der Mieten über das laufende Vierteljahr hinaus stattgefunden; dieselbe gereiche ihr als eingetragenen Gläubigerin zum Nachteile, und sei deshalb nach § 31 des Eigentumserwerbsgesetzes vom 5. Mai 1872 für sie ohne Wirksamkeit.

Die Beklagten haben außer mehreren anderen, für die jetzige Instanz nicht mehr interessierenden Einreden geltend gemacht, sie hätten von der Einleitung der Zwangsverwaltung vor Empfang des gerichtlichen Zahlungsverbotes am 3. Januar 1885 keine Kenntnis erhalten und so lange gültig an E. zahlen dürfen. Da die Mietszinsen am 2. Januar 1885 fällig gewesen seien, wären sie durch die geschehene Zahlung von ihrer Schuld befreit worden.

Die Klägerin hat dagegen behauptet, der mit Einleitung der Zwangsverwaltung beauftragte Gerichtsbeamte, Rechnungsrat N., habe am 31. Dezember 1884 die Beklagten von der Einleitung des Verfahrens benachrichtigt. Der hierüber erhobene Zeugenbeweis hat kein Ergebnis geliefert. Die Klägerin hat hierauf den Beklagten mit Ausnahme der zur fraglichen Zeit in Berlin nicht anwesenden Baronin v. H. den Eid über die geschehene Benachrichtigung zugeschoben. Der erste Richter hat die Klage gegen die Baronin v. H. unbedingt, gegen die übrigen vier Beklagten, sofern sie den ihnen zugeschobenen Eid schwören, abgewiesen, und der zweite Richter die Berufung der Kläger verworfen. In den Gründen des zweiten Urteiles wird ausgeführt, die Klägerin könne das von ihr aus § 31 des Eigentumserwerbsgesetzes hergeleitete Recht auf nochmalige Zahlung der Mieten nur nach geschehener Beschlagnahme des Grundstückes geltend machen, diese sei jedoch für die Beklagten erst mit der Zustellung des Zahlungsverbotes eingetreten, also nachdem die Mietsschuld fällig geworden war.

Gegen diesen Entscheidungsgrund richtet sich die Revision der Kläger. Sie kann jedoch keinen Erfolg haben.

Der Berufungsrichter geht ohne Rechtsirrtum davon aus, daß die Klägerin, wenn auch ihre Forderung nur durch eine Vormerkung gesichert ist, zu den eingetragenen Gläubigern gehört, und daß zur Durchführung der im § 31 des Eigentumserwerbsgesetzes den eingetragenen Gläubigern beigelegten Befugnis die Geltendmachung des dinglichen Rechtes durch Beschlagnahme des Grundstückes erforderlich ist....

Bei der Zwangsversteigerung betrifft nach § 16 Abs. 2 die Beschlagnahme des Grundstückes die Miets- und Pachtzinsen überhaupt nicht. Bei der Zwangsversteigerung ergreift dagegen die Beschlagnahme alle Einkünfte des Grundstückes zugunsten sowohl des betreibenden als der eingetragenen Gläubiger (§ 140 des Gesetzes).

Vgl. Entsch. des RG.s in Zivils. Bd. 20 S. 290.

In letzterem Falle hört die Befugnis des Schuldners, über die Einkünfte zu verfügen, mit dem Eintritte der Beschlagnahme auf, und die Vorauszahlung von Miets- und Pachtzinsen über das laufende Vierteljahr hinaus ist für die eingetragenen Gläubiger nach § 31 des Eigentumserwerbsgesetzes ohne Rechtswirkung. Der Berufungsrichter untersucht deshalb mit Recht, in welchem Zeitpunkte hier die Beschlagnahme durch Einleitung der Zwangsverwaltung stattgefunden hat. Es ist ihm darin beizustimmen, daß dieser Zeitpunkt für den Schuldner (den Besitzer des Grundstückes) und für den Drittschuldner nach dem Gesetze vom 13. Juli 1883 ein verschiedener sein kann....

In betreff der Zwangsversteigerung bestimmt § 16 Abs. 4 des Zwangsvollstreckungsgesetzes, daß an den Schuldner einer durch die Beschlagnahme betroffenen Forderung auf Antrag des Gläubigers ein

Zahlungsverbot zu erlassen und von Amts wegen zuzustellen ist. Es heißt dann weiter:

„Gegen diesen Schuldner wird die Beschlagnahme mit der Zustellung des Zahlungsverbotes wirksam."

Für die Zwangsversteigerung ordnet § 143 Abs. 3 des Gesetzes an, daß gegen Dritte, in deren Leistungen die Einkünfte des Grundstückes bestehen, die Beschlagnahme durch Bekanntmachung derselben von seiten des Verwalters oder des die Übergabe des Grundstückes leitenden Beamten wirksam werde. Es ist hinzugefügt, daß auf Antrag des betreibenden Gläubigers oder des Verwalters ein Zahlungsverbot erlassen und von Amts wegen zugestellt werden soll. Danach unterliegt es keinem Zweifel, daß der Gesetzgeber nicht gewollt hat, daß die Wirkungen der Beschlagnahme für den Drittschuldner mit dem Eintritte derselben für den Schuldner zusammenfallen. Bei der hier allein in Betracht kommenden Zwangsverwaltung wird vielmehr in betreff des Drittschuldners erfordert, daß die Einleitung des Verfahrens dem Drittschuldner in der vom Gesetze bestimmten Weise kundgetan wird. Solange dieser Fall nicht vorliegt, solange also der Drittschuldner auf keine der im § 143 Abs. 3 a. a. O. erwähnten Arten Nachricht von der Einleitung erhalten hat, bleibt seine rechtliche Lage gegenüber seinem Gläubiger (dem Besitzer des Grundstücks) unverändert, und er kann seine Schuld an letzteren rechtsgültig zahlen. Erst nach der Bekanntmachung tritt die im § 31 des Eigentumserwerbsgesetzes für den Drittschuldner zugunsten eingetragener Gläubiger bestimmte Beschränkung in der Dispositionsbefugnis des Grundstücksbesitzers über Einkünfte und des Drittschuldners in der Vorauszahlung in Kraft.

Wendet man diese, auch von der Doktrin gebilligten Rechtsgrundsätze,

vgl. Jäckel, Kommentar zum Gesetze vom 13. Juli 1883 § 16 Note 7 2. Aufl. S. 137 § 139 Note 1 S. 468 § 140 Note 1 S. 469 § 143 Note 3 S. 473; Krech und Fischer, Kommentar § 16 Note 9 § 143 Note 3 S. 607, 608,

hier an, so läßt sich die Entscheidung des Berufungsrichters nicht für rechtsirrtümlich erachten. Die Beklagten konnten, sofern durch ihren Eid feststeht, daß der Gerichtsbeamte sie nicht schon am 31. Dezember 1884 von der Einleitung der Zwangsverwaltung benachrichtigt habe, bis zum 3. Januar 1885 die Mieten an E. mit der Wirkung zahlen, daß sie von ihrer Schuld befreit wurden. Das Recht der Klägerin geht nur dahin, daß die Beklagten nach erlangter Kenntnis, also nach dem 3. Januar 1885, die Miete nicht zu ihrem (der Klägerin) Nachteile über das laufende Quartal hinaus zahlen durften. Das ist aber, wenn die Beklagten den Eid leisten, nicht der Fall gewesen. Das Recht der Klägerin aus § 31 des Eigentumserwerbsgesetzes ist mithin nicht verletzt worden."

RGZ. 38, 397

Darf ein Dritter, welcher den Besitz eines Grundstückes auf Grund eines Tauschvertrages von dem eingetragenen Eigentümer übergeben erhalten hat, infolge der Einleitung der Zwangsverwaltung gegen den letzteren seines Besitzes entsetzt werden?

Preuß. Gesetz, betr. die Zwangsvollstreckung in das unbewegliche Vermögen, vom 13. Juli 1883 §§ 139flg. 14.

VI. Zivilsenat. Urt. v. 19. November 1896.

I. Landgericht Königsberg i. Pr. II. Oberlandesgericht daselbst.

Durch notariellen Vertrag vom 7. August 1891 vertauschte die Klägerin ihr Grundstück Steile Gasse Nr. 13 gegen das dem Beklagten K. und seiner Ehefrau gehörige Grundstück Villa B. Klägerin übernahm in dem Vertrage unter anderen eine für die mitverklagte Ehefrau M. auf dem eingetauschten Grundstücke eingetragene Hypothek, wenigstens teilweise. Klägerin hat das Grundstück am 8. August 1891 übergeben erhalten und vom 12. September 1891 ab in demselben Schenkwirtschaft betrieben. Die Auflassung ist nicht erfolgt.

Durch rechtskräftig gewordenes Urteil vom 17. November 1891 wurde der Beklagte K. zur Zahlung der für die Beklagte M. eingetragenen Hypothek zum Betrage von 4500 M. und Zinsen verurteilt. Auf Antrag der letzteren ordnete das zuständige Amtsgericht unter dem 3. Dezember 1891 die Einleitung der Zwangsverwaltung des von der Klägerin eingetauschten Grundstückes an. Dasselbe wurde nebst Inventar am 10. Dezember 1891 vom Gerichtsvollzieher L. dem zum Verwalter bestellten mitverklagten Ehemann M. übergeben, nachdem Klägerin ihres Besitzes entsetzt worden war.

Klägerin hält nun die Einleitung der Zwangsverwaltung für unberechtigt, da den Beklagten der Inhalt des Vertrages vom 7. August 1891 und die Übergabe des Grundstückes an sie bekannt gewesen, und die mitverklagten Eheleute M. im Einverständnisse mit dem Beklagten K. nur bezweckt hätten, diesem den Besitz des Grundstückes wieder zu verschaffen. Klägerin verlangte deshalb in der Klage unter anderem von den Beklagten Ersatz des Schadens, welcher ihr durch die ungerechtfertigte Entziehung des Besitzes des Grundstückes entstanden sei. In erster Instanz ist die Klage abgewiesen, und die Berufung, soweit sie diesen Schadensanspruch betrifft, ist zurückgewiesen. Auf die Revision der Klägerin ist das Berufungsurteil aufgehoben worden.

Aus den Gründen:

. . . „Das Berufungsgericht hat . . . ausgeführt, daß die Zwangsverwaltung zulässig gewesen sei, weil der Schuldner eingetragener Eigentümer des zur Zwangsverwaltung gestellten Grundstückes gewesen sei, und die Klägerin als vollständige Besitzerin kein dingliches

Recht an demselben erlangt habe, welches der Einleitung und Durchführung der Zwangsverwaltung ohne weiteres hindernd entgegengestanden habe. Titel und Übergabe einer unbeweglichen Sache erzeuge nur obligatorische Wirkungen unter den Kontrahenten. Klägerin habe übrigens von dem ihr etwa nach § 146 des Gesetzes vom 13. Juli 1883, betreffend die Zwangsvollstreckung in das unbewegliche Vermögen, und § 690 ZPO. zustehenden Rechte keinen Gebrauch gemacht und die Widerspruchsklage nicht erhoben. Auch sei die verklagte Ehefrau M. nach § 139 Abs. 2 des Gesetzes vom 13. Juli 1883 in der Lage gewesen, die dingliche Klage gegen die Klägerin zu richten, da diese die . . . eingetragene Hypothek mindestens zur Höhe von 2500 M. in Anrechnung auf das Kaufgeld übernommen und ihr etwaiges dingliches Recht in Ermangelung der Eintragung den Eheleuten M. nicht habe entgegensetzen können.

Von diesen Ausführungen ist zwar richtig, daß die Einleitung der Zwangsverwaltung des der Klägerin übergebenen Grundstückes Villa B. auf Antrag der Ehefrau M. zulässig war. Denn es genügt nach den §§ 139, 14 des Gesetzes vom 13. Juli 1883, daß der Schuldner eingetragener Eigentümer des Grundstückes ist, und ist nicht erforderlich, daß er sich auch im Besitze desselben befindet. Daraus folgt aber nicht, daß der vollständige Besitzer des Grundstückes infolge der Einleitung der Zwangsverwaltung dieses Besitzes entsetzt werden kann. Nach den Grundsätzen über die Zwangsvollstreckung kann die Räumung des Grundstückes nur auf Grund eines gegen den Besitzer vollstreckbaren Titels verlangt werden. In dem Beschlusse über die Einleitung der Zwangsverwaltung hat das Gericht dem Schuldner jede Einmischung in die Geschäftsführung des zu bestellenden Verwalters, sowie jede Verfügung über die Einkünfte des Grundstückes zu untersagen und dritten Personen, in deren Leistungen Einkünfte des Grundstückes bestehen, die fernere Leistung an den Verwalter aufzugeben (§ 140 a. a. O.). Ein weiterer Eingriff in die Rechte Dritter erfolgt durch die Einleitung der Zwangsverwaltung nicht. Die im § 142 des Gesetzes vorgeschriebene Besitznahme des Grundstückes kann deshalb nur insoweit erfolgen, als der Schuldner im Besitze ist, nicht aber sich gegen einen Dritten, welcher im Besitze des Grundstückes ist, richten. Denn eine Zwangsvollstreckungsmaßregel kann nur gegen den vorgenommen werden, welcher in dem vollstreckbaren Titel oder der demselben beigefügten Vollstreckungsklausel namentlich bezeichnet ist (§ 671 ZPO.). Es kommt deshalb nicht darauf an, ob der dritte Besitzer auch ein dingliches Recht an dem Grundstücke hat, bezw. ob der Gläubiger die dingliche Klage gegen ihn anstellen kann und überhaupt ein Recht auf den Besitz hat, da er ebensowenig wie der Eigentümer mit Zwangsmaßregeln gegen den dritten Besitzer vorgehen kann, bevor er einen vollstreckbaren Titel gegen denselben hat.

Der zur Ergänzung des neuen Bürgerlichen Gesetzbuches ausgearbeitete Entwurf zu einem Gesetze, betreffend die Zwangsvollstreckung in das unbewegliche Vermögen, bestimmt denn auch im § 193 Abs. 2:

„Hat ein anderer als der Schuldner den Besitz oder die Inhabung, so kann die Räumung des Grundstückes" — nämlich bei der Zwangsverwaltung — „nur auf Grund eines gegen den ersteren vollstreckbaren Titels verlangt werden."

Ein vollstreckbarer Titel gegen die Klägerin lag nach den Urteilen der Vorinstanzen nicht vor; die Handlung, durch welche Klägerin trotz ihres Widerspruches aus dem Besitze des Grundstückes gesetzt ist, war deshalb objektiv widerrechtlich, und sind die Beklagten, wenn sie selbst oder durch einen beauftragten Gerichtsvollzieher sich in den Besitz des Grundstückes gesetzt haben, für den der Klägerin dadurch entstandenen Schaden verhaftet, sofern ihnen ein Verschulden zur Last fällt. . . .

Für die Frage, ob und inwieweit die Klägerin den ihr durch die Besitzentsetzung entstandenen Schaden deshalb nicht geltend machen kann, weil sie von dem ihr etwa zustehenden Recht, auf gerichtlichem Wege die Wiedereinsetzung in den Besitz des Grundstückes herbeizuführen, keinen Gebrauch gemacht hat, würden die Vorschriften der §§ 18flg. ALR. I. 6 maßgebend sein. Eine Prüfung in dieser Richtung hat das Berufungsgericht aber nicht vorgenommen." . . .

RGZ. 53, 263

Erlischt die amtliche Tätigkeit des Zwangsverwalters, insbesondere seine Legitimation zur Fortführung von Prozessen, mit der förmlichen Aufhebung der Zwangsverwaltung?

Zwangsversteigerungsgesetz § 161.

V. Zivilsenat. Urt. v. 10. Januar 1903.

I. Landgericht I Berlin. II. Kammergericht daselbst.

Durch Gerichtsbeschluß vom 22./24. Juni 1901 war auf Antrag eines Gläubigers die Zwangsverwaltung des Fr.schen Hausgrundstücks in Berlin angeordnet, und der Kläger zum Zwangsverwalter bestellt worden. Im September 1901 erhob der Kläger Klage gegen einen Gläubiger des Fr., der, angeblich erst nach der Einleitung der Zwangsverwaltung, die Mieten des dritten Quartals gepfändet hatte; der Klagantrag ging auf Verurteilung des Beklagten zur Einwilligung in die Auszahlung der Mieten an die Zwangsverwaltungsmasse. Demgemäß wurde in erster Instanz erkannt. Der Beklagte legte Berufung ein, und in der Berufungsinstanz beantragte nun der Kläger die Zurückweisung der Berufung mit der Maßgabe, daß Beklagter verurteilt werde, in die Auszahlung der Mieten an eine näher bezeichnete Aktiengesellschaft zu willigen, der sie in der Zwangsversteigerung des Grundstücks als der zuerst ausgefallenen Gläubigerin überwiesen worden seien. Inzwischen war in dem gleichfalls eingeleiteten Zwangsversteigerungsverfahren das Grundstück am 19. Oktober dem Meistbietenden zugeschlagen, und durch Beschluß vom 29./31. Oktober 1901 die Zwangsverwaltung aufgehoben worden. In der Berufungsinstanz wurde auf Abweisung der Klage erkannt; die Revision wurde zurückgewiesen aus folgenden

Gründen:

„Das Berufungsgericht stützt seine Entscheidung auf die Ausführung, daß das Amt des Klägers als Zwangsverwalters mit der Aufhebung der Zwangsverwaltung am 31. Oktober 1901 sein Ende erreicht habe, und daß damit auch seine Berechtigung zur Führung dieses Prozesses weggefallen sei. Allerdings habe nach Aufhebung der Zwangsverwaltung der Verwalter seine geschäftliche Tätigkeit noch zum Abschluß zu bringen, aber zur Rechtsausübung sei er nicht mehr berechtigt, daher auch nicht zur Prozeßführung.

Dieser Folgerung würde, wenn es darauf ankäme, in solcher Allgemeinheit nicht beigetreten werden können. Das Berufungsgericht nimmt mit Recht an, daß der Aufhebungsbeschluß nicht unter allen Umständen auch die amtliche Tätigkeit des Zwangsverwalters beendigt. Wie dies insoweit selbstverständlich nicht geschieht, als die Ausführung des Aufhebungsbeschlusses eine Mitwirkung des Zwangsverwalters erfordert, z. B. die Herausgabe des verwalteten Grundstücks und überschüssiger Erträge desselben, so muß dasselbe gelten — wie auch das Berufungsgericht annimmt —, wenn der Zwangsverwalter Geschäfte begonnen hat, die er nicht, ohne den Vorwurf der Pflichtwidrigkeit auf sich zu laden, unerledigt liegen lassen darf. Schon unter diesen Gesichtspunkt können, je nach der Sachlage, angefangene Prozesse fallen.

Vgl. Urteil des Reichsgerichts, I. Senats, vom 22. Mai 1889 in den Entsch. des RG.s in Zivils. Bd. 24 Nr. 71 S. 306 Nr. 5, Beschluß des II. Senats vom 29. April 1902, Beschw.-Rep. II. 60/02, auch Beschluß des VI. Senats vom 20. Juni 1892, Beschw.-Rep. VI. 51/92 (in der Jurist. Wochenschr. von 1902 S. 318 Nr. 35 und von 1892 S. 333 Nr. 13).

Es ist aber noch weiterzugehen, und auch in dem Fall eine Niederlegung der amtlichen Tätigkeit des Zwangsverwalters als ausgeschlossen anzusehen, wenn trotz der vom Vollstreckungsgericht förmlich beschlossenen Aufhebung der Zwangsverwaltung diese in Wirklichkeit noch nicht zu Ende ist, und deshalb der Aufhebungsbeschluß nur mit dem Vorbehalt gemeint sein und verstanden werden kann, daß die noch ausstehenden Geschäfte, z. B. die Herbeischaffung und Verteilung von Grundstückserträgen aus der Zeit der Zwangsverwaltung, wie dies für den Konkurs ausdrücklich angeordnet ist (§ 166 KO., vgl. Entsch. des RG.s in Zivils. Bd. 28 Nr. 12 S. 68), nachträglich vorgenommen werden sollen. Dieser Fall würde hier vorliegen, wenn anzunehmen wäre, daß die vom Beklagten gepfändeten Mieten aus dem in die Zeit der Zwangsverwaltung gefallenen dritten Quartal 1901, die also an sich zur Zwangsverwaltungsmasse gehören würden, nach Absicht des Vollstreckungsgerichts als Bestandteil dieser Masse behandelt werden sollten. Dann müßte auch der Zwangsverwalter zur Fortführung des von ihm begonnenen Prozesses zugelassen werden, da ein anderer Zwangsverwalter nicht bestellt worden ist, der Prozeß aber nicht unerledigt liegen bleiben darf. Aber diese Voraussetzung ist hier nicht gegeben. Die Parteien sind darüber einverstanden, daß das Verfahren der Zwangsverwaltung bezüglich der streitigen Grundstückserträge nicht fortgesetzt worden ist, sondern daß die Mieten in der Zwangsversteigerung zur Verteilung gelangt sind. Unter diesen Umständen fehlt allerdings dem Zwangsverwalter jede ersichtliche Berechtigung, den vorliegenden Rechtsstreit noch nach Aufhebung der Zwangsverwaltung fortzuführen, insbesondere auch ein Recht zu dem Antrage, für den Fall seines Obsiegs die gegenüber dem Beklagten erstrittenen Mieten demjenigen Gläubiger zuzusprechen, dem sie im Termin zur Verteilung der Zwangsversteigerungsmasse überwiesen worden sein sollen. Dafür, daß der Kläger irgendwie im Verfahren der Zwangsversteigerung beteiligt gewesen oder den soeben erwähnten Gläubiger zu vertreten berechtigt wäre, fehlt es an jedem Anhalt.

Aus diesen Gründen mußte die Entscheidung des Berufungsgerichts aufrecht erhalten, und die Revision zurückgewiesen werden."

RGZ. 56, 388

Zwangsverwaltung über ein Grundstück, auf dem ein Nießbrauch ruht. Wie ist in solchem Falle die rechtliche Stellung des Zwangsverwalters gegenüber dem Nießbraucher und gegenüber demjenigen, der durch Pfändung und Überweisung in dessen Rechten steht?

Zwangsversteigerungsgesetz vom 20. Mai 1898 §§ 152, 155, 156. BGB. § 1054. ZPO. § 857 Abs. 3.

V. Zivilsenat. Urt. v. 3. Februar 1904.

I. Landgericht I Berlin. II. Kammergericht daselbst.

Dem Kaufmann L. war durch Vertrag vom 18. März 1902 an einem Grundstück in Berlin, auf welchem sich zwei Miethäuser befanden, vom Eigentümer der Nießbrauch eingeräumt worden, und zwar, wie es in dem Vertrage hieß, zur mehreren Sicherheit für eine dem L. an diesem Grundstück zustehende, mit 5 Prozent verzinsliche Darlehnshypothek von 30000 M. Übergabe des Grundstücks an den Nießbraucher sollte ausweislich des Vertrages erfolgt sein; eingetragen worden in das Grundbuch war der Nießbrauch am 21. März 1902. Der § 2 des Vertrages lautete:

„Der Nießbraucher ist gehalten, das Grundstück ordnungsmäßig zu verwalten und durch Verpachtung oder Vermietung zu nutzen. Derselbe hat aus den Einkünften die öffentlichen Lasten, die Feuersozietätsbeiträge, die sonstigen Erhaltungskosten und Hypothekenzinsen, einschließlich der Zinsen seiner eigenen Hypothek, und zwar die Zinsen in der Reihenfolge ihrer grundbuchmäßigen Rangordnung, zu tilgen, so daß er auch seine eigenen Forderungen nicht bevorzugen darf."

Nach § 4 des Vertrages sollte der Nießbrauch vorläufig bis zum Schlusse des Jahres 1902 gelten. Die für die Zeit vom 1. Juli bis zum 31. Dezember 1902 aufgekommenen Mieten zog aber der Nießbraucher nicht ein; sie wurden vielmehr für den Beklagten, der gegen L. eine vollstreckbare Forderung von 20000 M. nebst Zinsen und Kosten hatte, durch Beschluß des Vollstreckungsgerichts vom 4. Juli 1902 gepfändet und ihm zur Einziehung überwiesen. Aber auch der Beklagte zog sie nicht ein; denn auf Antrag einer Hypothekengläubigerin wurde durch Beschluß des Vollstreckungsgerichts vom 6. August 1902 mit Zustimmung des L. die Zwangsverwaltung des Grundstücks eingeleitet, Kläger zum Zwangsverwalter bestellt, und ihm das Grundstück am 8. desselben Monats übergeben. Dieser zog nun die erwähnten Mieten ein. Er wollte sie, da das Grundstück andere Einkünfte nicht abwarf, in der Weise verwenden, daß er aus ihnen vorweg die auf dem Grundstück ruhenden öffentlichen Lasten, Feuersozietätsbeiträge, sonstige Erhaltungskosten und Hypothekenzinsen tilgte, und zwar die letzteren in der Reihenfolge ihrer grundbuchmäßigen Eintragungen. Auf seinen Antrag wurde der Beklagte in erster Instanz verurteilt, anzuerkennen, daß die erwähnten Zahlungen vorweg aus den für ihn gepfändeten Mieten zu leisten seien. Die Berufung des Beklagten war ohne Erfolg. Auch seine Revision ist zurückgewiesen worden, aus folgenden

Gründen:

...„Der erste Angriff (der Revision) richtet sich gegen die schon in den Vorinstanzen bestrittene Aktivlegitimation des Zwangsverwalters zur Erhebung der gegenwärtigen Klage. Diese ist indes mit Recht angenommen und zutreffend aus § 152 des Zwangsversteigerungsgesetzes hergeleitet worden. Es kann dahingestellt bleiben, ob eine Zwangsverwaltung ohne Zustimmung des Nießbrauchers durchführbar wäre; denn die Zustimmung ist erteilt, und das Grundstück ist dem Zwangsverwalter übergeben. Ist dies der Fall, so sind damit auch die amtlichen Obliegenheiten des Zwangsverwalters in Kraft getreten, die der angezogene § 152 nur in allgemeinen Umrissen abzeichnet. Wieweit sie gehen, wenn das Grundstück zugleich mit einem Nießbrauch belastet ist, muß aus der jeweiligen Sachlage entnommen werden; daß zu ihnen aber die Befugnis gehört, darüber zu wachen bzw. dafür zu sorgen, daß der Nießbraucher das ihm verliehene Recht innerhalb der gesetzlichen und ihm vertragsmäßig gesetzten Schranken ausübt, wird sich wenigstens dann nicht bestreiten lassen, wenn eine Überschreitung dieser Schranken mit einer ordnungsmäßigen Wirtschaftsführung, wie sie dem Zwangsverwalter zur Pflicht gemacht ist, unvereinbar wäre. Und so liegt der Fall hier. Daß aus den Einkünften des Grundstücks vorweg die öffentlichen Lasten, zu denen insoweit auch die Feuersozietätsbeiträge gehören (Art. 2 Ziff. 3 des preußischen Ausführungsgesetzes zum Zwangsversteigerungsgesetze), sowie die Erhaltungskosten des Grundstücks zu berücksichtigen sind, bevor zur Berichtigung der Hypothekenzinsen geschritten werden darf, ergibt sich aus §§ 155, 156 des Zwangsversteigerungsgesetzes, und daß die Hypothekenzinsen in der Reihenfolge ihrer grundbuchmäßigen Eintragung, durch welche die Rangordnung bestimmt wird, berichtigt werden müssen, versteht sich von selbst. Soweit daher der Nießbraucher vertragsmäßig, wie dies hier nach dem oben in bezug genommenen § 2 des Vertrages der Fall ist, oder gesetzlich (§ 1047 BGB.) verpflichtet ist, die Einkünfte in entsprechender Weise zu verwenden, unterliegt er bei dem Bestehen einer Zwangsverwaltung auch der Kontrolle des Verwalters. Daraus folgt dann ohne weiteres, daß dieser auch berechtigt sein muß, den Nießbraucher zu einer entsprechenden Verwendung der Einkünfte anzuhalten, oder, wie hier, von demjenigen, der hinsichtlich bestimmter Einkünfte nach § 857 Abs. 3 ZPO. an die Stelle des Nießbrauchers getreten ist, die Zustimmung zu einer solchen Verwendung zu verlangen. Die Ausführung der Revision, daß es sich dabei nur um obligatorische Ansprüche des Eigentümers handle, die der Zwangsverwalter nicht wahrzunehmen habe, wird der Stellung des Verwalters nicht gerecht; für sie ist maßgebend der Umfang seiner Befugnisse, wie er sich aus dem angezogenen § 152 abnehmen läßt, und es ist nicht ausgeschlossen, daß er dabei auch persönliche Rechte des Eigentümers geltend macht, die mit einer ordnungsmäßigen Wirtschaftsführung im Zusammenhange stehen.

Ebenso unbegründet ist es, wenn die Revision wiederum darauf zurückkommt, daß der Beklagte durch die Pfändung und Überweisung der Mieten eine Rechtsstellung erlangt habe, die ihn jede Rücksichtnahme auf das Sachverhältnis, in welchem sein Rechtsvorgänger L. zu dem Grundstückseigentümer stand, überhebe. Dies ist nicht der Fall. Zwar zur Erhebung der Mieten war L. auf Grund seines Nießbrauchsrechts berechtigt; aber er war auch verpflichtet, sie in bestimmter Weise zu verwenden. Erst derjenige Betrag, der etwa übrig blieb, nachdem er sie in dieser Weise verwendet hatte, floß ihm für seine eigene Rechnung zu und sollte zur Tilgung seiner an letzter Stelle zu berücksichtigenden Hypothekenzinsen verwendet werden. Nicht anders kann die rechtliche Stellung des Beklagten sein, der auf Grund der Pfändung und Überweisung in den Rechten des L. steht. Dies ergibt sich aus § 857 Abs. 3 ZPO.; denn nach dieser Vorschrift ist der Nießbrauch als ein unveräußerliches Recht (§ 1059 BGB.) der Pfändung *insoweit unterworfen*, als die Ausübung einem anderen überlassen werden kann. Darüber aber, daß L. die Ausübung seines Nießbrauchsrechts einem Anderen nicht in der Weise überlassen konnte, daß er auf ihn nur seine Rechte, nicht auch seine Verpflichtungen übertrug, kann ein Zweifel nicht obwalten. Der Berufungsrichter hat daher mit Recht angenommen, daß der Beklagte durch die Pfändung und Überweisung nicht mehr Rechte erlangt habe, als dem L. zustanden. Hieraus folgt, daß er auch die Verwendung der Mieten in derselben Weise dulden muß, wie sie zu dulden L. dem Zwangsverwalter gegenüber verpflichtet ist." ...

RGZ. 59, 87

1. Ist der Zwangsverwalter befugt, nach Aufhebung der Zwangsverwaltung die Auszahlung und Überweisung einer noch nicht verteilten Verwaltungsmasse zu betreiben? Hat er diese Befugnis auch dann, wenn der betreibende Gläubiger befriedigt ist?

ZwVG. §§ 161, 155 Abs. 2.

2. Wirkt das im § 865 Abs. 2 ZPO. ausgesprochene Verbot der Fahrnispfändung absolut, oder nur zugunsten des die Immobiliarzwangsvollstreckung betreibenden Gläubigers?

3. Kann eine Pfändung von Mieten, nachdem das Ersuchen um Eintragung des Zwangsvollstreckungsvermerkes beim Grundbuchamt eingegangen war, dann gültig bewirkt werden, wenn eine Vorpfändung vor jenem Zeitpunkt erfolgt war?

ZPO. § 845 Abs. 2. BGB. § 161.

V. Zivilsenat. Urt. v. 15. Oktober 1904.

I. Landgericht I Berlin. II. Kammergericht daselbst.

Auf Antrag einer Hypothekenbank wurde die Zwangsverwaltung eines dem Kaufmann B. gehörigen Grundstücks am 20. September 1902 angeordnet, und D. zum Verwalter bestellt. Das Ersuchen um Eintragung des Zwangsverwaltungsvermerkes ging am Nachmittage desselben Tages 1 Uhr 10 Minuten beim Grundbuchamt ein. Der Vermerk wurde eingetragen. Am nämlichen Tage, aber erst am Abend zwischen 7½ und 9 Uhr, wurden für die Beklagten Mieten jenes Grundstücks für das letzte Viertel des Jahres 1902 gepfändet. Dieser Pfändung war am 9. September 1902 ein Zahlungsverbot vorausgegangen. Die beschlagnahmten Mieten zum Betrage von 2927,57 M. wurden hinterlegt. Das Grundstück kam zur Zwangsversteigerung, wobei jene Hypothekenbank befriedigt wurde. Die Verwaltung wurde im Laufe des Rechtsstreites aufgehoben, zugleich aber auf Antrag der Hypothekenbank eine neue Verwaltung für Rechnung des Erstehers (§ 94 ZwVG.) *unter Beibehaltung des bisherigen Verwalters* angeordnet. Auch diese Verwaltung wurde aufgehoben, nachdem die Ersteherin das Kaufgeld bar erlegt hatte. Der Verwalter verlangte mit der nach Aufhebung der Verwaltung erhobenen Klage, daß die Beklagten in die Auszahlung der hinterlegten, bisher nicht verteilten Mietbeträge an die Zwangsverwaltungsmasse willigten. Die Beklagten hielten den (früheren) Verwalter zur Klage nicht für legitimiert. Sie verlangten Abweisung der Klage auf Grund ihrer früheren Vorpfändung, und weil mit Befriedigung der betreibenden Gläubigerin (der Hypothekenbank) die durch die Zwangsverwaltung bewirkte Beschlagnahme hinfällig geworden sei.

Der erste Richter verurteilte die Beklagten nach den Klaganträgen. Die Berufung der Beklagten wurde zurückgewiesen. Auch die Revision der Beklagten ist zurückgewiesen worden aus folgenden

Gründen:

„Nach den Feststellungen des Berufungsrichters ist die Verwaltungsmasse zur Zwangsversteigerungsmasse gezogen. Im Kaufgelderbelegungstermin erklärten die anwesenden Beteiligten nach Belegung des Kaufgeldes und nach Verteilung der Masse, daß die hinterlegten Mieten sowie die aus Kostenvorschüssen oder sonst nachträglich etwa für Rechnung der Masse freiwerdenden Beträge in erster Linie der Ersteherin Frau B., die zugleich erstausgefallene Hypothekengläubigerin war, gebühren. Eine Überweisung und Verteilung dieser Masse wurde einstweilen nicht beantragt. Allseitig wurde bewilligt und beantragt, die Zwangsverwaltung mit „vorstehender“ Maßgabe aufzuheben. An demselben Tage beschloß das Vollstreckungsgericht die Aufhebung der Zwangsverwaltung.

In Auslegung der Kaufgelderbelegungsverhandlung stellt der Berufungsrichter fest, daß nach der Absicht der Beteiligten, besonders der erstausgefallenen Gläubigerin, der bisherige Verwalter beauftragt sein sollte, die Liquidation aller zur Masse gehörigen Beträge und Ansprüche zu betreiben und somit auch den gegenwärtigen Rechtsstreit zu führen. Die Revision ist der Ansicht, daß der Verwalter seine Legitimation zur Klage nicht von den Beteiligten, sondern nur vom Vollstreckungsgericht herleiten könne. Es kann die Richtigkeit dieser

Ansicht dahingestellt bleiben, da im vorliegenden Falle nach Inhalt des Protokolls über die Kaufgelderbelegung eine unverteilte Verwaltungsmasse vorhanden ist, und daher die Aufhebung der Zwangsverwaltung nur unter dem Vorbehalte der Verteilung oder Zuweisung dieser Masse erfolgt sein kann. Insoweit besteht die Zwangsverwaltung und das Amt des Verwalters fort, woraus sich die Legitimation des Verwalters zur Führung oder Fortführung von Prozessen über die unverteilte Masse ergibt.

Vgl. Entsch. des RG.s in Zivils. Bd. 24 S. 306, Bd. 28 S. 68, Bd. 32 S. 72, Bd. 53 S. 263.

Auch folgendes — von der Revision nicht geltend gemachte — Bedenken führt nicht zu einer anderen rechtlichen Beurteilung. Die Mieten sind beschlagnahmt und hinterlegt im ersten Zwangsverwaltungsverfahren. Sie gehören daher nicht zu der Masse der zweiten, für Rechnung der Ersteherin (Frau B.) auf Grund des § 94 ZwVG. geführten Verwaltung.

Vgl. Jaeckel, ZwVG. 2. Aufl. S. 353 Anm. 4.

Betreibende Gläubigerin der ersten, auf Grund der §§ 146flg. ZwVG. eingeleiteten Verwaltung war nicht die Ersteherin, sondern die Hypothekenbank. Es ist aus dem Tatbestande des Berufungsurteils auch nicht ersichtlich, daß die Ersteherin, die zugleich erstausgefallene Hypothekengläubigerin ist, der Zwangsverwaltung beigetreten wäre. Nach § 155 Abs. 2 in Verbindung mit § 10 Ziff. 1—5 ZwVG. konnte sie aus der Verwaltungsmasse nur die laufenden Zinsen ihrer Hypothek fordern, falls sie nicht beigetreten war. Nach § 161 das. ist das Verfahren aufzuheben, wenn der betreibende Gläubiger befriedigt ist. In diesem hier vorliegenden Falle wird der Überschuß der Verwaltung nicht (wie früher nach § 150 des preußischen Gesetzes vom 13. Juli 1883) zur Zwangsversteigerungsmasse abgeführt, sondern an den Schuldner (den Subhastaten) gezahlt.

Vgl. Jaeckel, a. a. O. S. 384 Anm. 5, S. 522, Anm. 3a.

Daß der Schuldner bei der Kaufgelderbelegung zugegen und damit einverstanden gewesen wäre, daß die hinterlegten Mieten der Ersteherin zugewiesen würden, ergibt sich aus dem Tatbestande des Berufungsurteils nicht. Demnach liegt kein Anhalt für die Richtigkeit der Annahme der bei der Kaufgelderbelegung nach dem Berufungsurteil anwesend gewesenen Beteiligten vor, daß die aus den Mieten bestehende Masse in erster Linie der Frau B. gebühre. Aber wenn selbst die hinterlegte Masse dem Schuldner gebühren und ihm daher zu überweisen gewesen sein sollte, so würde damit die Legitimation der Verwalters zu der vorliegenden Klage nicht zerstört sein; denn die Masse ist eben nicht verteilt oder überwiesen, und solange dies nicht geschehen ist, dauert die Zwangsverwaltung und damit die Befugnis des Verwalters fort, die Auszahlung der hinterlegten Beträge zur Verwaltungsmasse zu betreiben, den Widerspruch der Beklagten, der die Beendigung der Verwaltung hindert, zu brechen.

Die Ausführungen des Berufungsrichters, daß den Beklagten keine wirksame Pfändung der Mieten zur Seite stehe, sind richtig. Die Mieten gehören nach § 1123 BGB. zu den Gegenständen, auf die sich die Hypothek erstreckt. Sie unterliegen nach § 865 Abs. 2 ZPO. der Fahrnispfändung nur, solange sie nicht im Wege der Zwangsvollstreckung in das unbewegliche Vermögen in Beschlag genommen sind. Nach *§ 148 ZwVG. umfaßt die Zwangsverwaltungsbeschlag*nahme des Grundstücks die Mietzinsforderungen, und diese Beschlagnahme wird — abgesehen von dem hier nicht in Betracht kommenden Drittschuldner — mit dem Zeitpunkte wirksam, wo das Ersuchen um Eintragung des Zwangsverwaltungsvermerkes dem Grundbuchamt zugeht, sofern auf das Ersuchen die Eintragung demnächst erfolgt. Nach der ohne Rechtsnormenverletzung getroffenen Feststellung des Berufungsrichters ist das Ersuchen im vorliegenden Falle beim Grundbuchamt eingegangen, bevor die Pfändung auf Antrag der Beklagten zugestellt war, und dem Ersuchen ist die Eintragung gefolgt. Ja selbst die Eintragung ist vor jener Pfändung bewirkt. Danach war die Pfändung der Beklagten unzulässig und wirkungslos. Die Revision meint zwar, daß die Wirkung nur relativ, nämlich nur zugunsten des die Zwangsverwaltung betreibenden Gläubigers, ausgeschlossen sei, indem sie sich auf den § 20 ZwVG. beruft. Allein der klare Wortlaut des § 865 Abs. 2 ZPO. ergibt die absolute Unzulässigkeit der Fahrnispfändung nach erfolgter Beschlagnahme im Wege der Zwangsvollstreckung in das unbewegliche Vermögen. Es liegt hierin auch kein Widerspruch mit dem Grundsatze des § 20 ZwVG., wonach die Immobiliarbeschlagnahme nur zugunsten des betreibenden Gläubigers wirkt; denn im § 865 Abs. 2 ZPO. wird „nicht die Ausschließung der pfändungsberechtigten Gläubiger überhaupt, sondern nur eine ausschließliche, für jeden Gläubiger zugängliche Form der Zwangsvollstreckung vorgeschrieben" (Mot. z. I. Entw. eines ZwVG. S. 80). Demnach kann die Anwendung der §§ 135, 136 BGB., auf die die Revision sich beruft, nicht in Frage kommen.

Endlich meint die Revision noch die Wirksamkeit der von den Beklagten bewirkten Pfändung aus § 845 Abs. 2 ZPO. herleiten zu können. Die Beklagten hatten nämlich nach ihrer Behauptung schon vor der Grundstücksbeschlagnahme dem Schuldner und den Mietern die Benachrichtigung von dem Bevorstehen der Pfändung der Mieten zustellen lassen. Nach der bezogenen Gesetzesvorschrift hat eine solche Benachrichtigung die Wirkung eines Arrestes, sofern die Pfändung der Forderung innerhalb drei Wochen bewirkt wird, was nach der Behauptung der Beklagten hier zutreffen würde. Der Pfändung wird im § 845 Abs. 2 rückwirkende Kraft vom Gesetze beigelegt.

Die Revision hält den für bedingte Rechtsgeschäfte im § 161 BGB. aufgestellten Grundsatz für maßgebend, wonach bei einer aufschiebend bedingten Verfügung über einen Gegenstand jede weitere vom Verfügenden freiwillig getroffene oder gegen ihn im Wege der Zwangsvollstreckung oder der Arrestvollziehung erzwungene Verfügung im Falle des Eintritts der Bedingung insoweit unwirksam wird, als sie die von der Bedingung abhängige Wirkung vereiteln oder beeinträchtigen würde. Danach sei die während des Schwebens der gesetzlichen Bedingung, also zwischen der Benachrichtigung und der Pfändung, bewirkte Immobiliarbeschlagnahme den Beklagten gegenüber unwirksam. Die Anwendung jenes materiellen zivilrechtlichen Grundsatzes auf öffentlichrechtliche Bestimmungen ist nicht unbedenklich. Wenn man sie aber auch für zulässig erachten wollte, so würde damit für die Beklagten nichts gewonnen sein; denn § 161 setzt den Eintritt der Bedingung, und damit die Möglichkeit des Eintritts voraus. Daran fehlt es aber im vorliegenden Falle. Mit dem Eingange des Ersuchens um Eintragung des Zwangsverwaltungsvermerkes wurde jede Fahrnispfändung unzulässig, also rechtlich unmöglich. Eine unzulässige Pfändung kann aber keine rückwirkende Kraft ausüben; sie ist nichtig und hat überhaupt keine Wirkung.

Vgl. Entsch. des RG.s in Zivils. Bd. 26 S. 425, Bd. 42 S. 366."

RGZ. 64, 415

1. Zur Auslegung des § 161 Abs. 4 ZwVG.

2. Doppelte Rechtsstellung des Hypothekengläubigers, der als solcher die Beschlagnahme der Mietzinsen des belasteten Grundstückes ausgebracht und demnächst bei der Zwangsversteigerung das Grundstück als Meistbietender erstanden hat, gegenüber demjenigen, für den die Mietzinsen auf Grund eines persönlichen Anspruchs gegen den Grundstückseigentümer gepfändet worden sind.

3. Wird eine dem Hypothekengläubiger gegenüber unwirksame Pfändung künftiger Mietzinsen durch einen persönlichen Gläubiger dadurch wirksam, daß das Zwangsverwaltungsverfahren, in dem die Mietzinsen für den Hypothekengläubiger beschlagnahmt sind, vor Eintritt der Fälligkeit der Mietzinsen wiederaufgehoben wird?

4. Kann der Nießbraucher eines Grundstückes die seinem Nießbrauchsrecht unterliegenden Mietzinsen für sich pfänden lassen?

BGB. §§ 573, 1124. ZwVG. §§ 20, 21, 55, 57, 90.

V. Zivilsenat. Urt. v. 5. Dezember 1906.

I. Landgericht Dresden. II. Oberlandesgericht daselbst.

Nachdem Beklagter, für den auf dem Grundstücke des Architekten Sch. in D. ein Nießbrauchsrecht eingetragen stand, im November 1904 die Mieten dieses Grundstückes wegen einer persönlichen Forderung gegen Sch. hatte pfänden und sich überweisen lassen, erfolgte im Dezember 1904 die Beschlagnahme der Mieten im Wege des Zwangsverwaltungsverfahrens zugunsten des Klägers, für den auf dem Grundstücke eine Hypothek haftete. Der Kläger erstand demnächst am 13. März 1905 das Grundstück in der Zwangsversteigerung und zog die am 1. April desselben Jahres fällig gewordenen Mieten im Gesamtbetrage von 2700 M. ein. Am 29. April 1905 hob das Vollstreckungsgericht das Zwangsverwaltungsverfahren auf, nachdem es schon vorher am 14. März 1905 das bei Einleitung der Zwangsverwaltung an die Mieter erlassene Zahlungsverbot außer Kraft gesetzt hatte. Da Beklagter auf Grund seines Pfändungspfandrechts die vom Kläger eingezogenen Mieten für sich beanspruchte, wurden vereinbarungsgemäß die 2700 M. bei einer Sparkasse eingezahlt, das Sparkassenbuch bei dem Prozeßbevollmächtigten des Beklagten hinterlegt, und klagte nunmehr Kläger auf Einwilligung in die Herausgabe des Buches und Abhebung des Guthabens. Er unterlag jedoch in beiden Vorinstanzen, und auch die von ihm noch eingelegte Revision blieb ohne Erfolg aus folgenden

Gründen:

„Der Berufungsrichter geht davon aus, daß, da die im Zwangsverwaltungsverfahren gemäß § 148 Abs. 1 ZwVG. für den Kläger erfolgte Beschlagnahme der Mietzinsen noch im letzten Quartal 1904 stattgefunden hat, der Kläger an und für sich auf Grund des § 1124 Abs. 2 BGB. die von dem Beklagten erwirkte — eine „Verfügung“ im Sinne der angeführten Gesetzesvorschrift darstellende — Pfändung und Überweisung derselben Mietzinsen nur noch für das erste Quartal 1905, nicht auch darüber hinaus gegen sich gelten zu lassen verbunden wäre. Allein das ganze Zwangsverwaltungsverfahren und damit auch die in ihm erfolgte Beschlagnahme habe dadurch, daß das Grundstück im März 1905 dem Kläger im Zwangsversteigerungsverfahren zugeschlagen worden sei, noch vor dem 1. April 1905 ihr Ende erreicht. Dadurch sei der für den Beklagten ergangene Pfändungs- und Überweisungsbeschluß der durch die widerstreitende, im Zwangsverwaltungsverfahren zugunsten des Klägers erfolgte Beschlagnahme nur in seiner Wirksamkeit gehemmt, nicht aber aufgehoben worden sei, wiederaufgelebt, und er stehe nunmehr dem Rechte des Klägers, das dieser nur noch auf den mit der Zuschlagserteilung verbundenen Eigentumserwerb stützen könne, entgegen. Daß formell die Aufhebung des Zwangsverwaltungsverfahrens erst am 29. April 1905 — nachdem inzwischen die für das zweite Quartal 1905 im voraus zu entrichtenden Mietzinsen fällig geworden seien — stattgefunden habe, verschlage nichts, da der Beschluß nur deklaratorische Bedeutung habe; das Verfahren hätte nach § 161 Abs. 4 ZwVG. in Verbindung mit § 28 ebenda sogleich, nachdem das Zwangsversteigerungsverfahren durch die Zuschlagserteilung beendigt worden war, von Amts wegen aufgehoben werden müssen. Denn der Zuschlag habe die Rechtsfolge gehabt, daß sowohl die Hypothek des Klägers wie das Zwangsverwaltungsverfahren erloschen sei, und letzteres von da ab die in ihm zugunsten des Klägers beschlagnahmten Mietzinsforderungen des Architekten Sch. nicht mehr umfaßt habe.

In diesen Ausführungen ist allerdings die Heranziehung des § 28 ZwVG. verfehlt. Wenn der letztere Paragraph in § 161 Abs. 4 ebenda für entsprechend anwendbar erklärt wird, so hat das nur den Sinn, daß, wenn das Vollstreckungsgericht aus der ihm mitzuteilenden beglaubigten Grundbuchabschrift von dem Bestehen eines die Zwangsverwaltung hindernden Rechts erfährt, es dem betreibenden Gläubiger die Beseitigung des Hindernisses aufzugeben und, falls er der Auflage nicht nachkommt, wegen des Hindernisses das eingeleitete Verfahren wieder aufzuheben hat. Dagegen kann die mit der Zuschlagserteilung verbundene Beendigung des Zwangsverwaltungszwecks nicht als ein der Fortsetzung des Verfahrens entgegenstehendes Hindernis im Sinne der angeführten Gesetzesbestimmung angesehen werden. Dies erscheint um so weniger zulässig, als das die Fortsetzung der Zwangsverwaltung hindernde Recht — das von dem Ersteher durch den Zuschlagsbeschluß erworbene Eigentum an dem versteigerten Grundstück — zur Zeit seiner Entstehung kein grundbuchmäßiges ist, die Berichtigung des Grundbuchs vielmehr erst nach Abhaltung des Verteilungstermins, also geraume Zeit später, erfolgt.

Der im vorstehenden gekennzeichnete Rechtsirrtum des Berufungsrichters konnte jedoch nicht zur Aufhebung des angefochtenen Urteils führen, da er auf die Entscheidung selbst ohne Einfluß geblieben ist, diese vielmehr trotz der gegen sie erhobenen Revisionsangriffe als richtig angesehen werden muß. Zunächst leuchtet ohne weiteres ein, daß dem Kläger, soweit er seinen Anspruch auf die Rechte des Erstehers gründet, die gesetzlichen Bestimmungen nicht zur Seite stehen. Da er am 13. März 1905 — dem Tage des Zuschlagsbeschlusses — Eigentümer des ersteigerten Grundstückes geworden ist, so muß er nach § 57 ZwVG. in Verbindung mit § 573 Satz 1 BGB. Verfügungen, die über die Mietzinsen der beiden ersten Quartale des Jahres 1905 getroffen sind, gegen sich gelten lassen. Der Versuch der Revision, das Gegenteil aus den Vorschriften der §§ 55 Abs. 1, 90 Abs. 2 ZwVG. herzuleiten, ist verfehlt. Die Beschlagnahme, von der der § 55 Abs. 1 spricht, ist nach dem klaren Sinn des Gesetzes diejenige, die im Zwangsversteigerungsverfahren gemäß § 20 ZwVG. erfolgt. Sie erstreckt sich zufolge der ausdrücklichen Bestimmung des § 21 Abs. 2 ebenda nicht auf die Mietzinsen und, hieran wird auch durch den Umstand nichts geändert, daß gleichzeitig mit der Zwangsversteigerung die Zwangsverwaltung eingeleitet wird, und daß betreibender Gläubiger bei beiden Vollstreckungsmaßregeln dieselbe Person ist. Denn diese Verbindung ist eine rein äußerliche; die Selbständigkeit des Zwangsverwaltungsverfahrens gegenüber dem neben ihm hergehenden Zwangsversteigerungsverfahren wird dadurch nicht berührt. Daß aber, wenngleich § 573 Satz 1 BGB. nur von (rechtsgeschäftlichen) Verfügungen des Vermieters spricht, ihnen doch nach dem Willen des Gesetzgebers diejenigen Verfügungen gleichzustellen sind, die gegen den Vermieter von einem Gläubiger des letzteren im Wege der Zwangsvollstreckung vorgenommen werden, hat das Reichsgericht bereits wiederholt ausgesprochen.

Vgl. die Urteile vom 28. Mai und 20. September 1904, Entsch. des RG.s in Zivils. Bd. 58 S. 181, Bd. 59 S. 177.

Von dieser Rechtsprechung abzugehen, liegt keine Veranlassung vor.

Gegen die Annahme des Berufungsrichters, daß auch die Eigenschaft als Hypothekengläubiger dem Kläger kein Recht auf die Mietzinsen des zweiten Quartals des Jahres 1905 gewähre, weil vor Eintritt der Fälligkeit der Mietzinsen das Zwangsverwaltungsverfahren, in dem die letzteren beschlagnahmt seien, zufolge der Zuschlagserteilung sein Ende gefunden habe, macht die Revision zunächst geltend, es hange danach Umfang und Dauer des Rechts aus der Beschlagnahme von reinem Zufall ab; würde das Vollstreckungsgericht den Versteigerungstermin nicht auf einen Tag vor dem 1. April 1905, sondern auf einen späteren Tag anberaumt haben, so wäre eine „Verkürzung" der Rechte des Klägers nicht eingetreten. Die Revision ihrerseits will den Zeitpunkt, in dem der Aufhebungsbeschluß nach § 161 ZwVG. erlassen wird, als maßgebend für das Aufhören der Zwangsverwaltung betrachtet wissen. Dabei übersieht sie indessen, daß der Aufhebungsbeschluß hinsichtlich des Zeitpunktes seines Erlasse denselben Zufälligkeiten unterliegt, wie die Anberaumung des Versteigerungstermins. Der erwähnte Angriff entbehrt daher der Schlüssigkeit. Auch der von der Revision hervorgehobene Gesichtspunkt einer durch die vermeintliche Zufälligkeit herbeigeführten Rechtsverkürzung trifft nicht zu. Da der Ersteher mit der Zuschlagserteilung Eigentümer des Grundstückes wird, so gebühren ihm von dem Tage des Zuschlags ab, unbeschadet eines etwaigen Eingreifens der Vorschrift des § 573 Satzes 1 BGB., die Grundstückseinkünfte, insbesondere die Mietzinsen, und hört mit demselben Zeitpunkte das Recht des Schuldners oder bisherigen Eigentümers auf den Bezug der letzteren auf. Die Rechte des Hypothekengläubigers aber können ihrer Natur nach nicht weiter reichen als die aus dem Eigentum, das durch sie eingeschränkt wird, sich begrifflich ergebenden Befugnisse. Danach beruht es nicht auf äußerem Zufall, sondern auf rechtsbegrifflicher innerer Notwendigkeit, wenn der Hypothekengläubiger kraft seines Hypothekenrechts nur diejenigen Mietzinsen beanspruchen darf, die vor dem Übergang des Eigentums an dem belasteten Grundstück auf den Ersteher fällig geworden sind.

Schon nach dem Gesagten erweist sich der Klaganspruch, soweit er aus der vom Kläger innegehabten Stellung eines Hypothekengläubigers hergeleitet wird, als hinfällig, und kann danach die Rechtmäßigkeit der von dem Vollstreckungsgericht am 14. März 1905 verfügten Aufhebung des an die Mieter erlassenen Zahlungsverbots einem Bedenken nicht unterliegen. Aber auch die weitere von dem Berufungsrichter noch angestellte Erwägung, daß auf die streitigen Mietzinsen nicht bloß der Kläger (als Hypothekengläubiger und Ersteher) kein Recht, sondern auch der Beklagte seinerseits zufolge des Pfändungs- und Überweisungsbeschlusses vom 7. November 1904 ein positives Recht habe, weil der bezeichnete Beschluß mit dem Wegfall der im Zwangsverwaltungsverfahren für den Kläger erfolgten widerstreitenden Beschlagnahme „wieder aufgelebt" sei, ist zutreffend und wird von der Revision mit Unrecht bekämpft. Nach § 1124 Abs. 2 BGB. ist eine Verfügung über den Mietzins, die sich auf weitere Quartalsbeträge als diejenigen des Quartals der Beschlagnahme und des nächstfolgenden Quartals erstreckt, dem Hypothekengläubiger gegenüber unwirksam. Die Unwirksamkeit ist also keine absolute (Nichtigkeit), sondern ebenso, wie diejenige Unwirksamkeit, die eintritt, wenn einem zugunsten einer bestimmten Person bestehenden Veräußerungsverbote zuwidergehandelt wird (§§ 135, 136 BGB.), nur eine relative. Sie hört daher, abgesehen von ihrer Heilung durch nachträgliche Genehmigung der Verfügung von seiten des Hypothekengläubigers, auch dann auf, wenn der Hypothekengläubiger wegen des Anspruchs, um dessenwillen die Beschlagnahme stattgefunden hat, anderweit befriedigt wird, oder wenn er auf die Hypothek verzichtet, und diesen Fällen muß nach der Zweckbestimmung der angeführten Gesetzesvorschrift der weitere Fall gleichstehen, daß die Beschlagnahme wegfällt, weil dem Zwangsverwaltungsverfahren, mit dem sie verbunden ist, und dessen Rechtsschicksale sie teilt, die Mietzinsen, über die verfügt worden ist, infolge des eingetretenen Eigentumswechsels nicht mehr unterliegen. Noch weniger läßt sich, wie Kläger schon in der Berufungsinstanz und jetzt von neuem in der Revisionsinstanz darzulegen versucht hat, die Ungültigkeit (Nichtigkeit) des Pfändungs- und Überweisungsbeschlusses vom 7. November 1904 daraus herleiten, daß zu der Zeit, wo der letztere erging, für den Beklagten ein Nießbrauchsrecht an dem belasteten Grundstück eingetragen war. Der Kläger meint, der Nießbrauch habe dadurch, daß er die Mietzinsen mitergriff, diesen die Fähigkeit genommen, den Gegenstand einer Pfändung und Überweisung zu bilden. Dem gegenüber hat indessen bereits der Berufungsrichter zutreffend ausgeführt, durch den erwähnten Umstand werde die Rechtslage des Beklagten nicht geschwächt, sondern verstärkt. Sich auf sein Nießbrauchsrecht zu berufen sei er nur berechtigt, nicht verpflichtet gewesen. Gleichwie ein Rechtsgeschäft in seiner Gültigkeit nicht dadurch beeinträchtigt werde, daß dieselben Personen es unter sich nochmals vornehmen, so müsse es auch in einem Falle vorliegender Art dem Berechtigten unbenommen sein, auf den erwirkten Pfändungs- und Überweisungsbeschluß einen Anspruch zu stützen, den er auch kraft seines Nießbrauchsrechts hätte geltend machen können. Der von der Revision zur Bekämpfung dieser Auffassung herangezogene Satz, daß der Eigentümer nicht ein Recht an seiner eigenen Sache erwerben könne, beweist nichts dagegen, da es sich bei ihm um wesentlich anders liegende Verhältnisse handelt. Übrigens muß, wie der Revisionsbeklagte richtig bemerkt hat, der erwähnte Angriff auch deshalb versagen, weil von dem vertretenen Standpunkte aus zwar nicht die Pfändung und Überweisung, wohl aber der Nießbrauch des Beklagten der klägerischen Rechtsverfolgung entgegenstehen, die Klage also auch in diesem Falle abzuweisen sein würde." . . .

RGZ. 84, 200

Ist die Abtretung der Mietforderung aus einem Grundstücke, dessen Beschlagnahme vom Beschwerdegericht aufgehoben war, wirksam, wenn auf weitere Beschwerde der Beschlagnahmebeschluß des Vollstreckungsgerichts wiederhergestellt wird?

ZwVG. §§ 148, 21. ZPO. §§ 572, 575, 775, 776.

V. Zivilsenat. Urt. v. 18. Februar 1914.

I. Landgericht I Berlin. II. Kammergericht daselbst.

Auf einem Grundstück in B., auf dem für die Beklagte eine zweite Hypothek von 75000 M. eingetragen war, ließ am 23. Oktober 1909 der damalige Eigentümer Tapezierer S. zugunsten des Rentners Schü. in B. den Nießbrauch eintragen. Am 16. Juli 1910 wurde der Verzicht des S. auf sein Eigentum eingetragen. Nachdem die Beklagte den Antrag auf Zwangsverwaltung gestellt hatte, wurde diese gegenüber dem zur Wahrnehmung der aus dem Eigentum sich ergebenden Rechte und Verpflichtungen gemäß § 787 ZPO. bestellten Administrator Sch. und sodann durch Beschluß des Amtsgerichts vom 23. November 1910 auch gegenüber dem Nießbraucher Schü. angeordnet und dessen Erinnerung gegen diesen Beschluß vom Amtsgerichte zurückgewiesen. Dagegen wies das Landgericht durch Beschluß vom 3. Februar 1911 unter Aufhebung der beiden amtsgerichtlichen Beschlüsse den Antrag der Beklagten auf Anordnung der Zwangsverwaltung gegen Schü. zurück. Auf die sofortige weitere Beschwerde der Beklagten wurde durch Beschluß des Kammergerichts vom 3. März 1911 der landgerichtliche Beschluß aufgehoben und die sofortige Beschwerde des Schü. gegen die amtsgerichtlichen Beschlüsse mit der Fassung zurückgewiesen, daß die am 29. September 1910 eingeleitete Zwangsverwaltung ohne Rücksicht auf den Nießbrauch des Schü. durchzuführen sei. Der Zwangsverwalter K. verschaffte sich auf Grund der Ermächtigung des Vollstreckungsgerichts den Besitz des Grundstücks am 24. November 1910 und zog von den Mietern des Grundstücks Mietzinsen im Betrage von 15698,30 M. ein, von denen jedenfalls 8000 M. auf die Mietszeit vom 1. Januar bis 30. Juni 1911 entfielen; der Beklagten übergab er 2000 M. zur Deckung der von dieser geleisteten Vorschüsse.

Der Kläger behauptet, der Nießbraucher Schü. habe ihm das Grundstück am 30. September 1910 für die Zeit vom 1. Oktober 1910 bis 1. Juli 1911 verpachtet und ihm die Mietforderungen für die Zeit vom 1. Januar bis 30. Juni 1911 am 8. Februar 1911 abgetreten. Deshalb hätten ihm die vom Zwangsverwalter eingezogenen Mietzinsen dieser Zeit im Betrage von 8000 M. zugestanden. Gegen die Beklagte ständen ihm in dieser Höhe Ansprüche aus unerlaubter Handlung nach § 826 BGB. und aus Bereicherung zu, weil sie den Zwangsverwalter zur Einziehung der Mieten veranlaßt und deren Abgabe an ihn verhindert habe, die eingezogenen Mietbeträge auch zur Deckung von Hypothekenzinsen und sonstigen Unkosten verwendet worden seien, die die Beklagte sonst behufs Fortsetzung der Zwangsverwaltung aus eigenen Mitteln hätte leisten müssen, die Beklagte endlich durch den Empfang der 2000 M. ohne weiteres bereichert sei. Der Kläger beantragte demgemäß, nachdem er im landgerichtlichen Verfahren nur den Teilbetrag von 4000 M. beansprucht hatte, in Erweiterung des Klaganspruchs die Verurteilung der Beklagten zur Zahlung von 8000 M. Auf die Revision des Klägers ist das Berufungsurteil aufgehoben und die Sache an das Berufungsgericht zurückverwiesen worden.

Aus den Gründen:

„Die Ansprüche des Klägers haben in erster Linie zur Voraussetzung, daß er Inhaber der vom Zwangsverwalter eingezogenen Mietforderungen von 8000 M. für die Zeit vom 1. Januar bis 30. Juni 1911 geworden ist, daß insbesondere diese Mietforderungen von der Zwangsverwaltung des Grundstücks nicht mitergriffen worden sind. Für die Begründung seines Rechtes kann sich der Kläger auf den mit dem Nießbraucher Schü. abgeschlossenen Pachtvertrag vom 30. September 1910 nicht berufen. (Wird näher ausgeführt.)

Die von ihm behauptete und vom Berufungsgericht unterstellte Abtretung der Mietforderungen vom 8. Februar 1911 war der Beklagten gegenüber dann wirksam, wenn zu der Zeit, zu der sie erfolgte, eine gegenüber dem Nießbraucher Schü. wirksame Beschlagnahme des Grundstücks nicht bestand; in diesem Falle konnte Schü. über die Mietzinsforderungen des laufenden und des folgenden Kalendervierteljahrs, d. h. der Monate Januar bis Juni 1911 verfügen (§§ 148 Abs. 1, 20, 21 Abs. 2 ZwVG., § 1124 Abs. 1 und 2 BGB.). Durch die Anordnung der Zwangsverwaltung gegenüber dem gemäß § 787 ZPO. bestellten Administrator Sch. wurde die Veräußerungsbefugnis des Nießbrauchers Schü. nicht beseitigt. Allein die Zwangsverwaltung ist durch den Beschluß des Amtsgerichts vom 23. November 1910 auch gegenüber dem Nießbraucher Schü. angeordnet und die Beschlagnahme am folgenden Tage dadurch wirksam geworden, daß der vom Vollstreckungsgerichte hierzu ermächtigte Zwangsverwalter sich selbst den Besitz des Grundstücks verschaffte (§§ 150, 151 ZwVG.). Das Berufungsgericht geht davon aus, daß diese Beschlagnahme auch nach Erlaß des landgerichtlichen Beschlusses vom 3. Februar 1911 fortdauernd wirksam geblieben sei, weil das Kammergericht in seinem Beschlusse vom 3. März 1911 die Beschlagnahme nicht neu angeordnet, vielmehr die vom Amtsgericht angeordnete Beschlagnahme habe bestehen lassen. Demgegenüber führt die Revision aus, daß durch die vollstreckbare Entscheidung des Landgerichts die Beschlagnahme aufgehoben worden sei und daß ihr deshalb eine fortdauernde Wirkung nicht habe zukommen können. Diese Rüge ist begründet.

Durch den landgerichtlichen Beschluß ist der des Amtsgerichts, der die Zwangsverwaltung auch gegenüber dem Nießbraucher Schü. angeordnet hatte, aufgehoben und der Antrag der Beklagten auf Anordnung dieser Zwangsverwaltung zurückgewiesen worden. Hiermit ist die vom Amtsgericht angeordnete Beschlagnahme für unzulässig erklärt und aufgehoben worden; insbesondere hat das Landgericht nicht etwa bloß gemäß § 575 ZPO. dem Amtsgerichte die erforderliche Anordnung übertragen, sondern zugleich auf Grund der Entscheidung die entsprechende Vollstreckungsverfügung erlassen. Hierzu war es auch befugt. Wenn die Zwangsvollstreckung nicht durch den Gerichtsvollzieher stattfindet, handelt das Vollstreckungsgericht nicht nur in seiner Eigenschaft als entscheidendes Gericht, sondern zugleich auch als Vollstreckungsbehörde, und in der Entscheidung, daß eine Zwangsvollstreckungsmaßregel unzulässig sei, ist regelmäßig zugleich die Verfügung der Aufhebung dieser Maßregel zu erblicken (Jur. Wochenschr. 1908 S. 559 Nr. 26). Dies gilt ebenso für das Beschwerdegericht. Der Umstand, daß die landgerichtliche Entscheidung der Rechtskraft entbehrte, hinderte die Aufhebung nicht. Für die Zwangsvollstreckung in unbewegliche Sachen kommen die allgemeinen Vorschriften der Zivilprozeßordnung über die Zwangsvollstreckung zur Anwendung (Entsch. des RG. in Zivils. Bd. 70 S. 402), und es hat gemäß §§ 775, 776 ZPO. die Einstellung und Aufhebung der Zwangsvollstreckung nur eine vollstreckbare Entscheidung zur Voraussetzung;

vollstreckbar war aber der fragliche Beschluß sofort und schon vor seiner Rechtskraft, wie sich aus §§ 793, 794 Nr. 3 ZPO. ergibt.

Wie der erkennende Senat schon in seiner Entscheidung vom 23. Mai 1903, Rep. V. 23./03, ausgesprochen hat, ist der Umstand unerheblich, daß die landgerichtliche Entscheidung durch den Beschluß des Kammergerichts vom 3. März 1911 wieder aufgehoben worden ist. Dies änderte an der Tatsache nichts, daß das Grundstück in der Zwischenzeit, also insbesondere zur Zeit der Abtretung beschlagnahmefrei war. Ob, wenn die Abtretung in der Zwischenzeit nicht erfolgt wäre, dem abändernden Beschlusse des Kammergerichts rückwirkende Kraft zukommen könnte, ist eine hier nicht zu entscheidende Frage. Anders wäre der Fall zu beurteilen, wenn gemäß § 572 Abs. 2 und 3 ZPO. die Vollziehung der landgerichtlichen Entscheidung, sei es vom Landgerichte selbst oder vom Kammergerichte, ausgesetzt worden wäre. Daß aber eine derartige Anordnung ergangen wäre, ist nicht festgestellt und nicht behauptet worden."

RGZ. 89, 147

Geht im Zwangsverwaltungsverfahren ein Hypothekengläubiger, der mit seiner Kapitalforderung dem betreibenden persönlichen Gläubiger beigetreten ist, bei der Verteilung der Überschüsse diesem mit der Kapitalforderung vor?

ZwVG. §§ 155, 10 Nr. 4 u. 5, § 11.

V. Zivilsenat. Urt. v. 2. Dezember 1916.

I. Landgericht I Berlin. II. Kammergericht daselbst.

Der Kläger hatte wegen einer persönlichen Forderung die Zwangsverwaltung mehrerer Grundstücke seines Schuldners einleiten lassen. Ihm war mit einer persönlichen Forderung der Beklagte beigetreten. Der Kläger wurde dann wegen seiner Forderung befriedigt, trat aber mit 90000 M. zu 5% verzinslicher Hypothekenforderungen, die — nach der Behauptung des Beklagten erst nach dessen Beitritt — eingetragen worden waren, der Zwangsverwaltung bei.

In dem vom Amtsgerichte festgestellten Teilungsplane war vorgesehen, daß nach Befriedigung der laufenden Ansprüche Kapitalzahlungen zuerst an den Beklagten und erst nach dessen Befriedigung an den Kläger geleistet werden sollten. Diese Rangordnung focht der Kläger, der kraft seines Hypothekenrechts den Vorrang in Anspruch nahm, gemäß § 159 ZwVG. im Wege der Klage an und er beantragte, den Beklagten zur Einwilligung in die Änderung des Teilungsplans in der Weise zu verurteilen, daß seine Hypothekenkapitalien entsprechend ihrer Rangstellung vor den Kapitalforderungen des Beklagten zur Hebung gelangten. Der Beklagte bestritt unter Bezugnahme auf

§ 155 Abs. 2, §§ 10, 11 Abs. 2 ZwVG. das in Anspruch genommene Vorrecht des Klägers und machte auch geltend, die ganze Hypothekeneintragung für den Kläger sei nur ein Scheingeschäft.

Die Klage wurde abgewiesen, die Berufung des Klägers hatte keinen Erfolg. Auf seine Revision wurde das Berufungsurteil aufgehoben aus folgenden

Gründen:

„Im Verfahren der Zwangsversteigerung kommen die Ansprüche aus dinglichen Rechten am Grundstück, insbesondere Hypothekenrechte mit dem Kapital, den laufenden Zinsen und zweijährigen Zinsrückständen in der vierten Klasse (§ 10 Nr. 4 ZwVG.) vor den Ansprüchen des betreibenden Gläubigers (Nr. 5 a. a. O.), „soweit dieser nicht in einer der vorhergehenden Klassen zu befriedigen ist", zum Ansatz. In der vierten Klasse ist der grundbuchmäßige Rang (§ 11 Abs. 1), in der fünften Klasse beim Vorhandensein mehrerer betreibenden Gläubiger der Zeitpunkt der Beschlagnahme (§§ 20flg., 27) für das Vorrecht der einzelnen Berechtigten maßgebend (§ 11 Abs. 2 a. a. O.).

Im Verfahren der Zwangsverwaltung, wo die allgemeinen Vorschriften des ersten Titels I. Abschnitts (§§ 1—14) des Gesetzes im übrigen ebenfalls anzuwenden sind, findet sich für die Verteilung der Überschüsse im § 155 Abs. 2 a. a. O. die abweichende Vorschrift, daß diese Überschüsse auf die fünf ersten Klassen des § 10, „auf die Ansprüche der zweiten, dritten und vierten Klasse jedoch nur insoweit zu verteilen sind, als laufende Beträge wiederkehrender Leistungen zu berichtigen sind." Die betreibenden Gläubiger können demnach, auch wenn ihnen Hypothekenrechte zur Seite stehen, mit ihren Ansprüchen auf Kapital und Zinsrückstände nicht in der vierten Klasse, sondern nur in der fünften Klasse zum Ansatz kommen. Da hier nach § 11 Abs. 2 des Ges. der Zeitpunkt der Beschlagnahme für das Vorrecht maßgebend sein soll, so gewinnt es den Anschein, als dürfe sich der Hypothekengläubiger in dieser Klasse auf sein Hypothekenvorrecht nicht berufen, sondern müsse auch gegenüber einem persönlichen Gläubiger, dessen Beschlagnahme früher erfolgt ist, zurücktreten. Diese auf den Wortlaut des Gesetzes sich gründende Auffassung wird von einer ganzen Reihe von Schriftstellern vertreten —

vgl. Fischer und Schäfer, Komm. § 155 Anm. 2, § 157 Anm. 2; von der Pfordten, Komm. § 155 Anm. 3e, § 157 Anm. 2; Steiner, Komm. 2. Aufl. S. 362, § 156 Anm. 3; Niedner, Komm. § 155 Anm. 2 Zusatz; Kretzschmar, Zw.-Verst. u. Verw. S. 303; Grützmann, Leitfaden für Zwangsverwalter S. 73 —,

neuerdings mit ausführlicher Begründung auch von Levy in der Zeitschr. f. Zivilprozeß Bd. 46 S. 273flg. Ihr haben sich beide Gerichte angeschlossen und demnach die Klage abgewiesen, ohne die weiteren gegen die Wirksamkeit des Hypothekenrechts erhobenen Einwendungen des Beklagten zu untersuchen.

Die erwähnte Auffassung kann jedoch weder als herrschend, noch als richtig bezeichnet werden. Sie wird abgelehnt von Jaeckel, Komm. § 155 Anm. 3 letzter Abs., § 157 Anm. 3, von Güthe in der Neubearbeitung dieses Komm. § 155 Anm. 10, § 157 Anm. 2, von Wolff, Komm. 3. Aufl., § 155 Anm. 2 flg., § 157 Anm. 4a, von Reinhard, Komm. § 155 Anm. III 1b III 3e 4, § 157 Anm. II 1, von Altmann, Komm., § 157 Anm. 1, von Lindemann, Komm. § 155 Anm. I 2b, von Lafrenz in Gruch. Beitr. Bd. 47 S. 380, von Samter, Handbuch zur Zw.-Verst. u. Verw., 2. Aufl. S. 261 Anm. 6, von Wenz-Wagner, Zw.-Verst. u. Verw. § 157 Anm. 2; mit ausführlicherer Begründung auch von Wenz in der Ztschr. für das Bayr. Gerichtssekretariat, 2. Jahrg. S. 49 flg. und von Oberneck, der den Kläger im vorliegenden Prozeß in der Berufungsinstanz vertreten hat, in zwei Schriftsätzen. Alle diese Schriftsteller entscheiden sich für das Vorrecht der Hypothekengläubiger und können sich dabei, wie auch der Berufungsrichter nicht verkannt hat, zunächst auf die Entstehungsgeschichte des Gesetzes berufen. Diese läßt nirgends erkennen, daß man durch die Bestimmung des § 155, der die entsprechenden Vorschriften des preußischen Zwangsversteigerungsgesetzes vom 13. Juli 1883 zum Vorbild dienten, von dessen Vorschriften (§ 147 Abs. 3) hätte abweichen wollen. Im Gegenteil behandelt die Denkschrift, die der Reichstagsvorlage (1895/7 Nr. 607) als Begründung beigegeben ist, das Vorrecht als selbstverständlich. Es heißt dort auf S. 65:

> „Maßgebend ist die in den §§ 10—12 bestimmte Rangordnung. Jedoch werden die dem betreibenden Gläubiger vorgehenden Berechtigten nicht wegen ihrer Kapitalforderungen, sondern nur wegen ihrer Ansprüche auf laufende Zinsen . . . befriedigt. Andererseits kann aber der betreibende Gläubiger auch für seine eigene Kapitalforderung erst dann Befriedigung verlangen, wenn sämtliche der vierten Klasse angehörenden Ansprüche der gedachten Art, auch soweit sie seinem Rechte nachstehen, berichtigt sind; er wird mit der Kapitalforderung immer erst in der fünften Klasse berücksichtigt (§ 155 Abs. 2) . . . Die Regelung des Entwurfs, der sich in dieser Beziehung dem preußischen Gesetze (§ 147) angeschlossen hat, beruht auf der Erwägung, daß die Zwangsverwaltung, im Gegensatz zur Zwangsversteigerung, dem Schuldner den Grundbesitz erhalten und demgemäß dem Gläubiger in erster Linie nur wegen seiner laufenden Nebenansprüche Befriedigung verschaffen soll, während die Deckung des Hauptanspruchs in den Hintergrund tritt. Dieser Zweck würde vereitelt werden, wenn die dem Gläubiger nachstehenden Berechtigten mit der Befriedigung wegen ihrer laufenden Ansprüche so lange warten müßten, bis die Rechte des Gläubigers und

der ihm vorgehenden Berechtigten in voller Höhe gedeckt wären. Hierdurch würden die nachstehenden Berechtigten dazu gedrängt werden, sofort die Zwangsversteigerung zu betreiben. Auf der anderen Seite erleiden die dem Gläubiger vorgehenden Berechtigten dadurch, daß sie gleichfalls nur wegen der laufenden Ansprüche befriedigt werden, keinen Nachteil, da sie der Zwangsverwaltung beitreten und auf diese Weise eine unverkürzte Berücksichtigung ihres Rechtes an bevorzugter Stelle herbeiführen können."

Der Gesetzgeber wollte hiernach von den für die Zwangsversteigerung geltenden Regeln, der Natur der Zwangsverwaltung entsprechend, hier nur darin abweichen, daß die dinglich Berechtigten, die nicht die Zwangsverwaltung betrieben, in der vierten Klasse zusammen mit den andern dinglich Berechtigten nur wegen ihrer laufenden Ansprüche Befriedigung erhalten sollten. Er hatte aber nicht die Absicht, die dinglich Berechtigten, die die Zwangsverwaltung betrieben und auf diese Weise Befriedigung ihrer Kapitalforderung erstrebten, im Zwangsverwaltungsverfahren ihres Hypothekenvorrechts zu entkleiden und sie dort schlechter zu stellen, als es im Zwangsversteigerungsverfahren und im Zwangsvollstreckungsverfahren bei beweglichen Sachen der Fall ist (§§ 805, 810 ZPO.). Dies hätte einmal dem ausgesprochenen Zwecke des Gesetzgebers, die Zwangsverwaltung als mildere Zwangsvollstreckungsmaßregel zu fördern, widersprochen, weil der so benachteiligte Hypothekengläubiger zur Zwangsversteigerung geradezu gedrängt gewesen wäre, und dann hätte auch eine so einschneidende Maßnahme nicht getroffen werden können, ohne sie im Gesetze mit ausdrücklichen Worten anzuordnen. Dies ist aber nicht nur nicht geschehen, sondern es ist auch ein Widerspruch gegen die Auffassung der Denkschrift nirgends hervorgetreten, vielmehr ist die Regierungsvorlage in dieser Beziehung unverändert angenommen worden.

Nun stützt sich zwar die Gegenansicht, der die beiden Gerichte gefolgt sind, wie bereits erwähnt, auf den Wortlaut des Gesetzes und hält ihn für so klar und unzweideutig, daß dagegen die Entstehungsgeschichte nicht in Betracht kommen könne. Das ist indessen nicht anzuerkennen und läßt sich nur bei rein äußerlicher Betrachtung der Gesetzesstellen aufrecht erhalten. Der § 11 Abs. 2 ZwVG. hat die Rangordnung des § 10 a. a. O. zur Voraussetzung und kann, nachdem diese Rangordnung bei der Zwangsverwaltung durch § 155 a. a. O. Abänderungen erfahren hat, nur entsprechend herangezogen werden. Bei dieser entsprechenden Anwendung darf nicht außer Betracht bleiben, daß infolge der Änderungen die fünfte Klasse bei der Zwangsversteigerung nicht dieselbe ist wie bei der Zwangsverwaltung. Dort enthält sie nur persönliche Gläubiger, und unter diesen entscheidet naturgemäß die Zeit der Beschlagnahme. Tritt bei der Zwangsverwaltung derselbe Fall ein, so liegt die Sache ebenso. Anders aber liegt sie, wenn infolge der Vorschrift des § 155 Abs. 2 dinglich Berechtigte, insbesondere Hypothekengläubiger, in die Klasse hineingedrängt werden. Dann kann § 11 Abs. 2 entsprechend nur im Verhältnis der betreibenden persönlichen Gläubiger unter einander angewendet werden, im Verhältnis zu den betreibenden Hypothekengläubigern müssen sich die persönlichen Gläubiger die entsprechende Anwendung des in der Rangordnung der §§ 10 Nr. 4, 5 und 11 Abs. 1 des Ges. anerkannten „Hypothekenvorrangs" gefallen lassen.

Hiernach war das Berufungsurteil aufzuheben und die Sache zur Erörterung der weiteren Einreden des Beklagten in die Vorinstanz zurückzuverweisen."

RGZ. 92, 18

1. Ist die Anordnung einer Zwangsverwaltung nach §§ 146 flg. ZwVG. wegen Gefährdung einer Hypothek durch einstweilige Verfügung zulässig?

2. Kann gegen den betreibenden Hypothekengläubiger von einem Dritten, der Eigentum an einem Zubehörstücke behauptet, auf Bewilligung der Herausgabe durch den Zwangsverwalter geklagt werden?

ZPO. §§ 935, 938. ZwVG. § 152. BGB. § 985.

V. Zivilsenat. Urt. v. 5. Januar 1918.

I. Landgericht Tilsit. II. Oberlandesgericht Königsberg.

Die Beklagte zu 1 war Eigenbesitzerin eines Grundstücks, das von dem Grundstückseigentümer an sie verkauft und übergeben worden war. Sie hatte den Kläger als Verwalter des Grundstücks bestellt. Auf Antrag des Beklagten zu 2, für den auf dem Grundstücke mehrere Hypotheken eingetragen standen, wurde durch Beschluß des Prozeßgerichts vom 7. August 1916 die Einleitung der Zwangsverwaltung des Grundstücks im Wege der einstweiligen Verfügung angeordnet, und zwar zur Sicherung der Hypothekenansprüche, und dann auf Grund dieser einstweiligen Verfügung durch Beschluß des Vollstreckungsgerichts vom 8. August 1916 die Zwangsverwaltung eingeleitet, dies mit dem Bemerken, daß der Beschluß zugunsten des Gläubigers als Beschlagnahme des Grundstücks gelte. Zum Zwangsverwalter wurde B. bestellt.

Der Kläger erhebt Anspruch auf sechs Pferde, die sich auf dem Grundstücke befinden. Er behauptet, er habe diese Pferde nicht etwa aus den Einkünften des von ihm verwalteten Grundstücks für dieses angeschafft, sondern aus eigenen Mitteln erworben, sie seien daher sein Eigentum; auf seine Aufforderung, in die Herausgabe der im Besitze des Zwangsverwalters befindlichen Pferde durch den Zwangsverwalter zu willigen, habe aber die Beklagte zu 1 nicht geantwortet und der Beklagte zu 2 seinen Anspruch bestritten.

Mit der Klage beantragte der Kläger, die beiden Beklagten zu verurteilen, zu bewilligen, daß der Zwangsverwalter die sechs Pferde ihm herausgebe. Die Beklagte zu 1 wurde durch Versäumnisurteil nach dem Klagantrage verurteilt. Dagegen wurde die Klage gegen den Beklagten zu 2 in beiden Instanzen abgewiesen. Auf die Revision des Klägers wurde die Sache an das Berufungsgericht zurückgewiesen.

Gründe:

„Der Berufungsrichter erachtet die Klage gegen den Beklagten zu 2, ohne auf die Frage des Eigentums des Beklagten an den streitigen Pferden einzugehen, von vornherein deshalb für unbegründet, weil der Beklagte nicht passiv legitimiert sei. Er meint, die Eigentumsklage aus § 985 BGB., um die es sich handle, habe nicht gegen den gewissermaßen auf Grund der einstweiligen Verfügung die Zwangsverwaltung betreibenden Gläubiger, sondern gegen den Zwangsverwalter gerichtet werden müssen, der nach § 152 ZwVG. selbständig darüber zu entscheiden habe, ob er gewisse Gegenstände als von der Beschlagnahme betroffen zur Zwangsverwaltungsmasse ziehen wolle oder nicht.

Hiergegen wendet sich die Revision mit Recht. Die einstweilige Verfügung vom 7. August 1916 ist auf Antrag des Beklagten zur Verhinderung einer die Sicherheit der Hypotheken des Beklagten gefährdenden Verschlechterung des Pfandgrundstücks (§ 1134 BGB.) erlassen. Nach dem Inhalte der einstweiligen Verfügung ist, wie auch der Berufungsrichter annimmt, eine Zwangsverwaltung im Sinne der §§ 146flg. ZwVG. über das Grundstück angeordnet worden. Die Erlassung der einstweiligen Verfügung zu dem genannten Zwecke war nach § 935 ZPO. zulässig (RGZ. Bd. 52 S. 139, 140), und das Gericht war auch nach dem ihm im § 938 ZPO. verstatteten freien Ermessen zur Anordnung einer solchen Zwangsverwaltung befugt (RGZ. a. a. O.; RG. v. 14. Oktober 1908 V 585/07, in Ztbl. f. FrG. Bd. 9 S. 469). In Vollziehung der einstweiligen Verfügung hat auch das Vollstreckungsgericht durch Beschluß vom 8. August 1916 die Zwangsverwaltung in jenem Sinne eingeleitet. Mit dieser Einleitung der Zwangsverwaltung waren, wenngleich sie nur zum Zwecke der Sicherung, nicht zum Zwecke der Befriedigung erfolgt war, die nämlichen rechtlichen Folgen verbunden, wie mit der Einleitung einer Zwangsverwaltung nach Maßgabe des Zwangsversteigerungsgesetzes (RG. a. a. O.). Sie bewirkte daher gemäß §§ 20 Abs. 1, 146 Abs. 1 ZwVG., wie auch in dem Beschlusse des Vollstreckungsgerichts ausdrücklich erklärt ist, die Beschlagnahme des Grundstücks zugunsten des Beklagten. Nach § 20 Abs. 2 ZwVG., § 1120 BGB. umfaßte die Beschlagnahme auch die Zubehörstücke, es sei denn, daß sie nicht in das Eigentum des Grundstückseigentümers gelangt waren. Die streitigen Pferde konnten nach §§ 97 Abs. 1, 98 Nr. 2 BGB. als zum Wirtschaftsbetriebe bestimmte Viehstücke, die sich auf dem Grundstücke befanden, Zubehörstücke sein. Wenn nun der Beklagte auf die Aufforderung des Klägers, in die Herausgabe der Pferde durch den Zwangsverwalter zu willigen, den Anspruch des Klägers bestritt, so brachte er damit zum Ausdruck, daß diese Sachen von der Haftung für seine Hypotheken und von der zur Sicherheit der Hypothekenansprüche erfolgten Beschlagnahme mitumfaßt würden. Deshalb wurde durch das Bestreiten des Anspruchs des Klägers für diesen ein Klagrecht gegen ihn begründet.

Hätte der Kläger freilich eine Klage auf Herausgabe nach § 985 BGB. erhoben, so wäre der Beklagte allerdings nicht der rechte Beklagte. Denn der Beklagte befindet sich nicht im Besitze der Pferde. Eine solche Klage wäre vielmehr gegen den Zwangsverwalter zu richten gewesen. Der Zwangsverwalter B. hat mit dem Besitz an dem Grundstück auch zugleich die darauf befindlichen Pferde im Besitze (vgl. RGZ. Bd. 24 S. 305, Jur. Wochenschr. 1902 S. 318 Nr. 35), und auch sonst wäre er für eine Klage auf Herausgabe der rechte Beklagte, da ein Zwangsverwalter selbständig darüber zu entscheiden hat, ob ein Vermögensgegenstand, als von der Beschlagnahme ergriffen, zur Zwangsverwaltungsmasse zu ziehen ist oder nicht, und also auch darüber, ob eine Sache, als nicht zur Masse gehörig, herausgegeben werden soll oder nicht (RG. in Jur. Wochenschr. 1902 S. 318 Nr. 35, 1915 S. 1033 Nr. 34; Gruchots Beitr. Bd. 55 S. 682; Urteil v. 16. Juni 1917 V 95/17, auch RGZ. Bd. 80 S. 315). Daraus folgt jedoch nicht ohne weiteres, daß es gänzlich bedeutungslos wäre, wie sich der Beklagte zu der Frage, ob die Pferde an den Kläger herauszugeben seien, verhielte. Hätte der Zwangsverwalter die Herausgabe der Pferde verweigert und daraufhin der Kläger gegen ihn Klage auf Herausgabe erhoben, so könnte sich fragen, ob nicht der Beklagte, wenn er die Pferde als zur Zwangsverwaltungsmasse gehörig erachtete, berechtigt wäre (§ 66 ZPO.), dem Zwangsverwalter als Streitgehilfe beizutreten, weil er ein rechtliches Interesse daran habe, daß nicht der Zwangsverwalter unterliege und demzufolge die Pferde der zur Sicherheit der Hypothekenansprüche ausgebrachten Beschlagnahme entzogen würden (vgl. RGZ. Bd. 80 S. 312, 314). In dem Falle des Reichsgerichts Jur. Wochenschr. 1915 S. 1033 Nr. 34, wo der Konkursverwalter auf Feststellung klagte, daß gewisse Sachen nicht zu der Masse der auf Antrag eines Absonderungsberechtigten über ein Grundstück des Gemeinschuldners eingeleiteten Zwangsverwaltung gehörten, ist der Zwangsverwalter als der rechte Beklagte erachtet worden. Dabei wurde indes bemerkt, es möge sein, daß, wenn der Absonderungsberechtigte gegenüber dem Konkursverwalter besonders geltend gemacht hätte, die betreffenden Sachen würden von der zu seinen Gunsten wirkenden Beschlagnahme mitumfaßt, die Feststellungsklage gegen diesen betreibenden Gläubiger ebenfalls zu erheben wäre.

Besonders aber kann der Widerspruch des die Zwangsverwaltung betreibenden Gläubigers gegen die Herausgabe von Sachen, die sich auf dem unter Zwangsverwaltung gestellten Grundstücke befinden, von Bedeutung sein, wenn der Zwangsverwalter seinerseits zur Herausgabe bereit ist. Mag auch der Widerspruch des Gläubigers, wiewohl die Immobiliarmasse zu seinen Gunsten beschlagnahmt ist, nicht die rechtliche Behinderung des Zwangsverwalters an der Herausgabe der betreffenden Sachen zur Folge haben, so können jedenfalls doch einesteils durch den Widerspruch des Gläubigers gerechtfertigte Bedenken bei dem Zwangsverwalter ausgelöst werden, ob er vor Beseitigung des Widerspruchs die Sachen herausgeben solle (weil er im Falle der Herausgabe, wenn diese sich demnächst etwa als ungerechtfertigt ergeben würde, dem Gläubiger gegenüber möglicherweise verantwortlich wäre) und es können anderenteils, auch wenn der Zwangsverwalter die Sachen herausgeben würde, zufolge des Widerspruchs des Gläubigers mindestens Zweifel bestehen bleiben, ob nicht doch noch die Sachen von der Beschlagnahme zugunsten des Gläubigers ergriffen würden. Deshalb ist für den, der die Sachen herausverlangt, in solchem Falle ein Rechtsschutzbedürfnis gegen den Widerspruch des Gläubigers anzuerkennen und daher für ihn ein Klagerecht auf Beseitigung des Widerspruchs gegen den Gläubiger für gegeben zu erachten.

Von diesem rechtlichen Gesichtspunkt ist auch die erhobene Klage zu beurteilen. Der Kläger hat gegen den Beklagten nicht auf Herausgabe der streitigen Pferde geklagt. Er verlangt vielmehr Verurteilung des Beklagten zur Bewilligung, daß der Zwangsverwalter die Pferde an ihn herausgebe. Zur Begründung der Klage hat er vorgetragen, die Pferde seien sein Eigentum, der Beklagte aber habe auf seine Aufforderung, die Herausgabe der Pferde durch den Zwangsverwalter zu bewilligen, seinen Anspruch bestritten. Danach ist die Klage dahin aufzufassen, daß geltend gemacht wird, die streitigen Pferde seien als Eigentum des Klägers von der auf Antrag des Beklagten zur Sicherung seiner Hypotheken im Wege der einstweiligen Verfügung herbeigeführten Beschlagnahme nicht ergriffen, der vom Beklagten erhobene Widerspruch gegen die Herausgabe der Pferde sei daher ungerechtfertigt, die Herausgabe durch den Zwangsverwalter aber würde erfolgen, wenn ihr nicht der Beklagte widerspräche. Es handelt sich mithin um eine gegen einen Eingriff in das Eigentum des Klägers gerichtete Abwehrklage, welche der Widerspruchsklage entspricht, die ein Dritter gemäß § 771 ZPO. wegen eines die Veräußerung hindernden Rechtes gegen die vom Gläubiger wider den Schuldner betriebene

Zwangsvollstreckung erhebt; dabei ist zu berücksichtigen, daß der § 771 nach den §§ 928, 936 ZPO. auch auf die Vollziehung einer einstweiligen Verfügung Anwendung findet. Demnach ist die Klage schlüssig und der Beklagte ihr gegenüber der rechte Beklagte." ...

RGZ. 99, 199

Ist für die dingliche Klage aus einer Hypothek, wenn das belastete Grundstück unter Zwangsverwaltung steht, der Zwangsverwalter oder der Grundstückseigentümer der rechte Beklagte?

ZVG. §§ 148, 150 Abs. 2, § 152 Abs. 1.

V. Zivilsenat. Urt. v. 9. Juni 1920.

I. Landgericht Bochum. II. Oberlandesgericht Hamm.

Für den Kläger steht auf den im Grundbuch von R. Bl. 1811 verzeichneten Grundstücken eine Restkaufgeldhypothek von 30000 M. und auf den im Grundbuch von R. Bl. 1810 verzeichneten Grundstücken eine solche von 35000 M. eingetragen. Der Beklagte ist Eigentümer der zuerst genannten Grundstücke und Miteigentümer der zuletzt genannten Grundstücke zur Hälfte.

Der Kläger beantragte, den Beklagten zu verurteilen, die Zwangsvollstreckung in den ihm zustehenden Anteil an den im Grundbuche von R. Bl. 1810 verzeichneten Grundstücken und in die im Grundbuche von R. Bl. 1811 verzeichneten Grundstücke wegen rückständiger Hypothekenzinsen zu dulden.

Der erste Richter wies die Klage ab, weil der Zwangsverwalter hätte verklagt werden müssen, der Beklagte als Grundstückseigentümer nicht der rechte Beklagte sei. Der Berufungsrichter verurteilte den Beklagten nach dem Klagantrage. Die Revision hatte keinen Erfolg.

Aus den Gründen:

„Die Klage auf Grund der beiden, auf den fraglichen Grundstücken eingetragenen Restkaufgeldhypotheken ist die dingliche Klage aus den Hypotheken für rückständige Zinsen. Zutreffend führt der Berufungsrichter aus, daß, wiewohl die Grundstücke unter Zwangsverwaltung stehen, der Beklagte als Eigentümer der einen und als Miteigentümer der andern Grundstücke für die Klage der rechte Beklagte ist. Allerdings hat nach §§ 146 Abs. 1, 148 Abs. 1, 23, 20 ZVG. die Beschlagnahme durch Einleitung der Zwangsverwaltung die Wirkungen eines Veräußerungsverbots (§ 135 BGB.) zugunsten des betreibenden Gläubigers und findet auch die für das Zwangsversteigerungsverfahren geltende Vorschrift des § 23 Abs. 1 Satz 2 ZVG., wonach der Vollstreckungsschuldner, wenn sich die Beschlagnahme auf bewegliche Sachen erstreckt, über einzelne Stücke innerhalb der Grenzen einer ordnungsmäßigen Wirtschaft auch dem betreibenden Gläubiger gegenüber wirksam verfügen kann, im Zwangsverwaltungsverfahren keine Anwendung. Daraus folgt aber nicht, daß dem bestellten Zwangsverwalter die Verfügung über das Grundstück selbst, abgesehen von den sonstigen zur Zwangsverwaltungsmasse gehörigen Gegenständen, zustünde. Nach § 148 Abs. 2 ZVG. wird dem Vollstreckungsschuldner durch die Beschlagnahme nur die Verwaltung und Benutzung des Grundstücks entzogen. Zu Verfügungen über das Grundstück, dieses für sich allein betrachtet, ist an sich der Vollstreckungsschuldner allein berechtigt, nur sind solche Verfügungen dem betreibenden Gläubiger gegenüber unwirksam. Der Zwangsverwalter hat zwar Besitz an dem Grundstück sowie an den sonstigen zur Zwangsverwaltungsmasse gehörigen Gegenständen (§ 150 Abs. 2 ZVG.; RGZ. Bd. 24 S. 305, Bd. 92 S. 20; JW. 1902 S. 318 Nr. 35), und nach § 152 Abs. 1 ZVG. hat er das Recht und die Pflicht, alle Handlungen vorzunehmen, die erforderlich sind, um das Grundstück in seinem wirtschaftlichen Bestande zu erhalten und ordnungsmäßig zu benutzen, auch die Ansprüche, auf welche sich die Beschlagnahme erstreckt, geltend zu machen und die für die Verwaltung entbehrlichen Nutzungen in Geld umzusetzen. Daraus mag zu entnehmen sein, daß, wenn Ansprüche an die von der Beschlagnahme umfaßten Gegenstände, welche das Recht des Zwangsverwalters zum Besitz, zur wirtschaftlichen Erhaltung oder zur ordnungsmäßigen Benutzung des Grundstücks einschließlich der sonstigen zur Zwangsverwaltungsmasse gehörigen Gegenstände betreffen, im Prozeßwege geltend gemacht werden, der Zwangsverwalter der rechte Beklagte ist, wie auch in der Rechtsprechung des Reichsgerichts anerkannt ist, daß für eine Klage auf Herausgabe von Gegenständen, die nicht zur Zwangsverwaltungsmasse gehören sollen, der Zwangsverwalter der rechte Beklagte sei (JW. 1902 S. 318 Nr. 35, 1915 S. 1033 Nr. 34; Gruchot Bd. 55 S. 682; RGZ. Bd. 80 S. 315, Bd. 92 S. 20); und es mag auch weiter anzunehmen sein, daß der Zwangsverwalter zu Verfügungen über die zur Zwangsverwaltungsmasse gehörigen beweglichen Gegenstände berechtigt ist, soweit sich solche Verfügungen in den Grenzen einer ordnungsmäßigen Verwaltung halten, die darauf gerichtet ist, die Zwangsverwaltungsmasse in wirtschaftlichem Bestande zu erhalten und ordnungsmäßig zu benutzen, sowie den Realgläubigern nach Maßgabe des § 155 ZVG. aus den Nutzungen Befriedigung zu verschaffen. Aber zur Veräußerung oder zur Belastung des Grundstücks selbst ist der Zwangsverwalter nicht befugt. Die Kehrseite davon ist, daß, wenn ein dingliches Recht an dem Grundstück selbst geltend gemacht wird, der Zwangsverwalter, sofern nicht der Anspruch aus dem Rechte sich gegen sein Recht zum Besitze, zur Erhaltung im wirtschaftlichen Bestande und zur ordnungsmäßigen Benutzung des Grundstücks richtet, nicht Gegner des das Recht Verfolgenden ist. Daher ist der Zwangsverwalter für die einen solchen Anspruch geltend machende Klage des angeblich Berechtigten nicht der rechte Beklagte. Vielmehr ist eine solche Klage gegen den Vollstreckungsschuldner zu richten, da er der Eigentümer des Grundstücks und als solcher, soweit nicht das Veräußerungsverbot zugunsten des betreibenden Gläubigers entgegensteht, zur Verfügung über das Grundstück berechtigt ist. Hier wird nun durch den mit der dinglichen Klage geltend gemachten Anspruch das Recht des Zwangsverwalters auf Besitz, auf Erhaltung im wirtschaftlichen Bestand und auf ordnungsmäßige Benutzung des Grundstücks nicht berührt. Zwar ist der Anspruch auf Duldung der Zwangsvollstreckung in das Grundstück gerichtet. Aber es soll dadurch in das genannte Recht des Zwangsverwalters, solange die Zwangsverwaltung überhaupt dauert, nicht eingegriffen, das Recht ihm weder entzogen noch geschmälert werden. Nur wenn vom Kläger nach Erstreitung eines vollstreckbaren antragsgemäßen Urteils die Zwangsversteigerung des Grundstücks betrieben und diese durchgeführt werden würde, würde ein Einfluß auf das Recht des Zwangsverwalters eintreten, und zwar würde dieses Recht nunmehr sein Ende erreichen. Dies würde aber nur eine Folge davon sein, daß durch den Zuschlag des Grundstücks die Zwangsverwaltung überhaupt aufhören würde, da dem Ersteher die Nutzungen von dem Zuschlag an zustehen würden und er Anspruch auf sofortige Besitzeinräumung hätte (vgl. § 56 Satz 2, § 93 ZVG.). Daraus ergibt sich, daß für die dingliche Klage aus den beiden in Rede stehenden Hypotheken für Zinsrückstände der Beklagte als Eigentümer oder Miteigentümer der mit den Hypotheken belasteten Grundstücke der rechte Beklagte ist. Somit ist der Angriff der Revision, der unter Rüge der Verletzung der §§ 146 flg., 152 ZVG. die Ansicht des Berufungsrichters, es sei nicht der Zwangsverwalter, sondern der Beklagte zur Klage passiv legitimiert, als rechtsirrig beanstandet, nicht begründet." ...

RGZ. 135, 197

1. Über die Befugnis des Zwangsverwalters von Grundstücken zur Fortsetzung eines darauf vom Grundstückseigentümer eingerichteten und ausgeübten Gewerbebetriebes.

2. Gehören Forderungen aus Rechtsgeschäften, die der Zwangsverwalter im Rahmen eines von ihm fortgesetzten Gewerbebetriebs abgeschlossen hat, zur Zwangsverwaltungsmasse?

3. Unterliegen solche Forderungen der Pfändung, solange die Zwangsverwaltung besteht?

ZVG. §§ 152, 155. ZPO. § 865.

II. Zivilsenat. Urt. v. 12. Februar 1932.

I. Landgericht Essen. II. Oberlandesgericht Hamm.

Die Rh.-W. Sch. Aktiengesellschaft in E. (= RhWSchb.) hatte laut Vertrags vom 15. Oktober 1919 von der Gewerkschaft C. in W. Kohlengrubenfelder zur Ausbeute gepachtet. Das Pachtverhältnis konnte von der Verpächterin mit sofortiger Wirkung gekündigt werden, wenn die Pächterin mit der vereinbarten Pachtvergütung mehr als drei Monate in Rückstand geriet. Die RhWSchb. hat die zum Abbau der Pachtfelder erforderlichen Gebäulichkeiten auf eigenem Grund und Boden errichtet und alsdann die Förderung aufgenommen. Am 15. November 1927 hat die Gewerkschaft C., nachdem sie den Pachtvertrag gekündigt hatte, aus einem vollstreckbaren Schiedsurteil wegen 26068,67 RM. nebst 9% Zinsen hieraus seit 25. November 1925 sowie 398,46 RM. Kosten beim Amtsgericht L. die Anordnung der Zwangsverwaltung in die im Eigentum ihrer Schuldnerin, der RhWSchb., stehenden Grundstücke und Gebäude der Zeche C. erwirkt. Die Zwangsverwaltung ist in der Folge durch Beschluß des Vollstreckungsgerichts vom 25. Februar 1928 wieder aufgehoben worden, weil die betreibende Gläubigerin den zur Fortsetzung des Verfahrens erforderten Vorschuß von 10000 RM. nicht gezahlt hatte. Der gerichtlich bestellte Zwangsverwalter hatte nach Anordnung der Zwangsverwaltung auf der Zeche C. mit Genehmigung des Vollstreckungsgerichts und der Bergwerkseigentümerin die Kohlenförderung fortgesetzt und mit der Kohlengroßhandlung J. S. in E., mit der schon die RhWSchb. einen Vertrag über die käufliche Abnahme der ganzen Kohlenausbeute der Zeche geschlossen hatte, ein Abkommen ähnlichen Inhalts getroffen. Für die ihr daraufhin im Februar 1928 gelieferten Kohlen schuldete die Firma S. 9693,08 RM., die sie am 15. März 1928 unter Verzicht auf das Recht der Rücknahme beim Amtsgericht E. hinterlegte, da die beiden Parteien des Rechtsstreits Ansprüche auf diesen Betrag erhoben. Die Beklagte hatte nämlich zum Zweck der Beitreibung ihr aus dem Betrieb der Zeche C. geschuldeter Beiträge (zur Knappschaftskranken-, Pensions-, Invaliden- und Hinterbliebenenversicherung) auf Grund der preußischen Verordnung betreffend das Verwaltungszwangsverfahren wegen Beitreibung von Geldbeträgen vom 15. November 1899 (GS. S. 545) Pfändungs- und Überweisungsbeschlüsse der städtischen Steuerkasse in E. vom 7. Juni und 23. Dezember 1927 sowie vom 6. Februar 1928 erwirkt, wodurch etwa bestehende und noch zur Entstehung gelangende Forderungen der Schuldnerin gegen die Firma S. gepfändet und der Beklagten zur Einziehung überwiesen wurden. Dabei ist im ersten Pfändungs- und Überweisungsbeschluß als Schuldnerin die RhWSchb., im zweiten diese „z. H. des gesetzlichen Zwangsverwalters G. in W.“, im dritten Beschluß die RhWSchb., „vertreten durch den gesetzlichen Zwangsverwalter G.“ angegeben. Der Kläger stützt dagegen seine Ansprüche auf eine vom 22. Januar 1928 datierte Erklärung des Zwangsverwalters, laut deren ihm dieser alle bestehenden und zukünftigen Forderungen gegen die Firma S. aus dem vom

Zwangsverwalter mit ihr geschlossenen Kohlenlieferungsvertrag abgetreten hat als Sicherheit für die ihm vom Kläger zum Betrieb der Zeche während der Zwangsverwaltung gewährten Darlehen. Der Kläger vertritt die Auffassung, daß die Pfändung der bezeichneten Ansprüche aus dem von dem Zwangsverwalter mit der Firma S. abgeschlossenen Vertrag gemäß § 865 Abs. 2 ZPO. überhaupt unzulässig sei, daß ferner die beiden ersten Beschlüsse nur Ansprüche aus dem alten, zwischen der RhWSchb. selbst und der Firma S. zustandegekommenen Abkommen beträfen, auch wegen Forderungen aus der Zeit vor der Zwangsverwaltung ergangen seien, daß endlich die Abtretung durch den Zwangsverwalter an ihn (Kläger) schon vor dem dritten Beschluß erfolgt sei. Er hat demgemäß beantragt, die Beklagte zu verurteilen, darein zu willigen, daß die hinterlegte Summe von 9693,08 RM. nebst Zinsen an ihn ausgezahlt werde. Die Beklagte behauptet, die Abtretung sei nicht schon am 22. Januar 1928 geschehen, sondern erst um den 20. Februar 1928; sie macht ferner geltend, der zweite und dritte Pfändungsbeschluß beträfen Beiträge, die erst während der Zwangsverwaltung fällig geworden seien; letztere stehe der Pfändung nicht entgegen.

Das Landgericht hat der Klage stattgegeben; das Oberlandesgericht hat sie abgewiesen. Auf die Revision des Klägers hat das Reichsgericht die Berufung der Beklagten zurückgewiesen.

Gründe:

Das Oberlandesgericht hat zunächst rechtlich einwandfrei dargelegt, daß sich der Pfändungs- und Überweisungsbeschluß vom 23. Dezember 1927 auch auf die bestehenden und künftig noch zur Entstehung gelangenden Ansprüche aus dem vom Zwangsverwalter mit der Firma S. abgeschlossenen Kohlenverkaufsvertrag erstreckt hat. Insoweit ist auch kein Revisionsangriff erhoben. Dem Vorderrichter ist ferner ohne weiteres darin beizutreten, daß die Feststellung der Beiträge und der Beitragspflicht durch den Pfändungsbeschluß im Verwaltungszwangsverfahren der Nachprüfung durch die ordentlichen Gerichte entzogen ist. Die Revision hat dagegen ebenfalls keinen Angriff gerichtet. Unstreitig hat endlich der Zwangsverwalter die Abtretung der Ansprüche an den Kläger erst nach Zustellung des Pfändungs- und Überweisungsbeschlusses vom 23. Dezember 1927 vollzogen.

Es kommt deshalb darauf an, ob der Gültigkeit dieser Vollstreckungsmaßnahme § 865 Abs. 2 ZPO. im Wege steht. Im Gegensatz zum ersten Richter hat der Berufungsrichter die Frage verneint. Er geht dabei von den §§ 148, 20, 21 Abs. 1 und 2 ZVG., § 865 ZPO. und § 1120 BGB. aus und gelangt zu dem Ergebnis, daß die hier streitigen Ansprüche unter keine dieser Bestimmungen fielen. Sodann erwägt er, daß der Zwangsverwalter zwar gemäß § 152 ZVG. das

Recht und die Pflicht habe, alle Handlungen vorzunehmen, die erforderlich seien, um das Grundstück in seinem wirtschaftlichen Bestand zu erhalten und ordnungsmäßig zu benutzen. Daraus schließe man, so fährt der Vorderrichter fort, daß der Zwangsverwalter auch einen in engem wirtschaftlichen Zusammenhang mit dem Grundstück stehenden Gewerbebetrieb fortsetzen könne, dessen Einkünfte alsdann folgerichtig von der Beschlagnahme mitergriffen würden. Diese Ansicht möge unbedenklich sein, wenn sich der Gewerbebetrieb auf die Gewinnung von Bodenbestandteilen erstrecke, die ohnehin von der Beschlagnahme ergriffen worden seien (so z. B. bei einem Steinbruchbetrieb); bedenklicher erscheine die Auffassung wegen ihrer rechtlichen Folgen für die Gegenparteien des Zwangsverwalters schon dann, wenn das der Zwangsverwaltung unterliegende Grundstück nur die Grundlage für den Betrieb eines sonst von ihm unabhängigen Gewerbes bilde. Keinesfalls könne aber jener Meinung beigetreten werden, wenn sich der Gewerbebetrieb auf die Gewinnung von Bodenbestandteilen richte, die — wie hier — der Verfügung des Grundstückseigentümers durch gesetzliche Vorschrift überhaupt entzogen seien. Das Bergwerkseigentum stehe nicht dem Grundstückseigentümer zu, es sei vielmehr grundsätzlich unabhängig vom Eigentum an der Bodenoberfläche; die Kohlenfelder als solche seien mithin weder Bestandteile, noch Zubehör des Grundstücks. Bei der Zeche C. habe das Bergwerkseigentum nicht der RhWSchb., sondern der Gewerkschaft C. zugestanden; die RhWSchb. habe dieses nur gepachtet gehabt und der Pachtvertrag sei vor Anordnung der Zwangsverwaltung schon gekündigt gewesen. Wenn die Verpächterin die Fortsetzung der Kohlenförderung durch den Zwangsverwalter geduldet habe, so seien deshalb die geförderten Kohlen nicht Gegenstand der Zwangsverwaltungsbeschlagnahme geworden, und gleiches gelte für die aus ihrer Veräußerung entspringenden Forderungen; durch Maßnahmen des Zwangsverwalters könne der Kreis der Gegenstände, die der Beschlagnahme unterworfen seien, nicht erweitert werden.

Die Revision rügt demgegenüber Verletzung der §§ 155, 152, 148, 20 und 21 ZVG., des § 865 ZPO., sowie der §§ 1120, 99, 100 und 987 flg. BGB. Sie mußte Erfolg haben.

Umfänglich und gegenständlich bestimmt sich die Wirkung der Beschlagnahme durch Zwangsverwaltung zunächst nach § 146, 148 ZVG. in Verb. mit §§ 20flg. daselbst. Dem Vorderrichter ist nun ohne weiteres zuzugeben, daß die Ausbeute der Kohlenfelder und die Verwertung der so gewonnenen Kohlen unter keine dieser Vorschriften fällt. Die bei Einleitung der Zwangsverwaltung auf Halden liegenden Kohlen wurden, soweit sie nicht Zubehör der beschlagnahmten Grundstücke waren, auch wenn sie dem Grundstückseigentümer gehörten, gemäß §§ 97, 98 BGB. in Verb. mit § 1120 das., sowie §§ 146, 148, 21flg. ZVG. und § 865 ZPO. von der Grundstücksbeschlagnahme nicht ergriffen. Auf Kohlen, die erst nach diesem Zeitpunkte gefördert worden sind, trifft § 1120 BGB. ebenfalls nicht zu; denn er bezieht sich nur auf solche Grundstückserzeugnisse und Bestandteile, die schon vor der Trennung für die Hypothek hafteten (§§ 93, 94 BGB.). Das ist aber bei Kohlen und allen anderen bergrechtlichen Mineralien nicht der Fall. Solange sie im Berg lagern, sind sie herrenlos und nur dem Aneignungsrecht des Bergwerkseigentümers oder der sonstigen Aneignungsberechtigten unterworfen (Art. 67 EG. z. BGB. und § 54 preuß. Allg. BergG. vom 24. Juni 1865). Das Bergwerkseigentum ist gegenüber dem Grundstückseigentum eine selbständige, besondere Gerechtsame, die neben dem Grundstückseigentum steht und dessen rechtliches Schicksal nicht teilt, namentlich von den auf letzterem bestellten Hypotheken nicht erfaßt und durch die Zwangsvollstreckung in die Grundstücke nicht berührt wird. Es ist vielmehr, wenn das Bergwerkseigentum im Grundbuch eingetragen ist (§ 14 GBO. und Art. 23 flg. preuß. AG. z. GBO.), eine selbständige Immobiliarzwangsvollstreckung in dieses möglich.

Wohl aber fragt es sich, ob nicht, wenn der Zwangsverwalter den bis zur Anordnung der Zwangsverwaltung auf den beschlagnahmten Grundstücken eingerichteten und vom Grundstückseigentümer geführten Zechenbetrieb für Rechnung der Masse fortsetzt, die in diesem Betrieb erwachsenen Forderungen zur Zwangsverwaltungsmasse gehören und deren rechtliches Schicksal teilen. Diese Frage ist im Gegensatz zum Berufungsrichter zu bejahen. Maßgebend ist § 152 ZVG. Im Schrifttum herrscht freilich Streit darüber, ob der Zwangsverwalter überhaupt einen gewerblichen Betrieb des Grundstückseigentümers, der sich auf den unter Zwangsverwaltung stehenden Grundstücken abspielte, fortsetzen kann und darf. Soweit eine solche Möglichkeit nicht schlechthin verneint wird, sind im Schrifttum die Meinungen darüber geteilt, in welchen Fällen oder unter welchen Voraussetzungen man eine Betriebsfortführung durch den Zwangsverwalter als solchen zulassen darf (vgl. Jäckel-Güthe Zwangsversteigerungsgesetz Anm. 4 zu § 152; Reinhard Zwangsversteigerungsgesetz Anm. 6 zu § 152). Im vorliegenden Fall handelt es sich um den Betrieb einer Kohlenzeche, für den auf den Grundstücken besondere, eigenartige, kostspielige bauliche Vor- und Einrichtungen hatten getroffen werden müssen; die Grundstücke selbst hatten so ein bestimmtes, wirtschaftliches Gepräge, eine eigentümliche wirtschaftliche Leistungsfähigkeit und damit einen besonderen wirtschaftlichen Nutzungswert erhalten. § 152 ZVG. gibt dem Verwalter das Recht, macht ihm aber auch zur Pflicht, alle Handlungen vorzunehmen, die erforderlich sind, um die Grundstücke in ihrem wirtschaftlichen Bestand zu erhalten und ordnungsmäßig zu benutzen. Wenn aber die Grundstücke samt den von der Beschlagnahme ergriffenen Zubehörstücken einem bestimmten wirtschaftlichen Zweck gewidmet, für ihn eingerichtet und ausgestaltet sind, infolgedessen auch einen besonderen wirtschaftlichen Nutzungswert haben, dann gehört es sicherlich in erster Linie zu den Aufgaben einer ordnungsmäßigen Verwaltung und Benutzung, diesen besonderen Nutzungswert, soweit möglich, den Grundstücken zu erhalten und für die Zwecke der Zwangsverwaltung nutzbringend zu machen; das wird nicht immer nützlich und zweckmäßig nur durch entsprechende Verpachtung oder Vermietung geschehen können. Die Aussichten hierfür würden auch naturgemäß von vornherein sehr wesentlich verkümmert, wenn sonst der bisherige Gewerbebetrieb stillgelegt werden müßte. Mit Recht wird auch darauf hingewiesen, daß schon durch eine bloß vorübergehende Stillegung erhebliche Schädigungen eintreten könnten. Deshalb muß der Zwangsverwalter in derartigen Fällen gerade im Hinblick auf § 152 ZVG. grundsätzlich für befugt erachtet werden, in dieser seiner Eigenschaft namens und für Rechnung der Masse, sei es zeitweilig, sei es auf die Dauer der Zwangsverwaltung, den bisherigen Betrieb des Schuldners oder Eigentümers fortzusetzen, soweit dem nicht etwa anderweitige gesetzliche Vorschriften im Wege stehen. Das behauptet hier aber die Beklagte selbst nicht. Auf demselben Standpunkt, wie er hier vertreten wird, steht auch das Urteil des V. Zivilsenats des Reichsgerichts vom 12. Dezember 1931 V 257/31.

Aus den Zwangsverwaltungsakten ergibt sich sodann mit aller Sicherheit, daß der Zwangsverwalter im vorliegenden Fall als solcher den Zechenbetrieb namens der Zwangsverwaltungsmasse und für sie fortgeführt hat an Stelle der bisherigen Grundstückseigentümerin. Er hatte sich hierzu auch der nach § 6 der Allgemeinen Verfügung des Preußischen Justizministers vom 8. Dezember 1899 (JustMinBl. S. 791) vorgeschriebenen Genehmigung des Vollstreckungsgerichts versichert. In den Rahmen des Zechenbetriebes fiel auch, und zwar als sein wichtigstes und wesentlichstes Stück, die Fortsetzung der Kohlenförderung und der Absatz der so geförderten Kohle. Gewiß nicht deshalb, weil die Beschlagnahme des Grundstücks etwaige Rechte der Grundstückseigentümerin aus dem von ihr mit der Bergwerkseigentümerin abgeschlossenen Pachtvertrag über die Grubenfelder ergriffen hätte. Davon kann keine Rede sein. Jener Pachtvertrag war zudem schon vor Anordnung der Zwangsverwaltung von der Beregwerkseigentümerin auf Grund des ihr vertraglich im Fall nicht rechtzeitiger Zahlung des Pachtzinses zustehenden Kündigungsrechts mit sofortiger Wirkung gekündigt worden. Wohl aber hatte der Zwangsverwalter — auch darüber lassen die Zwangsverwaltungsakten keinen Zweifel und ist in den Vorinstanzen nicht gestritten worden — seinerseits nach Verständigung mit der Bergwerkseigentümerin, die gleichzeitig die betreibende Gläubigerin war, den Kohlenabbau für die Zwangsverwaltungsmasse fortgesetzt und in seiner Eigenschaft als Zwangsverwalter für diese Masse auch den Kohlenlieferungsvertrag mit der Firma S. abgeschlossen, aus dem die letztere den Betrag schuldig wurde, um den sich jetzt der Prozeß dreht. Kohlenabbau und Kohlenverkauf beruhen mithin auf Rechtshandlungen des Zwangsverwalters im Rahmen des von ihm zur wirtschaftlichen Ausnutzung der beschlagnahmten Grundstücke fortgesetzten Zechenbetriebs. Dann aber gehörten entgegen der Ansicht des Berufungsrichters sowohl die geförderten Kohlen, wie auch die aus ihrer Veräußerung entstandenen Kaufpreisforderungen zur Zwangsverwaltungsmasse (vgl. das angeführte Urteil des V. Zivilsenats vom 12. Dezember 1931). Eigentümerin der geförderten Kohlen und Gläubigerin des Verkaufspreises war freilich die Grundstückseigentümerin, also die RhWSchb. Aber Kohlen und Kaufpreis unterlagen nicht ihrer Verfügungsmacht; denn letztere erstreckte sich nicht auf Vermögensstücke, die der Zwangsverwalter als solcher durch seine Rechtshandlungen und Rechtsgeschäfte für die Masse erworben hatte. Insoweit stand vielmehr für die Dauer der Zwangsverwaltung die Verfügungsmacht ausschließlich und allein dem Zwangsverwalter zu. Er war auch rechtlich befugt zur Abtretung einer Forderung behufs Deckung von Vorschüssen, welche der Kläger für den Zechenbetrieb während der Dauer der Zwangsverwaltung geleistet hatte. Insofern sind gegen die Rechtsgültigkeit und Wirksamkeit der Abtretung Bedenken nicht zu erheben.

Im Gegensatz zu der von der Beklagten vertretenen Rechtsauffassung muß ferner angenommen werden, daß die von ihr ausgebrachten Forderungspfändungen in die Zwangsverwaltungsmasse schlechthin und absolut nichtig sind.

Nach § 865 Abs. 1 ZPO. umfaßt die Zwangsvollstreckung in das unbewegliche Vermögen auch die Gegenstände, auf welche sich bei Grundstücken die Hypothek erstreckt. Nach Abs. 2 das. können diese Gegenstände, soweit sie Zubehör sind, nicht gepfändet werden. Im übrigen unterliegen sie der Zwangsvollstreckung in das bewegliche Vermögen solange, als nicht ihre Beschlagnahme im Wege der Zwangsvollstreckung in das unbewegliche Vermögen erfolgt ist. Nun ist zuzugeben, daß wörtlich genommen die Voraussetzungen dieser Vorschrift hier nicht gegeben wären. Denn auf die geförderten Kohlen hätte sich eine an den Grundstücken bestellte Hypothek nicht erstreckt. Allein Sinn und Zweck des § 865 ZPO. ist ganz unzweifelhaft der, daß Gegenstände, welche von der Beschlagnahme im Zwangsversteigerungs- und Zwangsverwaltungsverfahren erfaßt sind und rechtlich und wirtschaftlich zur Masse gehören, auch in dem dort geregelten Verfahren für dessen Zwecke zu verwerten sind und überhaupt nicht Gegenstand des Sonderzugriffs eines einzelnen Gläubigers im Wege der Zwangsvollstreckung in das bewegliche Vermögen sein können. Die Kaufpreisforderung aus den vom Zwangsverwalter im Rahmen der Zwangsverwaltung getätigten Kohlenverkaufsgeschäften war aber, wie schon ausgeführt, Bestandteil der Zwangsverwaltungsmasse und eben deshalb von der Grundstücksbeschlagnahme mit erfaßt. Nun meint freilich die Beklagte, von der Regel des § 865 ZPO. sei insoweit eine Ausnahme zu machen, als es sich um Ansprüche handle, die aus Rechtshandlungen des Zwangsverwalters erwachsen seien, was bei den Ansprüchen, zu deren Sicherung die Pfändungsbeschlüsse ergangen seien, zutreffe, da sie infolge der Fortsetzung des Zechenbetriebs durch den Zwangsverwalter entstanden seien. Dem kann aber keinesfalls beigetreten werden, gleichviel, ob die Ansprüche der Beklagten im Zwangsverwaltungsverfahren über die Grundstücke bevorrechtigte sind oder gar zu den Ausgaben der Verwaltung im Sinne des § 155 ZVG. zählen. (Wegen der Rechtslage im Falle der Zwangsverwaltung in ein Bergwerkseigentum vgl. Art. 17 Abs. 2, Art. 1 Abs. 1 Nr. 2 preuß. AG. z. ZVG.) Weder § 865 ZPO., noch §§ 146flg. ZVG. bieten eine Handhabe für eine solche Ausnahme vom Verbot der Mobiliarzwangsvollstreckung in eine Zwangsverwaltungsmasse. Die Verhältnisse liegen im Zwangsverwaltungsverfahren auch ganz anders als im Konkurs. Gewiß können im Konkursverfahren Massegläubiger (§§ 58, 59 KO.) ihre Ansprüche an die Konkursmasse gerichtlich und außergerichtlich gegen den Konkursverwalter geltend machen und sich im Weg der Zwangsvollstreckung Sicherung und Befriedigung aus den Massegegenständen verschaffen (vgl. RGZ. Bd. 61 S. 259). Sobald sich allerdings herausstellt, daß die Konkursmasse zur vollständigen Befriedigung aller Massegläubiger nicht ausreicht, tritt verhältnismäßige Befriedigung nach § 60 KO. ein. Von da ab kann sich kein Massegläubiger ein dem § 60 widersprechendes Vorrecht durch Zwangsvollstreckung verschaffen. Im übrigen kommen nach § 57 KO. die Konkursgläubiger nur aus der nach Befriedigung der Massegläubiger verbleibenden restlichen Konkursmasse zum Zuge, und ein Pfand- oder Vorzugsrecht steht ihnen an dem Rest nicht zu. Das ist bei der Zwangsverwaltung ganz anders. Durch deren Anordnung wird eine bestimmte Vermögensmasse zugunsten des betreibenden Gläubigers und der Beitretenden beschlagnahmt (§§ 146, 20, 27 ZVG.). Dies tritt besonders klar in die Erscheinung, wenn betreibender Gläubiger ein Hypothekengläubiger ist und es sich um Gegenstände handelt, auf die sich die Hypothek miterstreckt. Die Folge der Rechtsauffassung der Beklagten wäre die, daß ein solcher betreibender Gläubiger zur Wahrnehmung seiner Rechte auf Erwirkung eines Pfändungspfandrechts in die Verwaltungsmasse bedacht sein müßte. Das kann unmöglich der Wille des Gesetzes sein, das ja in § 865 ZPO. ganz unzweideutig ein solches Neben- und Durcheinander der Zwangsvollstreckung in das bewegliche und unbewegliche Vermögen verbietet. § 155 Abs. 1 ZVG. besagt nur, daß aus den Nutzungen des Grundstücks die Ausgaben der Verwaltung sowie die Kosten des Verfahrens — letztere mit gewissen Ausnahmen — vorweg zu bestreiten sind. Daraus folgt aber noch nicht, daß wegen solcher Ansprüche eine Zwangsvollstreckung in die Verwaltungsmasse nach den Grundsätzen der Zwangsvollstreckung in das bewegliche Vermögen betrieben werden könnte. Hat ein Dritter aus Rechtshandlungen des Verwalters Ansprüche zu erheben, so kann er sie erforderlichenfalls im Prozeß gegen diesen durchsetzen und dann dem Verfahren beitreten. Reichen die Erträgnisse zur Deckung der Ausgaben und Kosten der Verwaltung nicht aus, so muß der Verwalter pflichtmäßig dem Vollstreckungsgericht Anzeige erstatten. Dieses wird dann nach § 161 ZVG. vorgehen, d. h. von dem betreibenden Gläubiger einen Vorschuß einfordern und im Fall der Nichtleistung das Verfahren aufheben, wenn nach dem Ermessen des Gerichts der Fall so liegt, daß sich ohne den erforderten Vorschuß keine ordnungsmäßige Verwaltung führen läßt. Erfolgt die Aufhebung, dann fällt die Trennung zwischen der ein Sondervermögen des Schuldners bildenden Zwangsverwaltungsmasse und seinem übrigen Vermögen weg, und die Gläubiger können ohne weiteres wieder mit Pfändung gegen den Schuldner vorgehen.

Nach alledem muß es bei der Anwendbarkeit des § 865 ZPO. bewenden. Eine im Widerspruch zu dieser Bestimmung vorgenommene Pfändung ist schlechthin und absolut nichtig und wirkungslos (vgl. RGZ. Bd. 59 S. 87). Die Beklagte kann sich deshalb dem Kläger gegenüber auch nicht auf die von ihr ausgebrachten Vollstreckungsmaßnahmen berufen, wodurch Rechte für sie überhaupt nicht zur Entstehung gelangt sind. Ihre Ansicht, daß der Zwangsverwalter die Unzulässigkeit dieser Vollstreckungshandlungen hätte geltend machen müssen, ist rechtlich verfehlt.

RGZ. 142, 85

Ist der Zwangsverwalter, der Wasser bezieht, berechtigt und verpflichtet, Wassergeldrückstände des Schuldners zu bezahlen, wenn die Lieferungsbedingungen des mit einem tatsächlichen Monopol ausgestatteten Wasserwerks bestimmen, daß der Besitznachfolger für rückständige Wassergelder hafte?

ZVG. §§ 152, 155.

II. Zivilsenat. Urt. v. 20. Oktober 1933.

I. Landgericht II Berlin. II. Kammergericht daselbst.

Die Klägerin betreibt in Berlin ein Wasserwerk. Sie liefert das Wasser nach „Tarif und Bedingungen für Wasserlieferung", die von ihr festgesetzt sind. Darin ist unter § 8 Satz 1 gesagt:

Wechselt ein Grundstück, welches an die Wasserleitung angeschlossen, den Besitzer, so bleibt der Besteller der Wasserlieferung dessen ungeachtet verpflichtet, für das an seinen Nachfolger gelieferte Wasser zu zahlen, und zwar so lange, bis er die Wasserlieferung laut § 23 abbestellt oder bis ihn die Wasserwerke seiner Verpflichtung entbunden haben.

Weiter ist in Satz 3 daselbst bestimmt:

Für rückständige Wassergelder und sonstige Rechnungen der Wasserwerke haftet der Besitznachfolger.

Diese Bestimmungen will die Klägerin auch zur Anwendung bringen, wenn die angeschlossenen Häuser in Zwangsverwaltung kommen, da der *Zwangsverwalter Besitznachfolger des Grundstückseigentümers* sei. Sie hat deshalb die neun Beklagten, welche sämtlich als Zwangsverwalter Grundstücke im Gebiet von Groß-Berlin verwalten oder verwaltet haben, im gegenwärtigen Rechtsstreit auf Zahlung von Wassergeld verklagt, mit dem die Grundstückseigentümer aus der Zeit vor Eintritt der Zwangsverwaltung im Rückstand geblieben waren. Bei den Beklagten zu 6 und 8 traten kleine Beträge aus der Zeit ihrer eigenen Verwaltung hinzu. Bei den Beklagten zu 5, 7 und 9 sind die Zahlungsanträge inzwischen durch Zahlungen der Grundstücksersteher erledigt worden. Neben dem auf Zahlung gerichteten Klagbegehren hat die Klägerin weiter die Feststellung betrieben, daß sämtliche Beklagte als Zwangsverwalter von Grundstücken, die dem Wasserleitungsnetz der Klägerin angeschlossen seien, gemäß dem angeführten § 8 zur Zahlung der in der Zeit vor der Zwangsverwaltung „entstandenen" bzw. „entstehenden" rückständigen Wassergelder verpflichtet seien.

Das Landgericht wies die Klage in vollem Umfang ab. Die Berufung der Klägerin wurde mit der Maßgabe zurückgewiesen, daß der Rechtsstreit gegenüber den Beklagten zu 5, 7 und 9 erledigt sei. Auch die Revision der Klägerin blieb erfolglos, abgesehen von der Berichtigung, daß die Erledigung nur den Zahlungsanspruch betroffen habe.

Gründe:

I. Der erste Richter hat angenommen, die Beklagten hätten durch Fortbezug des Wassers stillschweigend einen neuen Wasserlieferungsvertrag mit der Klägerin geschlossen, hafteten aber nicht nach § 8 Satz 3 der Bedingungen für rückständiges Wassergeld aus der Zeit vor Beginn ihrer Verwaltung, weil § 8 auf den Zwangsverwalter nicht passe und in der Anwendung auf ihn sittenwidrig wäre. Abweichend hiervon ist das Berufungsgericht der Ansicht, die Beklagten hätten durch Fortbezug des Wassers für die von ihnen verwalteten Grundstücke keinen neuen Vertrag geschlossen, sondern nur an Stelle der Grundstückseigentümer oder sonstigen Besteller der Wasserlieferung die diesen zustehenden Leistungen der Klägerin angenommen; sie könnten daher für die Wassergeldrückstände nicht aus einer von ihnen begründeten Verpflichtung, sondern nur dann in Anspruch genommen werden, wenn diese Beträge Ausgaben der Verwaltung im Sinne des § 155 ZVG. seien oder wenn die bei Beginn der Verwaltung vorhandenen Verträge einen Haftungsgrund ergäben. Beides wird verneint. Ausgaben der Verwaltung seien nur die Kosten, die aus der Verpflichtung des § 152 ZVG. entständen, das Grundstück in seinem wirtschaftlichen Bestand zu erhalten und ordnungsmäßig zu benutzen. Der Meinung der Klägerin aber, aus diesem Grunde müßten die Zwangsverwalter die Rückstände bezahlen, weil ihnen sonst nach § 24 der Bedingungen die Einstellung der Wasserlieferung drohe, sei nicht beizupflichten. Tatsächlich habe die Klägerin, die nach ihrem eigenen Vorbringen die Lieferung von Wasser nicht ohne vorherige Androhung einstelle, die Einstellung nicht angedroht. Wäre dies aber wegen der Rückstände geschehen, so hätten die Verwalter von der Klägerin wegen der Abschlußverpflichtung, die aus ihrer zu Unrecht bestrittenen monopolartigen Stellung folge, die Eingehung eines neuen Vertrags fordern können. Nach diesem hätte dann der Klägerin mangels der Nämlichkeit des Rechtsverhältnisses kein Zurückbehaltungsrecht wegen der alten Schuld zugestanden. Die Gefahr der Einstellung der Wasserlieferung mit der Folge der Hinderung ordnungsmäßiger Nutzung der Grundstücke habe daher nicht bestanden. Der Satz 3 des § 8 der Bedingungen wäre bei Abschluß eines neuen Vertrags nicht auf den Zwangsverwalter zu beziehen gewesen, weil er dann Besteller, nicht Nachfolger des bestellenden Besitzers gewesen wäre. Aus dem alten Vertrag aber sei kein Recht auf Bezahlung der Rückstände gegen den Zwangsverwalter abzuleiten, weil der Besteller nur für seine Person, nicht aber für einen Dritten Pflichten gegenüber der Klägerin habe zur Entstehung bringen können. Für einen Beitritt der Zwangsverwalter zu den bestehenden Verträgen, für die Abgabe einer eigenen rechtsgeschäftlichen Erklärung gegenüber der Klägerin fehle jeder Anhalt. Sie hätten eine solche Erklärung nicht abzugeben brauchen, um das Wasser fortzubeziehen. Daher könne auch in dem Fortbezug jene Erklärung nicht gefunden werden, § 8 Satz 3 der Bedingungen könne nicht gegen sie wirken. So gelangen die beiden Vorderrichter zur Abweisung des Zahlungsbegehrens, und zwar für die bei den Beklagten zu 6 und 8 mitgeforderten kleinen Beträge aus der Zeit der Verwaltung selbst deswegen, weil eine Aufforderung zur Trennung schon im ersten Rechtszug vergeblich gewesen sei. Der Feststellungsantrag ist in zweiter Instanz wegen Unzulässigkeit abgewiesen worden, weil wegen der entstandenen rückständigen Beträge die Leistungsklage zu erheben gewesen wäre, während es für die künftig entstehenden an einem Rechtsverhältnis zwischen den Parteien fehle. Der erste Richter hatte seine Abweisung dieses Teils der Klage damit begründet, mit der Feststellungsklage werde nur die Entscheidung einer Rechtsfrage begehrt.

II. 1. Die Revision rügt Verletzung sachlichen Rechts, insbesondere der §§ 133, 157 BGB., sowie der §§ 152flg. ZVG. und des § 256 ZPO.; sie wirft dem Urteil auch widerspruchsvolle Begründung vor. Ihrer Ansicht nach folgt die Entscheidung zugunsten der Klägerin ohne weiteres daraus, daß nach der eigenen Annahme des Vorderrichters die Beklagten als Verwalter ohne Abschluß eines neuen Vertrags Wasser bezogen hätten, also schlüssig in das bisherige Vertragsverhältnis des Grundstückseigentümers eingetreten seien und demgemäß dessen Zahlungspflichten als die der Verwaltung zu erfüllen hätten... (Zunächst wird die Abweisung der Klage gegenüber den Beklagten zu 6 und 8 wegen der geringfügigen Rückstände aus der Zeit ihrer eigenen Verwaltung gebilligt.)

2. Zur Hauptsache ist zwar nicht in der Begründung, aber im Ergebnis dem Vorderrichter beizutreten. Die Revision weist für den vorliegenden Fall gegenüber dem Urteil des VII. Zivilsenats vom 24. März 1931 in RGZ. Bd. 132 S. 273 einmal darauf hin, daß es sich dort um elektrischen Strom, hier um Wasser handle, wobei eine Monopolstellung nicht in gleicher Weise in Betracht komme, sodann darauf, daß hier im Unterschied von jenem Fall die Lieferungsbedingungen der Klägerin mit ihrem § 8 vorlägen, die beim Abschluß eines neuen Vertrags dem Besitznachfolger die Haftung für die Schulden des Vorgängers auferlegten und auf die sich einzulassen der Nachfolger nach RGZ. Bd. 111 S. 310 gezwungen wäre. Sie wendet sich insbesondere und mit Grund gegen die Meinung des Vorderrichters, die im Kern dahin geht: der Zwangsverwalter, bei dem die Frage seiner Besitznachfolgerschaft im Sinne der Lieferungsbedingungen der Klägerin offengelassen wird und von dem hier mit Wirkung für alle Beklagte gesagt wird, er habe durch den Fortbezug des Wassers keinen neuen Vertrag mit der Klägerin geschlossen, sondern nur ihre vertraglichen Leistungen für den Grundstückseigentümer an dessen Stelle angenommen, könne dies tun, ohne seinerseits als Verwalter nach Maßgabe des von jenem eingegangenen Vertrags zur Leistung verpflichtet zu werden. Wäre dies möglich und enthielte der Fortbezug des Wassers nicht schlüssig den Eintritt in den vom Grundstückseigentümer (oder dem nach § 147 Abs. 1 ZVG. sonst noch der Zwangsverwaltung zu unterwerfenden Eigenbesitzer) geschlossenen Lieferungsvertrag, so würde der Zwangsverwalter auch insoweit, als er das von ihm in der Zeit seiner Verwaltung bezogene Wasser bezahlt, immer nur die Verpflichtung eines Dritten erfüllen, dessen Rechte er für die Verwaltung ausnützt. Er würde also ganz außerhalb des zwischen der Klägerin und dem Grundstückseigentümer vorhandenen und fortdauernden Vertragsverhältnisses stehen bleiben und zahlen nur etwa in Befolgung der gesetzlichen Vorschrift des § 155 Abs. 1 ZVG., aus den Nutzungen des Grundstücks (falls vorhanden) die Ausgaben der Verwaltung zu bestreiten. Ein schuldrechtliches Band zwischen

ihm und dem Wasserlieferer bestände nicht. Ein derartiges Verhältnis, wonach der Zwangsverwalter „Dritter" gegenüber dem Vertrag bliebe, unterstellt der Vorderrichter deutlich, wenn er im Urteil zur Ablehnung der Inanspruchnahme des Zwangsverwalters aus § 8 der Lieferungsbedingungen als Besitznachfolger des vertragschließenden Grundstückseigentümers sagt, der Besteller (Grundstückseigentümer) könne, wie keiner Ausführung bedürfe, Pflichten gegenüber der Klägerin „nur in seiner Person, nicht aber auch in der Person eines Dritten" (eben des Zwangsverwalters) zur Entstehung bringen. Das ist aber nicht der Standpunkt des Gesetzes, wie sich unmittelbar aus der die erweiterte Wirksamkeit des Miet- und Pachtverhältnisses nach den §§ 571 flg. BGB. ausbauenden Sonderbestimmung des § 152 Abs. 2 ZVG. ergibt. Danach ist dann, wenn das Grundstück vor der Beschlagnahme einem Mieter oder Pächter überlassen ist, der Miet- oder Pachtvertrag „auch dem Verwalter gegenüber wirksam". In diesem Sonderfall ist, wenn der Mieter oder Pächter nicht nur einen Vertrag geschlossen hat, sondern auch bereits in den Besitz des Grundstücks gesetzt ist, dem Verwalter die Freiheit genommen, ob er in Ausübung der ihm nach § 152 Abs. 1 ZVG. eingeräumten Verwaltungsrechte und auferlegten Verwaltungspflichten in den vom Grundstückseigentümer abgeschlossenen Miet- oder Pachtvertrag eintreten will oder nicht; der Vertrag bindet ihn mit seinem Gesamtinhalt unmittelbar kraft Gesetzes. Sonst aber besteht die Freiheit des Verwalters, nach pflichtmäßigem Ermessen für die Zwecke der Verwaltung und für deren Zeitdauer in die vom Grundstückseigentümer für oder über das Grundstück geschlossenen Verträge an dessen Stelle einzutreten oder nicht einzutreten, was auch durch schlüssiges Verhalten erklärt werden kann. Inhaltlich wird jedoch der Vertrag durch den Eintritt nicht geändert, so wenig wie der Miet- oder Pachtvertrag (s. Reinhard ZVG. § 152 Anm. II 3a, b).

Das angefochtene Urteil sagt, in dem Fortbezug des Wassers durch die verklagten Zwangsverwalter könne keine eigene rechtsgeschäftliche Erklärung gegenüber der Klägerin, dem bestehenden Wasserlieferungsvertrag beizutreten, gefunden werden, weil sie eine solche Erklärung nicht hätten abzugeben brauchen. Das ist zwar richtig in dem Sinne, daß sich der Verwalter des Eintritts in den Vertrag für die Zwecke seiner Verwaltung — wie auch des Abschlusses eines neuen Vertrags — hätte enthalten können, wenn er keines Wassers bedurft oder sich das erforderliche Wasser anderweit beschafft hätte. Aber die Tatsache des Wasserbezugs läßt sich nach allgemeiner Verkehrsanschauung — wie sonst der Verbrauch oder das Verzehren einer gegen Entgelt dargebotenen Sache — nicht anders auslegen denn als der schlüssige Eintritt in die vom Lieferer ausgebildete, jedem Abnehmer gegenüber zur Anwendung gelangende Vertragsbeziehung. Dabei ist für den vorliegenden Fall angesichts des Inhalts des § 8 der Lieferungsbedingungen der Klägerin unerheblich, ob man in dem Wasserbezug des Verwalters, dem die Klägerin kein Hindernis bereitet hat, — je nach den Umständen seines Verhaltens — den durch die Ermächtigung des § 152 Abs. 1 ZVG. gerechtfertigten Eintritt in den bestehenden Vertrag des Grundstückseigentümers oder den neuen Abschluß des typischen Wasserbezugsvertrags zu finden hat. Denn in jedem Fall würden die von der Klägerin festgesetzten Lieferungsbedingungen Platz greifen, denen gegenüber dem Zwangsverwalter vertragsrechtlich auch keine Verwahrung zu helfen vermöchte (vgl. RGZ. Bd. 111 S. 310 [311, 312]).

Im Fall des Eintritts in den bestehenden Vertrag hätte der Verwalter die rückständigen wie die künftigen Wassergeldschulden auf Grund der vom Vollstreckungsschuldner begründeten Verpflichtungen, die vertragsrechtlich im gesamten Umfang ihm gegenüber gälten, zu erfüllen; im Fall des Neuabschlusses eines Vertrags träfe ihn die gleiche Verpflichtung auf Grund seines eigenen Vertragsabschlusses, der auch die Pflicht umfaßt, als „Besitznachfolger" für die rückständigen Wassergelder zu haften. Daß die Klägerin ihre typischen Bedingungen auf Grund ihrer praktischen Erfahrungen in dem Sinn aufgestellt hat, daß der „Besitznachfolger" des § 8 Satz 3 und der Besitzwechsel des § 8 Satz 1 auch den Besitzübergang umfaßt, der sich im Fall des Eintritts einer amtlichen Verwaltung bei Konkurseröffnung (§ 117 Abs. 1 KO.) oder bei Anordnung der Zwangsverwaltung (§ 148 Abs. 2, § 150 Abs. 2 ZVG.) vollzieht, kann füglich nicht bezweifelt werden. Wollte man das tun und, wie der erste Richter, die Entscheidung an die Auslegung dieser Bedingungen knüpfen, so läge es in der Hand der Klägerin, dem durch eine weitere, noch deutlichere Ausgestaltung ihrer Bedingungen wenigstens für zukünftige Fälle vorzubeugen. Das Gesagte gilt gleichermaßen, ob man in Ansehung der rechtlichen Stellung des Zwangsverwalters der Amts- oder der Vertretungslehre folgt; nach letzterer käme ein Wechsel der Vertragsparteien überhaupt nicht in Frage. Der Satz des Berufungsurteils, § 8 Satz 3 sei auf den Zwangsverwalter, der einen neuen Vertrag eingehe, nicht zu beziehen, weil er „Besteller, nicht Nachfolger des bestellenden Besitzers" sei, ist unhaltbar; gerade weil er jetzt Besteller ist, soll ihm die Haftung für die Rückstände seines Vorgängers im Besitz auferlegt sein. In zahlreichen Entscheidungen, die das Einstehen des Verwalters im Fall des Konkurses oder der Zwangsverwaltung für die rückständigen Beträge aus Wasser-, Gas- oder Stromlieferung behandeln (z. B. in dem Beschluß des Oberlandesgerichts in Celle vom 12. Juli 1932 in JW. 1933 S. 928 Nr. 16), ist die Frage erörtert und als entscheidend angesehen worden, ob hierbei ein Einheitsvertrag mit Teillieferungen oder ein Wiederkehrschuldverhältnis im Sinne von Jaeger Konkursordnung § 17 Anm. 18a, b gegeben ist. Nach dem Inhalt der Bedingungen der Klägerin kann indessen diese Frage hier auf sich beruhen bleiben. Denn auch jede Erneuerung des Vertrags durch den Verwalter zu den typischen Bedingungen würde wieder die Bedingung der Haftung für rückständige Gelder enthalten.

Wesentlich für die Entscheidung ist demnach die Frage, ob diese Bedingung gegenüber dem Zwangsverwalter zur Anwendung kommen kann, selbst wenn sie als vereinbart anzusehen ist. Dies ist aber zu verneinen, weil die Bedingung mit der zwingenden gesetzlichen Ordnung der Befriedigung im Zwangsverwaltungsverfahren in Widerspruch steht. Ob und inwieweit sie auch gegen die guten Sitten verstößt, was gegenüber anderen Besitznachfolgern von Bedeutung sein würde, kann deshalb hier unerörtert bleiben. Das Vorliegen eines solchen Sittenverstoßes wird für schuldhaft zugelassene ältere Rückstände übrigens bejaht in dem von der Klägerin selbst beigebrachten Rechtsgutachten. Dieses würdigt die gesamte einschlägige Rechtsprechung im Gebiet des bürgerlichen und des Verwaltungsrechts. Hinzuzufügen sind nur die in JW. 1933 S. 2229/2230 Nr. 23 bis 25 mitgeteilten drei oberlandesgerichtlichen Erkenntnisse von 1933 (Darmstadt, Köln, Naumburg) und die neueste Entscheidung des Obergerichts in Danzig von 21. April 1933 in JW. 1933 S. 1672 Nr. 1.

Schon in seinem Urteil vom 12. Februar 1932 in RGZ. Bd. 135 S. 197 (204) hat der erkennende Senat entschieden, daß wegen der gesetzlichen Ordnung für Masseforderungen an den Zwangsverwalter — im Unterschied vom Konkursverfahren (RGZ. Bd. 61 S. 259) — im Laufe der Zwangsverwaltung keine Zwangsvollstreckung in die Verwaltungsmasse nach den Grundsätzen der Zwangsvollstreckung in das bewegliche Vermögen statthaft ist. Vielmehr ist dann, wenn der Verwalter die Masseschulden nicht zahlt und auch die Anrufung des Vollstreckungsgerichts dagegen unwirksam ist, nur nach Erlangung eines vollstreckbaren Titels der Beitritt als Gläubiger zum Zwangsverwaltungsverfahren möglich. Dieser Weg wegen jeglicher Rückstände steht auch dem Lieferer von Wasser, Gas oder Strom offen. Dagegen kann ihm nicht verstattet werden, sich durch einseitige, für den auf den Bezug angewiesenen Abnehmer — sei es der Schuldner oder der Verwalter — unvermeidliche Bedingungen wegen seiner Forderungen ein Vorrecht der Befriedigung unter dem Titel „Masseschuld" zu verschaffen, ein Vorrecht, welches das Gesetz bei seiner Ordnung der Beteiligung nach Voraussetzungen und Rangordnung nicht anerkennt. Dementsprechend ist auch in dem vorbezeichneten neuesten Danziger Urteil, das von dem Urteil des VII. Zivilsenats vom 8. Oktober 1929 VII 116/29 in JW. 1930 S. 1402 Nr. 18 und dem schon erwähnten in RGZ. Bd. 132 S. 273 ausgeht, nicht nur davon die Rede, daß das „unter allen Umständen" gestellte Verlangen der Zahlung der Rückstände durch den Konkurs- oder Zwangsverwalter den guten Sitten widerspreche, sondern in erster Linie davon, daß es auf eine Umgehung des Gesetzes hinauslaufe. Wie es in dieser Richtung im

Konkursfall liegt, ist hier nicht zu entscheiden und bedarf deshalb keiner Erörterung. Bemerkt sei nur das eine: In dem vorgenannten Beschluß des Oberlandesgerichts in Celle ist umgekehrt von einer Umgehung des Gesetzes durch den Konkursverwalter die Rede, wenn er trotz seiner Weigerung, den vom Gemeinschuldner geschlossenen Vertrag zu erfüllen, eine Fortsetzung der Lieferungen zu erreichen suche, ohne zugleich rückständige Lieferungsentgelte als Masseschuld anzuerkennen. Hierbei wird indessen zu Unrecht davon ausgegangen, daß es dem Konkursverwalter versagt sei, unter oder nach Erfüllungsablehnung einen neuen, weniger lästigen Vertrag abzuschließen. Bei diesem im Gesetz (§ 17 KO.) nicht erwähnten, aber auch keiner Erwähnung bedürftigen, sondern selbstverständlich möglichen Verfahren erhebt sich dann nur die Frage, ob eine Verweigerung des Vertragsschlusses durch den Lieferer unter den besonderen Umständen die rechtlichen Folgen der sittenwidrigen Vertragsablehnung oder der Verletzung des sog. Abschlußzwangs durch den Monopolinhaber auszulösen vermöchte (vgl. RGZ. Bd. 115 S. 254 [258], Bd. 132 S. 273 [276], Bd. 133 S. 388 [391]). In dieser Weise zu verfahren ist aber nutzlos, wo, wie hier, der neue Vertrag nach den ständigen Bedingungen wieder die Festsetzung der Haftung für die Schulden des Besitzvorgängers enthält. Es bleibt dann immer wieder die Frage der Rechtswirksamkeit dieser Bedingung entscheidend, die sich im Fall der Zwangsverwaltung nach den besonderen Vorschriften über dieses Verfahren beantwortet.

Die rückständige Wassergeldschuld des Grundstückseigentümers haftet, wenngleich um des Grundstücks willen entstanden, zufolge des schuldrechtlichen Vertrags auf seinem Gesamtvermögen. Durch die Beschlagnahme des Grundstücks für die Zwangsversteigerung oder Zwangsverwaltung entsteht nach Maßgabe der gesetzlichen Vorschriften ein Sondervermögen des Schuldners, an dem die Gläubiger diesen Vorschriften gemäß nur unter bestimmten Voraussetzungen und nach bestimmter Rangordnung teilzunehmen berechtigt sind. Zu jenen Voraussetzungen gehört grundsätzlich die Feststellung der Forderung in vollstreckbarer Form und der Eintritt als betreibender Gläubiger. Nach dieser Rangordnung haben gewisse Arten von Ansprüchen Vorzugsrechte bei der Verteilung der Masse vor den sog. Beschlaggläubigern. Auch diese Vorzugsrechte, worunter sich bei der Zwangsverwaltung die Ansprüche eines betreibenden Gläubigers für Ausgaben zur Erhaltung oder nötigen Verbesserung des Grundstücks (§ 10 Nr. 1 ZVG.) sowie die öffentlichen Lasten des Grundstücks (§ 10 Nr. 3 das.) befinden, bestehen für Rückstände nur in begrenztem Umfang. Nur nach den Beschlaggläubigern können bei der Zwangsversteigerung gewisse Vorzugsberechtigte wegen ihrer der Art nach an sich des Vorzugs teilhaftigen Ansprüche (ältere Rückstände, § 10 Nr. 6 bis 8 das.) noch ohne förmlichen Eintritt als Beschlaggläubiger berücksichtigt werden. Bei der Zwangsverwaltung ist auch hierfür kein Raum gelassen und außerdem bestimmt, daß selbst die Bevorzugten der zweiten bis vierten Klasse (Lidlöhner, öffentliche Lasten, Realberechtigte) nur insoweit zum Zug kommen, als laufende Beträge wiederkehrender Leistungen zu berichtigen sind (§ 155 Abs. 2 ZVG.). Wegen der nicht laufenden, d. h. der aus der Zeit vor der Beschlagnahmeanordnung rückständigen, Beträge müssen auch diese Bevorzugten, wenn sie befriedigt werden wollen, dem Verfahren unter den gesetzlichen Erfordernissen als gewöhnliche betreibende Gläubiger, als Beschlaggläubiger der fünften Klasse beitreten. Selbst unter den laufenden Beträgen wiederkehrender Leistungen, welche nach § 13 Abs. 1 ZVG. vom letzten Fälligkeitstermin vor der Beschlagnahme ab gerechnet werden, besteht wieder der Unterschied, daß sie, soweit sie, wie z. B. die Lidlöhne vom Zeitpunkt der Beschlagnahme ab, Verwaltungsausgaben sind, gemäß § 155 Abs. 1 ZVG. vom Verwalter ohne weiteres und vorweg berichtigt werden können, sonst aber für den vor die Beschlagnahme fallenden Teil anzumelden und nur nach § 155 Abs. 2 ZVG. bei der Verteilung des Überschusses zu berücksichtigen sind (Reinhard ZVG. § 155 Anm. III 5 und VI 3b). Mit einer so genau abgewogenen gesetzlichen Ordnung der Befriedigung aus der Beschlagnahmemasse ist es unverträglich, daß sich ein Lieferant des Grundstückseigentümers durch privatrechtliches Ausbedingen der Haftung des Zwangsverwalters als Besitznachfolger des Schuldners unter dem Titel der Verwaltungsausgabe gemäß § 155 Abs. 1 ZVG. eine Befriedigung vor fast allen anderen Teilnahmeberechtigten verschafft, besonders vor allen öffentlichen Lasten, die keine Verwaltungsausgaben sind (§ 156 Abs. 1 vgl. mit § 155 Abs. 1 ZVG.), und vor dem Aufwand des betreibenden Gläubigers (§ 10 Nr. 1, § 155 Abs. 2 ZVG.) sowie vor den Ansprüchen der Lidlöhner für die Zeit vor der Beschlagnahme.

Ausgaben der Verwaltung sind zwar, formell umgrenzt, alle Aufwendungen, welche der Verwalter zur Durchführung der ihm gestellten Aufgaben zu machen hat. Ihrem Gegenstand nach gesehen kommen aber dabei nur solche Aufwendungen in Betracht, die durch die Beherrschung, Pflege und Nutzung des Grundstücks in der Zeit der Tätigkeit des Verwalters entstehen. Wollte man annehmen, daß die Rückstände als Verwaltungsausgaben zu berichtigen seien, so könnte sogar mangels bereiter Nutzungen die Inanspruchnahme der Vorschußpflicht der betreibenden Gläubiger nach § 161 Abs. 3 ZVG. für den Fortgang des Verfahrens nötig werden, um die Klägerin zu decken. Daher müßte der Verwalter — und dies ist im vorliegenden Fall auch geschehen — die Zahlung der Rückstände aus der Zeit vor der Beschlagnahme ablehnen, wenn er auch die schlüssige Handlung des Eintritts in den Vertrag des Schuldners durch den Fortbezug des Wassers — in der Erwartung oder Voraussicht der Unwirksamkeit der entsprechenden Vertragsbedingung — nicht vermeiden konnte. In dieser Richtung kommt nach der Feststellung des Vorderrichters in Betracht, daß die Klägerin tatsächlich einen Monopolbetrieb hat, der einem Zwangsverwalter gegenüber um so schärfer als solcher wirkt, weil dessen nur vorübergehende, ihm kraft Gesetzes zugewiesene und auf einträgliche Wirtschaft gerichtete Aufgabe ihn hindert, eigene kostspielige Maßnahmen zur Selbstversorgung des Grundstücks mit Wasser zu treffen. Ebensowenig wie der Hinweis auf die gerade beim Zwangsverwalter praktisch und nach seiner gesetzlichen Aufgabe ausgeschlossene Möglichkeit der Selbstversorgung kommt hier gegen die Monopolstellung der Klägerin der von ihr geltend gemachte Umstand in Betracht, daß sie — die hier tatsächlich keinerlei Sperre vorgenommen hat, obgleich die Bezahlung der Rückstände unterblieben ist und die Beklagten die Unterzeichnung der Wasserlieferungsbedingungen mit dem § 8 abgelehnt haben — niemals eine völlige Sperre anwendet, sondern, selbst wo Sperre erfolgt, die Leitung alle drei Tage eine halbe Stunde zur Wasserentnahme öffnet. Hierbei ist zu berücksichtigen, daß der Zwangsverwalter — vermöge der bereits erwähnten Wirksamkeit der vom Schuldner geschlossenen Miet- und Pachtverträge ihm gegenüber — den Mietern oder Pächtern verpflichtet bleibt, das Wasser im bisherigen vollen Umfang zum Gebrauch zu stellen. An der Zwangslage für den Verwalter, dessen Aufgabe gerade auf den vollen Bezug der Nutzungen des Grundstücks für die am Verfahren Beteiligten gerichtet ist, würde durch die vorgebrachte Milderung der Sperre nichts geändert.

Die Sache liegt zwischen der Klägerin und den Beklagten — wie überhaupt den örtlichen Zwangsverwaltern, die, wie von der Revision gesagt wird, auf Anweisung des Vollstreckungsgerichts zufolge der Entscheidung RGZ. Bd. 132 S. 273 die gleiche Haltung einnehmen — so, daß die schlüssige Willenserklärung des Eintritts in den Wasserbezugsvertrag des Schuldners von den Zwangsverwaltern in der Annahme der gesetzlichen Unwirksamkeit der Bedingung des § 8 über die Haftung für die Rückstände abgegeben ist, während die Klägerin unter Vertretung des Rechtsstandpunkts ihrer Wirksamkeit auf jeden Fall zur Lieferung gewillt war, wohl schon um etwaige Schadensersatzansprüche wegen Verletzung des sog. Abschlußzwangs zu vermeiden. Vertragsrechtlich ist die Lage nicht anders, als sie sich im Fall des § 139 BGB. zeigt, wenn eine Vertragsbedingung nachträglich erfolgreich als nichtig angefochten und entschieden wird, daß der Vertrag auch ohne sie geschlossen worden wäre. Hier besteht nur von vornherein die Lage, daß die Parteien über die Fortführung des Wasserlieferungsvertrags einig waren, vorbehaltlich allein des Streits über die eine Bedingung und seiner Entscheidung. In diesem Streit aber muß die Klägerin unterliegen. Da sie stets die Möglichkeit hat, ihre Rückstände in kürzester Zeit gerichtlich feststellen zu lassen und dem Verfahren beizutreten, wenn sie nicht dafür vom Grundstückseigentümer gütlich oder aus seinem beschlagnahmefreien Vermögen zwangsweise Zahlung erlangen kann, so entfallen alle Erwägungen über die Preishöhe zur wirtschaftlichen Rechtfertigung der Bedingungen des § 8 auch im Fall der Zwangsverwaltung. Als unwirksam müßte sich natürlich auch die bedungene Nachhaftung des Zwangsverwalters nach § 8 Satz 1 mit § 23 der Bedingungen erweisen, wonach er z. B. bei einer neben der Zwangsverwaltung einhergehenden Zwangsversteigerung für die Wassergeldschuld des Erstehers als seines Besitznachfolgers zu haften hätte, bis seine Kündigung erfolgt und gemäß § 23 nach drei Monaten auf das Ende eines Kalendervierteljahres wirksam wäre.

3. Aus dem Ausgeführten ergibt sich zugleich die Richtigkeit der Abweisung der Feststellungsklage. . . (Wird näher ausgeführt.)

RGZ. 143, 33

1. Wem stehen die landwirtschaftlichen Erzeugnisse eines zwangsversteigerten Landguts zu, die zur Zeit der Beschlagnahme noch mit dem Boden verbunden, zur Zeit der Versteigerung aber abgeerntet waren und bis zum Zuschlag unveräußert auf dem Grundstück verblieben sind?

2. Kann im Fall einer gleichzeitig mit der Zwangsversteigerung angeordneten Zwangsverwaltung der Zwangsverwalter noch nach der Erteilung des Zuschlags solche Früchte veräußern? Hat der Ersteher Anspruch auf den Erlös aus einem solchen Verkauf, wenn er zur Deckung von Zwangsverwaltungsvorschüssen an einen betreibenden Gläubiger ausgezahlt wurde?

ZVG. §§ 20flg., §§ 55, 90, 146flg. BGB. §§ 242, 826.

V. Zivilsenat. Urt. v. 16. Dezember 1933.

I. Landgericht Frankfurt a. O. II. Kammergericht Berlin.

Auf dem Rittergut B. haftete für die Beklagte unter Abt. III Nr. 25 des Grundbuchs eine Grundschuld von 60000 GM. mit dem Range nach der für die Klägerin daselbst unter Nr. 26 eingetragenen Hypothek von 37500 RM. Auf Antrag der Beklagten wurde durch Beschlüsse des Amtsgerichts Reppen vom 7. April 1931 sowohl die Zwangsverwaltung wie die Zwangsversteigerung des Ritterguts angeordnet. Die Klägerin trat beiden Verfahren bei. Der zunächst auf den 26. Juni 1931 angesetzte Versteigerungstermin wurde auf Antrag beider Parteien aufgehoben. Dies soll geschehen sein, weil die Beklagte auf eine günstige Verkaufsgelegenheit gehofft habe. Vorauf ging ein Briefwechsel der Parteien vom 18. und 22. Juni 1931, worin die Klägerin u. a. schrieb: „Bei Verwertung der Ernte und Verrechnung der bisher verauslagten Zwangsverwaltungskosten werden gleichzeitig die rückständigen Zinsen der der D.-Bank vorgehenden Gläubiger beglichen", und die Beklagte antwortete: „Weiterhin vereinbarten wir, daß aus der eingehenden Ernte neben den Zwangsverwaltungskosten auch die rückständigen Zinsen an die ersten und zweiten Hypothekengläubiger bezahlt werden sollen". Die Beklagte hatte rund 42000 RM. Kosten der Zwangsverwaltung verauslagt und rechnete auf noch weitere 8000 RM. von ihr vorzuschießender Kosten. Am 21. August 1931 meldete sie ihre Forderung in der Zwangsversteigerungssache an, darunter 50000 RM. Zwangsverwaltungskosten. Bei der Versteigerung am 24. August 1931 blieb die Klägerin mit einem Bargebot von 128200 RM. Meistbietende. In das geringste Gebot waren die von der Beklagten angemeldeten 50000 RM. Zwangsverwaltungskosten mit aufgenommen worden. Am 25. September 1931 erhielt die Klägerin den Zuschlag. Durch Beschluß von demselben Tage wurde die Zwangsverwaltung mit Rücksicht auf diesen Zuschlag aufgehoben. Die Früchte des Guts, welche zur Zeit der Beschlagnahme noch mit dem Boden verbunden standen, waren zur Zeit der Versteigerung größtenteils geerntet; ein kleinerer Teil folgte in der Zeit zwischen Versteigerung und Zuschlag. Jedenfalls befand sich aber zur Zeit des Zuschlags noch die gesamte bis dahin gewonnene Ernte unveräußert auf dem Gut. Am 4. September 1931 hatte das Amtsgericht den Zwangsverwalter angewiesen, die zum Verkauf verfügbare Ernte sofort zu veräußern und den Erlös zur Rückzahlung der von der Beklagten geleisteten Vorschüsse zu verwenden. Die Erinnerung der Klägerin hiergegen wurde durch Beschluß vom 25. September 1931 zurückgewiesen. Das Landgericht hob diesen Beschluß auf Beschwerde der Klägerin am 3. Oktober 1931 auf. Auf weitere Beschwerde der Beklagten stellte aber das Kammergericht am 6. Februar 1932 den Beschluß des Amtsgerichts mit der Maßgabe wieder her, daß der Zwangsverwalter angewiesen wurde, diejenigen landwirtschaftlichen Erzeugnisse des Gutes zu veräußern, welche nicht zur Fortführung der Wirtschaft bis zur nächsten Ernte erforderlich sein würden. Darauf verkaufte der Zwangsverwalter die Ernte, soweit sie nicht noch als Saatgut gebraucht wurde. Den Erlös von 50670 RM. zahlte er der Beklagten zur Deckung ihrer Vorschüsse aus. Am 24. Mai 1932 fand der Verteilungstermin in der Zwangsversteigerungssache statt. Die Beklagte hielt, weil aus dem Ernteverkauf befriedigt, ihre in das geringste Gebot aufgenommene Anmeldung von 50000 RM. Zwangsverwaltungskosten nicht aufrecht. So kam es, daß ihr vom Barerlös noch 50000 RM. auf ihre der Hypothek der Klägerin nachfolgende Grundschuld Nr. 25 zugeteilt wurden. Da die Klägerin gegen diese Zuteilung Widerspruch erhob und Zahlung insoweit verweigerte, beschloß das Amtsgericht, daß der Beklagten für den Fall der Erfolglosigkeit des Widerspruchs eine Forderung von 50000 RM. gegen die Klägerin übertragen werde.

Mit der im Juni 1932 erhobenen Klage beantragte nunmehr die Klägerin, ihren im Zwangsversteigerungsverfahren erhobenen Widerspruch für begründet zu erklären; hilfsweise bat sie, festzustellen, daß die Beklagte aus ihrem Ansatz in Höhe von 50000 RM. keine Rechte gegen sie geltend machen dürfe. Die Klage wurde wie folgt begründet: Zwischen den Parteien sei vereinbart gewesen, daß die Beklagte die Zwangsverwaltungskosten nicht im Versteigerungsverfahren geltend machen dürfe. Zu deren Deckung habe in erster Linie die anfallende Ernte verwandt werden sollen. Nur unter dieser Voraussetzung habe sie (Klägerin) auf Bitte der Beklagten in eine Verlegung des auf den 26. Juni 1931 bestimmten Versteigerungstermins gewilligt. Dementgegen habe die Beklagte aber doch die Zwangsverwaltungskosten im Zwangsversteigerungsverfahren angemeldet und dadurch ein Gebot der Klägerin veranlaßt, das um 50000 RM. höher gewesen sei, als es ohne diese Anmeldung der Fall gewesen wäre. Denn sie (Klägerin) habe ihre eigene Hypothek ausbieten, nicht aber noch in die Grundschuld der Beklagten hineinbieten wollen. Auf diese Weise sei ihr durch vertragswidriges Verhalten der Beklagten ein Schaden von 50000 RM. entstanden. Nachdem dann die Versteigerung vor Verkauf der Ernte stattgefunden habe und diese durch den Zuschlag Eigentum der Klägerin geworden sei, habe auch der Zwangsverwalter durch die Veräußerung unberechtigt über Eigentum der Klägerin verfügt. Daher müsse die Beklagte das durch den Verkauf Erlangte, das ihr der Verwalter ausgehändigt habe, herausgeben. Mit der so entweder auf Verpflichtung zum Schadensersatz oder auf ungerechtfertigte Bereicherung zu gründenden Forderung rechne sie, Klägerin, gegen die der Beklagten aus der Versteigerung zustehende Forderung auf. Nachdem das Landgericht die Klage abgewiesen hatte, stellte die Klägerin im zweiten Rechtszug folgende Anträge:

1. ihren Widerspruch für berechtigt zu erklären;
2. die Zwangsvollstreckung aus dem Zuschlagsbeschluß und aus der der Beklagten übertragenen Forderung für unzulässig zu erklären;
3. festzustellen, daß die Beklagte aus dieser Forderung und dem ihr zugrunde liegenden Ansatz keine Rechte gegen die Klägerin herleiten könne.

Das Kammergericht hielt die Abweisung der Anträge unter Nr. 1 und 2 aufrecht. Dem zu 3. gestellten Feststellungsbegehren gab es statt. Die Revision der Beklagten blieb ohne Erfolg.

Gründe:

Das Kammergericht hält das Feststellungsbegehren der Klägerin für berechtigt: Im Zwangsversteigerungsverfahren sei die Forderung gegen die Klägerin der Beklagten als Hebung aus dem Versteigerungserlös auf ihre in Abt. III des Grundbuchs unter Nr. 25 eingetragen gewesene Grundschuld mit Recht nach § 118 ZVG. zugeteilt worden; demgemäß sei der von der Klägerin im Verteilungstermin erhobene Widerspruch zwar unbegründet, aber die der Beklagten zugeteilte Forderung sei durch Aufrechnung mit einer Gegenforderung der Klägerin getilgt. Der Berufungsrichter erachtet eine solche Gegenforderung der Klägerin aus ungerechtfertigter Bereicherung für begründet. Deswegen läßt er die daneben zur Rechtfertigung einer Schadensersatzforderung aus vertragwidrigem Verhalten der Beklagten vorgetragenen Tatsachen ungeprüft. Zur Bereicherungsforderung führt das Kammergericht aus: Da die hier in Betracht kommenden landwirtschaftlichen Erzeugnisse zur Zeit der Anordnung der Zwangsversteigerung noch nicht vom Boden getrennt gewesen seien, so hätten sie als wesentliche Bestandteile des Grundstücks der Beschlagnahme unterlegen. Darin sei, obwohl die Früchte inzwischen abgeerntet seien, bis zur Erteilung des Zuschlags keine Änderung eingetreten, weil bis dahin von der Möglichkeit, innerhalb der Grenzen einer ordnungsmäßigen Wirtschaft über die Erzeugnisse zu verfügen, kein Gebrauch gemacht worden sei. Hierauf sei auch die gleichzeitig mit der Zwangsversteigerung angeordnete Zwangsverwaltung ohne Einfluß gewesen. Denn ein Zurücktreten der Versteigerungsbeschlagnahme hinter die Verwaltungsbeschlagnahme sei aus dem Gesetze nicht zu entnehmen. Die Ernte würde von jener frei geworden sein, falls der Zwangsverwalter bis zum Zuschlag, wenn auch vielleicht erst zwischen Versteigerung und Zuschlag, über sie verfügt hätte. Das aber sei nicht geschehen. Die Verfügung des Verwalters nach dem Zuschlag sei unberechtigt gewesen, wogegen es auch nichts besage, daß der Verkauf auf gerichtliche Anordnung geschehen sei. Den Erlös müsse die Beklagte der Klägerin gemäß §§ 816, 822 BGB. erstatten. Durch Aufrechnung mit diesem Bereicherungsanspruch sei die der Beklagten gegen die Klägerin als Ersteherin übertragene Forderung getilgt.

Die Revision wendet sich hiergegen mit folgenden Ausführungen: Das Berufungsurteil setze sich nicht mit der Frage auseinander, ob die Erzeugnisse, wenn sie vor der Versteigerung vom Boden getrennt wurden, noch der Zwangsversteigerungsbeschlagnahme unterworfen blieben. Da die Versteigerungsmasse zwischen Beschlagnahme und Versteigerung Veränderungen erfahren könne, so müsse auch berücksichtigt werden, daß durch die Trennung eine wesentliche Voraussetzung der Beschlagnahmewirkung, die Verbindung mit dem

Boden, entfalle. Aber auch bei der Verneinung solchen Freiwerdens der Früchte von der Zwangsversteigerungsbeschlagnahme durch Trennung vom Boden, würden sie doch nach der Ansicht des Kammergerichts dem Ersteher entzogen durch eine für zulässig erachtete Veräußerung und Entfernung in der Zeit zwischen Versteigerung und Zuschlag. Davon ausgehend müsse man, jedenfalls bei Bestehen einer Zwangsverwaltungsbeschlagnahme neben der Zwangsversteigerungsbeschlagnahme, der Verfügungsbefugnis des Zwangsverwalters alle Früchte unterwerfen, die bis zum Zuschlag geerntet seien. Denn anderenfalls sei der Umfang der dem Ersteher zufließenden Masse abhängig von dem zufälligen Umstande, wie lange der Zuschlag nach der Versteigerung hinausgeschoben werde, und ob in der Zwischenzeit eine Veräußerung der Erzeugnisse stattfinde. Das aber würde eine starke Unsicherheit in der Rechtstellung des Erstehers ergeben, die sein Gebot ungünstig beeinflussen müsse. Um ein für die Gläubiger möglichst günstiges Ergebnis zu erzielen, sei es notwendig, einen sicheren Rechtsboden für die Verwertung des Schuldnervermögens zu schaffen, indem man dem Zwangsverwalter die Verfügung über alle bis zum Zuschlag geernteten Früchte gebe. Aber auch wenn man mit dem Kammergericht die Ernte als mit dem Zuschlag dem Ersteher zugefallen ansehen wolle, so habe doch der Zwangsverwalter bei der Veräußerung nicht unberechtigt, sondern als dazu durch den Beschluß des Kammergerichts vom 6. Februar 1932 ermächtigt verfügt. Schließlich könne nicht von einer unentgeltlichen Zuwendung des Ernteerlöses an die Beklagte die Rede sein; denn diese habe Befriedigung wegen ihrer Verwaltungsvorschüsse beanspruchen können.

Obschon der Rechtsauffassung des Kammergerichts nicht überall beizutreten ist, so kann doch die Revision im Endergebnis keinen Erfolg haben.

1. Der Streit der Parteien betrifft in erster Linie das rechtliche Schicksal der Gutsfrüchte, die zur Zeit der Versteigerungsbeschlagnahme noch mit dem Boden verbunden waren und deswegen von ihr erfaßt wurden (§§ 20, 21 ZVG.), die dann größtenteils bis zum Tage der Versteigerung — 24. August 1931 —, teilweise auch erst in der Zeit zwischen Versteigerung und Zuschlag — 25. September 1931 — abgeerntet wurden, sich aber zur Zeit des Zuschlags noch im vollen Umfang unveräußert auf dem Gute befanden. Daß die Klägerin mit dem Zuschlage das Eigentum an dem Teil der Früchte erlangt hat, der als zur Fortführung der Wirtschaft bis zur nächsten Ernte erforderlich, sogen. Saatgut, Grundstückszubehör war (§ 98 Nr. 2 BGB., § 21 ZVG.), bezweifelt auch die Beklagte nicht. Sie macht der Klägerin jedoch den übrigen Erntebestand (die Verkaufsernte) streitig, den der Zwangsverwalter im Frühjahr 1932 auf gerichtliche Anordnung verkauft hat. Der Standpunkt der Klägerin,

daß sie auch diesen Teil der Früchte durch den Zuschlag zu Eigentum erworben habe, ist jedoch richtig.

Durch den Zuschlag erwirbt der Ersteher mit dem Grundstück zugleich die Gegenstände, auf welche sich die Versteigerung erstreckt hat (§ 90 Abs. 2 ZVG.). Die Versteigerung erstreckt sich auf alle Gegenstände, deren Beschlagnahme zur Zeit der Versteigerung noch wirksam ist (§ 55 Abs. 1 ZVG.). Nach diesen klaren Gesetzesbestimmungen ist für den Umfang der durch den Zuschlag in das Eigentum des Erstehers tretenden Zwangsversteigerungsmasse die Sachlage zur Zeit der Versteigerung, und nicht die zur Zeit des Zuschlags, maßgebend. Eine Ausnahme hiervon, die ein Freiwerden solcher Gegenstände von der Beschlagnahme und der Versteigerungswirkung noch zwischen Versteigerung und dem etwa weiter hinausgeschobenen Zuschlagstermine zuließe, findet sich nicht im Gesetz. In dieser Zwischenzeit kann also auch der Schuldner nicht mehr durch eine Verfügung innerhalb der Grenzen einer ordnungsmäßigen Wirtschaft die Versteigerungsmasse beeinflussen, wie das vor der Versteigerung nach § 23 ZVG. zulässig ist. Deswegen ist für die Prüfung der Frage, ob geerntete Früchte von der Versteigerung umfaßt sind, von vornherein nicht, wie es das Berufungsgericht tut, auf den Zeitpunkt des Zuschlags, sondern auf den der Versteigerung abzustellen. Daraus ergibt sich schon hier zu Gunsten der Klägerin, daß jedenfalls der Teil der Früchte, welcher zur Zeit der Versteigerung noch mit dem Boden verbunden, daher Grundstücksbestandteil war und dann in der Zwischenzeit bis zum Zuschlag geerntet worden ist, trotz der Aberntung mit dem Zuschlag ihr Eigentum geworden ist.

Es fragt sich weiter, ob das gleiche gilt für diejenigen landwirtschaftlichen Erzeugnisse, die sich — als Bodenbestandteile von der Beschlagnahme erfaßt — zur Zeit der Versteigerung abgeerntet auf dem Gut befanden, aber nicht als Saatgut Grundstückszubehör waren. Nach § 55 Abs. 1 ZVG. hängt das von der Beantwortung der Frage ab, ob sich zur Zeit der Versteigerung die Beschlagnahme noch auf diese Früchte erstreckte. Das ist aus den nachfolgenden Erwägungen zu bejahen:

Die zur Zeit der Beschlagnahme auf dem Halm stehenden Früchte werden als wesentliche Bestandteile des Grundstücks schon nach der Grundregel des § 20 ZVG. von der Verstrickung ergriffen. Der § 21 gibt für die landwirtschaftlichen Erzeugnisse eine Einschränkung der in § 20 Abs. 2 enthaltenen Regelung, wonach sich die Beschlagnahme auch auf alle Gegenstände erstreckt, welche der hypothekarischen Haftung unterliegen. Diese Erzeugnisse sollen nach § 21 Abs. 1 der Beschlagnahme nur soweit verfallen, als sie noch mit dem Boden verbunden oder Grundstückszubehör sind. Zufolge dieser Einschränkung unterliegen der Beschlagnahme nicht die auf dem Grundstück befindlichen abgeernteten Früchte, soweit sie nicht Zubehör sind, obwohl sie nach den §§ 1120, 1121 BGB. bis zur Veräußerung und Entfernung vom Grundstück unter die Hypothekenhaftung fallen. Dem Schuldner sollen die zur Zeit der Beschlagnahme geernteten Früchte, soweit sie nicht Zubehör sind, zur freien Verfügung überlassen bleiben, auch wenn sie sich noch auf dem Grundstück befinden. Die Festlegung dieser Vergünstigung für den Schuldner ist der Zweck des § 21 Abs. 1 (Mot. z. Entw. von 1889 S. 135; Denkschrift z. Entw. von 1896 S. 39). Dabei ist aber der Grundsatz aufrechterhalten, daß die zur Zeit der Beschlagnahme noch mit dem Boden verbundenen Erzeugnisse mitbeschlagnahmt und damit der freien Verfügung des Schuldners entzogen werden. Es fragt sich, ob diese Rechtslage und die sich daraus ergebende Verfügungsbeschränkung des Schuldners durch die Trennung der Früchte vom Boden, die Aberntung, eine Änderung erfahren. Die Früchte sind nunmehr aus Grundstücksbestandteilen zu beweglichen Sachen geworden. Wäre das die Lage im Zeitpunkt der Versteigerungsbeschlagnahme gewesen, so wären zwar die Erzeugnisse, soweit nicht nach § 98 Nr. 2 BGB. Zubehör, von der Beschlagnahme frei geblieben. Aber im Gesetz ist nirgends vorgeschrieben, daß die einmal bewirkte Verstrickung ende, sobald die Voraussetzungen ihrer Begründung fortfallen. Das geht insbesondere nicht aus der Fassung oder dem Sinne des § 21 Abs. 1 ZVG. hervor. Dessen Zweck war, wie gesagt, den Schuldner zu schonen hinsichtlich der zur Zeit der Beschlagnahme bereits geernteten Früchte. Über die nachher zu beweglichen Sachen werdenden Erzeugnisse bestimmt § 23 Abs. 1 Satz 2 ZVG., daß der Schuldner darüber innerhalb der Grenzen einer ordnungsmäßigen Wirtschaft wirksam verfügen kann. Tut er das, so endet die Beschlagnahmewirkung für diese Sachen. Gerade angesichts dieser ausdrücklichen Regelung des Freiwerdens kann aber § 21 Abs. 1 nicht so ausgelegt werden, daß die einmal verhängte Beschlagnahme auch dann ende, wenn eine ursprünglich vorhandene Voraussetzung ihrer Begründung später entfällt. Nirgends ist das Wirksambleiben der Beschlagnahme an die Fortdauer der Voraussetzungen ihres Eintritts geknüpft. Durch die Beschlagnahme ist die Rechtslage der Verstrickung hinsichtlich der damals noch auf dem Halm stehenden Früchte geschaffen worden. Diese verändert sich nur in den gesetzlich bestimmten Fällen, wozu die Aberntung der Früchte und damit ihr Selbständigwerden als bewegliche Sachen nicht gehört.

Derartiges ist auch nicht aus dem Zweck der Beschlagnahme zu entnehmen. Dieser geht dahin, die Grundstücksmasse für die Befriedigung des Gläubigers sicherzustellen und allen Einwendungen zu entziehen, soweit sie nicht im Gesetz besonders gestattet werden (vgl. Mot. 1889 S. 133flg.; Denkschrift 1896 S. 39). Dabei ist es ein wesentliches Erfordernis der Rechtssicherheit, daß bei der Versteigerung klar zu ersehen ist, welche Gegenstände sie ergreift. Nur so kann der Bieter sein abzugebendes Gebot berechnen und sind langwierige Auseinandersetzungsstreitigkeiten zu vermeiden. Sicherheit in der Beziehung kommt auch dem Versteigerungsergebnis und damit den Belangen der Gläubiger zugute. Die zur Versteigerung kommende Grundstücksmasse entspricht nicht immer der ursprünglichen Beschlagnahme. Vielmehr können, worauf die Worte „noch wirksam" in § 55 ZVG. besonders hinweisen, in der Zwischenzeit Veränderungen eintreten, so durch Untergang von Sachen, durch Freiwerden infolge zulässiger Verfügungen des Schuldners und durch Hinzutreten von Zubehör. Wichtig aber ist, daß im Zeitpunkt der Versteigerung volle Klarheit besteht. Dieses Ziel wird hinsichtlich der im Laufe der Beschlagnahmezeit geernteten Erzeugnisse am besten erreicht, wenn der gesamte auf dem Grundstück befindliche Vorrat, über den der Schuldner noch nicht zulässig verfügt hat, der Versteigerung unterliegt, ohne daß hier noch eine Unterscheidung gemacht werden muß zwischen Ernte, die Zubehör, und solcher, die zum Verkauf verfügbar ist. Allerdings hängt dann der Umfang der Versteigerungsmasse unter Umständen vom Zufall, nämlich davon ab, ob der Schuldner über die Ernte bis dahin bereits zulässig verfügt hat oder nicht. Dies muß hingenommen werden, wie es ja auch vom Zufall abhängen kann, ob der Versteigerungstermin kurz vor der Ernte oder erst später und nach deren zulässiger Verwertung stattfindet. Jedenfalls gebietet der Zweck der §§ 20 bis 23 und des § 55 ZVG. nicht, geerntete Früchte allein durch die Tatsache der Aberntung von der Beschlagnahme freiwerden zu lassen; dafür läßt sich aus dem Wortlaut des Gesetzes nichts entnehmen.

Der von der Revision hervorgehobene Umstand, daß die Beschlagnahmemasse in der Zeit bis zur Versteigerung Veränderungen erfahren kann, wurde schon erwähnt. Er rechtfertigt aber nicht, Veränderungen da eintreten zu lassen, wo sich ein Grund dafür weder aus der Fassung noch aus dem Zweck des Gesetzes ergibt. Die Einwendungen der Revision, daß der Bieter über den endgültigen Bestand der Versteigerungsmasse durchaus im unklaren sei, wenn man mit dem Kammergericht Verfügungen des Schuldners oder des Zwangsverwalters noch in der Zeit zwischen Versteigerung und Zuschlag zulasse, aber auch nur solchen Verfügungen die Wirkung einer Befreiung der Ernte aus der Beschlagnahme beilege, sind an sich richtig. Sie sind aber gegenstandslos bei der oben begründeten Annahme, daß der Zeitpunkt der Versteigerung, und nicht der des Zuschlags, der Stichtag für den Umfang der dem Ersteher zukommenden Versteigerungsmasse ist.

Die eben behandelte Frage ist, soweit ersichtlich, noch nicht höchstrichterlich entschieden. Im Schrifttum stehen auf dem hier vertretenen Standpunkt, daß die Aberntung kein Freiwerden der als mit dem Boden verbunden beschlagnahmten Früchte bewirke,

Reinhard-Müller ZVG. 3. und 4. Aufl. § 20 Erl. IV 4, § 21 Erl. I, § 55 Erl. III 1, § 56 Erl. IV 1; Jäckel-Güthe ZVG. 6. Aufl § 56 II Anm. 5 S. 276, Brand-Baur Die Zwangsversteigerungs- und Zwangsverwaltungssachen in der gerichtlichen Praxis S. 171 und Knauff in DRZ. 1933 S. 50. Dagegen sind von der Pfordten ZVG. §§ 20, 21 Erl. 4c, Fischer-Schäfer ZVG. 2. Aufl. § 21 Erl. 7a, 8 und Steiner ZVG. 4. Aufl. § 21 Erl. B c der Ansicht, aus § 21 ergebe sich, daß Erzeugnisse des Grundstücks, welche, als mit dem Boden verbunden, beschlagnahmt sind, aus der Verstrickung frei würden, wenn sie vom Boden getrennt werden. Dieser von den genannten Schriftstellern nicht näher begründeten Ansicht kann indessen aus den entwickelten Gründen nicht zugestimmt werden.

Es fragt sich, ob sich dies Ergebnis dadurch ändert, daß mit dem Zwangsversteigerungsverfahren gleichzeitig eine Zwangsverwaltung angeordnet worden war. Das ist jedoch mit dem Kammergericht zu verneinen. Die beiden Verfahren der Zwangsversteigerung und der Zwangsverwaltung gehen selbständig nebeneinander her. Die Zwangsverwaltungsbeschlagnahme geht insofern über die Versteigerungsbeschlagnahme hinaus, als von jener auch die zur Zeit der Beschlagnahme geernteten Grundstückserzeugnisse ergriffen werden (§ 148 ZVG.). Dem Schuldner wird jedes Verfügungsrecht, auch ein solches innerhalb der Grenzen einer ordnungsgemäßen Wirtschaft entzogen. Verwaltungs- und Verfügungsbefugnisse stehen allein dem Zwangsverwalter zu. Hat der Verwalter vor dem Versteigerungstermin über die Ernte — abgesehen von den zur Fortführung der Wirtschaft nötigen Teilen — verfügt, so ist dies auch in Ansehung der Versteigerungsbeschlagnahme und Versteigerungsmasse wirksam. Dann ist die Ernte aus der Verstrickung gelöst und kommt deshalb auch nicht mehr zur Versteigerung. Hat aber bis zum Versteigerungstermin keine Verwertung durch den Verwalter stattgefunden, so geht das Eigentum an der ganzen bei der Versteigerung noch auf dem Grundstück vorhandenen Ernte, wie oben ausgeführt, nach §§ 55, 90, 20, 21 ZVG. mit dem Zuschlag auf den Ersteher über. Dann ist sie für irgendeine fernere Maßnahme des Verwalters ebensowenig vorhanden wie das dem Ersteher zugeschlagene Grundstück.

2. Im vorliegenden Fall waren die landwirtschaftlichen Erzeugnisse bei der Versteigerungsbeschlagnahme am 7. April 1931 noch mit dem Boden verbunden und am Tage der Versteigerung, dem 24. August 1931, teils noch nicht geerntet, also noch Grundstücksbestandteile, teils zwar geerntet, aber noch auf dem Gute vorhanden. Bei dieser Sachlage ist nach obigen Ausführungen dem Kammergericht darin zuzustimmen, daß die Klägerin mit dem Zuschlage das Eigentum an der gesamten Ernte erhalten hat, die dadurch von der Beschlagnahme sowohl im Zwangsversteigerungs- wie im Zwangsverwaltungsverfahren frei geworden ist. Über diese der Klägerin ge-

hörigen Sachen hat der Zwangsverhalter verfügt, als ständen sie im Eigentum des Schuldners. Die Erwerber sind durch guten Glauben an dessen Eigentum geschützt. Der Zwangsverwalter war zu dieser Verfügung über Sachen, die nicht dem Schuldner gehörten, nicht berechtigt. Eine Befugnis dazu wurde auch nicht dadurch begründet, daß er bei der Veräußerung auf gerichtliche Anweisung durch die Beschlüsse vom 4. September 1931 und vom 6. Februar 1932 handelte. Diese Beschlüsse ergingen in Ausübung der dem Gericht obliegenden Aufsicht über die Tätigkeit des Verwalters (§ 153 ZVG.). Sie waren aber nicht dazu bestimmt und auch nicht imstande, Rechtskraft hinsichtlich des Eigentums an den Erntevorräten zwischen der Klägerin, dem Schuldner und der Beklagten zu schaffen. Sie ändern nichts daran, daß der Verwalter mit der Verfügung sachlich unberechtigt in fremdes Eigentum eingegriffen hat. Die dadurch entstandene ungerechtfertigte Bereicherung der Zwangsverwaltungsmasse ist durch die Auszahlung des Erlöses an die Beklagte weiter gegeben worden. Auf Grund dessen hält das Kammergericht diese nach § 822 BGB. für verpflichtet, das Empfangene an die Klägerin zurückzuzahlen, ohne indessen diese Annahme zu begründen. Wenn die Revision dagegen einwendet, die Auszahlung an die Beklagte sei nicht unentgeltlich, sondern zur Tilgung der bis dahin noch nicht beglichenen Zwangsverwaltungsvorschüsse geschehen, so ist dies nicht ohne weiteres von der Hand zu weisen. Dies Bedenken kann aber auf sich beruhen, weil sich die Verpflichtung der Beklagten zur Auszahlung des Empfangenen an die Klägerin auch ohne Heranziehung der §§ 816, 822 BGB. aus anderen Gründen ergibt:

Die Beklagte hatte die Zwangsverwaltungsvorschüsse, deren Erstattung sie später aus dem Ernteerlös entgegengenommen hat, zur Zwangsversteigerung angemeldet. Daraufhin wurde dieser Posten von 50000 RM. als aus dem Barerlös zu tilgen in das geringste Gebot aufgenommen. Das war nach § 10 Nr. 1 ZVG. nur unter der Voraussetzung berechtigt, daß es sich um eine Ausgabe handelte die nicht in der Zwangsverwaltung aus den Nutzungen des Guts erstattet werden konnte. Die Beklagte stellte sich damit auf den Standpunkt, diese Kosten seien nicht aus der Zwangsverwaltungsmasse, sondern aus dem Versteigerungserlöse zu decken. Die Parteien hatten schon früher (vgl. Briefwechsel vom 18. und 22. Juni 1931) wegen der Regelung des Versteigerungsverfahrens in einem bestimmten Punkt — Verlegung des Termins vom 26. Juni 1931 — in Verhandlungen gestanden, wobei Deckung der von der Beklagten geleisteten Vorschüsse aus der Ernte vorgesehen war. Nun aber paßte sich die Klägerin der neuen Stellungnahme der Beklagten an, daß die Vorschüsse, als nicht aus den Grundstücksnutzungen zu erstatten, in der Zwangsversteigerung zur Hebung kommen sollten. Sie widersprach nicht der Aufnahme dieses Ansatzes in das geringste Gebot. Durch dessen so bewirkte

Erhöhung um 50000 RM. wurde sie aber genötigt, zur Ausbietung und damit Rettung ihrer eigenen Hypothek 50000 RM. mehr zu bieten, als notwendig gewesen wäre, wenn die Zwangsverwaltungsvorschüsse nicht im Versteigerungsverfahren zur Geltung gebracht worden wären. Mit dem Zuschlag an die Klägerin wurde dann die Lage geschaffen, daß die Beklagte für ihre Vorschüsse Deckung im Bargebot der Klägerin fand. Auch war bei richtiger Rechtsanschauung zu ersehen, daß die Ernte der Klägerin gebührte und für eine Tilgung der von der Beklagten geleisteten Vorschüsse nicht in Betracht kam, wodurch die Geltendmachung dieser Forderung im Versteigerungsverfahren nach § 10 Nr. 1 ZVG. gerechtfertigt war.

Mit der so entstandenen Lage ist der von der Beklagten erhobene Anspruch auf Bezahlung der Zwangsverwaltungsvorschüsse aus dem Ernteerlös nach Treu und Glauben nicht vereinbar. Schon das Verhalten der Beklagten in den Jahren 1931 und 1932 war in sich widerspruchsvoll: Nachdem sie die Ersatzforderung für ihre Vorschüsse in der Zwangsversteigerung angemeldet hatte, als könnte sie aus der Zwangsverwaltungsmasse Erstattung nicht erlangen, und nachdem die Klägerin ihr Gebot auf dieser Grundlage abgegeben hatte, nahm sie doch in sachlichem Widerspruch zu dieser Anmeldung Zahlung vom Zwangsverwalter entgegen. Der daraus folgende Wegfall ihrer Vorschußforderung von 50000 RM. im Versteigerungsverfahren verschaffte ihr eine Teildeckung aus dem Bargebot für ihre der Hypothek der Klägerin nachstehende Grundschuld, die ihr sonst nicht zuteil geworden wäre. Das entspricht nicht dem Sinn des § 10 Nr. 1 ZVG. Keinesfalls aber würde es mit den Erfordernissen von Treu und Glauben vereinbar sein, vielmehr gegen das Anstandsgefühl des billig und gerecht denkenden Menschen verstoßen, wenn die Beklagte, nachdem sie zunächst die Klägerin veranlaßte, ihr Gebot in der Zwangsversteigerung unter Einrechnung der Vorschüsse der Beklagten von 50000 RM. abzugeben, jetzt noch am Empfange dieser 50000 RM. aus der Hand des Zwangsverwalters festhalten wollte, nachdem nun klargestellt ist, daß diese Zahlung nur durch eine Verletzung des Eigentums der Klägerin ermöglicht worden ist. Das wäre eine unzulässige Rechtsausübung zum Schaden der Klägerin (§§ 242, 826 BGB.). Die Beklagte ist daher zur Herausgabe der Zahlung verpflichtet, die ihr der Zwangsverwalter auf Grund einer der wahren Rechtslage widersprechenden Verwertung des Eigentums der Klägerin geleistet hat. Mithin ist der Klägerin hieraus eine Forderung von 50000 RM. gegen die Beklagte zuzubilligen. Diese hat sie zur Aufrechnung gegen die Forderung der Beklagten auf Zahlung des Steigpreises verwandt, welche dadurch getilgt ist.

Zwangsversteigerung von Schiffen im Wege der Zwangsvollstreckung

RGZ. 97, 61

1. Zur rechtlichen Bedeutung der in der Zwangsversteigerung angeordneten Bewachung und Verwahrung des Schiffes.

2. Steht dem Schiffspfandgläubiger wegen seiner Auslagen für Erhaltung und Verbesserung des Schiffes das Vorrecht des § 10 Nr. 1 ZVG. zu?

3. Zu den Ansprüchen aus der Bereicherung und der Geschäftsführung ohne Auftrag.

ZVG. §§ 162, 165, 9, 10 Nr. 1; ZPO. §§ 876, 878, 870 Abs. 2; BGB. §§ 812, 677, 683.

I. Zivilsenat. Urt. v. 29. Oktober 1919.

I. Landgericht Breslau. II. Oberlandesgericht daselbst.

Im Schiffsregister des Flußdampfers „Präsident" standen für die Klägerin zwei Darlehnspfandrechte und ein Höchstbetrags-Sicherungspfandrecht von 2000 M. eingetragen. Darauf folgten in der Rangordnung zwei Sicherungspfandrechte bis zum Höchstbetrage von 30000 M. für den Beklagten. Dieser beantragte die Zwangsversteigerung des Schiffs, das sich damals auf der Werft des Schiffsbauers F. in B. befand. Das Amtsgericht in B. leitete das Versteigerungsverfahren ein, ordnete die Bewachung und Verwahrung des Schiffs an und bestellte den Schiffsbauer F. als Verwahrer. Im Versteigerungstermine wurde das Schiff vom Beklagten erstanden. Bei der Verteilung des Kaufgeldes wurden in nachstehender Rangordnung berücksichtigt:

1. Der Schiffsbauer F. in Höhe von 13500 M. mit einer Forderung für Arbeiten zur Instandsetzung des Schiffs,
2. die Klägerin, welche dem Versteigerungsverfahren beigetreten war, in Höhe ihrer Forderungen aus den Darlehnspfandrechten und dem Sicherungspfandrechte von 2000 M., wogegen ein von ihr an der gleichen Stelle angemeldeter weiterer Anspruch von 12722 M. außer Ansatz blieb,
3. der Beklagte in Höhe von 10712 M. aus seinen Sicherungspfandrechten, während er mit dem weiter für ihn angesetzten Betrage von 19606 M. ausfiel.

Gegen die Berücksichtigung der Forderung des F. erhoben beide Parteien Widerspruch; die Klägerin widersprach auch den Forderungen des Beklagten. Infolgedessen wurden die für F. zur Hebung gelangten

13500 M. und ebenso die für den Beklagten angesetzten 10712 M. als Streitmassen hinterlegt. Hinsichtlich der erstgenannten Streitmasse, die im gegenwärtigen Rechtsstreite allein in Betracht kommt, stellte das Amtsgericht im Teilungsplane fest, daß sie zunächst dem Beklagten gebührte, falls er mit seinem Widerspruch Erfolg hätte, daß sie aber in Höhe von 12722 M. der Klägerin zufallen sollte, falls diese mit ihrem Widerspruche sowohl gegen F. als auch gegen den Beklagten durchdränge. Letzterer erwirkte in einem Vorprozesse gegen F. ein rechtskräftig gewordenes Urteil, durch welches sein Widerspruch für begründet erklärt wurde.

Im gegenwärtigen Rechtsstreite macht die Klägerin gegenüber dem Beklagten ihre Rechte an der Streitmasse geltend. Sie nimmt davon aber nur 7631 M. nebst Hinterlegungszinsen für sich in Anspruch, und zwar 2938 M. als Versicherungsprämien, die sie für die Zeit vom 29. August 1913 bis 30. März 1917 an die Versicherungsgesellschaft W. in M. gezahlt haben will, und 4693 M. als Auslagen für Instandsetzung des Schiffs. Ihr Antrag geht auf Verurteilung des Beklagten, in die Auszahlung der Hinterlegungsmasse an sie zum Betrage von 7631 M. nebst Hinterlegungszinsen zu willigen.

Das Landgericht erklärte ihren Widerspruch gegen den Teilungsplan gegenüber dem Beklagten für unbegründet und ordnete die Anfertigung eines neuen Plans und ein anderweitiges Verteilungsverfahren an. Die Berufung der Klägerin wurde zurückgewiesen. Auch ihre Revision hatte keinen Erfolg.

Gründe:

„Der Klaganspruch stützt sich auf die §§ 162, 115 Abs. 1, 124 ZVG.; §§ 876, 878 ZPO. Beide Parteien haben gegen den Teilungsplan, soweit darin die Forderung des Schiffsbauers F. von 13500 M. berücksichtigt worden ist, Widerspruch erhoben. Zugleich hat die Klägerin ihren Widerspruch auch dagegen gerichtet, daß bei der Eventualverteilung des streitigen Betrags (§ 124 Abs. 1 ZVG.) der Anspruch, mit dem der Beklagte nach dem Teilungsplan ausfällt, vor der angemeldeten, aber nicht zum Ansatz gelangten Forderung der Klägerin von 12722 M. berücksichtigt worden ist. Diesen letzteren Widerspruch verfolgt die Klägerin jetzt gemäß § 878 ZPO. im Wege der Klage, indem sie geltend macht, daß ihr an der zur Hinterlegung gekommenen Streitsumme ein besseres Recht zustehe, als dem Beklagten.

Den Vorrang ihres Anspruchs gegenüber demjenigen des Beklagten begründet sie in erster Reihe damit, daß ihre Auslagen zur Erhaltung und Verbesserung des Schiffs notwendig gewesen seien und ihrem Anspruche deshalb bei entsprechender Anwendung des § 10 Nr. 1 ZVG. ein Vorrecht zustehe. Das Berufungsgericht hat das Vorrecht mit der Begründung verneint, daß der § 10 Nr. 1 eine Zwangsverwaltung voraussetze, eine solche aber bei Schiffen ausgeschlossen sei. Zwar sei, so heißt es weiter im Vorderurteile, gemäß § 165 a. a. O. die Bewachung und Verwahrung des Schiffs angeordnet worden. Mit dieser Maßregel könnten jedoch die fraglichen Aufwendungen schon deshalb nicht in Verbindung gebracht werden, weil sie vor Einleitung der Zwangsversteigerung entstanden seien.

Vergeblich sucht demgegenüber die Revision auszuführen, daß der Tatbestand zu einer entsprechenden Anwendung des § 10 Nr. 1 zwinge und die Begründung des Berufungsurteils gegen die §§ 10 Nr. 1, 165 ZVG. verstoße. Der § 10 Nr. 1 knüpft das Recht des Gläubigers auf vorzugsweise Befriedigung aus dem Grundstück an die Voraussetzung, daß der Gläubiger die Zwangsverwaltung betrieben, daß diese bis zum Versteigerungstermine fortgedauert hat, ferner, daß die Ausgaben vom Gläubiger zur Erhaltung und nötigen Verbesserung des Grundstücks gemacht worden sind und nicht aus den Nutzungen des Grundstücks erstattet werden können. An diesen Voraussetzungen gebricht es im vorliegenden Falle, so daß eine sinngemäße Anwendung der Vorschrift auf die in Rede stehende Schiffsversteigerung ausgeschlossen ist. Die Anordnung der Zwangsverwaltung von Schiffen ist, wie der Vorderrichter mit Recht hervorhebt, dem Gesetz unbekannt (§ 870 Abs. 2 ZPO.), und mit ihr läßt sich auch nicht etwa die im § 165 ZVG. vorgesehene Anordnung der Bewachung und Verwahrung des Schiffs auf die gleiche Stufe stellen. Denn diese Maßnahme wird nicht auf Antrag eines betreibenden Gläubigers, sondern bei jeder Zwangsversteigerung eines Schiffs von Amts wegen getroffen und dient lediglich zur sicheren Durchführung des Verfahrens. Zum Zwecke der Sicherstellung soll das Schiff an seinem Standorte festgehalten werden; zugleich soll für Dritte erkennbar gemacht werden, daß es unter Zwangsversteigerung steht. In der Natur der Sache liegt es, daß durch die Durchführung der Maßregel Aufwendungen vermögensrechtlicher Art notwendig werden. Diese bilden aber, da sie ihre Grundlage in einer von Amts wegen getroffenen Anordnung des Gerichts haben, einen Teil der Kosten des Verfahrens, für die der betreibende Gläubiger vorschußpflichtig ist (§ 109 ZVG.), begründen also nicht einen bevorrechtigten Gläubigeranspruch im Sinne des § 10 Nr. 1 (Jaeckel-Güthe, Zwangsversteigerungsgesetz Anm. 1 zu § 165, 5. Aufl. S. 684). Als Kostenauslagen können die Aufwendungen der Klägerin schon deshalb nicht angesehen werden, weil sie außerhalb der gerichtlichen Zwangsvollstreckung auf Grund eines vor der Einleitung des Zwangsversteigerungsverfahrens erteilten Auftrags gemacht worden sind. Hiernach erweist sich die Rüge der Revision als verfehlt, ohne daß es des weiteren Eingehens auf die Frage bedarf, ob unter anderen Umständen Auslagen an Versicherungsprämien und für nötige Instandsetzungsarbeiten zu den Kosten der Bewachung und Verwahrung des Schiffs gerechnet werden können.

In zweiter Reihe stützt die Klägerin ihren Anspruch auf ungerechtfertigte Bereicherung (§ 812 BGB.) und auftraglose Geschäftsführung (§§ 677, 683 BGB.). Dazu hat sie ausgeführt: Da der frühere Eigentümer trotz aller Mahnungen die dringend notwendigen Arbeiten zur Instandsetzung des Schiffs nicht habe ausführen lassen, so sei sie genötigt gewesen, diese Arbeiten durch F. herbeizuführen, um so dem drohenden gänzlichen Verderben des Schiffs vorzubeugen. Ebenso habe sie auf ihre Kosten das Schiff unter Versicherung bringen müssen, da der Eigentümer für die Versicherung des Schiffs nicht gesorgt habe. Um die Aufwendungen der Klägerin sei der Beklagte, der jetzt mit dem ersteigerten Dampfer die Schiffahrt betreibe und in der Rangordnung der Pfandgläubiger hinter der Klägerin gestanden habe, bereichert worden, da ihm die wirtschaftlichen Vorteile aus den Auslagen der Klägerin zugefallen seien. Auch hafte er der Klägerin auf Grund ihrer Geschäftsführung, da sie sowohl bei dem Auftrage zur Instandsetzung des Schiffs als auch bei Entrichtung der Versicherungsprämien neben ihrem eigenen Interesse zugleich dasjenige des Beklagten wahrgenommen habe.

In dieser Weise kann jedoch der Klaganspruch überhaupt nicht begründet werden. Die Klägerin verfolgt mit der Klage ihren gegen den Teilungsplan erhobenen Widerspruch, macht ein dem Anspruche des Beklagten angeblich vorgehendes Recht am Versteigerungserlöse geltend und verlangt die Auszahlung eines Teils der aus dem Erlöse gebildeten Hinterlegungsmasse. Vorbedingung für diesen Anspruch ist, daß sie wegen der ihr zustehenden Forderung zu den Beteiligten des Versteigerungsverfahrens im Sinne des § 9 ZVG. gehört und die Befriedigung aus dem Erlöse verlangen kann. Nur derjenige, der in seinem Rechte auf Befriedigung aus dem Erlöse durch den von einem anderen erhobenen Anspruch verdrängt wird, ist zur Erhebung des Widerspruchs gegen den Teilungsplan und demgemäß auch zur Verfolgung seines vermeintlich besseren Rechtes an dem Erlöse befugt (§ 878 ZPO., RGZ. Bd. 71 S. 424; Jaeckel-Güthe Anm. 5 zu § 115 S. 494). Aus den Rechtsgründen der Bereicherung und der auftraglosen Geschäftsführung kann die Klägerin aber gegen den Beklagten nur einen rein persönlichen Anspruch herleiten, der auf Zahlung des Betrags der Bereicherung oder auf Ersatz des verauslagten Betrags zu richten wäre. Dagegen kann sich daraus nicht der im gegenwärtigen Rechtsstreite geltend gemachte Anspruch auf Auszahlung des hinterlegten Versteigerungserlöses ergeben.

Im übrigen fehlt es auch beiden Begründungen an den notwendigen gesetzlichen Voraussetzungen. Von einer ungerechtfertigten Bereicherung des Beklagten auf Kosten der Klägerin (§ 812 BGB.) kann, wie das Berufungsgericht mit Recht hervorhebt, schon deshalb keine Rede sein, weil es an dem hierzu nötigen Erfordernis der unmittelbaren Vermögensverschiebung unter den Parteien fehlt. Nur dann liegt eine Bereicherung im Sinne des § 812 vor, wenn zwischen der Vermögensverminderung des einen und der Vermögensvermehrung des anderen ein unmittelbarer ursächlicher Zusammenhang besteht (RGZ. Bd. 66 S. 80, Bd. 73 S. 177; Warneyer 1908 Nr. 439). Ein solcher enger Zusammenhang zwischen den Vermögensveränderungen der Parteien liegt hier nicht vor. Wie das Berufungsgericht festgestellt hat, sind die Aufwendungen der Klägerin für Instandsetzung und Versicherung des Schiffs vor dessen Zwangsversteigerung erfolgt, also unmittelbar nur dem damaligen Eigentümer, nicht aber dem Beklagten zugute gekommen. Dieser hat die Vorteile aus den Aufwendungen der Klägerin erst später mittelbar dadurch erlangt, daß er das Schiff in der Zwangsversteigerung erstanden hat. Dafür hat er aber auch das Meistgebot entrichtet, das sich als Entgelt für das Schiff in dem Zustande darstellt, in dem es sich zur Zeit der Versteigerung befand. Demgemäß hat weder eine unmittelbare Verschiebung zwischen den Vermögen der Parteien stattgefunden, noch hat der Beklagte auch nur mittelbar aus dem Vermögen der Klägerin etwas ohne Rechtsgrund erlangt.

Auch der Rechtsgrund der auftraglosen Geschäftsführung steht der Klägerin nicht zur Seite. Der Anspruch aus der Geschäftsführung (§§ 677, 683 BGB.) hat zur Voraussetzung, daß der Geschäftsführer ein Geschäft für einen andern besorgt hat, ohne von ihm beauftragt oder ihm gegenüber sonst dazu berechtigt zu sein. Von der Besorgung eines Geschäfts für einen andern kann nur dann die Rede sein, wenn eine Tätigkeit ausgeübt wird, die an und für sich der Sorge des andern obliegen würde, durch die daher das Interesse des andern gefördert wird. Die Tätigkeit muß Gegenstand der Sorge des andern sein, und diese Sorge muß ihm von dem Handelnden durch sein Eintreten abgenommen sein (Komm. v. RGR. Vorbem. 2 zu § 677, Vorbem. 2 zu § 662, Anm. 1 zu § 677). Ein derartiges Eintreten der Klägerin für den Beklagten kommt im vorliegenden Falle nicht in Betracht. Solange der Beklagte zu dem Schiffe keine anderen Beziehungen als die des Pfandgläubigers hatte, gehörte die Sorge für die Instandsetzung und Versicherung des Schiffs weder rechtlich noch wirtschaftlich zu seinen Obliegenheiten, sondern fiel allein in den Pflichtenkreis des damaligen Eigentümers. Zutreffend weist daher das Berufungsgericht darauf hin, daß die vor Einleitung des Versteigerungsverfahrens von der Klägerin bewirkte Bestellung der Instandsetzungsarbeiten und Zahlung der Versicherungsprämien nicht als eine Besorgung von Geschäften des Beklagten aufgefaßt werden könne. Das gleiche muß gelten für etwaige spätere Aufwendungen der Klägerin bis zur Zuschlagserteilung. Demgegenüber sucht die Revision auszuführen, daß die Klägerin, wie die von ihr in den Vorinstanzen aufgestellten tatsächlichen Behauptungen ergäben, bei ihren Maßnahmen die Geschäftsführung für denjenigen noch unbekannten Dritten, der später aus der Benutzung des Schiffs Vorteil ziehen würde, also vor allem für den späteren Ersteher, ins Auge gefaßt habe. Allein der spätere Ersteher hatte zur Zeit der Geschäftsführung der Klägerin noch nicht das Geringste mit der Instandsetzung oder Versicherung des Schiffs zu tun. In seinen Geschäftskreis fielen die Maßnahmen der Klägerin nicht, und es erscheint daher abwegig, wenn die Klägerin den Beklagten wegen der späteren Ersteigerung des Schiffs als denjenigen bezeichnet, für den sie Geschäfte besorgt habe. Ihre Geschäftsführung berührte lediglich den Sorgenkreis des damaligen Eigentümers. Ob sie gegen diesen Ersatzansprüche aus der Geschäftsführung nach §§ 1216, 1266, 677, 684 BGB. erheben könnte, bedarf hier keiner Ausführung....

Zwangsversteigerung und Zwangsverwaltung in besonderen Fällen

RGZ. 47, 363

Kann die für einen noch nicht fälligen Anspruch auf Teilung gemäß §§ 749, 753 BGB. eingeleitete Zwangsversteigerung nach dem Eintritte der Fälligkeit fortgesetzt werden, oder muß das Verfahren von neuem begonnen werden?

III. Zivilsenat. Beschl. v. 9. Oktober 1900.

I. Oberlandesgericht München.

Gründe:

„Mit Recht hat das Oberlandesgericht die Einstellung der nach dem Antrage des beklagten Miteigentümers auf Grund der §§ 749, 753 BGB. eingeleiteten Zwangsversteigerung des gemeinschaftlichen Grundstückes abgelehnt. Obgleich zur Zeit der Einleitung des Verfahrens die im Vertrage der Parteien für den Ausschluß der Auflösung der Gemeinschaft gesetzte zweijährige Frist noch nicht abgelaufen war, so wurde doch der dagegen erhobene und nur auf diese zeitliche Beschränkung gestützte Widerspruch mit dem Ablaufe der Frist grundlos, und die Zwangsversteigerung zulässig. Wie aber nach feststehender Rechtsprechung des Reichsgerichtes eine vor der Fälligkeit erhobene Leistungsklage dennoch Erfolg hat, wenn während des Rechtsstreites die Fälligkeit eintritt, und nach dem Beschlusse der vereinigten Zivilsenate,

Entsch. des RG.s in Zivils. Bd. 41 S. 87,

die gleiche Wirkung eintritt, wenn der für die Anfechtung einer Rechtshandlung außerhalb des Konkurses erforderliche vollstreckbare Titel erst während des Prozesses erlangt wird, so ist es unbedenklich, auch in Fällen der vorliegenden Art wenigstens dann, wenn das Interesse Dritter dadurch nicht verletzt wird,

vgl. Entsch. des RG.s in Zivils. Bd. 20 S. 434, Bd. 25 S. 370,

die Fortsetzung des Verfahrens zuzulassen, selbst wenn zur Zeit der Einleitung des Verfahrens die gesetzte Frist noch nicht abgelaufen war. Unabhängig davon ist selbstverständlich in diesen, wie in jenen Fällen, die Frage, ob und wieweit die durch das vorzeitig beantragte Verfahren und die dadurch veranlaßte Klage unnötig entstandenen Kosten dem Antragsteller zur Last zu legen sind."

RGZ. 75, 138

Wird ein Gläubiger durch seinen Antrag, das Grundstück nach § 174 ZVG. auszubieten, zum betreibenden Gläubiger?

VII. Zivilsenat. Urt. v. 3. Januar 1911.

I. Landgericht Bielefeld. II. Oberlandesgericht Hamm.

Aus den Gründen:

. . . „Die Zwangsversteigerung ist auf den vom Konkursverwalter nach § 126 KO. gestellten Antrag eingeleitet. Bei einer solchen Zwangsversteigerung muß das geringste Gebot alle an dem Grundstücke bestehenden Rechte decken; sie sind so zu behandeln, als wenn die Zwangsversteigerung von einem persönlichen Gläubiger des Grundstückseigentümers betrieben würde. Daraus kann sich die schwere Verkäuflichkeit des Grundstücks und für die Realgläubiger die Gefahr ergeben, daß sie den Nachweis ihres Ausfalls nicht rechtzeitig erbringen können (§ 153 KO.). Dieser Gefahr beugt die Bestimmung des § 174 ZVG. vor, indem sie Gläubigern, die eine Forderung gegen den Gemeinschuldner und ein vom Konkursverwalter anerkanntes Recht auf Befriedigung aus dem Grundstücke haben, das Recht gibt, noch ein besonderes Ausgebot zu verlangen, bei dem für die Feststellung des geringsten Gebots nur die ihren Ansprüchen vorgehenden Rechte berücksichtigt werden. Wer von diesem Rechte Gebrauch macht, wird dadurch aber noch nicht zum betreibenden Gläubiger. Er stellt vielmehr lediglich in dem vom Konkursverwalter betriebenen Verfahren einen für das Ausgebot in Betracht kommenden Antrag, ohne damit dem Verfahren beizutreten. Läge in einem solchen Antrage ein Beitritt, so müßte das Verfahren fortgesetzt werden, auch wenn der Konkursverwalter den Versteigerungsantrag zurücknimmt. Es ist aber unbedenklich, die Fortsetzung des Verfahrens auf Grund eines Antrages, der allein für das Ausgebot von Bedeutung ist, bei dem auch ein vollstreckbarer Titel des Gläubigers nicht erfordert wird, nicht zuzulassen." . . .

Sondervorschriften

RGZ. 49, 236†

Kommt in dem Falle, daß von zwei benachbarten Grundstücken desselben Eigentümers, deren eines in einem Verhältnisse tatsächlichen Dienens zu dem anderen gestanden hat, das erstere im Wege der Zwangsversteigerung verkauft wird, durch den Zuschlag, wenn in den Kaufbedingungen nichts Abweichendes bestimmt ist, stets eine dem bisherigen tatsächlichen Verhältnisse entsprechende Grundgerechtigkeit zur Entstehung?

VII. Zivilsenat. Urt. v. 10. Mai 1901.

I. Landgericht Breslau. II. Oberlandesgericht daselbst.

Zu dem Nachlasse des verstorbenen Rittergutsbesitzers v. V. gehörten die Grundstücke Grundbuchblatt L. Nr. 11 und Nr. 14, die ursprünglich Bestandteile des Rittergutes L. gewesen waren, aber schon auf den Antrag eines früheren Eigentümers je ein besonderes Grundbuchblatt erhalten hatten. Über den Nachlaß des v. V. wurde das Konkursverfahren eröffnet. Auf Antrag des Konkursverwalters ist das Grundstück L. Nr. 14 im Zwangsvollstreckungswege zur Versteigerung gebracht und durch Urteil des Vollstreckungsgerichtes vom 17. Juni 1897 dem klagenden Kloster zugeschlagen. Am 20. September 1898 ist das Grundstück L. Nr. 11 vom Konkursverwalter dem Beklagten aufgelassen.

Auf dem Grundstücke Nr. 11 befinden sich Fabrikgebäude, welche zu der Zeit, als die Grundstücke Nr. 11 und Nr. 14 noch Bestandteile des Rittergutes L. waren, errichtet worden sind. Durch das Grundstück Nr. 11 zieht sich von den Fabrikgebäuden an eine unterirdische Rohrleitung zur Wasserabteilung. Dieselbe führt von dem genannten Grundstücke aus über das des Klägers Nr. 14 und weiter. Die Rohrleitung ist auch schon zu einer Zeit angelegt, als die beiden Grundstücke zusammen noch das Rittergut bildeten. Der Beklagte nimmt das Recht in Anspruch, und zwar in Form einer Grundgerechtigkeit, die Rohrleitung auf dem Grundstücke des Klägers zur Wasserableitung zu benutzen. Er stützt sich darauf, daß die Benutzung bis zur Zwangsvollstreckung stattgefunden habe, auch in den Kaufbedingungen eine Ausschließung der Dienstbarkeit nicht vorgesehen, und daß deshalb mit dem Zuschlage eine Grundgerechtigkeit zugunsten seines Grundstückes entstanden sei. Kläger, welcher bestreitet, daß die Rohrleitung noch benutzt werde, auch geltend macht, daß dieselbe von ihm weder wahrgenommen sei noch hätte wahrgenommen werden müssen, hat auf Anerkennung des Nichtvorhandenseins der Grundgerechtigkeit geklagt. In der ersten Instanz ist die Klage abgewiesen, in der Berufungsinstanz aber nach dem Antrage derselben erkannt. Die Revision des Beklagten ist zurückgewiesen.

Aus den Gründen:

„Das angefochtene Urteil hat eine zwiefache Grundlage. Eine jede würde, wenn sie sich als rechtlich zutreffend erweist, selbständig die Entscheidung zu tragen geeignet sein.

In dem ersten Teile der Erwägungen beschäftigt der Berufungsrichter sich mit Fragen der Auslegung. Indem er die Zulässigkeit einer Parallelisierung des Zwangsverkaufs mit dem freiwilligen Verkauf unterstellt, gelangt er an der Hand allgemeiner Betrachtungen und unter Berücksichtigung der besonderen Lage des gegebenen Falles zu der Annahme, daß es an einem auf Begründung einer Servitut gerichteten Willen fehle.

Alsdann wendet er sich zur Frage der rechtlichen Natur des Zwangsverkaufes und entscheidet sich für eine Konstruktion, nach Maßgabe deren dieser, falls nicht eine Abweichung von den gesetzlichen Verkaufsbedingungen ausdrücklich vereinbart ist, einen zur Begründung einer Servitut geeigneten Rechtsakt überhaupt nicht darstellt, die im ersten Teile der Erwägungen als möglich behandelte Parallelisierung also in Wahrheit unstatthaft sein würde."

(Es folgt eine Darstellung der den ersten Punkt betreffenden Erwägungen des Berufungsrichters, die in tatsächlicher Hinsicht insbesondere dahin gehen, daß der Kläger von dem Vorhandensein der Rohrleitung Kenntnis nicht gehabt hat; dann wird fortgefahren:)

„Wenn nun auch den Ausführungen des Berufungsrichters nicht in ihrem vollen Umfange zuzustimmen ist, so enthalten sie doch Annahmen, welche einer Beanstandung nicht ausgesetzt sind, und welche die getroffene Entscheidung rechtfertigen.

Zwar muß eine auf Entstehung der Grundgerechtigkeit gerichtete Vereinbarung schon dann als gegeben angenommen werden, wenn bei einer Veräußerung eines Grundstückes, welches zu einem anderen, benachbarten Grundstücke desselben Eigentümers in einem tatsächlich dienenden Verhältnis gestanden hat, der übereinstimmende Wille der Kontrahenten auf Fortdauer des bisherigen Zustandes gerichtet ist. Nicht als erforderlich erscheint, daß die Kontrahenten sich über die Existenz des Rechtssatzes, nach welchem, abgesehen von der Vorschrift des § 54 ALR. I, 22, niemandem die eigene Sache rechtlich dienen kann, klar gewesen sind, also gewußt haben, daß es bisher an den Voraussetzungen für ein im Rechte begründetes Dienstbarkeitsverhältnis fehle und ein solches erst geschaffen werden müsse. Gerade die mangelnde Kenntnis von jenem Rechtssatz wird vielfach die Ursache sein, daß die ausdrückliche Bestellung einer Servitut unterbleibt. Der Wille, daß das Dienstbarkeitsverhältnis fortdauern, also bestehen soll, was fortan nur in Gestalt eines rechtlichen, nicht eines bloß faktischen Verhältnisses möglich ist, schließt den Begründungswillen mit Notwendigkeit in sich. Vom Berufungsrichter ist dies auch nicht verkannt. Ob aber ein auf Fortdauer des bisherigen Zustandes gerichteter Wille als vorhanden angenommen werden kann, fällt der Prüfung des Tatsächlichen anheim.

Wenn es nun auch im Interesse der Sicherheit des Verkehrs mit Grundstücken in hohem Maße wünschenswert ist, daß bei Veräußerung eines von mehreren Grundstücken desselben Eigentümers in den zwischen ihnen bestehenden Verhältnissen eine Änderung, welche dem bisher herrschenden vielleicht großen Nachteil und dem bisher dienenden vielleicht nur geringen Vorteil bringt, unterbleibe, so genügt dies doch nicht zur Rechtfertigung der Annahme, daß bei einem jeden Grundstücksverkauf der Wille der Parteien dahingehe, daß, sollte noch ein benachbartes Grundstück desselben Eigentümers vorhanden sein, und sollte das verkaufte Grundstück zu diesem in einem Verhältnisse tatsächlichen Dienens gestanden haben, dieses aufrecht erhalten werden solle, mochte auch der Käufer weder von dem einen noch von dem anderen Kenntnis gehabt haben, und mochte ihm aus seiner Nichtkenntnis ein begründeter Vorwurf nicht gemacht werden können. Auch für den Zwangsverkauf läßt sich eine solche Ansicht nicht begründen; insbesondere findet sich keine Stütze darin, daß bei diesem, wie überhaupt bei Versteigerungen, nicht einzelne bestimmte Personen, sondern ein individuell nicht bestimmbarer Kreis von Kaufliebhabern als Bieter auftritt, und daß mit den einzelnen vor der Versteigerung in der Regel nicht speziell verhandelt wird; denn hieraus folgt nicht, daß die Bieter, einer gleich dem anderen, als bekannt mit allen näheren Verhältnissen des Grundstückes gelten wollen. Aus dem Charakter des Geschäftes als eines Verkaufes in Bausch und Bogen läßt sich gleichfalls (vgl. auch §§ 183, 186, 187 ALR. I, 11) nichts herleiten. Die Vorschrift im § 22 des Gesetzes vom 13. Juli 1883, laut deren die der Eintragung nicht bedürfenden dinglichen Lasten auf den Ersteher übergehen, sofern nicht durch die Kaufbedingungen etwas anderes bestimmt ist (vgl. § 60), ist hier ebensowenig zu verwerten; sie begründet keinen Schluß auf einen dahingehenden Willen der Bieter, alle faktischen Dienstbarkeitsverhältnisse des Grundstückes denselben rechtlichen Gesichtspunkten zu unterstellen, welche für schon existente Servitutrechte Dritter kraft Gesetzes gelten.

Der Schwerpunkt der Beurteilung fällt hiernach stets in die Lage des individuellen Falles. In dem gegenwärtigen Falle ist in einer prozessual nicht zu bemängelnden Weise festgestellt, daß der Käufer mit dem Vorhandensein eines Dienstbarkeitsverhältnisses vollständig unbekannt gewesen ist. Zwar mag nun die Kenntnis keine schlechterdings unerläßliche Bedingung für die Annahme eines auf Fortdauer des bisherigen Zustandes gerichteten Willens bilden, und mag es Fälle geben, in denen als Basis des Vertragsschlusses anerkannt werden muß, daß der Kaufreflektant sich über die Verhältnisse des Grundstückes näher zu unterrichten, speziell es einer Besichtigung zu unterwerfen hat, und daß, sofern er dies unterläßt, bei einer Besichtigung aber Anlagen bemerkt haben würde, die auf eine Dienstbarkeit schließen lassen, er sich nach den im Verkehre herrschenden Grundsätzen von Treue und Glauben so behandeln lassen muß, als hätte er tatsächliche Kenntnis gehabt. Selbst bei Versteigerungen und sogar auch bei Zwangsversteigerungen mag eine solche Vertragsgrundlage denkbar sein; denn so sehr auch der Bieter der Regel nach darauf rechnen wird, das Zuschlagsurteil nebst den gesetzlichen und den ausdrücklich vereinbarten Bedingungen als allein entscheidend für das Maß seiner Rechte wie der Belastung des Grundstückes betrachten zu dürfen, so können doch im einzelnen Falle besondere Vorgänge, namentlich im Versteigerungstermine selbst, z. B. wenn in diesem die Fortdauer etwaiger faktischer Verhältnisse ohne Widerspruch von irgend einer Seite als etwas Selbstverständliches hingestellt ist, zu einem abweichenden Ergebnisse führen. Im vorliegenden Falle hat der Beklagte derartige Vorgänge nicht geltend machen, insbesondere nicht behaupten können, daß in dem Versteigerungstermine ein Dienstbarkeitsverhältnis des Grundstückes zu einem anderen zur Masse gehörigen Grundstücke zur Sprache gekommen wäre. . . .

Eine auf Fortdauer der bisherigen Verhältnisse gerichtete Willenseinigung ist also ohne Rechtsverletzung verneint." . . .

RGZ. 63, 190

Gehören die Beiträge, die der Bergwerksbesitzer nach dem Gewerbe-Unfallversicherungsgesetze vom 30. Juni (5. Juli) 1900 an die Knappschafts-Berufsgenossenschaft zu entrichten hat, zu den gemeinen Lasten im Sinne des Art. 1 Abs. 1 Ziff. 2 u. Art. 17 Abs. 2 preuß. Ausf.-Ges. zum ZwVG.?

V. Zivilsenat. Urt. v. 21. April 1906.

I. Landgericht Bochum i. W. II. Oberlandesgericht Hamm.

Die Revision gegen das Berufungsurteil, welches die Frage verneint hat, ist zurückgewiesen worden aus folgenden

Gründen:

„Nach § 10 Ziff. 3 des Reichsgesetzes über die Zwangsversteigerung und Zwangsverwaltung steht den Ansprüchen auf Entrichtung der öffentlichen Lasten des Grundstücks wegen der laufenden und der aus den letzten zwei Jahren rückständigen Beträge in der Rangordnung die dritte Stelle zu. Welche Lasten des Grundstücks zu den öffentlichen gehören, darüber ist reichsgesetzlich nichts bestimmt; sowohl die Bestimmung hierüber, wie auch darüber, ob eine Last als auf dem Grundstücke haftend zu betrachten sei, ist der Landesgesetzgebung überlassen. Hierüber kann nach den Materialien des Gesetzes und der übereinstimmenden, bei seiner Beratung geäußerten Meinung der gesetzgebenden Faktoren (Jaeckel, Note 4 zu § 10 ZwVG.) kein Zweifel sein. Für Preußen ist die landesgesetzliche Bestimmung in den Art. 1—3 AusfGes. vom 23. September 1899 (GS. S. 291) gegeben, die im ersten Abschnitt dieses Gesetzes stehen. Letzterer führt die Aufschrift: „Zwangsversteigerung und Zwangsverwaltung von Grundstücken im Wege der Zwangsvollstreckung." Eine weitere Spezialbestimmung findet sich für Bergwerke im Art. 17 Abs. 2 desselben Gesetzes; sie gehört dem zweiten Abschnitt an, der nach seiner Aufschrift und nach der ihn einleitenden Bestimmung des Art. 15 „besondere Vorschriften" für die „Zwangsversteigerung und Zwangsverwaltung von Bergwerkseigentum, unbeweglichen Bergwerksanteilen und selbständigen Kohlenabbaugerechtigkeiten im Wege der Zwangsvollstreckung" gibt. Die Revision vertritt die Meinung, daß gleichwohl auch die Vorschriften des ersten Abschnittes des Ausführungsgesetzes (Art. 1—14) bei der Zwangsversteigerung eines Bergwerks insoweit zur Anwendung zu bringen seien, als dies nicht durch die besonderen Vorschriften des zweiten Abschnitts ausgeschlossen wird. Dies ist richtig; die Anwendung der Vorschriften des ersten Abschnitts auf die Zwangsversteigerung eines Bergwerks ist schon deshalb unabweisbar, weil sich unter ihnen auch Vorschriften befinden, die (wie z. B. Art. 9, 10, 11, 14) lediglich das Verfahren betreffen, und bezüglich deren daher eine unausgefüllte Lücke bestehen würde, wenn man ihnen die Anwendung auf die Versteigerung eines Bergwerks versagen wollte. Ob sich dabei die Überschrift des ersten Abschnitts des Ausführungsgesetzes als ganz korrekt erweist, oder ob sie allgemeiner hätte gefaßt werden sollen, darauf kann es nicht ankommen. Der Revision ist daher auch zuzugeben, daß für die Frage, ob eine Last zu den gemeinen Lasten gehört, die auf dem Bergwerke ruhen, die Vorschriften in den Art. 1—3 AusfGes. nicht ohne Bedeutung sind. Denn soweit aus ihnen das Wesen der gemeinen, auf dem Grundstücke ruhenden Last erkannt werden kann, muß diese Begriffsbestimmung auch für Lasten des Bergwerks gelten.

Als gemeine Lasten bezeichnet der Art. 1 Abs. 1 Ziff. 2 AusfGes. „die auf einem nicht privatrechtlichen Titel beruhenden Abgaben und Leistungen, die auf dem Grundstück nach Gesetz oder Verfassung haften". Zu den wesentlichen Merkmalen der gemeinen Last gehört also, daß sie nach Gesetz oder Verfassung auf dem

Grundstück selbst ruhen muß. Den Gegensatz bilden Abgaben und Leistungen, die den Grundbesitzer persönlich treffen, oder die von ihm zu entrichten sind, weil er das Grundstück einem bestimmten Betriebe gewidmet hat. In letzterer Beziehung hat die fortschreitende Gesetzgebung auf dem Gebiete der Unfallversicherung zahlreiche neue Belastungen zur Folge, die nicht auf dem Grundstücke ruhen, sondern aus dem auf ihm eingerichteten Betriebe hervorgehen. Die Unterscheidung von Betrieb und Grundstück macht dabei keine Schwierigkeit, und so besteht denn auch wohl allseitiges Einverständnis darüber, daß die Beiträge, die ein Betriebsunternehmer als Arbeitgeber nach dem Krankenversicherungsgesetz, oder nach den betreffenden Unfallversicherungsgesetzen oder nach dem Invalidenversicherungsgesetze zu zahlen hat, nicht Abgaben und Leistungen sind, die seinen Grundbesitz belasten. Nicht so einfach ist die Unterscheidung beim Bergwerke. Denn bei ihm lassen sich Betrieb und Bergwerk nicht in derselben Weise als voneinander verschieden gegenüberstellen wie Betrieb und Grundstück. Der Betrieb gehört zum Bergwerke; denn das Bergwerkseigentum ist nicht Eigentum an einer Sache, sondern mit ihm bezeichnet man den Inbegriff derjenigen Berechtigungen, die dem gemeinsamen Zwecke der bergmännischen Produktion dienen.

Vgl. Dernburg, Bürgerl. Recht Bd. 3 § 143; Klostermann-Fürst, Bem. 1 zu § 50 Allg. Bergges.

Gleichwohl kann nicht jede Leistung, die dem Bergwerksbesitzer auf Grund eines öffentlich-rechtlichen Titels obliegt, als das Bergwerk oder das Bergwerkseigentum nach Gesetz oder Verfassung belastend angesehen werden. Die Revision scheint dies, wie auch der erste Richter, anzunehmen; aber damit würde ein wesentliches Merkmal der gemeinen Last, welches bei Grundstücken eben darin besteht, daß das Grundstück selbst durch sie belastet sein muß, beiseite geschoben. Soll die Begriffsbestimmung der gemeinen Last auf Bergwerke Anwendung finden, so muß auch bei ihnen ersichtlich sein, daß die Last auf das Bergwerkseigentum selbst gelegt ist.

In dieser Beziehung bietet nun Art. 17 Abs. 2 AusfGes. zum ZwVG. einen Anhalt, der nicht für, sondern gegen die von der Revision vertretene Meinung spricht. Auch die Beiträge, die der „Werkbesitzer“ nach den §§ 174 und 175 Abs. 2 Allg. Bergges. zu den Knappschafts- und Krankenkassen zu entrichten hat, beruhen — wie nicht weiter ausgeführt zu werden braucht — nicht auf auf einem privat-rechtlichen, sondern auf einem öffentlich-rechtlichen Titel. Trotzdem ist bezüglich ihrer erst durch das Gesetz vom 13. Juli 1883, betr. die Zwangsvollstreckung in das unbewegliche Vermögen, im § 159 Abs. 2, vorgeschrieben worden, daß sie zu den im § 28 dieses Gesetzes bezeichneten Lasten gehören sollen. Erst hierdurch wurden sie den „auf dem Grundstücke haftenden gemeinen Lasten" (§ 28 Abs. 1) gleichgestellt. Bemerkenswert ist dabei, daß man sich zu dieser Gleichstellung erst infolge einer Anregung des Volkswirtschaftsrates entschlossen hat, nachdem die Kommission des Herrenhauses einen entsprechenden Zusatz dem Gesetzentwurfe beigefügt hatte (Bericht S. 43). Nun gibt es zwar auch gesetzliche Vorschriften, die nur deklaratorischer Natur sind d. h. solche, die das, was sie festsetzen, nur der Deutlichkeit halber aussprechen, und die daher zur Not entbehrt werden könnten, weil auch ohne sie zu demselben Ergebnis zu gelangen wäre. Aber nichts spricht dafür, daß der vorerwähnte § 159 Abs. 2 des preußischen Gesetzes vom 13. Juli 1883 zu diesen Vorschriften gehörte, und der Weg, auf dem er in das Gesetz hineingebracht worden ist, spricht sogar dagegen. Er kann nur als eine positive Fortbildung des damals bestehenden Rechtes betrachtet werden, woraus sich dann als Rückschluß von selbst ergibt, daß bis zum Erlasse dieses Gesetzes die nach den §§ 174 und 175 Abs. 2 Allg. Bergges. zu entrichtenden Beiträge der Werkbesitzer nicht die Natur der gemeinen Lasten hatten, obwohl sie auf öffentlich-rechtlichem Titel beruhten. Und diese positive Fortbildung hat sich dann weiter vollzogen, denn nach Art. 17 Abs. 2 AusfGes. gehören nun auch die Beiträge der Arbeiter, für deren Einziehung und Abführung die Werkbesitzer aufzukommen haben (§ 176 Abs. 1 Allg. Bergges.), zu den gemeinen Lasten.

Richtig hebt nun zwar die Revision hervor, daß dieselben rechtlichen und sozial-politischen Gesichtspunkte, welche zur Einrichtung der Knappschaftskassen als einer öffentlich-rechtlichen Institution und zur Heranziehung der Werkbesitzer zu Beiträgen, wie solche in den §§ 174flg. Allg. Bergges. geordnet ist, geführt haben, auch maßgebend gewesen sind für die weitere Ausbildung der Arbeiterfürsorge durch die Unfallversicherungsgesetze und namentlich durch das Gewerbeunfallversicherungsgesetz vom 30. Juni 1900 (n. F. vom 5. Juli 1900; RGBl. S. 585), sowie ferner, daß Zweck und Aufgabe der Knappschaftsberufsgenossenschaft in dem ihr durch das Reichsgesetz zugewiesenen erweiterten Umfange dieselben sind, die bisher in beschränkterem Umfange die Knappschaftskassen zu leisten hatten. Aber wenn die Revision nun noch einen Schritt weiter geht, und aus der Gemeinsamkeit der Grundlage folgern will, daß auch den Beiträgen der Werkbesitzer an die Berufsgenossenschaft dieselbe rechtliche Stellung eingeräumt werden müsse, die der Art. 17 Abs. 2 AusfGes. vom 23. September 1899 den dort bezeichneten Beiträgen zu den Knappschaftskassen beilegt, so verkennt sie den bereits hervorgehobenen positivrechtlichen Charakter dieser Vorschrift.

Die Revision meint, daß wenn die neue, durch das Gewerbe-Unfallversicherungsgesetz vom 30. Juni 1900 (5. Juli) geschaffene Organisation bereits beim Erlasse des Ausführungsgesetzes vom

23. September 1899 bestanden hätte, dann wohl Veranlassung gewesen wäre, die Vorschrift des Art. 17 Abs. 2 auch auf die an die Berufsgenossenschaft zu leistenden Beiträge der Werkbesitzer auszudehnen. Aber diese Veranlassung bestand auch dem damals in Geltung befindlichen § 94 des Unfallversicherungsgesetzes vom 6. Juli 1884 gegenüber; und man müßte also, da sich in den Vorarbeiten zu dem Ausführungsgesetze vom 23. September 1899, soweit sie veröffentlicht worden sind, keinerlei Anhalt dafür findet, daß man an eine weitere Ausdehnung des Vorrechts gedacht hat, geradezu annehmen, daß die ganze Frage damals übersehen worden sei. Eine solche Annahme erscheint von vornherein ausgeschlossen. — Aber wie es sich auch damit verhalten mag, jedenfalls hätte es für das von der Knappschaftsberufsgenossenschaft beanspruchte Vorrecht einer positiven, dieses Vorrecht festsetzenden Gesetzesvorschrift bedurft, zumal da es sich hierbei, wie der vorliegende Fall zeigt, zugleich um die Sicherheit des Realkredits handelt, die nur durch eine möglichst genaue Abgrenzung der den Realgläubigern vorgehenden Ansprüche gewährleistet werden kann. Das Fehlen einer solchen positivrechtlichen Bestimmung muß daher gegen die Revision entscheidend sein.

Daran ändert auch der Umstand nichts, auf den der erste Richter Gewicht legt, daß die von dem Unternehmer gesetzlich für das Betriebspersonal zu entrichtenden Beiträge an die Unfallskassen als Geschäfts- oder Betriebskosten in Abzug gebracht werden dürfen, und daß sie ebenso bei der Festsetzung des Ertrags aus dem Bergwerke für abzugsfähig erklärt worden sind. Und wenn endlich die Revision mit dem ersten Richter darauf hinweist, daß das Reichsgericht den an die Berufsgenossenschaften zu entrichtenden Beiträgen in der Rangordnung der Konkursgläubiger die Stellung in der dritten Klasse (§ 54 Nr. 3 KO. a. F., jetzt § 61 Nr. 3) zuerkannt habe (Entsch. in Zivils. Bd. 22 S. 140), so ist damit für die hier zu entscheidende Frage nichts gewonnen; denn der Punkt, auf den es hier ankommt, ob die Leistungen solche sind, die das Bergwerk selbst belasten, spielt für das Vorrecht im Konkurse keine Rolle."

RGZ. 146, 113

Zur Tragweite der §§ 3, 4, 23 der Verordnung über Maßnahmen auf dem Gebiete der Zwangsvollstreckung vom 26. Mai 1933 (RGBl. I S. 302).

V. Zivilsenat. Urt. v. 5. Dezember 1934.

I. Landgericht Prenzlau. II. Kammergericht Berlin.

Das Grundbuch von W. Blatt 160 weist als Bestand vier selbständige Grundstücke auf. Eigentümer dieser Grundstücke war früher der Landwirt D. Für den Kläger waren darauf zwei Hypotheken von 1700 RM. und 600 GM. eingetragen. Die Grundstücke kamen am 8. Juli 1931 zur Zwangsversteigerung. Der Kläger erhielt im Termin den Zuschlag für ein Gesamtbargebot von 2200 RM. ohne Übernahme irgendwelcher Lasten. Auf Beschwerde des D. hob aber das Landgericht den Zuschlagsbeschluß auf. Die weitere Beschwerde des Klägers blieb erfolglos. In dem neu anberaumten Versteigerungstermin vom 28. Oktober 1931 blieben der Kläger mit einem Bargebot von 7500 RM. ohne Übernahme von Lasten, ein anderer Bieter W. mit einem Bargebot von 6900 RM. nebst Übernahme eines Altenteils und eines Leibgedinges Meistbietende auf das Gesamtausgebot für alle Grundstücke. W. erhielt den Zuschlag. Dieser Beschluß wurde rechtskräftig. Im Verteilungstermin am 9. Dezember 1931 meldete der Kläger aus seinen Hypotheken insgesamt 2846,54 RM. an. Er fiel damit aus, erhielt aber aus dem Versteigerungserlös doch noch 1005,80 RM. zugeteilt, weil er vorgehende, zur Hebung gelangte Rechte gepfändet hatte.

Der Kläger verlangt nunmehr vom Beklagten nach Art. 131 RVerf., § 839 BGB. Schadensersatz dafür, daß infolge eines Versehens des Versteigerungsgerichts im Termin vom 8. Juli 1931 der damals erteilte Zuschlag nicht rechtskräftig geworden, sondern der Aufhebung verfallen ist. Der Klaganspruch ist zunächst durch ein rechtskräftig gewordenes Urteil vom 2. Dezember 1932 dem Grunde nach für gerechtfertigt erklärt worden. Der Kläger berechnete demnächst seinen Schaden auf 5500 RM. Vom Landgericht wurden ihm 3665,67 RM., vom Kammergericht 4265,67 RM. zuerkannt.

Die Revision des Beklagten, mit der er seine Verurteilung in Höhe von 1025,83 RM. angefochten hat, führte zu diesem Betrage zur Aufhebung des Berufungsurteils und zur Zurückweisung der Sache.

Gründe:

Das den Beklagten zum Schadensersatz verpflichtende Versehen des Versteigerungsrichters besteht darin, daß dieser es verabsäumte, im Terminsprotokoll vom 8. Juli 1931 zum Ausdruck zu bringen, daß neben dem Gesamtausgebot der versteigerten Grundstücke, auf das der Zuschlag erteilt wurde, auch ein Einzelausgebot stattgefunden hatte. Dieser Verstoß gegen die §§ 63, 78, 80 ZVG. hat zur Aufhebung des Zuschlags an den Kläger geführt. Ohne den Verstoß wäre der Zuschlagsbeschluß rechtskräftig geworden. Mit Recht vergleicht daher das Berufungsgericht, um die Höhe des dem Kläger erwachsenen Schadens zu ermitteln, die wirtschaftliche Lage, die sich für ihn ergeben hätte, wenn der Zuschlag unanfechtbar gewesen wäre, mit der Lage, die sich jetzt infolge der Aufhebung des Zuschlags für ihn ergeben hat. Es stellt fest: Wäre der Zuschlag bestehen geblieben, so hätte der Kläger ein Gelände erlangt, das nach dem Gutachten eines Sachverständigen 10784 RM. wert war; anderseits hätte er 5512,53 RM. für den Erwerb aufwenden müssen; sein Gewinn hätte also 5271,47 RM. betragen. Auf diesen ihm jetzt infolge der Aufhebung des Zuschlags entgangenen Gewinnn müsse er sich bei seiner Schadensberechnung zwar die 1005,80 RM., die ihm später aus der fortgesetzten Versteigerung zugeflossen seien, anrechnen lassen; dagegen brauche er sich nicht abziehen zu lassen die 2846,54 RM., mit denen er bei seinen Hypotheken ausgefallen sei. Sein Schaden betrage also 5271,47 — 1005,80 = 4265,67 RM.

Die Revision rügt, daß bei dieser Schadensberechnung die Vorschriften der §§ 3, 4, 23 der Verordnung vom 26. Mai 1933 übersehen seien. Die Rüge ist berechtigt. Wäre der Zuschlag vom 8. Juli 1931 rechtskräftig geworden, so hätte der Kläger nicht den vollen Gewinn des günstigen Grundstückserwerbs einstreichen dürfen. Das Gebot, zu dem er den Zuschlag erhalten hatte, blieb offensichtlich hinter 7/10 des Grundstückswerts zurück; die Hypotheken des Klägers waren durch sein Meistgebot nicht gedeckt. Er hätte also kraft Gesetzes wegen seiner Hypothekenansprüche mit Wirkung vom 10. Dezember 1931 insoweit als aus den Grundstücken befriedigt gegolten, als er bei einem Gebot in Höhe von 7/10 des Grundstückswerts gedeckt gewesen wäre. Diese gesetzliche Fiktion hätte nicht nur den Versteigerungsschuldner D. gegen weitere Inanspruchnahme aus den ehemals hypothekarisch gesicherten persönlichen Ansprüchen des Klägers geschützt, sondern sie hätte dem Kläger von jedermann entgegengehalten werden können (vgl. Schultze Seifert Der gesamte neue Vollstreckungsschutz S. 34 Anm. 2, 4 zu § 3). Auch der Beklagte kann sich mithin für die Schadensberechnung im vorliegenden Rechtsstreit auf jene Fiktion berufen. Hiernach ist die Begründung, mit der das Berufungsgericht dem Kläger nur die später tatsächlich erzielten 1005,80 RM. vom entgangenen Gewinn gekürzt, die ausgefallenen 2846,54 RM. aber gänzlich aus der Schadensberechnung ausgeschieden hat, rechtlich fehlsam. Inwieweit bei Beachtung der §§ 3, 4, 23 a. a. O. sich ergeben wird, daß der Kläger im Falle der Rechtskraft des Zuschlags vom 8. Juli 1931 in Ansehung seiner Hypotheken als befriedigt zu gelten hätte und dadurch sein Schaden aus der Aufhebung dieses Zuschlags sich mindert, läßt sich in der Revisionsinstanz mangels tatsächlicher Feststellungen des Berufungsgerichts nicht übersehen. Eine Minderung des ersatzfähigen Schadens um die 1025,83 RM., derentwegen der Beklagte die Revision eingelegt hat, liegt nicht außer dem Bereich der Möglichkeit. In Höhe des letztgenannten Betrags bedarf also der Rechtsstreit einer erneuten Verhandlung in der Vorinstanz.

RGZ. 148, 310

1. Wird eine Hypothek, die einem nach Landesrecht bestehenbleibenden Recht im Range vorgeht, im Sinne von § 9 Abs. 2 EG. z. ZVG. beeinträchtigt, wenn der Gläubiger das Grundstück zur Rettung seiner Hypothek ersteht und es nunmehr wegen der bestehengebliebenen Belastung nicht so günstig weiterverkaufen kann, wie wenn die Belastung erloschen wäre?

2. Auf welches Meistgebot ist der Zuschlag zu erteilen, wenn im Fall des § 9 EG. z. ZVG. sowohl auf das Ausgebot mit Bestehenbleiben des Rechts als auch auf das Ausgebot unter dessen Wegfall ein gleich hohes Meistgebot abgegeben wird?

III. Zivilsenat. Urt. v. 27. August 1935.

I. Landgericht Stettin. II. Oberlandesgericht daselbst.

Der Kläger war Gläubiger dreier Gesamthypotheken, die hinter anderen Belastungen auf den Grundstücken von Frau L. in Höhe von 7500, 9000 und 5000 GM. eingetragen waren. Im Range nach diesen Hypotheken war auf denselben Grundstücken ein Altenteil- und Wohnrecht für die Eltern der Grundstückseigentümerin, die Eheleute D., eingetragen. Anfang 1928 beantragte der Kläger aus seiner letzten, ihm damals noch in Höhe von 3500 GM. zustehenden Hypothek die Zwangsversteigerung der Grundstücke; später trat er dem Verfahren noch wegen der Zinsen aus seiner ersten Hypothek bei. Die Versteigerung fand am 14. Oktober 1930 unter der Leitung des Amtsgerichtsrats Dr. K. statt. Bei Feststellung des geringsten Gebots wurde, entsprechend der Vorschrift des § 44 ZVG., das Altenteil- und Wohnrecht der Eheleute D. nicht berücksichtigt; gemäß § 9 EG. z. ZVG. in Verbindung mit Art. 6 Pr. AG. z. ZVG. wurde jedoch als Versteigerungsbedingung bekanntgegeben, daß es von der Zwangsversteigerung unberührt bleibe. Das einzige Gebot wurde vom Kläger mit 20000 RM. abgegeben und der Zuschlag ihm darauf alsbald erteilt; er ist als Eigentümer der Grundstücke eingetragen worden. Bei der Verteilung des Versteigerungserlöses ist er mit einem erheblichen Teil seiner Hypothekenforderung ausgefallen. Er ist in der Folgezeit aus dem Altenteil- und Wohnrecht von den Eheleuten D. in Anspruch genommen worden, hat gegen sie Klage auf Einwilligung in die Löschung erhoben, ist aber rechtskräftig abgewiesen worden. In diesem Rechtsstreit hatte er dem Preußischen Staat den Streit verkündet.

Im gegenwärtigen Rechtsstreit hat er gegen den Preußischen Staat, an dessen Stelle inzwischen das Deutsche Reich getreten ist, Klage erhoben auf Feststellung, daß der Preußische Staat verpflichtet sei, ihn von den Ansprüchen zu befreien, die auf Grund des Altenteilrechts gegen ihn geltend gemacht würden, soweit diese Ansprüche bisher fällig geworden seien. Zur Begründung hat er vorgetragen: Ersteigert habe er die Grundstücke lediglich, um seine Hypotheken zu retten. Er habe die bekanntgegebene Versteigerungsbedingung, daß das im Rang hinter seinen Hypotheken stehende Altenteil- und Wohnrecht bestehen bleiben solle, alsbald beanstandet und den Versteigerungsrichter, der ihn auf die Vorschrift des § 9 Abs. 1 EG. z. ZVG. hingewiesen habe, gefragt, ob es keine Möglichkeit gebe, das Altenteil- und Wohnrecht zum Erlöschen zu bringen; der Versteigerungsrichter habe diese Frage aber verneint. Diese Auskunft sei unrichtig gewesen, denn sie habe den zweiten Absatz des § 9 übersehen; der Versteigerungsrichter habe diese Vorschrift schuldhaft entweder nicht gekannt oder mißverstanden. Seine Pflicht sei es gewesen, ihn, den Kläger, auf diese Vorschrift hinzuweisen. Wäre dies geschehen, so hätte er, der Kläger, den in § 9 Abs. 2 vorgesehenen Antrag gestellt und, da kein weiterer Bieter anwesend gewesen sei, die Grundstücke ohne die Belastung mit dem Altenteil- und Wohnrecht erworben.

Das Landgericht hat nach dem Klagantrag erkannt. Der Beklagte hat Berufung eingelegt mit dem Antrag auf Klagabweisung. Der Kläger hat sich dem Rechtsmittel angeschlossen und beantragt, das landgerichtliche Urteil dahin zu ändern, daß der Beklagte verurteilt werde, an ihn, den Kläger, 2300 RM. mit Zinsen zu zahlen. Er hat dazu behauptet, diese Summe habe er inzwischen als fällige Altenteilsleistungen an die Eheleute D. gezahlt; mindestens um diesen Betrag sei aber auch der beim Weiterverkauf der Grundstücke zu erzielende Kaufpreis geringer als der, der erzielt werden könnte, wenn das Altenteil- und Wohnrecht in der Zwangsversteigerung erloschen wäre, so daß die Möglichkeit, durch den Weiterverkauf Deckung des in der Zwangsversteigerung erlittenen Hypothekenausfalls zu finden, in dieser Höhe vernichtet sei. Das Oberlandesgericht hat den im zweiten Rechtszug geltend gemachten Zahlungsanspruch des Klägers, mit einer für die Revision nicht weiter in Betracht kommenden Einschränkung hinsichtlich des Wohnrechts, dem Grunde nach für gerechtfertigt erklärt. Die Revision des Beklagten führte zur Aufhebung des Urteils und zur Zurückverweisung der Sache.

Gründe:

Art. 6 Pr. AG. z. ZVG. bestimmt, daß Altenteile, unbeschadet der Vorschrift des § 9 Abs. 2 EG. z. ZVG., auch dann bestehen bleiben, wenn sie bei der Feststellung des geringsten Gebots nicht berücksichtigt sind. Dem entsprach es, daß im Versteigerungstermin vom 14. Oktober 1930 als (landesgesetzliche) Versteigerungsbedingung ausdrücklich bekanntgegeben wurde, das Altenteil- und Wohnrecht der Eheleute D. werde von der Zwangsversteigerung nicht berührt. Der Kläger konnte nach § 9 Abs. 2 EG. z. ZVG., da seine Hypotheken diesem Recht im Rang vorgingen, in dem Fall, daß die Hypotheken durch das Fortbestehen des Rechts beeinträchtigt wurden, verlangen, daß als — von der gesetzlichen abweichende — Versteigerungsbedingung das Erlöschen des Rechts bestimmt werde. Es fragt sich, was unter solcher „Beeinträchtigung" zu verstehen ist.

Das Berufungsgericht meint, es genüge, daß der Kläger beim Zuschlag unter der gesetzlichen Versteigerungsbedingung die Grundstücke nur mit dem Altenteil- und Wohnrecht belastet habe erwerben können. Zwar schütze § 9 Abs. 2 den Inhaber des gleichstehenden oder nachgehenden Rechts nur in dieser seiner Eigenschaft, den Kläger also nur in seiner Eigenschaft als Hypothekengläubiger, und nach § 1113 BGB. könne der Hypothekengläubiger nur Zahlung der Hypothekensumme aus dem Grundstück, d. h. aus dem Erlös der Zwangsversteigerung oder dem Ertrag der Zwangsverwaltung, verlangen. Wenn aber in der Zwangsversteigerung kein Gebot von anderer Seite abgegeben werde, wodurch seine Hypothek gedeckt werde, so handle der Hypothekengläubiger nur „in sachgemäßer Ausübung seines Rechts", wenn er das Grundstück mittels eines im Rahmen seiner Hypothekenforderung bleibenden, durch den Grundstückswert gerechtfertigten Gebots in der Zwangsversteigerung erstehe, den Erstehungspreis soweit angängig durch Aufrechnung mit seiner Hypothekenforderung berichtige und in dem durch eine solche Ersteigerung erlangten Vorteil die Deckung für den in der Zwangsversteigerung erlittenen Ausfall suche. Dieser Vorteil werde denn auch nach ständiger Rechtsprechung jedenfalls dann als in „adäquatem" Zusammenhang mit dem Hypothekenausfall stehend auf diesen angerechnet, wenn der Gläubiger — wie es beim Kläger der Fall sei — ein Geschäftsmann sei, der bei seinen Hypothekengeschäften die Ersteigerung der zu belastenden Grundstücke zur Verhütung von Ausfällen von vornherein in Erwägung ziehe. Ein Gläubiger, der diesen Weg sachgemäßer Befriedigung einschlage, müsse deshalb verlangen können, daß er — zu ergänzen ist offenbar: hierbei — nicht durch das Fortbestehen eines ihm gleichstehenden oder nachgehenden Rechts beeinträchtigt werde. Eine solche Beeinträchtigung liege vor, wenn der Wert des Grundstücks mit der Belastung die Hypothekenforderung nicht decke.

Es braucht nicht näher erörtert zu werden, ob — was die Revision als Meinung des Berufungsgerichts unterstellt und bekämpft — schon der Vorteil, den der Hypothekengläubiger mit dem Erwerb des Hypothekengrundstücks zu einem im Rahmen seiner Forderung liegenden und durch den Grundstückswert gerechtfertigten Preis und durch die Möglichkeit der Aufrechnung seiner Hypothekenforderung gegen den Erstehungspreis erlangt, auf seine Ausfallforderung ohne weiteres anzurechnen ist und sie zum Erlöschen bringt. Das Berufungsgericht will wohl nur sagen, daß der Gläubiger einer notleidenden Hypothek wirtschaftlich dadurch Deckung seiner Forderung sucht und findet, daß er das Grundstück in der Zwangsversteigerung ersteht und alsdann, sofern er es nicht selbst zu dem Gestehungspreis nutzbringend verwerten kann, so weiterverkauft, daß er an seiner Forderung keinen Verlust erleidet oder doch geringeren, als wenn ein Dritter das Grundstück erstanden hätte. Hiergegen ist rechtlich nichts einzuwenden, und der Vortrag des Klägers geht, wie sich aus der Hilfsbegründung zu seinem Anschlußberufungsantrag ergibt, offenbar auch nur dahin, daß er die Grundstücke ohne die Belastung mit dem Altenteil- und Wohnrecht der Eheleute D. günstiger würde weiterveräußern können, als es jetzt der Fall sei, und daß er, falls die Belastung durch den Zuschlag erloschen wäre, durch den Weiterverkauf seinen Ausfall um mindestens 2300 RM. mehr würde vermindern können, als ihm das bei der gegenwärtigen Belastung der Grundstücke möglich sein werde. *)

Aber auch damit ist die Voraussetzung des § 9 Abs. 2 EG. z. ZVG. „Beeinträchtigung" der Hypothekenrechte des Klägers durch das Fortbestehen des Altenteil- und Wohnrechts der Eheleute D., nicht erfüllt. Wortlaut und Entstehungsgeschichte des § 9 Abs. 2 ergeben, daß das Gesetz allein eine Beeinträchtigung durch Ausfall in der Zwangsversteigerung im Auge hat, nicht aber auch die Erschwerung der Möglichkeit, durch geschäftliche Maßnahmen, wie Ersteigerung und Weiterveräußerung des Grundstücks, wirtschaftlich einen Ausgleich des erlittenen Ausfalls zu finden. § 9 Abs. 2 EG. z. ZVG. spricht in augenscheinlicher Anlehnung an § 59 ZVG. von der Beeinträchtigung eines „Rechts" am Grundstück. Das Recht des Hypothekengläubigers erschöpft sich, wenn das Grundstück zur Zwangsversteigerung kommt — sofern nicht die Hypothek bestehen bleibt —, in dem Anspruch auf einen entsprechenden Anteil an der Verteilungsmasse. Das Hypothekenrecht, das nicht im geringsten Gebot berücksichtigt ist, erlischt mit dem Zuschlag, das Recht an der Verteilungsmasse mit der Ausschüttung der Masse. Wenn der Hypothekengläubiger, um seine notleidende Forderung zu retten, das Grundstück ersteht und mit Gewinn weiterverkauft, so handelt er nicht, wie das Berufungsgericht meint, „in Ausübung seines Rechts", sondern er trifft geschäftliche Maßnahmen, die völlig außerhalb des Rechtskreises seiner Hypothek liegen und lediglich dem wirtschaftlichen Ziele dienen, einen mit der Zwangsversteigerung drohenden Vermögensverlust nach Möglichkeit auszugleichen. „Beeinträchtigt" durch das Fortbestehen der streitigen Belastung wurden die Hypotheken des Klägers dann, wenn sie bei der Versteigerung unter der gesetzlichen Versteigerungsbedingung nicht oder nicht vollständig gedeckt wurden, dagegen bei einer Versteige-

*) § 3 des Dritten Teils der 4. Notverordnung des Reichspräsidenten zur Sicherung von Wirtschaft und Finanzen und zum Schutz des inneren Friedens v. 8. Dezember 1931 (RGBl. I S. 699, 710) kam für die im Oktober 1930 liegenden Vorgänge nicht in Betracht.

rung unter der abweichenden Bedingung des Erlöschens der Belastung bessere Deckung fanden. Schon § 60 des preußischen Zwangsver-versteigerungsgesetzes vom 13. Juli 1883 (GS. S. 131), das Vorbild der Vorschrift des § 9 EG. z. ZVG., verstand unter „Benachteiligung" eines vorgehenden Beteiligten allein den Ausfall des vorgehenden Rechts in der Zwangsversteigerung. Es war dort vorgeschrieben, daß durch ein doppeltes Ausgebot — einmal mit und einmal ohne Fortbestehen der Last — festgestellt werden solle, ob eine Benachteiligung durch Fortbestehen der Last vorlag. Entscheidend dafür war, ob beim Ausgebot ohne Belastung ein höheres Meistgebot erzielt wurde und so das vorgehende Recht bessere Deckung fand als beim Ausgebot unter der Bedingung fortbestehender Belastung (Jaeckel Preuß. ZVG. 2. Aufl. Anm. 1 zu § 60). Schon Krech-Fischer ziehen in ihrem Erläuterungsbuch zum preußischen Zwangsversteigerungsgesetz (Anm. 4 zu § 60) daraus die allein mögliche Folgerung, daß bei gleichem Ergebnis beider Ausgebote — welcher Fall allerdings selten vorkommen werde — in der Bedingung des Fortbestehens der Last keine Benachteiligung der Beteiligten liege, so daß der Zuschlag unter dieser Bedingung erteilt werden müsse. Daß auch § 9 EG. z. ZVG. unter der „Beeinträchtigung" vorgehender oder gleichstehender Rechte nichts anders verstanden wissen will, ist die einhellige Meinung der führenden Erläuterer (Jaeckel-Güthe 5. Aufl. Anm. 10; Reinhard-Müller 3./4. Aufl. Anm. II 3; Brand-Baur S. 160).

Wenn das Berufungsgericht meint, der Hypothekengläubiger, der Deckung seiner Hypothekenforderung durch Selbsterstehen und Weiterverkauf des Grundstücks suche, müsse dagegen geschützt werden, daß er in diesem berechtigten Streben nicht durch nachgehende oder gleichstehende Rechte benachteiligt werde, so ist dem entgegenzuhalten, daß es dem Hypothekengläubiger freisteht, auf das Ausgebot mit der abweichenden Bedingung des Erlöschens des Rechts einen höheren Betrag zu bieten als auf das Ausgebot unter der gesetzlichen Bedingung des Fortbestandes des Rechts. Ist kein Mitbieter vorhanden, so wird schon ein ganz geringes Übergebot genügen. Die vom Berufungsgericht vertretene weitere Auslegung des Begriffs der „Beeinträchtigung des Rechts" führt zu unhaltbaren Folgerungen. Ob ein dem Altenteil usw. vorgehender Beteiligter durch das Bestehenbleiben dieses Rechts benachteiligt ist oder nicht, muß ohne weiteres alsbald im Versteigerungstermin festgestellt werden können. Denn der Versteigerungsrichter muß sich alsbald auf Grund der abgegebenen beiden Meistgebote schlüssig machen, auf welches von beiden der Zuschlag zu erteilen ist. Das ist nicht möglich, wenn entscheidend sein soll, wie sich der das Grundstück zur Rettung seiner Hypothek erstehende Gläubiger beim Weiterverkauf in dem einen und in dem anderen Fall stehen wird. Zwar wird ohne weiteres davon ausgegangen werden können, daß ein unbelastetes

Grundstück einen besseren Weiterverkaufspreis erzielen wird als ein belastetes. Aber dieser Vergleich ist nur dann ohne weiteres schlüssig, wenn das Meistgebot auf beide Ausgebote gleich hoch ist. Sind die Meistgebote dagegen verschieden hoch, so läßt sich die „Benachteiligung" oder „Beeinträchtigung" des vorgehenden Rechts nicht ohne eine unter Umständen schwierige Wertermittlung feststellen.

Eine Schädigung des Klägers durch Unterlassen des Antrags auf doppeltes Ausgebot ist sonach nur anzunehmen, wenn er auf das Ausgebot unter der Bedingung des Fortfalls des Altenteils einen höheren Betrag geboten hätte als 20000 RM. Eine ausdrückliche dahingehende Behauptung des Klägers findet sich im Tatbestand und den vorgetragenen Schriftsätzen nicht. Wohl aber hat schon das Landgericht erwogen, daß der Kläger bei einem doppelten Ausgebot „getrost habe weiterbieten können". Und im Berufungsrechtsgang hat der Beklagte ausdrücklich bestritten, daß der Kläger auf das zweite Ausgebot ein höheres Gebot abgegeben hätte als auf das erste. Für die Revision muß also davon ausgegangen werden, daß der Kläger, zumal bei sachgemäßer Beratung durch den Versteigerungsrichter, das Erforderliche getan hätte, um das von ihm gewünschte Ziel, Wegfall der Last, zu erreichen. Eine gegenteilige Feststellung hat das Berufungsgericht nicht getroffen.

Das Berufungsgericht rechnet es dem Versteigerungsrichter zum Amtsverschulden an, daß er nicht dem Kläger, als dieser die gesetzliche Versteigerungsbedingung beanstandete und damit zu erkennen gab, daß er ein Ausgebot ohne Bestehenbleiben des Altenteilrechts wünsche, an die Hand gegeben hat, einen förmlichen Antrag auf ein solches Ausgebot zu stellen. Der Meinung der Revision, daß damit die Anforderungen an das Verhalten des Versteigerungsrichters überspannt seien, kann nicht gefolgt werden. Zwar ist der Versteigerungsrichter nicht von sich aus verpflichtet, einen Beteiligten gegen die Interessen anderer Beteiligter zu beraten. Wenn aber der Kläger zu erkennen gegeben hat, daß er das Erlöschen der Last wünsche und der Ansicht sei, daß dieses Ziel rechtlich erreichbar sein müsse, so erforderte es die Aufklärungspflicht des Richters und seine Pflicht zu sachgemäßer Verhandlungsleitung, daß er den Kläger auf den tatsächlich vorhandenen gesetzlichen Weg hinwies. Daß der Versteigerungsrichter dies versäumt hat, stellt eine Fahrlässigkeit dar.

Daß dem Kläger durch diese fahrlässige Amtspflichtverletzung ein Schaden entstanden ist, ist für diesen Rechtsgang zu unterstellen. Voraussetzung ist, wie gesagt, daß der Kläger auf das zweite Ausgebot mehr geboten und auf dieses Gebot den Zuschlag erhalten hätte. Von den Aufwendungen, die der Kläger zur Erfüllung der nunmehr bestehengebliebenen Altenteilrechte hat machen müssen, muß allerdings der Betrag abgezogen werden, den der Kläger auf das zweite Ausgebot über sein erstes Gebot von 20000 RM. hinaus geboten hätte, um den Zuschlag unter der abweichenden Versteigerungsbedingung des Erlöschens des Altenteilrechts zu erhalten. Das wird später im Betragsverfahren zu beachten sein.

RGZ. 162, 52

1. . . .

2. Genießt das echte Leibgedinge (Altenteil usw.) in der Zwangsversteigerung den Schutz des § 9 EG. z. ZVG., Art. 6 Preuß. AG. z. ZVG. nur dann, wenn es in Verbindung mit der Überlassung eines Grundstücks (Art. 96 EG. z. BGB.) bestellt ist?

3. Setzt die Anwendung des § 9 EG. z. ZVG., Art. 6 Preuß. AG. z. ZVG. voraus, daß das zu schützende eingetragene Recht ausdrücklich als Leibgedinge (Altenteil usw.) im Grundbuche bezeichnet ist?

EG. z. ZVG. § 9 EG. z. BGB. Art. 96 Preuß. AG. z. ZVG. Art. 6.

V. Zivilsenat. Urt. v. 30. Oktober 1939.

Die Entscheidung ist abgedruckt unter „Bürgerliches Recht Sachenrecht 2“.

Sachregister

(Die Ziffern bedeuten die Seitenzahlen dieses Bandes)

D

E

F

G

H

W

Z

Kolibri 360 GmbH
Ferdinand-Jühlke-Straße 7
99095 Erfurt, Deutschland
produktsicherheit@kolibri360.de